S4/215

Ausgeschieden

Universität zu Köln
Seminar f. Allg. Betriebswirtschaftslehre, Marktforschung und Marketing

259/93

D-1767-B
D-64-F

sisis

Strategische Managementsysteme im internationalen Unternehmen

Peter Seitz

74
München 1993

Copyright: Verlag Barbara Kirsch
Wartaweil 25a ■ 82211 Herrsching ■ Tel.: 08152/3409

Vorwort

1953 legte E. R. Barlow an der Harvard Business School eine der ersten Arbeiten zum Internationalen Management mit dem Titel 'Management of Foreign Manufacturing Subsidiaries' vor. Er leitet seine Untersuchung mit der Feststellung ein, daß das tatsächliche Volumen US-amerikanischer Auslandsinvestitionen weit hinter den Chancen einer internationalen Unternehmenstätigkeit zurückbliebe. Deshalb fordert er die Unternehmenspraxis auf, zukünftig eine stärkere Auslandstätigkeit zu forcieren und Erfolgspotentiale auch jenseits nationaler Grenzen zu erschließen.

Vierzig Jahre nach Erscheinen dieser Pilotarbeit zum internationalen Management erübrigt sich ein solches Plädoyer. Heute stellt die (weiter) zunehmende Internationalisierung der Unternehmenstätigkeit ein aktuelles und hochrelevantes Problemfeld innerhalb der Betriebswirtschaftslehre dar.

Angesichts der Herausforderungen, welche eine internationale Tätigkeit für die strategische Unternehmensführung mit sich bringt, erscheint der Stand der derzeitigen wissenschaftlichen Auseinandersetzung mit den damit einhergehenden Gestaltungsfragen unbefriedigend. Dies gilt eingeschränkt für Arbeiten des angloamerikanischen Sprachraums, trifft aber, obwohl in jüngster Zeit erste Arbeiten mit internationaler Schwerpunktsetzung entstanden sind, in besonderem Maße für die deutschsprachige Bertriebswirtschaftslehre zu. Vor diesem Hintergrund werden in dieser Arbeit strategische Managementsysteme als Ansatz zur Unterstützung der strategischen Führung im international tätigen Unternehmen untersucht.

Als Kernaufgabe einer strategischen Führung wird dabei die Auseinandersetzung mit den gegenwärtigen und zukünftigen Erfolgspotentialen einer Unternehmung in den Mittelpunkt gestellt. Strategische Managementsysteme können dann im ersten Zugriff als bewußt institutionalisierte Systeme aufgefaßt werden, welche die strategische Führung bei der Wahrnehmung dieser Kernaufgabe unterstützen sollen.

Eine internationale Unternehmenstätigkeit erfordert es dabei, zwei Aspekte besonders herauszustellen: Zum einen bringt die Internationalisierung neue Führungsaufgaben mit sich. Diese liegen in der Entwicklung, dem Aufbau und der Nutzung solcher Erfolgspotentiale, die sich speziell aus einer internationalen - d. h. grenzüberschreitenden - Unternehmenstätigkeit ergeben. Zum anderen muß im internationalen Unternehmen auch das Führungsphänomen an sich aus einer neuen Blickrichtung betrachtet werden. Die herkömmliche Annahme, daß Führung sich in Form gleichartiger und hierarchisch geordneter Mutter-Tochter-Dyaden vollzieht, wird problematisch. Statt dessen nehmen Führungsstrukturen internationaler Unternehmen häufig den Charakter eines "polyadischen" Geflechtes verschiedenartiger Beziehungen zwischen zahlreichen organisationsinternen und -externen Handlungs- bzw. Aktionszentren an. Der klassischen Annahme einer hierarchischen monozentrischen Führung steht im internationalen Zusammenhang die Wahrscheinlichkeit des Entstehens einer dezentral strukturierten polyzentrischen Führung entgegen. Diese beiden Aspekte: spezifisch internationale Erfolgspotentiale und vor allem die Ausbildung polyzentrischer Führungsstrukturen werfen eine Fülle weiterführender Fragen für die Gestaltung strategischer Managementsysteme auf, welche den inhaltlichen Kern dieser Arbeit bilden.

Ich bin einer Reihe von Personen zu herzlichem Dank verpflichtet, ohne deren aktive Unterstützung aber auch deren Gewährenlassen diese Arbeit nicht entstanden wäre.

Prof. Dr. Werner Kirsch als mein akademischer Lehrer hat mir während des Studiums und im Verlauf meiner Tätigkeit an seinem Lehrstuhl einen Zugang zur Betriebswirtschaftslehre eröffnet, der diese Arbeit entscheidend prägt. Darüber hinaus verdanke ich ihm zahlreiche inhaltliche Anregungen. Herrn Professor Dr. Arnold Picot danke ich für die Übernahme des Korreferates.

Auf Seiten der Praxis gilt mein herzlicher Dank Herrn Dr. Clemens Börsig, der nicht nur den für eine betriebswirtschaftliche Arbeit unerläßlichen Zugang zur Praxis ermöglicht hat, sondern auch ein wissenschaftliches Interesse an dieser Arbeit zeigte.

Herzlicher Dank gebührt weiter meinen Kollegen Martin Aschenbach, Alexander Broich, Marcus Fischer, Dr. Wolfgang Jeschke, Dr. Kay Obring, Dr. Bettina Reglin, Markus Sandmayr, Thomas Stetter, Thomas Stilz und Dr. Karl Ulrich, die Teile des Manuskripts gelesen und kritisch kommentiert haben. Danken möchte ich auch Julia Malchow, die mir bei der Literaturbeschaffung behilflich war und vor allem Uwe Janßen, der Maßgebliches für die Realisierung der zahlreichen Abbildungen leistete.

Schließlich wäre diese Arbeit nicht ohne die Hilfe meiner Familie entstanden, die in der ein oder anderen Form zum Gelingen beitrug. Vor allem aber hat mich meine Frau Sabine während der gesamten Promotion nicht nur operativ entlastet, sondern vor allem auch moralisch ge- und ertragen. Ich danke ihr dafür.

München im August 1993   Peter Seitz

Inhalt

Vorwort .... **V**

Abbildungsverzeichnis .... **XI**

1 Einleitung: Strategische Managementsysteme als Ansatz zur Führungsunterstützung im internationalen Unternehmen 1

2 Internationale strategische Managementsysteme: Anforderungen und Gestaltungsdimensionen 5

    2.1 "Internationale" und "strategische" Unternehmensführung: Zur Annäherung zweier Forschungsfelder 5

    2.2 Spezifika einer strategischen Führung im internationalen Unternehmen 14

        2.2.1 Strategische Führung im internationalen Unternehmen: Begriffliche Vorüberlegungen 14

        2.2.2 Evolution der Führungsstruktur internationaler Unternehmen: Von der Mutter-Tochter-Beziehung zu komplexen Führungsstrukturen 26

        2.2.3 Spezifische Erfolgspotentiale einer internationalen Unternehmenstätigkeit 34

    2.3 Internationale strategische Managementsysteme: State of the Art und Gestaltungsdimensionen 43

        2.3.1 Ein erster Überblick zu Systemkonzeptionen eines strategischen Managements internationaler Unternehmen 43

        2.3.2 Die Gestaltung von Managementsystemen zwischen Methodenorientierung und organisationstheoretischer Betrachtung 49

        2.3.3 Strategische Managementsysteme zur Führungsunterstützung bei der Aktivierung von Erfolgspotentialen 54

2.4 Polyzentrische Führungsstrukturen und Anforderungen an die Gestaltung internationaler strategischer Managementsysteme 62

    2.4.1 Eine Neuinterpretation des Polyzentrismus-Begriffs 62

    2.4.2 Eine Annäherung an polyzentrische Führungsstrukturen im internationalen Unternehmen 66

    2.4.3 Führungsrollen von Zentrale und Tochtergesellschaften in polyzentrischen Führungsstrukturen 79

    2.4.4 Polyzentrismus und die nationale Prägung der organisatorischen Lebenswelt 90

    2.4.5 Grundformen polyzentrischer Führungsstrukturen 100

    2.4.6 Anforderungen an die Gestaltung internationaler strategischer Managementsysteme 105

2.5 Zusammenfassung und Ausblick: Gestaltungsdimensionen internationaler strategischer Managementsysteme 112

3 Zwischenbetrachtung: Betriebsmodell der Planungs- und Kontrollsysteme eines international tätigen Unternehmens 118

3.1 Anforderungen an die Rekonstruktion von Betriebsmodellen 118

3.2 Führungsstruktur und Führungsgrundsätze 120

3.3 Die Planungs- und Kontrollsysteme 128

3.4 Zusammenfassung und Schlußfolgerung 142

4 Die Gestaltung internationaler strategischer Managementsysteme in einer methodenorientierten Perspektive 148

4.1 Internationale unternehmenspolitische Rahmenplanung 148

    4.1.1 Ein Bezugsrahmen der internationalen unternehmenspolitischen Rahmenplanung 149

	4.1.2	Ein Denkmodell der soziopolitischen Rahmenplanung	152
	4.1.3	Die Rekonstruktion der strategischen Grundhaltung internationaler Unternehmen	159
	4.1.4	Rahmenkonzepte als Instrument der internationalen unternehmenspolitischen Rahmenplanung	165
4.2		Methoden der strategischen Programmplanung im internationalen Unternehmen	172
	4.2.1	Strategische Planung internationaler Kooperationen	172
	4.2.2	Der Einsatz von Portfolio-Methoden in internationalen polyzentrischen Strukturen	180
	4.2.3	Die Entwicklung internationaler strategischer Programme	190
4.3		Strategische Steuerung als Engpaßfaktor des Strategischen Management internationaler Unternehmen	197
	4.3.1	Länderspezifische Konkretisierung strategischer Programme	198
	4.3.2	Die Unterstützung der Koordinationsaufgabe einer strategischen Steuerung	200
	4.3.3	Strategische Plan- und Prämissenkontrolle im internationalen Unternehmen	205
4.4		Zusammenfassung und Ausblick: Perspektiven der Weiterentwicklung einer methodenorientierten Gestaltung von internationalen strategischen Managementsystemen	206

5 Die Gestaltung internationaler strategischer Managementsysteme in einer organisationstheoretischen Perspektive 210

5.1		Die organisatorische Gestaltung internationaler strategischer Managementsysteme: Ein erster Zugang	210
	5.1.1	Strategie und Struktur	211

		5.1.2	Architekturen internationaler strategischer Managementsysteme als Problem der Aufbauorganisation 215

- 5.1.2 Architekturen internationaler strategischer Managementsysteme als Problem der Aufbauorganisation 215
- 5.1.3 Hierarchiedynamik internationaler strategischer Planungssysteme als Problem der Ablauforganisation 228

5.2 Einflußfaktoren der Variantenbildung internationaler strategischer Managementsysteme 235

- 5.2.1 Variantenbildung im Lichte des Integration/ Responsiveness-Bezugsrahmens 235
- 5.2.2 Role making und Ausdifferenzierung von Varianten internationaler strategischer Managementsysteme 243
- 5.2.3 Variantenbildung internationaler strategischer Managementsysteme in verschiedenen Rollenkonstellationen 251

5.3 Die organisatorische Anbindung internationaler strategischer Managementsysteme 260

- 5.3.1 Das Problem der organisatorischen Anbindung von Managementsystemen 260
- 5.3.2 Organisatorische Anbindung als Problem der Legitimität von Steuerungssystemen 265
- 5.3.3 Bedeutung nationaler Lebens- und Sprachformen für die organisatorische Anbindung von Steuerungssystemen 272

5.4 Zusammenfassung und Ausblick: Geplanter Wandel internationaler strategischer Managementsysteme 278

6 Schlußbetrachtung: Entwicklungssysteme und die Gestaltung internationaler strategischer Managementsysteme in einer prozeduralen Perspektive **283**

Anhang: Darstellung des Kooperationsprojektes **301**

Literaturverzeichnis **317**

Abbildungsverzeichnis

Abb. 2-1:	Das Konzept der organisatorischen Lebenswelt	20
Abb. 2-2:	Vereinfachte Form einer Führungsstruktur	22
Abb. 2-3:	Stufenmodell der Entwicklung von Organisationsstrukturen internationaler Unternehmen	28
Abb. 2-4:	Phasenmodell der Entwicklung von Steuerungsstrukturen im internationalen Unternehmen	30
Abb. 2-5:	Zusammenspiel komparativer und kompetitiver Wettbewerbsvorteile	40
Abb. 2-6:	Ein Überblick zu Systemkonzeptionen eines internationalen strategischen Managements	44
Abb. 2-7:	Denkmodell einer Gesamtarchitektur von Managementsystemen	56
Abb. 2-8:	Die Kopplung von politischen Systemen in polyzentrischen Strukturen	70
Abb. 2-9:	Abgrenzung von Reflexionsfeldern in polyzentrischen Führungsstrukturen	82
Abb. 2-10:	Empirische Untersuchungen zur Beschreibung der Rolle von Tochtergesellschaften im internationalen Unternehmen	87
Abb. 2-11:	Abgrenzung von Kern- und Randdomäne hinsichtlich nationaler und branchenspezifischer Lebens- und Sprachformen	95
Abb. 2-12:	Eine Typologie polyzentrischer Handlungsstrukturen im internationalen Unternehmen	101
Abb. 2-13:	Das Spektrum strategischer Managementsysteme	114
Abb. 3-1:	Führungsstruktur des Fallstudienunternehmens: Führungsebenen und Führungskreise	122
Abb. 3-2:	Rollen von Regionalgesellschaften	124
Abb. 3-3:	Gesamtarchitektur der Planungs- und Kontrollsysteme	128
Abb. 3-4:	Teilpläne und logischer Zusammenhang der Wirtschaftsplanung	130
Abb. 3-5:	Aufbauorganisation der Investitionsplanung	133

Abb. 3-6:	Methodischer Ansatz und Inhalt der Erstellung eines Länderkonzeptes	136
Abb. 3-7:	Die Berichtsarchitektur	139
Abb. 4-1:	Differenzierung einzelner Interessengruppen des soziökonomischen Feldes internationaler Unternehmen	151
Abb. 4-2:	Denkmodell einer soziopolitischen Rahmenplanung im internationalen Unternehmen	154
Abb. 4-3:	Entscheidungsstrukturen zwischen Regierung und Unternehmen am Beispiel der Türkei	158
Abb. 4-4:	Typen strategischer Grundhaltungen internationaler Unternehmen	161
Abb. 4-5:	Strategische Grundhaltung internationaler Unternehmen im Tertiärbereich	162
Abb. 4-6:	Mögliche Themen eines unternehmenspolitischen Rahmenkonzeptes im internationalen Unternehmen	167
Abb. 4-7:	Dokumente eines Rahmenkonzeptes	169
Abb. 4-8:	Netto-Kooperationsvorteile und Entwicklungsalternativen internationaler Kooperationen	177
Abb. 4-9:	Grundmodell einer Abbruchplanung von Kooperationen	178
Abb. 4-10:	Mehrfach strukturierte Portfolios für eine international agierende Mehrproduktunternehmung	185
Abb. 4-11:	Stoßrichtungen ausgewählter Handlungszentren zwischen Integration und Responsiveness	188
Abb. 4-12:	Strategienfächer zur Entwicklung strategischer Programme im internationalen Unternehmen	191
Abb. 4-13:	Konfigurationsmatrix zur Unterstützung der Ableitung von Konfigurationsstrukturen	194
Abb. 4-14:	Entwicklung strategischer Programme zwischen länderspezifischer und länderübergreifender Orientierung	196
Abb. 4-15:	Zuordnung strategischer Programme auf Verantwortungsbereiche	201

Abb. 4-16: Ressourcen-Allokation in internationalen
Unternehmen: ROI-Beurteilungen aus Produkt- und
Länderperspektive 203

Abb. 5-1: Grundformen von Primär- und Sekundärorganisation
in internationalen Unternehmen 213

Abb. 5-2: Abgrenzung von Architekturtypen innerhalb einer
Gesamtarchitektur von Managementsystemen 218

Abb. 5-3: Differenzierungsmöglichkeiten partieller Architekturen
im internationalen Unternehmen 226

Abb. 5-4: Hierarchiedynamik der strategischen Planung im
internationalen Unternehmen 229

Abb. 5-5: Ein Bezugsrahmen zur Gestaltung internationaler
strategischer Managementsysteme 238

Abb. 5-6: Variantenbildung der strategischen Planung bei einer
Grundstrategie der regionalen Integration
im Pionier-Kontext 241

Abb. 5-7: Differenzierung von Führungsrollen
im Rollendreieck 249

Abb. 5-8: Archetypen der Mutter-Tochter-Beziehung 251

Abb. 5-9: Varianten von Steuerungssystemen und
Delegationsgrad 255

Abb. 5-10: Beziehungen zwischen Verfahrensgerechtigkeit,
Outcome-Gerechtigkeit und förderlichen
Bedingungen zur Annahme von Planungsoutputs 269

Abb. 6-1: Generalisierungen der Kunstlehre im Sprachebenen-
Modell 289

Abb. A-1: Das Mitarbeiterprojekt im Überblick 310

1 Einleitung: Strategische Managementsysteme als Ansatz zur Führungsunterstützung im internationalen Unternehmen

Eine grenzüberschreitende Unternehmenstätigkeit stellt die strategische Führung internationaler Unternehmen vor neue Herausforderungen.[1] Im Zentrum dieser Arbeit steht die Frage, welchen Beitrag strategische Managementsysteme bei der Bewältigung dieser Herausforderungen leisten können.[2] Diese Kernfrage erscheint aus zwei aufeinander aufbauenden Gründen von Interesse: (1) Zum einen führt eine internationale Unternehmenstätigkeit zu neuen Führungs*aufgaben*; (2) und zum anderen muß im internationalen Unternehmen das Führungs*phänomen* an sich in spezifischer Weise gefaßt werden.

(1) Als Aufgabenkern einer strategischen Führung wird in dieser Arbeit die Beschäftigung mit den gegenwärtigen und zukünftigen Erfolgspotentialen einer Unternehmung betrachtet. Im ersten Zugriff können darunter strukturelle Gegebenheiten eines organisatorischen Feldes gesehen werden, die Unternehmen unter Einsatz bestimmter Fähigkeiten in Erfolge umsetzen. Die strategische Führung internationaler Unternehmen sieht sich dann mit der Aufgabe konfrontiert, solche Erfolgspotentiale zu entwickeln, aufzubauen und zu nutzen, die sich aus einer internationalen Unternehmenstätigkeit zusätzlich ergeben. Internationale strategische Managementsysteme sind darauf gerichtet, die strategische Führung bei dieser Aufgabe zu unterstützen.

(2) Eine internationale Unternehmenstätigkeit läßt aber auch das Führungsphänomen an sich in einem neuen Licht erscheinen. *Intra*organisatorisch fördern inhomogene nationale Kulturen und die weltweite Streuung der Unternehmensaktivitäten das Auftreten mehrerer gleichberechtigter lokaler Führungszentren. Weiter sind grenzüberschreitende Unternehmensaktivitäten heute in hohem Maße durch kooperative Formen wie Joint-Ventures oder strategische Allianzen gekennzeichnet. Insofern werden auch *inter*organisatorisch unterschiedlich verteilte Führungsstrukturen wahrscheinlich. Schließlich sind auch sogenannte "non-economic actors" - also solche Interessengruppen wie nationale Regierungen oder Gewerkschaften - im organisatorischen Feld zu berücksichtigen, die im Sinne einer externen Steuerung (external control) von Pfeffer (1981) auf die Führungsstrukturen des internationalen Unternehmens Einfluß nehmen.

Diese ersten Hinweise auf eine veränderte Führungswirklichkeit im internationalen Unternehmen werden im Rahmen dieser Arbeit zu der Auffassung ver-

---

[1] Zur empirischen Evidenz internationaler Unternehmenstätigkeit vgl. z. B. Schoppe (1992), Voß (1989: 39ff.).
[2] Der Begriff "internationale strategische Managementsysteme" wird im folgenden aus Vereinfachungsgründen in der Bedeutung "strategische Managementsysteme im internationalen Unternehmen" verwendet.

dichtet, daß die Führungsstrukturen international tätiger Unternehmen in besonderem Maße durch Phänomene des Polyzentrismus[3] gekennzeichnet sind. Polyzentrisch bedeutet im ersten Zugriff, daß nicht ohne weiteres von der Nullhypothese ausgegangen werden darf, Unternehmungen würden im Regelfall eine eingipflige, d. h. monozentrische Führungsstruktur aufweisen. Da Managementsysteme die Führungsstrukturen einer Unternehmung unterstützen sollen, ergeben sich aus diesen polyzentrischen Phänomenen bestimmte Anforderungen, die bei der Entwicklung und Gestaltung internationaler strategischer Managementsysteme zu beachten sind.

Mit dieser Problemstellung ordnet sich die vorliegende Arbeit in den größeren Zusammenhang eines Forschungsprogramms ein, in dessen Mittelpunkt die Frage nach Möglichkeiten und Grenzen einer *rationalen* Unternehmensführung steht. Es handelt sich um die evolutionäre Wissenschaftskonzeption einer angewandten Führungslehre, wie sie von Kirsch et al. im Verlauf einer nunmehr über 20jährigen Forschungstätigkeit entwickelt wurde (vgl. Kirsch/ Seitz 1992: 1f.). Im Zentrum der aktuellen Forschung steht die Entwicklung einer Theorie der *strategischen* Unternehmensführung. Dabei wird allerdings weniger der Anspruch einer wohlformulierten Theorie erhoben. Vielmehr handelt es sich um einen Bezugsrahmen, der als Weg- (bzw. Richtungs-)weiser (Kirsch 1992b: 176ff.) zur Konstruktion einer solchen Theorie verstanden werden kann. "Strategisch" bedeutet dabei im ersten Zugriff "auf die Entfaltung bzw. Veränderung von *Handlungsmöglichkeiten* oder *Fähigkeiten* bzw. Erfolgspotentialen einer Unternehmung gerichtet" (vgl. Kirsch 1992b: 111). In diesem Zusammenhang wurden in jüngster Zeit verschiedene Dissertationsprojekte auf den Weg gebracht, die den bisher in Grundzügen vorliegenden Bezugsrahmen ausarbeiten sollen.[4]

Managementsysteme nehmen in diesem Bezugsrahmen eine zentrale Stellung ein. In einer sehr allgemeinen Begriffsfassung lassen sich darunter Systeme zur Führungsunterstützung verstehen, die die Führungsstrukturen der Basisorganisation überlagern.[5] Eine wichtige Teilmenge solcher Managementsysteme sind Planungs- und Kontrollsysteme. Planungs- und Kontrollsysteme dienen dazu, unter Verwendung spezifischer Methoden Pläne zu produzieren, sowie deren Einhaltung und die ursprünglichen Prämissen zu überprüfen. In der hier vertretenen Sichtweise sind Managementsysteme auf eine

---

[3] Der Begriff "Polyzentrismus" wird den Leser zunächst an die Unterscheidung ethno-, regio-, geo- und schließlich polyzentrischer Unternehmungen erinnern (vgl. Heenan/ Perlmutter 1979). Um Mißverständnisse auszuschließen, sei bereits an dieser Stelle darauf hingewiesen, daß der Begriff "Polyzentrismus" in dieser Arbeit in einer weitreichenderen Bedeutung verwendet wird (vgl. dazu Abschnitt 2.3.1).

[4] Vgl. Habel (1992), Obring (1992), Wolfrum (1993), Weinzierl (1993 i. V.) sowie Näther (1993).

[5] In der Literatur finden sich eine Reihe familienähnlicher Begriffe wie Controllingsysteme, Führungssysteme, Business-Systeme, Geschäftssysteme usw. Im folgenden wird allgemein der Begriff "Managementsystem" verwendet.

Unterstützung der strategischen Führung gerichtet. Diese Thematik wurde in einer Reihe von Veröffentlichungen vertieft. Ausgehend von Kirsch (1976) sind vor allem Arbeiten zur Gestaltung strategischer und operativer Managementsysteme entstanden. Dabei standen drei Themengebiete im Vordergrund: Die Entwicklung strategischer Programme,[6] die unternehmenspolitische Rahmenplanung[7] und die strategische Steuerung im Sinne einer Umsetzung des strategisch Gewollten in operatives Tun.[8] In jüngster Zeit werden verschiedene Möglichkeiten der Weiterentwicklung verfolgt. Jeschke (1992) generiert auf dem Weg eines Vergleichs zu anderen Denkmodellen von Managementsystemen weiterführende Entwicklungsfelder. Ulrich (1993) entwickelt die Vorstellung eines entwurfssprachlichen Verständnisses der Evolution von Managementsystemen. In der aktuellsten Arbeit dieses Forschungsfeldes unternimmt Reglin (1993) den Versuch einer organisationstheoretischen Fundierung von Managementsystemen.

Eine weitere Gruppe von Arbeiten zu einer Theorie der strategischen Unternehmensführung beschäftigt sich mit den Möglichkeiten und Grenzen einer strategischen Führung in polyzentrischen Strukturen. Die Pilotarbeit wurde von Obring (1992) vorgelegt. Weinzierl (1993 i. V.) vertieft insbesondere die politische Dimension polyzentrischer Strukturen, und Ringlstetter (1993 i. V.) thematisiert Polyzentrismus als Phänomen eines strategischen Konzernmanagements.

Mit der hier vorgelegten Arbeit wird in dreifacher Hinsicht der Anschluß an das eben in Grundzügen nachgezeichnete Forschungsprogramm gesucht. Zum einen soll das Forschungsfeld "internationales Management" systematisch für die Diskussion des Themas Managementsysteme erschlossen werden.[9] Durch eine Fokussierung polyzentrischer Führungsstrukturen wird weiter versucht, eine Verbindung zwischen dem Forschungsfeld "Managementsysteme" und der sich abzeichnenden Polyzentrismusdiskussion herzustellen. Neben diesen inhaltlichen Fragestellungen wird schließlich auch in bezug auf das Forschungsprocedere einer angewandten Führungslehre eine spezifische Vorgehensweise gewählt.[10]

Kennzeichnend für diese Konzeption ist die Auffassung, daß eine angewandte Disziplin wesentliche Impulse aus dem Spannungsfeld zwischen grundlagentheoretischer Diskussion und unmittelbarer Auseinandersetzung mit der

---

[6] Vgl. Roventa (1979), Müller (1981), Reichert (1984), Mauthe (1984). Die Ergebnisse wurden in Trux et al. (1985) zusammengefaßt.

[7] Vgl. Kirsch (1984: 497ff.), Angermeyer-Naumann (1985), Brantl (1986), Hinder (1986), Weber (1985), Boehm-Tettelbach (1990).

[8] Vgl. Naumann (1982), Geiger (1986), Grebenc (1986), Maaßen (1986), Klotz (1986), Hügler (1988). Die Ergebnisse wurden in Kirsch/ Maaßen (Hrsg. 1989) zusammengefaßt.

[9] Zu einem ersten Zugang innerhalb dieses Forschungsprogramms vgl. Carl (1989).

[10] Zu einer Rekonstruktion vgl. Kirsch/ Seitz (1992).

Unternehmenspraxis (z. B. über Projekte der Aktionsforschung) gewinnen kann. Dieses Spannungsfeld wird in Form einer an Einzelfallstudien orientierten Argumentationsweise - als "Reasoning from Case to Case"[11] - quasi "abgearbeitet". Vor diesem Hintergrund wird die Praxisanbindung dieser Arbeit auf zweierlei Weise gesucht: Zum einen wird (soweit sinnvoll) auf die Ergebnisse wesentlicher großzahliger empirischer Untersuchungen Bezug genommen. Dabei steht die explorative Funktion empirischer Untersuchungen im Vordergrund. Zum zweiten wird eine gewisse Sensibilisierung durch die Heranziehung von Fallstudien als Ergebnis einer Aktionsforschung für Managementsysteme in internationalen Unternehmungen erwartet. Dabei bilden die Erfahrungen aus einem zweieinhalb Jahre währenden Kooperationsprojekt mit einem deutschen international tätigen Konzern den unmittelbaren Praxishintergrund dieser Arbeit.[12]

Damit kann das weitere Vorgehen erläutert werden. In Kapitel 2 sind Anforderungen an und Gestaltungsdimensionen von internationalen strategischen Managementsystemen herauszuarbeiten. Die oben eingeführten Thesen werden erläutert und im Hinblick auf mögliche Konsequenzen beurteilt. Kapitel 3 wird diese Spezifika anhand einer Fallstudie verdeutlichen und weiterentwickeln. Im Mittelpunkt stehen dabei die Planungs- und Kontrollsysteme eines großen deutschen international tätigen Konzerns. Im Anschluß werden zwei verschiedene und einander ergänzende Zugänge zur Gestaltung internationaler strategischer Managementsysteme verfolgt. Während in Kapitel 4 eine methodenorientierte Perspektive im Vordergrund steht, werden in Kapitel 5 Gestaltungshinweise im Lichte einer organisationstheoretischen Betrachtung erarbeitet. Damit wird zugleich der Versuch einer theoretischen Aufarbeitung der Fallstudienergebnisse aus Kapitel 3 unternommen. Die vorausgegangenen Ausführungen haben in erster Linie die Ableitung inhaltlicher Gestaltungsempfehlungen zum Ziel. Ergänzend wird daher in Kapitel 6 eine prozedurale Perspektive verfolgt. In Form einer Schlußbetrachtung werden Möglichkeiten zur Umsetzung inhaltlicher Gestaltungshinweise bei der Entwicklung internationaler strategischer Managementsysteme untersucht.

---

[11] Das "Reasoning from Case to Case" ist ein Begriff aus dem anglo-amerikanischen common law. Es kennzeichnet eine an Präzedenzfällen orientierte Form der Rechtsfindung. Kirsch überträgt diese Denkfigur auf die Idee einer Management-Kunstlehre, die erstmals von Schmalenbach formuliert wurde (vgl. Kirsch 1992a: 413ff.). In der Tradition eines "Reasoning from Case to Case" sind bereits einige Arbeiten erschienen (vgl. z. B. für Berichtssysteme: Birk 1991; Konzerncontrolling: Bendak 1992; Systeme der strategischen Kostenrechnung: Neubauer 1993 i. V.).

[12] Das Kooperationsprojekt wird ausführlich im Anhang dargestellt.

2 Internationale strategische Managementsysteme: Anforderungen und Gestaltungsdimensionen

Bei der Entwicklung und Nutzung von Erfolgspotentialen streben Unternehmen heute verstärkt eine grenzüberschreitende Ausweitung ihres Tätigkeitsfeldes an. Strategische Managementsysteme können dann im Hinblick auf die Frage betrachtet werden, inwieweit sie einen Beitrag zur Entwicklung und Nutzung solcher Erfolgspotentiale leisten, die sich aus einer internationalen Unternehmenstätigkeit zusätzlich ergeben. Die Gestaltung strategischer Managementsysteme muß den Charakteristika der Führungsstrukturen internationaler Unternehmen Rechnung tragen. Diese Spezifika liegen vor allem darin, daß aufgrund der geographischen Ausdehnung von Unternehmensaktivitäten und wegen der Interessenvielfalt und Heterogenität sozioökonomischer Rahmenbedingungen im internationalen organisatorischen Feld die Möglichkeiten einer zentralen Koordination der Unternehmensaktivitäten in Frage gestellt werden. Diese Thesen werden im folgenden näher erläutert.

Zunächst wird ein erster Überblick zum Stand einer "Theorie der internationalen strategischen Unternehmensführung" erarbeitet (2.1). Im Anschluß werden Spezifika einer strategischen Führung im internationalen Unternehmen entwickelt (2.2). Die Darstellung des State of the Art internationaler strategischer Managementsysteme schließt sich an, um daraus mögliche Gestaltungsdimensionen abzuleiten (2.3). Eine Erläuterung der Idee internationaler polyzentrischer Führungsstrukturen ermöglicht es, spezifische Gestaltungsanforderungen herauszuarbeiten (2.4). In Form eines Ausblicks werden die Ergebnisse dieses Kapitels zusammengefaßt (2.5).

2.1 "Internationale" und "strategische" Unternehmensführung: Zur Annäherung zweier Forschungsfelder

Die betriebswirtschaftliche Auseinandersetzung mit internationalen Unternehmen weist eine über 30jährige Tradition auf. Den Auftakt machte das in den frühen sechziger Jahren initiierte Harvard Multinational Enterprise Projekt (HME-Projekt).[1] 1977 bemerkt der Initiator dieses Projekts:

> "Very soon the sheer weight of all the material will be so great that no individual scholar will be able to keep up with the important contributions."
> (Vernon 1977: VI)

Die zwei Jahre später erschienene Bibliographie der Vereinten Nationen über Multinationale Unternehmen scheint Vernon recht zu geben (vgl. UN Hrsg.

---

[1] Die wesentlichen Veröffentlichungen des HME-Projekts fallen in den Zeitraum 1958 bis 1970. Im Mittelpunkt der volkswirtschaftlich geprägten Arbeiten standen Versuche zur Erklärung internationaler Direktinvestitionen. Anlaß dieser Untersuchungen war das starke Wachstum amerikanischer Direktinvestitionen seit den 50er Jahren. Vgl. Dunning (1989: 414ff.) und die dort angegebene Literatur.

1979). Immerhin weist diese bis heute umfassendste Bibliographie rund 4200 Titel nach.[2] Ein wesentliches Teilgebiet dieser Veröffentlichungen behandelt Fragen der strategischen Führung internationaler Unternehmen. Im Hinblick auf die Gestaltungsaufgaben der Betriebswirtschaftslehre können dabei theoretische und pragmatisch-normative bzw. technologische Wissenschaftsziele unterschieden werden (vgl. z. B. Chmielewicz 1970; Nienhüser 1989).

Das theoretische Wissenschaftsziel äußert sich in der Erarbeitung realwissenschaftlicher Aussagen zur Beschreibung, Erklärung und Prognose beobachtbarer Phänomene. Unter einem technologischen Blickwinkel sollen dagegen *theoriegestützt* Gestaltungsmöglichkeiten und -empfehlungen erarbeitet und begründet werden.[3] Im Rahmen dieser Arbeit werden strategische Managementsysteme in erster Linie unter einem pragmatisch-normativen Blickwinkel betrachtet. Pragmatisch-normative Überlegungen erfordern jedoch den Rückgriff auf eine theoretische Basis. Deshalb erscheint es notwendig, einen kurzen Überblick zum Forschungsfeld der internationalen strategischen Unternehmensführung zu geben.

Der aktuelle Stand einer "Theorie" der internationalen strategischen Unternehmensführung läßt sich als Ergebnis einer gegenseitigen Annäherung und Befruchtung von Ansätzen der Strategischen Unternehmensführung[4] und Ansätzen der Internationalen Unternehmensführung[5] auffassen.[6] Die vorliegende Arbeit bewegt sich in genau diesem Forschungsfeld. Deshalb werden im folgenden drei prominente Themen dieser Diskussion vorgestellt und im Hinblick auf ihre Relevanz für das Thema "strategische Managementsysteme" beurteilt. Im einzelnen handelt es sich um den Zusammenhang zwischen Strategie und

---

[2] Aufgrund des Einsetzens einer Gründungswelle von Lehrstühlen, wissenschaftlichen Vereinigungen und Publikationsorganen ist anzunehmen, daß dieses Veröffentlichungsvolumen eher noch zugenommen hat. Eine Führungsrolle übernimmt der US-amerikanische Sprachraum (vgl. Dunning 1989).

[3] So ist etwa Wild (1967: 36, Fußnote 3) der Auffassung, daß sich theoretische Aussagen final technologisch umformulieren lassen, wobei diese Annahme zumindest für einen Großteil der Community zu gelten scheint (vgl. Nienhüser 1989: 36 und die angegebene Literatur). Damit wird allerdings noch keine Aussage über die Möglichkeit einer solchen Vorgehensweise getroffen. Der Diskussionsstand stimmt hier jedoch skeptisch (vgl. Nienhüser 1989: 37ff.).

[4] Die Entwicklung dieses Forschungsfeldes wird ausführlich dargestellt in Obring (1992: 50ff.) und zu Knyphausen (1991a). Einen umfassenden Überblick zu empirischen Arbeiten leistet Habel (1992).

[5] Zu einem Überblick über Arbeiten im deutschen Sprachraum vgl. Macharzina/ Engelhard (1987). Eine ausführliche Schilderung der anglo-amerikanischen Entwicklung bietet Dunning (1989).

[6] Vgl. auch Lyles (1990), Welge (Hrsg. 1990). Als Anzeichen einer gegenseitigen Annäherung läßt sich das Erscheinen des Sonderheftes "Global Strategy" des Strategic Management Journal im Sommer 1991 interpretieren. Analoges gilt für den von Negandhi/ Savara (Hrsg. 1989) editierten Reader "International Strategic Management", dem im Vorwort die These einer "marriage of strategic management and international business" (ebd.: X) vorangestellt wird.

Struktur, die Inhalte der sogenannten strategischen Prozeßforschung sowie den Ansatz der "Industrial-Organisation" (IO-Ansatz).

Für Fragen der strategischen Unternehmensführung nimmt die Arbeit von Chandler (1962) Meilensteincharakter an. Das daraus hervorgegangene Strategie-Struktur-Paradigma bildet ein wesentliches Diskussionsfeld der angloamerikanischen (vgl. z. B. Galbraith/ Kazanjian 1986) und deutschsprachigen (vgl. z. B. Staehle 1991) Forschung einer strategischen Unternehmensführung. Im internationalen Zusammenhang wurden die von Chandler aufgeworfenen Fragen erstmals im Rahmen des bereits erwähnten HME-Projekts von Stopford/ Wells (1972) aufgegriffen und am Beispiel US-amerikanischer Unternehmen untersucht. Die zentrale These von Chandler, derzufolge die (Organisations-)Struktur wesentlich durch die von einem Unternehmen verfolgte Strategie bestimmt wird, wird heute vor allem in bezug auf internationale Strategien diskutiert (vgl. Kapitel 2.2.2). Im Mittelpunkt stehen dabei die Strukturkonsequenzen von dualen Strategien (im Sinne einer gleichzeitigen Produkt- und Länderdiversifikation; vgl. Daniels et al. 1985) und von globalen Strategien (vgl. Welge/ Böttcher 1991; Eschner 1994 i. V.).

Hinweise für die Gestaltung strategischer Managementsysteme ergeben sich, wenn man Chandlers Strukturbegriff nicht nur im Sinne einer strategieadäquaten Aufbauorganisation, sondern auch als Platzhalter für Strategieimplementierung auffaßt (vgl. z. B. Selznick 1957: 90ff.; Learned et al. 1965: 619ff.). In dieser Tradition stehen beispielsweise die Arbeiten von Egelhoff (1982; 1984; 1988a, b). Er leitet aus der Strategie einer Unternehmung bestimmte Informationsverarbeitungsanforderungen ab und stellt diese den Informationsverarbeitungskapazitäten gegenüber, über die eine bestimmte Organisationsstruktur verfügt. Managementsysteme tragen dann zu einem "fit"[7] zwischen Strategie und Struktur bei.

> "Research on the strategy-structure issue has focused on the structural configuration aspect of an organization's design. Yet fit between strategy and structure must be influenced by other design features (e.g. planning and control systems, an MIS, the use of staff groups), which also influence the information-processing capacities of an organization." (Egelhoff 1982: 455)

Eine weiterführende Einordnung der Forschung zur strategischen internationalen Unternehmensführung kann an der groben Unterscheidung zwischen strategischer Inhaltsforschung (strategic content) und strategischer Prozeßforschung (strategic process) ansetzen. Die *Inhaltsforschung* trifft Aussagen über die inhaltliche Ausrichtung von Strategien, während im Rahmen der *Pro-*

---

[7] Egelhoff geht hier allerdings differenzierter vor, indem er vier Typen eines Strategie-Struktur-Fits unterscheidet: Fit (1) umfaßt Strategie-Struktur Beziehungen auf Ebene des Gesamtunternehmens, Fit (2) dagegen solche auf Ebene ausländischer Töchter. Fit (3) bezieht sich auf die Struktur-Entsprechung und Fit (4) auf die Strategie-Entsprechung zwischen Zentrale und Töchtern (vgl. Egelhoff 1988b: 249ff.).

zeßforschung nicht die Inhalte, sondern die Prozesse der Strategieformulierung und -implementierung im Vordergrund stehen.[8] Die Prozeßforschung bietet damit Ansatzpunkte zur Gestaltung strategischer Managementsysteme im Sinne einer Erschließung spezifisch internationaler Erfolgspotentiale.

Während die Inhaltsforschung relativ fortgeschritten erscheint,[9] befindet sich die internationale Prozeßforschung noch in der Entwicklung. Wählt man eine weite Interpretation des Begriffes der Prozeßforschung - etwa im Sinne einer "strategischen Koordination", so können in diesem Zusammenhang die zahlreichen vor allem empirischen Arbeiten zur Koordination ausländischer Unternehmensaktivitäten herangezogen werden.[10] In diesen Arbeiten fällt vor allem ein Entwicklungstrend auf. Während in frühen Untersuchungen vorrangig technokratische Steuerungskonzepte im Vordergrund standen, gewann mit Beginn der 80er Jahre zusätzlich die Untersuchung personenorientierter und informaler Steuerungsmechanismen an Bedeutung.[11] Diese Beobachtung bezieht sich auf die Merkmale der untersuchten Forschungsdesigns und erlaubt daher nur bedingt die Schlußfolgerung, daß informale Steuerungsformen in Unternehmen zuvor keine Bedeutung aufgewiesen hätten. Statt dessen ist von einer zusätzlichen Berücksichtigung solcher a priori relevanten Aspekte in den entsprechenden Designs auszugehen. Als Auslöser für diese zunehmende Berücksichtigung weicher Steuerungsformen können die Arbeiten von Ouchi (1981) und Pascale/ Athos (1981) sowie der darauf aufbauende Bestseller von Peters/ Waterman (1982) gelten.

Eine zweite Gruppe von Arbeiten steht in der Fallstudientradition der Harvard Business School.[12] Ausgangspunkt sind Fallstudienergebnisse aus amerikanischen, europäischen und japanischen Unternehmen mit hoher Produktdiversifikation und bedeutenden Auslandsumsätzen. Hier lassen sich zwei Forschungsguppen unterscheiden. Die erste Gruppe ist wesentlich mit den Autoren Bartlett, Ghoshal, Doz und Prahalad verbunden, die ihre ersten Arbeiten

---

[8] Zu dieser Unterscheidung vgl. richtungsweisend Schendel/ Hofer (1979). Eine Rekonstruktion findet sich bei zu Knyphausen (1993 i. V.).
[9] Zu einem Überblick über Arbeiten der Inhaltsforschung vgl. z. B. Scholl (1989), Colberg (1989), Ricks/ Toyne/ Martinez (1990: 230ff.) sowie Morrison/ Roth (1989) und (1992).
[10] Zu einem Literaturüberblick, der über 80 empirische Studien versammelt, vgl. Ricks/ Toyne/ Martinez (1990: 228ff.), Martinez/ Jarlllo (1989).
[11] Diese Literaturauswertung umfaßt ausschließlich englischsprachige Studien. Eine Zusammenstellung deutschsprachiger Studien findet sich jedoch bei Weber (1991a: 214).
[12] Fallstudien haben insbesondere unter didaktischem Vorzeichen in der deutschsprachigen Betriebswirtschaftslehre eine gewisse Tradition (vgl. z. B. Kosiol 1957). Im anglo-amerikanischen Raum werden jedoch auch empirisch-deskriptive Aspekte in den Mittelpunkt gestellt (vgl. wegweisend Learned et al. 1965 sowie Thomas/ McGee 1986: 1). Einen neueren Vorstoß der deutschsprachigen Betriebswirtschaftslehre legt Kirsch unter Rückgriff auf Schmalenbach mit der Idee einer über ein Reasoning from Case to Case entwickelten Management-Kunstlehre vor (vgl. Kirsch 1992a: 525ff.).

an der Harvard Business School vorlegten. Diese Autoren rechnen sich der sogenannten "Prozeß-Schule" (process school of policy research) zu.[13] Obwohl innerhalb dieser Schule der internationale Aspekt anfangs nicht im Vordergrund stand, wurde eine Fülle von Studien am Beispiel internationaler Unternehmen durchgeführt. Mit den Arbeiten von Doz (1976) und Prahalad (1975) bildete sich ein eigenständiger internationaler Zweig heraus, der in neueren Veröffentlichungen als "process school" firmiert (vgl. Doz/ Prahalad 1991). Eine zweite Gruppe von Arbeiten geht auf ein 1976 unter Hedlund initiiertes Forschungsprojekt an der Stockholm School of Economics zurück.[14] In den ersten Arbeiten wurde in Form großzahliger empirischer Untersuchungen am Beispiel schwedischer international tätiger Unternehmen gearbeitet. Neuere Beiträge streben demgegenüber einen Anschluß an die Fallstudientradition von Harvard an (vgl. Hedlund 1986; Hedlund/ Rolander 1990).

Obwohl diese Arbeiten unabhängig voneinander entstanden, sind in jüngerer Zeit Versuche erkennbar, die verschiedenen Arbeiten unter einem "Paradigma" zusammenzuführen.[15] Dabei wird ein Bezugsrahmen angestrebt, der folgende Kernelemente umfaßt (vgl. zum folgenden Doz/ Prahalad 1991: 157ff.):

(1) Zentrale Argumentationsfigur ist das sogenannte "integration-/ responsiveness-framework" (I-R-Bezugsrahmen), in dem Geschäftscharakteristika im Spannungsfeld zwischen den konfliktären Anforderungen globaler Integration und lokaler Responsiveness[16] dargestellt werden. Dieser Bezugsrahmen geht davon aus, daß sich die Anforderungen des internationalen Geschäfts auf zwei Dimensionen zurückführen lassen. Eine *globale Integration* der Unternehmensaktivitäten ist Ausdruck des ökonomischen Imperativs (vgl. Doz 1979: 5). Sie wird z. B. gefördert durch economies of scale, weltweit standardisierbare Produkte, privilegierten Zugang zu Rohstoffen, globale Kunden, hohe Technologieintensität, Präsenz globaler Wettbewerber usw. Eine *lokale Responsiveness* im Sinne einer länderspezifischen Ausrichtung von Strategien wird dagegen durch den "nationalen Imperativ"[17] erforderlich. Folgende Faktoren begünstigen diese lokale Responsiveness: Unterschiedliche Vertriebskanäle, nationenspezifische Kundenbedürfnisse, nationale

---

[13] Die Pilotarbeit legte Bower mit einer ausführlichen Fallstudie des Investitionsprozesses in einem Großunternehmen vor (vgl. Bower 1970). Zu einem frühen Überblick vgl. Bower/ Doz (1979). Zu einem aktuellen Überblick vgl. Doz/ Prahalad (1991: 157ff.).

[14] Hedlund fungierte als Koordinator des Forschungsprojektes (vgl. Leksell 1981a: I). Zu den einzelnen Arbeiten vgl. Hedlund (1980), (1981), (1984), Leksell (1981a, b), Otterbeck (1981), Lindgren/ Spangberg (1981).

[15] Vgl. die gemeinsame Veröffentlichung Bartlett/ Doz/ Hedlund (Hrsg. 1990).

[16] Der Begriff "Responsiveness" kann im ersten Zugriff als "Empfänglichkeit" bzw. "Sensibilität" gegenüber nationenspezifischen Bedürfnissen übersetzt werden.

[17] Doz (1979: 5) spricht hier lediglich vom "politischen Imperativ". Demgegenüber umfaßt die Dimension der lokalen Responsiveness eine reichhaltigere Auffassung.

Marktstrukturen, lokale Gebräuche, Einfluß nationaler Regierungen usw. Über eine Kreuztabellierung dieser beiden Dimensionen werden vier Grundsituationen[18] unterschieden, die in unterschiedlichem Ausmaß lokalen oder globalen Charakter annehmen.

(2) Ein möglicher Wandel der Geschäftscharakteristika wird auf die Veränderung der Integrations- und Responsivenesskräfte zurückgeführt und als Problem einer Umordnung des Gefüges zwischen externen Kräften, strategischer Wahl und Geschäftssystemen behandelt.

(3) Die Vertreter dieser Schule bekennen sich zu einem methodologischen Individualismus und stellen den einzelnen Manager in den Mittelpunkt der Überlegungen. Die Bedeutung formaler Organisationsstrukturen wird zugunsten der Betonung von Prozeßstrukturen zurückgestellt.

(4) Vorläufig wird ein konzeptioneller Bezugsrahmen und nicht eine Theorie im engeren Sinne angestrebt.

(5) Der Gefahr einer kulturellen Kontingenz dieses Bezugsrahmens wirkt die internationale Besetzung von Forschungsteams entgegen (für eine ausführliche Darstellung vgl. Doz/ Prahalad 1991).

Für eine erste Strukturierung des Forschungsfeldes erweist sich die Unterscheidung zwischen Inhalts- und Prozeßforschung als zweckmäßig. Die Denkfigur des I-R-Bezugsrahmens versucht dabei, Fragen der Inhalts- und Prozeßforschung zusammenzuführen. "Substance and process in a DMNC (Diversified Multinational Company; Anm. d. Verf.) are captured using the same underlying framework ..." (Doz/ Prahalad 1991: 158). Allerdings ist mit jeder Unterscheidung zugleich die Gefahr verbunden, damit andere, möglicherweise ebenso interessante Beobachtungszusammenhänge auszublenden.[19] Deshalb soll ergänzend ein weiterer prominenter Ansatz vorgestellt werden, der sowohl für Arbeiten der strategischen als auch der internationalen Unternehmensführung wesentliche Impulse leistet.

Dabei handelt es sich um den Ansatz der Industrial-Organisation (IO-Ansatz).[20] Dieser IO-Ansatz steht in engem Zusammenhang mit den Überlegungen des "Structure-Conduct-Performance-Paradigmas". In der ursprünglichen Fassung dieses stark mikroökonomisch geprägten Bezugsrahmens wird angenommen, es gäbe spezifische Ausprägungen der Marktstruktur (structure), die das Verhalten (conduct) von Unternehmen auf dem Markt bestimmen, wobei dieses Verhalten wiederum den Unternehmenserfolg (market performance) determiniert (vgl. Böbel 1978: 19; Teece 1984; Kirsch/ Habel 1991: 428ff.). Verschiedene Weiterentwicklungen -

---

[18] Sofern es sich um die Diskussion von Strategien handelt, wird z. B. bei geringer Responsiveness zwischen globalen Strategien mit hoher Integration und internationalen Strategien mit niedriger Integration differenziert. Analog können bei hoher Responsiveness Mischstrategien und multinationale Strategien unterschieden werden (vgl. z. B. Meffert 1990: 452).

[19] Zu einer Kritik vgl. Habel (1992: 8f.) und die dort angegebene Literatur.

[20] Vgl. einführend Schreyögg (1984: 50ff.) sowie Kirsch/ Habel (1991: 431ff.).

insbesondere aber die Aufgabe der Annahme unikausaler Zusammenhänge zwischen den genannten Variablen - führten dazu, daß der IO-Ansatz in Arbeiten zur strategischen Unternehmensführung aufgegriffen wurde. Wesentliche Überlegungen wurden hier vor allem von Porter entwickelt:

> "The traditional (...) paradigm of industrial organization (IO) offered strategic management a systematic model for assessing competition within an industry, yet the model was seldom used in the business policy (BP) field. IO and BP differed in their frames of reference (public vs. private), units of analysis (industry vs. firm), views of decision maker and stability of structure, and in other significant respects. Development of IO theory during the 1970s has narrowed the gap between the two fields, to the extent that IO should now be of central concern to policy scholars."
> (Porter 1981: 609)

Der IO-Ansatz weist selbst eine reiche internationale Tradition auf. "[This] industrial organization approach to international direct investment examines the effects of industry structure and firm conduct associated with imperfect competition ..." (Parry 1980: 29). Diese internationale Variante des IO-Ansatzes wurde insbesondere im Anschluß an die Hymer/ Kindleberger-These zur Theorie monopolistischer Wettbewerbsvorteile entwickelt (vgl. Hymer 1976).[21] Gemäß dieser Internationalisierungstheorie wird die Existenz internationaler Unternehmen auf monopolistische Unternehmensvorteile zurückgeführt, welche Nachteile einer internationalen Unternehmenstätigkeit (Markteintrittsbarrieren, Diskriminierung durch staatliche Regierungen usw.) mindestens kompensieren. Aufbauend auf dem Konstrukt unternehmensspezifischer (monopolistischer) Wettbewerbsvorteile wurden unter dem Begriff der monopolistischen Theorie der Direktinvestitionen zahlreiche Ansätze zur Erklärung von Auslandsinvestitionen entwickelt.[22] Gemeinsam ist diesen Arbeiten, daß sich Direktinvestitionen aus dem Zusammenspiel von strukturellen Marktgrößen (vor allem Marktunvollkommenheiten) und monopolistischen Fähigkeiten des Unternehmens erklären lassen.[23] Unterschiede liegen in den Faktoren, die Wettbewerbsvorteile generieren können und in der Art der Fähigkeiten.[24]

---

[21] Hymers Dissertation (The International Operations of National Firms: A Study of Foreign Direct Investment, Doctoral Dissertation, Cambridge, Mass., M.I.T.-Press 1960) wurde erst 1976 von Kindleberger unter Hymers Namen und dem ursprünglichen Titel veröffentlicht. Hymer (1976: 34ff.) selbst spricht nur von "advantages".

[22] Vgl. z. B. Macharzina (1982: 120) und die dort angegebene Literatur, Stein (1992: 52ff.). Der umfassendste Ansatz, welcher die Hymer/ Kindleberger These aufgreift, ist Dunnings eklektische Theorie der internationalen Produktion (vgl. Dunning 1988a).

[23] Mit der Fähigkeitskomponente wird allerdings bereits eine wesentliche Erweiterung des SCP-Paradigmas angedacht, da solche Fähigkeiten auch als intervenierende Variable zwischen den SCP-Variablen fungieren können. Zu einer ausführlichen Darstellung der sich daraus ergebenden Konsequenzen vgl. Kirsch (1992b: 148), Obring (1992: 86ff.) sowie Habel (1992: 267ff.).

[24] Hymer nennt Produktdifferenzierungs-, Kostenvorteile und economies of scale (vgl. Hymer 1976: 42). Zu weiteren Fähigkeiten im Marketing (vgl. Caves 1971:

Betrachtet man den IO-Ansatz als eine vielversprechende Theoriebasis zur Behandlung von Fragen einer internationalen strategischen Unternehmensführung, so ist festzustellen, daß eine Anwendung auf internationale Fragestellungen bisher erst in Anfängen vorliegt. Neuere Entwicklungen rechtfertigen jedoch die Vermutung, daß der IO-Ansatz zukünftig in stärkerem Maße für strategische internationale Fragestellungen erschlossen wird.

Eine erste Weiterentwicklungsmöglichkeit liegt darin, makroökonomisches Ideengut für eine mikroökonomische Betrachtung im Sinne des IO-Ansatzes zu erschließen und für strategische Fragen im internationalen Zusammenhang zu nutzen. Die Arbeit von Porter (1990a) "The Competitive Advantage of Nations" ist in dieser Weise zu interpretieren. In bewährter Manier (vgl. nochmals Porter 1981) ergänzt er sein dreistufiges Modell zur Strukturanalyse von Branchen (vgl. Porter 1990b: 25ff.) mit den Ebenen Branche, strategische Gruppe und Unternehmung um die vierte Analysestufe der Nation und präzisiert den Beitrag des nationalen Wettbewerbsumfeldes (Struktur) für eine grenzüberschreitende strategische Unternehmenstätigkeit.

Daneben stellt der sogenannte ressourcenbasierte Ansatz (resource based view) der strategischen Unternehmensführung nichts anderes als eine Modifikation der Vorstellung monopolistischer Wettbewerbsvorteile dar. Collis (1991) untersucht den Beitrag dieses ressourcenbasierten Ansatzes zur Erklärung der Globalisierung von Unternehmen.[25]

> "In this view, firms are seen to be idiosyncratic because they have over time accumulated different resources, while organizational capability takes on a role as an independent source of competitive advantage because it is an important intangible asset in its own right." (Collis 1991: 50)

Im Gegensatz zur Betrachtung einer Unternehmung aus der Perspektive des Produkt-Marktbereichs wird ein Unternehmen aus einer internen Perspektive heraus als einzigartiges Bündel tangibler und intangibler Ressourcen betrachtet. Mögliche Konkretisierungen ergeben sich im internationalen Zusammenhang vor allem über die Konzepte der Kernkompetenzen,[26] der organisatorischen Fähigkeiten (organizational capabilities)[27] und des administrativen Erbes (administrative heritage) einer Unternehmung.[28] In diesem Sinne können überlegene Managementfähigkeiten als eine spezifische und besonders wichtige Komponente der monopolistischen Wettbewerbsvorteile des auf die Internationalisierung bezogenen IO-Ansatzes interpretiert werden. Solche Ma-

---

280), der Kapitalbeschaffung (vgl. Aliber 1970) sowie der Managementfähigkeiten vgl. Hood/ Young (1979: 48f.) sowie Dunning (1988b: 2).

[25] Vgl. dazu auch Bartlett/ Ghoshal (1991: 8ff.) sowie zu einem Überblick zu Knyphausen (1993 i. V.).

[26] Vgl. Prahalad/ Hamel (1990).

[27] Genauer müßte von einer Vielzahl heterogener Ansätze die Rede sein, in denen der Begriff organisatorischer Fähigkeiten eine gewisse Bedeutung annimmt (vgl. Collis 1991: 52 und die dort angegebene Literatur).

[28] Vgl. Bartlett/ Ghoshal (1989: 35).

nagementfähigkeiten kommen nicht zuletzt in den innerhalb einer Unternehmung implementierten Managementsystemen zum Ausdruck.

Die vorgestellten Konzepte zeigen, daß sich zwischen dem Ideengut einer strategischen und einer internationalen Unternehmensführung gemeinsame Anknüpfungspunkte ergeben, die nicht zuletzt auch für eine Betrachtung strategischer Managementsysteme genutzt werden können. Es erscheint jedoch verfrüht, von einer "Theorie" der internationalen strategischen Unternehmensführung zu sprechen. Im Gesamtbild hat das fokale Forschungsfeld bisher keine Theorien im strengen wissenschaftstheoretischen Sinne eines axiomatisch verknüpften Systems gesetzesartiger Hypothesen hervorgebracht.[29] Der wissenschaftstheoretische Entwicklungsstand ist eher zu interpretieren als

> "... potpourri of functional fields, methodologies, descriptions, occasional theorizing and conceptualizing, which does not yet come together into a coherente package of 'received wisdom'." (Hawkins 1984: 15)

Die sich abzeichnenden Bemühungen einer Theoriebildung (vgl. Ricks/ Toyne/ Martinez 1990: 239) lassen eher den schwächeren Begriff des "theoretischen Bezugsrahmens" angemessen erscheinen.[30] Einem solchen Bezugsrahmen liegt im Gegensatz zu einer Theorie ein schlechtstrukturierter Kontext im Sinne eines logischen Strukturkerns zugrunde. Er besteht aus einer Reihe theoretischer Begriffe und ersten allgemeinen Hypothesen und erfüllt die Aufgabe, das Denken über komplexe Phänomene zu ordnen und explorative Überlegungen anzuleiten (vgl. Kirsch 1977: 116f.).

Diese Merkmale sind für die Verfolgung sowohl praktisch-normativer als auch theoretischer Wissenschaftsziele entscheidend. Ein theoretischer Bezugsrahmen gestattet in der Regel lediglich Erklärungsskizzen (vgl. Kirsch 1984: 759). Daher können die daraus abgeleiteten technologischen Aussagen ihrerseits nur Handlungsskizzen darstellen.

> "Handlungsskizzen berücksichtigen die Unvollständigkeit von Ableitung und theoretischer Fundierung sowie die Notwendigkeit, technologische Aussagen zu spezifizieren und notwendige Informationen problembezogen erheben zu müssen. Sie können als eine Art Drehbuch angesehen werden." (Nienhüser 1989: 143f.)

Im vorliegenden Forschungsfeld kann also nicht von einer einer "fundierten Theoriebasis" ausgegangen werden, auf der aufbauend normative Gestaltungsempfehlungen abzuleiten wären. Dennoch können theoretische Bezugsrahmen eine Basis für die Entwicklung technologischer Aussagensysteme im

---

[29] Vgl. zu dieser Definition Chmielewicz (1970: 2f.), Seth/ Zinkhan (1991: 75).
[30] Dieses Merkmal trifft allerdings nicht nur für das Forschungsfeld einer internationalen strategischen Unternehmensführung zu, sondern scheint generell für sozialwissenschaftliche Forschung zu gelten. Zu dieser These einer chronischen Unreife der Sozialwissenschaften vgl. Kirsch (1984: 624ff.).

Sinne erster Handlungsskizzen bzw. Systemkonzeptionen bilden, die ein heuristisches Potential aufweisen und gerade deshalb möglicherweise von den Anwendern der Praxis aufgegriffen werden. Betrachtet man solche Systemkonzeptionen unter dem Blickwinkel einer Unterstützung der strategischen Führung internationaler Unternehmen, so stellt sich die Frage nach möglichen Spezfika. Diese werden im folgenden Unterkapitel abgeleitet.

2.2 Spezifika einer strategischen Führung im internationalen Unternehmen

Die Spezifika einer strategischen Führung im internationalen Unternehmen sind umstritten.[31] Aufgabe der folgenden Ausführungen ist es, diese Spezifika zu erläutern. Dazu werden zunächst begriffliche Vorüberlegungen angestellt (2.2.1). Im internationalen Zusammenhang rückt die Frage nach Charakteristika der Führungsstrukturen internationaler Unternehmen (2.2.2) und die Suche nach solchen Erfolgspotentialen in den Mittelpunkt, die sich speziell aus einer Unternehmenstätigkeit in mehreren Nationen ergeben (2.2.3).

2.2.1 Strategische Führung im internationalen Unternehmen: Begriffliche Vorüberlegungen

Eine Arbeit zur Unterstützung der strategischen Führung im internationalen Unternehmen muß klären, was mit den Termini einer *"strategischen Führung"* im *"internationalen Unternehmen"* gemeint ist. Zur Klärung dieser Fragen wird in drei Schritten vorgegangen. Zunächst wird kurz der Begriff der internationalen Unternehmung erläutert. Im Anschluß gilt es, den hier zugrundegelegten Führungsbegriff vorzustellen. Das spezifisch "Strategische" einer Führung ist dann im Hinblick auf den zentralen Begriff des Erfolgspotentials zu erläutern.

Die Literatur schlägt zahlreiche Abgrenzungskriterien zur Kennzeichnung der internationalen Unternehmung vor.[32] Eine Vertiefung solcher definitorischer Abgrenzungen wird hier nicht angestrebt, zumal in der Regel eine für die fokale Forschungsfrage zweckmäßige Definition den Ausgangspunkt bildet (vgl. z. B. Duhnkrack 1984: 19f.). Deshalb wird für diese Arbeit eine Minimaldefinition gewählt, derzufolge internationale Unternehmen im Stammland (Inland) und in mindestens einem Gastland (Ausland) wirtschaftlich tätig sind (vgl. Fayerweather 1969: 5).[33] Vor dem Hintergrund dieser Begriffsfassung zeich-

---

[31] So hat sich bis heute keine eigenständige Disziplin der Internationalen Unternehmensführung entwickelt (vgl. z. B. Albach 1981; Macharzina 1981; 1989; Dunning 1989). Im folgenden wird diese Diskussion nicht vertieft, sondern es wird eine für diese Arbeit als angemessen erachtete Vorgehensweise vorgeschlagen.

[32] Dazu gehören z. B. die Merkmale: Art des Auslandsengagements (Produktion/ Absatz), Anzahl ausländischer Produktionsstätten, Beteiligungsart und -umfang, Auslandsumsatz, Beschäftigtenzahl usw. (vgl. z. B. Pausenberger 1982: 118f.; Macharzina/ Engelhard 1987: 321; Fayerweather 1989).

[33] In der Literatur werden zahlreiche familienähnliche Begriffe wie multinationale, transnationale, globale usw. Unternehmung verwendet (vgl. z. B. Weber

nen sich internationale Unternehmen durch eine Tätigkeit in mehreren Nationen aus. Im Gegensatz zu rein nationalen Unternehmen sind damit im organisatorischen Feld international tätiger Unternehmen zusätzlich Spezifika zu berücksichtigen, die sich aus der internationalen Dimension des organisatorischen Feldes ergeben.

Der Begriff des organisatorischen Feldes ist Ausdruck eines spezifischen Zugangs zur Umwelt[34] von Unternehmen.[35] Zum einen werden Unternehmen in erster Linie als Organisationen,[36] also als soziale Systeme mit einer Verfassung betrachtet. In solchen Organisationen übernehmen Mitglieder eine formale Rolle und unterliegen dem Autorisierungsrecht der verfassungsmäßigen Organe. Die Verfassung bestimmt damit die Grenzen einer Organisation. Zum anderen bringt der Begriff des organisatorischen Feldes zum Ausdruck, daß Organisationen ihrerseits in ein Feld anderer sozialer Systeme eingebettet sind, die die verfassungsmäßig bestimmten Grenzen der Organisation überschreiten können. Das tatsächliche Handeln in einer Organisation wird demnach nicht allein durch Handlungsstrukturen erklärt, die innerhalb der Grenzen einer organisatorischen Verfassung liegen. Zusätzlich sind organisationsübergreifende Handlungsstrukturen zu berücksichtigen. Als eine angemessene Erklärungsskizze erweist sich hierbei der Begriff des organisatorischen Feldes (vgl. Kirsch 1992a: 12).

Diese Betrachtungsweise ist besonders im internationalen Zusammenhang geeignet, da das organisatorische Feld internationaler Unternehmen durch eine Vielzahl möglicher *Interessengruppen* gekennzeichnet wird. Dabei besteht eine Tendenz zu einer Mobilisierung solcher Interessengruppen, die gegenüber internationalen Unternehmen aktiv Forderungen erheben.[37] Beispiele

---

[34] 1991a: 10). Im folgenden wird in der Regel der Begriff international verwendet; spezifische Begriffsfassungen werden fallweise eingeführt.
Eine umfassende Aufarbeitung der Umweltbetrachtung im internationalen Zusammenhang findet sich bei Dülfer (1991: 173ff.).

[35] "Eine Gesamtheit gleichzeitig bestehender Tatsachen, die als gegenseitig von einander abhängig begriffen werden, nennt man ein Feld ..." (Lewin 1963: 273). Das Feld wird in Relation zu Organisationen konstituiert, wobei nach der Unmittelbarkeit der Interaktion zwischen Feldelementen und Organisation (direkte *Verflechtung* über Input-/ Outputbeziehung - indirekte *Vernetzung* über Handlungsfolgen) und dem Beobachtungszugang (Beobachtung aus der Außenperspektive des Unbeteiligten - Beobachtung aus der Binnenperspektive einer Organisation) unterschieden werden kann (vgl. Starbuck 1976: 1082). Zum folgenden Kirsch (1988: 167ff.).

[36] Vgl. zum folgenden Kirsch (1993a: 212ff.).

[37] Zur Entwicklung des Mobilisierungsgrades z. B. von internationalen Gewerkschaften vgl. Levinson (1972). Mit diesem Mobilisierungsgrad kann zugleich eine Typologie sozialer Systeme verbunden werden, an deren Anfang sich eine Klasse von Interessenten zu einem *Kollektiv* mit gleichgelagerten Interessen formiert, das im Zuge einer zunehmenden Interaktionshäufigkeit *Gruppencharakter* annimmt. Durch weitere Mobilisierung kommt es evtl. zur *Koalitionsbildung* im Sinne eines koordinierten Tätigwerdens gegenüber Dritten, um

zum Einfluß nationaler Regierungen, Großkunden, Wettbewerber, Gewerkschaften, überregionaler Vereinigungen, Verbände usw. finden sich in zahlreichen Arbeiten zum Internationalen Management.[38] Solche organisationsexternen Aktionszentren nehmen in vielfältiger Weise auf die Handlungsstrukturen der internationalen Unternehmung Einfluß. Die Führungsstrukturen internationaler Unternehmen sind also in die übergreifenden Handlungsstrukturen nationaler organisatorischer Felder eingebettet.[39]

Für die Verwendung des Führungsbegriffes sind innerhalb der relevanten Literatur zwei Gesichtspunkte kennzeichnend. Zum einen werden unterschiedliche Führungsbegriffe - z. B. Führung im institutionellen oder im funktionalen Sinne - verwendet.[40] Zum anderen setzen die verwendeten Führungsbegriffe in der Regel die Existenz einer Führung als a priori gegeben voraus. Betrachtet man die Existenz einer Führung dagegen als ein erklärungsbedürftiges Phänomen, und will man zugleich die Vielfalt unterschiedlicher Führungsbegriffe nutzen, so ist ein relativ abstrakter Führungsbegriff zugrundezulegen. Genau diese Intention steht im Mittelpunkt der Führungskonzeption von Kirsch, die kurz darzustellen ist.

> "Die Vielfalt der Verwendung des Führungsbegriffes bedarf eines Bezugsrahmens, der es erlaubt, den *allgemeinen* Begriff der Führung von allzu weitgehenden substantiellen Festlegungen a priori zu entlasten. Damit wird Führung zunächst eher formal, im Sinne einer 'Minimaldefinition', als eine 'überlagernde Handlungsstruktur' charakterisiert, die von einem Beobachter in der Weise wahrgenommen wird, daß sie einen spezifischen Interaktionszusammenhang in asymmetrischer Weise prägt." (Kirsch 1992c: 8)

Hinter dieser Begriffsfassung verbirgt sich eine Sichtweise von Führung, bei der mit einer Außenperspektive und einer Binnenperspektive zwei verschiedene und einander ergänzende methodologische Zugänge zu Führungsphänomenen genutzt werden können.[41] Aus einer *Außenperspektive* richtet man

---

[38] schließlich die Koalition auf eine verfassungsmäßige Basis (*Organisation*) zu stellen (vgl. ausführlich Kirsch 1990: 114ff.; 1988: 167ff.).
Vgl. stellvertretend Achleitner (1985), Boddewyn (1988), Doz (1979), Negandhi/ Baliga (1979) sowie Koubek (1981).

[39] Naheliegend wäre die Annahme, Nationen seien ihrerseits soziale Systeme. Zu dieser Frage vgl. Deutsch (1953), Anderson (1988), Esser (1988). Zu einer weiterführenden Diskussion vgl. Kapitel 2.2.3.

[40] Vgl. zu dieser Unterscheidung allgemein Wunderer (1987) und die dort angegebene Literatur. Im angloamerikanischen Raum wird meist die Institution des Top-Management in den Vordergrund gestellt (vgl. z. B. Doz/ Prahalad 1987a; Bartlett/ Ghoshal 1989). Demgegenüber vertritt Dülfer (1991) einen funktionalen Führungsbegriff. Dülfer setzt die Begriffe Führung und Management synonym. Dann "... bedeutet Internationales Management zielbezogene *Kommunikation mit ausländischen Interaktionspartnern* ..." (Dülfer 1991: 5).

[41] Diese methodologische Differenz kann im ersten Zugriff mit der Unterscheidung eines erklärenden und eines verstehenden Zugangs in der Erklären-/ Verstehen-Kontroverse der Sozialwissenschaften erläutert werden (vgl. Kirsch 1992a: 366ff. und die dort angegebene Literatur sowie Reglin 1993).

das Interesse auf die Rekonstruktion von *Führungsstrukturen* im Sinne möglicher Regelmäßigkeiten des betrachteten Zusammenhangs, die sich aus der Sichtweise eines externen Beobachters z. B. über Methoden der empirischen Sozialforschung feststellen lassen. Demgegenüber versucht man aus einer *Binnenperspektive* z. B. durch kompetente Teilnahme am interessierenden Handlungszusammenhang jenen "lebensweltlich" verankerten Regeln einer *Führungspraxis* auf die Spur zu kommen, die gleichsam hinter der Erzeugung von Regelmäßigkeiten stehen (vgl. Kirsch 1992a: 75ff.).[42]

Eine binnenperspektivische Annäherung an organisationstheoretische Phänomene findet sich häufig in Beiträgen zur Unternehmenskultur (vgl. Ebers 1985: 104ff.; Türk 1989: 108f.) und spielt in Ansätzen der interkulturellen Managementforschung eine große Rolle (vgl. Kapitel 2.4.4). Häufig erwecken diese Ansätze jedoch den Eindruck, daß andere *sozio*kulturelle Aspekte mit den verfügbaren Begriffen nur unzureichend erfaßt werden können. Kirsch strebt deshalb ein reichhaltigeres Sprachspiel an, wobei er auf die Ansätze der sozialwissenschaftlichen Lebensweltanalyse Bezug nimmt.

Der Begriff der Lebenswelt entstammt der Soziologie und wurde insbesondere von Habermas in seiner Theorie des kommunikativen Handelns präzisiert (vgl. Habermas 1981a, b).[43] Habermas konzipiert Lebenswelt als Gefüge von drei strukturellen Komponenten: Kultur, Gesellschaft bzw. institutionelle Ordnungen und Persönlichkeit.

> "*Kultur* nenne ich den Wissensvorrat, aus dem sich die Kommunikationsteilnehmer, indem sie sich über etwas in einer Welt verständigen, mit Interpretationen versorgen. *Gesellschaft* nenne ich die legitimen Ordnungen, über die die Kommunikationsteilnehmer ihre Zugehörigkeit zu sozialen Gruppen regeln und damit Solidarität sichern. Unter *Persönlichkeit* verstehe ich die Kompetenzen, die ein Subjekt sprach- und handlungsfähig machen, also instandsetzen, an Verständigungsprozessen teilzunehmen und dabei die eigene Identität zu behaupten." (Habermas 1981b: 209)

In der hier vertretenen Sichtweise sind dabei drei Erweiterungen des ursprünglichen Lebensweltkonzeptes von Habermas wesentlich.[44] (1) Eine Le-

---

[42] Diese Unterscheidung kann natürlich nicht nur für Führungsphänomene genutzt werden. Analog kann mit Außen- und Binnenperspektive zwischen "strategischen Manövern" und "Strategien" (vgl. Kirsch 1992b: 155) oder "strukturellen" und "lebensweltlichen" Gegebenheiten eines organisatorischen Feldes differenziert werden.

[43] In der Literatur zum Internationalen Management werden eine Reihe familienähnlicher Begriffe und Konzepte verwendet. Dazu gehören der Begriff der dominanten Managementlogik (vgl. Bettis/ Prahalad 1986: 490), die Vorstellung eines administrativen Erbes (administrative heritage) von Organisationen (vgl. Bartlett/ Ghoshal 1989: 35), aber auch die Familie der "Kulturbegriffe" wie Organisationskultur (vgl. z. B. Ebers 1985: 113), Unternehmenskultur (vgl. Dill 1986: 23), Ethnokultur (vgl. Kiechl 1990: 107) oder Landeskultur (vgl. Schreyögg 1991: 17).

[44] Zu der folgenden Begriffsstrategie vgl. weiterführend Kirsch (1993b).

benswelt wird zunächst als Inbegriff einer Menge von Lebens- und Sprachformen in bezug auf ein bestimmtes Bezugsfeld aufgefaßt. Das umfassendste Bezugsfeld bildet eine "Weltgesellschaft"; ebenso können Lebenswelten auf das Bezugsfeld einer Organisation oder eines Individuums bezogen werden. Eine Lebenswelt wird damit nicht als einheitliches Gebilde, sondern als Inbegriff einer Menge von *Lebens- und Sprachformen*[45] aufgefaßt, wobei diese Kontexte[46] der Situationsdefinition und Problemerfassung liefern, welche untereinander inkommensurabel sein können.[47] Dadurch kann der Auffassung begegnet werden, daß eine Lebenswelt ein einheitlich strukturiertes Phänomen sei. Eine Lebenswelt setzt sich statt dessen selbst aus einer Vielfalt unterschiedlicher Lebens- und Sprachformen zusammen.[48] Eine Lebenswelt kann dabei verschiedene Formen und Grade der Uneinheitlichkeit aufweisen. Sofern einzelne Lebens- und Sprachformen untereinander viele Gemeinsamkeiten bzw. eine hohe Familienähnlichkeit aufweisen, liegt eine *homogene* Lebenswelt vor. Dies wird jedoch als empirischer Grenzfall aufgefaßt. Statt dessen ist von verschiedenen Graden der Uneinheitlichkeit auszugehen. Sofern die relevanten Lebens- und Sprachformen in einem starken Sinne uneinheitlich sind, wird im folgenden von *inkommensurablen* Lebenswelten gesprochen. Sofern sie lediglich in einem schwachen Sinne uneinheitlich sind, wird der Begriff der *inhomogenen* Lebenswelt gewählt.[49]

---

[45] Dieser Begriff geht auf Wittgenstein (1960) und Winch (1974) zurück. Wittgenstein konstatierte in der Zeit seiner Spätphilosophie eine Pluralität sogenannter "Sprachspiele", die jeweils eng mit "Lebensformen" verwoben sind. Lebensformen erzeugen Grenzen von Begriffs- und Vorstellungswelten, die für das Verständnis der Realität maßgeblich sind. Winch (1974: 25) sagt dazu: "Unsere Begriffe regeln die Form unserer Welterfahrung (...) wir haben keine Möglichkeit, uns jenseits der Begriffe zu begeben, in deren Rahmen wir Gedanken über die Welt fassen (...) Die Welt *ist* für uns das, was sich uns durch diese Begriffe hindurch darbietet."

[46] Der Begriff "Kontext" bringt zum Ausdruck, daß Individuen Aufgaben als Probleme erfassen, indem sie diese vor dem Hintergrund eines oder mehrerer Kontexte intern repräsentieren und so als Problem definieren (vgl. Kirsch 1988: 75ff.; Newell/ Simon 1972: 87ff.). Spezifische Kontexte prägen somit die Art und Weise, wie Probleme wahrgenommen und gehandhabt werden. Zu einer ausführlichen Explikation vgl. Kirsch (1992a: 66ff.).

[47] Die These der Inkommensurabilität geht auf wissenschaftstheoretische Überlegungen von Feyerabend (1976) und Kuhn (1967) zurück. Demnach können Begriffe aus Aussagen eines Kontextes "A" nicht definitorisch auf Begriffe solcher Aussagen zurückgeführt werden, denen ein Kontext "B" zugrundeliegt (vgl. auch Kirsch 1988: 82ff.). In diesem Sinne sind z. B. die Kontexte des ptolemäischen und des kopernikanischen Weltbildes inkommensurabel.

[48] In verkürzter Weise kommt diese z. B. in der Vorstellung zum Ausdruck, daß sich in Organisationen Subkulturen ausbilden können (vgl. Pautzke 1989: 238ff. und die dort angegebene Literatur).

[49] Diese Begriffsfassung schließt nicht aus, daß innerhalb einer mehr oder weniger uneinheitlichen Lebenswelt verschiedene "Cluster" von Lebens- und Sprachformen existieren, die in sich relativ homogen sind, aber untereinander inhomogen oder inkommensurabel sein können. Weiter können trotz einer inkommensurablen Lebenswelt *übergreifende* Lebens- und Sprachformen vorliegen, die von allen Organisationsmitgliedern beherrscht werden (vgl. Kirsch 1993b: 3f.).

(2) Eine zweite Erweiterung geht auf die Kritik an der bei Habermas dominierenden Vorstellung zurück, daß formal organisierte Handlungsbereiche wie Organisationen als Gebilde aufgefaßt werden, die sich von der Lebenswelt abgekoppelt haben. Diese Entkoppelungsthese beruht auf der Tatsache, daß Habermas die Trennung zwischen Lebenswelt und System als Ergebnis des Evolutionsprozesses einer gesellschaftlichen Differenzierung auffaßt.

"Nachdem sich die Subsysteme Wirtschaft und Staat über die Medien Geld und Macht aus einem in den Horizont der Lebenswelt eingelassenen Institutionensystem ausdifferenzieren, entstehen *formal organisierte Handlungsbereiche*, die nicht mehr über den Mechanismus der Verständigung integriert werden, die sich vom lebensweltlichen Kontext abstoßen und zu einer Art normfreier Sozialität gerinnen." (Habermas 1981b: 455)

Diese einseitige Darstellung stößt zunehmend auf Kritik.[50] Kirsch schlägt deshalb vor, zwischen originären und derivativen Lebens- und Sprachformen zu unterscheiden. Die alltäglichen Lebens- und Sprachformen der privaten Lebenswelt, welche in der Öffentlichkeit und der Privatsphäre reproduziert und fortentwickelt werden, sind originärer Natur. All jene Lebens- und Sprachformen, welche durch die Tatsache der Existenz von Organisationen entstehen, sind dagegen derivativer Natur. In dieser Sichtweise stellt die Entstehung von Organisationen auch eine lebensweltliche "Errungenschaft" gesellschaftlicher Evolution dar.

"[Denn] in dem Maße, wie formal organisierte Handlungsbereiche, z. B. Organisationen, entstehen, in denen die Menschen ihr Arbeitsleben als Führungskräfte oder als sonstige Mitarbeiter verbringen, können sich organisationsbezogene und insofern derivative Lebens- und Sprachformen entwickeln (...). Die Führung einer Organisation teilt unter Umständen einen Kontext führungsspezifischer Begriffe, Ansichten, Kriterien und Selbstverständlichkeiten, der mit den privaten Lebensformen der jeweiligen Führungskräfte keineswegs kommensurabel sein muß." (Kirsch 1992a: 61)

(3) Schließlich können Lebens- und Sprachformen in bezug auf ein bestimmtes Bezugsobjekt abgegrenzt werden, wobei insbesondere zwischen *feldspezifischen* und *organisationsspezifischen* Lebens- und Sprachformen differenziert wird.[51] Während letztere jene Lebens- und Sprachformen bezeichnen, die in einer hypothetischen Betrachtung ohne die Existenz einer bestimmten Organisation entfallen würden, stellen erstere auf die Lebens- und Sprachformen der Umwelt bzw. der Felder ab, in denen sich eine Organisation bewegt. Im weitesten Sinne des Feldbegriffes werden damit die Lebens- und Sprachformen einer "Weltgesellschaft" angesprochen. In einem engeren Sinne sind dar-

---

[50] Vgl. Kirsch (1984: 932), Alexander (1985: 413), Türk (1989: 109). Auch Habermas schwächt diese Sichtweise in einer späteren Veröffentlichung ab (vgl. Habermas 1986: 386).

[51] Lebens- und Sprachformen können dann in bezug auf beliebige Bezugsobjekte (Weltgesellschaft, Nationen, Branchen, Organisationen, Individuen usw.) abgegrenzt werden

unter beispielsweise nationen- oder branchenspezifische Felder und deren Lebens- und Sprachformen zu verstehen.[52] Diese Unterscheidung liegt quer zur Differenzierung zwischen originären und derivativen Lebens- und Sprachformen. Während die Differenzierung originär/ derivativ auf eine gesellschaftlich historisch begründete Unterscheidung zurückgeht, stellt die Differenz zwischen feld- und organisationsspezifischen Lebens- und Sprachformen eine forschungsstrategische Konstruktionsentscheidung dar.

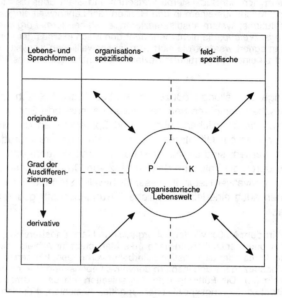

Abb. 2-1: Das Konzept der organisatorischen Lebenswelt

Allgemein bezeichnet der Begriff der *organisatorischen* Lebenswelt eine Menge von Lebens- und Sprachformen, die bei der Betrachtung einer fokalen Organisation relevant werden. Diese setzen sich zusammen aus originären und derivativen sowie organisationsspezifischen und feldspezifischen Lebens- und Sprachformen (vgl. zusammenfassend Abbildung 2-1).[53] Zu dieser Ausdifferenzierung der Lebenswelt in verschiedene Lebens- und Sprachformen steht die *strukturelle* Ausdifferenzierung der Lebenswelt in die Komponenten

---

[52] Auf die Bedeutung solcher feldspezifischen Lebens- und Sprachformen wird in Kapitel 2.4.4. noch ausführlich eingegangen.

[53] Hier stellt sich das begriffsstrategische Problem, was unter organisationsspezifischen originären Lebens- und Sprachformen zu verstehen ist. Dies stellt letztlich ein graduelles Problem dar. So gibt es z. B. das Phänomen der BGB-Gesellschaft, bei dem eine Gruppe von Aktoren bereits eine "Organisation" mit einer bestimmten Verfassung bildet, obwohl dieser Organisationscharakter den Aktoren noch nicht bewußt geworden ist.

Kultur, Gesellschaft bzw. institutionelle Ordnungen und Persönlichkeit quer. "Persönlichkeit" manifestiert sich in den Kompetenzen eines Individuums im Hinblick auf den Erwerb und die Beherrschung spezifischer Lebens- und Sprachformen. Die Persönlichkeit eines Individuums kann durch spezifische Lebens- und Sprachformen im Sinne einer Sozialisierung geprägt sein. Institutionelle Ordnungen bilden dagegen die mit bestimmten Lebens- und Sprachformen verbundenen Regel- und Normensysteme. Kultur wird schließlich als kognitives Wissens- bzw. Sinnsystem im Sinne einer durch verschiedene Lebens- und Sprachformen geprägten sozialen Konstruktion der Wirklichkeit aufgefaßt.[54]

Im vorliegenden Zusammenhang ist wesentlich, daß bei der Rekonstruktion von Führungsphänomenen aus einer Binnenperspektive - als Führungspraxis - vor allem Rekonstruktionskontexte einer verstehenden, phänomenologisch befruchteten Analyse in den Mittelpunkt rücken. Benson verdeutlicht dies, wenn er den Praxisbegriff unter Bezugnahme auf den Begriff der Lebensform kennzeichnet:

> "Praxes are not always explicitly recognized and stated by actors. Rather a praxis may be implicit in a form of life. That is, a form of life, a set of practices carried out by an identifiable community, involves a particular way of shaping the social world. (...) We must examine forms of life, then, for the praxes implicit in them, not contenting ourselves with pronouncements regarding practical concern, disinterestedness, etc." (Benson 1983: 38f.)

Für die Rekonstruktion von Führung aus einer Außenperspektive - und damit als *Führungsstruktur* - haben dagegen kybernetische Rekonstruktionskontexte eine gewisse Bedeutung erlangt.[55] In kybernetischen Begriffen kann die abstrakte Begriffsfassung von Führung als überlagernde Handlungsstruktur verdeutlicht werden, indem Führung als "Controlling Overlayer" bzw. als Steuerungs und Regelungskreis höherer Ordnung aufgefaßt wird.

Abbildung 2-2 gibt eine Abstraktion dieses Sprachspiels wieder. Die Dreiecke symbolisieren einzelne Führungseinheiten (Steuerungs- und Regelungseinheiten), während die Rechtecke im Sinne von Regelstrecken einer Führung die jeweiligen Verantwortungsbereiche wiedergeben. Die verbindenden Ellipsen repräsentieren beliebige Interaktionen zwischen Führungseinheit und Regelstrecke (Erteilung von Weisungen, Partizipation der Geführten oder "Kommunikationen mit ausländischen Interaktionspartnern"). Führungseinheiten orientieren sich an Führungsgrößen, wobei Abweichungen zwischen Soll- und Ist-Wert der Regelstrecke und/ oder einer Umweltgröße zu Störungskompensationen führen.[56] Die einzelnen Regelkreise können unter-

---

[54] Vgl. dazu ausführlich Kirsch (1992a: 62ff.). Zu dem Vorschlag, Organisationskulturen als Lebensform zu konzipieren vgl. Ebers (1985: 113ff.).
[55] Vgl. Kirsch (1992c: 8ff.) und die dort angegebene Literatur.
[56] Meist wird zwischen Steuerung (Störungskompensation ohne Rückkoppelung) und Regelung (Störungskompensation mit Rückkoppelung) unter-

einander vermascht sein. Vermaschung bedeutet, daß die Regelstrecke eines Regelkreises die Führungsgröße eines anderen Regelkreises umfaßt. Neben einer solchen *einseitigen* hierarchischen Vermaschung, bei der ein Regelkreis höherer Ordnung vorliegt, ist ebenso eine *wechselseitige* Vermaschung denkbar. Diese liegt vor, wenn ein Regler A die Führungsgrößen eines Reglers B kontrolliert, und wenn der Regler B zugleich die Führungsgrößen des Reglers A kontrolliert.

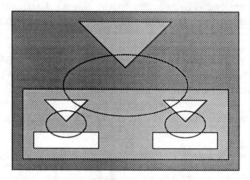

Abb. 2-2: Vereinfachte Form einer Führungsstruktur (aus Kirsch 1989: 43)

Dieses kybernetische Sprachspiel gestattet es, über das Konstrukt einer Vermaschung von Regelkreisen relativ komplexe Handlungsstrukturen zu rekonstruieren. Die Nullhypothese ist, daß lediglich verschiedene Handlungsstrukturen vorliegen. Von Führung kann in dieser Konzeption erst dann gesprochen werden, wenn es die realen Verhältnisse des beobachteten Interaktionszusammenhangs angemessen erscheinen lassen, von einem Steuerungs- und Regelungssystem höherer Ordnung bzw. einem Controlling Overlayer (Etzioni 1968) auszugehen, der ein Steuerungs- und Regelungssystem niedrigerer Ordnung kontrolliert. Dem kybernetischen Sprachspiel sind jedoch gewisse Grenzen gesetzt. So läßt sich die Vorstellung einer führenden Elite oder einer wissenschaftlichen Schule, die innerhalb einer wissenschaftlichen Gemeinschaft eine führende Rolle übernimmt, nicht mehr angemessen mit der Idee eines Controlling Overlayer beschreiben. Deshalb wird zu Führungsphänomenen ein komplementärer Zugang aus der Binnen- und der Außenperspektive angestrebt und Führung allgemein als eine überlagernde Handlungsstruktur aufgefaßt, die einen sozialen Interaktionszusammenhang in asymmetrischer Weise prägt.

Nun stellt sich die Frage, was eine *strategische* Führung auszeichnet. Eine Explikation des Strategischen kann auf verschiedene Weise erfolgen. Eine erste Möglichkeit ist die Annäherung über den Begriff der Strategie. Damit wird es

---

schieden. Eine Verfeinerung ergibt sich über die Idee innerer Modelle, mit denen eine Führung ihre Regelstrecke konstituiert (vgl. Kirsch 1992c: 16ff.).

jedoch problematisch, die vielfältige Verwendung des Adjektivs "strategisch" (strategische Führung, strategische Maßnahmen, strategische Ziele, strategische Planungssysteme usw.) zu berücksichtigen. Deshalb wird im folgenden ein zweiter Weg verfolgt. Ein Blick in die Literatur zeigt nämlich, daß das typisch Strategische häufig mit dem Begriff des Erfolgspotentials in Verbindung gebracht wird.[57] Hier schließt der Vorschlag von Kirsch unmittelbar an, sich dem Begriff des Strategischen über eine Explikation des Adjektivs "strategisch" anzunähern und diesen Terminus im Sinne der Formel *"die Erfolgspotentiale signifikant betreffend"* zu verwenden.[58] Auf diese Weise wird der Terminus "Erfolgspotential" für die Explikation des Strategischen zum zentralen Begriff erhoben. Im Mittelpunkt der folgenden Ausführungen steht demgemäß eine Klärung des Begriffes "Erfolgspotential".[59]

Zunächst kann an dem in der Betriebswirtschaftslehre häufig verwendeten Potentialbegriff angeknüpft werden.[60] Hier sind zwei Interpretationen zu unterscheiden. *Absolute* Potentiale sind Bündel zukünftiger Nutzungsmöglichkeiten, die in konkreten Prozessen (z. B. Produktions- oder Verhandlungsprozessen) zu aktivieren sind. Die Dynamik absoluter Potentiale ergibt sich aus einer expansiven (Aufbau) und einer kontraktiven (Abbau) Komponente. Mit dem Begriff des absoluten Potentials ist die Vorstellung von Ausmaß und Volumenveränderung eines *Kräftespeichers* verbunden. Demgegenüber betont der Begriff des *relativen* Potentials die Ursache und Dynamik von Kräftespeichern. Im Bild der Mechanik stellt ein relatives Potential einen Spannungszustand zwischen Kräften dar, der sich aus strukturellen Konstellationen in einem Kräftefeld ergibt.[61] Will man sich vom Bild der Mechanik lösen, so sind zwei Erweiterungen wesentlich. Zum einen kann der Begriff des Kräftefeldes durch die Vorstellung struktureller Konstellationen im *organisatorischen* Feld ersetzt werden. Zum anderen ist im sozialen Zusammenhang aber auch die *Fähigkeit* von Aktoren und Organisationen zu berücksichtigen, Auf- und Abbau von Potentialen aktiv zu beeinflussen. Anders ausgedrückt ist die Existenz struktureller Gegebenheiten[62] des organisatorischen Feldes eine notwendige, aber

---

[57] Prägenden Einfluß weisen die Überlegungen von Gälweiler (1974; 1987: 6f.) auf. Zu einer umfassenden Würdigung dieses Begriffs vgl. Wolfrum (1993).
[58] Vgl. Kirsch (1992b: 183ff.) sowie Wolfrum (1993).
[59] Die folgende Argumentation basiert auf Überlegungen in Kirsch (1990: 356ff.), (1992b: 182ff.), Kirsch et al. (1989: 144ff.). Vertiefend zum Begriff des Erfolgspotentials vgl. Wolfrum (1993); zum Erfolgsbegriff vgl. Näther (1993); zum Potentialbegriff vgl. Schwub-Gwinner (1993).
[60] So z. B. der faktortheoretische Potentialbegriff in der Produktionstheorie (vgl. Gutenberg 1983), aber auch - stärker sozialwissenschaftlich orientiert - Macht-, Erkenntnis- und Konsenspotentiale (vgl. Kirsch/ Kutschker 1978; Kirsch 1988: 171ff.; Schwub-Gwinner 1993).
[61] Eine solche strukturelle Konstellation kann auch Quelle absoluter Potentiale sein. Ein Beispiel bildet das akquisitorische Potential von Gutenberg (1955), das sich im Ausmaß der Verhandlungsspielräume bei der Preisgestaltung zwischen fokaler Unternehmung, Kunden und Wettbewerbern ergibt.
[62] Wendet man hier nochmals die Unterscheidung zwischen einer Binnen- und einer Außenperspektive bei der Betrachtung des organisatorischen Feldes an,

keine hinreichende Bedingung für die Entwicklung von Erfolgspotentialen. Ergänzend müssen organisatorische Fähigkeiten vorhanden sein, um Gegebenheiten des Feldes in Erfolgspotentiale umzumünzen.

Während bisher lediglich der Potentialbegriff im Vordergrund stand, wird nun die Vorstellung des *Erfolgs*potentials erläutert. Der Erfolgsbegriff birgt den Vorteil, daß mit diesem Terminus noch keine inhaltliche Festlegung auf spezifische Erfolgsdefinitionen getroffen wird. Was als Erfolg einer Unternehmung beurteilt wird, bestimmt sich nach Maßgabe der für diese Unternehmung verbindlichen Erfolgsdefinition (vgl. Näther 1993).[63] Diese Erfolgsdefinition steht selbst in Relation zu den vorher genannten Komponenten. So kann eine Unternehmung über besondere Fähigkeiten verfügen, Eigendefinitionen von Erfolg zu entwickeln und gegen die Anforderungen des organisatorischen Feldes durchzusetzen.[64] Ebenso können in Ausschnitten des organisatorischen Feldes unterschiedliche Erfolgsdefinitionen vorherrschen und auf die unternehmensspezifischen Eigendefinitionen von Erfolg durchschlagen.[65] Die Komponente der *Erfolgsdefinition* stellt damit neben Fähigkeiten der Organisation und Gegebenheiten des Feldes das dritte Beziehungselement für den Begriff des Erfolgspotentials dar. Verallgemeinernd kann man also sagen, daß Erfolgspotentiale auf Fähigkeiten zurückgehen, Gegebenheiten eines Feldes zu handhaben, welche in bezug auf auf eine bestimmte Erfolgsdefinition 'erfolgsrelevant' sind (vgl. Kirsch 1992b: 185).

Eine wesentliche Verfeinerung ergibt sich über die Frage, inwieweit die Schaffung von Erfolgspotentialen mit Basisfähigkeiten im Sinne von Fähigkeiten n-ter Ordnung in Verbindung steht.[66] In Anlehnung an Kirsch (1992a: 137ff.) las-

---

[63] so müßte zwischen strukturellen und lebensweltlichen Gegebenheiten eines organisatorischen Feldes differenziert werden. Insbesondere die Betrachtung feldspezifischer Lebens- und Sprachformen erfordert einen solchen binnenperspektivischen Zugang (vgl. dazu Kapitel 2.4.4).

Erfolg wird also als X-Efficiency (vgl. Franz 1988) aufgefaßt, wobei die Variable X auch durch unternehmensspezifische Größen erklärt wird.

[64] Die großen Stiftungsvermögen der deutschen Wirtschaft wie Bertelsmann, Bosch oder Volkswagen geben ein gutes Beispiel, auf welche Weise Unternehmen sich zumindest teilweise von den Erfolgskriterien des Kapitalmarktes als Ausschnitt ihres organisatorischen Feldes abkoppeln können.

[65] So zeigen Vergleiche der Erfolgskriterien an nationalen Kapitalmärkten, daß börsennotierte Unternehmen in Japan, Nordamerika und Deutschland zum Teil nach unterschiedlichen Erfolgsmaßstäben beurteilt werden (vgl. z. B. Heinen 1982: 40ff.; Porter 1990a: 110ff.).

[66] Darunter können Fähigkeiten zur Entwicklung von Fähigkeiten zur Entwicklung von Fähigkeiten usw. verstanden werden. Die Größe von "n" ist letztlich Frage einer sinnvollen Heuristik, ab wann das Durchlaufen solcher Rekursionsschleifen vernünftigerweise abgebrochen werden kann. *Ein* Abbruchkriterium stellt die begrenzte Informationsverarbeitungskapazität eines rekursiven Denkers dar. Sofern diese (wie beim Verfasser) relativ begrenzt ist, kann man sich aber dennoch behelfen, indem man "n" relativ groß setzt und dann Hypothesen über Fähigkeiten auf der Stufe "n" anstellt. Eine solche Hypothese lautet, daß sich die Vielfalt möglicher Fähigkeiten mit jedem "n + 1" reduziert, so daß tatsächlich von *Basis*fähigkeiten gesprochen werden kann. Dementsprechend

sen sich drei solcher Basisfähigkeiten unterscheiden. *Handlungsfähigkeit* hat zunächst etwas mit dem Auftauchen vollständiger Handlungszyklen zu tun. Vereinfacht ist eine Organisation handlungsfähig, wenn sie Probleme wahrnehmen und darauf mit angemessenen Handlungen reagieren kann. *"Responsiveness"* liegt vor, wenn diese Handlungen darüber hinaus die Bedürfnisse und Interessen der von diesen Handlungen Betroffenen berücksichtigen. Im internationalen Unternehmen wird hier immer wieder die "local responsiveness" (vgl. Kapitel 2.1) im Sinne einer Berücksichtigung der Bedürfnisse und Interessen von Betroffenen in verschiedenen Gastländern hervorgehoben. *Lernfähigkeit* bezeichnet schließlich die Fähigkeit, systematisch Wissen über die Welt zu erwerben. Hier geht es darum, in bezug auf die Potentiale einer Unternehmung einen systematischen Lernprozeß zu institutionalisieren. Innovationen und die Entstehung des Neuen rücken damit in den Mittelpunkt, ein Aspekt, der von Bartlett/ Ghoshal (1989: 115) als "... the primary source of competitive success ..." internationaler Unternehmen bezeichnet wird.

Ferner können vier Bereiche von Erfolgspotentialen unterschieden werden.[67] Erfolgspotentiale im *Primärbereich* beziehen sich auf die Produkt-/ Markt-Beziehungen einer Unternehmung. Hier liegt häufig der Schwerpunkt der Literatur zur strategischen Unternehmensführung. Neuere Entwicklungen z. B. des Forschungs- und Entwicklungsmanagement (vgl. z. B. Stock 1990: 126) oder des Management der Humanressourcen (vgl. z. B. Staehle 1988: 576ff.) zeigen aber, daß darüber hinaus auch der *Sekundärbereich*, also die Ressourcenbasis einer Unternehmung als Quelle von Erfolgspotentialen betrachtet werden muß. Mit dem *Tertiärbereich* sind weiter Erfolgspotentiale hinsichtlich Organisation, Führungsstruktur und insbesondere Managementsystemen angesprochen. Im *Quartärbereich* sind schließlich Standort-Potentiale angesprochen, wobei sowohl ein *wörtlicher* als auch ein *übertragener* Sinn des Standortbegriffs gemeint ist. Neben Fragen der geographischen Standortbestimmung sind also auch Beziehungen zu verschiedenen nationalen und internationalen Interessengruppen angesprochen.

Mit dieser Begriffsfassung von Erfolgspotentialen läßt sich der Begriff "strategische Führung" präzisieren. Führung liegt vor, wenn sich die Handlungen, die einem sozialen System zugerechnet werden, auf eine überlagernde Handlungsstruktur zurückführen lassen, die den fokalen sozialen Interaktionszusammenhang in asymmetrischer Weise prägt. Ein Handeln dieser Führung, das die Erfolgspotentiale bzw. Handlungsmöglichkeiten des Systems in signifikanter Weise betrifft, läßt sich dann als Ausdruck einer strategischen Führung auffassen.

---

kann die Einführung von Basisfähigkeiten als eine sinnvolle Abbruchheuristik aufgefaßt werden.

[67] Zu anderen Unterscheidungen verschiedener Potentialbereiche vgl. Knolmayer (1989: 1673f.), Scholz (1987: 49). Zum folgenden: Kirsch et al. (1989: 131ff.).

Mit dieser Explikation wird eine bewußt offene Begriffsstrategie gewählt. In einer engeren Begriffsauslegung ist eine strategische Unternehmensführung intentional auf die Kernaufgabe gerichtet, Erfolgspotentiale der Unternehmung zu entwickeln und umzusetzen. So wird z. B. im Primärbereich die Erschließung neuer Märkte oder im Sekundärbereich die Besetzung neuer Technologiefelder eingeleitet. Weiter können im Tertiärbereich spezifische Führungssysteme implementiert oder eine Reorganisation vorgenommen werden, und schließlich sichert im Quartärbereich z. B. die Absicherung eines Konditionenkartells generelle Erfolgspotentiale. Diese Begriffsauffassung der strategischen Führung läuft auf eine intentionale Interpretation hinaus, derzufolge strategische Führung auf die Entfaltung von Erfolgspotentialen und Handlungsmöglichkeiten *gerichtet* sei. Die obige Begriffsfassung erlaubt jedoch auch eine *nicht* intentionale Interpretation. So müssen z. B. strategische Maßnahmen *nicht* auf eine Veränderung von Erfolgspotentialen *gerichtet* sein, um zu einer Veränderung von Erfolgspotentialen zu führen. Dennoch können sie die Erfolgspotentiale *betreffen*.

Eine weite Begriffsinterpretation wird auch durch den Ausdruck "die Erfolgspotentiale *signifikant* betreffend" ermöglicht. Denn die Frage, ob Erfolgspotentiale signifikant betroffen sind, läßt sich nur unter Berücksichtigung kontextspezifischer Vorstellungen über solche Signifikanzen klären. Der vage Begriff "signifikant" ermöglicht es, unterschiedliche Vorstellungen bzw. Kontexte (z. B. aus Wissenschaft und Praxis) für die Behandlung strategischer - die Erfolgspotentiale signifikant betreffender - Fragen zu nutzen.

Damit ist die Frage nach den Spezifika einer strategischen Führung im internationalen Unternehmen aufzuwerfen. Eingedenk der obigen Überlegungen bietet es sich an, Spezifika einer internationalen strategischen Führung in zweierlei Weise zu behandeln. Einerseits führt eine grenzüberschreitende Unternehmenstätigkeit zu spezifischen Führungsstrukturen. Andererseits erschließt eine grenzüberschreitende Unternehmenstätigkeit spezifische Erfolgspotentiale und Handlungsmöglichkeiten, die im rein nationalen Zusammenhang nicht ins Blickfeld rücken. Die beiden folgenden Abschnitte stellen diese Spezifika ausführlich dar. Den Anfang macht eine Untersuchung der Führungsstrukturen internationaler Unternehmen.

2.2.2 Evolution der Führungsstruktur internationaler Unternehmen: Von der Mutter-Tochter-Beziehung zu komplexen Führungsstrukturen

Die Forschung zur Evolution von Führungsstrukturen internationaler Unternehmen läßt sich als eine Entwicklung rekonstruieren, die sich im ersten Zugriff mit der Formel "Von der Mutter-Tochter-Beziehung zu komplexen Führungsstrukturen" zusammenfassen läßt. Diese Entwicklung ist zugleich ein Spiegel verschiedener Betrachtungsweisen internationaler Unternehmen, bei der nach der Anzahl berücksichtigter Aktoren vier Perspektiven unterschieden werden können: Ausgehend von einem Einaktorenmodell der autonomen internationalen Unternehmung wurde durch Einbeziehung von Gastländern ein Zweiaktorenmodell unterstellt, das durch Berücksichtigung von Wettbewerbern zum Dreiaktorenmodell erweitert wurde. In Weiterführung dieser Logik geht man heute von einem Multiaktorenmodell grenzüberschreitender Unternehmenstätigkeit aus (vgl. Macharzina/ Welge 1989: VI).

Im Verlauf dieser Entwicklung wird die in der herkömmlichen Organisationstheorie häufig vorherrschende Annahme einer eingipfligen hierarchischen Führungsstruktur[68] im Sinne eines umfassenden Controlling Overlayer in internationalen Organisationen zunehmend problematisch. In internationalen Unternehmen ist dagegen die Existenz *polyzentrischer*[69] bzw. mehrgipfliger Führungsstrukturen wahrscheinlich.

> "Der Polyzentrismus-Begriff deutet in einem ersten Zugriff darauf hin, daß verschiedene Aktionszentren (oder Entscheidungs- oder Machtzentren) existieren, die zwar einerseits in spezifischer (...) Weise interdependent (oder vernetzt oder miteinander verflochten oder aneinander gekoppelt) sind, andererseits jedoch nicht in einem hierarchischen Verhältnis zueinander stehen." (Obring 1992: 3)

Die Annahme einer polyzentrischen Führungsstruktur ist sicherlich erklärungsbedürftig. Aufgabe dieses Abschnitts ist es nicht, diesen Erklärungsbedarf *einzulösen*, sondern zu *erzeugen*. In diesem Sinne werden die einzelnen Stationen der Evolution von Führungsstrukturen internationaler Unternehmen anhand empirischer und konzeptioneller Beiträge nachgezeichnet.[70]

In frühen Arbeiten konzentrierte sich das Forschungsinteresse zunächst auf die Untersuchung der Mutter-Tochter-Beziehung. Diese zeichnet sich durch direkte persönliche Beziehungen zwischen Mitgliedern des obersten Führungskreises der Mutter und der ausländischen Tochter aus (vgl. Franko 1976: 187). Seit Barlows (1953) Pionierstudie zur Beziehung zwischen amerikanischen Unternehmen und ihren mexikanischen Produktionstöchtern wurden bis in jüngste Zeit zahlreiche Forschungsergebnisse zu diesem Strukturtyp erarbeitet.[71] Forschungsleitendes Paradigma bei der Untersuchung der Mutter-Tochter-Beziehung ist der situative Ansatz der Organisationstheorie[72], wobei verschiedene Faktoren wie Gastlandspezifika, Branche, Gründungsart,

---

[68] So kommt Ochsenbauer zu dem Ergebnis, daß Organisation und Hierarchie in der etablierten Organisationstheorie zumindest implizit gleichgesetzt würden (vgl. Ochenbauer 1988: 13).
[69] Der Polyzentrismusbegriff wurde im internationalen Kontext erstmals von Perlmutter (1965) eingeführt. Zu einer genaueren Darstellung vgl. Kapitel 2.4.1.
[70] Zu einem ersten Überblick vgl. Pausenberger (1992).
[71] Insbesondere deutschsprachige Arbeiten zur Steuerung ausländischer Töchter konzentrieren sich auf diese Beziehung (vgl. Welge 1981; Dobry 1983; Kenter 1985). Zu einem Überblick vgl. Martinez/ Jarillo (1989), Ricks/ Toyne/ Martinez (1990: 228ff.).
[72] Zu einer Einführung in den situativen Ansatz vgl. Kieser/ Kubicek (1983: 46f.).

Marktbedingungen oder Größe der Tochter als Kontextvariablen verwendet werden (vgl. z. B. Ghoshal 1986: 453; Welge 1982: 819ff.).

Untersuchungen der Mutter-Tochter-Beziehung ordnen sich in den größeren Zusammenhang der Forschungsergebnisse des Harvard Multinational Enterprise (HME-)Projektes ein.[73] In der prominentesten Arbeit zeigen Stopford/ Wells (1972), daß US-amerikanische Unternehmen in Abhängigkeit von zwei Dimensionen (Auslandsanteil am Gesamtumsatz und Grad der Produktdiversifikation im Ausland) eine Abfolge bestimmter Strukturtypen durchlaufen. Dieses deskriptive Stufenmodell[74] umfaßt drei Entwicklungsstufen (vgl. Stopford/ Wells 1972: 18ff.) und läßt sich um eine vierte ergänzen (vgl. Galbraith/ Nathanson 1978: 121ff.). Abbildung 2-3 faßt die wesentlichen Überlegungen zusammen.

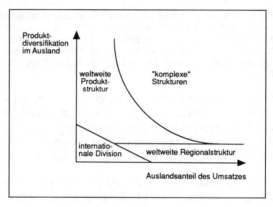

Abb. 2-3: Stufenmodell der Entwicklung von Organisationsstrukturen internationaler Unternehmen (in Anlehnung an Stopford/ Wells 1972: 63)

Die erste Stufe entspricht der Vorstellung *autonomer Tochtergesellschaften*, die aufgrund geringer investiver Bedeutung und hoher geographischer sowie kultureller Distanz relativ eigenständig agieren. Ab einem bestimmten Auslandsumsatz und Diversifikationsgrad wurde auf der zweiten Entwicklungsstufe die Existenz einer *internationalen Division* festgestellt. In diesem Zentralbereich sind sämtliche Auslandsaktivitäten zusammengefaßt und werden unabhängig vom Inlandsgeschäft geführt. Auf der dritten Stufe stellten Stopford/ Wells die Einführung *globaler Strukturen* fest, und zwar sowohl *weltweite Pro-*

---

[73] Die vier Hauptveröffentlichungen konzentrieren sich auf internationale Unternehmungen aus Nordamerika (vgl. Vernon 1971; Stopford/ Wells 1972), Europa (Franko 1976) und Japan (Yoshino 1976).

[74] Damit wird eine in der Organisationstheorie durchaus übliche Vorgehensweise der Entwicklung von Stufenmodellen gefolgt. Zu einem Überblick über mehr als 20 solcher Modelle vgl. Kazanjian (1983).

dukt- als auch Regionalstrukturen. In diesen Strukturtypen wird eine weltweite divisionale Ergebnisveranwortung nach Erzeugnissen oder Regionen eingeführt. Die Wahl dieser Strukturtypen hängt von der dominanten Wachstumsrichtung ab. Ceteris paribus fördert eine internationale Produktdiversifikation die weltweit produktorientierte Struktur. Im Grenzfall wird eine ausländische Tochter nach Produkten segmentiert gesteuert. Ein Anstieg des Auslandsumsatzes fördert dagegen ceteris paribus die Entstehung regionaler Strukturen. Für die vierte Stufe, also in großen diversifizierten Unternehmen mit erheblichen Auslandsumsätzen konnten Stopford/ Wells selbst keine gesicherten Aussagen treffen.[75] Neuere Arbeiten gehen aber von gemischten bzw. *komplexen* Strukturen aus, wobei der Strukturtyp der globalen Produkt-/ Länder-Matrix besondere Bedeutung erlangt hat (vgl. Galbraith/ Nathanson 1978; Davis 1976; Daniels/ Pitts/ Tretter 1985).

Für diese empirischen Ergebnisse bieten sich verschiedene Lesarten an.[76] Die ursprüngliche Interpretation des Stufenmodells schließt an die Überlegungen von Chandler (1962) zum Strategie-Struktur-Zusammenhang an.[77] Demgemäß werden Auslandswachstum und Produktdiversifikation als Ausdruck einer internationalen Strategie interpretiert und Chandlers Thesen zur Beziehung zwischen Strategie und Struktur als bestätigt betrachtet (vgl. Stopford/ Wells 1972: 5f.; Martinez/ Jarillo 1989: 496). Im folgenden wird jedoch ergänzend eine zweite Lesart vorgeschlagen, mit der die aufgezeigten Reorganisationspfade explizit als Entwicklung umfassender Führungsstrukturen interpretiert werden können.

Diese Interpretation wird in einem Krisenmodell[78] der Entwicklung von Handlungsstrukturen verdeutlicht (vgl. zum folgenden Smith/ Charmoz 1975; Galbraith/ Nathanson 1978: 107ff.). Das Stufenmodell von Stopford/ Wells wird als Prozeß der Institutionalisierung verschiedener Steuerungsstrukturen zwischen ausländischen Einheiten und Unternehmenszentrale interpretiert. Treibende Kraft dieser Entwicklung ist die zunehmende Internationalisierung der Unternehmung im Sinne einer steigenden Bedeutung von Auslandsinvestionen. In Abbildung 2-4 werden fünf Phasen unterschieden, in deren Verlauf - angedeutet durch die durchgezogene Linie - die Steuerungsfunktion zunehmend von der Tochter auf die Mutter verlagert wird. Spezifische Koordinationskrisen lösen Übergänge zwischen den einzelnen Phasen aus.

---

[75] In dem relevanten Sample fand sich nur eine Unternehmung, die als Matrix-Struktur eingestuft werden konnte (vgl. Stopford/ Wells 1972: 85ff.).
[76] Verschiedene Nachfolgeuntersuchungen haben zu einer Bestätigung aber auch Erweiterung des ursprünglichen Ansatzes geführt. Vgl. Egelhoff (1982), (1988a), Daniels/ Pitts/ Tretter (1984), (1985), Davidson/ Haspeslagh (1982). Eine Bestätigung für europäische Unternehmen legt Franko (1976) vor.
[77] Im Anschluß an Chandler interpretiert Williamson die Entstehung globaler Organisationsstrukturen als "M-Form" im Sinne "transaktionskostenoptimaler" divisionaler Strukturen (vgl. Williamson 1990: 258f.).
[78] Zu weiteren Krisenmodellen vgl. Greiner (1972) sowie Galbraith/ Nathanson (1978: 103ff.).

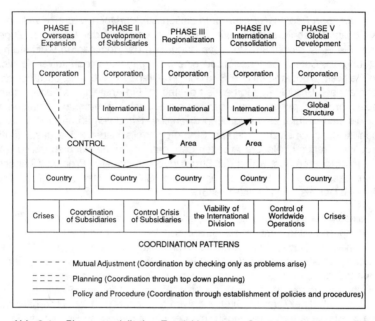

Abb. 2-4: Phasenmodell der Entwicklung von Steuerungsstrukturen im internationalen Unternehmen (aus Smith/ Charmoz 1975; zitiert in Galbraith/ Nathanson 1978: 108)

Phase I repräsentiert den Eintritt in einen neuen regionalen Markt durch Aufbau oder Erwerb einer ausländischen Einheit. Die Abhängigkeit der ausländischen Einheit von den Finanzierungsressourcen der Zentrale erleichtert die zentrale Kontrolle. Die Abstimmung erfolgt fallweise und informal im Sinne einer wechselseitigen Abstimmung (mutual adjustment). Eine Überlastung der Zentrale provoziert jedoch eine Koordinationskrise, in deren Verlauf die Tochtergesellschaft völlige Autonomie erreichen kann. In den sich anschließenden Phasen II bis V werden stufenweise Steuerungsstrukturen eingerichtet, die zu einer Rezentralisierung des Koordinationsschwerpunktes führen. Phase V ist durch eine straffe Zentralisierung von Führungsaufgaben gekennzeichnet und entspricht den weltweiten Regional- oder Produktstrukturen im Modell von Stopford/ Wells.

Dieses Phasenmodell verdeutlicht, daß die Abfolge dieser Strukturtypen nicht nur im Sinne des Strategie-Struktur-Zusammenhangs, sondern ebenso im Sinne einer Zentralisierung der Führung interpretiert wird. Insbesondere die Entstehung globaler Strukturen scheint unwiderruflich an die Annahme gebunden, daß eine schrittweise Einführung zentraler Koordinationsmechanismen in Form monozentrischer Führungsstrukturen notwendig und möglich ist.[79] Diese Annahme stellt allerdings ein Grundmerkmal der Organisationstheorie dar. Ochsenbauer, der sich eingehend mit der Bedeutung der Hierarchie innerhalb der Organisationstheorie beschäftigt hat, kommt - etwas überspitzt - zu dem Ergebnis,

> "... daß die etablierte betriebswirtschaftliche Organisationstheorie zur Frage organisatorischer Hierarchien deshalb nicht mehr als äußerstenfalls eine Analyse ihrer strukturellen und psychologischen Dysfunktionen beitragen kann, weil sie letztendlich nichts anderes als eine *Theorie der betriebswirtschaftlichen Hierarchie* ist. Die Hierarchie kann dort gar nicht zur Disposition stehen, da sie Element der axiomatischen Vorentscheidung ist." (Ochsenbauer 1988: 13)

Diese Aussage findet ihre "empirische Bestätigung", weil empirische Studien häufig von der a priori Existenz hierarchischer Führungsstrukturen ausgehen und diese Annahme - im Sinne einer axiomatischen Vorentscheidung - in empirischen Designs lediglich reproduzieren, nicht aber in Frage stellen.[80] Kenter (1985: 56ff.) ist einer der wenigen Autoren, der die Vorentscheidung zugunsten einer hierarchischen Führungsstruktur explizit macht. Im Rahmen methodologischer Vorüberlegungen entscheidet er sich bewußt für eine Betrachtung aus der Perspektive der Zentrale. Er geht von der Annahme aus, es werde "... in der Zentrale der MNU (multinationalen Unternehmung; Anm. d. Verf.) entschieden, da sie sowohl den Informationsknotenpunkt als auch den Sitz formaler Autorität darstellt ..." (Kenter 1985: 57). Die sich damit ergebenden Konsequenzen für Stichprobe, Datenbeschaffung und Untersuchungsgang verhindern die Möglichkeit, polyzentrische Phänomene zu berücksichtigen. Gleiches gilt letztlich auch für die umgekehrte Tochterperspektive, zu der sich etwa Hulbert/ Brandt (1980) bekennen. Mit der Wahl einer bestimmten Untersuchungsperspektive bzw. Befragungseinheit sind also notwendig bestimmte Vorentscheidungen über den "zentrischen" Charakter einer organisatorischen Führungsstruktur getroffen.

Diese Vorentscheidungen werden in neueren Ansätzen in Frage gestellt, die sich auf die Untersuchung der organisatorischen Handlungsstrukturen der vierten Stufe des Modells von Stopford/ Wells konzentrieren. Gemeinsamer Ausgangspunkt ist die Annahme, daß sich die bisherige Betrachtung von der Vorstellung einer monolithischen homogen strukturierten Organisation lösen muß. Diese als "single organization perspective" bezeichnete Sichtweise wird auf dreierlei Weise in Frage gestellt:

> "First, the single organization perspective is challenged currently by one that views organization as consisting of diverse interest groups and

---

[79] Vgl. dazu beispielsweise Welge/ Böttcher (1991: 439ff.), die Vorstellung einer globalen Rationalisierung Negandhi/ Welge (1984) und das Reorganisationsmodell von Doz/ Prahalad (1987b).

[80] Zu einer Würdigung der Möglichkeiten und Grenzen empirischer Forschung in den Sozialwissenschaften vgl. Habel (1992: 250ff.), Kirsch/ Seitz (1992: 15ff.) und die dort angegebene Literatur.

complex and multiple relationships. Second, some international management researchers (still a minority) are challenging the single organization assumption by viewing international involvement as networks of external and internal relationships. Third, the traditional forms of involvement are being augmented as firms experiment with 'new' cooperative forms of involvement." (Ricks/ Toyne/ Martinez 1990: 235)

Im internationalen Unternehmen muß damit die Vorstellung einfacher hierarchischer Strukturen zugunsten der Annahme komplexer Führungsstrukturen aufgegeben werden. Organisationen werden als Prozeßphänomen[81] betrachtet, wobei drei solcher Prozeßstrukturen im Vordergrund stehen: Kognitive Strukturen (mindsets) des Topmanagement, Konsensstrukturen der dominanten Koalition in bezug auf bestimmte Strategien sowie Machtstrukturen im Hinblick auf eine strategieadäquate Ressourcenallokation.[82] Formale Strukturen seien dabei lediglich als eine verkürzte Auffassung der zugrundeliegenden Prozeßstrukturen zu interpretieren (vgl. Doz/ Prahalad 1991: 159).

Im Vordergrund steht die Untersuchung sogenannter DMNC (diversified multinational companies), Unternehmen also, die sich für die vierte Entwicklungsstufe des Stufenmodells von Stopford/ Wells qualifizieren. In den stark an Fallstudien orientierten Arbeiten wird gezeigt, daß einzelne Tochtergesellschaften einen asymmetrischen Einfluß innerhalb der Führungsstrukturen internationaler Unternehmen ausüben können (vgl. Ghoshal 1986).[83] Damit wird das Untersuchungsergebnis von Leksell bestätigt, demzufolge der Einfluß einzelner Tochtergesellschaften mit ihrer Größe und strategischen Bedeutung sowie mit dem persönlichen Ansehen des Leiters einer Tochtergesellschaft variiert (Leksell 1981a: 227f.). Darüber hinaus berichten Ghoshal/ Bartlett (1990) über Fälle extremer Autonomiebestrebungen ausländischer Tochtergesellschaften.[84] Schließlich sind ausländische Tochtergesellschaften in das Machtge-

---

[81] Diese Prozeßbetrachtung hat in der Organisationstheorie Tradition. Erinnert sei hier an die Vorstellung verschiedener Ströme von Entscheidungsgelegenheiten, Problemen, Individuen und Lösungsvorschlägen im Garbage-Can-Modell der Entscheidungstheorie (vgl. Cohen/ March/ Olsen 1972) sowie an Mintzbergs Unterscheidung verschiedener Flußbeziehungen (flow of authority, of regulated activities, of working constellations, of informal communication, of an ad hoc decision process) in Organisationen (vgl. Mintzberg 1979).

[82] Damit liegt eine Familienähnlichkeit zum Episodenkonzept organisatorischer Entscheidungsprozesse vor, in dem Macht-, Erkenntnis- und Konsensstrukturen als wesentliche Prozeßgrößen betrachtet werden (vgl. Kirsch 1988: 164ff.).

[83] Ähnlich ist die Beobachtung bei Brooke/ Remmers einzuschätzen. Sie zeigen, daß weltweite Produktstrukturen eine strukturelle Mehrdeutigkeit erzeugen, die sie als "... the problem of the two headquarters ..." bezeichnen (vgl. Brooke/ Remmers 1972: 42ff.).

[84] "[T]he refusal of North American Philips to sell the V2000 video cassette recorder developed by its Dutch parent, preferring instead to purchase from a Japanese archrival is a good example. Even more dramatic, however, is the case of British and German subsidiaries of Ruberoid that unilaterally severed all ties with the parent and, with the support of local financial institutions, ultimately secured complete legal independence ..." Ghoshal/ Bartlett (1990: 607).

füge ihres lokalen organisatorischen Feldes eingebunden.[85] Organisationsexterne Handlungszentren stehen dann der Verwirklichung eines umfassenden Führungsanspruchs internationaler Unternehmen durch ihre Kernorgane entgegen.[86] Die Interaktionsdichte zwischen einer Tochtergesellschaft und ihrer unmittelbaren Aufgabenumwelt muß als intervenierende Variable in bezug auf die Wirksamkeit organisationsinterner hierarchischer Handlungsstrukturen betrachtet werden (vgl. Ghoshal/ Bartlett 1990: 615).

Vor dem Hintergrund dieser Ergebnisse wird eine grundsätzliche Skepsis in bezug auf die Angemessenheit hierarchischer Führungsstrukturen im internationalen Unternehmen entwickelt.[87] So wird das von Hedlund (1986) vorgeschlagene Konzept der Heterarchie explizit als Versuch angelegt, der Vorstellung einer "... central strategic direction from a center, which is the apex of one, big global hierarchy ..." (Hedlund 1986: 19) eine Strukturalternative gegenüberzustellen. Ähnlich bezweifeln Doz/ Prahalad die Bedeutung hierarchischer Organisationsstrukturen. Die geographische und produktbezogene Mehrdimensionalität internationaler Unternehmen führt dazu, daß "... no simple unidimensional hierarchical 'solution' to the issue of structuring the DMNC exists ... " (Doz/ Prahalad 1991: 146). Ein letztes Konzept stellt die von Bartlett/ Ghoshal entwickelte "Transnationale Organisation" dar, welche als Strukturalternative zum "... headquarters hierarchy syndrome ..." (Bartlett/ Ghoshal 1989: 100) aufgefaßt wird.

Beurteilt man diese Einschätzung nochmals im Lichte der bisherigen Überlegungen, so scheint die Formel "Von der Mutter-Tochter-Beziehung zu komplexen Führungsstrukturen" zutreffend. Es wurde deutlich, daß im Verlauf dieser Entwicklung die Existenz einer zentralen Führung internationaler Unternehmen in zunehmendem Maße als erklärungsbedürftiges Phänomen betrachtet wird. Insbesondere wird die Annahme problematisch, daß internationale Unternehmen immer durch eine eingipflige monozentrische Führung mit hierarchischem Aufbau geprägt sind, an dessen Spitze eine zentrale Führungsinstanz steht. Statt dessen liegt es nahe, in großen diversifizierten internationalen Unternehmen von der Existenz mehrgipfliger polyzentrischer Führungsstrukturen auszugehen.

---

[85] Vgl. dazu auch die Ausführungen zu regionalen interorganisatorischen Netzwerken in der Emilia Romagna bei Sydow (1992: 47ff.).

[86] Ergänzend sei hier auf die Überlegungen zu einer externen Steuerung von Organisationen in Ansätzen des "resource dependence view" von Pfeffer/ Salancik (1978) hingewiesen. Gleiches gilt für internationale Kooperationen (zur empirischen Evidenz vgl. z. B. Contractor/ Lorange Hrsg. 1988; Rath 1990; Ricks/ Toyne/ Martinez 1990: 235). In solchen multiorganisationalen Verbindungen (Obring 1992: 17) liegen mehrere Organisationen vor, deren Kernorgane eigenständig sind, und die nicht hierarchisch koordiniert werden können.

[87] Die Kritik an hierarchischen Führungsstrukturen hat jedoch im Zusammenhang mit der Diskussion informaler Strukturen eine gewisse Tradition (vgl. z. B. Chisholm 1989), die in neuerer Zeit auch in der beratungsnahen Literatur diskutiert wird (vgl. Peters 1993).

Damit soll das zweite Spezifikum dargestellt werden, das eine strategische Führung im internationalen Unternehmen auszeichnet. Im Zentrum steht die Suche nach den besonderen Erfolgspotentialen einer internationalen Unternehmenstätigkeit.

2.2.3 Spezifische Erfolgspotentiale einer internationalen Unternehmenstätigkeit

Die in der Literatur entwickelten Vorschläge zu den spezifischen Erfolgspotentialen einer internationalen Unternehmenstätigkeit fallen sehr vielfältig aus. Jeder Ansatz stellt jedoch in der einen oder anderen Form nationale *Unterschiede* als Quelle von Erfolgspotentialen international tätiger Unternehmen heraus.[88] Solche Unterschiede resultieren aus einer grenzüberschreitenden "internationalen" Tätigkeit der Unternehmung in mehreren nationalen Feldern. Sie werden daher im Sinne der eingeführten Begriffsexplikation (vgl. Kapitel 2.2.1: S. 24) als strukturelle Gegebenheiten des organisatorischen Feldes international tätiger Unternehmen aufgefaßt. Dementsprechend werden im folgenden zuerst nationale Unterschiede erläutert und als Quelle von Erfolgspotentialen erklärt, um im Anschluß auf organisatorische Fähigkeiten international tätiger Unternehmen einzugehen.

Die Untersuchung nationaler Unterschiede ist mit einer Vielfalt theoretischer Kontexte konfrontiert, vor deren Hintergrund der Begriff der Nation anders gefaßt wird und andere Unterschiede als maßgeblich erachtet werden. Diese Vielfalt bleibt aber häufig ungenutzt: "Most traditional international management studies (...) focus on the fact that the MNO (multinational organization, Anm. d. Verf.) geographically operates in many locations ... " (Adler 1983: 42). Deshalb wird im folgenden ein reichhaltigerer Zugang angestrebt. Nationale Unterschiede ergeben sich im Hinblick auf (1) die spezifische nationale Faktorausstattung, (2) nationale Standortmerkmale, (3) staatliche Einflußbereiche sowie (4) soziokulturelle Aspekte.

(1) In volkswirtschaftlichen Traditionen - insbesondere aber in der Außenhandelstheorie - wird der Nationenbegriff *faktortheoretisch* gefaßt. In Weiterentwicklung der Ideen von Ricardo zum Konzept der komparativen Ländervorteile dominiert heute das Faktorproportionen- oder Heckscher-Ohlin-Theorem, mit dem gezeigt wird, daß sich internationaler Handel durch nationale Unterschiede in der Faktorausstattung erklären läßt, und daß Freihandel die effizienteste Handelspolitik ist.[89] Das organisatorische Feld ist damit durch faktor-

---

[88] Die folgenden Überlegungen greifen auf folgende Autoren zurück: Fayerweather (1969; 1989), Kogut (1985a, b 1988b, 1989), Ghoshal (1987), Dunning (1988a, b), Dunning/ Rugman (1985) sowie Hamel/ Prahalad (1988).
[89] Vgl. Siebert/ Rauscher (1991: 503f.) und die dort angegebene Literatur.

spezifische Gefällesituationen in Form nationaler komparativer Wettbewerbsvorteile hinsichtlich Lohnkosten, Rohstoffausstattung usw. gekennzeichnet.[90]

(2) Porter (1990a) entwickelt diesen faktortheoretischen Nationenbegriff zu einem nationalen *Standortkonzept* weiter. An den Anfang seiner Überlegungen stellt er die Beobachtung, daß Unternehmungen aus ein oder zwei Nationen *weltweit* ungewöhnlich erfolgreich waren. Demnach müßten sich spezifische nationale Umwelten für bestimmte Unternehmen durch besonders günstige Bedingungen auszeichnen.[91] Diese spezifische Umwelt bezeichnet Porter als "home base":

> "The home base is the nation in which the essential competitive advantages of the enterprise are created and sustained. It is where a firm's strategy is set and the core product and process technology (broadly defined) are created and maintained."
> (Porter 1990a: 19; Fußnoten weggelassen)

Um diese nationale home base zu fassen, konzipiert Porter "Nation" als ein Gefüge situativer Variablen bzw. als nationale Raute (national diamond).[92] Spezifische Ausprägungen dieser nationalen Raute führen zu unterschiedlichen Wettbewerbsumfeldern. Sofern ein Unternehmen in einem besonders günstigen Umfeld ansässig ist, kann es diesen Standortvorteil weltweit zur Geltung bringen. Das Hauptargument seiner These besagt, daß geographische und kognitive *Nähe* zu Kunden, Lieferanten und Wettbewerbern einen asymmetrischen Einfluß auf die Wahrnehmungen und Handlungen von Organisationen ausüben.[93] "What I am really exploring here is the way in which a firm's proximate 'environment' shapes its competitive success over time" (Porter 1990a: 29). Folglich können seine Überlegungen ebenso auf regionale oder gar lokale Gesichtspunkte - also im Sinne einer Standortinterpretation des Nationenbegriffes - angewendet werden.[94]

---

[90] Die Prämissenstruktur außenhandelstheoretischer Ansätze schließt ein reichhaltigeres Begriffsverständnis weitgehend aus. So können kulturell bedingte Unterschiede nationaler Nachfragepräferenzen aufgrund der Annahme einer homogenen Nachfrage nicht thematisiert werden, und ebenso muß der Einfluß nationaler Regierungen (z. B. Protektionismus) aufgrund der Annahme vollkommener Konkurrenz vernachlässigt werden. Zu neueren Entwicklungen vgl. jedoch Siebert/ Rauscher (1991: 504ff.).

[91] Porter führt die Überlegungen exemplarisch an vier Branchen durch: Druckmaschinen in Deutschland, Medizintechnik in USA, Keramikfliesen in Italien und Industrieroboter in Japan (vgl. Porter 1990a: 179ff.).

[92] Die *nationale Raute* besteht aus den Größen Faktorbedingungen, nationale Nachfragebedingungen, Branchenintegration sowie Strategie, Struktur und Wettbewerbsintensität (vgl. Porter 1990a: 69ff.).

[93] Dies gilt vor allem für Nachfragebedingungen des Heimatmarktes sowie Wettbewerber- und Kundenbeziehungen (vgl. Porter 1990a: 86; 106). Diese "Nähe-These" wird gestützt durch Vernons Produktlebenszyklustheorie (vgl. Vernon 1966) sowie Untersuchungen zum Einfluß der psychischen Distanz von Exportmanagern zu Auslandsmärkten (vgl. Müller/ Kögelmayer 1986).

[94] Zu einer ausführlichen Würdigung vgl. Grant (1991).

Im Anschluß an Galtung (1982) lassen sich schließlich zwei weitere Interpretationen der nationalen Dimension des organisatorischen Feldes erschließen. Zum einen kann eine Nation im Sinne von "Staat" als *politische Einheit im territorialen Raum* aufgefaßt werden. Nationen sind dann autonom im Sinne einer legitimen Kontrolle über inländische Machtbeziehungen. Zum anderen läßt sich eine Nation als *soziokulturelle Einheit im nicht territorialen Raum* begreifen, die durch eine gemeinsame Kultur (vermittelt über Sprache, Religion, Lebensweise, Geschichte oder ethnische Zugehörigkeit) charakterisiert wird.[95]

(3) Die Begriffsinterpretation von Nation als *Staat* eröffnet die Möglichkeit, das organisatorische Feld im Hinblick auf Unterschiede zu kennzeichnen, welche auf staatliche Einflußbereiche oder Domänen zurückzuführen sind.[96] So schlägt Doz (1979: 26) vor, die Ursachen einer Intervention nationaler Regierungen auf grundlegende Staatsfunktionen wie Verteidigung nach außen, Bereitstellung öffentlicher Dienste, Rechtsprechung zur Verteidigung sowie Bewahrung individueller Rechte usw. zurückzuführen. Als Ausdruck solcher Domänen ist damit zum einen die Gestaltung von Rahmenbedingungen einer grenzüberschreitenden Unternehmenstätigkeit aufzufassen. So lassen sich nationale Unterschiede der Währungen auf die nationale Domäne der Geld- und Finanzpolitik zurückführen. Ebenso rühren national unterschiedliche Regelungen in Handels-, Steuer- und Unternehmensverfassungsrecht aus nationaler Souveränität in den Domänen der Gesetzgebung und Rechtsprechung her.[97] Zum anderen beschränken sich Staaten aber nicht auf die Gestaltung von Rahmenbedingungen der Unternehmenstätigkeit, sondern greifen auch aktiv in konkrete Episoden möglicher Geschäftstätigkeiten ein.[98] Nationale Domänen beinhalten damit auch ein nationales Interessenmoment im Sinne eines politischen Imperativs (vgl. Doz 1979: 5). Dieser politische Imperativ stellt ein wesentliches Element bei der Betrachtung nationaler Unterschiede dar.[99]

---

[95] Im Weberschen Sinne eines Idealtyps fallen Nationen als politische und soziokulturelle Einheit zusammen (vgl. Parsons 1976: 51). Empirisch treten diese Begriffe jedoch auseinander. So verzeichnet die Mitgliederliste der Vereinten Nationen zum 22. Mai 1992 178 Nationen. Nichtmitglieder sind Brunei, Kuba und Korea. Einer groben Schätzung zufolge stehen dieser Zahl rund 1 500 Nationen im Sinne einer soziokulturellen Einheit gegenüber (vgl. Galtung 1982: 17). Galtung schätzt, daß nur in 15 Fällen der Idealtyp empirisch vorliegt.

[96] Als nationale Domäne wird ein Anforderungskatalog bezeichnet, der sich auf zu berücksichtigende Bedürfnisse, bediente Zielgruppe und bereitzustellende Leistungen bezieht (vgl. Thompson 1967: 25ff.; Kirsch/ Habel 1991: 420f.).

[97] Mit dieser Interpretation des Nationenbegriffs können also auch jene Spezifika internationaler Unternehmen erfaßt werden, die in der Literatur als konsent erachtet werden. Dazu gehören unterschiedliche Wechselkurse (vgl. Albach (1981) oder Unternehmensverfassungsmodelle. Vgl. dazu Chitayat (1984), Bleicher/ Paul (1986), Dalton/ Kesner (1987), Bleicher (1988).

[98] Umfangreiche empirische Untersuchungen haben hier z. B. Negandhi/ Baliga (1978) und (1979) vorgelegt. Zu einem neueren Literaturüberblick vgl. Boddewyn (1988: 344ff.).

[99] Solche Interessen kommen etwa in Form unterschiedlicher Allokationspräferenzen kritischer Ressourcen zum Ausdruck, wie z. B. die Aufteilung des Brut-

(4) Einen Eindruck von der Bedeutung der *soziokulturellen* Dimension des organisatorischen Feldes internationaler Unternehmen gibt ein Beispiel von Storti (1989). Er berichtet über die mißlungene Einführung eines neuen Automodells "Nova" durch General Motors auf dem südamerikanischen Markt. Dieser Mißerfolg ist nicht zuletzt darauf zurückzuführen, daß "No va" im spanischen soviel wie "Es fährt nicht" bedeutet (vgl. Storti 1989: XV). Die sich aus solchen Beispielen ergebenden Forschungsfragen stehen im Mittelpunkt der interkulturellen[100] Managementforschung.[101] Dabei lassen sich hinsichtlich Grundfragestellung und Forschungsprämissen sechs Ansätze abgrenzen (vgl. Adler 1983; Kumar 1988). Eine erste Gruppe von Ansätzen stellt die Suche nach kulturellen *Ähnlichkeiten* in den Vordergrund. Parochiale Ansätze unterstellen a priori Universalität der fokalen Kultur. Ethnozentrische Ansätze gehen von der Überlegenheit der eigenen, sprich: amerikanischen Managementmethoden aus. Im Unterschied zum parochialen Ansatz werden Zweit- und Drittkulturen einbezogen, allerdings mit dem Ziel, die interkulturelle Validität der jeweiligen Managementmethoden zu bestätigen. Geozentrische Ansätze behandeln die Globalisierung und Gesamtoptimierung internationaler Unternehmen, wobei interkulturelle Unterschiede - wenn überhaupt - nur als Nebenbedingung behandelt werden. Polyzentrische Ansätze betonen dagegen die Bedeutung kultureller *Unterschiede*, wobei die Annahmen des Kulturrelativismus und damit verbunden der Äquifinalität von Kulturen im Hinblick auf bestimmte Ziele kennzeichnend ist. Charakteristisch sind Studien wie "Management in Afrika" oder "Management in Bayern".[102] Gegenstand komparativer Ansätze[103] ist die Beschreibung interkultureller Ähnlichkeiten *und* Unterschiede in der Führung von Unternehmen, während synergistische Ansätze kulturelle

---

tosozialprodukts auf Sparen/ Konsum oder öffentlicher Ausgaben auf den militärischen/ zivilen Bereich (vgl. Robinson 1978: 20f.). Doz (1979: 27ff.) nennt beispielsweise die policies "Regulierung", "Kontrolle nationaler Monopole" und "Schutz nationaler Schlüsselindustrien". Vgl. auch die nationalen Zielkataloge in Porter (1990a: 683ff.).

[100] Der Kulturbegriff ist umstritten (vgl. Kroeber/ Kluckholm 1952). Unternehmenskulturen werden meist nach einem funktionalistischen Ansatz definiert, wobei mit dem *Symbolsystem* (sichtbare Elemente wie Riten, Logo, Sprache), *Normen und Standards* als Kanon der Verhaltensregeln und *Kernsubstanz* als essentielle Wahrnehmungs- und Vorstellungsmuster drei Kulturebenen unterschieden werden (vgl. Schein 1984: 4). Nationale Kulturen weisen demgegenüber eine Tradition in ethnologischen Ansätzen auf. So definiert Geertz Kultur als "... ein System von Regeln (...), das es jedem, der diesem ethnographischen Algorithmus gehorcht, möglich macht, so zu funktionieren, daß man (...) als Eingeborener gelten kann ..." (Geertz 1983: 17). Die Übersetzungsprobleme zwischen kontextspezifischen Kulturbegriffen werden zusätzlich problematisch, weil in vielen Untersuchungen fälschlicherweise unterstellt wird, daß nationale Kulturen mit der staatlich-territorialen Interpretation des Nationenbegriffs empirisch zusammenfallen (vgl. auch Kumar 1988: 391ff.).

[101] Prototypisch die Untersuchung von Hofstede (1980). Zu einem Überblick vgl. Keller (1982), Adler (1983).

[102] Zu einem Überblick vgl. McCormack (1991).

[103] Zu diesem komparativen Ansatz gehören die meisten Studien der interkulturellen Managementforschung, im deutschen Sprachraum z. B. Keller (1982).

Unterschiede und Ähnlichkeiten als Gestaltungspotential begreifen. Im Mittelpunkt stehen Studien zur Interaktion zwischen Individuen verschiedener Kulturzugehörigkeit in bestimmten Arbeitssituationen wie Joint-Ventures oder ausländischen Töchtern (für eine ausführliche Darstellung vgl. Adler 1983).

"Cultural synergy builds upon similarities and fuses differences resulting in more effective activities and systems. The very diversity of people can be utilized to enhance problem solving by combined action. Those in international management have unique opportunities to foster synergy on a global basis." (Moran/ Harris 1981: Chap. 15: 3)

Die interkulturelle Managementforschung erweckt häufig den Eindruck, als müßten andere soziokulturelle Besonderheiten von Nationen mühsam in ein Kultursprachspiel integriert oder aber gar ausgeschlossen werden.[104] Deshalb wird hier unter Nutzung des oben eingeführten Konzepts der organisatorischen Lebenswelt der Begriff der *nationalen Lebens- und Sprachformen* präferiert. International tätige Unternehmen bewegen sich dann in feldspezifischen Lebens- und Sprachformen ihres nationalen organisatorischen Feldes.[105]

Im Mittelpunkt der bisherigen Ausführungen stand die Frage nach Unterschieden, die sich in international tätigen Unternehmen aus einer Berücksichtigung der nationalen Dimension des organisatorischen Feldes ergeben. Über einen faktor- und einen standorttheoretischen Zugang hinaus sind politische Aspekte (und daraus abgeleitete Differenzen z. B. der rechtlichen Rahmenbedingungen) sowie Unterschiede hinsichtlich nationaler Lebens- und Sprachformen zu berücksichtigen. Solche Unterschiede bilden zugleich Quellen möglicher Erfolgspotentiale im internationalen Unternehmen. So stellen komparative Ländervorteile, eine bestimmte nationale home base, eine Tätigkeit in Ländern mit unterschiedlichen Steuergesetzen aber auch multikulturelle Synergien erste Erfolgspotentiale dar.

Nationale Unterschiede bergen sowohl eine Chancen- als auch eine Risikodimension.[106] Chancen, die sich aus nationalen Unterschieden ergeben, werden vor allem hinsichtlich der faktor- und standorttheoretischen Interpretation des Nationenbegriffs gesehen. So generieren komparative Vorteile *Arbitrage- bzw. Ressourcentransferpotentiale* (vgl. Fayerweather 1969), die über globale Beschaffungsmaßnahmen, internationale Produktionsverlagerung, steuerwirksame Gewinnverlagerung, Finanzmarkt- und Informationsarbitragen[107] er-

---

[104] Man kann dies als Problem einer kulturalistischen Verkürzung (vgl. Habermas 1981b: 205) bezeichnen, ein Vorwurf, den Habermas jedoch einem phänomenologischen Lebensweltkonzept entgegenbringt.
[105] Vgl. weiterführend Kapitel 2.4.4.
[106] Colberg (1989: 79ff.) leistet eine umfassende Darstellung solcher Länderverbund-Vorteile (Chancen) und Länderverbund-Barrieren (Risiken).
[107] Hier stehen Fragen des systematischen Lernens im Mittelpunkt, die auf eine Erweiterung und internationale Diffusion der organisatorischen Wissensbasis

folgswirksam internalisiert werden können (vgl. Kogut 1985b: 33ff.). Politische und soziokulturelle Faktoren werden demgegenüber vor allem als Risiko beurteilt (vgl. z. B. Fayerweather 1989: 934).

Der Risikocharakter des politischen Imperativs äußert sich z. B. in Phänomenen des Protektionismus, der Beschränkung von Gewinntransfers oder der Enteignung. Unterschiedliche nationale Lebens- und Sprachformen werden als Gefahrenquelle für eine Fragmentation (Fayerweather 1969: 10) von Unternehmensaktivitäten betrachtet, die es nach Möglichkeit zu minimieren gilt (vgl. Hamel/ Prahalad 1988: 16ff.).[108] Diese asymmetrische Verteilung von Chancen und Risiken auf verschiedene Interpretationen des Nationenbegriffs erscheint ungerechtfertigt. So erfordert der politische Imperativ nicht nur ein reaktives Vorgehen, das auf eine Minimierung politischer Risiken gerichtet ist. Ebenso ist eine aktive Gestaltung der Beziehung zu Gastlandregierungen möglich, um Gelegenheiten bewußt wahrzunehmen und erfolgswirksam umzusetzen (vgl. Ricks/ Toyne/ Martinez 1990: 233ff.). Kogut spricht hier von "leverage-opportunitities" bzw. *Machtpotentialen*:

> "Unlike arbitrage, leverage reflects not the exploitation of differences in the price of an asset, product, or factor of production between markets, but rather, the creation of market or bargaining power because of the global position of the firm." (Kogut 1985b: 34)

Eine ähnliche Überlegung gilt für Nationen im Sinne soziokultureller Einheiten. So wird in synergistischen Ansätzen des interkulturellen Management explizit auch der Chancencharakter national unterschiedlicher Kulturen diskutiert (vgl. z. B. Adler 1991: 104). Chancen resultieren aus den *Lern- und Befruchtungseffekten*, die durch eine Konfrontation unterschiedlicher nationaler Kulturen bzw. Lebens- und Sprachformen möglich sind (vgl. zu Knyphausen 1991b).

Die bisher genannten nationalen Unterschiede - bzw. allgemeiner - strukturellen Gegebenheiten des organisatorischen Feldes stellen lediglich eine notwendige, aber noch keine hinreichende Bedingung für die Entwicklung von Erfolgspotentialen dar. Die Entwicklung von Erfolgspotentialen, welche aus nationalen Unterschieden resultieren, setzt die Fähigkeit zur Internalisierung solcher Differenzen durch die Unternehmung voraus. Plakativ formuliert, sind *komparative* Wettbewerbsvorteile von Nationen auf dem Weg der Internalisierung in *kompetitive* Wettbewerbsvorteile von Unternehmen umzumünzen. Dieser Gesichtspunkt wird in Abbildung 2-5 durch eine Unterscheidung von vier verschiedenen Situationen der Existenz bzw. des Fehlens branchenspezifischer komparativer und kompetitiver Wettbewerbsvorteile veranschaulicht.

---

[108] (vgl. Pautzke 1989) abzielen. Damit sind natürlich auch Informationsarbitragen in bezug auf Management Know-how eingeschlossen.
Diese Sichtweise wird noch deutlicher, wenn - wie etwa in geozentrischen Ansätzen der interkulturellen Managementforschung oder im Rahmen der Globalisierungsthese (vgl. Levitt 1983; Ohmae 1987) - das *Fehlen* lebensweltlicher Unterschiede als Chance begriffen wird.

Competitive Advantages of Firms	Comparative Advantages of Countries	
	No Advantage	Advantaged
No Advantage	- Nationally Segmented Markets I	- Interindustry Trade - International Vertical Integration of Firms II
Advantage	- Intraindustry Trade - International Horizontal Integration of Firms III	- Internationally Vertically and Horizontally Integrated Firms with Different Configurations of Market Penetrations and Sourcing Sites IV

Abb. 2-5: Zusammenspiel komparativer und kompetitiver Wettbewerbsvorteile (in Anlehnung an Kogut 1985a: 26)

Feld 1 stellt die Nullvariante national segmentierter Märkte dar. Feld 2 bezieht sich dagegen auf internationalisierende Branchenfelder, in denen Erfolgspotentiale ausschließlich durch Internalisierung nationaler Unterschiede z. B. hinsichtlich faktor- oder standortspezifischer komparativer Vorteile entwickelt werden können. Demgegenüber stellt Feld 3 die spiegelbildliche Situation dar, in der nationale Unterschiede keinen originären Beitrag für die Erfolgspotentiale einer Unternehmung leisten. In Feld 4 schließlich liegt eine Kombination komparativer und kompetitiver Wettbewerbsvorteile vor. Hier agieren Unternehmen auf Basis einer relativen Überlegenheit ihrer Standortkonfiguration, relativer Wetttbewerbsvorteile und spezifischen Produkt-/ Marktentscheidungen (vgl. Kogut 1985a: 26).

Feld 4 bildet das interessanteste Feld für die Analyse von Erfolgspotentialen internationaler Unternehmen. Allerdings ist das Zusammenspiel zwischen komparativen und kompetitiven Wettbewerbsvorteilen differenzierter zu betrachten. Folgt man Dunnings (1973) eklektischer Theorie internationaler Produktion,[109] so sind neben nationalen Unterschieden der Faktorausstattung (factor endowments) zusätzlich *strukturelle* und *transaktionelle* Marktunvollkommenheiten als Quellen möglicher (Wettbewerbs-) Vorteile zu berücksichtigen. Unter strukturellen Marktunvollkommenheiten werden z. B. Größenvorteile, Wissensvorsprünge oder Produktdifferenzierungsvorteile, also Faktoren "... which help the MNE (Multinational Enterprise; Anm. d. Verf.) to close markets and thereby increase its market power ..." (Dunning/ Rugman 1985: 229), zusammengefaßt. Demgegenüber treten transaktionelle Marktunvollkommenheiten überall dort auf, "... whereever information about the product or service

---

[109] Die erstmals 1973 vorgestellte eklektische Theorie der internationalen Produktion vereint Erkenntnisse verschiedener Internationalisierungstheorien. Die folgende Darstellung lehnt sich in erster Linie an Dunning (1988a) an, in der frühere Beiträge neu zusammengestellt wurden. Zu einer Einführung vgl. Dunning (1988b).

being marketed is not readily available, or is costly to acquire ..." (Dunning 1977: 403). Der Schwerpunkt liegt hier also auf Marktunvollkommenheiten, die im Rahmen des "market-failure-framework" der Transaktionskostentheorie erklärt werden.[110] Die Umsetzung dieser Erfolgspotentiale setzt jedoch die Gültigkeit von drei Bedingungen voraus. In den Worten von Dunning:

> "The principal hypothesis on which the eclectic paradigm of international production is based is that a firm will engage in foreign valueadding activities if and when three conditions are satisfied: These are:
> (1) It possesses net O [ownerspecific; Anm. d. Verf.] advantages *vis-a-vis* firms of other nationalities in serving particular markets. These O advantages largely take the form of the possession of intangible assets or of the advantages of common governance which are, at least for a period of time, exclusive or specific to the firm possessing them.
> (2) Assuming condition (1) is satisfied, it must be more beneficial to the enterprise possessing these advantages to use them (or their output) itself rather than to sell or lease them to foreign firms: this it does through the extension of its existing value added chains or the adding of new ones. These advantages are called internalization (I) advantages.
> (3) Assuming conditions (1) and (2) are satisfied, it must be in the global interest of the enterprise to utilize these advantages in conjunction with at least some factor inputs (including natural resources) outside its home country; otherwise foreign markets would be served entirely by exports and domestic markets by domestic production. These advantages are termed the locational (L) advantages of countries." (Dunning 1988a: 25f.)

Die geographische Standortverteilung und damit die Wahrnehmung von Location Specific Advantages wird durch die nationale Faktorausstattung, strukturelle und transaktionelle Marktunvollkommenheiten z. B. in Form protektionistischer Maßnahmen beeinflußt. Internalisierungsvorteile resultieren allein aus transaktionellen Marktunvollkommenheiten. Bei den monopolistischen (ownerspecific) Wettbewerbsvorteilen ist zwischen vermögensspezifischen[111] (assetspecific) und transaktionellen Wettbewerbsvorteilen zu differenzieren. Monopolistische Vorteile in Form von "asset-advantages" gehen auf strukturelle Marktunvollkommenheiten zurück, während monopolistische Vorteile transaktioneller Art als Transaktionskostenvorteile des Koordinationsmechanismus "Hierarchie" gegenüber marktlicher Koordination aufgefaßt werden.

Die eklektische Theorie der internationalen Produktion zeigt, daß die Entwicklung von Erfolgspotentialen komplexer zu beurteilen ist, als der Ansatz von

---

[110] Vgl. dazu Williamson/ Ouchi (1983: 15) sowie Picot (1982) und Picot (1993 i. V.). Der Begriff der Transaktionskosten wird jedoch nicht einheitlich verwendet. Letztlich muß diese Unterscheidung als Versuch interpretiert werden, Ansätze der oligopolistischen Internationalisierungstheorie im Anschluß an Hymer (1976) als strukturelle Marktunvollkommenheiten und Ansätze der Internalisierungstheorie (vgl. z. B. Teece 1986; Kappich 1989) als transaktionelle Marktunvollkommenheiten in den eklektischen Ansatz zu integrieren. An anderer Stelle bezeichnet Dunning transaktionelle Marktunvollkommenheiten auch als "... Williamson-type transaction costs ..." (Dunning/ Rugman 1985: 229).

[111] Der Begriff des Vermögens umfaßt hier auch besondere Fähigkeiten von Unternehmen.

Kogut dies vermuten läßt. Insbesondere die Notwendigkeit von Internalisierungsvorteilen im Sinne einer Make-or-Buy-Entscheidung wird zusätzlich verdeutlicht. Außerdem werden transaktionelle Marktunvollkommenheiten eingeführt, während Kogut sich eher auf strukturelle Marktunvollkommenheiten beschränkt.[112] Schließlich verweist die Unterscheidung zwischen vermögensspezifischen und transaktionellen monopolistischen Vorteilen explizit auf organisatorische Fähigkeiten internationaler Unternehmen.

> "While the former arise from the proprietary ownership of specific assets by MNEs vis-a-vis those possessed by other enterprises (...) the latter mirror the capacity of MNE hierarchies vis-a-vis external markets to capture the transactional benefits (or lessen transactional costs) arising from the common governance of a network of these assets, located in different countries." (Dunning 1988b: 2)

Im Vordergrund dieses Abschnitts stand die Suche nach möglichen Spezifika einer strategischen Unternehmensführung im internationalen Unternehmen. Zentrale Bedeutung nahm die Idee an, das spezifisch Strategische an den Begriff des Erfolgspotentials zu binden, um dann Erfolgspotentiale einer internationalen Unternehmenstätigkeit herauszuarbeiten. Im Lichte der Begriffsfassung von Erfolgspotentialen als strukturelle Konstellationen zwischen Gegebenheiten des Feldes, Erfolgsdefinition und Fähigkeiten fällt jedoch auf, daß Erfolgspotentiale in erster Linie auf strukturelle Gegebenheiten des nationalen Feldes zurückgeführt werden. Die Fähigkeiten etwa zur Internalisierung standortspezifischer Kostenvorteile blieben letztlich immer implizit. Im Anschluß an Dunnings Beitrag zur Bedeutung transaktioneller monopolistischer Vorteile läßt sich aber auf die Relevanz organisatorischer Fähigkeiten schließen. Die "Qualität des Managements" (vgl. Doz/ Prahalad 1988: 347f.) wird damit selbst zur einer Quelle von Erfolgspotentialen.

Stellt man diese Überlegung nochmals in den Zusammenhang der Unterscheidung verschiedener Potentialbereiche des Primär- bis Quartärbereiches, so wird damit ein Schwerpunkt auf Erfolgspotentiale des Tertiärbereiches, also der organisatorischen Führungsstrukturen und Managementsysteme gelegt. Damit kann von einer Potentialverschiebung *zwischen* Primär- und Tertiärbereich ausgegangen werden, bei der Erfolgspotentiale nicht mehr ausschließlich im Produkt-/ Marktbereich, sondern auch im Bereich der Führungsorganisation und Managementsysteme anzusiedeln sind. Managementsysteme als Bestandteil des Tertiärbereichs stellen dann "Erfolgspotentiale zweiter Ordnung" für die Führung im internationalen Unternehmen dar. Der State of the Art einer Betrachtung solcher Systeme wird im folgenden erläutert.

---

[112] Über diese Ausführungen zum Zusammenspiel zwischen komparativen und kompetitiven Wettbewerbsvorteilen hinaus lassen sich die in Abbildung 2-5 genannten Wettbewerbsvorteile von Unternehmen durch bestimmte Quellen kompetitiver Wettbewerbsvorteile konkretisieren. Hier werden "economies of scale" und "economies of scope" genannt (vgl. Ghoshal 1987; Colberg 1989: 50; Hamel/ Prahalad 1988: 7ff.).

2.3 Internationale strategische Managementsysteme: State of the Art und Gestaltungsdimensionen

Aufgabe der folgenden Ausführungen ist es, einen ersten Eindruck vom aktuellen Stand einer Diskussion internationaler strategischer Managementsysteme zu entwickeln (2.3.1) und mögliche Gestaltungsdimensionen abzuleiten (2.3.2). Darauf aufbauend kann die Aufgabe einer Führungsunterstützung von strategischen Managementsystemen im Hinblick auf ihren Beitrag zur Aktivierung von Erfolgspotentialen verdeutlicht werden (2.3.3).

2.3.1 Ein erster Überblick zu Systemkonzeptionen eines strategischen Management internationaler Unternehmen

Ein Blick in die relevante Literatur zeigt, daß zu Fragen der Führungsunterstützung internationaler Unternehmen eine fast unüberschaubare Vielfalt möglicher Konzepte diskutiert wird.[113] Von einem Überblick zum State of the Art ist angesichts der Vielzahl und Unterschiedlichkeit der relevanten Beiträge weder eine umfassende noch eine stringente Darstellung zu erwarten. Im folgenden wird deshalb lediglich ein erster Eindruck von dieser Vielfalt vermittelt, um anschließend wesentliche Schwerpunkte der Diskussion herauszufiltern.

Für eine Systematisierung der verschiedenen Ansätze bieten sich zwei Kriterien an, die für die historische Entwicklung der wissenschaftlichen Diskussion wesentliche Bedeutung aufweisen. Ausschlaggebend sind dabei die "Originalität" bzw. Eigenständigkeit einer Behandlung internationaler Fragestellungen und der "Sprachraum", in dem solche Konzeptionen entwickelt wurden.

Gestaltungsansätze der strategischen Unternehmensführung wurden anfangs unabhängig von internationalen Spezifika erarbeitet. Kapitel 2.1 hat jedoch gezeigt, daß mit Beginn der 60er Jahre zunehmend auch internationale Aspekte einer strategischen Unternehmensführung aufgegriffen wurden. Die bereits entwickelten Systemkonzeptionen wurden im Sinne einer "Erweiterung" fortentwickelt, wobei internationale Aspekte jedoch eher derivativer Natur blieben. Originäre Beiträge, die sich ausschließlich internationalen Problemstellungen widmen, wurden dagegen erst später entwickelt.

Weiter liegt - wie in Kapitel 2.1 deutlich wurde - der historische Ausgangspunkt der Diskussion von Fragen der internationalen strategischen Unternehmensführung im angloamerikanischen Sprachraum, insbesondere aber in den USA. Demgegenüber werden internationale Fragestellungen im deutschen Sprachraum erst in der jüngeren Vergangenheit behandelt. Da die aktuelle Diskus-

---

[113] So verzeichnet z. B. das Handbuch für Export und internationale Unternehmung rund 40 Beiträge zur Unterstützung der Führungsfunktion internationaler Unternehmen (vgl. Macharzina/ Welge Hrsg. 1989: VIIIf.). Zu einem Überblick über Planungsansätze vgl. Hawkins/ Walter (1981), Welge (1989).

sion in diesem Forschungsfeld noch keineswegs abgeschlossen ist, orientieren sich die folgenden Ausführungen an diesen beiden Tendenzen (vgl. Abbildung 2-6). Den Ausgangspunkt bilden derivative Beiträge aus dem angloamerikanischen Sprachraum.

Sprachraum Internationalität	anglo- amerikanisch	deutsch
derivativ internationale Systemkonzeptionen	Steiner (1969) Lorange (1977) Porter (1990b) Chakravarthy/ Lorange (1991) Ansoff (1984)	Bleicher (1991) Hahn (1985) Horvàth (1990)
originär internationale Systemkonzeptionen	Davidson (1982) Dymsza (1984b) Channon/ Jalland (1978) Brooke/ Beusekom (1979) Brooke/ Remmers (1972) Schwendiman (1973) Leontiades (1985) Keegan (1989)	Ziener (1985) Meissner (1990) Segler (1986) Stahr (1989) Tümpen (1987) Voß (1989) Weber (1991a) Roxin (1992)

Abb. 2-6: Ein Überblick zu Systemkonzeptionen eines internationalen strategischen Managements

(1) Erweiterung bestehender Systemkonzeptionen im anglo-amerikanischen Sprachraum: Die grundsätzliche Vorgehensweise anglo-amerikanischer derivativer Beiträge entspricht der Formel "Strategisches Management unter besonderen (u. a. internationalen) Bedingungen".[114] Während noch Steiner (1969) auf diesen Punkt nur wenige Randbemerkungen verwendet, konzentriert sich Lorange (1977: 278ff.) bereits auf ein spezifisches Problemfeld. Im Mittelpunkt steht hier der Zusammenhang zwischen spezifischen Führungsstrukturen (regionale bzw. produktspezifische Führungsstrukturen und Matrixstruktur) und einer kostenoptimalen Gestaltung strategischer Planungssysteme. Ähnlich geht Porter (1990b: 345ff.) - allerdings unter seinem spezifischen Blickwinkel - vor. Im Zentrum seiner für die strategische Unternehmensführung sehr bekannten Arbeiten zur Wettbewerbsanalyse stehen industrieökonomische Ansätze, vor allem aber Branchenstrukturanalysen. Demgemäß entwickelt er dieses Modell allgemein und spezifiziert es in späteren Arbeiten im Hinblick auf weltweite bzw. "globale" Branchen.

Charakteristisch ist auch die Vorgehensweise von Chakravarthy/ Lorange (1991) in einer Arbeit zum strategischen Management diversifizierter Unternehmen. Sie unterscheiden verschiedene "Business-Contexts" einzelner Geschäfte und fordern eine maßgeschneiderte ("tailormade") Gestaltung von Sy-

---

[114] Häufig werden dann spezifisch internationale Fragestellungen in Form von Sammelveröffentlichungen ausgegliedert, so z. B. in den Readern von Porter (Hrsg. 1986) und Steiner/ Cannon (Hrsg. 1966).

stemen.[115] Durch eine internationale Unternehmenstätigkeit kann sich der Geschäftskontext so ändern, daß eine Anpassung des Prozesses der Strategieentwicklung und -implementierung erforderlich wird. Nach Auffassung der Autoren ist eine vermittelnde Position im Spannungsfeld zwischen globaler Integration und lokaler Responsiveness anzustreben (vgl. Chakravarthy/ Lorange 1991: 209ff.).

Eine relativ umfassende Darstellung findet sich schließlich auch bei Ansoff (1984: 152ff.). Besonders hervorgehoben wird ein Konflikt zwischen der Berücksichtigung nationaler Spezifika und globalen Synergievorteilen. Eine weltweit ausgerichtete Unternehmensstrategie wird erschwert durch die diesem Konflikt inhärente Aufteilung von Kompetenz und Verantwortung zwischen regionalen, produkt- und fertigungsverantwortlichen Einheiten.

> "In the past, much of the historical success of business firms (...) has been ascribed to the *principle of unity of authority and responsibility*. (...) Short of giving each country manager a total profit and loss responsibility (...), *it is not possible to preserve this principle in a multinational firm*. As a result, most multinationals have evolved three-dimensional matrix structures in which at least three key managers (and usually many more) must participate in joint-strategy formulation for each SBA [Strategic business areas; Anm. d. Verf.] for each country, and for the coporation as a whole." (Ansoff 1984: 167)

Eine Möglichkeit, dieser Problematik zu begegnen, besteht in der Entwicklung einer einheitlichen Unternehmenskultur, was aber als sehr zeitaufwendig eingeschätzt wird. In turbulenten und diskontinuierlichen Umwelten fällt deshalb eine zweite Alternative günstiger aus, bei der man sich auf die Entwicklung strategischer Planungssysteme konzentriert, um auf diese Weise zu einer Koorientierung der betroffenen Aktoren beizutragen (vgl. Ansoff 1984: 168).

Grundsätzlich ist also festzuhalten, daß internationale Fragestellungen in Systemkonzeptionen des anglo-amerikanischen Sprachraums zunehmend an Bedeutung gewinnen. Im Anschluß werden ausgewählte originäre Systemkonzeptionen des anglo-amerikanischen Sprachraums dargestellt.

(2) Originäre Systemkonzeptionen im anglo-amerikanischen Sprachraum: Die ersten Arbeiten, die sich originären Fragen der internationalen strategischen Planung widmen, stellen Schwendiman (1973), Channon/ Jalland (1978) und Brooke/ Beusekom (1979) dar. *Schwendiman (1973)* entwickelt eine Systemkonzeption, die mit die Kernmodule "Umweltanalyse", "Stärken-/ Schwächen-Analyse", "strategische Zielsetzung" und "Ableitung langfristiger Aktionsprogramme, taktischer Pläne und Budgets" enthält. Vorrangig behandelt wird die Bewältigung eines Spannungsfeldes zwischen weltweiter Unifikation und länderspezifischer Fragmentation der Geschäftstätigkeiten. Die eigentliche Pla-

---

[115] "A tailormade managementsystem is one that is specifically designed to meet the contextual pressures that confront an organizational unit ..." (Chakravarthy/ Lorange 1991: XV).

nungsaufgabe wird in einer Abstimmung zwischen länder- und funktionsspezifischen Strategien unter Beachtung wirtschaftlicher, soziokultureller und politischer Rahmenbedingungen gesehen (vgl. Schwendiman 1973: 98). *Channon/ Jalland (1978)* legen demgegenüber größeren Wert auf den Zusammenhang zwischen spezifischen Organisationsstrukturen (Export, Internationale Division usw.) und der Gestaltung von Planungs- und Kontrollsystemen. Ein Schwerpunkt liegt hier ebenso wie bei *Brooke/ Beusekom (1979)* auf Überlegungen zur Anwendbarkeit spezifischer Methoden.

Eine stärkere Orientierung an Fragen einer strategischen Planung erfolgt in den Beiträgen von Brooke/ Remmers (1972), Davidson (1982), Dymsza (1984b) und Leontiades (1985). *Davidson (1982)* stellt eines der ersten Werke dar, in dem neuere strategische Methoden in bezug auf das internationale Unternehmen diskutiert werden. Eher programmatischen Charakter nimmt der Ansatz von *Dymsza (1984b)* an. Er schlägt Grundzüge einer umfassenden Konzeption vor, die aber nicht weiter ausgearbeitet wird. Statt dessen diskutiert er ausgewählte methodische Aspekte, wie Methoden der Wettbewerbsanalyse, Portfolio-Planung und Gefahren-/ Gelegenheiten-Betrachtungen. Den aktuellsten Beitrag legt *Leontiades (1985)* vor. Angeregt durch seine Erfahrungen in der Europazentrale von Ford schlägt er für die Planung im internationalen Unternehmen eine dreistufige Planungshierarchie zur Entwicklung globaler, regionaler und nationaler Strategien vor. Ein weiteres Element seiner Überlegungen bildet die Unterscheidung dreier Typen von Führungsstrukturen (Holding-, föderale und integrative Struktur), mit der die Rollenverteilung einer strategischen Planung zwischen Zentrale und Tochtergesellschaften wechselt. Außerdem werden strategische Methoden und Konzepte hinsichtlich ihrer Anwendbarkeit im internationalen Unternehmen diskutiert.

Diese Ausführungen zeigen, daß eine Beschäftigung mit Fragen der strategischen Führung internationaler Unternehmen im anglo-amerikanischen Sprachraum eine gewisse Tradition aufweist, wobei die Arbeit von Schwendiman (1973) die Pilotarbeit bildet. Damit steht die Darstellung von Beiträgen aus dem deutschen Sprachraum an; auch hier bilden derivative Beiträge den Ausgangspunkt.

(3) Erweiterung bestehender Systemkonzeptionen im deutschen Sprachraum:
Der Entwicklungsstand einer Auseinandersetzung mit internationalen Aspekten innerhalb prominenter Arbeiten des deutschen Sprachraums erweist sich - um es vorwegzunehmen - als enttäuschend.[116] Deshalb beschränken sich die folgenden Ausführungen auf drei repräsentative Autoren(-Gruppen), die in jüngster Zeit einige Beiträge vorgelegt haben.

---

[116] So lassen beispielsweise die für die deutsche Diskussion wesentlichen Arbeiten von Schreyögg (1984), Staehle (1991: 472ff.) oder Hinterhuber (1989) eine hinreichende Berücksichtigung internationaler Gesichtspunkte vermissen.

In Weiterentwicklung des "Management Modells" von Ulrich/ Krieg (1974) legt Bleicher (1991) die Systemkonzeption des St. Galler Management-Konzepts vor. Die Behandlung internationaler Aspekte umfaßt eine kursorische Diskussion der Konsequenzen verschiedener nationaler Unternehmensverfassungsrechte (ebd. 138ff.), Hinweise auf den Einfluß zwischen nationalen "Umkulturen" und "Inkulturen" von Unternehmen (ebd. 148) sowie die Bedeutung national geprägter Managementphilosophien im weltweiten Wettbewerb (ebd. 464ff.).

In Hahn (1985) wird neben der Einarbeitung von Konsequenzen der Bilanzierungsvorschriften nach der 4. und 7. EG-Richtlinie "... für das Soll- und Ist-Zahlenwerk nationaler und internationaler Unternehmungen ..." (Hahn 1985: IX) eine internationale Anwendung der integrierten ergebnis- und liquiditätsorientierten Planungs- und Kontrollrechnung insoweit angelegt, als das Modell für verrichtungsorientierte und produkt- oder *regional*orientierte Aufbauorganisationen spezifiziert wird (Hahn 1985: 494). In einer Veröffentlichung zur strategischen Führung unter "besonderer Berücksichtigung internationaler Aspekte" stehen Ausführungen zu den Auswirkungen landesspezifischer Umfelder auf das Controlling und die Bildung von Konzernverrechnungspreisen sowie die Umrechnungsproblematik verschiedener Währungen im Jahresabschluß im Vordergrund (vgl. Hahn 1990: 180).

Charakteristisch ist auch der Ansatz von Horvàth (1990). In seinen Ausgangsthesen zum Stuttgarter Controller-Forum 1989 wird postuliert: "Das Controllingsystem der lokalen Mutter genügt nicht, um die Unternehmung weltweit steuern zu können. Wir brauchen dem weltweiten Geschäft adäquate Controllingsysteme ..." (Horvàth 1989a: VII). Die zentrale Veröffentlichung bleibt hinter dieser Forderung zurück.[117] Allerdings werden in einem Aufsatz zum internationalen Controlling zwei Ansatzpunkte aufgezeigt. Zum einen wird davon ausgegangen, daß "... sich die spezifische Situation der multinationalen Unternehmung in der gewählten Organisationsstruktur manifestiert ..." (Horvàth 1989b: 245). Als zweites zentrales Gestaltungsproblem eines Controllingsystems wird ein Spannungsfeld zwischen landesspezifischer Differenzierung und weltweiter Integration angenommen (Horvàth 1989b: S. 248).

Im Gesamtbild nimmt also der Entwicklungsstand einer Erweiterung von Systemkonzeptionen des deutschen Sprachraums um internationale Fragestellungen eher den Charakter einer Forderung an. Im Vergleich zu anglo-amerikanischen Ansätzen stellen die tatsächlich vorfindbaren Erweiterungen Marginalien dar.

(4) Originäre Systemkonzeptionen im deutschen Sprachraum: Deutschsprachige originäre Beiträge zur Diskussion von Systemkonzeptionen internationaler Unternehmen sind erst in jüngerer Zeit erschienen. Eine wesentliche Ar-

---

[117] Es finden sich lediglich einige Hinweise zum Berichtswesen internationaler Unternehmen anhand eines Praxisbeispiels (vgl. Horvàth 1990: 599ff.).

beit liefert Ziener (1985) zur Gestaltung der Controllingsysteme internationaler Unternehmen. Wesentliche Grundidee ist auch hier die Annahme, daß sich die Gestaltung von Controllingsystemen in einem Spannungsfeld zwischen globaler Unifikation und länderspezifischer Fragmentierung bewegt. Meissner (1990) und Segler (1986) stellen marketingspezifische Überlegungen in den Mittelpunkt, wobei Seglers Weltmarktkonzept der strategischen Planung internationaler Unternehmen im deutschen Sprachraum Pilotcharakter annimmt. Stahr (1989), Voß (1989) und Roxin (1992) legen demgegenüber den Schwerpunkt auf die Gestaltung internationaler Wettbewerbsstrategien, wobei Roxin vor allem einen Schwerpunkt auf die Anwendbarkeit der Methodik der Branchenanalyse im internationalen Zusammenhang setzt. Reine Wirtschaftlichkeitsüberlegungen bei der Gestaltung dominieren dagegen bei Weber (1991a). Im Zentrum steht die "transaktionskostenoptimale" Gestaltung von Planungs- und Kontrollsystemen internationaler Unternehmen. Anhand eines Überblicks zur empirischen Forschung werden Wirkungsbeziehungen im Sinne von Gestaltungsempfehlungen abgeleitet, und es wird geprüft, inwieweit eine Abweichung von diesen Gestaltungsempfehlungen zur Transaktionskostenerhöhung beiträgt.[118] Jene Wirkungsbeziehungen, die sich auf länderspezifische Einflüsse zurückführen lassen, dienen zur Prognose der mit einer bestimmten Gestaltung des Controllingsystems verbundenen Transaktionskosten. Schließlich thematisiert Tümpen (1987) - auch dies ist eine Pilotarbeit im deutschen Sprachraum - die Bedeutung strategischer Frühwarnsysteme für politische Auslandsrisiken. Wesentlich ist die Idee eines dreistufigen Prozesses der Identifikation, Bewertung und Bewältigung politischer Risiken. Methoden und Instrumente der Risikoanalyse bilden den wesentlichen Schwerpunkt der Überlegungen, während organisatorische Aspekte der strategischen Frühwarnung auf lediglich vier Seiten abgehandelt werden.

Im Bereich der originären deutschsprachigen Arbeiten wurden damit in jüngster Zeit wesentliche Pilotarbeiten vorgelegt. So bindet Ziener die Controllingdiskussion an internationale Fragestellungen an; Segler und Tümpen leisten das gleiche für den Bereich des Strategischen Marketing bzw. für die Diskussion strategischer Frühwarnsysteme. Roxin stellt schließlich die erste deutschsprachige Arbeit vor, die sich eingehend mit Fragen der Anwendbarkeit klassischer Methoden der Branchenanalyse auseinandersetzt.

Damit lassen sich Schwerpunkte der Diskussion des State of the Art abgrenzen. Ein erster Schwerpunkt ist in der Diskussion organisatorischer Fragen bei der Gestaltung von Systemkonzeptionen im internationalen Unternehmen zu sehen. So wird in der einen oder anderen Weise immer wieder auf die Diskussion eines Spannungsfeldes zwischen Integration und Responsiveness sowie auf mögliche Konsequenzen spezifisch internationaler Führungsstrukturen für

---

[118] Allerdings erscheint bei einer Anzahl von 133 empirisch abgeleiteten Gestaltungsregeln die Handhabbarkeit dieses Ansatzes fraglich. Zudem wird das für Transaktionskostenansätze zentrale Problem einer Operationalisierung von Transaktionskosten (vgl. Picot 1982: 281) nicht zufriedenstellend gelöst.

den Entwurf von Systemkonzeptionen verwiesen. Dem Diskussionsschwerpunkt einer Behandlung organisatorischer Fragen steht auf der anderen Seite die Behandlung von Aspekten einer Methodenunterstützung des Strategischen Management im internationalen Unternehmen gegenüber. So behandeln Porter und Roxin Methoden der Branchenstrukturanalyse internationaler Geschäfte; Tümpen konzentriert sich auf Methoden der Analyse politischer Risiken, und Leontiades sowie Dymsza und Channon/ Jalland behandeln Methoden der strategischen Planung.

Mit dieser heuristischen Unterscheidung zwischen Methodenorientierung und organisationstheoretischer Betrachtung von Systemkonzeptionen bieten sich zwei einander ergänzende Zugänge zur Führungsunterstützung im internationalen Unternehmen an. Diese für das weitere Vorgehen wesentliche Unterscheidung wird im folgenden Abschnitt genauer erläutert. In diesem Zusammenhang wird dann auch der Begriff "Managementsystem" spezifiziert.

2.3.2 Die Gestaltung von Managementsystemen zwischen Methodenorientierung und organisationstheoretischer Betrachtung

Die oben vorgestellten Systemkonzeptionen können als Repertoire einer Ökologie von Ideen (vgl. Bateson 1981) über eine "rationale" Führung im internationalen Unternehmen aufgefaßt werden. Diese kann sich eine Führung im Zuge der Reflexion und Bewältigung von Führungsaufgaben erschließen. Managementsysteme lassen sich dann in einer ersten Begriffsbestimmung als Systemkonzeptionen begreifen, die den Ausdruck einer solchen Reflexion von Führungsaufgaben darstellen, und durch die die organisatorischen Führungsstrukturen unterstützt werden sollen (vgl. Kirsch/ Maaßen 1989: 2f.). Sie stellen in der Regel bewußt institutionalisierte Systeme im Sinne zusätzlicher Organisationen dar und können arteigene Führungsstrukturen entwickeln. Managementsysteme liegen dabei quer zu den Führungsstrukturen der Basisorganisation des laufenden Geschäftsbetriebes.

Dieses "Querliegen" läßt sich bildlich in Form einer Schichtenbetrachtung verdeutlichen. So kann ein Managementsystem - z. B. ein Planungs- und Kontrollsystem - in geeigneter Weise auf einer Klarsichtfolie symbolisiert werden, welche man über ein zweites Schaubild legt, das die Basisorganisation wiedergibt. Bei Managementsystemen können wiederum strategische und operative Schichten im Sinne zusätzlicher Organisationen unterschieden werden. Diese Schichten sind in zweifacher Weise miteinander gekoppelt. Zum einen können einzelne Akteure mit unterschiedlichem Engagement Rollen sowohl in der Basisorganisation als auch in strategischen und operativen Systemen übernehmen. Zum anderen bedient sich ein Teil der Führungsaktivitäten in der Basisorganisation jener Produkte (z. B. Pläne, Abweichungsberichte), die von Managementsystemen erarbeitet werden. Dabei wird als empirische Frage betrachtet, wieviele Managementsysteme in einer Unternehmung vorliegen, in welchem Ausmaß diese Systeme aktiv "produzieren", und welche Bedeutung den in Managementsystemen entwickelten Outputs in den Führungs und Entscheidungsstrukturen der Basisorganisation eingeräumt wird. In der Basisorganisation wird also unter anderem, aber nicht ausschließlich über den Umweg der Managementsysteme geführt (vgl. Kirsch 1989: 49ff.; Kirsch/ Reglin 1991: 655ff.).

Die Entstehung solcher Managementsysteme im Sinne zusätzlicher Organisationen wird im Rahmen der hier vertretenen Forschungstradition als Ergebnis einer spezifischen Wahrnehmung von Führungsaufgaben aufgefaßt.[119] Wesentlich ist dabei die Vorstellung, daß (Führungs-)Aufgaben als Ergebnis der Reflexion von (Führungs-)Rollen aufgefaßt werden. Von Aufgaben wird erst dann gesprochen, wenn in einer Organisation "... Reflexionen von Rollen bzw. Rollengefügen auftauchen, die von Organisationsmitgliedern und damit gleichsam von der Organisation selbst stammen ..." (Kirsch 1992a: 159).

Diese Rollenreflexionen können durch wissenschaftliche Vorstellungen über die Art und Weise einer professionellen oder "rationalen" Wahrnehmung von Führungsaufgaben unterstützt werden. So können einzelne Rollenträger bestimmte Methoden oder Systemkonzeptionen einer "Ökologie von Ideen" aufgreifen und zur Bewältigung ihrer Führungsaufgaben nutzen. Die Entstehung von Managementsystemen wird begriffen als vertikale Ausdifferenzierung von Rollengefügen. Damit werden also nicht existierende Rollen der vorhandenen Organisation verändert, sondern es werden zusätzliche Rollen definiert.

> "Wenn sich die im Zuge der Anwendung des Strategischen Managements (oder anderer "Ideen"; Anm. d. Verf.) entwickelnde Ausdifferenzierung von Strukturen in nicht unbeträchtlicher Weise darin äußert, daß Organisationsmitglieder weitere Rollen zu übernehmen haben, dann erscheint es sinnvoll, von einer vertikalen Differenzierung auszugehen, und im Sinne unseres Schichtenmodells die Ausdifferenzierung eines Managementsystems anzunehmen, das im Vergleich zur Basisorganisation ein zusätzliches Rollengefüge (für unter Umständen dieselben Organisationsmitglieder) darstellt. Es entsteht eine Art 'Organisation in der Organisation', die angesichts der Personengleichheit der Rollenträger als zusätzliche Schicht betrachtet werden kann." (Kirsch 1992a: 164)

Diese Vorstellung von "Managementsystemen" erweist sich zunächst als relativ ungewöhnlich. Im vorliegenden Zusammenhang bieten sich damit jedoch Möglichkeiten zur Behandlung weiterführender Fragen an, die allerdings erst im weiteren Verlauf dieser Arbeit erschlossen werden können. Allerdings liegt *eine* Anwendung dieser Sichtweise von Managementsystemen bereits auf der Hand. Stellt man nämlich die Auseinandersetzung mit den zukünftigen und gegenwärtigen Erfolgspotentialen als Führungs*aufgabe* in den Vordergrund, so können Systemkonzeptionen eines internationalen strategischen Management als ein Potential von Ideen aufgefaßt werden, dessen sich eine strategi-

---

[119] Vgl. zum folgenden Kirsch/ Reglin (1991: 655ff.), Kirsch (1992a: 155ff.), Kirsch (1992c: 69ff.).

sche Führung bei der Wahrnehmung ihrer Führungsrolle bedienen kann. Genau diese Auffassung verbirgt sich letztlich hinter dem in dieser Arbeit angestrebten pragmatisch-normativen Zugang zu Fragen der Führungsunterstützung im internationalen Unternehmen.

Der Überblick zum State of the Art der Systemkonzeptionen eines strategischen Management hat dabei gezeigt, daß solche Systemkonzeptionen sowohl in einer methodenorientierten als auch in einer organisationstheoretischen Perspektive erörtert werden. Bisher blieb jedoch offen, welche Fragen sich hinter diesen Gestaltungsdimensionen verbergen. Eine genauere Darstellung kann zunächst am Methodenbegriff ansetzen.

Der Methodenbegriff wird in der relevanten Literatur meist nicht explizit definiert. Außerdem finden sich zahlreiche synonyme Begriffe wie "Verfahren" oder "Instrumente".[120] Eine umfassende Begriffsdefinition kann jedoch an der Idee eines Problemlösungsprozesses angreifen, bei dem ein Ausgangszustand A unter Durchlaufen eines Transformationsprozesses in einen Endzustand Z umgewandelt wird. Methoden dienen der Unterstützung dieses Problemlösungsprozesses und umfassen allgemein fünf Komponenten:[121]

> "(1) Es existiert ein Transformationsprozeß, der durch eine Vielzahl von Einzelschritten gekennzeichnet ist.
> (2) Die Einzelschritte erfolgen in einer vorgesehenen, zufälligen oder intuitiven Reihenfolge.
> (3) Transformiert wird ein Anfangszustand A in einen Endzustand Z. Der Anfangszustand charakterisiert den Input, der Endzustand den Output des Transformationsprozesses.
> (4) Die Transformation kann durch eine Prozeßvorschrift definiert sein, die den Anfangszustand A in den gewünschten Endzustand Z transformiert (A --> Z). Es ist aber ebenso möglich, daß die Transformation nicht durch Vorschriften oder Gesetze beschrieben werden kann, sondern einen Verlauf nimmt, der entweder lediglich durch Entwicklungsgesetze angenähert werden kann oder aber mit gegenwärtig bekannten Gesetzen nicht erklärbar ist (quasi-law).
> (5) Schließlich werden die im Prozeß Beteiligten genannt (Anwender, Ausführende, Beratende, Experten usw.)." (Kirsch et al. 1973: 377f.)

Im strategischen Zusammenhang werden exakte und inexakte Methoden eingesetzt. Exakte Methoden zeichnen sich dadurch aus, daß Anfangs- und Endzustand, einzelne Prozeßschritte und ihre Abfolge in einer Prozeßvorschrift eindeutig angegeben werden können. Im strategischen Zusammenhang liegen diese Voraussetzungen häufig nicht vor. Der Anfangszustand ist meist dadurch geprägt, daß offizielle - für den Problemlösungsprozeß verbindliche - Werte fehlen, daß sich keine eindeutige Prozeßvorschrift angeben läßt, und daß der Endzustand nur relativ global formuliert werden kann. Deshalb kom-

---

[120] Vgl. Trux et al. (1988: 97). Im folgenden werden diese Begriffe synonym verwendet.
[121] Die folgenden Ausführungen greifen zurück auf Überlegungen in Kirsch et al. (1973: 377ff.), Kirsch/ Esser/ Gabele (1979: 116ff.) sowie Kirsch (1978: 200ff.).

men eher inexakte Methoden zum Einsatz, bei denen die genannten Komponenten mehrdeutig und unvollständig definiert sind.

Bezieht man die am Prozeß beteiligten Aktoren explizit in die Begriffsfassung des Terminus "Methode" mit ein, so läßt sich die Entwicklung von Methoden als Vorstufe für den Entwurf umfassenderer Systemkonzeptionen auffassen. Dies gilt vor allem für inexakte Methoden. Man beschränkt sich auf eine allgemeine Angabe der geforderten Methodenoutputs und substituiert die mangelhafte Strukturierung des zu lösenden Problems durch die Einbeziehung von Experten. So beschreibt die Portfolioanalyse[122] ein System, das aus mehreren Aktoren einer Planungsgemeinschaft besteht. Diese Aktoren bringen ihre Kenntnis des Geschäfts sowie die für das vorliegende Problem bedeutsamen Interessen in den Planungsprozeß ein. Für dieses System wird eine bestimmte Ablauforganisation festgelegt (Abgrenzung von Geschäftsfeldern, Bewertung und Positionierung der Geschäftsfelder usw.), und es werden typische Argumentationsfiguren zur Strukturierung der Planungsinhalte bestimmt. Es wird eine Prozeßvorschrift zugrundegelegt, bei der die Planungsgemeinschaft zu einer übereinstimmenden Auffassung hinsichtlich der Positionierung einzelner Geschäftsfelder und der Ableitung bestimmter Normstrategien kommen soll.

Mit dieser Interpretation des Methodenbegriffes rücken organisatorische Fragen in den Mittelpunkt, bei denen z. B. ablauf- oder aufbauorganisatorische Aspekte einer Gestaltung von Systemkonzeptionen relevant werden. Diese Eskalation eines methodenorientierten Verständnisses zu einer organisationstheoretischen Betrachtung von Systemkonzeptionen kann noch einen Schritt weiter geführt werden, wenn man die Gestaltung *multiorganisationaler* Systemkonzeptionen einbezieht. Solche Systementwürfe beziehen sich nicht mehr nur auf die Gestaltung von Beziehungen zwischen den einzelnen Handlungszentren einer Organisation. Statt dessen werden Handlungsstrukturen unterstützt, an denen mehrere Organisationen beteiligt sind. In diesem Zusammenhang denke man etwa an die Gestaltung von Zulieferbeziehungen zwischen Kunden und Lieferanten (z. B. Just-in-Time) oder an Systemkonzeptionen zur Unterstützung der Führung in Unternehmenskooperationen.

Der Übergang zwischen einer methodenorientierten Sichtweise und einer organisationstheoretischen Betrachtung ist also fließend. Eine organisationstheoretische Betrachtung kann sowohl am institutionellen als auch am instrumentellen Organisationsbegriff ansetzen.[123] In einem instrumentellen Sinne des Begriffs "Organisation" *haben* Managementsysteme eine Organisation. In dieser Sichtweise besteht das "Organisationsproblem" allgemein formuliert darin, eine komplexe Gesamtaufgabe - nämlich die Entwicklung und

---

[122] Vgl. dazu ausführlich Kapitel 4.2.2.
[123] Vgl. zu dieser Unterscheidung Kieser/ Kubicek (1983: 1f.), Kirsch (1989: 60), Reglin (1993).

Umsetzung von Erfolgspotentialen - in Teilaufgaben zu zerlegen[124] und im Hinblick auf bestimmte Erfolgsmaßstäbe untereinander abzustimmen.[125]

Managementsysteme als zusätzliche Organisation zu begreifen, eröffnet aber darüber hinaus die Möglichkeit, in diesem Zusammenhang auch einen institutionellen Organisationsbegriff zu nutzen. Managementsysteme werden selbst als Organisationen betrachtet.[126] Damit können wiederum verschiedene methodologische Zugänge zu Managementsystemen differenziert werden (vgl. Reglin 1993). Aus einer Außenperspektive werden diese als Managementsysteme (im engeren Sinne) aufgefaßt. Aus einer Binnenperpektive richtet man das Interesse dagegen auf die spezifischen Lebens- und Sprachformen im Sinne möglicher Management*praxen*. Hinter dieser Sichtweise verbirgt sich die Vorstellung, daß Managementsysteme im Sinne von Rollengefügen als institutionelle Ordnungen gemäß Habermas (1981b: 209) aufgefaßt werden können.[127]

Der Institutionenbegriff ist umstritten.[128] Vertreter der Institutionenökonomie begreifen Institutionen als sanktionierbare Verhaltenserwartungen, die sich auf die Handlungs- und Verhaltensweisen eines oder mehrerer Individuen beziehen (vgl. Dietl 1991: 32ff.). Im folgenden wird dagegen ein umfassenderer Institutionenbegriff zugrundegelegt, nach dem Institutionen Regulativmuster im Sinne von Programmen der Gesellschaft bzw. Organisation für das Verhalten von Individuen bilden (vgl. Berger/ Berger 1990: 55; weiterführend: Reglin 1993: 200ff.). Institutionen lassen sich im Hinblick auf verschiedene

---

[124] In Kapitel 2.5 wird dieser Aspekt noch ausführlich behandelt.
[125] Häufig wird statt dessen von einer zielorientierten Abstimmung gesprochen (vgl. z. B. Picot 1984: 97), wobei jedoch bestimmte Erfolgsdefinitionen - wie z. B. die Minimierung von Transaktionskosten - zur Konkretisierung herangezogen werden (vgl. allgemein Picot (1984: 105) und hinsichtlich der Gestaltung internationaler Planungssysteme Weber (1991a)). Der Begriff des "Erfolgsmaßstabes" läßt die Frage einer bestimmten Erfolgsdefinition aus den in Kapitel 2.2.1 genannten Gründen offen.
[126] Dies schließt allerdings nicht aus, daß bei der Gestaltung von Systemkonzeptionen auch organisationstheoretisch fundierte Methoden zum Einsatz kommen. Solche Methoden stellen z. B. die klassischen Instrumente einer Aufgabenanalyse und -synthese dar, bei der Teilaufgaben eines Strategischen Management dekomponiert und auf Positionen verteilt werden. Solche Methoden können aber wiederum selbst als umfassendere Systemkonzeptionen aufgefaßt werden, die sozusagen ein Meta-Managementsystem zur Gestaltung von Managementsystemen darstellen (vgl. Kirsch 1989: 57ff.).
[127] Vgl. dazu kritisch Reglin (1993).
[128] Vgl. Kirsch (1989: 55), Dietl (1991: 31ff.), Ringlstetter (1993 i. V.: 26ff.), Reglin (1993: 200ff.) und die jeweils angegebene Literatur. Dietl differenziert (1) zwischen Institutionen als korporative Gebilde und Institutionen als Regel- bzw. Normensysteme (ebd.: 32f.) und (2) zwischen fundamentalen (nicht planbaren, einer Evolution unterworfenen) und sekundären (planbaren, aktiv zu entwickelnden) Institutionen (ebd.: 64). Managementsysteme im Sinne institutioneller Ordnungen werden hier in erster Linie als Regel- und Normensysteme begriffen, welche im Sinne einer "Entwicklungsfähigkeit" sowohl als evolvierend als auch als aktiv entwickelbar aufgefaßt werden.

Grundmerkmale kennzeichnen. Dazu gehören ihr Zwangscharakter ("Institutionen als sanktionierbare Verhaltenserwartungen"), ihre Legitimität[129] und ihre Geschichtlichkeit (vgl. ebd.: 58ff.). Demgemäß ist die Aufrechterhaltung von Institutionen nicht nur von der Sanktionierbarkeit, sondern auch vom Traditionscharakter und der Legitimität von Verhaltenserwartungen abhängig.

Managementsysteme im Sinne institutioneller Ordnungen zeichnen sich durch spezifische Lebens- und Sprachformen aus.[130] So ist es beispielsweise denkbar, daß die in einer Unternehmung tatsächlich vorhandenen Managementpraxen sich durch spezifische Lebens- und Sprachformen auszeichnen, die für dieses Unternehmen geradezu typisch sind. So können die Planungssprachen oder die Entlohnungssprachen zwischen Unternehmen erheblich variieren. Dieses Phänomen läßt sich jedoch nur unter Verwendung eines institutionellen Organisationsbegriffes von Managementsystemen handhaben. Außerdem können innerhalb einer Unternehmung auch unterschiedliche und zum Teil untereinander unvergleichbare Managementpraxen entstehen.

Es ergeben sich mit anderen Worten Möglichkeiten einer theoretischen Betrachtung von Managementsystemen, die relativ neuartig erscheinen. Versteht man den Begriff "neuartig" im Sinne von "innovativ", so mag die in diesem Kapitel erläuterte Begriffsfassung von Managementsystemen beim Leser einen Kredit aufbauen, den es allerdings in den weiteren Ausführungen einzulösen gilt. Vorläufig genügt es, an dieser Stelle festzuhalten, daß mit einer methodenorientierten und einer organisationstheoretischen Perspektive zwei einander ergänzende Zugänge zur Gestaltung von Managementsystemen vorliegen. Im Anschluß stellt sich die Frage, auf welche Weise *strategische* Managementsysteme aufzufassen sind. In Weiterführung der bisherigen Überlegungen bietet es sich dabei an, strategische Managementsysteme im Hinblick auf eine Unterstützung der Aufgaben einer strategischen Führung zu thematisieren. Das Interesse richtet sich dann auf ihre Funktionen bei der Aktivierung von Erfolgspotentialen.

2.3.3 Strategische Managementsysteme zur Führungsunterstützung bei der Aktivierung von Erfolgspotentialen

Die Kernaufgabe einer *strategischen* Führung im internationalen Unternehmen kann in der Auseinandersetzung mit den gegenwärtigen und zukünftigen Erfolgspotentialen einer grenzüberschreitend tätigen Unternehmung gesehen werden. Erfolgspotentiale bedürfen jedoch der Aktivierung, um wirksam zu werden. Sie stellen damit notwendige, aber keine hinreichenden Vorausset-

---

[129] So vermutet Dietl (1991: 62), daß Korporationen als sekundäre Institutionen entstehen, "... weil Individuen institutionell legitimierte Handlungsmöglichkeiten wahrnehmen." Ein umfassendes Legitimationsmodell entwickelt Kirsch (1992a: 146ff.). Dieser Aspekt wird in Kapitel 5.3.2 vertieft.
[130] Zu einer weiterführenden Diskussion vgl. Kapitel 5.2.2.

zungen für das Auftreten erfolgsrelevanter Wirkungen dar (vgl. Kirsch 1988: 172; Kirsch/ Kutschker 1978: 41ff.). Im folgenden werden daher strategische Managementsysteme als Unterstützungsangebot für die Führung bei der Aktivierung der oben geschilderten Erfolgspotentiale charakterisiert. Dazu wird eine spezifische Systemkonzeption vorgestellt, für die der Bezug zu den Erfolgspotentialen einer Unternehmung den Charakter einer Leitidee annimmt. Schließlich ist der Begriff "strategische Managementsysteme" zu präzisieren.

Für die wissenschaftliche Auseinandersetzung mit Managementsystemen hat sich die Unterscheidung zwischen Denkmodellen und Betriebsmodellen von Managementsystemen bewährt.[131] Ein Betriebsmodell[132] bildet das Ergebnis der Rekonstruktion eines effektiv in einem Unternehmen implementierten Systems. Demgegenüber stellt ein Denkmodell keine Rekonstruktion, sondern einen wissenschaftlichen "Systementwurf" dar. Es abstrahiert von konkret existierenden Managementsystemen und kann als Ergebnis einer technologischen Forschung angesehen werden.[133]

Denkmodelle lassen sich im Hinblick auf ihre Reichweite, Reichhaltigkeit, Flexibilität und Entwicklungsreife charakterisieren (vgl. zum folgenden Kirsch/ Maaßen 1989: 7f.). Das Merkmal der *Reichweite* bringt zum Ausdruck, wie breit das Spektrum möglicher Unterstützungsangebote durch einen Systementwurf ausfällt, ob also z. B. lediglich ein Teilsystem oder eine umfassende Architektur angestrebt wird. Die *Reichhaltigkeit* eines Denkmodells äußert sich im Abstraktionsgrad. Je reichhaltiger ein Systementwurf ausfällt, um so zahlreicher sind die Merkmale, die darin explizit erfaßt sind. Mit der *Flexibilität* eines Systementwurfs wird zum Ausdruck gebracht, inwieweit ein Denkmodell Gestaltungsoptionen für die Praxis offenläßt. Schließlich bringt die *Entwicklungsreife* zum Ausdruck, welchen Reifegrad eine Systemkonzeption entlang eines Kontinuums möglicher Phasen des Entwicklungsprozesses aufweist. Damit werden also mögliche Schwerpunktsetzungen einer technologischen Forschung angedeutet. Vereinfachend kann hier unterschieden werden zwischen den Phasen konzeptioneller Entwurf, Detailentwurf, Produktion und Implementierung (vgl. Rosove 1967: 18). Die Entwicklungsreife eines Denkmodells nimmt entlang dieses Kontinuums zu.

---

[131] Vgl. zum folgenden Kirsch/ Maaßen (1989: 6ff.).
[132] Familienähnlich sind die Bezeichnungen "operational model" bei Steiner (1969: 31) oder "Realtypen von Planungssystemen" bei Welge (1989: 1213).
[133] Modelle werden hier aufgefaßt als Systeme, welche in abstrahierender und vereinfachender Form andere Systeme abbilden. Im folgenden stehen *symbolische* Modelle im Mittelpunkt. Betriebsmodelle stellen symbolische Rekonstruktionen real existierender in Unternehmen implementierter Managementsysteme dar. Denkmodelle können dagegen als vereinfachende Darstellung eines theoretischen Bezugsrahmens im Sinne einer technologischen Systemkonzeption aufgefaßt werden (vgl. dazu Kirsch et al. 1973: 395ff.; Kirsch 1984: 1069ff. sowie Obring 1992: 32).

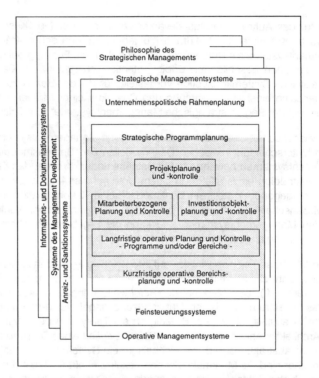

Abb. 2-7: Denkmodell einer Gesamtarchitektur von Managementsystemen (aus Kirsch/ Maaßen 1989: 22)

Die in dieser Arbeit vertretene Forschungstradition zeichnet sich dadurch aus, daß tendenziell Systemkonzeptionen mit geringer Entwicklungsreife und Reichhaltigkeit bei gleichzeitiger Bevorzugung von Reichweite und Flexibilität präferiert werden (vgl. Kirsch/ Maaßen 1989: 9; Kirsch/ Obring 1991: 365f.). Diese Forschungsstrategie beruht auf der Auffassung, daß im Anwendungszusammenhang eines Denkmodells immer auf die organisationsspezifischen Lebens- und Sprachformen einer bestimmten Unternehmung Rücksicht zu nehmen ist.[134] Eine hohe Flexibilität erleichtert die Handhabung der mit der Produktion und Implementierung von Managementsystemen verbundenen Übersetzungsprobleme zwischen den Kategorien der Systemkonzeption und den organisationsspezifischen Lebens- und Sprachformen.[135] Abbildung 2-7 zeigt ein Denkmodell, das diesen Anforderungen entspricht.

---

[134] Plakativ ausgedrückt soll dadurch die Erstellung eines "Haarschneideautomaten" vermieden werden, der unabhängig von der Kopfform des jeweiligen Kunden die gleiche Standardfrisur fertigt (vgl. Kirsch/ Roventa/ Trux 1983).

[135] Im Grenzfall beschränkt sich die Forschung auf die Entwicklung einer Entwurfssprache, in der bestimmte Gestaltungsoptionen und Leitlinien einer Wahl bestimmter Optionen angeboten werden (vgl. Ulrich 1993).

Die horizontale Unterscheidung verschiedener Schichten von Managementsystemen deutet ein Spektrum möglicher Systeme an, wobei in der Abbildung lediglich die Planungs und Kontrollsysteme detaillierter dargestellt werden. In der Vertikalen wird dagegen eine Unterscheidung zwischen "strategischen" und "operativen" Managementsystemen angedeutet. Diese Gesamtarchitektur von Managementsystemen wird durch die Führungsphilosophie eines Strategischen Management geprägt.[136] Mit dieser Aussage werden eine normative sowie eine methodologische Interpretation verbunden:

In einer normativen Interpretation bringt die Führungsphilosophie eines Strategischen Management einen Komplex von Ideen über eine "rationale" strategische Führung zum Ausdruck:

> "Strategisches Management ist (1) die Steuerung und Koordination der langfristigen Evolution des Unternehmens und seiner Aufgabenumwelten. Diese Steuerung und Koordination erfolgt (2) über eine konzeptionelle Gesamtsicht der Unternehmenspolitik, die selbst einer ständigen kritischen Überprüfung und gegebenenfalls einer Anpassung unterworfen bleibt. Überprüfung und Anpassung der konzeptionellen Gesamtsicht sind (3) durch die grundsätzliche Leitidee geprägt, einen Fortschritt in der Befriedigung der Bedürfnisse und Interessen der von den Unternehmensaktivitäten direkt oder indirekt Betroffenen zu erreichen."
> (Kirsch 1989: 112)

Im Vordergrund steht die Auffassung, daß die Auseinandersetzung mit den zukünftigen und gegenwärtigen Erfolgspotentialen einer Unternehmung den Aufgabenkern einer strategischen Führung bildet. In diesem Sinne soll die Gesamtarchitektur einen Beitrag zur Entwicklung einer konzeptionellen Gesamtsicht der Erfolgspotentiale einer Unternehmung leisten. Diese Betonung von Erfolgspotentialen kommt insbesondere in der Idee einer *strategischen Steuerung* zum Ausdruck (vgl. Naumann 1982). Hinter diesem Begriff verbirgt sich die Auffassung, daß eine Auseinandersetzung mit den Erfolgspotentialen einer Unternehmung häufig daran scheitert, daß diese Erfolgspotentiale nur unzureichend in operatives Handeln umgesetzt werden können. Die Grundidee zur Handhabung dieses Problems läuft darauf hinaus, operative Systeme in den Dienst einer strategischen Steuerung zu stellen. Im Denkmodell wird deshalb nicht von einer trennscharfen Unterscheidung, sondern von einem Überschneidungsbereich (in Abbildung 2-7 durch die Schraffur angedeutet) zwischen operativen und strategischen Planungssystemen ausgegangen.

Über eine normative Interpretation hinaus ist die Gesamtarchitektur aber auch in einem methodologischen Sinn durch die Philosophie eines Strategischen Management geprägt. Damit wird zum Ausdruck gebracht, daß diese Gesamtarchitektur lediglich eine praxisorientierte Generalisierung des an sich reichhaltigeren Bezugsrahmens eines Strategischen Management darstellt. Die Philosophie eines Strategischen Management stellt also eine rudimentäre

---

[136] Zu einer ersten Darstellung vgl. Kirsch (1993a: 300ff.).

Systemkonzeption im Sinne eines Bezugsrahmens dar, auf deren Basis unterschiedliche Konkretisierungen generiert werden können. Das Denkmodell nimmt damit den Charakter einer Referenzarchitektur (vgl. Jeschke 1992: 192) für den Bezugsrahmen eines Strategischen Management an.

Damit stehen letztlich die Konstruktionsregeln im Vordergrund, deren Anwendung in diesem Denkmodell zum Ausdruck kommen. Der Begriff einer Gesamtarchitektur von Managementsystemen deutet diese Konstruktionsregeln an. Einerseits können einzelne Managementsysteme oder Systemmodule untereinander lose gekoppelt (vgl. Weick 1982) sein und unterschiedliche innere Managementlogiken (vgl. Ringlstetter 1993 i. V.: 152) aufweisen. Andererseits können diese Systeme aber trotzdem als Ganzes in sich stimmig sein.[137]

Die im vorliegenden Zusammenhang zentrale Idee des Denkmodells einer Gesamtarchitektur von Managementsystemen liegt in der Vorstellung einer Führungsunterstützung bei der Aktivierung von Erfolgspotentialen einer Unternehmung. Dabei kann zwischen gegenwärtigen und zukünftigen Erfolgspotentialen differenziert werden. *Gegenwärtige* Erfolgspotentiale schlagen sich in der aktuell realisierten Konstellation zwischen Feld und Fähigkeiten nieder, die vor dem Hintergrund einer bestimmten Erfolgsdefinition beurteilt wird, während sich *zukünftige* Erfolgspotentiale durch Möglichkeiten einer Veränderung von Erfolgsdefinitionen und/ oder Feld-/ Fähigkeiten-Konstellationen auszeichnen.

Erfolgspotentiale lassen sich weiter nach dem Grad ihrer Aktivierbarkeit charakterisieren. Diese graduelle Auffassung kann in einem kurzen Exkurs wie folgt verdeutlicht werden: Erfolgspotentiale lassen sich als eine Menge von Möglichkeiten bzw. möglichen Welten Z_n auffassen, die in einem organisatorischen Feld von einem Status Quo "A" ausgehend denkbar sind.[138] Konstituiert man das organisatorische Feld im Rahmen einer Portfolioanalyse, so spannt diese einen solchen Möglichkeitsraum auf. Z_n bildet die Menge aller Positionskombinationen bestehender und zukünftiger Geschäftsfelder, die - ausgehend von der bestehenden Positionierung A - denkbar sind.[139] Unter Berücksichtigung einer bestimmten Erfolgsdefinition ist für ein fokales Ge-

---

[137] Vgl. Kirsch et al. (1989: 168ff.). Die Metapher einer Gesamtarchitektur von (Informations-)Systemen wird insbesondere in der Tradition der elektronischen Datenverarbeitung verwendet. Im vorliegenden Zusammenhang wird demgegenüber eine Analogie zur Architekturdiskussion in der Postmoderne angestrebt, um die Vorstellung eines "Pluralismus der Systeme" heuristisch zu befruchten (vgl. vertiefend Ulrich 1993).

[138] Die folgenden Ausführungen gehen zurück auf die Diskussion von Möglichkeits-Wirklichkeits-Beziehungen bei Kirsch (1990: 432ff.), Wolfrum (1993).

[139] Die Menge Z_n wird durch den Kontext (z. B. einer Portfolioanalyse) bestimmt, vor dessen Hintergrund das Feld konstituiert wird. Eine sehr allgemeine Vorstellung eines Feldes stellt Galtungs Begriff des "Weltpunktraums" dar (vgl. Galtung 1978: 52ff.).

schäftsfeld eine bestimmte Position Z_i besonders erfolgsverdächtig. Die Erreichbarkeit von Z_i ausgehend von A wird jedoch durch verschiedene Nebenbedingungen eingeschränkt. Im Kontext der Portfolioanalyse würden solche Nebenbedingungen z. B. als Markteintritts- oder Mobilitätsbarrieren im organisatorischen Feld konstituiert. Über solche Nebenbedingungen der Erreichbarkeit einer Position Z_i von A aus kann die Vorstellung einer graduellen Erreichbarkeit möglicher Welten entwickelt werden. So setzt die Überwindung von Mobilitätsbarrieren (Wechsel der strategischen Gruppe) die Überwindung von Markteintrittsbarrieren (Eintritt in einen Markt) voraus.[140] Der Grad der Erreichbarkeit solcher möglichen Welten wird im folgenden als Ausdruck der Aktivierbarkeit eines Erfolgspotentials aufgefaßt.

Im Anschluß lassen sich unterschiedliche *Klassen von Aktivitäten* im Hinblick auf Erfolgspotentiale differenzieren. Aktivitäten der *Entwicklung* beziehen sich auf zukünftige und gegenwärtige Potentiale und stehen in engem Zusammenhang mit einem *geringen* Grad der Aktivierbarkeit. Ausgehend von einem bestimmten Status Quo werden mögliche Entwicklungsrichtungen entworfen. Im Mittelpunkt stehen Kontexte strategischer Managementsysteme. Damit dominiert also ein Denken in möglichen Welten, wobei etwa Methoden des Szenarienentwurfs, der Frühaufklärung oder der Portfolio-Planung die geeigneten Analyse- und Planungskontexte bereitstellen. Aktivitäten der *Nutzung* beziehen sich dagegen auf gegenwärtige Erfolgspotentiale mit einem *hohen* Grad der Aktivierbarkeit. Sie werden bezeichnet als Aktivitäten einer operativen Führung (OF)1.[141] Im Vordergrund stehen Effizienzkriterien und operative Managementsysteme etwa der Kostenrechnung oder der kurzfristigen Auftrags- und Lieferplanung. Aktivitäten des *Aufbaus* von Erfolgspotentialen richten sich schließlich darauf, den Grad der Aktivierbarkeit von zukünftigen und bestehenden Erfolgspotentialen zu erhöhen. Diese auch als operative Führung (OF)2 bezeichnete Klasse von Aktivitäten stellt häufig ein Stiefkind der Thematisierung von Erfolgspotentialen dar. So existiert zwar in vielen Unternehmen eine strategische Planung, die strategische Programme der Potentialentwicklung generiert. Ebenso liegt eine OF_1 vor, welche bereits vorhandene Potentiale effizient nutzt. Häufig mangelt es aber an einer OF_2, die Erfolgspotentiale

---

[140] Eine allgemeine Sichtweise schlägt Kirsch vor: Unterschiedliche Erreichbarkeitsstufen ergeben sich, je nach dem, ob Z_i lediglich gedanklich vorstellbar oder argumentativ (z. B. über eine Kette von Wenn-Dann-Aussagen) technologisch und schließlich politisch erreichbar ist (vgl. Kirsch 1990: 432ff.). Die Erreichbarkeit möglicher Welten steht dann in engem Zusammenhang zu organisatorischen Fähigkeiten, etwa Handlungsfähigkeit zur Überwindung von Markteintrittsbarrieren oder auch Lern- und Erkenntnisfähigkeit zur Konstituierung anderer "Möglichkeitsräume".

[141] Mit diesem Begriff wird angedeutet, daß es ein Handeln einer operativen Führung gibt, welches primär die Nutzung und den Aufbau von Erfolgspotentialen betrifft. Ein solches Handeln kann jedoch auch als Handeln einer strategischen Führung bezeichnet werden, sofern man - vor dem Hintergrund spezifischer Kontexte - zu der Auffassung kommt, daß Aufbau und Nutzung von Erfolgspotentialen diese selbst *signifikant* betreffen. Auf diesen Aspekt wird am Beispiel des Begriffs strategischer Managementsysteme noch eingegangen.

"... in 'harter' Auseinandersetzung mit der Realität tatsächlich schafft ... "
(Kirsch 1990: 361).

In Anbetracht dieser Problemlage erscheint es demgemäß angemessen, einen besonderen Schwerpunkt auf Managementsysteme zur Unterstützung der strategischen Steuerung zu legen. Dieser Schwerpunkt kommt insbesondere in der erläuterten Formel zum Ausdruck, daß die operativen Systeme in den Dienst einer strategischen Steuerung zu stellen seien.

Als wesentliches Ergebnis ist festzuhalten, daß den Aktivitäten der Entwicklung, des Aufbaus und der Nutzung von Erfolgspotentialen bestimmte Managementsysteme zur Unterstützung dieser Aktivitäten zugeordnet werden können. Begreift man Managementsysteme als Unterstützungsangebote zur Aktivierung von Erfolgspotentialen internationaler Unternehmen, so liegt damit eine wesentliche Orientierungsheuristik zur Gestaltung von Managementsystemen internationaler Unternehmen vor. Damit kann die Abgrenzung strategischer und operativer Managementsysteme untersucht werden, wobei sich zwei Unterscheidungsmerkmale anbieten.

Zum einen stellen Managementsysteme wie z. B. Planungs- und Kontrollsysteme bestimmte Sprachformen und Planungsrahmen - also bestimmte Kontexte - für die Thematisierung von Erfolgspotentialen bereit. Strategische und operative Managementsysteme lassen sich dann dadurch unterscheiden, daß unterschiedliche Denkkategorien und Sprachformen vorliegen.[142] Während strategische Managementsysteme eher an der Entwicklung von *Erfolgspotentialen* orientiert sind, greifen operative Managementsysteme stärker an der Nutzung von Erfolgspotentialen im Lichte der operativen *Erfolgsgrößen* des laufenden Geschäftes an. Die Notwendigkeit des Aufbaus von Erfolgspotentialen führt aufgrund der Inkommensurabilität zwischen operativen und strategischen Kontexten zur Notwendigkeit einer Übersetzung bzw. eines Bridging. Systeme einer strategischen Steuerung erfüllen die Funktion einer Übersetzungsheuristik (vgl. Kirsch et al. 1989: 144).[143]

Zum anderen legt es die in Kapitel 2.2.1 eingeführte Begriffsfassung des Strategischen im Sinne von "die Erfolgspotentiale signifikant betreffend" nahe, auch operative Managementsysteme als strategisch zu bezeichnen.[144] Denn auch Systeme zur Unterstützung des Aufbaus und der Nutzung von Er-

---

[142] Die Unterscheidung zwischen strategischen und operativen Managementsystemen wird im Fall von Planungssystemen häufig am Planungshorizont (langfristig/ strategisch, kurzfristig/ operativ) festgemacht (vgl. z. B. Naumann 1982 und die dort angegebene Literatur). Diese Unterscheidung greift jedoch nicht mehr, wenn man die folgenden Überlegungen zur Unterschiedlichkeit strategischer und operativer (Planungs-)Kontexte in Betracht zieht.
[143] Vgl. zum folgenden Kirsch et al. (1989: 144ff.), Kirsch/ Reglin (1991: 663).
[144] Vgl. auch die weiterführenden Überlegungen in Kirsch (1992b: 121ff.).

folgspotentialen können Erfolgspotentiale signifikant betreffen.[145] Setzt man sich weiter mit den Managementsystemen konkreter Unternehmen (z. B. in einer empirischen Untersuchung) auseinander, so könnte man sich daran orientieren, welche Systeme in einer Unternehmung selbst als strategisch klassifiziert werden. Sieht man vom Problem der sozialen Erwünschtheit[146] ab, so ist es aber durchaus denkbar, daß in einem fokalen Unternehmen keine Systeme vorliegen, die unternehmensintern als strategisch bezeichnet werden. Aus der Binnenperspektive eines Teilnehmers ist es aber wiederum möglich, beispielsweise eine Investitionsrahmenplanung oder eine kurzfristige Wirtschaftsplanung als strategische Systeme zu identifizieren, weil man zu dem Schluß kommt, daß letztlich diese Systeme die Erfolgspotentiale in signifikanter Weise betreffen.[147]

Die Klassifizierung von Managementsystemen als strategisch oder operativ ist folglich nach der Frage zu beurteilen, welche Systeme man - eingedenk eines bestimmten Vorverständnisses - als die Erfolgspotentiale *signifikant* betreffend einstuft. Die Überlegungen zur strategischen Steuerung haben verdeutlicht, daß im Rahmen des in dieser Arbeit vertretenen Vorverständnisses potentiell auch operative Systeme insofern als strategisch betrachtet werden können, als sie in den Dienst einer strategischen Steuerung gestellt werden. Damit wird es aber zugleich möglich, der Tatsache Rechnung zu tragen, daß möglicherweise in konkreten Unternehmen gerade die operativen Systeme vor dem Hintergrund der Lebens- und Sprachformen dieses Unternehmens als strategisch zu betrachten sind.

Den Fokus des folgenden Kapitels bildet die Erarbeitung spezifischer Anforderungen an eine Betrachtung strategischer Managementsysteme im internationalen Unternehmen. Dabei schließt sich unmittelbar die Frage nach jenen Anforderungen an, welche sich aus den Spezifika der Führungsstrukturen internationaler Unternehmen ergeben. Demgemäß soll im folgenden Abschnitt die oben vorgestellte These von der Relevanz polyzentrischer Führungsstrukturen einer vertiefenden Betrachtung zugeführt werden.

---

[145] So lassen sich z. b. die oben als operativ bezeichneten Kostenrechnungssysteme vor dem Hintergrund neuerer Entwicklungen der strategischen Kostenrechnung (vgl. Neubauer 1993 i. V.) nicht mehr uneingeschränkt als operativ kennzeichnen.
[146] Darunter versteht man in den Sozialwissenschaften das Phänomen, daß sich die befragten Personen aufgrund ihrer Definition der Rolle des Forschers ihre Antworten und ihr Verhalten derart ausrichten, daß sie sich bemühen, den vermeintlichen Erwartungen des Forschers zu entsprechen. Sie reagieren sozial erwünscht (vgl. Friedrichs 1985: 152). Es liegt nahe, daß Unternehmen der Wissenschaft die Erwartung zuschreiben, es existiere eine strategische Planung im Unternehmen.
[147] Unter Umständen wird man sich dann aber hüten, diese Schlußfolgerung im Unternehmen kund zu tun, wenn aufgrund der spezifischen Kultur dieses Unternehmens dem Begriff der Strategie eher mit Mißtrauen begegnet wird.

2.4 Polyzentrische Führungsstrukturen und Anforderungen an die Gestaltung internationaler strategischer Managementsysteme

Die Spezifika der Führungsstrukturen internationaler Unternehmen stellen zentrale Anforderungen an die Gestaltung internationaler strategischer Managementsysteme. Solche Spezifika äußern sich insbesondere in der Tatsache, daß die Existenz einer eingipfligen monozentrischen Führung im internationalen Unternehmen nicht mehr ohne weiteres unterstellt werden kann. Statt dessen wurde in Kapitel 2.2.2 die These entwickelt, daß die Führungsstrukturen internationaler Unternehmen mehrgipflig bzw. polyzentrisch sein können. Diese These weist in den Worten von Weizsäcker/ Weizsäcker (1974) für die wissenschaftliche Betrachtung betriebswirtschaftlicher Organisationen eine hohe "Erstmaligkeit" bzw. geringe "Bestätigung" auf. Reine Erstmaligkeit birgt jedoch die Gefahr, daß der Informationsgehalt dieser These "gegen Null" tendiert. Deshalb ist im folgenden zunächst eine ausführliche Darstellung des Phänomens polyzentrischer Führungsstrukturen erforderlich, um abschließend die sich daraus ergebenden Anforderungen für die Gestaltung internationaler strategischer Managementsysteme abzuleiten.

Dazu wird zunächst der Anschluß an den Polyzentrismusbegriff des Internationalen Management gesucht und einer Neuinterpretation unterworfen (2.4.1). Im Anschluß ist eine Begriffsfassung polyzentrischer Führungsstrukturen zu entwickeln und möglichen Einflußfaktoren ihrer Ausprägung nachzugehen. Besondere Bedeutung weist hier die politische Dimension polyzentrischer Führungsstrukturen auf (2.4.2). Weiter wird die Diskussion von Tochter-Rollen im internationalen Unternehmen aufgegriffen und in Form eines Rollenkonzepts polyzentrischer Führungsstrukturen vertieft (2.4.3). Ausführungen zum Zusammenhang zwischen Polyzentrismus und nationaler Prägung der organisatorischen Lebenswelt schließen sich an (2.4.4), um darauf aufbauend Grundformen polyzentrischer Führungsstrukturen zu diskutieren (2.4.5). Abschließend werden Anforderungen an die Betrachtung internationaler strategischer Managementsysteme abgeleitet (2.4.6).

2.4.1 Eine Neuinterpretation des Polyzentrismus-Begriffs

Innerhalb der Literatur zum Internationalen Management wird der Polyzentrismus-Begriff[1] erstmals von Perlmutter (1965) im Rahmen einer Typologie in-

---

[1] Der Begriff "Polyzentrismus" (griechisch allgemeine Bezeichnung für ein System mit vielen Zentren) wurde in der soziologischen Theoriebildung von Polanyi (1951) ausgearbeitet. Neuere soziologische Arbeiten greifen diesen Begriff auf, problematisieren aber in erster Linie polyzentrische Phänomene in *funktional* ausdifferenzierten Gesellschaften (vgl. z. B. Willke 1992). Betriebswirtschaftliche Ansätze und nicht zuletzt strategische Unternehmensführung konzentrieren sich dagegen auf das Verhältnis zwischen *segmentär* ausdifferenzierten Zentren (vgl. z. B. speziell für politische Zentren Obring 1992; Weinzierl 1993 i. V. sowie Ringlstetter 1993 i. V.: 203ff.). Schließ-

ternationaler Unternehmen verwendet. Diese Typologie wurde von Heenan/ Perlmutter (1979) erweitert und empirisch ausgearbeitet. Gemäß dieses Ansatzes üben Einstellungen und Überzeugungen des Top-Management der Stammlandzentrale einen entscheidenden Einfluß auf die Entscheidungsprozesse internationaler Unternehmen aus (vgl. Heenan/ Perlmutter 1979: 17). Internationale Unternehmen werden daher auf Basis eines Einstellungsprofils der Führungskräfte einer Stammlandzentrale typologisiert, das die kognitive "Landesorientierung" gegenüber den ausländischen Tochtergesellschaften erfaßt. Mit "Ethnozentrismus", "Geozentrismus" und "Polyzentrismus" werden drei Länderorientierungen unterschieden.[2]

Eine *ethnozentrische* Einstellung läßt sich allgemein als *Stammlandorientierung* charakterisieren. Die Schlüsselpositionen ausländischer Tochtergesellschaften werden vorrangig mit Stammlandmanagern besetzt. Damit einher geht die Annahme, "... that this group is more intelligent, more capable, or more reliable ..." (Heenan/ Perlmutter 1979: 17). Tendenziell hält man Praktiken und Verhaltensweisen des Stammlandes soweit als möglich weltweit bei. Demgegenüber weisen nationale Gesichtspunkte bei einer *geozentrischen* Einstellung für die Handlungsorientierung der Führungskräfte keine Bedeutung mehr auf. "Superiority is not equated with nationality. (...) Good ideas come from any country and go to any country within the firm ..." (ebd.: 20f.). Die Einstellung der Zentrale wird schließlich als *polyzentrisch* bezeichnet, wenn eine reine Gastlandorientierung dominiert.

> "Polycentrism is the attitude that cultures or various countries are quite dissimilar, that foreigners are difficult to understand, and that they should be left alone as long as their work is profitable. In justifying a decision, headquarters executives of such a company might say: 'Let the Romans do it their way. We really don't understand what's going on there, but we have to have confidence in them. As long as our foreign managers earn a profit, we want to remain in the background.' Local nationals in a polycentric organization occupy virtually all the key positions in their respective local subsidiaries and appoint and develop their own people. Home-country personnel are kept out of these countries. Headquarters, with its holding-company attitude, is manned by home-country nationals who try not to interfere in the territory of each local manager. This low-profile approach of headquarters is justified on managerial and political grounds. Local managers are viewed as having high, if not absolute, sovereignty over their people." (Heenan/ Perlmutter 1979: 20)

Polyzentrische und ethnozentrische Unternehmungen weisen nach diesem Ansatz schwere Nachteile auf. Die ethnozentrische Unternehmung leidet an mangelhafter Anpassungsfähigkeit gegenüber lokalen Gegebenheiten, während in der polyzentrischen Unternehmung vor allem die mangelhafte Koordi-

---

[2] Obring 1992; Weinzierl 1993 i. V. sowie Ringlstetter 1993 i. V.: 203ff.). Schließlich wird der Begriff "Polyzentrik" bei Gomez/ Zimmermann (1992: 81ff.) weitgehend synonym mit "Entscheidungsdezentralisierung" verwendet.
Die vierte Ausprägung einer *regiozentrischen* Orientierung kann hier als Zwischenform vernachlässigt werden (vgl. Heenan/ Perlmutter 1979: 20).

nation hervorgehoben wird. Durch eine weltweite Orientierung, integrierte Organisationsstrukturen und Besetzung von Führungspositionen nach Fähigkeits- und nicht nach Herkunftskriterien soll die geozentrische Unternehmung die Schwächen der beiden erstgenannten Unternehmenstypen überwinden.

Diese Unternehmenstypologie wird in zahlreichen Arbeiten zum internationalen Management aufgegriffen.[3] Polyzentrismus wird jedoch häufig als eine Art Randerscheinung diskutiert - eine Entwicklungsstufe der internationalen Unternehmung, die im Zuge einer rationaleren Strukturierung zu überwinden und durch geozentrische Gestaltungsmuster abzulösen ist (vgl. Dunning 1989: 416). Über einen Prozeß der strategischen Umorientierung (Doz/ Prahalad 1987b) sind polyzentrische Phänomene im Sinne einer globalen Rationalisierung (Negandhi/ Welge 1984) zu "heilen". Dreh- und Angelpunkt ist die Idee einer zentralen Koordination durch "monozentrische" Führungsstrukturen.[4] Die Überlegungen zur Evolution der Führungsstrukturen internationaler Unternehmen haben jedoch gezeigt, daß diese Möglichkeiten einer zentralen Koordination nur beschränkt gegeben sind (vgl. Kapitel 2.2.2).

Die hier vertretene These lautet deshalb, daß Polyzentrismus mehr als nur eine Randerscheinung internationaler Unternehmungen darstellt. Die strukturellen Randbedingungen einer grenzüberschreitenden Unternehmenstätigkeit und die Vielfalt nationaler Lebens- und Sprachformen führen dazu, daß das Auftauchen einer eingipfligen Führungsstruktur erklärungsbedürftig wird. Weiter wird mit einer Beschränkung auf zentrale Koordinationsmechanismen das theoretische Spektrum möglicher Koordinationsformen keinesfalls ausgeschöpft. So hat Lindblom (1965) schon sehr früh darauf hingewiesen, daß sich Koordinationsprozesse in komplexen organisatorischen Handlungsstrukturen häufig durch Phänomene einer *dezentralen* wechselseitigen Abstimmung interdependenter Aktoren auszeichnen, ohne daß ein einsamer Aktor zentral koordinierend eingreifen muß.[5] Aber auch in der sozialwissenschaftlichen Aufarbeitung der neueren Systemtheorie werden Möglichkeiten einer nicht-zentralen Koordination komplexer Handlungsstrukturen diskutiert.[6]

---

[3] Vgl. stellvertretend für viele: Hedlund (1986: 12ff.), Carl (1989: 218f.), Rall (1989) sowie Welge/ Böttcher (1991).
[4] Ethno- und geozentrische Orientierung stimmen hierin insofern überein, als bei beiden eine *zentrale* Koordination im Vordergrund steht. So wird auch die Kritik an manchen Fehlinterpretationen des Geozentrismus-Begriffes verständlich, wenn "[i]n the case of global practices, care must be taken so that 'geocentric' looks different from 'ethnocentric' ..." (Schneider 1988: 242).
[5] Die Grundvorstellung mehrgipfliger Führungsstrukturen wurde bereits in Kirsch (1976) entwickelt. Zu einer Rekonstruktion vgl. Weinzierl (1993 i. V.).
[6] Verwiesen sei auf Teubners (1989) rechtssoziologische Überlegungen zu polykorporatistischen *Konzernen*, wo immer wieder auf Ergebnisse der internationalen Managementforschung, so z. B. auf Hedlund (1981) oder Van den Bulcke (1986) verwiesen wird. Willke (1992) diskutiert die Grundlinien einer Staatstheorie polyzentrischer Gesellschaften, in der der Führungsanspruch der Institution "Staat" nicht mehr einzulösen ist.

Vor diesem Hintergrund gewinnt dann allerdings der Polyzentrismus-Begriff seine heuristische Kraft wieder zurück. Dieses heuristische Potential läßt sich erschließen, wenn man die oben eingeführte Unterscheidung zwischen einer außenperspektivischen Betrachtung von Führungsstrukturen und einer binnenperspektivischen Rekonstruktion der Führungspraxis einer Unternehmung nutzt. Dementsprechend werden im Sinne einer Neuinterpretation des ursprünglichen Polyzentrismusbegriffes zwei Erweiterungen vorgeschlagen.

(1) Die erste Erweiterung knüpft an den Überlegungen zur Evolution der *Führungsstrukturen* internationaler Unternehmen an. Die Vorstellung der Mutter-Tochter-Beziehung im Sinne eines "Einaktorenmodells" der autonom handelnden internationalen Unternehmung wurde durch die Idee eines "Multiaktorenmodells" verdrängt, welches durch komplexe Führungsstrukturen geprägt wird. Der ursprüngliche Ansatz von Perlmutter (1965) läßt sich als Präzisierung des Einaktorenmodells grenzüberschreitender Unternehmenstätigkeit interpretieren.[7] Im Vordergrund dieser Konzeption steht die Mutter-Tochter-Beziehung der als autonom angenommenen Unternehmung, bei der die nationale Orientierung einer Zentrale den Kern des Forschungsinteresses bildet. Die im folgenden zu entwickelnde Sichtweise polyzentrischer Phänomene stellt - in Fortführung und Erweiterung dieses Ansatzes - einen Versuch dar, den Polyzentrismus-Begriff für komplexe Führungsstrukturen in einem "Multiaktorenmodell" fruchtbar zu machen. Hier kann zwischen organisationsinternen (Stammlandzentrale, Tochtergesellschaften, regionale oder produktspezifische Divisionen) und organisationsexternen (Kooperationspartner, Gastlandregierung, Großkunden usw.) Aktoren bzw. Handlungszentren unterschieden werden. Grundsätzlich gilt, daß einzelne organisationsinterne Handlungszentren (z. B. eine Tochtergesellschaft) in übergreifende Führungsstrukturen ihres organisatorischen (Teil-)Feldes eingebunden sind, an denen sowohl organisationsinterne als auch -externe Aktoren teilhaben.

(2) Die zweite Erweiterung setzt an der besonderen Betonung der kognitiven Orientierung bzw. Einstellung von Führungskräften bei Heenan/ Perlmutter als Merkmal der *Führungspraxis* internationaler Unternehmen an. Interpretiert man die kognitive Länderorientierung von Führungskräften als Ausdruck ihrer *Persönlichkeit*, so wird die Anbindung der Konzeption von Heenan/ Perlmutter an den Begriff der (national geprägten) Lebens- und Sprachformen einer Führung einsichtig. Damit lassen sich die Forschungsergebnisse der kulturvergleichenden Managementforschung in die Überlegungen einbinden.[8] Ferner wird die Frage nach dem Einfluß nationaler Lebens- und Sprachformen auf die organisatorische Lebenswelt relevant. So kann z. B. die in der

---

[7] Mit Einbeziehung der Gastlandperspektive werden in späteren Veröffentlichungen (vgl. Heenan/ Perlmutter 1979) Aussagen im Sinne eines Zweiaktorenmodells möglich.
[8] Vgl. Keller (1982), Adler (1991).

einschlägigen Literatur diskutierte Beziehung zwischen nationaler Kultur und Unternehmenskultur problematisiert werden.[9]

Eingedenk dieser Neuinterpretation des Polyzentrismusbegriffes sind im folgenden die Spezifika der Führung internationaler Unternehmen zu entfalten. Die beiden folgenden Abschnitte konzentrieren sich auf eine außenperspektivische Betrachtung polyzentrischer Führungsstrukturen, während in Abschnitt 2.3.4 der Einfluß nationaler Lebens- und Sprachformen - also eine binnenperspektivische Betrachtung der Führung - behandelt wird. Allerdings sind von Beginn an zwei Einschränkungen notwendig.

Zum einen ist sicher nicht davon auszugehen, daß jede grenzüberschreitende Unternehmenstätigkeit zur Entstehung polyzentrischer Strukturen führt. Zwischen einem mittelständischen deutschen Industriebetrieb, der ein Fertigungswerk in Österreich unterhält, und einem internationalen Konzern mit selbständigen Teileinheiten in den Triadeländern bestehen sicherlich Unterschiede. In diesem Sinne gelten die folgenden Ausführungen vor allem für große, diversifizierte, international tätige Unternehmen.[10] Zum anderen werden polyzentrische Phänomene aber auch in solchen Zusammenhängen behandelt, bei denen die internationale Dimension keine Rolle spielt. Man denke etwa an die aktuelle Diskussion eines Strategischen Konzernmanagement (vgl. z. B. Ringlstetter 1993 i. V.) oder die Diskussion der Führungsstrukturen in diversifizierten Unternehmen.[11] Eingedenk dieser Einschränkung wird im folgenden aber davon ausgegangen, daß internationale Unternehmen die Chance bieten, Polyzentrismus "in Reinform" behandeln zu können.

2.4.2 Eine Annäherung an polyzentrische Führungsstrukturen im internationalen Unternehmen

Aufgabe der folgenden Ausführung ist eine erste Annäherung an das Phänomen polyzentrischer Führungsstrukturen. Dazu wird der Begriff der polyzentrischen Führungsstruktur präzisiert. In diesem Zusammenhang ist dann auch die politische Dimension polyzentrischer Führungsstrukturen zu erläutern. Daran anschließend sind Einflußfaktoren der Ausprägung realer Führungsstrukturen im internationalen Unternehmen zu untersuchen. Schließlich sind verschiedene Formen der dezentralen Koordination abzugrenzen.

Zum Begriff polyzentrischer Führungsstrukturen

Der Begriff des Polyzentrismus bezeichnet zunächst das Phänomen der Existenz mehrgipfliger Führungsstrukturen. Diese Grundidee findet in der klassi-

---

[9] Vgl. dazu Kapitel 2.4.4.
[10] Im Vordergrund stehen also Unternehmen der vierten Entwicklungsstufe des Stopford/ Wells-Modells (vgl. Kapitel 2.2.2).
[11] So weisen z. B. Kim/ Hwang/ Burgers (1989) darauf hin, daß bei der Untersuchung des Phänomens der Diversifikation die internationale Diversifikation implizit bleibt, wodurch bedeutende Erklärungsmöglichkeiten außer acht bleiben.

schen Diskussion ihren Vorläufer in der Vorstellung, daß es im Unternehmen mehrere *Zentren der Willensbildung* gibt (vgl. Gutenberg 1983: 486ff.). In neueren Ansätzen der "ökonomischen Theorie der Unternehmung"[12] würde man statt dessen von einer "Verdünnung" von Verfügungsrechten z. B. zwischen Arbeitnehmern, Management und Eigentümern sprechen.[13] Im folgenden steht allerdings vor allem die Verteilung von Koordinationsrechten in einem Unternehmen im Mittelpunkt, welche eine Unternehmensverfassung in der Regel im Top-Management zusammenfaßt (vgl. Picot 1981: 161f.). Solche Koordinationsrechte können ihrerseits vertragstheoretisch als "Principal-Agent" (P-A)-Beziehungen begriffen werden. Manager als Führungs- bzw. Koordinationsspezialisten werden durch Eigentümer vertraglich zur Koordinationsleistung verpflichtet. Begreift man den Prinzipal allgemein als Inhaber eines Rechtsbündels und den Agenten als Auftragnehmer, so können P-A-Beziehungen auch innerhalb von Unternehmen z. B. entlang einer hierarchischen Kompetenzverteilung weiter aufgeteilt werden. Im Grenzfall wird damit eine Organisation in eine Fülle mehr oder weniger umfangreicher Vertragsbeziehungen aufgelöst. Die Grundidee der Theorie der Verfügungsrechte läuft darauf hinaus, daß mit der Übertragung von Verfügungsrechten diskretionäre Handlungsspielräume für Agenten entstehen, welche diese im Lichte der eigenen "rationalen" Nutzenbefriedigung gestalten (vgl. Picot/ Michaelis 1984: 257). Damit öffnet dieser Ansatz den Blick für das Phänomen des Eigeninteresses (vgl. Ringlstetter 1993 i. V.: 33ff.) bzw. des Opportunismus[14] einzelner Handlungszentren. Die Vorstellung, daß Entscheidungen nach der Interessenlage einzelner Individuen getroffen werden, ist bereits in den Annahmen eines mikroökonomisch maximierenden "homo oeconomicus" oder eines im Anschluß an Simon lediglich satisfizierenden "administrative man" angelegt. Dieses Eigeninteresse entfaltet sich in P-A-Beziehungen jedoch innerhalb eines hierarchischen Delegationsverhältnisses.

> "... agency theory implies a hierarchical relationship between principal and agent, and assumes implicitly the centrality of headquarters. By treating the organization as a series of contracts agency theory may not include the multitude of contingencies that arise in the management of DMNCs. As one tries to extend the agency theory framework to include a complex web of networked relationships, the researcher's task becomes extremely complex and difficult as the one-to-one nature of relationships, the simplicity of contracts and the clear identities of principals and agents tend to fade." (Doz/ Prahalad 1991: 149)

In polyzentrischen Strukturen wird demgegenüber davon ausgegangen, daß mehrere gleichberechtigte Prinzipale existieren bzw. sich herausbilden, die

---

[12] Hierunter fallen insbesondere Ansätze einer "Theorie der Verfügungsrechte" (property rights), Transaktionskostenansätze und Principal-Agent-Ansätze. Zu einem Überblick dieser Theorien allgemein vgl. Budäus et al. (Hrsg. 1988) und speziell im Führungszusammenhang Picot (1987).
[13] Vgl. Picot/ Michaelis (1984: 255ff.) und die dort angegebene Literatur.
[14] Williamson (1990: 54) versteht unter Opportunismus "... die Verfolgung von Eigeninteresse unter Zuhilfenahme von List."

untereinander nicht zentral koordiniert werden können. Dabei ist es durchaus denkbar, daß eine qua Verfassung festgelegte P-A-Beziehung sich in "real terms" nicht als asymmetrisch begreifen läßt und faktisch eine "P-P-Beziehung" darstellt. Darüber hinaus muß das Phänomen des Eigeninteresses von Handlungszentren um das Merkmal einer möglichen Eigenlogik ergänzt werden.[15] Einzelne Handlungszentren können untereinander inkommensurable Lebens- und Sprachformen aufweisen, die selbst bei Vorliegen gemeinsamer Interessen keine zentrale Koordination gestatten, weil durch Kommunikation vermittelte Koordinationsinformationen gegenseitig mißverstanden werden (vgl. Kapitel 2.4.4). Zur Erläuterung des Begriffs polyzentrischer Führungsstrukturen soll daher auf den allgemeineren Führungsbegriff in einem kybernetischen Sprachspiel zurückgegriffen werden, bei dem beliebige Interaktionen zwischen Handlungszentren z. B. durch Verträge oder auch durch Vertrauen[16] institutionalisiert sein können.

Führung wird dann aus einer Außenperspektive im Sinne einer überlagernden Handlungsstruktur als Controlling Overlayer konzipiert, der einen sozialen Interaktionszusammenhang in asymmetrischer Weise prägt (vgl. Kapitel 2.2.1). Die Nullhypothese dieses Führungsbegriffes lautet, daß sich in Organisationen relativ komplexe Handlungsstrukturen rekonstruieren lassen. Möglicherweise kann jedoch eine spezifische Handlungsstruktur im Sinne einer "Führung" als überlagernd rekonstruiert werden. In Weiterführung dieser Überlegungen wird zwischen monozentrischen, pluralistischen und polyzentrischen Führungsstrukturen unterschieden (vgl. Obring 1992: 211ff.). Die Vorstellung einer *monozentrischen* Führungsstruktur entspricht der traditionellen Annahme einer hierarchischen zentralen Koordination durch *einen* Controlling Overlayer. Dem steht die Idee einer *pluralistischen* Führungsstruktur gegenüber, bei der sich aufgrund wechselseitiger Vermaschungen zwischen den beobachteten Steuer- und Regelungssystemen keine überlagernde Handlungsstruktur beobachten läßt und eine rein dezentrale Koordination vorliegt. In *polyzentrischen* Führungsstrukturen liegen demgegenüber mehrere partielle Handlungsstrukturen vor, die über den wechselseitigen Austausch von Forderungen und Unterstützungsleistungen in spezifischer Weise aneinander gekoppelt sind (vgl. Obring 1992: 212). Diese formale Annäherung an polyzentrische Führungsstrukturen läßt sich inhaltlich vertiefen, wenn man Überlegun-

---

[15] Ringlstetter (1993 i. V.: 32ff.) spricht zusammenfassend von Eigen*sinn*, womit Eigen*interessen* und Eigen*logik* subsummiert werden.

[16] Der Begriff des Vertrauens spielt allerdings seinerseits in der institutionellen Theorie im Sinne eines clan/ soft contracting (vgl. Picot 1982: 278f.) selbst eine gewisse Rolle. Interessanterweise stellt dies jedoch für diese Theorien ein Paradoxon dar, weil die Prämissenstruktur (v. a. opportunistisches Verhalten der Aktoren) durch Berücksichtigung solcher Aspekte indirekt in Frage gestellt wird. "In fact one of the most challenging management tasks in the DMNC is to make the assumptions of transaction cost analysis 'untrue'; hence the emphasis on organizational culture, clan behavior and control (...) and normative integration of managers in MNCs ..." (Doz/ Prahalad 1991: 148).

gen zur politischen Dimension von Führungsstrukturen[17] aufgreift und für die Idee polyzentrischer Führungsstrukturen fruchtbar macht.[18]

Die politische Dimension polyzentrischer Führungsstrukturen

Mit Easton (1965) kann das politische System einer Organisation als offenes Verhaltenssystem im Modus einer Input-Output-Beschreibung konzipiert werden.[19] Das politische System transformiert *Forderungen* (Input 1) der Systemumwelt in autorisierte *Entscheidungen* (Output), wobei es *Unterstützung* (Input 2) der Systemumwelt in Anspruch nimmt. Forderungen stellen Wünsche von Interessenten dar, denen durch Maßnahmen der aktiven Beeinflussung und Manipulation Nachdruck verliehen werden kann. Unterstützung läßt sich als Bereitschaft einer Person oder Gruppe auffassen, ihre Ressourcen zugunsten bestimmter Objekte - z. B. Entscheidungen oder Aktoren des politischen Systems - einzusetzen. Diese Inputvariable stellt zugleich die für die Handlungsfähigkeit des politischen Systems *kritische* Variable dar, weil eine hinreichende Unterstützung erforderlich ist, um Entscheidungen herbeizuführen und durchzusetzen. Output des politischen Systems stellen demgemäß neben autorisierten Entscheidungen auch flankierende Maßnahmen dar, die z. B. Entscheidungen des politischen Systems über Ergebnispromotion (Kirsch 1988: 235ff) absichern oder Unterstützungspotentiale aufbauen und aufrechterhalten sollen. Der Grundaufbau der Konzeption wird durch eine Feedback-Schleife abgerundet. Diese umfaßt Auswirkungen (Outcomes) von autorisierten Entscheidungen und flankierenden Maßnahmen auf die Systemumwelt und damit auf die Inputkomponenten Forderungen und Unterstützung.

Wendet man Eastons Konzeption auf die Idee polyzentrischer Führungsstrukturen an, so stellt das politische System der Unternehmung eine fokale Handlungsstruktur dar, die mehrere Handlungszentren umfaßt, welche interdependent sind und sich über eine wechselseitige Abstimmung dezentral koordinieren (vgl. zum folgenden Obring 1992: 109ff.). Mit der *Domäne* (Thompson 1967) wird innerhalb der inner- und außerorganisatorischen Umwelt des politischen Systems ein Bereich abgegrenzt, der dem *faktischen Autorisierungsrecht* eines politischen Handlungszentrums unterliegt. Der Begriff des faktischen Autorisierungsrechtes deutet zweierlei an: Zum einen geht ein faktisches Autorisierungsrecht nicht nur auf verfassungsmäßig festgelegte Normen zurück. In Anlehnung an eine Definition von Kirsch (1971: 203) besitzt A gegenüber B ein Autorisierungsrecht, wenn es eine *lebensweltliche* oder *verfassungsmäßige* Norm gibt, die dem B die Annahme einer von A stammenden Entscheidungsprämisse vorschreibt. Solche Domänen sind also auf lebensweltlich verankerte Normen, aber auch auf organisatorische Verfassun-

---

[17] Vgl. Kirsch (1976: 57ff.) und Kirsch (1990: 90ff.).
[18] Die folgende Argumentation erfolgt vor dem Hintergrund der Überlegungen in Obring (1992: 109ff.), Ringlstetter (1993 i. V.: 204ff.), Weinzierl (1993 i. V.), Kirsch (1992c: 117ff.).
[19] Vgl. Easton (1978: 270), Kirsch (1990: 91ff.) sowie Weinzierl (1993 i. V.).

gen zurückzuführen. Zum anderen wird die Annahme solcher Entscheidungsprämissen wesentlich auch durch strukturelle Randbedingungen beeinflußt.[20] Diese können als Summe möglicher Tatbestände aufgefaßt werden, welche die Verwirklichung einer lebensweltlichen und/ oder verfassungsmäßig festgelegten Autorisierungsnorm konterkarieren oder begünstigen können. Über die Aussagen des Grundmodells von Easton hinaus ergibt sich damit eine Sichtweise, die in Abbildung 2-8 vereinfacht für zwei politische Handlungszentren A und B dargestellt wird.

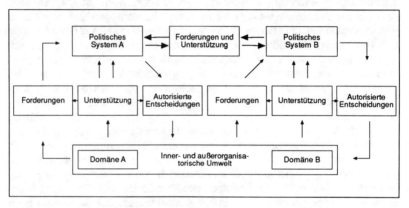

Abb. 2-8: Die Kopplung von politischen Systemen in polyzentrischen Strukturen (aus Obring 1992: 114)

A und B sind wechselseitig interdependent. Mittelbare und unmittelbare Auswirkungen der Handlungen von A betreffen nicht nur die Domäne von A, sondern auch die Domäne von B sowie jene Umweltbereiche, die weder dem Autorisierungsrecht von A noch von B unterliegen. Solche Auswirkungen werden als *Vernetzung* von Handlungsfolgen oder *Verflechtung* der Domänen begriffen. Mit dem Begriff "Verflechtung" werden Abhängigkeitsrelationen bezeichnet, die auf direkte Input-/ Output-Beziehungen zurückgehen, während der Begriff "Vernetzung" eine Abhängigkeitsrelation über Handlungsfolgen begründet. Vernetzung liegt beispielsweise vor, wenn zwei Zentren im Sinne einer gepoolten Interdependenz (Thompson 1967) auf eine gemeinsame Ressourcenbasis zugreifen. Interdependenzen können zwischen organisationsinternen[21] und/ oder -externen Handlungszentren vorliegen, so etwa zwi-

---

[20] Kirsch hebt in diesem Zusammenhang die Bedeutung *sekundärer* Informationen (z. B. Sanktionswahrscheinlichkeit) für die Annahme von primären Informationen als Entscheidungsprämissen hervor (vgl. Kirsch 1971: 204; Kirsch 1988: 98ff.).

[21] Organisationsinterne Interdependenzen ergeben sich z.B. durch vertikale Integration, gemeinsam genutzte Technologien oder logistische Liefer- und Leistungsbeziehungen. Organisationsexterne Interdependenzen folgen z.B. aus gemeinsamen Beziehungen zu nationalen Regierungen, Gewerkschaften oder Großkunden (vgl. Doz/ Prahalad 1987a: 122ff.).

schen der Domäne eines Staates (im politischen Sinne von Nation) und der Domäne ausländischer Töchter. In dem Maße, in dem solche wechselseitigen Interdependenzen durch das politische System B (antizipativ oder ex post) wahrgenommen und Aktivitäten des Systems A ursächlich zugeschrieben werden,[22] wird es wahrscheinlich, daß B gegenüber A Forderungen erhebt sowie Unterstützung gewährt oder entzieht. Die Trennung der Domänen schließt aber aus, daß Entscheidungen wechselseitig im Sinne eines faktischen Autorisierungsrechtes bindend sein können. Zwischen den Handlungszentren A und B liegt also keine Autoritätsrelation im Sinne der obigen Definition von Autorisierungsrecht vor.

Auf welche Weise ist aber eine *dezentrale* Koordination politischer Handlungszentren denkbar? Im Anschluß an Lindblom (1965) kann hier die Denkfigur des "partisan mutual adjustment" (parteiische wechselseitige Abstimmung) eingeführt und am Beispiel des politischen Tauschs (Traxler 1988: 281ff) verdeutlicht werden. Zwischen den einzelnen politischen Systemen bestehen politische Kopplungen, Input-/ Output-Beziehungen also, bei denen die Forderungen von A Inputs von B darstellen und umgekehrt. Medium des politischen Tauschs ist im Gegensatz zu Geld (marktliche Koordination) oder Amtsmacht (hierarchische Koordination) politische Unterstützung (vgl. Obring 1992: 246). Diese Analyse gestattet es, ein genaueres Bild polyzentrischer Führungsstrukturen zu geben. Wählt man den Politikbegriff zum Ausgangspunkt einer Kennzeichnung polyzentrischer Phänomene, so lassen sich über die bisherigen Ausführungen hinaus drei Charakteristika polyzentrischer Gebilde ableiten (vgl. zum folgenden Kirsch 1990: 55).

Zunächst kann politischer Polyzentrismus im Sinne von "Polity" auf den *institutionellen* Charakter des Politikbegriffs abstellen: In polyzentrischen Führungsstrukturen liegen mehrere politische Systeme vor. Die Existenz und Abgrenzung politischer Systeme läßt sich durch den Beitrag der organisatorischen Verfassung erläutern. In dieser Sichtweise stellt etwa die verfassungsmäßig definierte Institution einer Geschäftsführung das politische System der Organisation dar (vgl. Kirsch 1990: 57). Eine organisationsinterne Konstellation mehrerer politischer Systeme kann dann aus der organisatorischen Verfassung abgeleitet[23] oder als Abweichung zwischen Verfassungsmodell und Verfassungswirklichkeit[24] dargestellt werden.

---

[22] Dieser Zusammenhang läßt sich graduell im Sinne verschiedener Eskalationsstufen der Sozialität darstellen. Beginnend mit einer vorsozialen "Kaspar-Hauser-Situation" können dann verschiedene Situationen unterschieden werden, in denen wechselseitige Abhängigkeiten zunehmend wahrgenommen werden und zu Interaktionen führen, die schließlich den Charakter eines kollektiven Entscheidungsprozesses annehmen können (vgl. Kirsch 1988: 90ff.).

[23] Eine solche Konstellation wird umso wahrscheinlicher, je mehr Autonomie eine Unternehmensverfassung den Teileinheiten der Unternehmung einräumt (vgl. Obring 1992: 221).

[24] Der oben eingeführte Begriff des faktischen Autorisierungsrechts sieht diese Möglichkeit explizit vor.

Weitere Hinweise ergeben sich aus Überlegungen zur dominierenden Koalition. Thompson (1967) zeigt, daß die Anzahl der Mitglieder einer dominierenden Koalition mit der Heterogenität und Dynamik der Aufgabenumwelten einer Unternehmung zunimmt. Dieses Merkmal trifft für internationale Unternehmen zweifellos zu. Mit der Größe der dominierenden Koalition sinkt zugleich die Wahrscheinlichkeit einer Koordination gegenüber Dritten, so daß sich ein innerer Kreis der dominierenden Koalition (vgl. Thompson 1967: 140ff.) bildet. In Weiterführung dieser Überlegungen kann man dann mindestens vier Schichten von Organisationsteilnehmern nach ihren Einflußmöglichkeiten auf die innerorganisatorischen Entscheidungsprozesse unterscheiden (vgl. Kirsch 1988: 147ff.). Neben dem inneren Kreis (Schicht 1) und den übrigen Mitgliedern der dominierenden Koalition (Schicht 2), wird die dritte Schicht aus jenen Akteuren gebildet, die sich aktiv manipulierend in die Entscheidungen der dominierenden Koalition involvieren. Diese bilden häufig Gegenkoalitionen, welche den Mitgliedern der dominierenden Koalition ihren Führungsanspruch streitig machen. Schließlich wird die vierte Schicht von jenen Organisationsteilnehmern gebildet, die sich gegenüber der dominierenden Koalition als Anpasser verhalten.

Mit dem Begriff der Gegenkoalition wird die Möglichkeit angedeutet, daß es u. U. mehrere Koalitionen gibt, die wechselseitig Forderungen erheben und Unterstützung gewähren oder entziehen. Prinzipiell ist nicht nur eine Gegenkoalition in der dritten Schicht, sondern ebenso eine Teilung der dominierenden Koalition selbst denkbar.[25] Knüpft man hierbei wieder am Begriff der Domäne an, so kann eine solche Spaltung der dominierenden Koalition auf eine Teilung der Domäne zurückgeführt werden (vgl. Thompson 1967: 47). Eine solche Domänenteilung läßt sich z. B. im Sinne einer produktbezogenen oder regionalen Divisionalisierung von Organisationen auffassen.

Politischer Polyzentrismus läßt sich weiter in einer entscheidungstheoretischen Sichtweise über die *Input*komponente kollektiver Entscheidungsprozesse zwischen Handlungszentren kennzeichnen. Der politische Charakter äußert sich darin, daß für die beteiligten Zentren keine autorisierten offiziellen Wertprämissen zugrundegelegt werden können.[26] Mit dem entscheidungstheoretischen Begriff ergeben sich dann zusätzlich Hinweise auf die Bedeutung von Entscheidungsstrukturen in polyzentrischen Gebilden. In diesem Zusammenhang ist beispielsweise auf die Bedeutung aktorenspezifischer Partizipationsstrukturen und problembezogener Zugangsstrukturen in bezug auf Entscheidungsarenen hinzuweisen (vgl. Cohen/ March/ Olsen 1972). Ebenso stellen Überlegungen zu Macht-, Erkenntnis- und Konsensstrukturen in kollektiven Entscheidungsprozessen Möglichkeiten zur Weiterentwicklung des Konzepts polyzentrischer Strukturen dar (vgl. Kirsch 1988: 164ff.).

---

[25] Man denke etwa an Mintzbergs Überlegungen zur geteilten externen Koalition (vgl. Mintzberg 1983).
[26] Vgl. Kirsch (1988: 144f.), Kirsch (1990: 74ff.).

Eine dritte Sichtweise knüpft am *Output* von Abstimmungsprozessen in polyzentrischen Führungsstrukturen an. Dieser Output kann sich auch auf "Policy" im Sinne grundlegender Maximen der Unternehmenspolitik beziehen. Unternehmenspolitik im Sinne von Policy kann als Inbegriff grundlegender Maximen aufgefaßt werden, zu denen Grundsätze, Strategien und Ziele zu rechnen sind.[27] Diesbezüglich verweist der politische Charakter polyzentrischer Führungsstrukturen auf eine Pluralität solcher Maximen. Hier liefert die aus Beiträgen zum Zielsystem der Unternehmung bekannte Unterscheidung zwischen Zielen *für* die Organisation, Zielen *der* Organisation und Individualzielen mit inhaltlichem Bezug auf die Organisation Hinweise auf die Frage, wie in polyzentrischen Führungsstrukturen die Existenz von Zielen bzw. Maximen *des* Gesamtsystems zu beschreiben ist.[28]

In polyzentrischen Führungsstrukturen formulieren einzelne Aktionszentren Ziele *für* das Gesamtsystem. Diese beschreiben künftige Zustände der Organisation und ihrer Umwelt, die als Forderungen an die Kernorgane der Organisation herangetragen werden. Eine Autorisierung dieser Ziele durch die Kernorgane der Organisation führt dazu, daß diese Ziele für die Organisation den Charakter von Zielen *der* Organisation annehmen. Während Ziele für die Organisation und Ziele der Organisation explizit und insofern öffentlich sind, läßt sich für Individualziele insbesondere in politischen Prozessen annehmen, daß sie häufig nicht offenbart werden. Solche Individualziele stehen häufig hinter den Forderungen an organisatorische Kernorgane. Die Genese dieser Zielvorstellungen bleibt offen; sie weisen lediglich einen "inhaltlichen Bezug auf die Organisation" (Kirsch 1990: 205) auf.

In polyzentrischen Strukturen ist von einer Pluralität strategischer Maximen auszugehen, die sich zueinander indifferent, komplementär, aber auch konterkarierend verhalten können. Strategien der Organisation lassen sich dann (metaphorisch) als Resultante[29] einer Pluralität von Strategien auffassen. Versucht man diese Vorstellung im Bild der Mechanik zum Ausdruck zu bringen, so stellen Ziele für das Gesamtsystem Kräfte dar, für die eine Richtung (im Sinne eines angestrebten Zustands) und eine Stärke (im Sinne der zur Erreichung dieses Zustandes einsetzbaren Ressourcen) anzugeben ist. Ein Ziel

---

[27] Vgl. Kirsch (1990: 196ff.).
[28] Vgl. Kirsch (1990: 205ff.). Die Überlegungen zu Zielen sind weitgehend auf die Begriffe Strategie und Grundsätze übertragbar (vgl. Kirsch 1990: 204).
[29] Der Begriff der Resultante beschränkt sich auf eine außenperspektivische Betrachtung. Unterscheidet man zwischen den einer Außenperspektive zugänglichen *strategischen Manövern* und den einer Binnenperspektive zugänglichen *Strategien* (vgl. Kirsch 1992b: 34; Obring 1992: 195ff.), dann bezeichnet der Begriff der Resultante eine in der Außenperspektive beobachtbare "strategische" Entwicklung. Diese bildet das Ergebnis von mehreren, einer Außenperspektive zugänglichen partiellen strategischen Manövern. Hinter solchen partiellen Manövern können wiederum eine oder mehrere partielle Strategien im Sinne von Handlungsorientierungen stehen, die jedoch nur einer Binnenperspektive zugänglich sind.

des Gesamtsystems kann dann als Resultante im Sinne eines Summenvektors der unterschiedlichen Ziele *für* das Gesamtsystem verstanden werden. [30]

Mit diesen Ausführungen zur politischen Dimension polyzentrischer Führungsstrukturen ist also eine Konkretisierung möglich, die der Vorstellung komplexer Führungsstrukturen - wie sie in Kapitel 2.2.2 entwickelt wurde - sehr nahe kommt. Damit ist allerdings noch nicht die Frage nach den Einflußfaktoren der Entstehung polyzentrischer Führungsstrukturen geklärt. Mit der organisatorischen Verfassung und den strukturellen Randbedingungen einer Führung werden zwei Gruppen von Einflußfaktoren unterschieden.

Einflußfaktoren der Führungsstrukturen internationaler Unternehmen

Die *organisatorische Verfassung* beinhaltet i.d.R. ein Modell der Führungsstruktur von Organisationen.[31] Die Genese eines solchen Verfassungsmodells wird auch durch Rechtsnormen z. B. in Form des Aktien- oder Mitbestimmungsgesetzes beeinflußt.[32] Im internationalen Unternehmen zeigt hier die Vielfalt unterschiedlicher nationaler gesetzlicher Regelungen zur Unternehmensverfassung, daß durchaus nicht in jedem Fall von der Vorstellung einer einheitlichen Leitung internationaler Unternehmen auszugehen ist.[33] Insbesondere für den deutschen Rechtsraum hat die Mitbestimmungsdiskussion gezeigt, daß eine mehrzentrige Willensbildung im Unternehmen nichts Ungewöhnliches ist (vgl. Kirsch/ Scholl/ Paul 1984; Witte 1978).

Insofern läßt sich eine mehrgipflige Führungsstruktur auch über den Einfluß von Rechtsnormen im Sinne einer "Meta-Führungsstruktur" auf organisatorische Verfassungen erklären. Die Bedeutung dieser Größe für die tatsächliche Ausgestaltung organisatorischer Verfassungsmodelle ist jedoch keineswegs geklärt. Die empirischen Untersuchungen zur Mitbestimmung in der deutschen Unternehmensverfassung haben gezeigt, daß Organisationen sich nicht einfach "fremdverfassen" lassen, sondern im Rahmen gesetzlicher Rahmenbedingungen auch eine Eigenverfassung entwickeln (vgl. Witte 1978).

---

[30] Eine Vertiefung dieser Sichtweise kann beispielsweise an Überlegungen zur Bedeutung der Ressource Macht in kollektiven Entscheidungsprozessen ansetzen. Das Kräftespiel läßt sich dann in sogenannten "force models" (Kräfte-Modelle) analysieren (vgl. March 1966; Kirsch 1971: 190ff.). Hier wird die resultierende soziale Wahl im Sinne einer Resultante als gewichteter Durchschnitt individueller Ausgangspositionen dargestellt. Gewichtungsfaktor ist die den beteiligten Individuen verfügbare Macht.

[31] So werden das Kompetenzsystem und mögliche Kernorgane festgelegt. Damit eng verbunden ist die Angabe von Schlichtungsregeln, die im Konfliktfall anzuwenden sind. Schließlich werden auch die Träger einer Organisation bestimmt, jene Akteuren also, die das Recht haben, an der Besetzung von Kernorganen der Organisation mitzuwirken (vgl. Kirsch 1993a: 91f.).

[32] Zu einer weiterführenden Diskussion der Bedeutung solcher Meta-Führungsstrukturen im Rahmen einer legitimationstheoretischen Diskussion vgl. Kirsch (1992a: 146ff.).

[33] Vgl. z. B. Bleicher (1988), Bleicher/ Paul (1986).

Insofern bestehen zwischen rechtsnormenspezifischen Regelungen einer Fremdverfassung und der tatsächlichen Ausprägung organisatorischer Verfassungsmodelle keine eindeutigen Beziehungen. Selbst aber wenn solche Beziehungen nachgewiesen werden könnten, wird damit noch nicht die Relation zwischen dem Modell einer organisatorischen Verfassung und der Verfassungswirklichkeit geklärt (vgl. Kirsch/ zu Knyphausen 1990: 18). Eine organisatorische Verfassung mag zwar dem Modell einer monozentrischen Führungsstruktur entsprechen und den entsprechenden Kernorganen Autorisierungsrechte sowie Sanktionsmittel zur Durchsetzung solcher Rechte zuweisen. Strukturelle Randbedingungen können aber der "Verwirklichung" dieses Verfassungsmodells entgegenstehen. Eben diese zweite Gruppe von Einflußfaktoren wird im folgenden dargestellt.

(1) Eine erste Randbedingung ergibt sich über Ressourcenabhängigkeiten ausländischer Töchter von der Stammlandzentrale.[34] Dabei geht es um Inputgrößen wie Finanzierungsressourcen, Technologie und Management-Know-how, aber auch Outputdependenzen, wenn z. B. eine Tochter ein spezifisches Produkt fertigt, das sich nur auf unternehmensinternen Märkten absetzen läßt. Ein Abhängigkeitsverhältnis geht also nicht nur auf Mittelzuweisungen, sondern auch auf Koordinationsleistungen durch eine Zentrale zurück. Je geringer diese Ressourcenabhängigkeit von der Zentrale ausfällt, umso eher liegen Bedingungen vor, die das Entstehen polyzentrischer Tendenzen fördern. Diese Abhängigkeit nimmt z. B. mit der Anzahl der Wertschöpfungsaktivitäten (z. B. nicht nur Fertigung, sondern auch Entwicklung) ab, die eine Tochter eigenständig erfüllt (vgl. Ringlstetter 1993 i. V.: 223). Dazu rechnen auch sekundäre Aktivitäten, die nicht unmittelbar auf den Leistungserstellungsprozeß gerichtet sind. Diese schließen z. B. eigenständige Koordinationsleistungen zu anderen Tochtergesellschaften eines Lieferverbundes ein.

(2) Der Gesichtspunkt der Ressourcenabhängigkeit ist in zweierlei Weise zu ergänzen. Zum einen ergeben sich nicht nur organisationsinterne, sondern auch organisationsexterne Interdependenzen. Zum anderen ist der Begriff der Ressourcenabhängigkeit um institutionelle Abhängigkeitsformen zu erweitern. Die Möglichkeit der Einflußnahme durch eine Zentrale "... is particularly limited in the case of multinationals not only because some of the subsidiaries happen to be very distant and resource-rich but, more so, because they control critical linkages with key actors in their local environment, particularly the host government ..." (Ghoshal/ Bartlett 1990: 607). Allgemein formuliert kann man sagen, daß sich Formen der organisationsinternen und der organisationsexternen Dependenz gegenseitig konterkarieren können.

(3) Ein dritter Komplex struktureller Randbedingungen wird unter dem Begriff der Handlungsorientierungen der beteiligten Aktionszentren zusammengefaßt.

---

[34] Vgl. ähnliche Ansätze eines resource-dependence-view z. B. bei Pfeffer (1981), Pfeffer/ Salancik (1978).

Im ersten Zugriff wird damit das bereits angesprochene Phänomen des Eigeninteresses von Handlungszentren angesprochen. Diese Aspekte werden in der Literatur z. B. mit der Vorstellung einer übereinstimmenden Vision, sowie der Loyalität einzelner Aktionszentren angesprochen (vgl. z. B. Doz/ Prahalad 1987a: 166). Im Anschluß an Kirsch kann man hier zwischen zwei möglichen Orientierungen eines Aktors bzw. eines Aktionszentrums unterscheiden. Zunächst kann man

> "... davon ausgehen, daß sich der Aktor in jeder Handlung immer auch selbst als Handelnder identifiziert und daß diese Identifikation in zweifacher Weise geschehen kann. (1) Der Aktor identifiziert sich selbst, indem er sich selbst und seine Interaktionspartner als 'Teile eines Ganzen' konstituiert und insoweit vor dem Hintergrund (... einer; Anm. d. Verf.) Vereinigungsorientierung handelt. (2) Der Aktor kann sich aber auch selbst identifizieren, indem er sich 'anders' als die Interaktionspartner konstituiert. Man könnte auch sagen, er identifiziere sich durch 'Abgrenzung'. Im ersten Falle handelt er in einer Orientierung, die eine Gemeinsamkeit in den Vordergrund rückt. Im zweiten Falle steht das Anderssein und damit der Unterschied im Vordergrund." (Kirsch 1992a: 101)

Wendet man diese Unterscheidung einer vereinigungsorientierten und einer abgrenzenden Handlungsorientierung auf die Frage nach den Nebenbedingungen realer Führungsstrukturen an, so wird eine monozentrische Führungsstruktur möglicherweise dann gefördert, wenn die einzelnen Handlungszentren gegenüber der Organisation als Ganzes eine Vereinigungsorientierung einnehmen, während sie zugleich gegenüber ihrem lokalen Umfeld eine abgrenzende Orientierung aufweisen. Eine solche Gemeinsamkeit kann z. B. in gemeinsamen Interessen liegen. Das Eigeninteresse orientiert sich dann durchaus rational an den Interessen z. B. der Gesamtunternehmung im Sinne eines "kollektiven Gutes". Bezogen auf das Eigeninteresse ist es dann rational, kein "Trittbrettfahrerverhalten" an den Tag zu legen, bei dem das Gut genutzt wird, ohne Beiträge zu leisten. Denn wenn alle so handelten, würde das Gut nicht mehr erhalten werden, so daß letztlich wider das Eigeninteresse entschieden worden wäre (vgl. Olson 1991: 21). Damit werden allerdings grundlegende Fragestellungen angesprochen, denen an dieser Stelle nicht im einzelnen nachzugehen ist.[35] Immerhin liegt hier die Sichtweise nahe, daß die Entwicklung einer "übereinstimmenden strategischen Vision" sehr viel mit der Frage zu tun hat, inwieweit Strategien im Sinne handlungsleitender Regeln vor dem Hintergrund einer abgrenzenden oder einer auf die Identität des Ganzen abstellenden Handlungsorientierung entwickelt werden.

(4) Völlig unberücksichtigt blieb bisher die Frage nach dem Verhältnis zwischen den Führungsfähigkeiten bzw. dem Führungswillen einer zentralen Führungsinstanz und den Anforderungen informationeller und kapazitätsmäßiger Natur, die im internationalen Unternehmen vorliegen.[36] Mit der Anzahl, Varietät und dem Verflechtungsgrad zwischen einzelnen Teileinheiten stellt sich

---

[35] Zu weiterführenden Überlegungen vgl. Kirsch (1992a: 98ff.).
[36] Vgl. auch Ringlstetter (1993 i. V.), Obring (1992: 225).

in zunehmendem Maße die Frage, inwieweit eine zentrale Führungsinstanz überhaupt in der Lage ist, ihren Führungsanspruch umzusetzen. Mit zunehmenden Führungsanforderungen mögen zwar strukturelle und methodische Innovationen entstehen, die auf eine Führungsunterstützung im Sinne der Durchsetzung eines Führungsanspruchs gerichtet sind. Genau diese Vorstellung prägt beispielsweise die Diskussion der Entwicklung "globaler" Organisationsstrukturen im internationalen Unternehmen.[37] Die obigen Überlegungen haben aber auch die Problematik solcher Führungsstrukturen aufgezeigt.

Die genannten strukturellen Randbedingungen können dazu führen, daß eine verfassungsmäßig fundierte, monozentrische Führungsstruktur konterkariert wird. Formen einer zentralen Koordination werden daher durch dezentrale Koordinationsmechanismen abgelöst. Die bisherigen Ausführungen stellten dabei einen Prozeß des partisan mutual adjustment in den Mittelpunkt, bei dem eine dezentrale Koordination über den wechselseitigen Austausch von Forderungen und Unterstützungen dominiert. Der Schwerpunkt lag damit auf einer spezifischen Form wechselseitiger Abstimmung, bei der insbesondere Maßnahmen einer aktiven Beeinflussung - also Formen der Manipulation - behandelt wurden. Mit der Betonung manipulativer Abstimmungsformen dominiert jedoch eine einseitige Interpretation dezentraler Koordinationsmechanismen. Durch die Unterscheidung verschiedener Formen einer dezentralen Koordination kann man eine gemäßigtere Vorstellung wechselseitiger Abstimmung in polyzentrischen Strukturen entwickeln.[38]

Ausbildung von Erwartungsstrukturen als spezifische Form der dezentralen Koordination

Löst man sich von der Vorstellung monozentrischer Führungsstrukturen, so stellt sich die Frage nach Möglichkeiten einer dezentralen Koordination. In einer ersten Unterscheidung kann man hier zwischen Manipulation und Anpassung differenzieren.

Im Fall der *Anpassung* erfolgt eine wechselseitige Abstimmung dadurch, daß einzelne Aktoren die erwarteten oder tatsächlichen Handlungen anderer Aktoren als Datum hinnehmen.[39] Demgegenüber liegt eine wechselseitige *Manipulation* vor, wenn die beteiligten Aktoren die Entscheidungen anderer Aktoren nicht als Datum hinnehmen. Statt dessen werden Maßnahmen einer aktiven Beeinflussung ergriffen, die bewirken sollen, daß Erwartungen über das

---

[37] Vgl. Kapitel 2.2.2.
[38] Vgl. zum folgenden Kirsch (1971: 80ff.), Kirsch (1988: 104ff.) sowie Lindblom (1965).
[39] Eine Anpassung kann *indirekt* oder *direkt* erfolgen. Eine indirekte Anpassung ist beispielsweise gegeben, wenn sich die Aktoren über einen Marktmechanismus im Sinne einer Vernetzung von Handlungsfolgen abstimmen. Eine direkte Anpassung erfolgt über Erwartungsbildung in bezug auf das Verhalten anderer Aktoren.

Verhalten anderer Aktoren realisiert werden. Gemäß einer zweiten Unterscheidung kann eine wechselseitige Abstimmung aufgrund *antizipativer Erwartungsbildung* oder auf der Basis von *Rückkoppelungsinformationen* erfolgen. Diese zusätzliche Unterscheidung wird notwendig, weil einzelne Aktoren die Entscheidungen anderer entweder antizipieren oder aber als kontingente, d. h. nicht vorhersehbare Störungen betrachten können. Beide Unterscheidungen lassen sich schließlich kombinieren. Zum einen kann eine wechselseitige Abstimmung auf gegenseitiger Erwartungsbildung beruhen, welche Aktoren entweder durch Manipulation absichern oder aber durch Anpassung hinnehmen. Zum anderen können Aktoren im Sinne einer wechselseitigen Abstimmung auf Rückkoppelungsinformationen bezüglich des Verhaltens anderer Aktoren durch Manipulation oder Anpassung reagieren (vgl. Kirsch 1971: 83).

Mit zunehmender Dauer und Häufigkeit wechselseitiger Abstimmungsprozesse ist es aber wahrscheinlich, daß sich das Gewicht zwischen diesen Koordinationsformen im Sinne einer Ausbildung von Erwartungsstrukturen verschiebt. Im Zeitablauf können sich einzelne Handlungszentren darauf einstellen, mit welchen Forderungen bzw. Unterstützungsangeboten seitens bestimmter Aktoren zu rechnen ist. An die Stelle einer wechselseitigen Abstimmung über Rückkoppelungsinformationen treten damit Prozesse der antizipativen Erwartungsbildung (vgl. Kirsch 1971: 84). In ähnlicher Weise ist es denkbar, daß ein Handlungszentrum mit der Zeit keine Manipulation im Sinne einer aktiven Beeinflussung mehr ausüben muß, weil die jeweils beeinflußten Handlungszentren gelernt haben, daß das betreffende Handlungszentrum über solche Manipulationspotentiale verfügt und diese notfalls auch zu aktivieren gewillt ist. Über Erwartungsbildung werden Mechanismen der Manipulation zugunsten von Mechanismen einer Anpassung zurückgedrängt.[40]

Diese Phänomene der Ausbildung von Erwartungsstrukturen werden in der Literatur im Rahmen rollentheoretischer Ansätze diskutiert.[41] In diesem Sinne kann dann die Rollentheorie wertvolle Orientierungshypothesen bereitstellen, um polyzentrische Führungsstrukturen zu kennzeichnen, für die die Bedingung einer zunehmenden Häufigkeit der wechselseitigen Abstimmung gilt. Diese Grundüberlegungen werden im folgenden zum Anlaß genommen, um

---

[40] Diese Sichtweise geht davon aus, daß Erwartungsbildung eine Art der dezentralen Koordination (tendenziell Anpassung und Antizipation) darstellt. Ebenso kann Erwartungsbildung auch unabhängig von den verschiedenen Formen dezentraler Koordination thematisiert werden. Insbesondere in subtileren Formen der Manipulation - wie Beeinflussung unter Bezugnahme auf Reziprozitätsnormen oder die Abgabe von Versprechungen - klingen deutlich Momente der Erwartungsbildung an. Zu verschiedenen Formen der Manipulation (vgl. Kirsch 1990: 106ff.; Obring 1992: 245f.)

[41] Man lese dazu folgende "Forschungsanweisung" der Rollentheorie: "Man untersuche die Erwartungen, die innerhalb eines Interaktionssystems bestehen, und leite daraus Erklärungen und Prognosen über das Verhalten von Individuen ab" (Wiswede 1977: 8).

polyzentrische Führungsstrukturen internationaler Unternehmungen in einem rollentheoretischen Zusammenhang zu diskutieren.

2.4.3 Führungsrollen von Zentrale und Tochtergesellschaften in polyzentrischen Führungsstrukturen

Die Diskussion von Führungsrollen in internationalen Unternehmen stellt kein Novum in der Literatur zum internationalen Management dar. Herkömmliche Vorstellungen über die Rollenverteilung fallen jedoch relativ stereotyp aus:

> "The first role belongs to the headquarters and involves setting strategic directions for the entire organization and maintaining requisite central coordination and control over the activities of the subsidiaries. Subsidiaries play the second role: that of implementing the allocated organizational tasks within the boundaries of their national environments." (Ghoshal 1986: 16)

Gegenüber dieser Sichtweise wird in polyzentrischen Führungsstrukturen in zweierlei Hinsicht eine Erweiterung angestrebt. Zum einen sind Führungsrollen einzelner Handlungszentren erheblich differenzierter zu beurteilen. Zum anderen können Führungsrollen nicht nur von einer Zentrale, sondern auch von Tochtergesellschaften übernommen werden. Die Rollenverteilung wird in polyzentrischen Strukturen nicht nur durch Prozesse des role taking (Rollen*zuweisung*), sondern verstärkt auch über Prozesse des role making[42] (Rollen*gestaltung*) gekennzeichnet. Zur Entfaltung dieser Überlegungen wird im folgenden ein Rollenkonzept entwickelt und im Anschluß auf die Rollen von Zentrale und ausländischen Tochtergesellschaften angewendet.

Ein Rollenkonzept polyzentrischer Führungsstrukturen

Die Übernahme, Aushandlung und Gestaltung von Rollen in polyzentrischen Führungsstrukturen steht in einem engen Zusammenhang mit der Wahrnehmung von Führungsaufgaben in Organisationen. Das Auftauchen solcher Führungsaufgaben kann mit der Vorstellung verbunden werden, daß in einer Organisation Reflexionen von Führungsrollen bzw. Rollengefügen auftauchen.[43] Für rollentheoretische Ansätze[44] ist die Idee zentral, daß die Rolle eine Art Scharnierfunktion (vgl. Wiswede 1977: 30) zwischen kollektiver Ebene bzw. Gesellschaft und subjektiver Ebene bzw. Individuum erfüllt. Dieser Grundgedanke wurde in der Organisationstheorie vor allem von Katz/ Kahn (1966) auf-

---

[42] Dieser von Turner (1955/ 56) geprägte Begriff bezeichnet die Fähigkeit des Rollenträgers, Erwartungen an seine Position nicht nur auszufüllen (role taking), sondern auch aktiv eigenständig zu gestalten. Die Idee eines role making entstand als Entgegnung zu der repressiven Auffassung des statusbezogenen Rollenbegriffs (vgl. Kiss 1989: 124ff.).

[43] Vgl. dazu ausführlich Kirsch (1992a: 155ff.).

[44] Vgl. einführend Wiswede (1977), Kiss (1989), Kronast (1989: 144ff.) und die dort angegebene Literatur. Diese Ausführungen legen einen positionalen Rollenbegriff zugrunde, bei dem Rollen als Komplex von Kognitionen aufgefaßt werden. Vgl. dazu Kirsch (1971: 84ff.) und Kirsch (1992a: 155ff.).

gegriffen, die das Rollenkonzept "... as the major means for linking the individual and organizational levels of research and theory ..." (Katz/ Kahn 1966: 197) ausarbeiteten. Diese Scharnierfunktion läßt sich nicht nur auf Individuen, sondern auch auf Makroaktoren und damit auf einzelne Handlungszentren in polyzentrischen Führungsstrukturen anwenden.[45]

Die Rolle als soziologischer Grundbegriff bezeichnet ein Bündel generalisierter, normativer Verhaltenserwartungen, die innerhalb einer Interaktion vom Rollensender in Form eines Senderplans an eine Position bzw. an den Rollenträger herangetragen werden. Dieser allgemeine Begriff läßt sich nach verschiedenen Dimensionen aufschlüsseln, wobei auf den Begriff der Domäne zurückgegriffen wird. Als Domäne eines Handlungszentrums wurde oben ein inner- und außerorganisatorischer Bereich definiert, der dem faktischen Autorisierungsrecht eines fokalen Handlungszentrums unterliegt. Will man diesen Begriff zur Konzipierung von Rollen eines Handlungszentrums nutzen, dann kann man die Definition von Thompson (1967) heranziehen und die mit einer Domäne verbundene Rolle in bezug auf drei Dimensionen kennzeichnen: Mit einer Domäne sind demgemäß Rollenerwartungen darüber verbunden, welche Aufgabe (Was) in bezug auf welche Zielgruppen bzw. welches Feld (Wer) und auf welche Art und Weise bzw. mit Hilfe welcher Objekte (Wie) erfüllt werden soll (vgl. Thompson 1967: 26).

Die Ausbildung von Rollen läßt sich als Entwicklung von *Eigenerwartungen* interpretieren, die ein fokales Handlungszentrum im Sinne eines "self-senders" (Katz/ Kahn 1966: 17) an sich selbst richtet. In diesem Sinne liegen dann Rollenreflexionen vor, die Selbstbeschreibungen fokaler Handlungszentren darstellen. Davon zu unterscheiden sind jene *Fremderwartungen* (bzw. Fremdbeschreibungen), die von außen an ein Handlungszentrum herangetragen werden. In polyzentrischen Führungsstrukturen liegt der Grund für das Auftauchen solcher Fremderwartungen in der wechselseitigen Verflechtung und Vernetzung zwischen den Handlungszentren. Die Menge all jener Handlungszentren, welche aufgrund solcher Vernetzungen und Verflechtungen Erwartungen in bezug auf Forderungen und Unterstützungen gegenüber einem fokalen Handlungszentrum formulieren, wird als Aktor-Set[46] dieses Handlungszentrums bezeichnet.[47] Das Aktor-Set eines fokalen Handlungszentrums formuliert dann zugleich das *Rollen-Set* (Merton 1967: 260) eines Handlungs-

---

[45] Eine solche Anwendung der Rollentheorie im Sinne einer Rollenbetrachtung von Makroaktoren ist für die Organisationstheorie nicht ungewöhnlich, so z. B. der von Evan (1966) geprägte Begriff des "Organisations-Set" in Anlehnung an den Begriff des Rollen-Set. Die damit verbundene Transferhypothese wird erläutert bei Kirsch/ Schneider (1973: 18).

[46] Damit wird bewußt ein allgemeinerer Begriff als der Begriff des Organisations-Set (vgl. Evan 1966) gewählt.

[47] Aus Sicht einer fokalen Tochter kann sich das Aktor-Set beispielsweise aus den organisationsinternen Aktoren "Zentrale" sowie "Produktdivision" und aus den organisationsexternen Aktoren einer nationalen Regierung, Kunden und Lieferanten zusammensetzen.

zentrums. Ein vollständiges Rollen-Set beinhaltet Fremd- und Eigenerwartungen eines Handlungszentrums. Während der Begriff des Rollen-Set auf die Erwartungen hinsichtlich eines fokalen Handlungszentrums abstellt, bezeichnet der Begriff der *Rollenkonstellation* Erwartungsstrukturen der gesamten polyzentrischen Führungsstruktur. Durch diesen Begriff wird verdeutlicht, daß eine Änderung einzelner Rollenbeziehungen immer auch mit Konsequenzen für das gesamte Rollengefüge verbunden ist.[48]

Mit der Positionierung eines fokalen Handlungszentrums in einer Rollenkonstellation erfolgt schließlich die Ausbildung einer Erwartungsstruktur. Diese Erwartungsstruktur bringt die "Standortbestimmung" eines Handlungszentrums in seinem relevanten Feld gegenüber anderen Handlungszentren zum Ausdruck. Diese wird mit Thompson als *Domänen-Konsens* aufgefaßt.

> "Domain consensus defines a set of expectations both for members of an organization and for others with whom they interact, about what the organization will and will not do. It provides, although imperfectly, an image of the organization's role in a larger system, which in turn serves as a guide for the ordering of action in certain directions and not in others." (Thompson 1967: 29)

Überträgt man diese Sichtweise auf die Erwartungsstruktur in polyzentrischen Führungsstrukturen, dann wird mit diesem Begriff der Verhaltensspielraum umrissen, den einzelne Handlungszentren einnehmen. In polyzentrischen Führungsstrukturen stellt die Etablierung eines Domänen-Konsenses nie eine völlig einseitige bzw. asymmetrische Festlegung dar. An die Stelle einer reinen Rollenzuweisung im Sinne eines *role taking* rückt die Vorstellung einer selbstkonstitutiven Rollengestaltung durch ein *role making*. Damit tritt die Fähigkeit einzelner Handlungszentren zur Rollengestaltung in den Vordergrund. Role making stellt die Interaktion als einen Prozeß dar, in dem die Rollen fokaler Handlungszentren erst in konkreten Interaktionsepisoden erzeugt werden müssen. Ein solches role making beruht nach Krappmann (1978) auf herrschaftsfreien Interaktionsstrukturen. Diese lassen dezentrale Mechanismen einer wechselseitigen Abstimmung wahrscheinlich werden. Der Domänen-Konsens nimmt dann den Charakter eines ausgehandelten Rollenkompromisses im Sinne eines "*working consensus*" an. Damit wird zum Ausdruck gebracht, daß die Erwartungen der beteiligten Handlungszentren nie vollständig erfüllt werden können. Die Rollenbildung eines Handlungszentrums ist als das Ergebnis eines Balanceaktes zwischen Fremd- und Eigenerwartungen zu interpretieren und muß in jeder Interaktion zumindest teilweise neu ausgehandelt werden (vgl. Krappmann 1978: 25ff.).[49]

---

[48] Mit dem Begriff der Rollenkonstellation kann man dann zugleich bestimmte makroskopische Qualitäten polyzentrischer Führungsstrukturen (Bedeutung von Rollenmacht, Stabilität usw.) zum Ausdruck bringen.

[49] Der Prozeß der Rollenbildung kann in Form von *Rollenepisoden* dargestellt werden (vgl. Katz/ Kahn 1966: 182ff.). Zu einer Weiterentwicklung im Sinne eines Kommunikationsmodells des Rollenlernens vgl. Kirsch (1971: 180ff.).

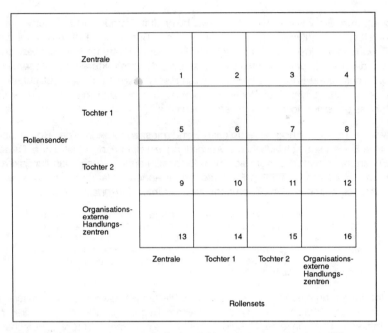

Abb. 2-9: Abgrenzung von Reflexionsfeldern in polyzentrischen Führungsstrukturen

Die Vorstellung einer Rollenkonstellation in polyzentrischen Führungsstrukturen läßt sich verfeinern, wenn man versucht, den Begriff der Rollenreflexion mit Blick auf unterschiedliche Reflexionsfelder anzuwenden.[50] Erste Ansatzpunkte zur Kennzeichnung solcher Reflexionsfelder liegen bereits mit den drei genannten Dimensionen (Aufgaben, Feld, Mittel) zur Charakterisierung einzelner Rollen vor. Abbildung 2-9 stellt eine Differenzierung von Domänen nach dem Feld-Kriterium dar. Mit der Zentrale und zwei Töchtern werden drei organisationsinterne Rollensender unterschieden, die auf ihr jeweiliges organisationsinternes und -externes Feld reflektieren. Zusätzlich sind organisationsexterne Aktoren (z. B. eine Gastlandregierung) als Rollensender eingeführt. Das Rollen-Set einer Einheit ergibt sich durch spaltenweise "Konsolidierung" der Fremd- und Eigenerwartungen einzelner Handlungszentren.

Die Felder 4, 8 und 12 stellen jene Reflexionsfelder dar, in denen einzelne organisatorische Teileinheiten Rollen in bezug auf organisationsexterne Aktoren thematisieren. Beispielsweise könnte die Wettbewerbsstrategie einer Tochtergesellschaft im nationalen Markt Ergebnis einer solchen Reflexion sein. In den Feldern 1, 6, 11 und 16 entlang der Hauptdiagonale thematisieren einzelne Handlungszentren ihre Führungsrolle hinsichtlich der eigenen - über ein fakti-

---

[50] Die folgenden Überlegungen wurden angeregt durch Ringlstetter (1992: 91ff.).

sches Autorisierungsrecht abgegrenzten - Domäne. Im Vordergrund stehen hier also Eigenerwartungen einzelner Handlungszentren. Die übrigen Felder sind Ausdruck von Fremderwartungen zwischen einzelnen Handlungszentren als Ergebnis möglicher Verflechtungen und Vernetzungen. Eine organisationsexterne Verflechtung im Sinne einer "external control" liegt vor in den Feldern 13, 14 und 15. Eine organisationsinterne vertikale Domänenverflechtung entspricht den Feldern 2, 3, 5 und 9. Die Felder 2 und 3 stellen die klassische Sichtweise dar, derzufolge die Tochtergesellschaften der Domäne einer Zentrale zugerechnet werden können. Die Felder 5 und 9 thematisieren demgegenüber die Frage, inwieweit einzelne Töchter Führungsrollen übernehmen, die "normalerweise" einer Zentrale zuzurechnen wären. In den Feldern 7 und 10 sind schließlich Rollenreflexionen verortet, in denen einzelne Töchter Führungsrollen in bezug auf andere Töchter wahrnehmen. [51]

Die klassische Sichtweise monozentrischer Führungsstrukturen entspricht der Annahme, daß die Töchter ihr Rollen-Set im Sinne eines role taking konsolidieren. Fremderwartungen dominieren damit gegenüber Eigenerwartungen. In polyzentrischen Führungsstrukturen wird der "Konsolidierungsprozeß" dagegen durch Aushandlung eines Domänen-Konsenses, also durch Prozesse eines role making geprägt. Dabei ist zu beachten, daß auch ein role making gegenüber organisationsexternen Handlungszentren möglich erscheint.

Die bisherige Sichtweise mag den Eindruck erwecken, als seien polyzentrische Führungsstrukturen in erster Linie durch "anarchische" Zustände gekennzeichnet, in denen zwar von einer Vielzahl möglicher Reflexionsfelder ausgegangen wird, wo aber zugleich der Bezug zur Gesamtorganisation verlorengeht. Wesentlich ist aber, daß eine dezentrale Abstimmung über Erwartungsausbildung und Stabilisierung möglich ist. Der aufgespannte Reflexionsraum wird durch die Ausbildung von Erwartungsstrukturen "organisiert". Über eine solche Ordnung von Erwartungsstrukturen hinaus weist aber noch eine zweite Überlegung auf die Möglichkeit einer Beschränkung des Reflexionsraumes hin. Hierfür ist im Anschluß an Teubner/ Willke (1984) eine weitere Unterscheidung zwischen "subsystemischen" und "gesamtsystemischen" Reflexionsfeldern sinnvoll.

---

[51] Prinzipiell kann man diese Darstellung im Sinne eines Ordnungsrasters zur Analyse von Führungsstrukturen nutzen. Begreift man etwa Konflikte zwischen Handlungszentren als Ausdruck von Reflexionen über Führungsrollen, so können in einem Unternehmen solche Konflikte über Interviews erhoben und den einzelnen Reflexionsfeldern zugeordnet werden. Konflikte über die Verteilung einer Kostenumlage der Zentrale sind den Feldern 5 und 6 zuzuordnen, in denen eine Zentrale die Entstehung von Overheadkosten rechtfertigen muß. Eine solche Rechtfertigung kann als spezifischer Prozeß der Rollenreflexion identifiziert werden. In ähnlicher Weise sind Transferpreiskonflikte zwischen einzelnen Töchtern den Feldern 7 und 11 zuzuordnen. Damit können sich also spezifische Konfliktmuster ergeben, die es gestatten, die Führungsstruktur einer einzelnen Organisation zu kennzeichnen.

Bei einer *subsystemischen Reflexion* steht die Thematisierung der eigenen Rolle in Auseinandersetzung mit dem jeweiligen Aktor-Set bzw. Umfeld eines fokalen Handlungszentrums im Vordergrund. Rollenreflexionen eines Handlungszentrums orientieren sich hier in erster Linie an der Teileinheit selbst. Genau dieses Merkmal von Reflexionsfeldern trifft für alle oben genannten Rollen zu.[52] Demgegenüber betont eine *gesamtsystemische Reflexion* die Fähigkeit eines fokalen Handlungszentrums, sich selbst als adäquate Umwelt anderer Handlungszentren begreifen zu lernen und die daraus folgenden Einschränkungen und Abstimmungsnotwendigkeiten in die eigene Rollenerwartung mit aufzunehmen. Ein Beispiel stellt die Konzertierte Aktion (KA) dar, bei der sich die Tarifparteien Zwängen ausgesetzt sehen, die ihren traditionellen Rollen widersprechen. Eine einfache Gegnerschaft ist nicht mehr möglich, weil sich die Kosten der Tarifautonomie nicht mehr externalisieren lassen. Traditionelle Konfliktlösungen wie Aufteilung des Produktivitätszuwachses, Streik oder Aussperrung ergeben keine optimale Lösung für das Gesamtsystem (vgl. Willke 1991: 77).

Die Reflexion einzelner Handlungszentren in bezug auf die "Identität des Ganzen" kann also unter bestimmten Voraussetzungen dazu führen, daß einzelne Handlungszentren ihre bisherige Rolle überarbeiten.[53] Solche Voraussetzungen kann man z. B. mit dem Begriff des organizational slack verbinden. Sofern eine Organisation sich in Feldern bewegt, die die Generierung eines ausreichenden organizational slack etwa in Form von Cash-flow gestattet, können einzelne Handlungszentren die Kosten einer Durchsetzung von Eigenerwartungen externalisieren. In rezessiven Situationen mit geringem organizational slack scheint demgegenüber die Notwendigkeit besonders groß, daß alle Handlungszentren "an einem Strang ziehen", um nicht das Gesamtsystem und damit auch das Überleben des eigenen Subsystems zu gefährden.

Das vorgestellte Rollenkonzept polyzentrischer Führungsstrukturen verdeutlicht, daß Prozesse der dezentralen wechselseitigen Abstimmung nicht nur durch manipulative Beeinflussungsformen, sondern auch durch die Ausbildung von Erwartungsstrukturen im Sinne eines Domänen-Konsenses zwischen Handlungszentren aufzufassen sind. Durch Aufspannen eines Reflexionsraums können verschiedene Felder der Aushandlung und Konsolidierung von Rollen in polyzentrischen Führungsstrukturen unterschieden und über Prozesse der Erwartungsbildung und Stabilisierung "organisiert" werden. Diese Überlegungen werden nun anhand ausgewählter Beiträge zu den Rollen fokaler Handlungszentren konkretisiert. Zunächst zur Rolle der Zentrale:

---

52 Die "Zentrale" kann nur bedingt als jenes Handlungszentrum aufgefaßt werden, das die gesamtsystemische Reflexion trägt.
53 Dies mag sogar zu einer Gefährdung des faktischen Autorisierungsrechtes einzelner Handlungszentren in bezug auf ihre eigene Domäne führen. So sahen sich beispielsweise Gewerkschaften während der Laufzeit der Konzertierten Aktion häufig interner Kritik seitens der Gewerkschaftsbasis ausgesetzt (vgl. Willke 1991: 79).

Zur Rolle der Zentrale in polyzentrischen Führungsstrukturen

In polyzentrischen Führungsstrukturen steht zunächst die Rolle der Zentrale im Vordergrund. Die Aufgaben dieses Handlungszentrums lassen sich auf verschiedene Weise präzisieren.[54] Gemäß Goold/ Campbell (1990) stellt die Zentrale eine intermediäre Instanz zwischen dem Markt für Verfügungsrechte und den einzelnen Geschäftseinheiten dar:[55]

> "The centre's role as intermediary between the businesses and the financial market is defined as:
> * Planning and allocating resources, i.e.
> - setting policy, as a framework for guiding coordination and operating decisions;
> - appraising plans;
> - appraising resource requests.
> * Controlling and auditing performance.
> * Providing some central services." (Goold/ Campbell 1990: 21)

Solche Aufgaben der Zentrale werden in unterschiedlicher Weise wahrgenommen.[56] Im Zuge einer solchen Rollendifferenzierung können Führungsrollen zunehmend auf einzelne Teileinheiten übergehen. Diese Aufteilung von Führungsrollen wird bei Goold/ Campbell verdeutlicht. Die Rolle der Zentrale wird hier nach dem Einfluß der Zentrale bei der Wahrnehmung der aus ihrer Intermediärfunktion resultierenden Aufgaben differenziert. Nach Planungseinfluß und Kontrolleinfluß der Zentrale grenzen sie verschiedene Managementstile (management styles) bzw. Rollenverständnisse einer Zentrale ab, die sich auf die drei Grundtypen (strategic planning, strategic control und financial control) zurückführen lassen. Der *Planungseinfluß* (Aufgabe: "planning and allocating resources") bezeichnet das Ausmaß, mit dem die Zentrale oder die Divisionen an der Strategieentwicklung und Entscheidungsfindung beteiligt sind. Die Verantwortung für die Strategieentwicklung geht in der genannten

---

[54] Ringlstetter (1993 i. V.) stellt die Aufgabe der Entwicklung von Mobilisierungs- und Synergiepotentialen in den Vordergrund. Chandler (1991) stellt demgegenüber die Aufgaben der Schaffung von Unternehmenswert und der Verlustvorsorge heraus. Eine sehr differenzierte Analyse liefert Ansoff (1984: 204ff.).

[55] Die Untersuchung von Goold/ Campbell (1990) zur Rolle der Zentrale in diversifizierten britischen Unternehmen kann als Meilenstein in dieser Frage betrachtet werden. Die Aufgaben der Zentrale müssen im internationalen Zusammenhang jedoch erweitert werden. So tritt beispielsweise die Aufgabe hinzu, eine Vermittlungsfunktion zu nationalen und internationalen Interessengruppen wahrzunehmen (vgl. Chandler 1991: 34).

[56] Überlegungen zur Differenzierung verschiedener Konzerntypen verdeutlichen dies. So unterscheidet Ringlstetter (1992: 8) zwischen *Holdingkonzern* und *Stammhauskonzern* (vgl. auch Bleicher 1979: 245f.). Im ersten Fall nimmt eine Zentrale "reine" Führungsaufgaben im Sinne eines "headquarters of headquarters" (Chandler 1991: 41) wahr. Im zweiten Fall ist die Zentrale auch direkt für operative Divisionen zuständig. Folgt man Bühner (1991: 141ff.), so läßt sich der Holdingkonzern in reine Finanzholding und Managementholding differenzieren.

Reihenfolge stufenweise von der Zentrale auf Divisionen über.[57] Der *Kontrolleinfluß* (Aufgabe: "controlling and auditing performance") wird nach den jeweils verfolgten Zielen (finanziell/ quantitativ versus strategisch/ qualitativ) und nach der Art der Durchsetzung (straff versus flexibel) differenziert. Dieser Kontrolleinfluß wechselt in der genannten Reihenfolge von einem flexibel/ strategischen zu einem straffen/ finanzorientierten Kontrolleinfluß. Spiegelbildlich zu dieser schrittweisen Abgabe von Führungsaufgaben der Zentrale werden wesentliche Funktionen auf einzelne Divisionen übertragen.

Es ist bezeichnend, daß die genannten Managementstile überwiegend auf den Einfluß einer Zentrale zurückgeführt werden, in der die Vorstellung eines role taking durch die divisionalen Einheiten dominiert. Da Goold/ Campbell überwiegend deskriptiv vorgehen, bleibt eine befriedigende Erklärung unterschiedlicher Managementstile jedoch aus.[58] Statt dessen wird der Eindruck erweckt, als könne eine Zentrale - unter Beachtung verschiedener Spezifika der Branche - zwischen den genannten Managementstilen wählen (vgl. Goold/ Campbell 1990: 220ff.). In der hier vertretenen Sichtweise bietet sich demgegenüber die Annahme an, daß die beobachteten Managementstile auch Ausdruck eines role making von Divisionen darstellen. Insbesondere der Unternehmenstyp des financial control entspricht dieser Sichtweise.[59] Hier wird dann auch die Annahme problematisch, daß die Zentrale selbst im Sinne einer einheitlichen Handlungsstruktur aufzufassen ist. Die Division-Manager sind statt dessen als Bestandteil der Zentrale aufzufassen. Solche ".. group managers play a linking and surveillance role between the units and the centre ..." (Goold/ Campbell 1990: 115). Damit stellt sich die Frage, welche Führungsrollen einzelne Teileinheiten wahrnehmen können. Deshalb wenden sich die Überlegungen nun jenen Ansätzen zu, die sich explizit mit der Diskussion der Rollen von Tochtergesellschaften in internationalen Unternehmen beschäftigen.

Rollen ausländischer Tochtergesellschaften

Abbildung 2-10 gibt einen Überblick zu empirischen Arbeiten über die Differenzierung verschiedener Tochterrollen im internationalen Unternehmen.

---

[57] In ähnlicher Weise unterscheidet Ansoff zwischen strategic, operating und financial oder conglomerate role einer Zentrale (vgl. Ansoff 1984: 97).
[58] Allerdings werden bestimmte Ausprägungen von Planungs- und Kontrolleinfluß durch verschiedene Faktoren erläutert (vgl. Goold/ Campbell 1990: 37ff.).
[59] In der Sekundäranalyse der Unternehmensdaten fallen allerdings zwei Trends auf: Einerseits weisen Financial-Control-Unternehmen durchschnittlich die höchste Anzahl von Divisionen auf. Die Möglichkeiten einer Zentrale zur Durchsetzung eines Führungsanspruchs sind in solchen Unternehmen daher begrenzt. Anderseits zeichnet sich dieser Unternehmenstyp im Gegensatz zu den beiden "strategic styles" durch eine Tendenz zu unverbundener Diversifikation mit einer Dominanz externer Wachstumsrichtung (also Zukauf statt internes Wachstum) aus. Damit nimmt die Vielfalt branchenspezifischer Lebens- und Sprachformen innerhalb der Unternehmung zu. Beide Tendenzen entsprechen weitgehend der Vorstellung polyzentrischer Unternehmen (vgl. auch Chandler 1991).

Autoren	Dimensionen	Rollen
Leksell (1981a) (großzahlig)	Aktoren - Gastland - Tochter	* externe Rolle * interne Rollen - Steuerung der Tochter - Koord. zur Gesamtunternehmung * formaljuristische Rolle
Ghoshal (1986) (Fallstudien)	A: Bedeutung des Marktes (1: hoch / 2: gering) B: Ressourcen der Tochter (1: hoch / 2: gering)	* Innovator (A1/ B1) * Contributor (Mischform) * Implementer (A2/ B2)
Bartlett/ Ghoshal (1989) (Fallstudien)	A: Bedeutung des Marktes (1: hoch / 2: gering) B: Ressourcen der Tochter (1: hoch / 2: gering)	* Strategic Leader (A1/ B1) * Black Hole (A1/ B2) * Contributor (A2/ B1) * Implementer (A2/ B2)
Jarillo/ Martinez (1991) (großzahlig)	A: Integr. ins Gesamtunternehmen (1: hoch / 2: gering) B: Ausmaß lokaler Responsiveness (1: hoch / 2: gering)	* Active Subsidiary (A1/ B1) * Receptive Subsidiary (A1/ B2) * Autonomous Subsidiary (A2/ B1)
White/ Poynter (1984) (großzahlig)	A: betreutes Produktspektrum (1: offen / 2: begrenzt) B: betreutes Marktspektrum (1: lokal / 2: global) C: Wertschöpfungsumfang (1: eng / 2: breit)	* Produktspezialist (A2/ B2/ C2) * Strat. Independent (A1/ B2/ C2) * Miniatur Replica (A1,2/ B1/ C2) * Rationalized Producer (C1/ B2) * Marketing Satellite (C1/ B1)
Ghoshal/Nohria (1989) (großzahlig)	A: Umweltkomplexität (1: hoch / 2: gering) B: Ressourcen der Tochter (1: hoch / 2: gering)	* Integrative (A1/ B1) * Clan (A1/ B2) * Federative (A2/ B1) * Hierarchy (A2/ B2)

Abb. 2-10: Empirische Untersuchungen zur Beschreibung der Rolle von Tochtergesellschaften im internationalen Unternehmen

Die aufgeführten Ansätze stellen unterschiedliche Dimensionen des Rollenspektrums einer fokalen Tochter heraus, die dann zum Ausgangspunkt der Rollendifferenzierung genommen werden.[60] Eine Gesamtschau der verschiedenen Ansätze führt zu folgenden allgemeinen Überlegungen.[61]

Eine erste Gruppe von Arbeiten zeigt, daß die Art und Weise der Wahrnehmung von Führungsaufgaben einer Zentrale gegenüber einzelnen Tochtergesellschaften mit der jeweils dieser Tochter zugeschriebenen Rolle wechselt. Hier dominieren kontingenztheoretische Überlegungen, bei denen die einzelne Mutter-Tochter-Beziehung als Analyseeinheit fungiert. So stellen z. B. Bartlett/ Ghoshal die Fähigkeiten und Ressourcenausstattung einer Teileinheit als situative Faktoren in den Vordergrund:

---

[60] Die Achsenbezeichnungen verdeutlichen, daß hier in der einen oder anderen Weise immer auf die Domänen-Dimensionen "Feld", "Aufgabe" und "Mittel" zurückgegriffen wird.

[61] Die Praxisrelevanz solcher Rollenkonzepte wird durch Beispiele belegt, die mehr oder weniger engen Bezug zu der Idee verschiedener Tochterrollen aufweisen. Das am häufigsten bemühte Beispiel stellen die bei Procter & Gamble eingeführten Euro-Brand-Teams dar. Weitere Begriffe sind Führungsmärkte, Schlüsseltöchter, Globalisierungsmandate und Leistungszentren (vgl. z. B. Bartlett/ Ghoshal 1987: 54f.)

"[T]he headquarters hierarchy appears unjustified when the resources and capabilities of subsidiaries vary widely, and often independently of challenges and complexities of their local environments. [... This; Anm. d. Verf.] has led some companies to experiment with a new organizational form in which the role of the national subsidiaries are differentiated and responsibilities for global tasks are dispersed." (Bartlett/ Ghoshal 1989: 104)

Das gemeinsame Merkmal dieser Ansätze liegt darin, daß der Begriff der Rolle von Tochtergesellschaften mit der Notwendigkeit einer differenzierten Steuerung von Töchtern durch die Zentrale in Verbindung gebracht wird. Damit wird aber die Vorstellung einer monozentrischen Führungsstruktur im Sinne eines role taking der Töchter nicht aufgegeben.

Eine zweite Gruppe von Arbeiten stellt demgegenüber stärker solche Überlegungen heraus, in denen Teileinheiten auch Aufgaben in den Führungsstrukturen der Gesamtorganisation übernehmen. So weist Leksell (1981a) mit Blick auf das organisationsinterne und -externe Feld einer Tochtergesellschaft drei Rollen ihrer Führungsstruktur nach. Neben einer rein formaljuristischen Rolle kann die Führung einer Tochter im Interessenausgleich gegenüber nationalen Akteuren eine externe Rolle übernehmen. Die interne Rolle bezieht sich dagegen (1) auf die Steuerung der eigenen Domäne und (2) die Koordination zum Gesamtunternehmen (Leksell 1981a: 147ff.). Diese zweite interne Führungsrolle sowie die externe Rolle entsprechen der Übernahme von Führungsrollen in polyzentrischen Führungsstrukturen. Die relative Machtverteilung zwischen einzelnen Tochtergesellschaften kann dabei in Abhängigkeit von verschiedenen Machtgrundlagen[62] unterschiedlich ausfallen:

"Authority as defined by the formal organization structure, and hierarchy is one obvious source of power. However power can also be based on specific competence and abilities to make distinct contributions to the organization, as well as on persuasion and manipulation. (...) Larger and strategically more important subsidiaries are generally more influential within their firms. Similarly, subsidiary presidents with a proven record of high performance tend to be influential in all firms." (Leksell 1981a: 227f.)

Extrapoliert man diesen empirischen Befund im Sinne einer bewußten Reflexion von Führungsrollen, so kann man die Wahrnehmung von Führungsaufgaben auch mit der Rolle in Zusammenhang bringen, die eine Tochtergesellschaft etwa in bezug auf eine Unternehmensstrategie entwickelt. Damit wird die Bedeutung von Eigenerwartungen bei der Genese von Führungsrollen einzelner Tochtergesellschaften deutlich. Die entsprechenden Ansätze verorten eine Tochtergesellschaft i.d.R. in einem Feld, das auf der einen Seite durch Beziehungen zum Gesamtunternehmen (Integration) und auf der anderen Seite durch Beziehungen zur lokalen Umwelt (lokale Responsiveness) dimen-

---

[62] French/ Raven (1960) nennen Macht durch Belohnung (reward power), durch Bestrafung (coercive power), durch Legitimation (legitimate power), durch Identifikation (referent power) und durch Sachkenntnis (expert power). Für einen Überblick zu weiteren Machtkonstellationen vgl. Sandner (1990: 16f.).

sioniert wird. Bei der Beschreibung des Rollenverständnisses einer Tochter wird der Begriff "Rolle der Tochtergesellschaft" und "Strategie der Tochtergesellschaft" synonym verwendet. Der Fokus richtet sich "... on the strategy that subsidiaries are following or, rather, the role of each subsidiary within the firm's overall strategy ..." (Jarillo/ Martinez 1991: 433).

Insbesondere der Ansatz von White/ Poynter zeigt die Ambivalenz dieser Sichtweise auf. Einerseits werden zwar Strategien einzelner Tochtergesellschaften in bezug auf den Umfang der betreuten Produkte und Zielmärkte sowie auf den Wertschöpfungsumfang dargestellt. Andererseits wird aber bewußt offengelassen, inwieweit die vor diesem Hintergrund unterschiedenen Strategietypen in den größeren Zusammenhang einer Strategie der Gesamtunternehmung (corporate strategy) eingebettet sind. Vielmehr wird betont, daß eine Tochtergesellschaft durchaus eigenständige strategische Überlegungen im Sinne eines role making entwickeln kann (vgl. White/ Poynter 1984: 64f.). So kann sich beispielsweise die Rolle der "Miniatur-Replica", bei der eine Tochter lediglich einen lokalen Markt mit breiten Wertschöpfungsaktivitäten bedient, durch Erweiterung des Marktspektrums zu überregionalen Märkten und durch Eingrenzung der Wertschöpfungstiefe auf eine reine Fertigungsfunktion zum "rationalized manufacturer" entwickeln. Hier mag dann auch von Bedeutung sein, inwieweit eine Tochtergesellschaft eine geringere Anbindung an das Gesamtunternehmen (verringerte Integration) und zugleich eine stärkere Ausrichtung gegenüber organisationsexternen Aktoren (stärkere Responsiveness) anstrebt. Im Ansatz von Jarillo/ Martinez (1991) entspricht diese Entwicklungsrichtung einem Übergang von der "receptive" zur "autonomous subsidiary".

Es wird damit deutlich, daß die Ansätze zur Charakterisierung der strategischen Rolle von Tochtergesellschaften zwangsläufig auch die Möglichkeit zur Entwicklung von "Eigensinn" einzelner Handlungszentren eröffnen. Privilegierte Beziehungen zum organisationsexternen Feld können als Hebel zur Durchsetzung solcher Eigenerwartungen genutzt werden.

> "Country managers may use their privileged relationships with the local subsidiary environment to limit the influence headquarters, or other affiliates, may exert on their operations. Since the relationship is not transparent, such opportunities to leverage external relationships internally lead managers to 'seek out' their environment in ways that increase their own influence in the organization." (Doz/ Prahalad 1991: 153)

Durch geschicktes Manövrieren in polyzentrischen Führungsstrukturen mag es einer Tochtergesellschaft dann sogar gelingen, sich völlig vom Einfluß einer Zentrale zu lösen. Schließlich kann man die Genese von Tochterrollen betrachten. Einen wesentlichen Faktor stellt die Möglichkeit zur Entwicklung eigenständiger Lebens- und Sprachformen dar. Hier entwickelt beispielsweise Sargeant (1990) die Vorstellung vom Lebenszyklus einzelner Auslandseinheiten, in deren Verlauf eine fokale Tochter eine spezifische Identität ausbildet.

Mit wachsender Größe und zunehmendem Alter durchschreitet eine Tochter eine Stufenabfolge, in deren Verlauf sie sich vom "Kind" zum "Erwachsenen" entwickelt und verschiedene "mentalities" ausbildet. Große und fest etablierte Tochtergesellschaften besitzen dann eine eigenständige Identität (self-contained business mentality): In dieser Phase entwickelt eine Tochtergesellschaft umfassende Eigenerwartungen und bildet eine "... distinct subsidiary culture ..." (Sargeant1990: 48) aus. Im Lichte der in Kapitel 2.2.1 erläuterten Diskussion der organisatorischen Lebenswelt weisen diese Überlegungen auch auf die Ausbildung tochterspezifischer Lebens- und Sprachformen hin.

Es wurde eine Fülle von Ansätzen entwickelt, die sich explizit mit der Rolle fokaler Handlungszentren im internationalen Unternehmen auseinandersetzen. Die Vorstellung einer stereotypen Rollenverteilung zwischen Zentrale und Tochtergesellschaften im Sinne eines reinen role taking wird damit problematisch. Rollentheoretische Konzepte zur Kennzeichnung polyzentrischer Führungsstrukturen können wertvolle Orientierungshypothesen über Prozesse der dezentralen Abstimmung in polyzentrischen Führungsstrukturen jenseits rein manipulativer Abstimmungsformen bereitstellen. Mit den Überlegungen von Sargeant zur Entwicklung einer eigenständigen Identität von Tochtergesellschaften wurde bereits auf die Relevanz einer binnenperspektivischen Betrachtung der Lebens- und Sprachformen im internationalen Unternehmen verwiesen. Dieser Aspekt wird im folgenden Abschnitt behandelt.

2.4.4 Polyzentrismus und die nationale Prägung der organisatorischen Lebenswelt

Das organisatorische Feld internationaler Unternehmen ist durch eine Vielzahl nationaler Lebens- und Sprachformen gekennzeichnet. Bisher blieb offen, welcher Zusammenhang zwischen feldspezifischen und organisatorischen Lebens- und Sprachformen besteht. Diese Frage steht im Mittelpunkt dieses Abschnitts.

Im Anschluß an Heenan/ Perlmutter (1979) sind hier zwei Extremkonzeptionen vorstellbar. Auf der einen Seite kann eine internationale Unternehmung als offene Arena verschiedener nationaler Lebens- und Sprachformen gesehen werden. Organisationen entsprechen dann einem "UNO-Modell", in dem nationale Einflüsse die organisatorische Lebenswelt vollständig überformen. Eine solche Lebenswelt wird im folgenden als *polyzentrisch* bezeichnet.[63] Auf der anderen Seite steht die Vorstellung einer monolithischen organisatorischen Lebenswelt, die sich vom nationalen Umfeld weitgehend entkoppelt. Organisationen funktionieren dann nach dem Modell eines "Schmelztiegels", in dem nationale Unterschiede unter dem Dach einer

---

[63] Ähnlich Schreyögg (1991: 29), der den Begriff der polyzentrischen Unternehmenskultur verwendet.

Lebenswelt mit totalitären Zügen aufgehen. Eine organisatorische Lebenswelt, die diesem Modell genügt, wird als *globale* Lebenswelt bezeichnet.[64]

Polyzentrische und globale Lebenswelten stellen in Reinform Extrempunkte eines Kontinuums dar. Einer rein polyzentrischen Lebenswelt können im internationalen Unternehmen jedoch Sozialisierungs-, Rekrutierungs- und Entsendungspraktiken entgegenwirken, die z. B. auf die Entwicklung eines "Global-Managers" oder "Euro-Managers" (vgl. Engelhard/ Wonigeit 1991) ausgerichtet sind. Auf der anderen Seite weist das Modell der globalen Lebenswelt totalitäre Züge auf, was nur in bestimmten Grenzfällen sinnvoll erscheint (vgl. Kirsch 1992a: 254). Organisatorische Lebenswelten sind wohl immer auf eine Einbindung in die Lebens- und Sprachformen ihres Feldes angewiesen.[65] Die Vorstellung einer völlig einheitlichen globalen Lebenswelt erscheint also unrealistisch. Deshalb wird davon ausgegangen, daß organisatorische Lebenswelten immer durch eine Vielzahl von Lebens- und Sprachformen ausgezeichnet sind, deren Uneinheitlichkeit graduell aufzufassen ist. In polyzentrischen Lebenswelten sind die organisatorischen Lebens- und Sprachformen in einem starken Sinne uneinheitlich bzw. "heterogen", während sie in globalen Lebenswelten lediglich in einem schwachen Sinne uneinheitlich bzw. "inhomogen" sind.

Die damit angesprochenen Einflußbeziehungen können genauer analysiert werden, wenn man die feldspezifischen Lebens- und Sprachformen einer Organisation in differenzierter Weise betrachtet. In großen diversifizierten internationalen Unternehmen sind dabei (1) nationale und - damit zusammenhängend - (2) branchenspezifische Lebens- und Sprachformen zu untersuchen. Damit in engem Zusammenhang steht die Ausbildung "globaler" Lebens- und Sprachformen (3).

(1) Nationale Lebens- und Sprachformen können in dreierlei Weise charakterisiert werden: Zunächst ist von typischen Merkmalen nationenspezifischer *originärer* Lebens- und Sprachformen auszugehen. So zeigen beispielsweise Kluckhohn/ Strodtbeck (1961), daß Mitglieder verschiedener Nationen sich grundsätzlich in bezug auf solche Wertdimensionen wie Einstellung zum Individuum ("gut" versus "böse"), zu sozialen Beziehungen (Individualisierung, la-

---

[64] Mit der Konzeption von Heenan/ Perlmutter (1979) können eine ethnozentrische und eine geozentrische Variante der "globalen Lebenswelt" unterschieden werden. In der geozentrischen Variante dominiert die Idee eines "melting pot" bzw. Schmelztiegels, in der sich eine Organisation vollständig von nationalen Lebens- und Sprachformen abkoppelt. In der ethnozentrischen Variante werden dagegen die nationalen Lebens- und Sprachformen des Stammlandes weltweit "durchgesetzt".

[65] So stellt Hinder (1986: 362) die These auf, daß organisationsspezifische Lebens- und Sprachformen "... immer noch auf eine komplementäre Alimentierung durch eine originäre Lebenswelt angewiesen sind, die in die alltäglichen Lebensformen der privaten Lebenswelt eingebettet ist."

terale oder hierarchische Gruppenbildung) oder hinsichtlich der Aktivitätsorientierung ("Aktives Handeln", "Steuern", "Sein") unterscheiden.[66]

Weiter können sich aber auch nationenspezifische *derivative* Lebens- und Sprachformen entwickeln. So weist beispielsweise Kogut (1988b) auf spezifische Spielregeln des Wettbewerbs in nationalen Oligopolen hin. Und in gleicher Weise können die spezifischen Reziprozitätsnormen zwischen japanischen Unternehmen interpretiert werden, die sich zu sogenannten *keiretsu* zusammenschließen.[67]

Schließlich können nationale Unterschiede sich auch im Hinblick auf unterschiedliche *Grade der Ausdifferenzierung* zwischen originären und derivativen Lebens- und Sprachformen ergeben. Begreift man den gesellschaftlichen Evolutionsprozeß mit Weber als eine "Rationalisierung der Moderne", so mag diese Rationalisierung in verschiedenen Nationen unterschiedlich weit fortgeschritten sein (vgl. Ward 1981: 67ff.). Solche Unterschiede ergeben sich nicht unbedingt ausschließlich zwischen Ländern der Dritten Welt und hochentwikkelten Industrienationen. In ähnlicher Weise läßt sich auch die Entstehung des britischen Familienkapitalismus interpretieren.[68]

> "British industrialists wanted to manage their own enterprises rather than turn over operating control to nonfamily, salaried managers. (... Thus; Anm. d. Verf.) hierarchies remained small and controllable. Sons, grandsons, and grandsons-in-law continued to move into the top offices. Britain continued until World War II to be the bastion of family capitalism." (Chandler 1986: 427f.)

Auch wenn die Entkoppelung originärer (hier in Form der Institution "Familie") und derivativer Lebens- und Sprachformen in Industrienationen relativ weit fortgeschritten sein mag, ist der Einfluß solcher Größen nach wie vor von Bedeutung.

---

[66] In diesem Zusammenhang sind auch die von Habermas (1981a: 293) genannten Grundhaltungen gegenüber der Welt (Weltbeherrschung, Weltflucht, Weltanpassung und Welt-Anschauung), die von Galtung (1982) differenzierten nationalen Denkstile und die von Hofstede (1980) empirisch untersuchten Dimensionen Machtdistanz, Individualismus, Maskulinität und Unsicherheitsvermeidung zu nennen.

[67] Eine keiretsu besteht aus rund 20 großen Unternehmen aus unterschiedlichen Branchen, wobei keine gemeinsame Holding oder ein gemeinsamer Rechtsmantel besteht. Dieses System wird zum Teil durch gegenseitige Verpflichtung zusammengehalten. Jedes Mitglied besitzt Kapitalanteile an den anderen Unternehmen in einer Art Treuhandverhältnis. Wenn die gegenseitige Verpflichtung bedroht ist, wird ein Verkauf gegenüber Dritten durch das wechselseitige "Geiselkapital" verhindert. Außerdem springt eine keiretsu in Notlagesituationen einzelner Unternehmen für Mitglieder ein, wie etwa 1974 die Sumitomo-Gruppe für Mazda während der Ölkrise von 1973 (vgl. Womack et al. (1991: 202ff.).

[68] Ebenso interpretiert Franko (1976: 187) die für europäische Unternehmen typische Struktur der Mutter-Tochter-Beziehung durch eine hohe Bedeutung familiärer Lebens- und Sprachformen.

(2) Eine weitere Form feldspezifischer Lebens- und Sprachformen kann sich aus Branchenspezifika ergeben.[69] Begreift man Branchen[70] in Anlehnung an Porter (1990b: 26) als eine Menge von (z. B. in Branchenstrukturanalysen relevanten) Aktoren, so sind hier gegenwärtige und potentielle Wettbewerber, Lieferanten und Abnehmer zu berücksichtigen. Auch hier ist dann zwischen branchenspezifischen originären und derivativen Lebens- und Sprachformen sowie dem Grad ihrer Entkopplung zu differenzieren. So mag die Verlagsbranche durch ihre "nicht organisationalen" Endabnehmer in höherem Maße durch originäre Lebens- und Sprachformen geprägt sein, als eine Investitionsgüterindustrie, in der sich auf Unternehmens-, Wettbewerbs- und Abnehmerseite Organisationen gegenüberstehen.

Branchen- und nationenspezifische Lebens- und Sprachformen sind ihrerseits in einem Wechselverhältnis zu sehen. Dies verdeutlicht zum einen die bereits erwähnte These von Porter, derzufolge bestimmte Branchen ein ideales nationales Umfeld (home base) aufweisen, das im weltweiten Wettbewerb erfolgsbestimmend ist. So wird z. B. die Druckmaschinenbranche weltweit durch deutsche Anbieter dominiert, während in der Keramikfliesenbranche vor allem italienische Unternehmen führend sind (vgl. Porter 1990a: 180ff.; 210ff.). Damit wäre möglicherweise auch von einer Dominanz spezifischer nationaler Lebens- und Sprachformen in bestimmten Branchen auszugehen. Ferner ist hier die Frage einer Branchenglobalisierung anzusiedeln. Globale Branchen zeichnen sich durch spezifische Spielregeln des globalen Wettbewerbs aus, bei denen Unternehmen nicht mehr auf der Basis eines länderspezifischen, sondern eines länderübergreifenden Wettbewerbs agieren (vgl. Porter 1986: 18). Hier denke man etwa an die sogenannten Manöver des "cross-subsidizing", bei denen die Wettbewerbsposition eines Unternehmens A in Land 1 durch Preiskämpfe in Land 2 geschwächt wird (vgl. Hamel/ Prahalad 1988).

(3) In diesem Zusammenhang sind schließlich Phänomene einer Ausbildung *globaler* Lebens- und Sprachformen einer "Weltgesellschaft" zu berücksichtigen.[71] Die Relevanz dieser Frage verdeutlicht eine Diskussion, in der sich mit der Globalisierungsthese und der "Home-Base-These" zwei Auffassungen gegenüber stehen. Gemäß der Globalisierungsthese nimmt zukünftig die Be-

---

[69] Vgl. Kirsch (1992a: 254). Beispielsweise weist Türk (1989: 120) auf die zentrale bewußtseins- und mentalitätsprägende Rolle von Branchenkulturen in Berg- und Schiffsbau sowie Hüttenwesen hin. So können z. B. die Arbeiterproteste von 1987 in Rheinhausen auch durch gemeinsame Lebens- und Sprachformen einer Arbeiterkultur geprägt sein.

[70] Die Definition von Branchen ist in der Literatur umstritten (vgl. Roxin 1992: 35ff.). Dem IO-Ansatz verpflichtet ist z. B. das preistheoretische Konzept der Substitutionslücke, bei dem Branchenteilnehmer nach dem Kriterium der relativ höheren Substituierbarkeit von Produkten aus Sicht der Abnehmer definiert werden (vgl. Bain 1968: 124f.). Nach Porter ist die Grenzziehung dagegen eine graduelle und in Abhängigkeit vom Analysezweck zu beurteilende Frage (vgl. Porter 1990b: 60f.).

[71] Die folgenden Überlegungen wurden angeregt durch Kirsch (1993b: 4f.).

deutung nationaler Unterschiede ab, weil nationalstaatliche Wirtschaftsräume zusammenwachsen, was zu einer Konvergenz nationaler Kulturen führt. So zeichnet Ohmae (1987: 51) im Anschluß an Levitt (1983) das Bild einer "interlinked economy", in der nicht mehr Nationen, sondern Unternehmen eine Schlüsselrolle zukommt. Porter (1990a: 736f.) vertritt die gegenteilige Auffassung, derzufolge Nationen für bestimmte Unternehmen ein spezifisches Wettbewerbsumfeld bereitstellen, das als "home-base" einer weltweiten Unternehmenstätigkeit dient.

Diese zum Teil etwas überspitzt geführte Diskussion[72] ordnet sich in den größeren Zusammenhang der sogenannten Konvergenz-/ Divergenz-Debatte hinsichtlich nationaler Lebens- und Sprachformen ein. "[... This] centers on the issue of whether societies are converging in terms of attitudes, beliefs, values, and behaviors because of the industrialization process" (Ricks/ Toyne 1990: 225). Diese Frage wird - wie gezeigt - kontrovers diskutiert, ist möglicherweise aber falsch gestellt. Denn es erscheint denkbar, daß die Entstehung globaler Lebensformen nicht im Sinne einer zunehmenden Konvergenz nationaler "Lebensformen", sondern als Ausdifferenzierung *zusätzlicher* Lebensformen aufgefaßt werden kann. Man denke etwa an eine Führungskraft, die sich einerseits in einer globalen Lebensform bewegt, für die zahlreiche Flugreisen, der Aufenthalt in weltweit identischen VIP-Lounges und Hotelzimmern, eine bestimmte Mietwagenklasse usw. kennzeichnend sind. Diese Lebensform kann dann sogar eine besonders effiziente Abwicklung bestimmter Geschäftsvorfälle ermöglichen. Zugleich mag diese Führungskraft aber Mitglied eines bayerischen Trachtenvereins sein, oder doch bei einem New-York-Aufenthalt das Geschäftsessen in einem original chinesischen Restaurant schätzen. Die mit dieser Sichtweise verbundenen Fragen etwa nach dem Verhältnis zwischen globalen und nationalen Lebens- und Sprachformen sind nach Wissen des Verfassers noch nicht genauer erforscht. Möglicherweise kann dadurch aber die bisweilen überspitzt geführte Konvergenz-/ Divergenz-Debatte in einem neuen Licht gesehen werden.

Um den Einfluß feldspezifischer Lebens- und Sprachformen hinsichtlich Branchen und Nationen im ersten Zugriff zu systematisieren, wird auf den Begriff der Domäne (vgl. Kapitel 2.4.2) zurückgegriffen (vgl. Abbildung 2-11). Einzelne Teileinheiten (z. B. Divisionen) diversifizierter internationaler Unternehmen sind dann in unterschiedlichen *Teil*/domänen tätig, die sich durch feldspezifische Lebens- und Sprachformen von Branchen und/ oder Nationen unterscheiden.

---

[72] Porters Aussage entstand im Anschluß an seine Tätigkeit in der "President's Commission on Industrial Competitiveness" (Porter 1990: XII), einer Gruppe, die die Wettbewerbsfähigkeit der USA untersuchen sollte. Interessant erscheint dann, daß ausgerechnet Kenichi Ohmae - seines Zeichens Chairman von McKinsey in Japan! - der heftigste Verfechter einer "globalen" Logik der heutigen Weltwirtschaft ist (vgl. Ohmae 1987). Sein deutscher Kollege Herbert Henzler (1993) komplettiert die Triade und entwickelt eine regiozentrische - nämlich europäische - Alternative.

Unternehmen weisen jedoch typischerweise eine branchen- und nationenspezifische "Kerndomäne" auf. Dies wird in bezug auf den Brancheneinfluß vereinfacht durch die Unterscheidung zwischen Kern- und Randgeschäft zum Ausdruck gebracht. Das Kerngeschäft stellt in der Regel die traditionelle Wachstumsbasis eines Unternehmens dar. Häufig wird das Top-Management aus diesem Kerngeschäft rekrutiert, so daß dieser Brancheneinfluß auch in der dominierenden Koalition einer Unternehmung zur Geltung kommt. In gleicher Weise kann die nationale home base und/ oder das Stammland die Stellung der "Kernnation" im Gegensatz zur "Randnation" einnehmen. Jene Domäne, in der das Kerngeschäft und das Stammland zusammenfallen, soll als Kerndomäne bezeichnet werden.[73]

Nation \ Branche	Kerngeschäft	Randgeschäft
Stammland	Kerndomäne	branchengeprägte Mischdomäne
Gastland	national geprägt Mischdomäne	Randdomäne

Abb. 2-11: Abgrenzung von Kern- und Randdomäne hinsichtlich nationaler und branchenspezifischer Lebens- und Sprachformen

Will man die lebensweltliche Dimension der Domänen verschiedener Teileinheiten genauer kennzeichnen,[74] so bietet sich der Begriff der *Domänendistanz* an. Das Distanzkonzept gestattet es dann, den Grad der Uneinheitlichkeit von Teildomänen und Kerndomäne durch ein "Distanzmaß" zum Ausdruck zu bringen. Einzelne Teileinheiten können also in bezug auf ihre Domäne den resultierenden Feldern zugeordnet werden, um auf diese Weise die einzelnen Domänen (ordinal) hinsichtlich ihrer Distanz zur Kerndomäne auf einer Drei-Punkte-Skala zu positionieren.[75] Geringe Domänendistanz weisen die Teilein-

---

[73] In einer historischen Perspektive bietet sich auch der Begriff der *Stammdomäne* als traditionelle Kerndomäne einer Unternehmung an.
[74] Bei der Konstituierung solcher Domänen durch ein faktisches Autorisierungsrecht wurde in Kapitel 2.4.2 bereits auf die Bedeutung lebensweltlich verankerter Normen hingewiesen.
[75] Es sei dem Leser überlassen, diese Matrix für ein konkretes Unternehmen (z. B. Daimler) zu konkretisieren. Verfeinerungen bieten sich durch das Konzept der psychischen Distanz (vgl. Müller/ Kögelmayer 1986) an, indem beispielsweise Führungskräfte und Mitarbeiter aufgefordert werden, die Nähe der eigenen Domäne in bezug auf die Gesamtunternehmung einzuschätzen. In bezug

heiten der Kerndomäne auf, hohe Distanz liegt für Teileinheiten der Randdomäne vor, und eine mittlere Distanz ergibt sich für Teileinheiten in Mischdomänen. Letztere sind *entweder* durch branchenspezifische *oder* durch nationenspezifische Lebens- und Sprachformen geprägt.

Ausgehend von diesen Grundüberlegungen kann im folgenden der Einfluß feldspezifischer Lebens- und Sprachformen untersucht werden. Dazu wird zunächst auf die persönlichkeitsprägende Auswirkung von Lebens- und Sprachformen eingegangen. Als Ausdruck einer solchen Persönlichkeitsstruktur läßt sich der von Prahalad/ Bettis geprägte Begriff der dominanten Logik (dominant general management logic) auffassen:

> "A dominant general management logic is defined as the way in which managers conceptualize the business and make critical resource allocation decisions (...) Typically the dominant management logic in a diversified firm tends to be influenced by the largest business or the core business which was the historical basis for the firm's growth. (...)
> It is stored as a shared cognitive map (or set of schemas) among the dominant coalition." (Prahalad/ Bettis 1986: 490f.)

Referenzpunkt der dominanten Logik ist die Prägung von Persönlichkeiten der dominierenden Koalition einer Unternehmung. Im Vordergrund stehen dabei branchenspezifische Lebens- und Sprachformen. Analog läßt sich aber der Beitrag nationenspezifischer Lebens- und Sprachformen konzipieren. Genau diesen Weg wählen Heenan/ Perlmutter (1979) in der oben vorgestellten Typologie internationaler Unternehmungen. An die Stelle der dominierenden Koalition treten hier die Führungskräfte der Stammlandzentrale, die sich durch eine dominante poly-, ethno- oder geozentrische "Länderlogik" auszeichnen.

Die Vielfalt möglicher organisatorischer Lebens- und Sprachformen ist natürlich nicht an die in der dominierenden Koalition repräsentierten Branchen- bzw. Länderlogiken gebunden. Eine dominante Logik kann auch bei Führungskräften der "zweiten Ebene" oder Mitarbeitern vermutet werden. Ausschlaggebend ist die Domänendistanz, welche sich aus branchen- und nationenspezifischen Tätigkeitsfeldern bei allen Mitarbeitern und Führungskräften ergibt. Allerdings wird eine Organisation, die in zahlreichen unterschiedlichen Domänen tätig ist, nicht umhinkommen, auch Vertreter neuer und innovativer Bereiche in die dominierende Koalition aufzunehmen (vgl. Prahalad/ Bettis 1986: 494ff.). Damit kommt es dann aber möglicherweise im "Zentrum der Willensbildung" internationaler Unternehmen zur Ausbildung multipler Managementlogiken. Einzelne Handlungszentren teilen dann nur bedingt *eine* globale dominante Logik.

Weiteren Aufschluß zum Verhältnis zwischen nationenspezifischen und organisatorischen Lebens- und Sprachformen gibt die Diskussion des Zusammen-

---

auf den Brancheneinfluß könnte man an Rumelts (1974) Konzept der "relatedness" der Produktdiversifikation von Unternehmen ansetzen.

hanges zwischen Landeskultur und Unternehmenskultur.[76] Hierzu können die Ergebnisse der empirischen Untersuchungen von Hofstede (1980) und Laurent (1983) angeführt werden. Bei einer Befragung von über 100.000 Mitarbeitern einer Unternehmung konnte Hofstede erhebliche Unterschiede hinsichtlich vier arbeitsbezogener Kulturdimensionen nachweisen. Nationale Kultur erklärte 50 Prozent der Varianz in bezug auf die Dimensionen der individuellen Machtdistanz, der Unsicherheitsvermeidung, Individualität und Maskulinität.[77] Die Bedeutung dieses Faktors war höher als der Einfluß von Alter, ethnischer Zugehörigkeit, Geschlecht oder Ausbildung. Da die Befragten *einer* Organisation angehören, ist davon auszugehen, daß nationale Kulturen in diesem speziellen Fall (IBM) erheblichen Einfluß auf die organisatorische Unternehmenskultur ausüben. Eine zweite in diesem Zusammenhang relevante Untersuchung stammt von Laurent (1983). Das überraschende Ergebnis seiner Studie lautet, daß Unterschiede zwischen nationalen Kulturen verstärkt werden, sofern entsprechende Kulturträger einer gemeinsamen Organisation angehören. Wenn Deutsche oder Schweden für ein internationales Unternehmen tätig werden, dann - so die empirischen Hinweise - gewinnt das "Deutsch-" oder "Schwedisch-Sein" an Prägnanz. "Far from reducing national differences, organizational culture maintains and enhances them ..." (Adler 1991: 58f.). Eine Erklärung solcher Differenzierungserscheinungen steht bislang aus. Es liegt aber die Vermutung nahe, daß der Versuch, eine bestimmte Unternehmenskultur durchzusetzen, gerade den entgegengesetzten Effekt ausübt und bei den Organisationsmitgliedern zu einer stärkeren Rückbesinnung auf nationale Identitätsmuster führt.

Die Ergebnisse empirischer Untersuchungen zeigen, daß der Zusammenhang zwischen feldspezifischen und organisatorischen Lebens- und Sprachformen keineswegs geklärt ist. Im Gesamtbild ergeben sich jedoch einige Hinweise, daß in internationalen Unternehmen sowohl branchenspezifische als auch nationale Lebens- und Sprachformen des Feldes auf organisatorische Lebens- und Sprachformen durchschlagen können. Die Annahme einer einheitlichen organisatorischen Lebenswelt wird damit obsolet. Statt dessen sind zwischen einer globalen und einer polyzentrischen organisatorischen Lebenswelt eine Fülle unterschiedlicher Ausprägungen denkbar. In diversifizierten und international tätigen Unternehmen liegen aber tendenziell die Voraussetzungen für eine polyzentrische Lebenswelt vor.

Die Diskussion ist damit an einem Punkt angelangt, an dem erste Konsequenzen der nationalen Dimension organisatorischer Lebenswelten aufzuzeigen sind. Die Ausführungen beschränken sich dabei auf die Bedeutung der Legi-

---

[76] Vgl. z. B. Schreyögg (1991), Kiechl (1990).
[77] Die Dimensionen lauten im einzelnen: *Individualismus vs. Kollektivismus* (Gemeinschaftssinn), *Machtdistanz* (Einstellung zu sozialen Unterschieden und zur Hierachie in der Gesellschaft), *Vermeidung von Ungewißheit* (Einstellung zur Zeit), *Maskulinität vs. Feminität* (Einstellung zur Leistung u. a.) (vgl. Hofstede 1980).

timation von Führungsstrukturen. Damit wird - ergänzend zu den oben bereits eingeführten strukturellen Randbedingungen realer Führungsstrukturen - eine "lebensweltliche Randbedingung" aufgegriffen. In bezug auf polyzentrische Lebenswelten wird hier die Frage aufgeworfen, inwieweit es einer Führung in internationalen Unternehmen gelingt, eine ausreichende Legitimationsbasis zu mobilisieren.

In Anlehnung an Kirsch kann Legitimierung als eine Relation zwischen realen Führungsstrukturen und einem rechtfertigenden Modell dieser Führungsstruktur aufgefaßt werden.[78] Ein rechtfertigendes Modell wird einerseits (1) durch Beziehungen zu real existierenden Führungsstrukturen beeinflußt. Beispielsweise kann die Bedürfnisbefriedigung der Geführten durch existierende Führungsstrukturen einen Legitimitätskredit aufbauen. Ferner wird ein rechtfertigendes Modell (2) durch solche Komponenten beeinflußt, die von realen Führungsstrukturen weitgehend unabhängig sind. Dazu gehören *traditionelle Führungsstrukturen*, Ideen und Philosophien im Sinne einer *Rationalität* des rechtfertigenden Modells und sogenannte *Metaführungsstrukturen* in Form staatlicher Rechtsinstitutionen wie z. B. ein spezifisches Unternehmensverfassungsgesetz. Die folgenden Überlegungen zielen darauf ab, daß diese zweite Gruppe von Komponenten in polyzentrischen Lebenswelten keine homogene, sondern eine heterogene Legitimationsbasis konstituieren. Mit der Heterogenität der organisatorischen Lebenswelt wird zugleich eine heterogene Legitimationsbasis wahrscheinlich. Damit kann aber nicht mehr ohne weiteres von *einer umfassend* legitimierten Führungsstruktur ausgegangen werden. In diesem Sinne fällt dann in polyzentrischen Lebenswelten die Wahrscheinlichkeit für eine umfassend legitimierte Führungsstruktur geringer aus, als dies in globalen Lebenswelten der Fall ist.

Die Verfassungsvielfalt von Metaführungsstrukturen in Form national unterschiedlicher Rechtsinstitutionen des Mitbestimmungs- und Unternehmensverfassungsrechts wurde bereits in Kapitel (2.4.2) aufgezeigt. Die Bedeutung traditioneller Führungsstrukturen wurde demgegenüber mit Chandlers (1986) These vom britischen Familienkapitalismus verdeutlicht. Hier sei lediglich ergänzend auf Frankos (1976) Entdeckung der Mutter-Tochter-Beziehung als eine spezifisch europäische Führungsstruktur hingewiesen, bei der Traditionselemente eine wesentliche Rolle spielen:

"The nineteenth century practice of appointing relatives of company owners as heads of foreign subsidiaries gradually gave way to less fami-

---

[78] Einen Klassiker der Legitimitätsdebatte stellt Max Weber (1985: 122ff.) mit der Unterscheidung von drei Typen legitimer Herrschaft dar. Kirsch (1992a: 146ff.) greift diese Überlegungen in einer umfassenden Legitimationskonzeption auf. Dieses Modell wird im folgenden anhand der in Kirsch (1971: 91f.) entfalteten Überlegungen zur Beziehung zwischen "Verfassung" und "Kultur" (bzw. Lebenswelt) interpretiert. Weitere Ansätze finden sich bei Luhman (1978) mit der politischen Institution des Verfahrens und bei Habermas (1976) mit einer diskursiven Legitimationstheorie. Zu neueren Überlegungen vgl. Heins (1990).

lial ties. Nevertheless, at the beginning of the 1970's, the most important bonds between center and periphery in European multinational systems were still the personal relationships between presidents of parent companies and presidents of foreign ventures." (Franko 1976: 187)

Auch wenn die Bedeutung solcher familiären Strukturen inzwischen verblaßt erscheint, darf der Einfluß solcher Größen nicht vernachlässigt werden. Die Ausprägung realer Führungsstrukturen wird wesentlich auch durch traditionelle Führungsstrukturen mitbestimmt, die in der organisatorischen Lebenswelt ihren Niederschlag finden.

Mit Blick auf die Relevanz von Ideen und Philosophien für die Legitimation der Führung internationaler Unternehmen gewinnt der Begriff der Rationalität an Bedeutung. Die Legitimation, die ein rechtfertigendes Modell einer Führung durch Ideen und Philosophien erhält, kann als seine Rationalität aufgefaßt werden. Im Vordergrund steht dann eine rationale Argumentation, in der Geltungsansprüche über die Rechtfertigung einer Führung eingebracht und diskutiert werden. Gemäß Habermas rücken neben dem Geltungsanspruch der Wahrheit oder Wirksamkeit, zu dessen Einlösung kognitiv-instrumentelle Aspekte im Vordergrund stehen, auch die Geltungsansprüche der normativen Richtigkeit (moralisch-praktischer Aspekt) und der Wahrhaftigkeit (ästhetisch-expressiver Aspekt) in den Vordergrund (vgl. Habermas 1981a: 25ff.). Solche Geltungsansprüche sind dann mit Argumenten - und zwar in verschiedenen Lebens- und Sprachformen ("interkulturell") einzulösen oder zu kritisieren. Beispielsweise muß die Einführung bestimmter Kontroll- und Aufsichtsgremien in einer internationalen Kooperation auf allen Anspruchsebenen gegenüber dem Kooperationspartner gerechtfertigt werden. In polyzentrischen Lebenswelten scheint dann folgendes zuzutreffen:

> "Managementprobleme, die dem *kognitiv-instrumentellen Bereich* zugerechnet werden können, werden im Sinne der Zweckrationalität im allgemeinen *unabhängig* vom *kulturellen Einfluß* zu formalisieren und zu lösen sein. Managementaspekte, die auf *Normen* und *persönlichen Erlebnissen* der *Aktoren* beruhen, werden dagegen eher von *kulturgebundenen Geltungsansprüchen* begleitet." (Kumar 1988: 394)

Kumar zeigt, daß tendenziell kognitiv-instrumentelle Geltungsansprüche lebensweltlich ungebunden sind, während ästhetisch-expressive und moralisch-praktische Geltungsansprüche kulturell bzw. lebensweltlich kontingent sind. In polyzentrischen Lebenswelten wird damit die Einlösung von Geltungsansprüchen der Rationalität des rechtfertigenden Modells von Führungsstrukturen problematisch. Geltungsansprüche, die vor dem Hintergrund spezifischer Lebens- und Sprachformen kontextspezifisch formuliert und eingeklagt werden, sind untereinander inkommensurabel. Das bedeutet in diesem Zusammenhang, daß die im Lichte verschiedener nationaler Lebens- und Sprachformen vertretenen Geltungsansprüche nicht in einem Metakontext aufeinander zurückgeführt und verglichen werden können. Es liegen damit komplexe Multikontextprobleme vor, deren Handhabung auch davon abhängt, inwieweit einzelne Aktoren willens und in der Lage sind, sich ein Wissen über unterschiedliche nationale Lebens- und Sprachformen anzueignen.

Dieser Abschnitt hat gezeigt, auf welche Weise die nationale Dimension der organisatorischen Lebenswelt präzisiert werden kann. Dabei ist von einem komplizierten Verhältnis zwischen feldspezifischen und organisatorischen Lebens- und Sprachformen auszugehen. Dieses Verhältnis wirkt natürlich nicht nur in *einer* Richtung im Sinne einer Überformung organisatorischer Lebenswelten durch nationale Lebens- und Sprachformen. Internationale Unternehmen können auch die Lebens- und Sprachformen ihres organisatorischen Feldes beeinflussen und verändern. So weist z. B. Kumar (1980) auf die Bedeutung internationaler Unternehmen für die Entstehung einer Unternehmerklasse und ihren Einfluß auf Konsumgewohnheiten sowie kulturelle Identität in Entwicklungsländern hin. In die gleiche Richtung weisen die Ergebnisse von Florida/ Kenney (1991), die am Beispiel japanischer Organisationsmethoden der Lean-Production (vgl. Womack et al. 1991) aufzeigen, daß japanische Automobilfirmen sowohl *intra*organisatorische Produktionssysteme als auch *inter*organisatorische Managementmethoden wie z. B. das System "Just-in-Time" in Zulieferbeziehungen im amerikanischen und europäischen Ausland durchsetzen können.[79] Schließlich wurden erste Konsequenzen in bezug auf die Legitimation von Führungsstrukturen aufgezeigt. Die "lebensweltlichen" Randbedingungen einer Legitimation von Führungsstrukturen zeigen, daß in polyzentrischen Lebenswelten nicht uneingeschränkt von einer umfassend legitimierten Führungsstruktur ausgegangen werden kann. Damit kann die nationale Dimension der organisatorischen Lebenswelt ebenfalls zur Erklärung realer Führungsphänomene beitragen.

2.4.5 Grundformen polyzentrischer Führungsstrukturen

Im Anschluß an die obigen Überlegungen zur Charakterisierung polyzentrischer Führungsstrukturen können idealtypische Grundformen unterschieden werden.[80] Es ist dann weniger die Frage von Bedeutung, ob polyzentrische Strukturen "an sich" vorliegen, sondern unter welchen Bedingungen und in welcher Form die Annahme des Polyzentrismus im internationalen Unternehmen angemessen erscheint. Damit einher geht der Versuch, erste Ansatzpunkte für die Entwicklung eines differenzierteren Sprachspiels zur Beschreibung polyzentrischer Führungsstrukturen zu entwickeln.

---

[79] Dieser Aspekt würde eine ausführliche Betrachtung lohnen. Hier sei lediglich der Hinweis auf die Überlegungen von Habermas zur "Kolonialisierung" der Lebenswelt gegeben (vgl. Habermas 1981b: 452). Allerdings müßte dann gefragt werden, inwieweit internationale Unternehmen nicht nur zu einer Kolonialisierung, sondern auch zu einer (positiv konnotierten) Alimentierung nationaler Lebenswelten beitragen.

[80] Die Überlegungen nehmen ähnliche Ansätze bei Obring (1992: 217ff. und 227ff.), Ringlstetter (1993 i. V.: 207ff.), Kirsch (1992b: 117f.) sowie Weinzierl (1993 i. V.) zum Ausgangspunkt.

Zunächst können die strukturellen Randbedingungen für das Auftauchen einer monozentrischen Führung und die Inhomogenität von Lebens- und Sprachformen unterschiedlich stark ausgeprägt sein. In einer graduellen Begriffsfassung sind Situationen zu unterscheiden, die das Entstehen polyzentrischer Handlungsstrukturen in einem *schwachen* und einem *starken* Sinne fördern. Im Anschluß an die obigen Ausführungen bietet es sich an, eine Typologie von Handlungsstrukturen zu bilden, bei der die Differenzierung zwischen Außen- und Binnenperspektive nochmals aufgegriffen wird (vgl. Abbildung 2-12).

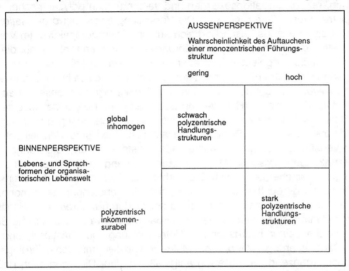

Abb. 2-12: Eine Typologie polyzentrischer Handlungsstrukturen im internationalen Unternehmen (in Anlehnung an Kirsch 1992b: 118)

Demgemäß wird eine Dimension hinsichtlich der einer Außenperspektive zugänglichen Bedingungen gewählt, die für das Auftauchen einer monozentrischen Führungsstruktur günstig bzw. ungünstig sind. Dazu rechnen einerseits die in Kapitel 2.2.2 unterschiedenen Strukturtypen zwischen reinen Mutter-Tochter-Strukturen und komplexen Führungsstrukturen. Zum anderen können hier aber auch die strukturellen Randbedingungen im Sinne der Einflußfaktoren realer Führungsstrukturen zusammengefaßt werden, die in Abschnitt 2.3.2 diskutiert wurden. Die zweite Dimension bringt dagegen die Bedeutung der nationalen Prägung der organisatorischen Lebenswelt zum Ausdruck, wobei zwischen den Extremen einer globalen *inhomogenen* und einer polyzentrischen *heterogenen* Lebenswelt unterschieden wird. Hier wurde aufgezeigt, daß die Unterschiedlichkeit nationaler Lebens- und Sprachformen zu einer inhomogenen Legitimationsbasis von Führungsstrukturen beitragen kann, so daß die Wahrscheinlichkeit einer *umfassend legitimierten* Führung im internationalen Unternehmen problematisch wird. Damit kann vereinfachend zwischen polyzentrischen Handlungsstrukturen in einem schwachen und in einem starken Sinne unterschieden werden.[81] In schwach polyzentrischen Handlungsstrukturen liegen dann Bedingungen vor, die das Auftauchen einer eingipfligen Führung stärker begünstigen, als dies in stark polyzentrischen Handlungsstrukturen der Fall ist.

Das Vorliegen von stark bzw. schwach polyzentrischen Handlungsstrukturen kann in vertiefter Weise analysiert werden, wenn zwischen rein organisationsinternen, rein organisationsexternen und verschränkten polyzentrischen Führungsstrukturen differenziert wird. Die Vorstellung eines rein *organisationsinternen* Polyzentrismus beschränkt sich auf eine Mikroperspektive. Im Vordergrund steht die Beobachtung der Führungsstrukturen im Hinblick auf die verfassungsmäßig festgelegten Mitglieder einer fokalen Organisation. Sofern hier eine monozentrische Führungsstruktur vorliegt, kann diese intern monozentrische Struktur aber dennoch den Bestandteil einer *organisationsexternen* Makrostruktur darstellen.[82] Hier werden Beziehungen zu organisationsexternen Handlungszentren wie etwa Banken, nationalen Regierungen oder Kooperationspartnern betrachtet. Dieses organisatorische Feld ist tendenziell polyzentrisch verfaßt. Ein tatsächlich auftretender Austausch von Forderungen und Unterstützungen zwischen Handlungszentren hängt jedoch vom Mobilisierungsgrad[83] solcher Zentren ab. Die Verhältnisse lassen dann möglicherweise die Annahme gerechtfertigt erscheinen, daß die Handlungen einer monozentrischen organisationsinternen Führung selbst durch *mehrere* organisationsexterne Zentren beeinflußt werden. Denkbar wäre etwa eine triadische Situation zwischen einer internationalen Unternehmung, der Gastland- und der Stammlandregierung. Mikro- und Makroperspektive müssen allerdings als einander ergänzende Sichtweisen aufgefaßt werden. Dies bedeutet, daß im Regelfall verschränkte Handlungsstrukturen vorliegen, die lediglich durch eine Beobachterentscheidung analytisch unter einem bestimmten Aspekt getrennt betrachtet werden können. Einzelne Handlungszentren der Mikroebene wie etwa eine Tochtergesellschaft sind selbst in nationenspezifische Makrostrukturen eingebunden. In verschränkt polyzentrischen Führungsstrukturen können sich dann organisationsinterne sowie -externe Handlungszentren gegenseitig indifferent, konterkarierend aber auch komplementär verhalten. Ein schwach oder stark ausgeprägter Polyzentrismus geht dann auch auf das Zusammenspiel zwischen organisationsinternen und -externen Handlungszentren zurück.

---

[81] Die in Abbildung 2-12 nicht besetzten Felder können im Sinne von Hypothesen über eine funktionale Äquivalenz zwischen Führungsstrukturen und lebensweltlichen Aspekten genutzt werden. Möglicherweise ist z. B. eine homogene Lebenswelt funktional äquivalent für außenperspektivische Bedingungen, die das Auftauchen einer eingipfligen Führung fördern (vgl. Obring 1992: 231).

[82] Obring (1992: 222f.) spricht hier von Formen des "emergenten Polyzentrismus", Ringlstetter (1993 i. V.: 213f.) von einer "pluralistischen Einflußstruktur".

[83] Der Mobilisierungsgrad kann danach bestimmt werden, wieviele Interessengruppierungen auf organisationsinterne Handlungsstrukturen wesentlichen Einfluß nehmen können, und ob diese isoliert oder koordiniert vorgehen (vgl. Kirsch 1990: 103 und Kapitel 4.1.2).

Damit stellt sich die Frage, nach welchen Kriterien sich stark und schwach polyzentrische Handlungsstrukturen genauer abgrenzen lassen. Dazu soll zwischen (1) typischen qualitativen Situationen eines extremen oder gemäßigten Polyzentrismus, (2) im Hinblick auf unterschiedliche Reichweiten einer monozentrischen Führungsstruktur in internationalen Unternehmen, (3) nach verschiedenen Formen der dezentralen Koordination und (4) hinsichtlich einer dynamischen Betrachtung differenziert werden.

(1) In bezug auf organisationsinterne Handlungszentren lassen sich qualitativ typische Polyzentrismusformen unterscheiden. In einer Situation (A) sind verfassungsmäßig festgelegte Kernorgane selbst als Gipfel einer monozentrischen Führungsstruktur identifizierbar. Dennoch mögen gemäßigt polyzentrische Tendenzen vorliegen, die das Autorisierungsrecht der Kernorgane zwar erodieren, nicht aber essentiell in Frage stellen. Dieser *gemäßigte Polyzentrismus* kann graduell nach dem Umfang differenziert werden, mit dem einzelne untergeordnete Zentren (z. B. Divisionsleitungen) Entscheidungsautonomie hinsichtlich ihrer Domäne genießen.[84] In einer Situation (B) liegt dagegen ein *extremer Polyzentrismus* vor.[85] Hier verliert entweder (B1) die dominierende Koalition einer Unternehmung die Koalitionsfähigkeit, weil die Kernorgane nicht mehr in koordinierter Weise gegenüber organisationsinternen Teileinheiten oder organisationsexternen Dritten tätig werden können. Diese Form kann als *Zentralpolyzentrismus* bezeichnet werden. Demgegenüber liegt eine Situation (B2) des *Basispolyzentrismus* vor, wenn die Zentrale zwar gegenüber Teileinheiten einheitliche und kohärente Autorisierungsversuche unternehmen kann, wenn diese Autorisierungsversuche bei den Basiseinheiten aber erfolglos bleiben (vgl. hierzu Ringlstetter 1993 i. V.: 212f.).

(2) Die bisherigen Ausführungen gehen von einer Entweder-/ Oder-Situation des Vorliegens extremer oder gemäßigter polyzentrischer Führungsstrukturen aus. Insbesondere Formen des Basispolyzentrismus können aber weiter nach der *Reichweite einer monozentrischen Führung* bzw. einer Zentrale im Hinblick auf verschiedene Teileinheiten differenziert werden. Bei einer Reichweite von "100" unterliegen alle Teileinheiten dem faktischen Autorisierungsrecht der Zentrale. Es liegt eine monozentrische Führungsstruktur vor. Bei einer Reichweite von "Null" liegt dagegen eine pluralistische Handlungsstruktur vor (vgl. nochmals Kapitel 2.4.2). Basispolyzentrische Führungsstrukturen liegen damit immer zwischen den beiden Extremwerten. Innerhalb dieser Mischformen mag es aber wiederum verschiedene Cluster von Teileinheiten geben. Teilein-

---

[84] So unterscheidet Ringlstetter (1993 i. V.: 209) zwischen parapolitischen, administrativen und operativen Zentren.

[85] Vertreter eines extremen Polyzentrismus ist insbesondere Weinzierl (1993 i. V.), der im Anschluß an Polanyi (1951) und Lindblom (1965) die Nullhypothese formuliert, daß soziale Systeme grundsätzlich durch politischen Polyzentrismus geprägt seien. Damit wird nicht die Entstehung polyzentrischer Phänomene, sondern ihre Kanalisierung durch verschiedene Regeln als erklärungsbedürftig erachtet (vgl. ebd. 176ff.)

heiten eines Cluster vom Typ I (monozentrischer Cluster) unterliegen dem faktischen Autorisierungsrecht der Zentrale. Polyzentrismus liegt lediglich in einer gemäßigten Form vor. Teileinheiten eines Cluster vom Typ II (autonomer Cluster) sind dagegen relativ autonom. Das Führungszentrum eines monozentrischen Cluster genießt gegenüber den Teileinheiten des autonomen Clusters kein faktisches Autorisierungsrecht. Hier denke man etwa an Tochtergesellschaften einer deutschen Unternehmung in abgeschotteten Märkten mit hoher Distanz zur Kerndomäne z. B. in China oder Brasilien. Diese Teileinheiten handeln aber nicht als Koalition, die gegenüber einer Zentrale in koordinierter Weise tätig wird. Dementsprechend könnte ein Cluster III von Teileinheiten (Koalitions-Cluster) unterschieden werden, der nicht dem faktischen Autorisierungsrecht einer Zentrale unterliegt, und dessen Teileinheiten gemeinsam gegenüber der Zentrale tätig werden.

(3) Weiteren Aufschluß erhält man durch eine Unterscheidung nach der Art der dominanten Mechanismen einer dezentralen Koordination zwischen Handlungszentren. Oben wurde zwischen den Grundformen der Manipulation und der Ausbildung von Erwartungsstrukturen bzw. Rollengefügen differenziert (vgl. Kapitel 2.4.2). Demgemäß kann ein *manipulativer Polyzentrismus* und ein *Rollenpolyzentrismus* unterschieden werden. So wurde gezeigt, daß manipulativer Polyzentrismus mit der Häufigkeit des wechselseitigen Austauschs von Forderungen und Unterstützungen zwischen Handlungszentren zur Ausbildung von Erwartungsstrukturen führen und so tendenziell in einen Rollenpolyzentrismus übergehen kann.[86] Ein solcher Rollenpolyzentrismus - auch darauf wurde bereits hingewiesen - ermöglicht aber eine relativ stabile Ordnung polyzentrischer Strukturen jenseits "anarchischer" Zustände.

(4) Schließlich bietet sich eine dynamische Betrachtungsweise an, bei der zwischen Situationen eines tiefgreifenden organisatorischen Wandels und Situationen einer weitgehenden Aufrechterhaltung und Kontinuität bestehender Strukturmuster unterschieden wird. Unterstellt man, daß polyzentrische Tendenzen sich über die Zeit hinweg z. B. als Rollenpolyzentrismus stabilisieren, so liegt die Vorstellung eines *gebändigten* Polyzentrismus nahe. Ein gebändigter Polyzentrismus kann aber in krisenhaften Situationen aus den entstandenen Strukturen entbunden werden und in einen *ungebändigten* Polyzentrismus umschlagen.[87] In diesem Sinne unterscheidet z. B. Mintzberg (1983: 467) zwischen verschiedenen Machtkonfigurationen in Organisationen. Der Typus einer politischen Arena nimmt dabei den Charakter einer Übergangsstruktur zwischen stabilen Machtkonfigurationen an. In solchen Stadien überwiegt ein manifester Konflikt, bei dem das politische System einer Organisation durch eine Pluralität von Koalitionen geprägt wird. Entscheidend ist aber Mintzbergs These, daß Organisationen nicht dauerhaft als "complete political

---

[86] So betrachtet behandeln Weinzierl (1993 i. V.: Kap 3.2), Obring (1992: 109ff.) und Ringlstetter (1993 i. V.: 202ff.) Formen des manipulativen Polyzentrismus.
[87] Vgl. zu dieser These Ringlstetter (1993 i. V.: 46f. und 227ff.)

arena" ausgeprägt sein können. Denn dies würde zu einer vollständigen Lähmung und damit der Auflösung der Organisation führen. In Situationen eines tiefgreifenden Wandels kann dann ein gebändigter Polyzentrismus (z. B. in Form eines gemäßigten Polyzentrismus oder stabilisiert über rollenpolyzentrische Erwartungsstrukturen) aufbrechen und in ungebändigten Polyzentrismus umschlagen. Nach Abschluß der Episode tiefgreifenden Wandels liegt dann aber eine neue Struktur des gebändigten Polyzentrismus vor.[88]

Mit der Abkehr von der Vorstellung einer eingipfligen hierarchischen Führungsstruktur darf nicht in die extreme Gegenposition verfallen werden, derzufolge internationale Unternehmen sich uneingeschränkt durch einen ungebändigten Polyzentrismus auszeichnen. Die Frage ist also weniger, ob polyzentrische Phänomene als Sonder- oder als Regelfall aufzufassen sind, sondern welche Grundformen in welchen - z. B. kontingenztheoretisch abgeleiteten - situativen Bedingungen vorliegen können. Beim aktuellen Stand der Forschung ist es mit anderen Worten vorrangig, erste Sprachspiele zu entwickeln, mit denen das Begriffs- und Vorstellungsvakuum zwischen rein monozentrischen und ausschließlich polyzentrischen Strukturen erschlossen werden kann. Mit den obigen Ausführungen wurde ein solches Sprachspiel zur Beschreibung verschiedener Grundformen des Polyzentrismus entwickelt. Damit können zum Abschluß dieses Unterkapitels Anforderungen an die Gestaltung internationaler strategischer Managementsysteme abgeleitet werden.

2.4.6 Anforderungen an die Gestaltung internationaler strategischer Managementsysteme

Eine ernsthafte Auseinandersetzung mit polyzentrischen Führungsstrukturen internationaler Unternehmen führt dazu, daß die Einschätzung der Möglichkeiten und Grenzen einer Führung im internationalen Unternehmen vergleichsweise illusionslos ausfällt.

> "'Illusionslos' bedeutet in diesem Zusammenhang, sich von weit verbreiteten Fiktionen im Hinblick auf die Plan- bzw. Steuerbarkeit der Unternehmensentwicklung zu verabschieden und so zu einem realistischeren Bild der (Unternehmens-)Wirklichkeit zu gelangen. Eine Auseinandersetzung mit polyzentrischen Strukturen zwingt nämlich dazu, die Annahmen, die Theorieansätzen zur strategischen Unternehmensführung implizit oder explizit zugrundeliegen, systematisch zu hinterfragen."
> (Obring 1992: 1)

Im Hinblick auf eine internationale strategische Unternehmensführung wurde gezeigt, daß im internationalen Unternehmen vor allem die Annahme einer zentralen Koordination durch die Spitze einer eingipfligen hierarchischen Führungsstruktur in Frage zu stellen ist. Stellt man die Kernaufgabe einer strategi-

---

[88] Eine interessante Frage ist dann allerdings, ob in Episoden eines ungebändigten Polyzentrismus selbst eine monozentrische Führung auftauchen kann, die sozusagen die "Verflüssigung der Strukturen" nutzt und den Strom der Entscheidungen in eine für sie günstige Bahn lenkt (vgl. Kirsch 1992a: 275).

schen Führung, also die Entwicklung, den Aufbau und die Nutzung von Erfolgspotentialen internationaler Unternehmen in den Mittelpunkt, so ist sicher nicht davon auszugehen, daß Erfolgspotentiale durch eine zentrale Mutter entwickelt und durch nachgelagerte Handlungszentren wie z. B. ausländische Tochtergesellschaften aufgebaut und genutzt werden. Herkömmliche Vorstellungen einer strategischen Führung werden damit im internationalen Unternehmen problematisch. Kogut bringt diese Problematik auf den Punkt:

> "From an international managerial perspective, the challenge is not simply the dyadic implementation of headquarter's desires in a local market (...). Rather, it is the creation of organizational structures and systems which permit the exploitation of opportunities inherent in the network of operating in different national environments." (Kogut 1989: 387f.)

Aus diesem Spezifikum ergeben sich bestimmte Anforderungen an die Gestaltung internationaler strategischer Managementsysteme. Diese sind sowohl substantieller als auch prozeduraler Art. Substantielle Anforderungen beziehen sich auf das "Was" der Gestaltung internationaler strategischer Managementsysteme. Damit stehen inhaltliche Aspekte im Vordergrund, denen die entwickelten Systemkonzeptionen genügen müssen. Prozedurale Anforderungen beziehen sich dagegen auf das "Wie" der Systementwicklung in polyzentrischen Strukturen. Hier sind beispielsweise geeignete Vorgehensweisen bei der Implementierung von Systemkonzeptionen oder eine angemessene "Gestaltungsgrundhaltung" von Systementwicklern zu diskutieren. Im folgenden werden zunächst substantielle Anforderungen diskutiert.[89]

(1) In polyzentrischen Strukturen verliert die statische Unterscheidung zwischen zentralen und dezentralen Aufgaben- oder Entscheidungsstrukturen gegenüber einer dynamischen Betrachtung an Relevanz. Es ist nicht ohne weiteres möglich, Interdependenzen und Beziehungen zwischen Handlungszentren ex ante zu planen. Statt dessen müssen fallweise Abstimmungsprozesse ermöglicht werden. Diese strukturelle Indeterminiertheit internationaler Unternehmen und das Merkmal latenter Verbindungen sind für polyzentrische Strukturen kennzeichnend. Für die Gestaltung strategischer Managementsysteme kann man sich dann grob an Gutenbergs (1983: 238) Substitutionsgesetz der Organisation orientieren, demzufolge die Tendenz zur generellen präsituativen Regelung mit der abnehmenden Variabilität bzw. Vorhersehbarkeit betrieblicher Tatbestände zunimmt.[90] In polyzentrischen Strukturen liegt tendenziell eine hohe Variabilität organisatorischer Tatbestände vor. Deshalb ist nicht nur von umfassenden strategischen Managementsystemen auszugehen,

---

[89] Die folgenden Ausführungen basieren auf Doz/ Prahalad (1991: 147ff.), Hamel/ Prahalad (1988) und Obring (1992: 118ff.).

[90] Horváth (1990: 124ff.) argumentiert hier analog. Über eine präsituative System*bildung* soll ein Großteil der Problemlösungsbemühungen in fest institutionalisierte Systeme verlagert werden. Mit zunehmender Indeterminiertheit, Kontingenz und Turbulenz treten dann jedoch Aktivitäten der System*kopplung* bzw. ad hoc initiierte Systeme in den Vordergrund.

die in vollem Umfang implementiert und regelmäßig angewendet werden, sondern es sind explizit auch fallweise aktivierte bzw. gestaltete Systeme vorzusehen, die nicht nur in definierten Ausnahmefällen (z. B. im Sinne eines Management by Exception), sondern auch in ad hoc auftretenden Problemsituationen spontan generiert werden.[91]

(2) Führungsunterstützende Systeme sind in einem erheblichen Ausmaß im Hinblick auf unterschiedliche Steuerungsanforderungen und verschiedene Lebens- und Sprachformen einzelner Handlungszentren zu differenzieren. Auch hier erweist sich eine globale Unterscheidung zwischen hohem oder geringem Standardisierungs- und Formalisierungsgrad solcher Systeme als problematisch. Der Standardisierungsgrad muß statt dessen im Hinblick auf verschiedene Systemfelder und im Hinblick auf unterschiedliche Handlungszentren differenziert werden. Für die Gestaltung strategischer Managementsysteme bedeutet dies vor allem, daß möglichst Systemkonzeptionen mit einer hohen Flexibilität zu entwickeln sind, die es im Zuge der konkreten Implementierung gestatten, differenziert auf die spezifischen Lebens- und Sprachformen einzelner Handlungszentren einzugehen.

(3) Damit stellt sich die Frage, ob in polyzentrischen Strukturen die häufig geäußerte Forderung nach einer integrativen Optimierung von Managementsystemen noch greift.[92] Diese Idee nimmt in der relevanten Diskussion häufig den Charakter einer Leitvorstellung an, derzufolge Managementsysteme wie z. B. Planungs- und Kontrollsysteme sowohl intern (zwischen Plänen und Planungsprozessen) als auch extern zur Organisationsumwelt maximal bzw. - gemäßigter - optimal abzustimmen seien. In polyzentrischen Strukturen erweist sich diese Forderung als problematisch. Denn die dafür erforderliche logische und organisatorische Anschlußfähigkeit zwischen Teilsystemen setzt die Existenz eindeutiger und über alle Systeme gültiger Übersetzungsregeln oder aber einen durchgängig gültigen Metakontext voraus, der z. B. bestimmte Planungskennzahlen für alle Handlungszentren als gleichermaßen verbindlich erklärt. Mit einer Integration der Systeme ist dann zugleich die Gefahr verbunden, daß eine solche Systemarchitektur "blinde Flecke" aufweist. Damit wird die Möglichkeit gefährdet, daß ein spezifisches Handlungszentrum die Aktivierung von Erfolgspotentialen vor dem Hintergrund seiner Lebens- und Sprachformen betreiben kann. Dementsprechend ist in polyzentrischen Strukturen davon auszugehen, daß eine solche maximal oder optimal integrierte Systemlandschaft eher den Grenzfall darstellt. Statt dessen mögen eher konterkarierende Systeme vorliegen, in denen Erfolgspotentiale auf je-

---

[91] Zu einer entsprechenden Typologie von Managementsystemen vgl. Ringlstetter (1993 i. V.: 162ff.).

[92] Vgl. zum folgenden die Diskussion in Kirsch (1989: 166ff.) und Ax/ Börsig (1983). Allgemein zur Bedeutung der Integrationsidee in deutsch- und englischsprachigen Denkmodellen vgl. Jeschke (1992: 141ff.). Zum Problem der begrifflichen Abgrenzung zwischen Integration und Koordination vgl. Kirsch/ Klein (1977: 141f.).

weils spezifische Weise konstituiert werden. Sofern solche Konterkarierungen sich gegenseitig ergänzen und sozusagen die blinden Flecke der jeweils anderen Teilsysteme ausleuchten, kann sich eine solche desintegrierte Systemlandschaft als vorteilhaft erweisen. Allerdings ist dann explizit auf die Gestaltung situativer Übersetzungs- bzw. allgemeiner Interfacesysteme zwischen Teilsystemen einzugehen.

(4) Weiter wird in der Diskussion auf die Bedeutung einer hohen Informationsintensität hingewiesen: "[T]he importance of information flows, both formal and informal, in DMNCs is such, as a source of competitive advantage, and as an implicit structure, that managing information becomes a central task of management." (Doz/ Prahalad 1991: 147). Im strategischen Zusammenhang rückt damit die Frage einer strategischen Frühaufklärung und die besondere Relevanz eines Diskontinuitätenmanagement (vgl. Macharzina 1984) in den Mittelpunkt. Außerdem ist die Mobilisierung lokaler Wissensbasen für den Prozeß eines strategischen Management einzubeziehen, um landes und branchenspezifisches Wissen zu nutzen.

(5) Schließlich liegen in polyzentrischen Führungsstrukturen in der Regel Situationen vor, in denen die verfassungsmäßig definierten Grenzen der Organisation obsolet werden. Organisationsinterne Handlungszentren internationaler Unternehmen sind in besonderem Maße in die Führungsstrukturen ihres organisatorischen Feldes eingebunden. Dies erfordert zum einen, daß strategische Managementsysteme explizit auch im Hinblick auf ein *aktives* role making einzelner Handlungszentren mit Blick auf organisationsexterne Akteuren konzipiert werden. Daher sind Systemkonzeptionen zur Gestaltung der Beziehungen zu nationalen Regierungen nicht nur *passiv* z. B. im Sinne einer Minimierung politischer Risiken, sondern auch im Sinne einer *aktiven* Grundhaltung zu konzipieren. Zum anderen wird damit der Entwurf von Systemkonzeptionen zur Unterstützung multiorganisationaler Führungsstrukturen notwendig, wie im Fall internationaler Unternehmenskooperationen.

In polyzentrischen Führungsstrukturen internationaler Unternehmen liegen damit spezifische Anforderungen an die Gestaltung strategischer Managementsysteme vor. Die bisherigen Ausführungen hatten jedoch eher den Charakter substantieller Anforderungen, bei denen relativ konkrete Gestaltungsempfehlungen erarbeitet wurden. Solche substantiellen Aspekte sind durch prozedurale Anforderungen zu ergänzen.

(I) Eine erste prozedurale Anforderung ist in der Frage zu sehen, inwieweit es gelingt, einen systematischen Lernprozeß im Hinblick auf die Weiterentwicklung strategischer Managementsysteme zu institutionalisieren.[93] Grundsätz-

---

[93] Den folgenden Ausführungen liegt die Argumentationsfigur einer "geplanten Evolution" zugrunde, die von Kirsch/ Esser/ Gabele (1979: 315ff.) im Zusammenhang mit dem geplanten Wandel von Organisationen diskutiert wird. Zu neueren Überlegungen vgl. ausführlich Kirsch (1992a: 427f.).

lich kann die Weiterentwicklung strategischer Managementsysteme durch eine Abfolge einzelner Entwicklungsschritte gekennzeichnet werden. Einzelne Entwicklungsschritte können unterschiedlich umfangreich ausfallen und damit mehr oder weniger umfassende Konsequenzen für die Gesamtheit bereits implementierter Systeme aufweisen. In polyzentrischen Strukturen erscheint dann weniger ein "total system approach", sondern ein Vorgehen gemäß der Stückwerkstechnologie (piecemal engineering) von Popper (1970) realistisch. In einem inkrementalen Zugang wird die Weiterentwicklung durch kleinere Entwicklungsschritte geprägt. In polyzentrischen Strukturen besteht jedoch die Gefahr, daß inkrementale Entwicklungsschritte ausschließlich durch akute Probleme und ad hoc auftretende Schwachstellen der bestehenden Systeme ausgelöst werden. Damit besteht die Tendenz, daß die Weiterentwicklung strategischer Managementsysteme zu einer zufälligen Evolution degeneriert. Deshalb ist - eingedenk der Problematik einer unbegrenzten Steuerbarkeit organisatorischer Tatbestände - eine konzeptionelle Gesamtsicht der Systementwicklung anzustreben. Diese konzeptionelle Gesamtsicht bringt strategische Maximen zu den zukünftigen und gegenwärtigen Erfolgspotentialen des Tertiärbereichs - also der Führungsorganisation und Managementsysteme - einer Unternehmung zum Ausdruck. Sie kann Leitideen der Weiterentwicklung formulieren, welche in den jeweils nächsten Entwicklungsschritten zur Geltung gebracht werden. Der Prozeß einer solchen geplanten Evolution vermittelt zwischen den Grundtendenzen einer naturwüchsigen zufallsgesteuerten Evolution und einer geplanten Entwicklung strategischer Managementsysteme.

(II) Über diese Notwendigkeit einer geplanten Evolution der Systementwicklung hinaus ist die Frage nach einer angemessenen Gestaltungsgrundhaltung wesentlich. Polyzentrismus äußert sich zum einen in Form empirischer Phänomene, die der Verwirklichung des Führungsanspruchs einer zentralen Instanz entgegenstehen. Zum anderen wird Polyzentrismus aber von einigen Akteuren auch als Ausdruck einer rationaleren, d. h. normativ ausgezeichneten Systemgestaltung gesehen.[94] Innerhalb der relevanten Literatur besteht damit ein gewisser Bias zwischen zwei grundsätzlichen Vorgehensweisen, die mit den Begriffen eines *Steuerungspolyzentrismus* und eines *Emergenzpolyzentrismus* bezeichnet werden sollen. Diese Unterscheidung läßt sich mit der aus der organisationstheoretischen Paradigmendiskussion bekannten Abgrenzung zwischen voluntaristischen und deterministischen Ansätzen verdeutlichen.

> "Seen from the voluntaristic orientation, individuals and their created institutions are autonomous, proactive, selfdirecting agents; individuals are seen as the basic unit of analysis and source of change in organizational life. The deterministic orientation focuses not on

---

[94] Vgl. auch Obring (1992: 24). Beispielsweise spricht Malik (1984: 239ff.) von der Methode der polyzentrischen Anpassung und Doz/ Prahalad (1988: 355ff.) entwerfen ein mehrdimensionales Konzept der "Managementqualität" internationaler Unternehmen, in dem polyzentrische Phänomene eine besondere Rolle spielen.

individuals, but on the structural properties of the context within which action unfolds, and individual behavior is seen as determined by a reacting to structural constraints that provide organizational life with an overall stability and control." (Astley/ Van de Ven 1983: 247)

Diese Differenz greift auch innerhalb der Polyzentrismusdiskussion als Unterscheidung zwischen deterministischer Orientierung im Sinne eines Emergenzpolyzentrismus und voluntaristischer Orientierung im Sinne eines Steuerungspolyzentrismus. Die in Kapitel 2.1 angeführten Ansätze der Process School of Policy Research, insbesondere Hedlund (1986), Bartlett/ Ghoshal (1989) und nicht zuletzt Doz/ Prahalad (1991) nehmen eher eine Perspektive des Steuerungspolyzentrismus ein. Polyzentrische Strukturen sind hier normativ gegenüber hierarchischen Führungsstrukturen im Sinne einer rationalen Lösung von Fragen der internationalen strategischen Unternehmensführung ausgezeichnet. Damit wird jedoch unterstellt, daß eine monozentrische Führungsstruktur fähig ist, z. B. durch Delegation, Dezentralisierung und Handhabung bzw. Schaffung von Interdependenzen zwischen Handlungszentren polyzentrische Phänomene bewußt herbeizuführen. Die Annahme einer asymmetrischen Prägung sozialer Interaktionszusammenhänge wird damit nicht aufgegeben.

Die Gegenposition eines reinen Emergenzpolyzentrismus scheint aber ebenso unannehmbar. Hier dominiert die Vorstellung, daß jedes Unternehmen a priori polyzentrisch sei, und daß das Auftauchen einer Führung lediglich durch das "Spiel" nicht weiter beeinflußbarer organisationsinterner und -externer Kräfte determiniert wird. Diese Annahme dominiert insbesondere in den interorganisatorischen Ansätzen, in denen organisationsexterne Handlungszentren die organisationsinternen Strukturen vollständig überformen.

Bei der Gestaltung von internationalen strategischen Managementsystemen in polyzentrischen Führungsstrukturen ist hier eine gemäßigte Position anzustreben. Ein potentieller Kandidat stellt hier die Denkfigur eines gemäßigten Voluntarismus von Kirsch dar.[95] Dieser kann als Synthese von Kollektivismus und Voluntarismus angesehen werden. Komplexe Gebilde werden dabei zum einen als grundsätzlich veränderbar angesehen. Zugleich wird jedoch problematisiert, "wieviel man unter Einsatz welcher Mittel durch Willensakte bewältigen kann ..." (Kirsch 1990: 476). Die Gestaltung strategischer Managementsysteme wird durchaus als ein durch Willensakte einzelner Handlungszentren beeinflußbares Phänomen betrachtet. Andererseits ist aber von realistischen Vorstellungen über die Machbarkeit und die damit verbundenen Kosten auszugehen.[96]

---

[95] Der im Zitat verwendete Begriff des "Kollektivismus" kann synonym zum Begriff des Determinismus aufgefaßt werden (vgl. Kirsch 1992c: 111).

[96] Grundsätzlich kann hier auch zwischen Steuerungsmonozentrismus und Emergenzmonozentrismus differenziert werden. Ersterer entspricht der Annahme einer voluntaristischen Grundhaltung, derzufolge hierarchische Führungsstrukturen gegenüber polyzentrischen Strukturen rational ausgezeichnet

(III) Über diese Präzisierung verschiedener Gestaltungsorientierungen zwischen Emergenz- und Steuerungspolyzentrismus hinaus müssen die obigen Anforderungen schließlich auch hinsichtlich einer unternehmensspezifischen Ausprägung polyzentrischer Phänomene relativiert werden. Dazu kann prinzipiell auf die in Kapitel 2.4.5 entwickelten Grundformen polyzentrischer Führungsstrukturen zurückgegriffen werden. Beispielsweise wird in schwach polyzentrischen Handlungsstrukturen die Gestaltung strategischer Managementsysteme eher durch wenige und möglicherweise zentrale Handlungszentren dominiert. Umgekehrt sind die oben genannten Anforderungen bei Vorliegen eines Polyzentrismus im starken Sinne in einem umfasseneren Maße zu berücksichtigen. Weiter werden die führungsunterstützenden Managementsysteme bei Vorliegen eines Zentralpolyzentrismus stärker zwischen einzelnen Handlungszentren einer polyzentrischen Zentrale zu differenzieren sein. In basispolyzentrischen Strukturen sind dagegen Unterschiede zwischen den Managementsystemen einzelner Teileinheiten wesentlich.

Damit können die Überlegungen dieses Kapitels zusammengefaßt werden. Im Vordergrund stand die These, daß sich internationale Unternehmen durch spezifische - insbesondere aber polyzentrische - Führungsstrukturen auszeichnen. Diese These wurde in Abschnitt 2.2.2 vorbereitet und in den obigen Ausführungen genauer erläutert. Im Anschluß an die durch Perlmutter (1965) ausgelöste Polyzentrismusdiskussion wurde eine Neuinterpretation dieses Begriffes konzipiert. Die obige Typologie polyzentrischer Handlungsstrukturen, in denen bestimmte Führungsstrukturen "auftauchen" können, stellt eine Zusammenfassung dieser Überlegungen dar.

Im Kern ging es jedoch um die Ableitung von Anforderungen an internationale strategische Managementsysteme. Hier wurde zwischen substantiellen Anforderungen und prozeduralen Anforderungen differenziert. Substantielle Anforderungen ergeben sich aus der Indeterminiertheit und dem latenten Charakter von sowie der Einbindung organisationsinterner Handlungsstrukturen in die Strukturen eines organisatorischen Feldes. Weitere Anforderungen bilden die Informationsintensität, die Notwendigkeit der internen Differenzierung und die Integrationsproblematik von Managementsystemen.

In prozeduraler Hinsicht wurde für die Systementwicklung die Notwendigkeit einer konzeptionellen Gesamtsicht herausgestellt, um eine geplante Evolution internationaler strategischer Managementsysteme zu ermöglichen. Als Gestaltungsgrundhaltung wurde eine gemäßigt voluntaristische Orientierung

---

und "durchsetzbar" wären. Ein Emergenzmonozentrismus geht dagegen davon aus, daß eingipflige Führungsstrukturen sich z. B. aus Gründen der verbesserten Komplexitätsverarbeitungskapazität (vgl. z. B. Simon 1965) im Laufe der deterministischen Evolution von Koordinationsmechanismen gegenüber polyzentrischen Strukturen durchsetzen werden. Ein gemäßigter Voluntarismus vermittelt also zwischen beiden "Zentrismusformen", wobei die folgenden Ausführungen sich auf Formen des Polyzentrismus beschränken.

gefordert, die zwischen den Extremen eines voluntaristischen Steuerungs- und eines deterministischen Emergenzpolyzentrismus vermittelt. Diese Anforderungen sind schließlich eingedenk unterschiedlicher Grundformen polyzentrischer Handlungsstrukturen zu relativieren. Im Lichte dieser Anforderungen werden im folgenden mögliche Gestaltungsdimensionen strategischer Managementsysteme in Form eines Ausblicks entwickelt.

2.5 Zusammenfassung und Ausblick: Gestaltungsdimensionen internationaler strategischer Managementsysteme

Kernaufgabe einer strategischen Führung im internationalen Unternehmen stellt die Entwicklung einer konzeptionellen Gesamtsicht der gegenwärtigen und zukünftigen Erfolgspotentiale einer Unternehmung dar. Bei der Gestaltung strategischer Managementsysteme sind jedoch die Spezifika polyzentrischer Führungsstrukturen zu berücksichtigen. Damit ergibt sich die Notwendigkeit, die komplexe Gesamtaufgabe einer strategischen Führung in handhabbare Teilaufgaben zu dekomponieren.[97] Zugleich kann bei einer solchen Aufgabenanalyse aber nicht davon ausgegangen werden, daß spezifische Aufgaben einzelnen Handlungszentren in einer bestimmten - durch die Vorstellung einer zentralen Koordination geprägten - Weise zugeordnet werden. Dementsprechend stellt sich die Frage, nach welchen Dimensionen eine solche Aufgabenanalyse durchzuführen ist.

Folgt man der einschlägigen Literatur, so nimmt die Unterscheidung verschiedener *Planungs- bzw. Strategieebenen* den Charakter einer solchen Dimension an. Meist wird zwischen verschiedenen Ebenen, nämlich der Gesamtunternehmung (corporate strategy), ihren Teileinheiten (business-unit strategy) und schließlich Funktionalbereichen (functional strategy) unterschieden.[98] Durch eine Orientierung an geographischen Gesichtspunkten ergibt sich analog die Unterscheidung zwischen weltweiter (global level), regionaler und nationaler Strategie (vgl. z. B. Leontiades 1985: 170f.; Dymsza 1984b).

Die bisher genannten Ebenen beschränken sich auf eine organisations*interne* Sichtweise. Das organisatorische Feld internationaler Unternehmen wird jedoch durch eine Vielzahl organisations*externer* Handlungsstrukturen gekennzeichnet, die ihrerseits Rahmenbedingungen einer corporate strategy darstellen. Diese Phänomene diskutiert die einschlägige Literatur unter dem Begriff kollektiver Unternehmensstrategien (collective strategies).[99] Es lassen sich zwei Interpretationen des Begriffes "kollektive Unternehmensstrategien" unterscheiden: Ursprünglich wurden darunter interorganisationale Netzwerke be-

---

[97] Diese Sichtweise entspricht der in der Organisationslehre klassischen Vorgehensweise, eine Gesamtaufgabe im Rahmen einer Aufgabenanalyse zu zerlegen und über eine Aufgabensynthese zu sinnvollen Aufgabenkomplexen zusammenzufassen (vgl. Kosiol 1976: 32ff.; Picot 1984: 110ff.).
[98] Vgl. z. B. Chakravarthy/ Lorange (1991: 1ff.), Davidson (1982: 322ff.).
[99] Vgl. z. B. Fombrun/ Astley (1983) sowie Sydow (1992: 268ff.).

zeichnet, die sich ohne Gesamtplan, gewissermaßen unbeabsichtigt formieren.[100] Bresser/ Harl (1986) und Bresser (1989) fassen kollektive Strategien demgegenüber als bewußt geplante, systematische Vorgehensweisen auf, "... die von mehreren Organisationen mit dem Ziel implementiert werden, die gemeinsame Umweltinterdependenz zu handhaben ..." (Bresser 1989: 546).[101] Zur Berücksichtigung kollektiver Strategien im Sinne formierter oder formulierter "Abhängigkeiten" wird daher in der Literatur die Einführung einer Strategieebene der kollektiven Unternehmensstrategie vorgeschlagen (vgl. Astley/ Fombrun 1983; Herbert 1984: 259ff.), die als vierte Ebene die bisherige Unterscheidung zwischen Gesamtunternehmens-, Divisions- und funktionaler Ebene ergänzt.[102]

Die Unterscheidung verschiedener Strategieebenen hat den Vorzug einer Komplexitätsreduktion durch eine hierarchische Strukturierung des Aufgabenfeldes. Mit dieser hierarchischen Aufgabenstrukturierung wird jedoch häufig auch die Vorstellung einer hierarchischen Struktur von Organisationen verbunden, bei der die Dekompositionslogik "Hierarchie" sozusagen in die soziale Dimension umschlägt.[103] Die jeweils übergeordnete Strategieebene nimmt Prämissencharakter für die nachgeordnete Planungsebene an. Ferner sind mit jeder Ebene typische Aufgaben und Systemkonzeptionen verbunden, die der jeweiligen Planungsebene relativ eindeutig zugeordnet werden.[104]

Eine solchermaßen standardisierte Vorgehensweise steht im Widerspruch zu der im Rahmen dieser Arbeit vertretenen Forschungsstrategie, für die die Vorstellung flexibler Systemkonzeptionen maßgeblich ist (vgl. Kirsch/ Obring 1992: 393). Eine derartige hierarchische Aufgabendekomposition ist aber auch dann kritisch zu beurteilen, wenn man internationale Unternehmen als polyzentrische Gebilde auffaßt. Am Beispiel kollektiver Strategien wird die Problematik deutlicher:

> "What is being suggested is another (conceptual) level of strategy be overlaid upon the existing two-tier hierarchy (...) now widely accepted. However, by packing collective action to the organizational rooftops, we ignore the fact that much interorganizational cooperation occurs at the task environment and business unit strategy level ..." (Carney 1987: 342).

---

[100] Eine ausführliche Würdigung findet sich bei Obring (1992: 125ff.).
[101] Hierunter sind u. a. Beiträge zur strategischen Planung von Kooperationsstrategien zu subsummieren (vgl. z. B. Contractor/ Lorange Hrsg. 1988).
[102] Die Vorstellung einer solchen Planungsebene nimmt in Ansätzen der gesellschaftlichen Planung eine gewisse Tradition ein (vgl. z. B. Ackoff 1974; Vickers 1983).
[103] In der Regel wird dann von verschiedenen Formen der Hierarchiedynamik (Wild 1974) ausgegangen, wobei meist mit "Bottom-Up-", "Top-Down-" und "Gegenstromverfahren" drei Ansätze unterschieden werden. Vgl. zu dieser Problematik grundsätzlich zu Knyphausen (1988: 278ff.) sowie Kapitel 5.1.3.
[104] So stellen Portfolio-Methoden klassischerweise ein Instrument auf Ebene der Gesamtunternehmung dar, während auf Ebene von Teileinheiten wettbewerbsanalytische Instrumente dominieren (vgl. z. B. Hill/ Jones 1988: 30ff.).

Will man daher die Aufgaben eines strategischen Management unabhängig von verschiedenen Strategieebenen analysieren, so bietet sich das in Abbildung 2-13 dargestellte Spektrum eines strategischen Managementsystems an. Hier werden drei Dimensionen unterschieden.

Exploration, Analyse, Planung und Steuerung bilden vier verschiedene "Phasen" des strategischen Management, deren Unterscheidung sich aus Gründen der Komplexitätsreduktion anbietet. Die Phasen Exploration und Analyse unterscheiden sich vor allem dadurch, daß in der Analysephase relativ wohlstrukturierte Instrumente zum Einsatz kommen, während in der Explorationsphase tendenziell zweckfreie, ungerichtete und wenig strukturierte Methoden eingesetzt werden. Die Planungsphase befaßt sich mit Entwurf, Bewertung und Auswahl strategischer Maximen. Die Steuerungsphase legt schließlich einen Schwerpunkt auf die Umsetzung von Erfolgspotentialen in die Kategorien des operativen Tagesgeschäftes. Diese Phaseneinteilung bildet eine Vereinfachung, denn aufgrund des iterativen Charakters ist im Einzelfall eine trennscharfe Unterscheidung verschiedener Aktivitäten nicht möglich.

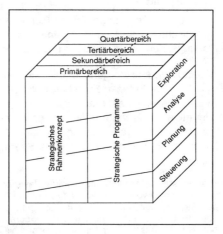

Abb. 2-13: Das Spektrum strategischer Managementsysteme
(aus Kirsch/ Obring 1992: 369)

Diese Phaseneinteilung wird ergänzt durch die Unterscheidung verschiedener Perspektiven eines strategischen Managements, welche die bereits eingeführten unterschiedlichen Potentialbereiche von Unternehmen in den Vordergrund stellen. Die Perspektive des *Primärbereiches* bezieht sich auf die Produkt-/ Markt-Beziehungen einer internationalen Unternehmung. Die in Kapitel 2.3.1 vorgestellten Systemkonzeptionen können weitgehend diesem Bereich zugerechnet werden. Spezifische Aspekte ergeben sich z. B. im Hinblick auf internationale Marketingstrategien (vgl. z. B. Segler 1986), das Strategische Management der internationalen Logistikkette (vgl. Behrendt 1979) oder Strategien auf globalen Beschaffungsmärkten. Demgegenüber knüpft die Perspektive des *Sekundärbereiches* an die Ressourcen an. Zu diskutieren wären damit Aspekte des globalen Technologietransfers (vgl. z. B. den Reader von Muroyama/ Stever Hrsg. 1988) oder das Management internationaler Humanressourcen (vgl. Marr Hrsg. 1991). Der *Tertiärbereich* bezieht sich auf die Perspektive der Führung bzw. Organisation, insbesondere aber auf die im Rahmen dieser Arbeit behandelte Gestaltung von Managementsystemen. Schließlich thematisiert die Perspektive des *Quartärbereiches* die Standortbestimmung (im wörtlichen und übertragenen Sinne) des Unternehmens im relevanten Feld. Im Vordergrund steht die Standortplanung (vgl. z. B. Henzler 1992), vor allem aber auch die Erarbeitung soziopolitischer Strategien (vgl. z. B. Achleitner 1985) zur Gestaltung und institutionellen Verankerung der Beziehungen zu verschiedenen nationalen und internationalen Interessengruppen. Grundsätzlich erscheint es sinnvoll, die einzelnen Bereiche jeweils autonom aus ihrer eigenen Perspektive heraus zu betrachten.[105] Damit wird eine vorschnelle Festlegung in bezug auf die Frage vermieden, welcher Bereich, bzw. ob überhaupt *ein* Bereich bei der Konsolidierung der voneinander unabhängig erarbeiteten Maximen eine Führungsrolle übernehmen soll.

Die dritte Dimension zur Aufgabenanalyse eines strategischen Management im internationalen Unternehmen kann an der Art der bereichsspezifisch generierten Outputs ansetzen und zwischen strategischen Programmen und unternehmenspolitischen bzw. strategischen Rahmenkonzepten unterscheiden. Das *strategische Rahmenkonzept* bildet den "... Inbegriff jener Maximen (Grundsätze, Grundstrategien, Ziele), die die Soll-Vorstellung für die langfristige Evolution der Rahmenbedingungen des Unternehmens zum Ausdruck bringen ..." (Kirsch/ Obring 1991: 376). Demgegenüber bezeichnet das *strategische Programm* eines Bezugsfeldes (z. B. eines Geschäftsfeldes) alle auf dieses Feld bezogenen (1) Ziele und strategischen Stoßrichtungen, (2) deren Aufgliederung in Unterziele, Unterstrategien und Maßnahmen sowie (3) die Festlegung erster robuster Schritte.[106]

---

[105] Diese Bereichsorientierung kann auch im Sinne einer rekursiven Anwendung des Spektrums eines trategischen Management genutzt werden. So stellt sich z. B. aus Sicht des Tertiärbereichs die Frage, für welche organisationsinternen "Produkt-/ Markt-Bereiche" Systemangebote erarbeitet werden, welche Informationsverarbeitungstechnologien des Sekundärbereiches zur Anwendung kommen, welche Entwurfssysteme des Tertiärbereiches eingesetzt werden, und welchen Standort z. B. eine entsprechende Controlling-Abteilung im Unternehmen einnimmt. Vgl. für ein Strategisches Management der Informationsverarbeitung: Fischbacher (1986: 78), für ein Strategisches FuE-Management: Stock (1990: 89).

[106] Strategische Aktivitäten, deren Reichweite das gesamte Unternehmen betrifft, und die von herausragender Bedeutung für die strategische Entwicklung des Unternehmens sind, sollten u. U. zu *Schwerpunktprogrammen* erklärt werden. Diese umfassen operative und strategische Programme, werden in Projektform mit eigenem Projektleiter durchgeführt und besitzen einen Paten in der Geschäftsführung (vgl. Kirsch/ Obring 1991: 388).

Bei dieser Unterscheidung ist explizit der Vorstellung vorzubeugen, strategische Rahmenkonzepte und strategische Programme könnten als verschiedene Strategieebenen aufgefaßt werden. Einerseits nehmen Rahmenkonzepte zwar Prämissencharakter für strategische Programme an. Die in der obigen Definition genannten Ziele strategischer Programme lassen sich deshalb auch als Teilaussagen der relevanten Rahmenkonzepte interpretieren, die sozusagen den übergreifenden Rahmen dieses Programms darstellen.[107] Andererseits können strategische Programme nicht nur für bestimmte Geschäftseinheiten im Sinne von business units, sondern für beliebige Bezugsfelder - so etwa Suchfelder oder technologische Entwicklungsfelder - generiert werden. Letztlich liegt die Unterscheidung zwischen strategischen Programmen und strategischen Rahmenkonzepten quer zu der Annahme hierarchischer Planungsebenen internationaler Unternehmen.

Dieses Spezifikum ist in besonderer Weise geeignet, um dem Phänomen polyzentrischer Handlungsstrukturen im internationalen Unternehmen gerecht zu werden. Prinzipiell kann ein beliebiges Aktionszentrum im Rahmen der Reflexion seiner Führungsrolle das gesamte Spektrum eines strategischen Management nutzen. Allerdings wird sich dann aus Sicht einzelner Handlungszentren die jeweilige Interpretation der verschiedenen Bereichsperspektiven ändern.[108] So umfaßt aus Sicht einer Zentrale der Sekundärbereich die Ressourcen, der Tertiärbereich die Organisation und die Systeme und der Quartärbereich die Standortbestimmung *der Zentrale*. Von besonderer Bedeutung ist jedoch der Primärbereich aus Sicht der Zentrale. Kirsch/ Obring verdeutlichen dies am Beispiel von Konzernen:

> "Die primäre Aufgabe der Konzernzentrale ist nicht in der Versorgung von Märkten mit entsprechenden Produkten zu sehen, sondern in der Steuerung und Koordination der Gesamtheit aller business units. Diese Steuerungs- und Koordinationsaufgabe zieht sich durch alle Perspektiven des Gesamtkonzerns. Der Primärbereich der Zentrale schließt also m.a.W. das Management der konzeptionellen Gesamtsicht des Gesamtkonzerns ein." (Kirsch/ Obring 1991: 395)

Allerdings ist zu beachten, daß das strategische Rahmenkonzept durchaus auch Elemente einer kollektiven Strategie umfassen kann. Im internationalen Zusammenhang läßt sich die Aufgabe der Zentrale dann in bezug auf solche

---

[107] Kirsch/ Obring (1991: 388) verdeutlichen dies durch Einführung der zusätzlichen Kategorie "*vollständiges Programm*".

[108] Letztlich kann damit eine weitere Konkretisierung der Überlegungen zum Rollenkonzept in polyzentrischer Führungsstrukturen (vgl. Kapitel 2.4.3) erarbeitet werden. Die Rolle eines Handlungszentrums wird als Summe von Eigen- und Fremderwartungen gekennzeichnet, wobei zur genaueren Analyse zwischen den Dimensionen des jeweils relevanten organisatorischen Teilfeldes, der Aufgabe und der Mittel bzw. der Art und Weise der Aufgabenerfüllung einzelner Aktionszentren unterschieden wurde. Über eine Reflexion von Führungsrollen in bezug auf die Aufgabe eines strategischen Management mag es dann zur vertikalen Ausdifferenzierung neuer Rollenkonstellationen im Sinne der Begriffsfassung von Managementsystemen kommen.

Erfolgspotentiale spezifizieren, die sich speziell aus einer grenzüberschreitenden Unternehmenstätigkeit ergeben.[109] Analoge Überlegungen sind dann auf der Ebene von Teileinheiten oder Funktionalbereichen möglich. Beispielsweise ist das strategische Rahmenkonzept einer Auslandseinheit Ausdruck der konzeptionellen Gesamtsicht der Erfolgspotentiale dieser Einheit, wobei allerdings die übergreifende corporate und/ oder collective strategy als Randbedingung in dieses Rahmenkonzept eingeht.

Damit wird deutlich, daß das Spektrum eines strategischen Management einen geeigneten Ausgangspunkt bildet, um die Aufgabe der Erarbeitung einer konzeptionellen Gesamtsicht der Erfolgspotentiale internationaler Unternehmen genauer zu charakterisieren. Die grundsätzliche Offenheit dieses Bezugsrahmens ermöglicht es zugleich, den Spezifika polyzentrischer Handlungsstrukturen Rechnung zu tragen, indem zunächst keine Hierarchie verschiedener Strategieebenen unterstellt wird.

Bevor dieses Spektrum strategischer Managementsysteme im einzelnen erschlossen wird, soll in der folgenden Zwischenbetrachtung ein Betriebsmodell der Planungs- und Kontrollsysteme eines international tätigen Unternehmens dargestellt werden. Dadurch läßt sich ein erster Eindruck vom State of the Art strategischer Managementsysteme in der Praxis internationaler Unternehmen vermitteln. Damit wird für die weiteren Überlegungen die notwendige Praxissensibilisierung ermöglicht. Ferner sollen die in diesem Kapitel erarbeiteten Anforderungen vertieft werden, welche für die Gestaltung strategischer Managementsysteme in polyzentrischen Führungsstrukturen maßgeblich sind.

---

[109] Man denke etwa an die in Kapitel 2.2.3 genannten Arbitragepotentiale, die organisationsintern durch den Transfer von Management-Know-How und organisationsextern durch Finanzmarktarbitragen realisiert werden können.

3 Zwischenbetrachtung: Betriebsmodell der Planungs- und Kontrollsysteme eines international tätigen Unternehmens

Die Forderung nach einer Anwendungsorientierung der Betriebswirtschaftslehre besitzt innerhalb der wissenschaftstheoretischen Diskussion dieser Disziplin eine lange Tradition.[1] Als ein Ergebnis dieser Diskussion kann gelten, daß die Chance einer praktischen Anwendung wissenschaftlicher Systemkonzeptionen verbessert wird, wenn die Betriebswirtschaftslehre von einem realistischen Bild der Anwendungsbedingungen ihrer fokalen Praxis ausgeht. Mit der Herausstellung spezifisch polyzentrischer Führungsstrukturen wurde versucht, dieser Forderung zu entsprechen, und zu einem solchen realistischen Bild von den Bedingungen einer Unterstützung der strategischen Führung im internationalen Unternehmen beizutragen. In diesem Sinne kann auch die Forderung interpretiert werden, die Dymsza im Anschluß an einen Rückblick auf seine zehnjährige Herausgebertätigkeit für das "Journal of International Business Management" aufstellt.

> "... we need further knowledge of the design and processes of strategic planning by multinational corporations; ways of implementing strategies by corporate division, and national subsidiary managers; management interactions at all levels; and actual decision making, joint or other."
> (Dymsza 1984a: 12)

In diesem Sinne bietet es sich an, die bisherigen Überlegungen an einem Fallbeispiel zu verdeutlichen und weiterzuentwickeln. Dazu soll das Betriebsmodell der Planungs- und Kontrollsysteme (kurz: Planungssysteme) eines international tätigen Konzerns dargestellt werden.

Zu Beginn sind einige Anforderungen für die Rekonstruktion von Betriebsmodellen herauszuarbeiten (3.1). Vor diesem Hintergrund erweist sich eine Darstellung der Führungsstruktur und der Führungsgrundsätze des Unternehmens als notwendig (3.2). Im weiteren gilt es, die im Unternehmen implementierten Planungs- und Kontrollsysteme zu rekonstruieren (3.3). Schlußfolgerungen für die weitere Arbeit runden die Überlegungen ab (3.4).

3.1 Anforderungen an die Rekonstruktion von Betriebsmodellen

Betriebsmodelle von Managementsystemen sind das Ergebnis einer Rekonstruktion von Systemkonzeptionen, die in einer Unternehmung tatsächlich implementiert sind. In der einschlägigen Literatur finden sich zahlreiche Beispiele solcher Betriebsmodelle international tätiger Unternehmen.[2] Aus einer Analyse

---

[1] Vgl. Chmielewicz (1970), Kirsch/ Esser/ Gabele (1979), Kirsch/ Seitz (1992), Nienhüser (1989) und die dort angegebene Literatur.
[2] Vgl. z. B. Bower (1970): wahrscheinlich *IBM*; Hill (1980): *Ciba Geigy*; Kellers (1980): *FAG Kugelfischer*; Ferdows/ Spray (1985): *Honeywell*; Leontiades (1985): *Ford-Europa*; Albach (1987): *Schering*; Bierich (1988): *Bosch*; Altmann/ Kappich (1989): *Schering*; Grabherr (1989): *Henkel*; Pohl (1990): wahr-

lassen sich erste Hinweise auf Probleme und Praktiken der Planung und Kontrolle internationaler Unternehmen gewinnen. Häufig liegen jedoch gewisse Defizite vor, die den Aussagegehalt solcher Darstellungen schmälern. Solche Defizite werden im folgenden kurz erläutert und zum Anlaß genommen, um daraus Anforderungen für die weiteren Ausführungen abzuleiten.

(1) Aufgrund sehr spezifischer Gliederungssystematiken und individueller Begrifflichkeiten sind einzelne Falldarstellungen *unvergleichbar*. Eine übergreifende, fallstudienvergleichende Vorgehensweise im Sinne eines "Reasoning from Case to Case" (Kirsch 1992a: 413) ist daher nicht ohne weiteres möglich. (2) Zum anderen nehmen solche Betriebsmodelle häufig den Charakter reiner *"Erfolgsstories"* an. Beispielsweise wird der Entwicklungsstand der jeweiligen Systemkonzeption meist nicht thematisiert, so daß der Leser nicht erkennen kann, was bereits realisiert ist, was sich im Entwicklungsstadium befindet, und was lediglich langfristige Wunschvorstellungen sind.[3] (3) Damit wird bereits das Problem der *"Momentaufnahme"* angedeutet. Ein Betriebsmodell stellt immer nur einen zeitlichen Ausschnitt aus einem Entwicklungsprozeß der jeweiligen Systemkonzeption dar. Sofern ein Betriebsmodell nicht in den Zusammenhang der historischen Entwicklung, aber auch der zukünftigen Anforderungen und Leitideen der Systementwicklung gestellt wird, gehen wesentliche Hintergrundinformationen verloren. (4) Weiter werden häufig die Rahmen- und Anwendungsbedingungen des jeweiligen Betriebsmodells vernachlässigt. Die Bedeutung von Managementsystemen kann aber nur vor dem Hintergrund der Spezifika der durch sie unterstützten Führungsstrukturen offengelegt werden. Die Rekonstruktion eines Betriebsmodells erfordert daher zugleich die Darstellung der wesentlichen Merkmale der durch sie unterstützten Führungsstrukturen. (5) Schließlich ist nur im Ausnahmefall beurteilbar, ob die dargestellten Systeme im Unternehmen auch tatsächlich genutzt werden oder ob sie der Vorstellungswelt eines "Ghost Writer in Stabsfunktion" entspringen. Dem Leser wird häufig nicht deutlich, inwieweit die Produkte der vorgestellten Systeme lediglich in den "Schubladen" der Adressaten verstauben oder aber tatsächlich ernst genommen werden.

Damit zeigt sich, daß es einem außenstehenden Beobachter kaum möglich ist, von den teilweise idealisierenden und aus dem Zusammenhang gerissenen Darstellungen auf die eigentlichen Probleme im Unternehmen zu schließen. Durch eine Berücksichtigung der genannten Aspekte kann der Erkenntniswert von Betriebsmodellen jedoch verbessert werden. Demgemäß sollen die genannten Problembereiche im folgenden soweit möglich berücksichtigt werden. Dies setzt allerdings voraus, daß der Rekonstrukteur kompetenter Teilnehmer

---

mann/ Kappich (1989): *Schering*; Grabherr (1989): *Henkel*; Pohl (1990): wahrscheinlich *Osram-Japan*; Sugiura (1990): *Honda*; Chung/ Friesen (1991): *Boeing*; Weber (1991b): *ABB*; Nieswandt (1992): *GEA AG*; Siddall/ Tavares/ Willey (1992): *BP Oil*; Simpson (1992): *Unbekannt*.

[3] Ausnahmen stellen z. B. die Veröffentlichungen von Götzen/ Kirsch (1983) und Ax/ Börsig (1983) dar.

der Lebenswelt des Unternehmens ist und das zu rekonstruierende System aus einer Binnenperspektive kennt (vgl. Kirsch/ Maaßen 1989: 6). Obwohl diese Anforderung im vorliegenden Fall (weitgehend) erfüllt ist, können vereinfachende Darstellungen damit natürlich nicht ausgeschlossen werden. Solche Vereinfachungen ergeben sich aus dem Dilemma, daß dem Leser eine geschlossene Darstellung geboten werden soll, andererseits aber die Meinungsvielfalt der an einem Planungsprozeß Beteiligten selbst durchaus kein "stimmiges Bild" ergibt. Brooke/ Remmers bringen dies auf den Punkt:

> "[It] is the problem of defining a company opinion. If company X is said to report a certain motive, who for this purpose is company X? - The chairman? The managing director? A majority of the board? The public relations officer? The official historian? Or who?"

(Brooke/ Remmers 1972: 229)

Dieses für polyzentrische Unternehmen besonders relevante Problem wurde zum einen dadurch gehandhabt, daß ein möglichst reichhaltiges Meinungsbild erarbeitet wurde, um erst im Anschluß eine Verdichtung der spezifischen Sichtweisen vorzunehmen. Zum anderen wird im Text - soweit möglich - explizit zwischen reiner Deskription und persönlicher Einschätzung unterschieden.[4]

Gemäß der in Punkt (4) genannten Bedeutung der Rahmen- und Anwendungsbedingungen von Planungssystemen wird im folgenden zunächst die Führungsstruktur des Unternehmens dargestellt.

3.2 Führungsstruktur und Führungsgrundsätze

Beim Fallstudienunternehmen handelt es sich um einen großen deutschen Konzern, der sich nach dem zweiten Weltkrieg zu einem diversifizierten international tätigen Unternehmen entwickelt hat.[5] Das Unternehmen ist in mehreren weitgehend unabhängigen Arbeitsgebieten bzw. Unternehmensbereichen tätig, wovon ein Unternehmensbereich den Stammbereich im Sinne der traditionellen Wachstumsbasis mit dem größten Umsatzanteil bildet. Spezifikum dieses Stammbereiches war die Tätigkeit auf einem Markt mit beschränktem Angebotsmonopol mit einer Tendenz zu einem bilateralen Oligopol mit wenigen Großkunden. Außerhalb Deutschlands wird in über zehn Ländern an jeweils mehreren Standorten gefertigt. Bei einem Auslandsanteil von rund 50 % des Gesamtumsatzes liegt der Umsatzschwerpunkt im europäischen Ausland, während sich Fertigung sowie Forschung und Entwicklung zu rund 80 % auf Deutschland konzentrieren. Langfristig soll jedoch der Auslandsanteil der Fertigung dem des Umsatzes angenähert werden, wobei Umsatzschwerpunkte

---

[4] Zu einer genaueren Darstellung des Kooperationsprojektes vgl. Anhang 1.
[5] Aus Vertraulichkeitsgründen beschränken sich die folgenden Unternehmensangaben auf allgemeine Fakten, die keinen Rückschluß auf das Fallstudienunternehmen gestatten.

vor allem im europäischen Ausland liegen. Ziel ist weiter der Aufbau eines weltweiten Fertigungs-, Vertriebs- und Entwicklungsverbundes.

Die Nachkriegsentwicklung ist durch ein starkes regional- und produktdiversifizierendes Wachstum sowie eine zunehmend diskontinuierliche Marktentwicklung gekennzeichnet. Diese Faktoren führten Anfang der 60er Jahre zu einer Ablösung der funktionalen durch eine divisionale Führungsstruktur.[6] Seit dieser Zeit hat sich die Anzahl der Divisionen durch Teilung stark wachsender Bereiche und über Akquisitionen verdreifacht. Die zunehmende Internationalisierung führte zu einer zweiten Reorganisationsphase, in der seit Ende der 80er Jahre die zuvor zentral geführten Auslandstöchter den inländischen Divisionen nach Maßgabe ihrer weltweiten Erzeugnisverantwortung anteilig oder in vollem Umfang zugeordnet werden.[7] Seit Anfang der 90er Jahre werden schließlich unterhalb der Divisionsebene erste eigenständige Produktbereiche mit Ergebnisverantwortung eingeführt.[8]

Führungsstruktur und Führungsgrundsätze im Überblick

Nach heutigem Stand liegt eine dreidimensionale matrixartige Führungsstruktur mit den Dimensionen Funktion, Erzeugnis und Region vor, die hierarchisch in die Ebenen "Geschäftsführung/ Zentrale", "Divisionen" und "Werke" gegliedert ist (vgl. Abbildung 3-1). Führungskreise sind im Sinne unmittelbarer hierarchischer Berichts- und Anweisungslinien der Führungsstruktur aufzufassen; sie beschränken sich aber nicht auf Aktivitäten im klassischen Verständnis des Linienbegriffs[9], sondern bezeichnen den generellen Interaktionsfluß zwischen Handlungszentren. *Führungskreis I* faßt die Einflußnahme auf in- und ausländische Divisionen durch die Führungsbereiche der ersten Ebene zusammen, *Führungskreis II* dagegen Einflußbeziehungen zwischen inländischen und ausländischen Divisionen. Prinzipiell kann eine ausländische Regionalgesellschaft mehreren inländischen Divisionen zugeordnet sein (geteilte Regionalgesellschaft). Die Steuerung ausländischer Regionalgesellschaften vollzieht sich arbeitsteilig und zum Teil überschneidend zwischen Führungskreis I und II. *Führungskreis III* bindet schließlich einzelne in- und ausländische Werke an die Divisionsebene an. Auch hier bestehen Überschneidungen, d.h. ein in- oder ausländisches Werk kann mehreren Divisionen zugeordnet sein (geteiltes Werk). Diese Grobstruktur wird im folgenden genauer erläutert.

---

[6] Kirsch/ Esser/ Gabele (1979: 6) zeigen, daß die Anzahl der Divisionalisierungen deutscher Großunternehmen vor allem nach 1968 rapide anstieg. Im empirischen Vergleich wurde die Divisionalisierung im vorliegenden Unternehmen also relativ früh eingeleitet.

[7] Damit wird ein Übergang von Mutter-Tochter-Strukturen hin zu einer weltweiten Produktstruktur vollzogen (vgl. nochmals Kapitel 2.2.2).

[8] Diese Reorganisationsphase befindet sich noch im Anfangsstadium und wird daher im weiteren Verlauf vernachlässigt.

[9] Vgl. z. B. Hill/ Fehlbaum/ Ulrich (1981: 192f.).

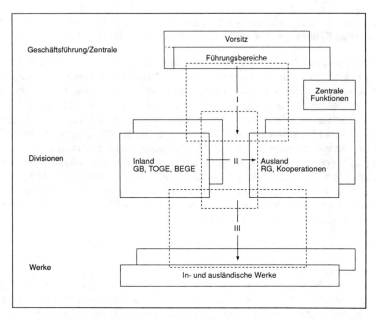

Abb. 3-1: Führungsstruktur des Fallstudienunternehmens: Führungsebenen und Führungskreise

Die *Zentrale* besteht aus der Konzern-Geschäftsführung und den zentralen Funktionsbereichen. Die Aufgabenverteilung der Geschäftsführung orientiert sich matrixartig an den Dimensionen Zentralfunktionen, Erzeugnis und Region, wobei jedem Mitglied der Geschäftsführung ein Führungsbereich zugeordnet wird. Einige Führungsbereiche umfassen ausschließlich Zentralfunktionen, so der hier bedeutsame Bereich "Betriebswirtschaft, Investitionen, Organisation und Datenverarbeitung". Den übrigen Führungsbereichen sind Zentralfunktionen und/ oder operative Einheiten der Divisionsebene zugeordnet. Das jeweilige Geschäftsführungsmitglied vertritt damit die Divisionsinteressen in der Gesamtgeschäftsführung. Die unterschiedlichen Tätigkeitsgebiete schlagen sich in einer analytischen Unterscheidung sogenannter *Unternehmensbereiche* nieder. Für die beiden größten Unternehmensbereiche übernimmt jeweils ein Mitglied der Geschäftsführung eine Koordinationsfunktion mit eigenen Stabsabteilungen.[10] Die *Divisionsebene* umfaßt im Inland rechtlich unselbständige Geschäftsbereiche (GB) und rechtlich selbständige Tochtergesellschaften (TOGE), welche nach Erzeugnissen zusammengefaßt sind. Die Ausnahme stellt eine inländische Division mit Vertriebsaufgaben dar. Aus-

---

[10] Diese Zwischenstufe ist jedoch nicht als eigene Führungsebene institutionalisiert, sondern stellt einen Ausdruck informaler Abstimmung dar. Prinzipiell kann aber davon ausgegangen werden, daß die jeweiligen Koordinatoren zusammen mit dem Geschäftsführungsvorsitz potentielle Mitglieder der dominierenden Koalition des Unternehmens darstellen.

landseinheiten werden als Regionalgesellschaften (RG) bezeichnet. Daneben existieren im In- und Ausland zahlreiche Kooperationen bzw. Beteiligungsgesellschaften (BEGE). Aus Vereinfachungsgründen werden im folgenden inländische Divisionen (GB, TOGE, BEGE) als *Geschäftsbereiche* (GB) bezeichnet, ausländische Divisionen dagegen als *Regionalgesellschaften* (RG). Als Überbegriff wird der Terminus "*Division*" verwendet. Divisionen werden als Profit Center geführt. Die Divisionsleitung setzt sich meist aus kaufmännischer, fertigungs-, vertriebs- sowie entwicklungsverantwortlicher Leitung zusammen, wobei ein Mitglied der Divisionsleitung die Stellung des "primus inter pares" einnimmt. Schließlich ist die Fertigungsfunktion auf die *Werkebene* ausgegliedert. Werke werden als Cost Center betrachtet und von einem technischen und einem kaufmännischen Leiter geführt.

Ein Spezifikum stellt die organisatorische Einbindung der kaufmännischen Funktionen in die Führungsstruktur dar. Kaufmännische Aufgaben werden auf allen Ebenen von einem Linienmanager (kaufmännischer Werkleiter, kaufmännischer Divisionsleiter, Geschäftsführer) als verantwortlichem "Controller" wahrgenommen, dem seinerseits Stabsabteilungen zugeordnet sind. Innerhalb dieser "Controllingorganisation" nehmen die Zentralabteilungen "Wirtschaftsplanung und Controlling" (ZBC) sowie "Rechnungswesen" (ZBR) eine Sonderstellung ein. ZBC besteht zum einen aus einer Gruppe "Strategische Planung", die im Sinne einer unternehmensinternen Beratung projektorientiert arbeitet. Zum anderen stellt diese Abteilung *Divisionsreferenten*, die eine Betreuungsfunktion zwischen Führungsbereichen und operativen Einheiten übernehmen. Bei ZBR ist eine Gruppe von Mitarbeitern für die Gestaltung und Betreuung der Divisionen hinsichtlich betriebswirtschaftlicher Richtlinien und Grundsätze verantwortlich, während eine zweite Gruppe das laufende Berichtswesen sowie die Fortentwicklung und die jährliche Konsolidierung der Wirtschaftsplanung betreut. Außerdem liegt bei ZBR die Verantwortung für Budgetierung und Kontrolle der Zentralfunktionen.

Die skizzierte Führungsstruktur ist damit "dezentral" ausgerichtet. Einzelne Geschäftsführer greifen jedoch - insbesondere im Stammbereich - nach dem Prinzip der "Nähe zum operativen Geschäft" fallweise bis auf die Werkebene durch.[11] Dieses Spannungsfeld zwischen Eigenständigkeit der Divisionen und Nähe zum operativen Geschäft wird mit dem Grundsatz der "kontrollierten Dezentralisation" begründet. Dieses Führungsprinzip ist in einer *Richtlinie zur Führung der Geschäftseinheiten des Unternehmens* kodifiziert, welche letztlich auf die Divisionalisierung der Unternehmung zurückgeht, seither jedoch schrittweise weiterentwickelt wurde.[12] Diese Führungsrichtlinie regelt die Beziehungen in Führungskreis I. Hier werden in- und ausländische Divisionen als

---

[11] Solche Durchgriffe sind teilweise Ergebnis der Forderungen von Großkunden, die von außen an Führungsbereiche herangetragen und organisationsintern unmittelbar durchgesetzt werden.

[12] Diese Richtlinie wird durch zahlreiche Zentralanweisungen, weitere Richtlinien und Mitteilungen der Geschäftsführung ergänzt.

selbständige Geschäftseinheiten betrachtet. Eingangs wurde jedoch darauf hingewiesen, daß seit Ende der 80er Jahre Reorganisationsmaßnahmen eingeleitet werden, die die Regionalgesellschaften betreffen. Der aktuelle Stand ihrer organisatorischen Einbindung ist nun darzustellen.

Die organisatorische Einbindung der Regionalgesellschaften

Im Grundsatz sind die Regionalgesellschaften den inländischen Geschäftsbereichen nach Maßgabe ihrer weltweiten Erzeugnisveranwortung zugeordnet. Die Geschäftsbereiche übernehmen damit eine weltweite Ergebnisverantwortung für ihre Erzeugnisse, während die Regionalgesellschaften lediglich für landesspezifische Erzeugnisse verantwortlich sind. Damit liegt eine Verlagerung der Steuerungsaktivitäten von Führungskreis I auf Führungskreis II vor. Diese Reorganisation wird unternehmensintern durch zunehmende Abstimmungsprobleme zwischen Führungsbereichen und das strategische Ziel begründet, in Vertrieb, Fertigung sowie Forschung und Entwicklung einen weltweiten Leistungsverbund aufzubauen. Ein solcher Leistungsverbund zieht letztlich eine tiefgreifende Veränderung der Führungsstrukturen nach sich, die nur auf lange Frist umsetzbar ist. Für das Verständnis des derzeitigen Entwicklungsstandes ist eine im Unternehmen entwickelte und hier ergänzte Typologie der Rollen von Regionalgesellschaften hilfreich.

Erzeugnisspektrum	Einsparten-RG				Mehrsparten-RG			
Aufgabenspektrum \ Führungskreis	Anzahl	I	II	I + II	Anzahl	I	II	I + II
reine Vertriebs-RG	3	-	-	3	10	10	-	-
reine Fertigungs-RG	7	-	7	-	1	-	1	-
international verbundene RG	9	1	7	1	4	-	-	4
autonome RG	-	-	-	-	6	6	-	-

Abb. 3-2: Rollen von Regionalgesellschaften

Die Rolle einzelner Regionalgesellschaften (RG) läßt sich nach der Anzahl der betreuten *Erzeugnissparten* (Einsparten-RG/ Mehrsparten-RG) und nach dem betreuten Aufgabenspektrum kennzeichnen (vgl. Abbildung 3-2).[13] Eine Einsparten-RG betreut ein Erzeugnisspektrum, das eindeutig der Erzeugnisverantwortung *eines* Geschäftsbereiches zugeordnet werden kann, während eine Mehrsparten-RG Erzeugnisse mehrerer Geschäftsbereiche bearbeitet. Das

---

[13] Die erste Zahl gibt die Anzahl von Regionalgesellschaften wieder, für die die jeweilige Merkmalskombination zutrifft. Die folgenden drei Spalten verdeutlichen, welchem Führungskreis die einzelnen Einheiten zugeordnet sind.

Aufgabenspektrum einzelner Regionalgesellschaften orientiert sich an unterschiedlichen Geschäftsarten.

(1) Reine Vertriebs-RG arbeiten für zwei Kundengruppen. Großkunden können im *Direktgeschäft* entweder unmittelbar aus Konzernbezügen (Eigengeschäft) oder mittelbar in einer Agententätigkeit (Agentengeschäft) betreut werden. Im *Handelsgeschäft* werden dagegen kleinere Kunden bzw. ein anonymer Markt aus Konzernbezügen beliefert.

(2) Reine Fertigungs-RG fertigen im *Produzentengeschäft* ausschließlich für den konzerninternen Fertigungsverbund. Das Funktionsspektrum entspricht damit genau dem der inländischen Werke.

(3) Autonome Fertigungs- und Vertriebs-RG sind im Direkt- und Handelsgeschäft tätig. Sie beliefern lokale Großkunden und Kleinkunden aus eigener Fertigung. Diese Einheiten weisen in der Regel ein vollständiges Funktionsspektrum mit Fertigung, Vertrieb und eingeschränkter Forschung und Entwicklung auf. Solche Einheiten arbeiten auf geschlossenen lokalen Märkten und werden nicht in den weltweiten Leistungsverbund einbezogen.

(4) Im Gegensatz dazu beliefern international verbundene RG den lokalen Markt aus Eigen- und Konzernfertigung und fertigen darüber hinaus für den Konzernverbund. Das Aufgabenspektrum dieses RG-Typs umfaßt damit alle zuvor genannten Aufgabenbereiche.

In Abbildung 3-2 werden die aus Aufgaben- und Erzeugnisspektrum resultierenden Rollen dargestellt. Damit kann der aktuelle Entwicklungsstand der Einbindung einzelner Regionalgesellschaften in die Führungskreise I und II abgelesen werden. Grundsätzlich sind alle autonomen RG und alle Mehrsparten-Vertriebs-RG ausschließlich dem Führungskreis I zugeordnet. Reine Fertigungs-RG fallen aufgrund ihres Werkcharakters ausschließlich Geschäftsbereichen in Führungskreis II (bzw. III) zu. Bis auf zwei Ausnahmen gilt dies ebenso für international verbundene Einsparten-RG. Unmittelbare Überschneidungen zwischen Führungskreis I und II liegen dagegen für Einsparten-Vertriebs-RG und international verbundene Mehrsparten-RG vor. Der derzeitige Stand ist damit durch eine matrixartige Konstellation gekennzeichnet, bei der Auslandseinheiten sowohl direkt durch unmittelbar länderverantwortliche Führungsbereiche und/ oder indirekt über erzeugnisverantwortliche Führungsbereiche gesteuert werden.[14] Der Idealtyp einer Matrixstruktur (vgl. z. B.

---

[14] Der Status Quo erklärt sich durch eine "Reorganisationsstrategie", bei der nicht im Sinne einer "Strategie des Bombenwurfs" (vgl. Kirsch/ Esser/ Gabele 1979: 180ff.) vorgegangen wird. Statt dessen werden Reorganisationsmaßnahmen schrittweise für *einzelne* Regionalgesellschaften entwickelt und durchgesetzt. Zudem wurde die strategische Maxime der weltweiten Erzeugnisverantwortung bewußt ex post im Anschluß an nicht zentral gesteuerte Tendenzen einer Verantwortungskonzentration in den Geschäftsbereichen entwickelt. Die strategische Maxime (Strategie) folgte

Hill/ Fehlbaum/ Ulrich 1981: 206ff.) greift jedoch nicht durchgängig. Zum einen werden nicht alle Regionalgesellschaften nach Erzeugnis- und Regionaldimension in Matrixform geführt. Zum anderen berichten einzelne Linienmanager nicht nur an jeweils eine, sondern an mehrere erzeugnis- bzw. regionalverantwortliche Instanzen. Solche Abweichungen zwischen Idealtyp und realen Führungsstrukturen sind nicht ungewöhnlich.

> "Although it is fairly easy to define pure types of organization structure, it is often difficult in practice to classify firms within one of the structures. Most companies' structures are mixed to some extent because of growth and changes in managerial assignment."
> (Daniels/ Pitts/ Tretter 1985: 229)

Im Lichte der Überlegungen zu Führungsstrukturen internationaler Unternehmen (vgl. Kapitel 2.2.2) muß die Führungsstruktur des Unternehmens als "komplex" bezeichnet werden. Sie ist durch einen Übergang von der für europäische Unternehmen typischen reinen *Mutter-Tochter-Struktur* (Führungskreis I) zu einer *weltweiten Erzeugnisstruktur* (Führungskreis II) gekennzeichnet, wobei in der Zwischenphase matrixartige Übergangsstrukturen vorliegen. Langfristig wird jedoch auch eine weltweite Erzeugnisverantwortung von Regionalgesellschaften für spezifische Erzeugnisse angestrebt, so daß weitere Reorganisationsmaßnahmen anstehen. Damit kann nun der Frage nachgegangen werden, inwieweit polyzentrische Phänomene im Sinne einer mehrgipfligen Führungsstruktur vorliegen.

Polyzentrische Phänomene der Führungsstruktur

Für die Annahme einer polyzentrischen Struktur spricht die Tatsache, daß sich die Geschäftsführung als Zentrum der betrieblichen Willensbildung durch die Existenz einzelner Führungsbereiche mit unmittelbarer operativer Divisionsverantwortung auszeichnet. Dadurch wird ein Zentralpolyzentrismus gefördert, bei dem sich die verfassungsmäßigen Kernorgane nicht in jedem Fall als einheitlich agierendes Zentrum der Willensbildung auffassen lassen.Innerhalb der Geschäftsführung wird auf einen kollegialen Stil Wert gelegt, der eine wechselseitige Abstimmung einzelner Führungsbereiche zugunsten einer zentralen Koordination durch den Vorsitzenden der Geschäftsführung fördert. Zwei Unternehmensbereiche werden durch die eingangs genannten koordinierenden Geschäftsführungsmitglieder abgestimmt. Die Führung des Unternehmens wird damit tendenziell durch einen inneren Kreis der dominierenden Koalition zwischen diesen Geschäftsführern und dem Geschäftsführungsvorsitzenden geprägt.

Über diese Spezifika der obersten Führungsebene hinaus liegen vielfältige Verflechtungen zwischen einzelnen Verantwortungszentren vor. In Führungskreis I liegt eine funktionale Verflechtung zwischen einem weltweit vertriebs-

---

damit in gewisser Weise den sich abzeichnenden Entwicklungen (bzw. strategischen Manövern) im Unternehmen nach.

verantwortlichen und anderen erzeugnis- bzw. länderverantwortlichen Führungsbereichen vor. Die Ausführungen zur organisatorischen Einbindung der Regionalgesellschaften verdeutlichen weiter, daß sich die direkte Länder- (via Führungskreis I) und die indirekte Erzeugnisverantwortung (via Führungskreis II) einzelner Führungsbereiche in bezug auf einzelne Regionalgesellschaften überschneiden können. In Führungskreis II und III werden weitere Interdependenzen funktionaler und erzeugnisspezifischer Art wirksam. Neben dem oben dargestellten Phänomen geteilter Regionalgesellschaften existieren auch im Führungskreis III geteilte in- und ausländische Werke, die mehreren Geschäftsbereichen direkt zugeordnet sind. Im Extremfall liegen im Unternehmen vierfach geteilte Werke und Regionalgesellschaften vor.

Schließlich muß der besondere Einfluß von Großkunden aus dem Stammland und aus Gastländern im Sinne organisationsexterner Handlungszentren für den Stammbereich hervorgehoben werden. Forderungen von Großkunden werden häufig unmittelbar an die für die jeweiligen Divisionen verantwortlichen Führungsbereiche gerichtet, wobei das für den Stammbereich koordinierend tätige Geschäftsführungsmitglied eine zentrale Stellung einnimmt. Damit besteht aus Sicht der Großkunden zumindest mittelbar ein direktes "Durchgriffsrecht" auf die organisationsinternen Führungsstrukturen. Außerdem wird die zentrale Position der zuständigen Führungsbereiche *innerhalb* des Unternehmens selbst auch durch ihre Einbindung in das Beziehungsgeflecht zu Großkunden erklärt.

Im Gesamtbild liegen Bedingungen vor, die eine Entstehung polyzentrischer Führungsstrukturen fördern. Eine zentrale Stellung nehmen vor allem die inländischen Geschäftsbereiche ein, die durch die operative Anbindung an einzelne Führungsbereiche verstärkt wird. Demgegenüber stellen im Ausland vor allem die autonomen Regionalgesellschaften relativ eigenständige Entscheidungszentren außerhalb des direkten Einflußbereiches der Geschäftsbereiche dar. Die Reichweite der Zentrale ist in bezug auf solche Teileinheiten beschränkt. Die vielfältigen Verflechtungen der Handlungszentren erfordern ausgefeilte und zugleich robuste zusätzliche Koordinationsmechanismen, welche die Führungsstruktur des Unternehmens überlagern. Ein wesentliches koordinierendes Moment muß in dem ausgeprägten Sitzungswesen des Unternehmens gesehen werden.[15] Weitere divisionsübergreifende Koordinationsgremien (z. B. zahlreiche divisionsübergreifend besetzte Arbeitskreise) lassen sich als Hinweis darauf werten, daß die an einzelnen Einheiten ausgerichteten hierarchischen Koordinationsmechanismen durch Prozesse einer wechselseitigen dezentralen Abstimmung zu ergänzen sind. Schließlich stellen auch die Planungssysteme einen solchen "überlagernden" Koordinationsmechanismus dar. Diese werden im folgenden dargestellt.

---

[15] So findet allein die Sitzung der Geschäftsführung als höchstes Entscheidungsgremium des Unternehmens unter Beteiligung aller Führungsbereiche wöchentlich statt.

3.3 Die Planungs- und Kontrollsysteme

Der heutige Stand der Planungssysteme (vgl. Abbildung 3-3) läßt sich historisch auf die zum Zeitpunkt der Divisionalisierung eingeführten Systeme zurück verfolgen. Zeitgleich zur Reorganisation wurden neue Managementsy-

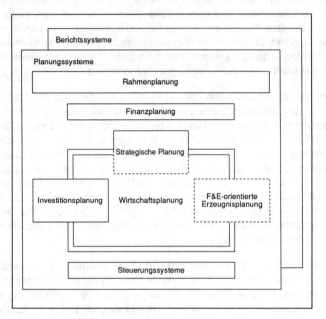

Abb. 3-3: Gesamtarchitektur der Planungs- und Kontrollsysteme

steme entworfen, insbesondere ein Finanzprogramm incl. Investitionsplanung, eigenständige Divisionsbilanzen und Ergebnisrechnungen. Bewährte Instrumente, wie eine vierteljährliche Erzeugnisklassenerfolgsrechnung, der monatliche Geschäftsbericht und eine monatliche Finanzsitzung der Geschäftsführung wurden dagegen fortgeführt. 1973 lag ein erstes in sich abgestimmtes Planungssystem vor, das im wesentlichen aus dem monatlichen Geschäftsbericht der Divisionen, einer vierteljährlichen Erfolgsrechnung und der Wirtschaftsplanung bestand.[16] Wesentliche Weiterentwicklungen beschränkten sich auf eine Erweiterung der Wirtschaftsplanung.[17] Im Sinne einer evolutio-

---

[16] Die Entstehung der Wirtschaftsplanung war nicht eindeutig rekonstruierbar. Planformulare liegen erst für das Jahr 1965 vor.
[17] 1974: eigene Erfolgspläne für ausländische Vertriebseinheiten; 1980: organisatorische Trennung der Investitionsplanung für In- und Ausland; 1983: erstmals englischsprachige Planungsvordrucke; 1986: Divisionsergebnisse nach Erzeugnisklassen/ Regionen weltweit durchgerechnet; 1987: zentrale Planung von Wechselkursen, Differenzierung der Wirtschaftsplanung nach Aufgabenty-

nären "Zellteilung" wurden nach und nach weitere Planungskomplexe - der Wirtschaftsplanung zeitlich vorgelagert - ausgekoppelt. Die heute existierende Investitionsplanung geht auf das Jahr 1988 zurück, und seit 1991 sind erste Überlegungen zu einer eigenständigen entwicklungsorientierten Erzeugnisplanung erkennbar. Beide Systeme liefern Prämissen für die Wirtschaftsplanung. Unabhängig von der Wirtschaftsplanung wurde 1986 eine fallweise arbeitende projektorientierte strategische Geschäftsfeldanalyse eingeführt.

Vereinfachend wird zwischen Planungsarchitektur und flankierenden Berichtssystemen unterschieden. Der Entwicklungsstand einzelner Planungssysteme ist unterschiedlich einzuschätzen. Die *Rahmenplanung* stellt kein eigenständig institutionalisiertes Planungssystem im engeren Sinne dar, sondern muß als Kern formierter unternehmens- und geschäftspolitischer Zielsetzungen und Grundsätze von weitreichender Bedeutung aufgefaßt werden. Die doppelt umrandete *Wirtschaftsplanung* ist voll funktionsfähig und bildet das Kernsystem der Planungsarchitektur, d.h. andere Planungssysteme richten sich inhaltlich und organisatorisch stark an der Wirtschaftsplanung aus. Dies kommt durch die in Abbildung 3-3 angedeuteten Überschneidungsbereiche zum Ausdruck.

Die *strategische Planung* setzt sich aus einem strategischen Verbalteil der Wirtschaftsplanung (gestrichelter Bereich) und einem eigenständigen, fallweise eingesetzten Modul zusammen. *Investitions- und Finanzplanung*[18] bilden eigenständige Planungssysteme, wobei insbesondere die Investitionsplanung in enger Beziehung zu den in der Wirtschaftsplanung vorhandenen Investitionsplänen steht. Die gestrichelt angedeutete *erzeugnisorientierte Entwicklungsplanung* befindet sich derzeit in der Erprobungsphase, weist in der Wirtschaftsplanung aber bereits heute ein Pendant in Form von Forschungs- und Entwicklungsplänen auf. Schließlich liegen zahlreiche *Steuerungssysteme*[19] (z. B. der Plankostenrechnung oder Auftrags- und Lieferplanung) vor.

Die Wirtschaftsplanung dient der Führungsunterstützung in den oben genannten Führungskreisen I bis III. Demgegenüber sind Investitions- und Finanzplanung, strategische Planung und Erzeugnisplanung Führungskreis I zuzuordnen. Die Steuerungssysteme sind überwiegend zur Führungsunterstützung in Führungskreis III konzipiert. Im folgenden steht zunächst die Darstellung der Planungssysteme im Mittelpunkt. Entsprechend der Bedeutung

---

[18] pen von Regionalgesellschaften; 1989: Planbilanzen und Plan-Gewinn- und Verlustrechnung für rechtlich unselbständige Divisionen; 1991: Forschungs- und Entwicklungspläne.
Die Finanzplanung, welche im folgenden nicht weiter behandelt wird, wird zentral mit einem einjährigen Planungshorizont bei vierteljährlicher Überarbeitung nach dem Schema einer Mittelherkunft-/ Mittelverwendungsrechnung erstellt. Sie stellt in erster Linie ein Instrument zur Steuerung des Stammbereiches mit rechtlich unselbständigen Divisionen dar.

[19] Diese Steuerungssysteme sind hier allerdings nicht im Sinne der oben (vgl. Kapitel 2.3.3) eingeführten Vorstellung einer strategischen Steuerung aufzufassen. Diese Funktion übernimmt eher die Wirtschaftsplanung.

und dem Entwicklungsstand einzelner Planungssysteme liegt der Schwerpunkt auf der Wirtschaftsplanung, der Investitionsplanung und der strategischen Planung. Die Struktur der Berichtsarchitektur wird dagegen im Anschluß behandelt.

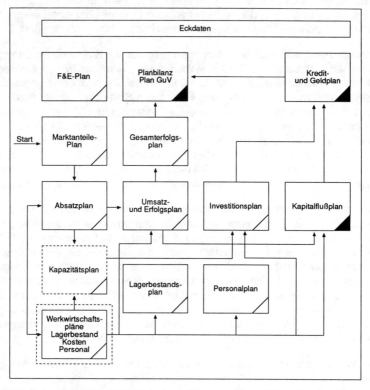

Abb. 3-4: Teilpläne und logischer Zusammenhang der Wirtschaftsplanung[20]

(1) *Die Wirtschaftsplanung* (vgl. Abbildung 3-4) wird jährlich durch alle Divisionen mit dreijährigem Planungshorizont erstellt, wobei das erste Planjahr im Gegensatz zu den zwei Vorschaujahren verbindlichen Budgetcharakter auf-

---

[20] Zur Erläuterung von Abb. 3-4 sind vier Punkte anzumerken: (1) Engpaßfaktor und damit Ausgangspunkt der Planung stellt der Markt und folglich die Absatzplanung dar. (2) Der Kapazitätsplan (gestrichelt) bildet keinen Bestandteil der offiziellen Plandokumente, sondern einen nur in der Division dokumentierten Zwischenplan. (3) Die Werkwirtschaftspläne (gestrichelt umrandeter Kasten) werden auf Werkebene in einem getrennten Planungsprozeß erstellt und im folgenden nicht weiter behandelt. (4) Die Dreiecke in den Plänen deuten an, ob es sich um finanzwirtschaftliche (schwarzes Dreieck) oder realwirtschaftliche (weißes Dreieck) Pläne handelt.

weist. Planwerte werden im monatlichen Berichtswesen verfolgt. Zugleich liefern die in der Wirtschaftsplanung ermittelten Soll-Werte Vorgaben für die Steuerungssysteme. Der Wirtschaftsplan besteht aus Verbal- und Zahlenteil.[21] Der Zahlenteil gliedert sich in finanz- und realwirtschaftliche Pläne und ein Eckdatenblatt, das die wichtigsten Kennzahlen zusammenfaßt. Abbildung 3-4 stellt den logischen Zusammenhang und die Ableitungsrichtung der Teilpläne vereinfacht dar.

Prinzipiell stellen alle in- und ausländischen Divisionen eigene Wirtschaftspläne auf. Damit sind unter dem internationalen Aspekt zwei wesentliche Ergänzungen von Bedeutung. Den verschiedenen Aufgabentypen von Regionalgesellschaften wird durch eine differenzierte Gestaltung von Teilplänen Rechnung getragen. Im Zentrum stehen unterschiedliche Erfolgskonzeptionen einzelner Aufgabentypen. Zentrale Bedeutung weist jedoch die Konsolidierung der Plandaten von Regionalgesellschaften durch Geschäftsbereiche auf. Diese Konsolidierung schlägt sich inhaltlich vor allem im Umsatz- und Erfolgsplan nieder, wo die entsprechenden Angaben differenziert nach Erzeugnisklassen und Ländern dargestellt und weltweit "durchgerechnet" werden. Darüber hinaus führt eine Konsolidierung aber zu erheblichen Problemen in der Ablauforganisation der Planung.

Der grundsätzliche Planungsablauf entspricht einem Gegenstromverfahren. Zu Beginn der Planungsrunde erarbeitet die Zentrale inhaltliche Planungsprämissen sowie allgemeine geschäftspolitische Hinweise für die Divisionen.[22] Im Anschluß werden auf Divisionsebene Absatzpläne erstellt und über eine Kapazitätsplanung auf die verfügbaren Fertigungseinheiten bzw. Werke umgelegt. Schwerpunkt der Werkplanung ist die Erarbeitung erzeugnisspezifischer Plankosten. Nach Abschluß der Werkplanung konsolidieren die Divisionen ihre Werkpläne, ergänzen diese um divisionsspezifische Gemeinkosten (Vertrieb, Verwaltung, Entwicklung) sowie die Plandaten anderer Divisionen. Den Abschluß der Planungsrunde bildet eine Kommentierung durch die zuständigen Referenten des zentralen Controlling sowie die Präsentation der Planergebnisse in einer Planungssitzung vor der gesamten Geschäftsführung (GPS). Nach der GPS können Pläne mit oder ohne Auflage freigegeben oder zur Überarbeitung abgewiesen werden. Der gesamte Planungsprozeß dauert zwischen sechs und acht Monaten. Diese Planungsdauer erklärt sich durch zeitaufwendige Zielvereinbarungsprozesse auf allen Planungsebenen und die für jede Einheit einzeln durchgeführte GPS, auf der alle Geschäftsbereiche und die wichtigsten Regionalgesellschaften präsentieren.

---

[21] Der Verbalteil schildert auf ca. zehn Seiten bereichsspezifische Projekte und enthält eine Markt- und Lagebeurteilung sowie eine Geschäftsfeldbeurteilung in Kurzform ("Steckbrief").

[22] Die Planungsprämissen dienen einer Koordinierung der Plansätze und haben keinen unmittelbaren Zielcharakter (z. B. Planwechselkurs, Absatzerwartung, Einkaufspreisentwicklung und allgemeine Daten für Kosten- und Vermögensplanung).

Schlüssel des Planungsablaufs sind Abstimmungsprozesse zwischen inländischen und ausländischen Divisionen. Für die Einbindung in den Planungsprozeß der Geschäftsbereiche sind die Rollen der Regionalgesellschaften maßgeblich (vgl. nochmals Abbildung 3-2). *Autonome RG* planen zeitlich und inhaltlich entkoppelt von den Geschäftsbereichen. Alle *Vertriebs-RG* speisen ihre Absatzerwartungen in den Planungsprozeß ein, wobei ein inländischer Vertriebs-GB eine Koordinationsfunktion übernimmt. Reine Einsparten-RG werden in der Planung der Geschäftsbereiche konsolidiert. Reine *Fertigungseinheiten* werden durch die verantwortlichen inländischen Geschäftsbereiche analog der Vorgehensweise im Inland als Werke behandelt. *International verbundene Einsparten-RG* werden schließlich in der Geschäftsbereichsplanung voll konsolidiert, *Mehrsparten-RG* dagegen nur werkseitig. Diese sehr vereinfachende Darstellung zeigt, daß zum Teil erhebliche Abstimmungsprobleme im Planungsprozeß die Regel sind.[23]

(2) *Die jährliche Investitionsplanung* umfaßt zwei sechsmonatige Planungsrunden und arbeitet analog der Wirtschaftsplanung mit einem dreijährigen Planungshorizont. Die erste Planungsrunde (Investitionsrahmenplanung) liefert Prämissen für die zweite Investitionsplanung, welche in die Wirtschaftsplanung integriert ist. Primäre Aufgabe der Investitionsplanung ist die Auswahl rentabler Einzelinvestitionen sowie divisionsübergreifender Investitionsprojekte hinsichtlich qualitativer und quantitativer Kriterien (Kapitalwert, interner Zinsfuß, Kapitalrückflußdauer). Diese Beurteilungskriterien werden in Investitionsanträgen ermittelt, welche zugleich die Basis für Investitionskontrollen darstellen. Darüber hinaus liefert die Investitionsplanung Rahmenwerte als Planungsprämissen der Wirtschaftsplanung und leistet eine Abstimmung zur Finanzplanung. Schließlich steuert dieses System "Investitionsfreigaben" für Bestellabrufe bei Lieferanten.

Der Ablauf der Investitionsplanung erfolgt in enger zeitlicher Abstimmung zur Wirtschaftsplanung. Ab Jahresbeginn werden die Investitionsvorschauwerte der Wirtschaftsplanung "bottom up" auf Basis neuer Absatzschätzungen überarbeitet, zusammengefaßt und der Geschäftsführung zur Diskussion von Investitionsschwerpunkten vorgelegt. Zum Start der neuen Wirtschaftsplanung gibt die Geschäftsführung Investitionsrahmenwerte als Prämissen vor. Im Verlauf der Wirtschaftsplanung reichen die Divisionen detaillierte Investitionsanträge ein, die im Rahmen der GPS divisionsweise diskutiert werden. Nach Beendigung der Wirtschaftsplanung und Abstimmung zur Finanzplanung werden je nach wirtschaftlicher Lage Modifikationen durchgeführt und der Investitionsetat des Gesamtunternehmens verabschiedet.

---

[23] Beispielsweise bezieht der größte Geschäftsbereich insgesamt zwölf Werke im In- und Ausland ein, wobei zwei Auslandseinheiten zu berücksichtigen sind. Umgekehrt koordiniert eine große, international verbundene RG Planungsbeziehungen zu insgesamt neun Geschäftsbereichen.

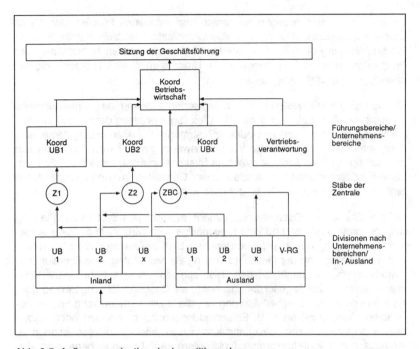

Abb. 3-5: Aufbauorganisation der Investitionsplanung

Für die Einbindung ausländischer Einheiten in den Prozeß der Investitionsplanung ist die in Abbildung 3-5 dargestellte Aufbauorganisation ausschlaggebend. Geschäftsbereiche und Fertigungs- sowie Vertriebs-RG erstellen Investitionsanträge, die auf der Ebene des Gesamtunternehmens getrennt für die beiden größten Unternehmensbereiche diskutiert werden. Die Investitionen von RG werden zum einen über die verantwortlichen Geschäftsbereiche eingereicht. Investitionsvorhaben von V-RG, von geteilten RG, die nicht in den Verantwortungsbereich eines Geschäftsbereiches fallen, und von autonomen RG werden dagegen getrennt behandelt und vor allem durch ZBC betreut. Der für betriebswirtschaftliche Fragen verantwortliche Führungsbereich übernimmt eine beratende Koordinationsfunktion, bevor die Investitionen endgültig durch die Gesamtgeschäftsführung verabschiedet werden. Dieser Abstimmungsprozeß wird durch insgesamt drei Stabsstellen unterstützt.

Wesentliches Merkmal der Aufbauorganisation der Investitionsplanung ist damit, daß der Planungsprozeß prinzipiell durch eine Erzeugnisorientierung geprägt wird, wobei die beiden größten Unternehmensbereiche dominieren. Die regionale Verteilung von Investitionsmitteln ist demgegenüber organisatorisch in die Verantwortung der Unternehmensbereiche verlagert. Damit werden Investitionsressourcen zuerst nach Erzeugnissen und damit auf *inländische* Geschäftsbereiche alloziert. Eine Allokation hinsichtlich regionaler

Schwerpunkte stellt dagegen ein zeitlich nachgelagertes Problem dar. Es ist davon auszugehen, daß diese Aufbauorganisation letztlich Ausdruck einer Präferenzhaltung darstellt. Dies erklärt möglicherweise den hohen Anteil der Produktion an deutschen Standorten im Unternehmen, eine Tatsache, die der intendierten Strategie entgegenläuft.

(3) Den Entwicklungsstand der *strategischen Planung* des Unternehmens darzustellen, fällt zunächst schwer.[24] Dies liegt vor allem daran, daß im Vergleich zu anderen Betriebsmodellen[25] strategischer Planungssysteme eine sehr unternehmensspezifische Vorgehensweise gewählt wird. Grundsätzlich gilt, daß auch als operativ bezeichnete Systeme, insbesondere aber die kurzfristige Wirtschaftsplanung strategischen Charakter im oben eingeführten Sinne einnehmen können (vgl. nochmals Kapitel 2.3.3).

Auf der Ebene des Gesamtunternehmens existiert kein System zur Planung der corporate strategy, und eine regelmäßige, der Wirtschaftsplanung vorgelagerte Strategierunde ist nicht vorgesehen. Statt dessen muß die wöchentlich stattfindende Sitzung der Geschäftsführung als *das* strategische Gremium der Unternehmung aufgefaßt werden. Hier speisen einzelne Führungsbereiche immer auch solche Tagesordnungspunkte als Geschäftsführungsantrag oder als Information der Geschäftsführung ein, die letztlich strategische Fragen behandeln. Dazu gehören z. B. Entscheidungsvorlagen aus den noch darzustellenden strategischen Geschäftsfeldanalysen, aber auch Informationen zu strategischen Länderkonzepten (vgl. unten). Auf Divisionsebene sind Elemente einer regelmäßigen strategischen Planung im Verbalteil der Wirtschaftsplanung integriert, so etwa eine Situationsanalyse einzelner Geschäfte, die Formulierung langfristiger Ziele und die Aufstellung von Geschäftsfeldsteckbriefen und Portfoliodarstellungen. Hier finden sich immer auch Aussagen zur divisionsspezifischen internationalen Strategie, einerseits in Form länderspezifisch formulierter langfristiger Ziele der Geschäftsbereiche, andererseits in Form "strategischer Aussagen" der Wirtschaftsplanung von Regionalgesellschaften.

Eine fallweise eingesetzte und in Projektform durchgeführte strategische Planung ergänzt die divisionsbezogenen, regelmäßigen strategischen Planungselemente. Diese fallweise Planung mündet meist in Anträge an die Geschäftsführung. Wesentliche Aufgabengebiete sind die Durchführung strategischer Geschäftsfeldanalysen (GFA) und die strategische Analyse und Planung von Akquisitions- und Kooperationsprojekten vor dem Hintergrund der strategischen Situation des Gesamtunternehmens.[26]

---

[24] Götzen/ Kirsch (1983: 316) weisen in einer ähnlichen Situation darauf hin, daß diese Frage vor dem Hintergrund der Ansprüche zu beurteilen ist, "... die man an eine 'wirkliche' strategische Planung zu richten geneigt ist."

[25] Vgl. z. B. die strategische Planung von Ford Europa bei Leontiades (1985).

[26] Bei diesem Planungsmodul handelt es sich um einen baukastenartigen Methodenpool, der bei ZBC erstmals 1986 unter Verwendung eines Beraterkon-

Im Hinblick auf eine strategische Planung mit regionalem Bezug konnten zwei Typen strategischer Länderanalysen rekonstruiert werden. *(A) Länderkonzepte* werden fallweise in ad hoc festzulegenden Ausnahmefällen - meist durch einen Führungsbereich angeregt - erarbeitet. Sie stellen im wesentlichen eine GFA mit regionalem Schwerpunkt dar und werden in Projektform unter Beteiligung der betroffenen operativen Einheiten und mit methodischer Betreuung durch ZBC durchgeführt. Die Analysetiefe ist tendenziell hoch, richtet sich aber im Einzelfall nach der jeweils bearbeiteten Problemstellung. Die zu erarbeitenden Outputs entsprechen dem Charakter einer Entscheidungsvorlage an die Gesamtgeschäftsführung. Demgegenüber werden *(B) explorative Länderanalysen* permanent betrieben. Es erfolgt eine vierteljährliche Berichterstattung gegenüber den für die entsprechenden Länder verantwortlichen Führungsbereichen sowie eine halbjährliche Berichterstattung vor der Gesamtgeschäftsführung. Solche Länderanalysen werden nur für wenige Gastländer durchgeführt. Die organisatorische Verantwortung liegt bei Stabsmitarbeitern der jeweils länderverantwortlichen bzw. interessierten Führungsbereiche. Die Analysetiefe ist dem explorativen Charakter gemäß relativ niedrig. Die Outputs entsprechen einer reinen Berichterstattung, wobei ein informierender und appellativer Charakter überwiegt. Im folgenden soll im Hinblick auf die Bedeutung dieser Planungskomplexe für eine internationale strategische Planung jeweils ein Beispiel angeführt werden.

(3-A) Für ein *Länderkonzept* kann ein Beispiel vorgestellt werden, das für eine autonome Regionalgesellschaft erarbeitet wurde, die in einem durch starke Zollschranken abgeschotteten Markt tätig war. Diese Einheit war einerseits durch kostenbedingte Ertragsprobleme bedroht. Andererseits war eine Importliberalisierung abzusehen. Nationale Kunden würden daher in Zukunft auch außerhalb des betreffenden Landes beziehen können; die Einheit könnte aber zukünftig auch stärker in den weltweiten Fertigungsverbund des Unternehmens eingegliedert werden, zumal das Gastland in geographischer Nähe zu einer strategisch bedeutsamen Region angesiedelt ist. Die Stellung der RG als autonome, vor allem für den lokalen Bedarf fertigende Einheit war daher zu überprüfen. Abbildung 3-6 zeigt den Grundaufbau und Inhalt *dieses* Länderkonzeptes.

Der methodische Ansatz bestand im wesentlichen aus der Untersuchung von drei Modulen, nämlich Umfeldanalyse, Unternehmensanalyse und Strategieentwicklung. Zur Konkretisierung wurden in Vorbesprechungen mit den betroffenen Einheiten detaillierte Schlüsselfragen exploriert und einzelnen Mo-

---

zepts aufgebaut und seither in Form eines Handbuchs weiterentwickelt wurde. Bis 1990 wurden auf Geschäftsfeldebene rund 50 strategische Analysen in nahezu allen Geschäftsbereichen durchgeführt. Divisionsbezogen wurden rund 40 umfassende Analysen und ca. 15 Kurzanalysen vorgenommen; außerdem wurden zwei strategische Länderkonzepte erarbeitet. Im überwiegenden Teil der Fälle wurden die erarbeiteten Empfehlungen in konkrete Maßnahmenpläne umgesetzt.

dulen zugeordnet. Das Länderkonzept war in hohem Maße durch die Ausgangsproblemstellung "Sanierungskonzept" gekennzeichnet. Die Ergebnisse solcher Länderkonzepte werden im Sinne einer strategischen Steuerung in der Regel im Verbalteil der Wirtschaftsplanung der Regionalgesellschaft aufgegriffen. Im Wirtschaftsplan der betroffenen Geschäftsbereiche spielen diese Aussagen meist eine untergeordnete Rolle.[27]

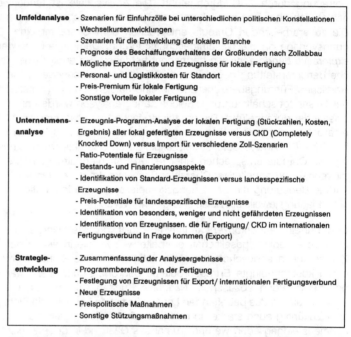

Abb. 3-6: Methodischer Ansatz und Inhalt der Erstellung eines Länderkonzeptes

(3-B) Als Beispiel für eine *explorative Länderanalyse* läßt sich eine Regionalanalyse für Fernost und Südostasien anführen. Durch hohe Wachstumsraten dieses Wirtschaftsraums, eine zukünftig erwartete stärkere Öffnung gegenüber westlichen Industrienationen und die verstärkte Aktivität von Wettbewerbern hatte diese Region an Bedeutung gewonnen. Diesem Interesse stand jedoch ein geringes Engagement des Unternehmens gegenüber. Das Marktpotential einzelner Länder bzw. der Region war für eine maßgebliche Tätigkeit einzelner Geschäftsbereiche vor Ort zu gering. Die Marktsituation erforderte also ein gemeinsames Vorgehen. Dem stand jedoch entgegen, daß *einzelne* inländische Geschäftsbereiche nicht bereit waren, die für den Aufbau eines

---

[27] Über weitere Ergebnisse können hier aus Vertraulichkeitsgründen keine Aussagen getroffen werden.

Standortes im Ausland erforderlichen Investitionen für andere Bereiche mitzutragen. Dieses Problem war als Politikum bekannt. Dementsprechend erwies sich eine bereichsübergreifende Perspektive notwendig, die auf ein gemeinsames Vorgehen mehrer Geschäftsbereiche dringt.

Der methodische Aufbau der heute betriebenen Regionalanalyse beschränkt sich auf die Auswertung allgemein verfügbarer Informationsdienste sowie die Exploration des unternehmensinternen Meinungsbildes. Dazu gehört die Verfolgung volkswirtschaftlicher Kenngrößen, eine laufende Darstellung von Aktivitäten des Unternehmens und von Wettbewerbern in der Region sowie Angaben zu Stand und Entwicklung des Marktpotentials. Wesentlich bedeutsamer erweist sich jedoch die Genese des Systems:

1986 wurde für einen Mitarbeiter mit einschlägiger Auslandserfahrung die Aufgabe "Koordination Fernost" definiert und in Stabsfunktion einem Geschäftsführer zugeordnet. Diese Aufgabendefinition führte zur Institutionalisierung einer vierteljährlichen Arbeitssitzung unter Beteiligung des Stabsmitarbeiters und dreier Geschäftsführer, auf der über Fernost berichtet wurde. Im zweiten Halbjahr 1987 wurden auf Anregung dieses Gremiums *Länderbeauftragte* im Sinne zentraler Ansprechstellen für einzelne Länder in Fernost bestimmt. Zusätzlich wurde der Raum Südostasien einbezogen. Im Anschluß an eine umfassende Untersuchung der Unternehmensaktivitäten in Fernost/ Südostasien wurde der Adressatenkreis erweitert, indem ab 1990 halbjährlich auf der Sitzung der *Gesamt*geschäftsführung berichtet wurde. Die Breite der relevanten Analysefragen hatte ab diesem Zeitpunkt ein Ausmaß erreicht, das nur noch arbeitsteilig durch Hinzuziehung der Länderbeauftragten sowie einzelner Ansprechpartner in den Geschäftsbereichen bewältigt werden konnte. Heute werden die halbjährlich vorgestellten Ergebnisse im Unternehmen "ernst" genommen. Einerseits sind die einzelnen Geschäftsbereiche aufgefordert, ihre Zielvorstellungen in bezug auf die Region zu formulieren. Hinzu kommt, daß durch die Benennung von Ansprechpartnern regionenspezifische Informationen ihren Adressaten finden, die vorher unberücksichtigt blieben bzw. versandeten. Ein Beispiel stellt die Entdeckung eines potentiellen Partners für ein Joint-Venture in einem Land der Region dar. Ende 1991 wurde ein verstärktes Engagement in diesem Land angeregt, was 1992 zur Durchführung eines strategischen Länderkonzeptes führte.

Diese Beispiele zeigen, daß die "Qualität" einer strategischen Planung sich nicht ausschließlich nach dem Umfang des Einsatzes strategischer Analyse- und Planungsmethoden bemißt. So hat das Länderkonzept gezeigt, daß Analysen nur im Ausnahmefall zweckfrei durchgeführt werden. Bei der explorativen Länderanalyse hat es sich angesichts der politischen Brisanz der Region Fernost/ Südostasien bewährt, lediglich einen "Beobachtungsbereich" zu institutionalisieren, der über die Perspektive einzelner Geschäftsbereiche hinausgreift. Methodische Finesse wird damit zugunsten eines primären Aufmerksamkeits- und Mobilisierungseffektes verdrängt, und im Einzelfall mag es genügen, lediglich eine rudimentäre Informationsbasis zu generieren und deren Nutzung durch eine Verstärkung über Machtpromotoren (im Beispiel der verantwortliche Geschäftsführer) auf den Weg zu bringen.

Das Unternehmen verfügt damit über eine spezifische Konzeption der strategischen Planung. Andererseits sind jedoch einige Probleme offensichtlich. Unabhängig von den vorgestellten Beispielen muß die internationale strategische Planung zum überwiegenden Teil als Summe der divisionsspezifischen nationalen Planungsaktivitäten aufgefaßt werden. Dies ist vor allem auf die starke Stellung der Geschäftsbereiche im Planungsprozeß zurückzuführen. Zum anderen wird die Wirtschaftsplanung teilweise durch die zusätzliche Einbeziehung strategischer Planungsfragen überfordert. Eine bereits diskutierte Idee läuft auf eine Entkoppelung der Wirtschaftsplanung in Budgetierung und Strategierunde hinaus, wobei sich grundsätzlich die der Wirtschaftsplanung vorgelagerte Diskussion von Investitionsschwerpunkten, bzw. die hier nicht weiter geschilderte entwicklungsorientierte Erzeugnisplanung als Kandidat für den Ausbau einer solchen Strategierunde anbietet.

(4) *Flankierende Berichtssysteme*: Die in den bisher dargestellten Planungssystemen erarbeiteten Planwerte, insbesondere aber die Planvorgaben der Wirtschaftsplanung, erfordern eine flankierende Berichterstattung zu Kontrollzwecken. Die Darstellung dieser Berichtssysteme beschränkt sich jedoch auf die Grundzüge der Berichtsarchitektur (vgl. Abbildung 3-7). Kern der Berichtsarchitektur ist der *monatliche Geschäftsbericht* (MGB), der aus Verbal- und Zahlenteil besteht. Der MGB dient der Berichterstattung in Führungskreis I. Zeitlich vorgelagert wird in Führungskreis III eine hier nicht weiter dargestellte Werkberichterstattung durchgeführt. In Führungskreis II, also zwischen Geschäftsbereichen und zugeordneten Regionalgesellschaften werden im Rahmen der jeweiligen Konsolidierungsumfänge unterschiedliche Zwischenberichte ausgetauscht. Die Berichterstattung erfolgt DV-gestützt, wobei die Pflege des Gesamtmodells in der Verantwortung der Zentralabteilung Rechnungswesen liegt.

Der inhaltliche Aufbau des MGB entspricht der Wirtschaftsplanung, beinhaltet also neben einer Divisions-Erfolgsrechnung die Umsatz- und Ergebnisdarstellung nach Erzeugnissen und Regionen, einen finanzwirtschaftlichen Teil sowie Angaben zu Investitionen, Vorräten, Personal sowie Forderungen und Verbindlichkeiten. Wesentliche zeitraumbezogene Größen sind das Monats-Ist im Vergleich zum Vorjahr und zum Plan sowie das voraussichtliche Ist (V-Ist) zum Jahresende. *V-Ist/ Planabweichungen* sind im Sinne einer Ausnahmeberichterstattung bei Überschreitung bestimmter Korridore gegenüber der Geschäftsführung berichtspflichtig und können unterjährig zu mehrfacher Überarbeitung der V-Ist-Werte führen.

Ebenfalls monatlich wird der *Konzernbericht* erstellt. Auf den Konsolidierungsstufen Gesamtkonzern, In- und Ausland, Unternehmensbereich und Region stellt ZBR die wichtigsten Kenngrößen zusammen und gibt diese an Aufsichtsrat und Geschäftsführung weiter. Halbjährlich werden *Erzeugnisklassenerfolgsrechnungen* zu rund 80 Erzeugnisgruppen erstellt. Nur die wichtigsten Erzeugnisse sind in einer weltweiten Ergebnisdurchrechnung dargestellt, während die übrigen Angaben sich auf eine überwiegend europaweite Konsolidierung beschränken. Vierteljährlich wird weiter ein Bericht über *Forschung und Entwicklung* und ein *Controllerbericht* des für Betriebswirtschaft verantwortlichen Führungsbereiches an die Geschäftsführung erstellt, der allerdings überwiegend Vortragscharakter aufweist. Schließlich existiert eine Fülle von *Sonderberichten*.[28]

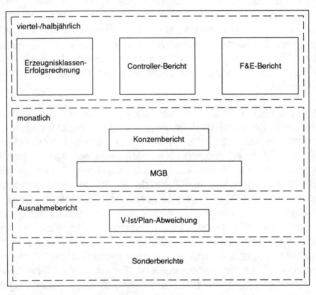

Abb. 3-7: Die Berichtsarchitektur

Die bisherigen Ausführungen waren im wesentlichen auf die Darstellung der offiziellen Systemkonzeption gerichtet, die für das Gesamtunternehmen verbindlich ist. Der Standardisierungs- und Formalisierungsgrad dieser Systeme ist sehr hoch einzuschätzen, was durch eine zentrale Pflege und Weiterentwicklung in den betriebswirtschaftlichen Zentralabteilungen gefördert wird. Demgegenüber müßte in polyzentrischen Strukturen davon ausgegangen werden, daß sich einzelne Handlungszentren durch verschiedene Steuerungsanforderungen auszeichnen. Die Frage, inwiefern sich diese spezifischen Anforderungen in den vorhandenen Systemkonzeptionen niederschlagen, ist Gegenstand des folgenden Abschnitts.

---

[28] Eine Bestandsaufnahme zeigte, daß aus Sicht der Divisionen pro Jahr rund 150 Sonderberichte für die Zentralfunktionen erstellt werden.

Die Planungs- und Kontrollsysteme vor dem Hintergrund der Polyzentrismusthese

Die Erfahrungen im Fallstudienunternehmen zeigen, daß die offiziellen Systeme, insbesondere aber Wirtschaftsplanung und Berichtswesen in hohem Maße durch die Stammdomäne geprägt sind.[29] Zur genaueren Darstellung kann die in Kapitel 2.4.4 entwickelte Matrix genutzt werden, in der einzelne Divisionen im Hinblick auf ihre Distanz zur Stammdomäne eingeordnet werden (vgl. nochmals Abbildung 2-11). Es wird unterschieden nach *Branchen* zwischen Stammgeschäft und Randgeschäft und nach *nationalen Tätigkeitsfeldern* zwischen Deutschland (Stammland) und anderen Nationen (Randländer). Die Stammdomäne stellt das deutsche Stammgeschäft dar. Hierauf entfallen rund 50 % des Umsatzvolumens sowie der Großteil der Fertigungsaktivitäten. Der Stammdomäne steht die Randdomäne gegenüber, also z. B. eine Tätigkeit im Unternehmensbereich B im Ausland. "National geprägte" bzw. "erzeugnisgeprägte" Mischdomänen nehmen demgegenüber eine Mittelposition ein.

Die Prägung der Systeme durch die Stammdomäne läßt sich am Beispiel einer Wirtschaftlichkeits-Kennzahl verdeutlichen. Im Stammgeschäft stellt traditionellerweise das Verhältnis zwischen indirekten (in der Verwaltung tätigen) und direkten (in der Fertigung tätigen) Mitarbeitern eine wichtige Kenngröße zur Steuerung der Wirtschaftlichkeit dar. Diese Größe nimmt den Charakter einer unmittelbar steuerungswirksamen Zielgröße an. In der erzeugnisgeprägten Mischdomäne liegt eine Division vor, die bestimmte Großanlagen fertigt, installiert und wartet. Im Zuge der Wartungsleistung bietet diese Einheit auch versicherungstechnische Dienste an. Die im versicherungstechnischen Geschäft tätigen Mitarbeiter werden in der Begrifflichkeit der offiziellen Systeme als indirekte Mitarbeiter abgebildet, weil in der Stammdomäne die "Fertigung von Dienstleistungen" keine Bedeutung aufweist. Für den betroffenen Geschäftsbereich ist damit das Dilemma verbunden, entweder das versicherungstechnische Geschäft aus "Wirtschaftlichkeitsgründen" aufzugeben oder diese Leistung weiterhin anzubieten, und den zuständigen Führungsbereich in bezug auf die Aussagekraft dieser Kenngröße zu sensibilisieren.

Ein ähnlicher Effekt ergibt sich für eine in der national geprägten Mischdomäne in Asien tätige autonome Regionalgesellschaft. In diesem Fall wird die genannte Kennzahl durch landesspezifische, kulturell verankerte Statusvorstellungen beeinflußt, denen zufolge das Erreichen einer leitenden Position von hoher Bedeutung ist.[30] Mit dem Status der leitenden Position ist im offiziellen System in der Regel zugleich der Status des indirekten Mitarbeiters

---

[29] Im Unternehmen wird diese Prägung der offiziellen Systeme als "A"-Mindedness bezeichnet, wobei "A" für die Kurzform des Stammgeschäfts steht.

[30] Im Unternehmen wird dieses Phänomen mit dem Ausdruck "more captains than indians" umschrieben.

verbunden. Insofern liegt also das gleiche Dilemma wie bei der Anwendung der behandelten Kennzahl in einer erzeugnisgeprägten Mischdomäne vor.

Hinter diesen anekdotisch anmutenden, wenngleich authentischen Phänomen verbirgt sich ein grundsätzliches Problem: Die offiziellen, für das Gesamtunternehmen verbindlichen und standardisierten Planungssysteme sind durch die spezifische "Logik" der Stammdomäne geprägt. Diese Prägung der offiziellen Systeme öffnet eine Unterstützungslücke zwischen der Unterstützungsleistung der offiziellen Systeme und den Unterstützungsanforderungen einzelner Divisionen. Es erscheint damit nur allzu wahrscheinlich, daß diese Unterstützungslücke durch eigene Systeme ausgefüllt wird, die einzelne Divisionen getrennt von der offiziellen standardisierten Systemkonzeption betreiben. Genau hier sind spezifische Systemkomplexe anzusiedeln, für die sich im Unternehmen feste Begriffe eingebürgert haben. Dabei handelt es sich einerseits um sogenannte "Vorsysteme", andererseits um "Schattensysteme".

(1) Der Begriff des *Vorsystems* bezeichnet divisionsspezifische Systeme aus der Sicht der Betreiber offizieller - d.h. für das Gesamtunternehmen verbindlicher - Managementsysteme (vgl. auch Ulrich/ Jeschke/ Reglin 1990). Vorsysteme alimentieren die im zeitlichen Zusammenhang nachgelagerten offiziellen Systeme. Ein Beispiel ist aus einer autonomen Regionalgesellschaft mit national geprägter Mischdomäne zu berichten. Diese Einheit ist in einem Land mit galoppierender Inflation tätig. Aufgrund ausgeprägter Inflationsraten wird die Erzeugniskalkulation nicht - wie im offiziellen System - jährlich, sondern monatlich durchgeführt. Der damit verbundene Kalkulationsaufwand erfordert völlig andersgeartete (finanzmathematische) Kalkulationsmethoden und läßt sich nur mit einem - für die Stammdomäne ungewöhnlichen - Grad an EDV-Unterstützung bewältigen. Weitere Anforderungen ergeben sich aus der Notwendigkeit, kurzfristig liquide Finanzmittel am lokalen Finanzmarkt entwertungssicher anzulegen. Dazu gehört das System kurzfristiger ("overnight") Finanzanlagen, bei denen liquide Mittel *täglich* "über Nacht" neu angelegt werden. Die offiziellen Systeme weisen kein Pendant zu diesen Spezifika auf. Ohne an dieser Stelle weitere Beispiele[31] detailliert ausführen zu müssen, zeigt sich, daß die offiziellen Systeme in Führungskreis II durch divisionsspezifische Vorsysteme ergänzt werden.

(2) Der zweite Systemkomplex sogenannter *Schattensysteme* läßt sich nicht ohne weiteres durch die oben eingeführte Unterscheidung verschiedener Domänen erklären. Schattensysteme werden innerhalb von Führungskreis I

---

[31] So liegt in einer Division mit erzeugnisgeprägter Mischdomäne ein System der strategischen Marketingplanung vor, das im Vergleich zu den offiziellen Systemen einen größeren Planungshorizont aufweist, und in dem Portfolios nicht auf Basis des europäischen Marktes, sondern des Weltmarktes erstellt werden. Weiter entwickelte eine Division des Stammbereiches, deren Geschäft durch intensiven Wettbewerb gekennzeichnet wird, ein völlig eigenständiges System zur Planung von Kosteneinsparungsmaßnahmen.

durch einzelne Führungsbereiche unterhalten. Ihre Entstehung geht auf die Verflechtungen zwischen den Steuerungsfeldern einzelner Führungsbereiche in Führungskreis I zurück. Berichtssysteme und Wirtschaftsplanung können den durch die Persönlichkeit einzelner Geschäftsführer geprägten Anforderungen nicht immer in vollem Umfang gerecht werden. Die Folge sind zwei Tendenzen innerhalb der Systemlandschaft des Fallstudienunternehmens:

Zum einen wurden die Steuerungsanforderungen einzelner Führungsbereiche - im Sinne einer Lösung des "größten gemeinsamen Nenners" - für das offizielle System verbindlich gemacht. Ein Beispiel stellt die 1991 erfolgte Einführung der FuE-Pläne dar, die letztlich auf eine Neubesetzung des für Forschung und Entwicklung zuständigen Führungsbereiches zurückgeht. Ebenso muß die Existenz getrennter Erfolgspläne für ausländische Vertriebs-RG interpretiert werden, da der verantwortliche Führungsbereich darauf angewiesen ist, vertriebsspezifische Ergebnisbestandteile getrennt von den Ergebnissen fertigender Geschäftsbereiche und Regionalgesellschaften darzustellen. Diese Beispiele zeigen, daß die offiziellen Systeme trotz ihrer ausgeprägten Standardisierung zumindest teilweise auch als Kompromiß zwischen den Steuerungsanforderungen einzelner Führungsbereiche aufzufassen sind.

Zum anderen kann eine alternative Handhabung der zugrundeliegenden Problematik in der Überlagerung offizieller Systeme durch "Schattensysteme" gesehen werden. Hier betreiben einzelne Führungsbereiche zusätzlich institutionalisierte "persönliche" Systeme, in denen wesentliche Führungsgrößen zum einen detaillierter, zum anderen aber auch völlig unterschiedlich aufbereitet werden. Solche Schattensysteme finden sich insbesondere innerhalb der Berichtsarchitektur des Unternehmens. In diesem Zusammenhang wurde bereits auf die Bedeutung von Sonderberichten hingewiesen, die zum Teil als Schattenberichtswesen aufgefaßt werden müssen.

Diese Beispiele zeigen, daß die polyzentrischen Tendenzen in der Führungsstruktur des Unternehmens Entsprechungen bei den unterstützenden Managementsystemen aufweisen. Letztlich muß relativ genau zwischen den standardisierten offiziellen Systemen, den Vorsystemen operativer Divisionen sowie den Schattensystemen einzelner Führungsbereiche differenziert werden.

3.4 Zusammenfassung und Schlußfolgerung

Die Führungsstrukturen international tätiger Unternehmen weisen spezifische Ausprägungen auf. Das vorliegende Unternehmen zeichnet sich vor dem Hintergrund der in Kapitel 2.2.2 ausgeführten Charakteristika der Führungsstrukturen internationaler Unternehmen durch einen Übergang von reinen Mutter-Tochter-Strukturen zu komplexen Führungsstrukturen aus. Der Grundsatz einer weltweiten Erzeugnisverantwortung entspricht dabei der Vorstellung einer weltweiten Produktstruktur, nimmt aber bei genauer Betrachtung eher den Charakter einer Leitidee der zukünftigen Fortentwicklung an. Der aktuelle

Stand der organisatorischen Einbindung von Regionalgesellschaften entspricht daher der oben entwickelten Vorstellung komplexer Handlungsstrukturen, in denen tendenziell Bedingungen vorliegen, welche das Auftauchen einer polyzentrischen Führung begünstigen.

Die damit verbundene Verlagerung und Duplizierung von Steuerungsaktivitäten zwischen Führungskreis I und II führt zu veränderten Steuerungsanforderungen. Im Grundsatz wäre also anzunehmen, daß sich die Systeme zur Unterstützung von Führungskreis II erheblich von den bestehenden Systemen unterscheiden. Im vorliegenden Fall wurden jedoch keine grundlegend neuen Planungssysteme entworfen. Statt dessen wird eine inkrementale Weiterentwicklung verfolgt. Die herkömmlichen Systeme werden auf internationale Fragestellungen angewendet, und man versucht, sich daraus ergebende Probleme und Unlogiken schrittweise zu beheben. Diese für das Unternehmen typische Grundhaltung der Systementwicklung zeigt sich zum einen an der historischen Entwicklung der Systemlandschaft. Die heute existierende Architektur weist einen "historischen" Kern in Form der operativen Wirtschaftsplanung auf. Vorgelagerte Planungssysteme entstanden durch Auskoppelung aus der Wirtschaftsplanung und sind teilweise immer noch sehr stark auf die operative Logik der Wirtschaftsplanung abgestimmt.

Diese inkrementale Grundhaltung gilt auch für die Entwicklung internationaler Managementsysteme. Dies wird durch den aktuellen Stand der internationalen strategischen Planung verdeutlicht. Eine systemgestützt entwickelte internationale Strategie liegt lediglich in formierter Weise vor. Sie ergibt sich aus der Summe der jeweiligen Planungsaktivitäten einzelner in- und ausländischer Divisionen und entbehrt damit weitgehend eines bereichsübergreifenden Zusammenhangs. Die damit verbundenen Probleme werden jedoch durch eine fallweise internationale strategische Planung in Form von Länderkonzepten und die Einrichtung bereichsübergreifender Länderanalysen gehandhabt. Diese Entwicklungen sind als erste Schritte in Richtung einer umfassenderen systemgestützten internationalen Strategieentwicklung aufzufassen.

Weiter wurde deutlich, daß die offiziellen Planungssysteme durch die Lebens- und Sprachformen der Stammdomäne geprägt sind. Dies wurde beispielhaft aber dennoch repräsentativ für dieses Unternehmen an einer Kenngröße und den Systemen einer Regionalgesellschaft in einem Hochinflationsland verdeutlicht. Dadurch entsprechen die offiziellen Systeme nicht in vollem Umfang den Steuerungsanforderungen und den Lebens- und Sprachformen jener Divisionen, die in der Rand- oder in Mischdomänen tätig sind. Auf Divisionsebene werden die resultierenden Steuerungsdefizite durch divisionsspezifische Vorsysteme kompensiert, während auf der Ebene einzelner Führungsbereiche zumindest in Einzelfällen spezifische Schattensysteme entwickelt wurden.

Zusammenfassend ist damit festzuhalten, daß die Spezifika einer internationalen Unternehmenstätigkeit sich vor allem in den Führungsstrukturen des

Fallstudienunternehmens niederschlagen. Den damit verbundenen veränderten Systemanforderungen wird bislang erst in Ansätzen Rechnung getragen. Dennoch zeichnen sich erste Weiterentwicklungstendenzen ab, die zukünftig eine stärkere Forcierung internationaler Fragestellungen auch in den Planungssystemen nach sich ziehen werden. Die Ausdifferenzierung von divisionsspezifischen Vorsystemen insbesondere in ausländischen Regionalgesellschaften kann dabei möglicherweise als Vorlauf möglicher Ideen und Systemangebote aufgefaßt werden, der sich - sofern er stärker aufgegriffen und reflektiert wird - zukünftig auch in den offiziellen Systemen niederschlagen könnte. Damit können nun mögliche Schlußfolgerungen gezogen werden.

Zunächst stellt sich die Frage, ob das in Kapitel 2.3.3 vorgestellte Denkmodell einer Gesamtarchitektur von Managementsystemen vor dem Hintergrund dieser Zwischenbetrachtung grundsätzlich bestätigt werden kann, oder ob es als "falsifiziert" abgelehnt werden muß. Prinzipiell stellt wohl jedes Betriebsmodell eine Falsifikation eines Denkmodells dar. In einer schwachen Interpretation des Falsifikationsbegriffes ergeben sich aber aus der Auseinandersetzung mit einem Betriebsmodell Anstöße zu einer modifizierenden wenngleich nicht grundsätzlichen Weiterentwicklung.

In dieser Sichtweise kann das Betriebsmodell zum einen als ausgedünnte Variante des Denkmodells einer Gesamtarchitektur von Managementsystemen betrachtet werden. So wäre es sicherlich denkbar, die im Fallstudienunternehmen neu entstehende entwicklungsorientierte Erzeugnisplanung im Sinne eines Systems der Projektplanung- und kontrolle zu interpretieren, das im Denkmodell bereits vorgesehen ist. Ebenso könnten die im obigen Betriebsmodell nicht explizit erläuterten Ansätze einer Führungskräfteentwicklung im Sinne einer formierten mitarbeiterbezogenen Planung und Kontrolle aufgefaßt werden. Andererseits stellt sich aber die Frage, ob das Denkmodell selbst nicht durch einen gewissen "System-Overload" gekennzeichnet ist. Hier gilt möglicherweise die These, daß der realisierte Entfaltungsgrad (gemessen z. B. durch die Anzahl realisierter Teilsysteme) des Denkmodells in Betriebsmodellen zunimmt, je größer ein Unternehmen ist und je höher das Reflexionsniveau einer Auseinandersetzung mit strategischen Fragestellungen ausfällt. Im Hinblick auf die Größe des Fallstudienunternehmens, das nach Umsatz und Mitarbeiterzahl immerhin zu den 50 größten Unternehmen Europas zählt, stellt sich die Frage, ob eine vollentfaltete Gesamtarchitektur von Managementsystemen überhaupt in der Unternehmenspraxis als Betriebsmodell anzutreffen sein wird. Und im Hinblick auf das Reflexionsniveau ist sicher kritisch zu fragen, ob nicht vielleicht gerade eine nur rudimentär entwickelte Systemlandschaft Ausdruck des besonders reflektierten Umgangs mit strategischen Fragen darstellt. In dieser Sichtweise wären - ausgehend vom Denkmodell einer vollentfalteten Architektur - sinnvolle Grundformen möglicher Varianten zu entwerfen und/ oder in der Unternehmenspraxis zu überprüfen (vgl. jedoch Maaßen 1989).

Weiter ist das Denkmodell deutlich durch einen Primat der strategischen Systeme geprägt. Operative Systeme wurden ursprünglich zur Umsetzung von Strategien im Sinne einer strategischen Steuerung interpretiert. Im Betriebsmodell scheint nun aber genau die umgekehrte Situation vorzuliegen, in der die kurzfristige Wirtschaftsplanung das Kernsystem bildet. Allerdings ermöglicht es die oben eingeführte Begriffsfassung strategischer Managementsysteme, auch die Wirtschaftsplanung als strategisches System zu betrachten. In dieser Blickrichtung müßte zukünftig stärker problematisiert werden, auf welche Weise - ausgehend von einem Primat operativer Systeme - strategische Fragestellungen trotz ihrer auf den ersten Blick zweitrangigen Behandlung sinnvoll zur Geltung gebracht werden können. Denn genau dies scheint die aktuelle Problemsituation der Vertreter einer strategischen Planung im Fallstudienunternehmen zu sein. Die Ausgliederung eines fallweise zu aktivierenden Strategiemoduls und eine behutsame "Belastung" der Wirtschaftsplanung durch strategische Fragestellungen stellt den für das Fallstudienunternehmen angemessenen Weg dar. Damit wäre die theoretische Frage von Interesse, inwieweit bestehende Systeme "strategisch" zweckentfremdet bzw. umgewidmet werden können. So bestand nach Ansicht des Verfassers zumindest zu Beginn der Ausbildung einer entwicklungsorientierten Erzeugnisplanung die Chance, diese Intiative strategisch zu nutzen und als strategische Produktplanung fortzuentwickeln.

Stellt man schließlich Fragen einer Führungsunterstützung in polyzentrischen Strukturen in den Mittelpunkt, so wird das Denkmodell diesem Spezifikum internationaler Unternehmen zunächst nicht gerecht. Vom Entstehungszusammenhang her ist das Denkmodell relativ stark auf funktional organisierte Einheitsunternehmen zugeschnitten (vgl. Ringlstetter 1992: 238; Obring 1992: 351f.). Die für das Fallstudienunternehmen kennzeichnenden Vor- und Schattensysteme weisen im Denkmodell keine Entsprechung auf. Es wird daher nicht überraschen, wenn das Denkmodell einer Gesamtarchitektur von Managementsystemen für die folgende Arbeit lediglich einen Ausgangspunkt zur Erörterung von Aufgaben der Führungsunterstützung in polyzentrischen Strukturen darstellt. Als ein Ansatzpunkt kann dabei allerdings die Idee gelten, daß das Denkmodell selbst als eine "Standardversion" konzipiert wird. Einzelne Betriebsmodelle stellen dann Varianten dieser Standardversion dar. Überträgt man diesen Gedanken auf eine unternehmensinterne Betrachtung, so gibt es evtl. unternehmensspezifische Standardversionen. Diese sind in einzelnen Teileinheiten selbst in Form von Varianten einer Standardversion rekonstruierbar. Im obigen Beispiel repräsentiert z. B. die offizielle Wirtschaftsplanung eine unternehmensspezifische Standardversion. Die Vorsysteme einzelner Divisionen sind als Varianten dieser Standardversion interpretierbar (vgl. dazu ausführlich Kapitel 5.1.2).

Jenseits dieser weiterführenden Fragen läßt das vorgestellte Betriebsmodell den Einsatz neuerer oder gar innovativer Systemkonzeptionen eines strategischen internationalen Managements vermissen. Unterstellt man, daß das Aufgreifen neuerer Systemkonzeptionen und Ideen in der Praxis ähnlich einem Produktlebenszyklus verläuft, dann können Unternehmen entlang eines Lebenszyklus betriebswirtschaftlicher Ideen nach ihrem Adopterverhalten charakterisiert werden. Das Fallstudienunternehmen zeichnet sich dabei eher durch die Adopterhaltung der *späten Mehrheit* aus und kann für diese Klasse von Unternehmen als repräsentativ gelten.[32] Ein Blick in die Literatur zeigt andererseits, daß das aktuelle Bild veröffentlichter Betriebsmodelle eher durch innovative Darstellungen und "Erfolgsgeschichten" im Sinne der Adopterklasse der "Innovatoren" geprägt wird. Möglicherweise entsteht dadurch aber ein verfälschtes Bild. So weist Scholz (1987: 1) zu Recht darauf hin, daß Beratungsfirmen, Managementschulen und betriebswirtschaftliche Planungsabteilungen jeden Zweifel an der Unfehlbarkeit ihrer Konzepte vermeiden müssen, sofern sie sich nicht ihrer Existenzgrundlage berauben wollen. Gescheiterte Implementationen von Planungssystemen gelten häufig genug als individuelles Versagen und werden folglich lieber verschwiegen als offen diskutiert. Man ist daher geneigt, bestimmte besonders "anspruchsvoll" anmutende Fallstudien bevorzugt zu veröffentlichen und selektiv zu zitieren. Dennoch mögen sich aber die Erfolgskriterien einer wissenschaftlichen Veröffentlichung von jenen Erfolgsmaßstäben unterscheiden, die in der Unternehmenspraxis für erfolgreiche (z. B. tatsächlich genutzte) Betriebsmodelle gelten. Daher ist ergänzend anzumerken, daß die im Fallstudienunternehmen anzutreffenden Systeme durchaus erfolgreich betrieben und genutzt werden. Zum zweiten muß die aktuelle Veröffentlichungslandschaft von Betriebsmodellen internationaler strategischer Managementsysteme im Hinblick auf die tatsächlich dahinterstehende Planungswirklichkeit zumindest teilweise relativiert werden. Und schließlich wäre zu fordern, daß im Interesse eines realistischen Bildes der Planungspraxis verstärkt auch eher konservative Betriebsmodelle dargestellt und Probleme offengelegt würden.

Damit wird bereits die Sensibilisierungsfunktion dieser Zwischenbetrachtung für die weitere Argumentation angedeutet. Hier liegt vor allem eine Relativierung eines eng interpretierten methodenorientierten Zugangs zu internationalen strategischen Managementsystemen nahe. Die Ausführungen zu strategischen Länderkonzepten und Länderanalysen haben gezeigt, daß Fragen der Methodenunterstützung durch organisatorische Problemstellungen überlagert werden. Im folgenden wird daher der Schwerpunkt auf bewußt einfach gehaltene Methodenangebote gelegt, bei denen weniger die Verfeinerung, sondern die Breite möglicher Methoden im Mittelpunkt steht. Ferner wird ein weit gefaßter Methodenbegriff zugrundegelegt. Dieser gestattet es in Kapitel,atw20 4 Fragen der Methodenunterstützung auch im Hinblick auf organisatorische Fragestellungen zu betrachten, so z. B. die Frage der Zusammensetzung einer Planungsgemeinschaft oder die Diskussion von Konsequenzen, welche

---

[32] Zu einer produktlebenszyklusähnlichen Entwicklung der Diffusion von Ideen sogenannter Management-Informations-Systeme (MIS) vgl. Köhler/ Heinzelbecker (1977: 268). Zum Diffusionsmodell allgemein vgl. Meffert (1989: 169).

eine "polyzentrische Strategie" für den Aufbau von Portfolio-Methoden aufweist.

Nicht zuletzt werden in Kapitel 5 Managementsysteme selbst einer organisationstheoretischen Betrachtung unterworfen. Besonderes Interesse wird auf die oben geschilderten Phänomene sogenannter Vor- und Schattensysteme und die Relevanz einer Vielfalt heterogener Lebens- und Sprachformen in internationalen Unternehmen gelegt. Die Repräsentativität der obigen Überlegungen für andere Unternehmen[33] - aber auch für das Unternehmen selbst - ist dabei diskussionswürdig. Weitere Beispiele zu Vorsystemen konnten auch deshalb *nicht* dargestellt werden, weil selbst einem teilnehmenden Beobachter innerhalb einer internationalen Großunternehmung aus Zeit- und Kostengründen nur einzelne Perspektiven zugänglich sind.[34] Ein an sich wünschenswerter Vergleich zwischen verschiedenen Vorsystemen einzelner Regionalgesellschaften war daher nicht möglich. Damit wird das in Kapitel 3.1. angesprochene forschungsmethodische Problem der Bestimmung einer einheitlichen "Unternehmensmeinung" relevant. In polyzentrischen Unternehmungen ist von einer hohen "Meinungs- und Systemvielfalt" auszugehen. Sofern diese Vielfalt nicht selbst durch "kompetente Teilnahme" an den Vorsystemen einzelner Handlungszentren erfahren werden kann, muß der Forscher versuchen, wenigstens eine gewisse Sensibilität und Hellhörigkeit für die Lebens- und Sprachformen einzelner Teileinheiten zu entwickeln. In diesem Sinne mag es aus Sicht des Praktikers von Interesse sein, wenn die Wissenschaft ein Sprachspiel zu entwickeln versucht, mit dem die Systemvielfalt internationaler polyzentrischer Unternehmen erfaßt und ansatzweise beschrieben werden kann. In Kapitel 5.2 dieser Arbeit wird auf diesen Problemkreis noch ausführlich einzugehen sein. Möglicherweise kann ein einzelnes Handlungszentrum dieses Sprachspiel im Zuge seines role making aufgreifen und für unternehmensinterne Reflexionen nutzen.

---

[33] In der Tat finden sich in keinem der eingangs zitierten Betriebsmodelle Ausführungen, die weitere Konkretisierungen polyzentrischer Phänomene leisten. Dies kann allerdings in dem Umstand begründet sein, daß auch die Rekonstruktion von Betriebsmodellen durch die Basisannahme einer Existenz monozentrischer Führungsstrukturen und einheitlicher Planungssysteme geprägt wird.

[34] Der Verfasser war selbst in der Zentrale und inländischen Geschäftsbereichen tätig (vgl. Anhang 1).

4 Die Gestaltung internationaler strategischer Managementsysteme in einer methodenorientierten Perspektive

Einen wesentlichen Ansatzpunkt zur Gestaltung internationaler strategischer Managementsysteme stellt die Erarbeitung geeigneter Methoden und Instrumente dar. Diese Gestaltungsdimension steht im Mittelpunkt des nun folgenden Kapitels, wobei in erster Linie inexakte Methoden zur Diskussion stehen. Im Hinblick auf die Spezifika einer strategischen Führung im internationalen Unternehmen erweisen sich zwei Gesichtspunkte als zentral. Zum einen sind Methoden im Hinblick auf die Entwicklung und die Umsetzung spezifisch internationaler Erfolgspotentiale auszurichten. Zum anderen wird aber auch auf solche Spezifika einzugehen sein, die sich aus dem oben ausführlich erläuterten Phänomen polyzentrischer Führungsstrukturen ergeben.

Greift man hierbei auf das in Kapitel 2.5 erarbeitete Spektrum strategischer Managementsysteme zurück, so lassen sich verschiedene Schwerpunkte der Methodenunterstützung abgrenzen. Methoden zur Unterstützung der unternehmenspolitischen Rahmenplanung stellen vor allem Erfolgspotentiale des Quartärbereiches in den Mittelpunkt. Den Schwerpunkt stellt damit die Entwicklung genereller Potentiale im Hinblick auf eine Verortung der Unternehmung und einzelner Handlungszentren in dispersen internationalen sozioökonomischen Teilfeldern dar (4.1). Demgegenüber konzentriert sich eine Methodenunterstützung bei der Erarbeitung strategischer Programme auf die Entwicklung von Erfolgspotentialen aus der Perspektive des Primärbereiches internationaler Produkt-/ Marktkombinationen (4.2).[1] Schließlich wird ergänzend ein eigenes Kapitel auf die Methodenunterstützung der strategischen Steuerung im Sinne des konkreten Aufbaus von Erfolgspotentialen einer internationalen Unternehmenstätigkeit verwendet (4.3). Die auf diesem Wege erarbeiteten Ergebnisse werden in einem kurzen Ausblick zusammengefaßt (4.4).

4.1 Internationale unternehmenspolitische Rahmenplanung

Die Anfang der 60er Jahre eingeleitete Diskussion um die sogenannten "Multis" hat gezeigt, daß organisationsexterne Handlungszentren im sozioökonomischen Feld erheblichen Einfluß auf die Führungsstrukturen internationaler Unternehmen ausüben (vgl. z. B. Biehl 1979). Diese nach wie vor aktuelle[2] Problematik erfordert eine Auseinandersetzung mit Fragen der Legitimi-

---

[1] Es wird allerdings deutlich werden, daß damit immer auch Erfolgspotentiale im Sekundärbereich und vor allem im Tertiärbereich der organisatorischen Führungsstrukturen und Managementsysteme anzusprechen sind.

[2] Heute prägen vor allem protektionistische Tendenzen seitens der Industrieländer das Bild, begleitet von einer Entstehung großer, in sich homogener aber dafür untereinander umso differenzierterer Wirtschaftsräume (EG, NAFTA, ASEAN-Raum) mit eigenen politisch einflußreichen Makroaktoren (vgl. z. B. Bergner 1989).

tätssicherung und der Entwicklung soziopolitischer Strategien.[3] Im Mittelpunkt stehen strategische Maximen, die die langfristige Soll-Vorstellung der Entwicklung der Rahmenbedingungen einer Unternehmung und ihr Rollenverständnis im Verhältnis zum sozioökonomischen Feld zum Ausdruck bringen. Die Ausführungen zur politischen Dimension polyzentrischer Führungsstrukturen haben aber gezeigt, daß internationale Unternehmen selbst keine monolithischen Gebilde darstellen. Statt dessen ist von einem komplexen Gefüge mehr oder weniger lose gekoppelter Aktionszentren auszugehen. Betrachtet man internationale Unternehmen daher als polyzentrische Gebilde, so muß der unternehmenspolitische Rahmen auch das Verhältnis einzelner Aktionszentren zur Gesamtunternehmung thematisieren.

Dazu wird zunächst ein Bezugsrahmen der unternehmenspolitischen Rahmenplanung vorgestellt (4.1.1). Die beiden folgenden Abschnitte vertiefen Einzelaspekte, wobei insbesondere auf die soziopolitische Rahmenplanung (4.1.2) und die Bedeutung der strategischen Grundhaltung (4.1.3) im internationalen Zusammenhang eingegangen wird. Mit dem Rahmenkonzept wird abschließend ein Instrument vorgestellt, das in besonderer Weise dazu geeignet ist, eine unternehmenspolitische Rahmenplanung in polyzentrischen Strukturen zu unterstützen (4.1.4).

4.1.1 Ein Bezugsrahmen der internationalen unternehmenspolitischen Rahmenplanung

Für den Entwurf einer unternehmenspolitischen Rahmenplanung werden in der einschlägigen Literatur die unterschiedlichsten Orientierungskonzepte vorgeschlagen.[4] Veröffentlichungen mit internationaler Schwerpunktsetzung beschränken sich häufig auf Teilaspekte.[5] Insofern bietet es sich an, einen Ansatz größerer Reichweite zu wählen. Einen solchen Zugang stellt die Konzeption von Kirsch/ Trux (1981) dar.[6] Die Autoren gehen davon aus, daß eine Unternehmung sich in einem *sozioökonomischen Feld* positioniert, wobei die *Identität*, aber auch das *Image* einer Unternehmung wesentliche Randbedingungen des unternehmenspolitischen Rahmens darstellen. Diese drei Komponenten können sich zueinander durch "fits" bzw. "misfits" auszeichnen. Auf-

---

[3] Charakteristisch dafür sind die Veröffentlichungen von Vernon, dessen einflußreiches Buch "Sovereignty at Bay" (Vernon 1971) sechs Jahre später von "Storm over the Multinational Enterprise" (Vernon 1977) gefolgt wurde. Vgl. weiter z. B. Achleitner (1985), Boddewynn (1988), Negandhi/ Baliga (1979).
[4] Zu einem Überblick vgl. Boehm-Tettelbach (1990: 56ff.) sowie Weber (1985).
[5] Im Mittelpunkt stehen meist Ansätze zur Handhabung von Gastlandregierungen (vgl. den Überblick bei Ricks/ Toyne/ Martinez 1990: 233ff.). Ein weiterer Schwerpunkt liegt im Management politischer Risiken (vgl. Jodice 1985). Schließlich werden eine Fülle zum Teil sehr spezieller Fallstudien behandelt.
[6] Dieses Denkmodell wurde erstmals entwickelt von Trux (1980) und Kirsch/ Trux (1981). Insbesondere die Komponente des unternehmenspolitischen Rahmenkonzepts wurde unter dem Eindruck neuerer Anwendungserfahrungen präzisiert (vgl. Kirsch/ Obring 1991: 376ff.). Eine aktuelle Darstellung findet sich in Kirsch (1993a: 313ff.).

gabe des *unternehmenspolitischen Rahmenkonzeptes* als Herzstück der unternehmenspolitischen Rahmenplanung ist es dann, zu einer Behebung von Misfits beizutragen.[7] Dazu formuliert das unternehmenspolitische Rahmenkonzept die Sollvorstellung der langfristigen Entwicklung des unternehmenspolitischen Rahmens.

Überlegungen zum *sozioökonomischen Feld* genießen im internationalen Management eine lange Tradition.[8] Hierunter lassen sich im ersten Zugriff all jene Aspekte zusammenfassen, die Bergner als die International Political Affairs (IPA)-Funktion bezeichnet. Hierbei handelt es sich um die

> "... effektive wechselseitige Kommunikation zwischen einer Unternehmung und deren relevanten Bezugsgruppen, die darauf gerichtet ist,
> (1) Trends, Problembereiche und Entwicklungen der externen Umwelt, die die Unternehmung betreffen könnten, zu analysieren, und
> (2) bei Bedarf dazu beizutragen, daß die Unternehmung proaktive oder reaktive Maßnahmen ergreifen kann, um ihre Handlungsfähigkeit zu bewahren sowie ihr Image zu stabilisieren ... ." (Bergner 1989: 884)

Eine zweite Komponente stellt die *Identität* einer Unternehmung dar. Ein Vergleich verschiedener Unternehmen anhand solcher Aspekte wie Kultur, Verfassung oder anderer struktureller Gegebenheiten führt dazu, daß ein Kern grundlegender Eigenschaften rekonstruiert werden kann, der einem Unternehmen eine spezifische Identität verleiht.[9] Diese Eigenschaften sind allerdings wahrnehmungsabhängig. So werden international tätige Unternehmen von der Regierung oder Bevölkerung eines Landes häufig mit ihrem Heimatstaat identifiziert (vgl. Tümpen 1987: 84). Insofern läßt sich der im obigen Zitat bereits angesprochene Begriff des *Image* als ein Abbild der Identität einer Unternehmung präzisieren, und zwar sowohl innerhalb der Unternehmung (z. B. bei Auslandstöchtern) als auch in der Unternehmensumwelt. Das unternehmenspolitische Rahmenkonzept bringt Identität, Image und sozioökonomisches Feld miteinander in Einklang, indem z. B. nur solche sozioökonomischen Felder besetzt werden, die zur Identität einer Unternehmung "passen", oder indem erste behutsame Schritte zur Veränderung der Identität einer Unternehmung eingeleitet werden.

---

[7] Vgl. zur Misfit-Steuerung Kirsch (1984: 588f.), Kirsch (1990: 439ff.). Zu einer Rekonstruktion unterschiedlicher Verwendungen des "Fit-Begriffes" vgl. Venkatraman (1989). Weiterführende Überlegungen finden sich bei Näther (1993) und Wolfrum (1993).

[8] So stellt bereits Fayerweather (1969: 6) die Bedeutung der Gastlandbeziehungen und Konflikte zu nationalen Regierungen als wesentliche Komponenten seines Bezugsrahmens heraus. Zu einem Überblick vgl. Achleitner (1985).

[9] Mit dem Begriff der "Identität" einer Organisation kann ein Kern der Tiefenstruktur eines organisatorischen Feldes bezeichnet werden, der sich im Regelsystem der organisatorischen Lebens- und Sprachformen niederschlägt (vgl. Kirsch 1992a: 134). Die Annahme einer solchen Identität ist in internationalen polyzentrischen Unternehmen allerdings problematisch (vgl. Kapitel 4.1.3).

Dieses Denkmodell ist im internationalen Zusammenhang zu konkretisieren. So sind einzelne organisationsinterne Handlungszentren in voneinander getrennten und untereinander inhomogenen sozioökonomischen Teilfeldern tätig und in die zugehörigen organisationsexternen Führungsstrukturen eingebunden. Abbildung 4-1 verdeutlicht dies, indem den unterschiedlichen Ebenen der Unternehmung spezifische Interessenten zugeordnet werden.[10] Der obige Bezugsrahmen ist damit nicht nur auf das Gesamtunternehmen, sondern auch auf einzelne Aktionszentren anzuwenden.

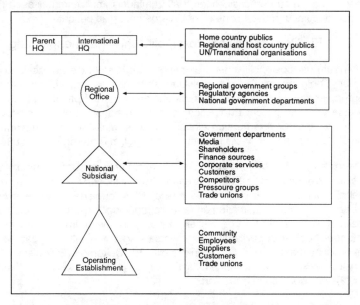

Abb. 4-1: Differenzierung einzelner Interessengruppen des sozioökonomischen Feldes internationaler Unternehmen (aus Channon/ Jalland 1978: 295)

In polyzentrischen Führungsstrukturen sind die genannten Komponenten nicht nur auf organisations*externe* Tatbestände, sondern auch organisationsintern anzuwenden. Demgemäß bewegt sich ein fokales Aktionszentrum - so etwa eine Tochtergesellschaft - in einem sozioökonomischen Feld, das einerseits durch spezifische Forderungen und Unterstützungen organisationsexterner Aktionszentren gekennzeichnet wird, andererseits aber auch die Inter-

---

[10] Diese Zuordnung erfordert eine dynamische Betrachtungsweise. Mit zunehmender Mobilisierung von Interessentengruppen können neue Forderungen und Unterstützungen an einzelne Aktionszentren herangetragen werden. Zum anderen sind Versuche einzelner stakeholder (so etwa von internationalen Gewerkschaften) rekonstruierbar, bei denen von der lokalen Ebene ausgehend eine stärkere zentrale Einflußnahme angestrebt wird (vgl. Levinson 1972; Rath 1989: 759f.).

essen z. B. einer Zentrale oder anderer Tochtergesellschaften umfaßt.[11] Damit müssen in polyzentrischen Strukturen zusätzlich Beziehungen zwischen partiellen unternehmenspolitischen Rahmenkonzepten gehandhabt werden.

Vor diesem Hintergrund werden im folgenden ausgewählte Bestandteile des vorgestellten Bezugsrahmens vertieft. Mit der Entwicklung eines Denkmodells der soziopolitischen Rahmenplanung wird der Schwerpunkt auf die Verankerung der internationalen Unternehmung im sozioökonomischen Feld gelegt. Dabei ist jedoch zu berücksichtigen, daß zumindest implizit immer auch Fragen der Identität und des Image einer Unternehmung zu beachten sind.

4.1.2 Ein Denkmodell der soziopolitischen Rahmenplanung

Im Zentrum der soziopolitischen Rahmenplanung[12] steht die Entwicklung genereller Erfolgspotentiale, die die Unterstützung der vielfältigen Interessengruppierungen internationaler Unternehmen sichern.[13] Damit geht tendenziell eine Verlagerung der Erfolgspotentiale internationaler Unternehmen vom Primär- auf den Quartärbereich einher - eine Entwicklung, der zunehmend auch die Unternehmenspraxis Rechnung trägt (vgl. z. B. Bergner 1989: 884).

Die wenigen empirischen Arbeiten, die sich explizit mit der Unternehmenspraxis einer soziopolitischen Rahmenplanung beschäftigen,[14] kommen zu dem Ergebnis, daß in der Praxis entweder eine diffus formierte Vorgehensweise oder aber ein striktes Festhalten an formulierten, jedoch nicht verhandelbaren Prinzipien vorherrscht.[15] Vor diesem Hintergrund wird im folgenden ein Denkmodell der soziopolitischen Rahmenplanung entwickelt, das das sozioökonomische Feld in den Mittelpunkt stellt. Zur Dekomposition dieses Planungskomplexes bietet sich eine Orientierung an (1) den stakeholders[16] und/oder (2) soziopolitischen Issues an.

---

[11] Analoge Überlegungen sind natürlich auch für die Bestandteile Image und Identität einzelner Aktionszentren denkbar.

[12] Dieser Begriff wird in Anlehnung an Achleitner (1985) gewählt.

[13] Kogut (1985b) spricht hier von sogenannten Leverage-Potentialen (vgl. nochmals Kapitel 2.2.3).

[14] Vgl. die Untersuchung von Mahini (1986: 296ff.). Weitere Ergebnisse finden sich bei Tümpen (1987: 91ff.) und Poynter (1986).

[15] Folgende Defizite einer wissenschaftlichen Auseinandersetzung fallen auf: Im Vordergrund stehen Beziehungen zu Gastlandregierungen; es dominieren meist reaktive Konzepte, was vor allem in der umfangreichen Literatur zum Risikomanagement zum Ausdruck kommt (vgl. Tümpen 1987; Jodice 1985). Das sozioökonomische Feld wird auf "ökonomische" Aspekte reduziert (vgl. Boddewyn 1988: 347). Es dominiert eine a-personale Orientierung, indem einzelne stakeholder als Black-Box betrachtet werden, obwohl die Beziehungen häufig individueller Natur und durch die Entstehung dominierender Koalitionen gekennzeichnet sind.

[16] Daneben werden in der Literatur auch familienähnliche Begriffe wie "constituencies" (Ansoff 1984: 139) oder "Anspruchsgruppen" (Achleitner 1985: 76) verwendet.

(1) Der Begriff "stakeholder" bezeichnet allgemein "... all those individual actors and parties, organized groups and professions, and institutions that have a bearing on the behavior of the organization. In short, a stakeholder is any party that both affects and is affected by an organization and its policies ..." (Mitroff 1983: 22). Eine Orientierung an stakeholders wird durch die Erarbeitung unternehmensspezifischer Listen von stakeholders erleichtert.[17] Die Ermittlung solcher Listen kann durch die folgende Typologie angeleitet werden.[18] Die *Betroffenen* als umfassendster Begriff sind alle Individuen oder sozialen Systeme, die aufgrund der Unternehmensaktivitäten real oder potentiell mit Anreizen und Belastungen konfrontiert werden. *Interessenten* stellen Betroffene dar, die aufgrund ihrer individuellen Anreiz-/ Belastungsverhältnisse gegenüber der Unternehmung aktiv werden. Damit ist allerdings noch keine Aussage über die kritische Bedeutung unterschiedlicher Interessenten getroffen. In Anlehnung an Achleitner (1985: 76ff.) sind deshalb *strategische Interessenten* zu berücksichtigen. Dies sind Interessenten, die in der Lage sind, im Fall der Nichterfüllung ihrer Ansprüche wesentlichen Einfluß auf die Erfolgspotentiale einer Unternehmung auszuüben.[19] *Teilnehmer* der Organisation sind solche Betroffenen, die mit der Organisation Transaktionsbeziehungen aufrechterhalten. *Mitglieder* schließlich sind solche Teilnehmer, die qua Organisationsverfassung eine formale Rolle übernehmen und dem Autorisierungsrecht der verfassungsmäßigen Organe unterliegen (vgl. Kirsch 1993a: 217ff.).

(2) Neben einer Orientierung an stakeholders kann eine Orientierung an spezifischen Issues sinnvoll sein. "A strategic issue is a forthcoming development, either inside or outside of the organization, which is likely to have an important impact on the ability of the enterprise to meet its objectives ..." (Ansoff 1984: 337). So können z. B. Ereignisse wie die Bhopal-Katastrophe im Werk von Union Carbide oder der politische Wandel des Apartheid-Regimes in Südafrika strategische Issues darstellen, die sich nicht unmittelbar auf einzelne Gruppen von stakeholders zurückführen lassen, aber dennoch von strategischer Relevanz sind.[20]

---

[17] Im internationalen Unternehmen werden typischerweise zahlreichere und andere stakeholder zu berücksichtigen sein als im rein nationalen Zusammenhang (vgl. nochmals Abbildung 4-1). Zur methodischen Unterstützung vgl. Boehm-Tettelbach (1990: 206ff.) und die dort angegebene Literatur.
[18] Vgl. dazu Kirsch (1990: 19ff.). Zu einer ähnlichen, wenngleich weniger reichhaltigen Typologie vgl. Achleitner (1985: 76ff.).
[19] Die strategische Bedeutung nimmt mit fehlender Vertrautheit, dem Abhängigkeitsgrad und dem Einflußgrad solcher Interessenten gegenüber der Unternehmung zu (vgl. Achleitner 1985: 209).
[20] Typische Issues werden in empirischen Untersuchungen der Beziehungen zu Gastlandregierungen genannt, so etwa Transferpreispolitiken, Local-Content-Bestimmungen, Kapitalbeschränkungen oder Interferenzen zu sozio-kulturellen Normen (vgl. Negandhi/ Baliga 1979: 14ff.).

Auf der Basis dieser Orientierungsgrößen sind verschiedene Aufgabenmodule einer soziopolitischen Rahmenplanung im sozioökonomischen Feld zu unterscheiden (vgl. Abbildung 4-2).

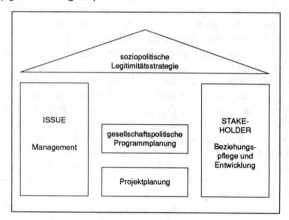

Abb. 4-2: Denkmodell einer soziopolitischen Rahmenplanung im internationalen Unternehmen

Ein internationales *Issue-Management* umfaßt den Prozeß, durch den die Unternehmung externe Problemfelder identifiziert, überwacht, analysiert und entsprechende Gegenmaßnahmen entwickelt.[21] Dazu gehört nicht nur die passive Entwicklung von Antwortstrategien. Ebenso ist eine proaktive Haltung denkbar, bei der z. B. Gesetzgebungs- oder Verwaltungsvorschläge erarbeitet werden.[22] Ein solches Issue-Management empfiehlt sich insbesondere deshalb, weil auf diese Weise ein Gegenpol zu periodischen Planungsansätzen erreicht wird, der dem diskontinuierlichen Charakter zahlreicher Entwicklungen im sozioökonomischen Feld internationaler Unternehmen entgegenkommt. Bei der Gestaltung eines solchen Issue-Management sind folgende Komplexe wesentlich: Die Identifikation von Issues über ein entsprechendes Beobachtungs- bzw. Frühwarnsystem (vgl. Tümpen 1987: 177ff.), eine Abschätzung der potentiellen Auswirkungen und der Dringlichkeit identifizierter Issues, eine Chancen-/ Risikobeurteilung, eine laufende Issue-Buchhaltung sowie die Frage, inwieweit einzelne Issues an eine periodische Planung zu übergeben sind.

Dem Issue-Management steht ein an stakeholders orientiertes Modul gegenüber, das sich mit dem Begriff der *Beziehungspflege und -entwicklung* beschreiben läßt. Dieser Komplex umfaßt die Aufgabe, den Standpunkt der Un-

---

[21] Vgl. allgemein Ansoff (1984: 337ff.), speziell mit Bezug zum unternehmenspolitischen Rahmen: Boehm-Tettelbach (1990: 121ff.) sowie spezifisch im internationalen Zusammenhang Achleitner (1985) und Bergner (1989: 888f.).

[22] Man denke etwa an die japanischen Selbstbeschränkungsabkommen hinsichtlich Marktanteilsquoten im europäischen Automobilmarkt.

ternehmung zu bestimmten Schlüsselfragen gegenüber den als relevant erachteteten stakeholders zu vertreten. Dabei sind auch hier differenzierte Vorgehensweisen denkbar: Beispielsweise unterscheidet Bergner (1989) in bezug auf nationale Regierungen vier Ebenen der Betrachtung.[23] Hinsichtlich Banken, Lieferanten, Kunden und Wettbewerbern ist an den Aufbau sogenannter "interlocking directorates" bzw. personeller Verflechtungen zu denken, bei denen entweder maßgebliche Positionen in mehreren Organisationen durch eine Person oder "über Kreuz" wechselseitig besetzt werden.[24]

Die genannten Module werden durch aktionsorientierte Module ergänzt, die den Ausdruck einer proaktiven Haltung darstellen. Solche Aktionen werden sowohl durch einzelne Issues als auch durch Erkenntnisse der an stakeholders orientierten Module ausgelöst. Denkbar wäre die Abgrenzung einer gesellschaftspolitischen Programmplanung und einer entsprechenden Projektplanung.[25] Das Modul *gesellschaftspolitischer Programme* umfaßt die Entwicklung von Zielen und strategischen Stoßrichtungen, die auf ein bestimmtes, als kritisch erachtetes Issue und/oder bestimmte stakeholder gerichtet sind, sowie die Festlegung erster robuster Schritte im Sinne zu definierender Projekte. Die Entwicklung gesellschaftspolitischer Programme läßt sich differenzieren, je nachdem ob ein solches Programm flankierender oder eigenständiger Natur ist. *Flankierende* Programme bestehen in der Absicherung strategischer Programme. So mag z. B. ein strategisches Programm "Markteintritt in Japan" durch Verhandlungen mit Gastlandregierungen, Handelskammern oder auch durch die Sicherstellung der Unterstützung lokaler Entscheidungsträger (z. B. des Bürgermeisters) flankiert werden. Demgegenüber werden *eigenständige* gesellschaftspolitische Programme unabhängig von strategischen Programmen entwickelt. Hier handelt es sich z. B. um den Aufbau von Verbindungen und Kommunikationsbeziehungen zu gesellschaftspolitischen Kerngruppen, die Errichtung eines Systems von Verbindungsbüros oder auch - soweit sinnvoll - Maßnahmen der Wahlkampfunterstützung.[26]

Die soziopolitische Rahmenplanung erfordert schließlich die Erarbeitung einer *soziopolitischen Legitimitätsstrategie*. Diese übernimmt die Funktion einer konzeptionellen Gesamtsicht im Sinne eines langfristig angestrebten Flucht-

---

[23] Im einzelnen sind dies die nationale Gastlandebene (z. B. Italien oder Peru), eine regionale Regierungsebene (z. B. Europäische Gemeinschaft oder Nordamerikanische Freihandelszone), die Ebene internationaler Organisation (z. B. die UN und ihre Geschäftsstellen) sowie die Regierung des Stammlandes der internationalen Unternehmung (vgl. Bergner 1989: 887f.).

[24] Zu empirischen Untersuchungen dieses Phänomens vgl. Habel (1992: 107ff.).

[25] Die entsprechende Projektplanung übernimmt die Funktion einer strategischen Steuerung der soziopolitischen Rahmenplanung, indem gesellschaftspolitische Programme in Projekte umgesetzt werden. Im weiteren wird darauf jedoch nicht dezidiert eingegangen.

[26] Vor dem Hintergrund der Aktivitäten der US-amerikanischen Unternehmensgruppe um Ross Perot müßte man angesichts des amerikanischen Wahlkampfes von 1992 zusätzlich Programme der Wahlkampf*führung* hinzufügen.

punktes der (Ko-)Evolution zwischen Unternehmung und sozioökonomischem Feld. Damit werden vor allem Fragen eines normativ-geistigen Rahmens (vgl. Boehm-Tettelbach 1990: 258) der soziopolitischen Rahmenplanung angesprochen.[27] Leitfrage ist die Gewährleistung der Legitimation und institutionellen Verankerung international tätiger Unternehmen im sozioökonomischen Feld. Einen geeigneten Ausgangspunkt zur Erarbeitung einer soziopolitischen Legitimitätsstrategie internationaler Unternehmen stellt die Konzeption von Ansoff (1984) dar.[28] Die soziopolitische Legitimitätsstrategie wird aus drei Analysekomplexen abgeleitet.

(1) Ein erstes Modul (aspiration analysis) stellt die Bestimmung solcher stakeholder und Interessen dar, die verstärkt zu berücksichtigen sind, und die sozusagen Ziel-(Gruppen-)Charakter für die Bestimmung der Legitimationsbasis einer internationalen Unternehmung aufweisen. Dabei kann man sich an den für internationale Unternehmen entwickelten codes of conduct orientieren.[29] Solche Verhaltenskodizes stellen Systeme von Prinzipien und Normen dar, die internationale Standards eines erwünschten Wohlverhaltens international tätiger Unternehmen bestimmen. Daraus lassen sich erste Hinweise auf Erwartungshaltungen von stakeholders ableiten, wobei zum Teil nach Ländern bzw. Regionen, aber auch einzelnen Regelungsbereichen[30] differenziert werden kann. Darüber hinaus ist aber eine unternehmensspezifische Konkretisierung notwendig. Dazu kann man sich an den Interessen und Ansprüchen der durch eine Unternehmung betroffenen und/ oder als relevant erachteten stakeholder orientieren.[31] Die Vorstellung der Berücksichtigung spezifischer Interessen resultiert in bestimmten "Interessenprofilen" bzw. "Modellen".[32] Mit Kirsch kön-

---

[27] Anlaß dazu geben einerseits öffentlichkeitswirksame aktionärsschädigende Finanztransaktionen, Schmiergeldzahlungen, politische Zuwendungen, aber auch massive politische Beeinflussungen, wie z. B. beim Sturz der Regierung Allende 1973 im Zusammenhang mit der beabsichtigten Verstaatlichung amerikanischer Unternehmen in Chile (vgl. Engelhard 1989: 2155f.). Andererseits weist die Entstehung von Verhaltenskodizes (codes of conduct), so z. B. der 1976 verabschiedete "Verhaltenskodex für multinationale Unternehmen" (vgl. OECD 1986) auf entsprechende Trends im sozioökonomischen Feld hin. Obwohl die Wirksamkeit solcher codes of conduct relativ umstritten ist (zu empirischen Ergebnissen: vgl. Hamilton 1984), muß die "Globalisierung" des Management letztlich auch Fragen einer globalen Verantwortung umfassen.
[28] Die folgenden Ausführungen erfolgen in Anlehnung an Ansoff (1984: 129ff.).
[29] Zu Beispielen vgl. Schwamm/ Germidis (Hrsg. 1977).
[30] So nennt Engelhard (1989: 2159f.) relativ allgemeine "Regenschirmkodizes" (z. B. den "Verhaltenskodex zur Kontrolle und zur Festlegung von Regeln zur Behandlung von transnationalen Unternehmen" der Vereinten Nationen), aber auch sehr spezifische Kodizes (z. B. "Internationaler Kodex über das Marketing von Muttermilch-Ersatzprodukten" der Weltgesundheitsorganisation).
[31] Dabei werden sowohl interne (Führungskräfte, Mitarbeiter, Eigentümer usw.) als auch externe (Gewerkschaften, nationale Regierungen, lokale Kunden usw.) als stakeholder einzubeziehen sein.
[32] So unterscheidet Ansoff (1984: 140) z. B. die Modelle free enterprise, prudent capitalist, populist, philantropic und socialist. In Anlehnung an Kirsch können solche Modelle wertfrei nach ihrem funktionalen Charakter als "Ideologien" be-

nen dabei vereinfachend drei Grundtypen von "Sinnmodellen" unterschieden werden:

> "Das erste dieser 'Sinnmodelle' ist das Ziel- bzw. Instrumentalmodell. Die Organisation wird hier in allererster Linie als Instrument zur Erfüllung bestimmter, mehr oder weniger vorgegebener Ziele und Aufgaben angesehen. (...).
> Das zweite Sinnmodell sehe ich in der Betonung des Überlebens der Organisation (Überlebens- bzw. Bestandsmodell). Die Organisation hat viele Beteiligte, mit denen sie ihre Austauschbeziehungen so zu regeln hat, daß das System unabhängig von einem gewissen Wandel in den Teilnehmern und Umweltbedingungen überlebt. (...)
> Den dritten Grundtyp schließlich bildet das von mir postulierte Fortschrittsmodell. Im Vordergrund steht hier für die Unternehmung das Bemühen, einen Fortschritt in der Befriedigung der Bedürfnisse und Interessen der vom Handeln der Organisation direkt oder indirekt Betroffenen zu erzielen." (Kirsch 1992a: 14)

Solche Sinnmodelle lassen sich als Argumentationsformen einer Ökologie von Ideen auffassen, in denen der Zusammenhang zwischen der Verantwortung des Unternehmens und den von einer Unternehmung Betroffenen auf spezifische Weise thematisiert wird.[33] Vor dem Hintergrund solcher Sinnmodelle werden also unterschiedliche stakeholder zu berücksichtigen sein. Während sich das Zielmodell weitgehend auf die Interessen der Eigentümer bzw. Anteils-eigner beschränkt, rückt das Fortschrittsmodell grundsätzlich eine Vielzahl möglicher Betroffener in den Mittelpunkt, also auch solche Interessen, die noch nicht aktiv im Sinne von (strategischen) *Interessenten* auf die Handlungsstrukturen einer internationalen Unternehmung einwirken. Ergebnis des zweiten Moduls stellt damit die Bestimmung präferierter stakeholder und Interessen dar, deren Bedürfnisse angesichts eines spezifischen Sinnmodells bzw. Weltbildes berücksichtigt werden sollen.

(2) Durch eine Analyse der Machtverteilung im sozioökonomischen Feld (power field analysis) werden stakeholder identifiziert und im Hinblick auf ihre Ansprüche gegenüber der Unternehmung, ihre relativen Machtpotentiale, verfügbare Aktionsvariablen und den Grad ihrer Mobilisierung untersucht. Unterstützend lassen sich Methoden eines "political mapping" heranziehen. So skizziert Kerwin am Beispiel der Türkei ein für Entwicklungsländer typisches Muster der politischen Einflußnahme nationaler Regierungen auf Unternehmen (vgl. Abbildung 4-3). Eine Beschränkung auf nationale Regierungen erscheint jedoch problematisch. So muß das Vorliegen *gemeinsamer* Interessen *unterschiedlicher* stakeholder als Hinweis auf die potentielle Entstehung externer Koalitionen gewertet werden. Ergebnis der Machtverteilungsanalyse ist die

---

[33] zeichnet werden, die im Sinne rechtfertigender Modelle legitimierenden Charakter aufweisen. Zu einer ausführlichen Darstellung vgl. Kirsch (1992a: 146ff.). Damit bleibt offen, inwieweit und auf welche Weise solche Argumentationsformen in die Weltbilder einer Organisation als Inbegriff der in einer Unternehmung verankerten Annahmen, Denkweisen und Vorstellungen Eingang finden und dort operativ wirksam werden.

Identifizierung der Einflußpotentiale tatsächlicher und potentieller *strategischer* Interessenten.

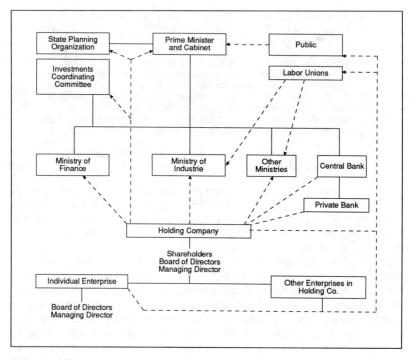

Abb. 4-3: Entscheidungsstrukturen zwischen Regierung und Unternehmen am Beispiel der Türkei (aus Kerwin o.J.; zitiert in Taylor 1983: 576)

(3) Das dritte Modul stellt die Untersuchung bestimmter Randbedingungen bzw. Spielregeln (rules of the game) der Berücksichtigung von Interessen einzelner stakeholder dar. *Eine* solche Spielregel besteht sicherlich darin, daß die Handlungsfähigkeit einer Unternehmung eine notwendige Voraussetzung für die Bedürfnisberücksichtigung von stakeholders darstellt.[34] Die Erfüllung der Ansprüche von stakeholders wird also an die Existenz eines bestimmten "organizational slack" als "Verfügungsmasse" gebunden sein. Zum anderen sind damit Zielkonflikte zwischen verschiedenen Interessen abzuschätzen.

(4) Schließlich faßt die soziopolitische Legitimitätsstrategie die Ergebnisse der vorangegangenen Module zusammen. Die Analyse der Machtverteilung gestattet die Konstruktion von Szenarien der wahrscheinlichen zukünftigen Stellung einer Unternehmung im Machtgefüge ihres organisatorischen Feldes.

---

[34] Letztlich sind damit eventuelle Invarianzen und zirkuläre Verflechtungen zwischen den Basisfähigkeiten einer Organisation angesprochen. (vgl. Kirsch 1992a: 137ff.).

Durch die Bestimmung von Zielgruppen und die Analyse von Randbedingungen kann diese wahrscheinliche Entwicklung mit der gewünschten Rolle im Feld abgeglichen werden (vgl. Ansoff 1984: 146). Die Wahrscheinlichkeit ist hoch, daß die angestrebte Rolle im Sinne einer Eigenerwartung und die wahrscheinliche Entwicklung auseinanderstreben. Insofern muß der Abstimmungsprozeß zwischen Eigen- und Fremderwartungen durch den Entwurf einer Verhandlungsstrategie ergänzt und unterstützt werden. Die Verhandlungsstrategie legt Verhandlungspositionen im Sinne von Forderungen, aber auch eventuelle Unterstützungsangebote fest. Darüber hinaus lassen sich generelle Verhandlungsmuster im Sinne von Verhandlungswegen bestimmen.[35]

Die genannten Module stellen einen ersten Ordnungsraster zur Dekomposition und Handhabung einer soziopolitischen Rahmenplanung internationaler Unternehmen dar. Der Entwurf einer soziopolitischen Rahmenplanung bewegt sich jedoch immer in einem Dilemma zwischen "vorauseilendem Pragmatismus" und dem grundlagentheoretischen Anspruch, den die Behandlung moralisch-praktischer Fragen mit sich bringt. Wenn sich die vorangegangenen Ausführungen vor allem auf eine pragmatische Vorgehensweise konzentrierten, dann wird die in Unternehmen vorfindbare Praxis einer Beschäftigung mit solchen Fragen unterschätzt.[36] Die tatsächliche Institutionalisierung ist deshalb in bezug auf unternehmensspezifische Gesichtspunkte zu beurteilen. So ist deutlich geworden, daß unterschiedliche organisatorische Sinnmodelle nicht nur die Ausprägung, sondern auch die relative Bedeutung einer soziopolitischen Legitimitätsstrategie für ein Unternehmen beeinflussen. Damit werden bereits Fragen der Identität einer Unternehmung angesprochen. Will man sich dieser Identität nähern, so kann die Rekonstruktion der strategischen Grundhaltung als ein Teilaspekt dieser Identität von Interesse sein.

4.1.3 Die Rekonstruktion der strategischen Grundhaltung internationaler Unternehmen

Unter der strategischen Grundhaltung einer Unternehmung kann im ersten Zugriff ein tiefenstruktureller Kern von Handlungsorientierungen verstanden werden, der den Hintergrund der jeweils entwickelten bzw. vorherrschenden strategischen Maximen (Ziele, Grundsätze und Strategien) bildet. Eine solche Grundhaltung ist meist impliziter Natur und den Planungsträgern nicht immer voll bewußt. Insofern stellt sich zunächst nicht nur die Aufgabe, die strategische Grundhaltung einer Unternehmung zu planen bzw. aktiv zu entwickeln,

---

[35] Ein aus der Spieltheorie bekanntes Verhandlungsmuster bildet die Strategie eines "tit for tat", bei dem in einer kooperativen Spiel- bzw. Verhandlungssituation mit kooperativem Verhalten begonnen wird, um in den anschließenden Spielzügen das Verhalten des jeweiligen Gegenspielers zu kopieren (vgl. Axelrod 1984: 54).

[36] So wird die Legitimitätsdebatte evtl. Gegenstand handlungsentlasteter Interaktionssituationen. Ferner mögen soziopolitische Strategien aber auch organisatorisch verankert sein. So wurde z. B. im Fallstudienunternehmen die Gestaltung einer offiziellen Richtlinie über "Legalität" äußerst ernst genommen.

sondern sie zu rekonstruieren.[37] Eine explizite Rekonstruktion bietet sich aus zwei Gründen an. Einerseits stellt die strategische Grundhaltung eine Beschränkung dar, die bei der Entwicklung des unternehmenspolitischen Rahmens zu beachten ist. Andererseits nimmt eine solche Identität aber auch einen produktiven generierenden Charakter an, so etwa bei der Erschließung neuer Betätigungsfelder. Durch eine Rekonstruktion der strategischen Grundhaltung kann sowohl ihre verifizierende als auch ihre generierende Funktion fruchtbar gemacht werden.

In der einschlägigen Literatur finden sich eine Vielzahl unterschiedlicher Theorieangebote, die für eine Rekonstruktion heuristisch eingesetzt werden können.[38] Mit der (1) Länderorientierung und dem (2) Integration-Responsiveness-Bezugsrahmen sind zwei im internationalen Zusammenhang maßgebliche Aspekte herauszustellen.

(1) Die strategische Grundhaltung internationaler Unternehmen kann im Hinblick auf nationale Orientierungsmuster nach der bereits eingeführten Typologie der Länderorientierungen von Perlmutter (1965) gekennzeichnet werden.[39] Vereinfacht wurde zwischen reiner Gastlandorientierung, reiner Stammlandorientierung und einer weltweiten, länderunabhängigen Orientierung unterschieden. Stamm- und Gastlandorientierung stellen Extrempunkte eines Kontinuums dar, wobei die weltweite Orientierung außerhalb dieses Spannungsfeldes liegt, da nationale Lebens- und Sprachformen in dieser Grundhaltung quasi keine Rolle mehr spielen. Dann stellt sich allerdings die Frage, ob zwischen den genannten Extrempunkten nicht auch eine vermittelnde Position denkbar ist. Diese Orientierung wird in Anlehnung an Adler (1991: 95ff.) als synergistisch bezeichnet.

(2) Die Länderorientierung wird durch Aussagen des Integration-Responsiveness-Bezugsrahmens ergänzt. In Anlehnung an Doz (1986: 137ff.) wurden hier vereinfacht zwei einander widerstreitende "Imperative" unterschieden: der ökonomische und der politische Imperativ. Eine Orientierung am ökonomischen Imperativ entspricht einer Grundhaltung der Integration, bei der strategische Entscheidungen überwiegend auf der Basis der unternehmensinternen Werte und Orientierungsstandards beurteilt werden. Demgegenüber ent-

---

[37] Das bedeutet allerdings nicht, daß die strategische Grundhaltung nicht verändert werden könnte. Allerdings nimmt eine solche Veränderung den Charakter einer tiefgreifenden kulturellen Transformation an und wird mit erheblichen Widerständen im Sinne einer "organizational inertia" (organisatorische Trägheit) (vgl. Hannan/ Freeman 1989) umgehen müssen. Möglicherweise kann aber gerade die Rekonstruktion zu einer solchen Transformation beitragen.

[38] Im nationalen Zusammenhang sei beispielhaft auf die Typologie strategischer Grundorientierungen von Miles/ Snow (1978) und die Typen generischer Strategien von Porter (1990b) hingewiesen. Zu einem Überblick über empirische Untersuchungen vgl. Habel (1992: 54ff.) und die dort angegebene Literatur. Im internationalen Zusammenhang wird der Begriff der Länderorientierung vor allem von Segler (1986: 152f.) verwendet.

[39] Vgl. Kapitel 2.4.1.

spricht eine Betonung des politischen Imperativs einer Grundhaltung der nationalen Responsiveness, bei der schwerpunktmäßig die Interessen nationaler stakeholder im Vordergrund stehen. Schließlich wird als Mittelposition eine multifokale Orientierung unterschieden, die von der Idee einer selektiven Aushandlung des Trade-Off zwischen politischem und ökonomischem Imperativ ausgeht.

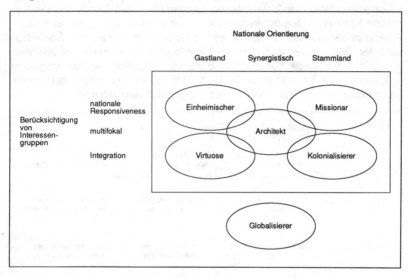

Abb. 4-4: Typen strategischer Grundhaltungen internationaler Unternehmen

Auf Basis der genannten Dimensionen unterscheidet Abbildung 4-4 verschiedene Typen einer strategischen Grundhaltung internationaler Unternehmen.[40] Die Grundhaltung des *Einheimischen* zeichnet sich durch hohe nationale Responsiveness aus, wobei eine Gastlandorientierung dominiert. Durch Erarbeitung einer hohen Sensibilität gegenüber nationalen Lebens- und Sprachformen versucht man, nationaler Insider zu werden. Denkbar wäre etwa der Fall eines Unternehmens, das schwerpunktmäßig in Branchen mit hohem Staatsanteil (Telekommunikation, Rüstung usw.) tätig ist. Im Fall des *Missionars* liegt gegenüber dem Einheimischen eine ausgeprägte Stammlandorientierung vor. Unternehmen dieser Grundorientierung sind in hohem Maße dem eigenen Wertsystem verhaftet; Lee (1966) spricht von der Dominanz eines "self reference criterion". Die Grundhaltung des *nationalen Virtuosen* wird durch eine hohe Gastlandorientierung gekennzeichnet, wobei die Durchsetzung von Interessen der internationalen Unternehmung durch eine erworbene Sensibilität gegenüber nationalen Lebens- und Sprachformen ab-

---

[40] Diese Typologie wurde durch eine allerdings nur äußerlich ähnliche Darstellung von Miles/ Snow (1978) angeregt.

gesichert werden soll. Demgegenüber zeichnet sich der *Kolonialisierer*[41] durch eine dominante Stammlandorientierung aus. Die Durchsetzung von Unternehmensinteressen wird vor dem Hintergrund der eigenen Lebens- und Sprachformen erzwungen. Der *Architekt* stellt eine Mittelposition dar. Hier dominiert die Auffassung, daß Trade-Offs zwischen ökonomischem und politischem Imperativ den unvermeidbaren, zugleich aber handhabbaren Normalfall einer internationalen Unternehmenstätigkeit darstellen. Durch eine synergistische Länderorientierung wird versucht, Gefahren zu begegnen, aber auch Gelegenheiten unterschiedlicher Länderorientierungen zu nutzen. Schließlich wird der *Globalisierer* außerhalb der Matrix verortet. Globalisierer zeichnen sich zum einen tendenziell durch eine stärkere Grundhaltung der Integration aus, stellen aber insofern einen Sonderfall dar, als eine Orientierung an nationalen Lebens- und Sprachformen nach Möglichkeit vermieden wird.

	Organizational Characteristics		
	Configuration of assets and capabilities	Role of overseas operations	Development and diffusion of knowledge
Multinational	Decentralized and nationally self-sufficient	Sensing and exploiting local opportunities	Knowledge developed and retained within each unit
Global	Centralized and globally scaled	Implementing parent company strategies	Knowledge developed and retained at the center
International	Sources of core competencies centralized, others decentralized	Adapting and leveraging parent company competencies	Knowledge developed at the center and transferred to overseas units
Transnational	Dispersed, interdependent, and specialized	Differentiated contributions by national units to integrate worldwide operations	Knowledge developed jointly and shared worldwide

Abb. 4-5: Strategische Grundhaltung internationaler Unternehmen im Tertiärbereich (in Anlehnung an Bartlett/ Ghoshal 1989: 65)

Die genannten strategischen Grundhaltungen überlagern tendenziell alle Bereichsperspektiven eines Strategischen Managements. So werden sich ein Einheimischer und ein Kolonialisierer im Quartärbereich z. B. in Verhandlungen mit nationalen stakeholders durch Verhandlungsbereitschaft und Flexibi-

---

[41] Der Begriff des Kolonialisierers konnotiert ein negatives Image hinsichtlich dieser Grundhaltung. Diese Konnotierung ist zum einen selbst kulturell kontingent. Zum anderen gibt es durchaus Beispiele äußerst "erfolgreicher" Kolonialisierer, so etwa die Ostindische Handelsgesellschaft der englischen Kolonialzeit oder IBM (vgl. Mahini/ Wells 1986: 302f.).

lität ihrer Verhandlungspositionen unterscheiden. Insofern ist davon auszugehen, daß jeder der genannten Grundhaltungen spezifische Pendants im Primär- bis Quartärbereich zuzurechnen sind. Interessiert man sich insbesondere für die strategische Grundhaltung in bezug auf die Führung und Organisation sowie die Gestaltung von Managementsystemen, so kann eine Typologie von Bartlett/ Ghoshal (1989) zur Konkretisierung herangezogen werden.

Als maßgeblichen Bestimmungsfaktor der strategischen Grundhaltung im Tertiärbereich bezeichnen sie das administrative Erbe (administrative heritage) internationaler Unternehmen (vgl. Bartlett/ Ghoshal 1989: 35). Darunter ist ein Kern historisch gewachsener Grundüberzeugungen und Werte zu verstehen, der insbesondere in der Ausprägung entlang dreier organisatorischer Grunddimensionen zum Ausdruck kommt: Konfiguration von Ressourcen und Fähigkeiten zwischen den organisatorischen Handlungszentren, Rollenverteilung ausländischer Tochtergesellschaften sowie mögliche Diffusions- und Entwicklungsrichtungen der organisatorischen Wissensbasis. Das administrative Erbe internationaler Unternehmen wird durch zahlreiche Faktoren beeinflußt. Drei Einflußfaktoren erwiesen sich als ausschlaggebend: der Einfluß von Führungspersönlichkeiten, die Kultur des Stammlandes und die historische Entwicklung der Organisation (vgl. Bartlett/ Ghoshal 1989: 41).

In Einzelfallstudien von insgesamt neun internationalen Unternehmen wurden mit der "multinationalen", der "internationalen" und der "globalen" Orientierung drei Grundhaltungen rekonstruiert. Ergänzend wird mit der "transnationalen" Organisation eine vierte Grundhaltung im Sinne einer Leitvorstellung entworfen. Abbildung 4-5 gibt die wesentlichen Charakteristika der vier Grundhaltungen wieder.[42]

In den betrachteten Unternehmen wurden Merkmale des Tertiärbereiches in hohem Maße durch die in Abbildung 4-5 unterschiedenen Grundhaltungen geprägt. Beispielsweise dominierten bei einer multinationalen Grundhaltung informelle personenorientierte Beziehungen zwischen Zentrale und Auslandseinheiten, die gegebenenfalls durch einfache finanzorientierte Systeme unterstützt werden.

Die bisherigen Ausführungen könnten dahingehend mißverstanden werden, daß die strategische Grundhaltung internationaler Unternehmen einen relativ wohldefinierten Kern von Grundüberzeugungen und Werten darstellt. Die vielfältigen Lebens- und Sprachformen internationaler Unternehmen und die damit einhergehenden polyzentrischen Phänomene stellen diese Annahme in

---

[42] Vorbehaltlich der Übersetzungsproblematik solcher Entsprechungen lassen sich folgende Spekulationen zum Verhältnis zwischen strategischen Grundhaltungen und der Typologie von Bartlett/ Ghoshal treffen: Tendenziell entspricht die multinationale Orientierung dem Einheimischen, während internationale und globale Orientierung Pendants zum nationalen Virtuosen und zum Kolonialisierer aufweisen. Die transnationale Organisation berührt Aspekte des Globalisierers und des Architekten.

zweierlei Weise in Frage. Zum einen ist bei der Rekonstruktion der Identität internationaler Unternehmen nicht ohne weiteres davon auszugehen, daß

> "... eine klare Identität im Sinne eines wohldefinierten Kerns der Tiefenstruktur des organisatorischen Feldes (... vorliegt; Anm. d. Verf.). Es ist durchaus fraglich, inwieweit bei einer Pluralität von inkommensurablen und in sich inhomogenen (derivativen) Lebens- und Sprachformen von einem gemeinsamen Kern überhaupt ausgegangen werden darf."
> (Kirsch 1992a: 135)

In polyzentrischen Unternehmen wird damit die Annahme einer wohldefinierten strategischen Grundhaltung problematisch. Greift man diese Überlegung auf, so lassen sich - zu den obigen Typologien querliegend - zwei Grundtypen strategischer Grundhaltungen unterscheiden. Auf der einen Seite ist ein relativ wohldefinierter Kern im Sinne einer monolithischen Grundhaltung rekonstruierbar. Auf der anderen Seite mag es die Vielfalt unterschiedlicher Lebens- und Sprachformen gerechtfertigt erscheinen lassen, von einer "Flickwerk"- Grundhaltung[43] auszugehen. In internationalen Unternehmen, die durch einen starken Polyzentrismus gekennzeichnet sind, liegt die Annahme nahe, daß eine rekonstruierte strategische Grundhaltung eher einen solchen Flickwerk-Charakter annimmt.

Zum anderen ist die "Identität" einer Unternehmung selbst möglicherweise lediglich ein Attributionsphänomen. Unternehmen wird eine Identität attribuiert bzw. im Sinne einer "Fremdbeschreibung" zugeschrieben. Bestes Beispiel ist hier die konzernrechtliche Zurechnungspraxis, bei der die Frage im Mittelpunkt steht, auf welche Konzernebene eine in Frage stehende Handlung oder Rechtsposition zugeschrieben werden kann.

> "Es gehört zu den Zwängen des anthropomorphen Denkens in Rechtspersonen, daß man sich bei der sozialen Realität der corporate actors wie bei der rechtlichen Konstruktion der juristischen Person ein einheitliches Aktions- und Willenszentrum vorstellen muß, das als Zurechnungsendpunkt für Handlungen, Rechte, Pflichten, Haftungsfolgen dient."
> (Teubner 1989: 177).

Für die Frage einer Identität von Organisationen gilt dies ebenso.[44] Wenn internationale Unternehmen aber als polyzentrische Gebilde zu verstehen sind, dann muß dieser Zwang zur einheitlichen Zurechnung einer Identität hinterfragt werden, und es ist von einer simultanen Vielfachzurechnung von Teilidentitäten auszugehen.

Im Zentrum der vorangegangenen Ausführungen stand die Rekonstruktion der strategischen Grundhaltung internationaler Unternehmen als ein Teilas-

---

[43] Dieser Begriff wird in Anlehnung an Keupp (1990) gewählt, der für pluralistische Gesellschaften auf der Individualebene die Entstehung einer Patchwork- (Flickwerk-) Identität als kennzeichnend erachtet.
[44] Vgl. dazu z. B. die Überlegungen von Segler (1989: 254f.) zu einer "corporate identity" internationaler Unternehmen.

pekt ihrer Identität. Es wurde gezeigt, daß mit unterschiedlichen Grundhaltungen zugleich Auswirkungen in verschiedenen strategischen Handlungsbereichen verbunden sind, wobei vor allem der Tertiärbereich in den Vordergrund gestellt wurde. Darüber hinaus wurde deutlich, daß die Vorstellung einer monolithischen strategischen Grundhaltung internationaler Unternehmen vor dem Hintergrund polyzentrischer Phänomene kritisch zu beurteilen ist. Allerdings kann eine explizite Rekonstruktion dazu beitragen, daß im Zuge der Rekonstruktion der Strukturierungsgrad einer solchen Grundhaltung zunimmt. Dies stellt letztlich einen Grund dar, weshalb die Rekonstruktion einer strategischen Grundhaltung gerade im internationalen Unternehmen wesentlich erscheint. Polyzentrische Phänomene werden auch in den folgenden Überlegungen eine zentrale Bedeutung annehmen, bei denen auf das eingangs genannte Herzstück der unternehmenspolitischen Rahmenplanung eingegangen wird.

4.1.4 Rahmenkonzepte als Instrument der internationalen unternehmenspolitischen Rahmenplanung

Im Mittelpunkt der unternehmenspolitischen Rahmenplanung steht die Entwicklung solcher Maximen, die die Soll-Vorstellung der langfristigen Entwicklung einer Unternehmung zum Ausdruck bringen. Im internationalen Zusammenhang kann häufig nicht davon ausgegangen werden, daß die im Unternehmen vorfindbaren Maximen vollkommen geordnet sind. Die Vielfalt inhomogener nationaler Lebens- und Sprachformen, die Einbindung einzelner Aktionszentren in überlagernde Handlungsstrukturen sozioökonomischer Teilfelder, die zunehmende Verflechtung und Vernetzung einzelner Aktionszentren, kurz: *der polyzentrische Charakter internationaler Unternehmen* legt die Annahme nahe, daß sich aus der Gesamtheit der bestehenden Maximen keine einheitliche Richtung rekonstruieren läßt. Die tatsächliche Entwicklung internationaler Unternehmen wird in hohem Maße den Charakter einer naturwüchsigen Evolution annehmen. Genau hier ist die zentrale Funktion eines Rahmenkonzeptes zu sehen.[45]

> "Die Formulierung eines Rahmenkonzeptes stellt den Versuch dar, diese Entwicklung stärker zu steuern und die 'naturwüchsige Evolution' in eine 'geplante Evolution' zu überführen. Es werden Maximen definiert, die es erleichtern sollen, *dem Unternehmen zu einer Richtung zu verhelfen.* Dabei ist es nicht immer sinnvoll oder möglich, konkrete Ziele vorzugeben. In einem Rahmenkonzept kann auch im Sinne einer Negativabgrenzung eine Menge von Richtungen ausgeschlossen werden. Es geht letztlich darum, den Spielraum anzugeben, in dem sich die zukünftige Unternehmensentwicklung vollziehen kann." (Kirsch/ Obring 1991: 377)

Allgemeine Konzepte einer Rahmenplanung, mit denen die "naturwüchsige Evolution" internationaler Unternehmen zumindest teilweise in den Bahnen ei-

---

[45] Zu einer ausführlichen Darstellung der Funktion und des Aufbaus von Rahmenkonzepten in Konzernen vgl. Ringlstetter (1993 i. V.: 24ff.).

ner geplanten Evolution kanalisiert werden kann, müssen in besonderer Weise den Spezifika polyzentrischer Strukturen Rechnung tragen. Bestehende Konzepte beschränken sich jedoch auf die Perspektive der Zentrale[46] oder fokussieren auf den Primärbereich einer Unternehmung.[47] Ein erstes Instrument zur Überwindung dieser Beschränkungen stellt das Instrument eines unternehmenspolitischen Leitbildes[48] dar.[49] So entwickelt Segler (1989: 255) Leitbildüberlegungen für internationale Unternehmen, in denen Aussagen des corporate behavior (z. B. leitbildgerechte Ausgestaltung der Führungsinstrumente), des corporate design (z. B. Gestaltung leitbildgerechter Markenkonzepte) und der corporate communications (z. B. Profilierung der Unternehmensziele gegenüber Marktpartnern und Öffentlichkeit) zusammengefaßt werden.

Leitbilder weisen jedoch einen vergleichsweise geringen Konkretisierungsgrad auf (vgl. Kirsch/ zu Knyphausen/ Ringlstetter 1991: 314). Meist werden ausschließlich Maximen formuliert, ohne jedoch die *Prämissen* der Gültigkeit solcher Maximen festzuhalten oder unmittelbare *Handlungsbedarfe* abzuleiten. Zudem beschränken sich Leitbilder auf die Dokumentation solcher Maximen, die den Charakter eines starken Commitment (Selbstverpflichtung) aufweisen. In polyzentrischen Strukturen weist die Genese von Commitments aber tendenziell den Charakter eines "Creeping Commitment"[50] auf. Insofern sind die in Leitbildern zu findenden Maximen häufig unvollständig dokumentiert, weil der Grad der dahinterstehenden Commitments nicht mit erfaßt wird. Darüber hinaus werden solche Maximen überhaupt nicht erfaßt, die sich im Verlauf des Erstellungsprozesses nicht durchsetzen konnten. Schließlich geht ein Leitbild implizit von der Vorziehenswürdigkeit eines hohen Dokumentationsgrades unternehmenspolitischer Maximen aus, beschränkt sich also auf *formulierte*

---

[46] Dies gilt etwa für den von Heenan/ Perlmutter (1979) entwickelten Ansatz der Organisationsentwicklung internationaler Unternehmen.

[47] Vgl. z. B. das von Segler (1986: 27) entwickelte Orientierungssystem eines Weltmarktkonzeptes.

[48] Die wachsende Verbreitung von Leitbildern im Sinne von Grundsatzdokumenten weist Habel (1992: 119ff.) in einer Zusammenstellung verschiedener empirischer Untersuchungen auf. Zu Leitbildern allgemein vgl. Brantl (1985: 46ff.), Kirsch (1990: 241ff.), Kirsch/ zu Knyphausen (1988), Trux et al. (1991: 733ff.). Speziell im internationalen Zusammenhang verwendet Voß (1989: 140ff.) den Begriff im Rahmen eines Denkmodells der strategischen Planung. Schlegelmilch (1990) führt einen empirischen Vergleich von Leitbildern europäischer und amerikanischer Unternehmen durch.

[49] Die Literatur zeigt, daß sich Leitbilder für verschiedene Bereichsperspektiven eines strategischen Management entwickeln lassen, wobei beliebige Aktionszentren im Mittelpunkt stehen können. Kronast (1989: 198ff.) berichtet über Erfahrungen bei der Entwicklung eines Controlling-Leitbildes. Bei Stock (1992: 96ff.) finden sich Überlegungen zur Gestaltung von Leitbildern für den Forschungs- und Entwicklungsbereich.

[50] Dieser Begriff soll andeuten, daß verpflichtende Festlegungen in kollektiven Entscheidungsprozessen i. d. R. nicht schlagartig, sondern in einem stufenweisen Prozeß entstehen, in dessen Verlauf erst schrittweise Sperrklinken gesetzt und "Tatsachen" geschaffen werden (vgl. Kirsch 1988: 46; 230).

Maximen. Tatsächlich werden die in einer Unternehmung vorfindbaren Maximen aber sowohl formulierter als auch *formierter*, d.h. gewachsener und nichtöffentlicher Natur sein (vgl. Kirsch/ Obring 1991: 377; Broich 1994 i. V.). Das im folgenden vorzustellende Instrument eines unternehmenspolitischen *Rahmenkonzepts* versucht die genannten Probleme zu überwinden.[51] Zunächst stehen vier Gestaltungsgrößen, nämlich (1) Themen, (2) Formate, (3) Dokumente und (4) Statusanmerkungen im Vordergrund.[52]

Bereich	Themen
Primärbereich	* Produkt-/ Markt-Betätigungsfelder * Internationalisierungsgrad (Export versus Tochtergesellschaft) * Aufbau eines internationalen Fertigungs- und Lieferverbundes * u.a.
Sekundärbereich	* Entsendungspolitik im Führungskräftetransfer/ internationale Laufbahnplanung * technologische Innovationsorientierung * Management internationaler Finanzressourcen * u.a.
Tertiärbereich	* internationale Anreizsysteme * Verhältnis Zentrale / Tochtergesellschaften * Standardisierungsgrad der Führungssysteme * u.a.
Quartärbereich	* soziopolitische Legitimitätsstrategie * Internationale Kooperationsorientierung * Länderorientierung * u.a.

Abb. 4-6: Mögliche Themen eines unternehmenspolitischen Rahmenkonzeptes im internationalen Unternehmen

(1) Aus Gründen der Komplexitätsreduktion werden verschiedene Themenbereiche abgegrenzt.[53] Abbildung 4-6 stellt eine fiktive Themenliste dar. Diese lassen sich auf Basis einer induktiven Exploration und Verallgemeinerung aktueller bzw. absehbarer Problemfelder oder über deduktive Überlegungen generieren.[54] Dabei sollten allerdings nicht nur Themen des Primärbereiches, wie etwa in dem von Segler (1986: 29) genannten Orientierungssystem für ein

---

[51] Ringlstetter (1992: 406) geht noch weiter, wenn er konstatiert, daß Rahmenkonzepte einen prototypisch polyzentrischen Charakter aufweisen, der den Spezifika polyzentrischer Strukturen in besonderem Maße entgegenkommt.
[52] Vgl. zum folgenden Kirsch/ Obring (1991: 376ff.), Obring (1992: 355ff.), Ringlstetter (1993 i. V.).
[53] Die mit einer solchen Orientierung an Themenbereichen verbundene Gefahr einer Vernachlässigung von Interdependenzen zwischen einzelnen Problemfeldern kann gemildert werden, indem explizite Cross-Impact-Analysen zugeschaltet werden. Zu einem Beispiel vgl. Ansoff (1984: 345ff.)
[54] Zur methodischen Unterstützung kann ein expliziter Filterprozeß von Schlüsselproblemen eingesetzt werden (vgl. Boehm-Tettelbach 1990: 125ff. und die dort angegebene Literatur).

Weltmarktkonzept angesprochen werden.[55] Neben einer Themenorientierung an den Bereichsperspektiven eines strategischen Management kann sich auch die Unterscheidung prozeduraler und inhaltlicher Themen anbieten. Während *inhaltliche* Themen substantielle Aussagen über die Soll-Entwicklung einer Unternehmung umfassen, beschränken sich *prozedurale* Themen auf die Festlegung von Regeln, die bei der Behandlung inhaltlicher Fragen zu beachten sind (vgl. Kirsch/ Obring 1991: 381). So könnten etwa Konfliktregelungen ein Thema darstellen, bei dem Instanzenwege der Konflikthandhabung oder bestimmte Schiedsgerichtsverfahren problematisiert werden. Die Themengenerierung wird weiter auch davon abhängen, welche Aktionszentren im Vordergrund stehen. So werden bei der Entwicklung des Rahmenkonzepts einer Mutter im Quartärbereich andere stakeholder und damit Themen zu berücksichtigen sein, als dies bei einer ausländischen Tochtergesellschaft der Fall ist.

(2) Jedes Thema wird mit einem bestimmten Format bearbeitet. Der *Leitsatz* bringt plakativ die Intention des Themas zum Ausdruck und ein *Abstract* formuliert eine kurze Zusammenfassung der wichtigsten Aussagen zu diesem Thema. Auf diese Weise wird einem etikettenhaften Charakter einzelner Themen vorgebeugt. Anstatt lediglich eine schlagwortartige Überschrift zu generieren, mit der einzelne Entscheidungsträger die unterschiedlichsten Problemdefinitionen in Verbindung bringen, wird auf diese Weise eine inhaltliche Konkretisierung angestrebt. Basis des Rahmenkonzeptes stellen die *Prämissen* dar. Jedes Thema wird vor dem Hintergrund bestimmter Annahmen über die Ausgangssituation und zu beachtende Beschränkungen bearbeitet. Demgegenüber bringen die *Maximen* die Ziele, Strategien und Grundsätze für einzelne Themen zum Ausdruck. Damit werden letztlich die Soll-Vorstellungen der langfristigen Unternehmensentwicklung bestimmt. Sofern zwischen dem in Maximen beschriebenen Soll-Zustand und dem Status-Quo Abweichungen bestehen, ergibt sich ein bestimmter *Handlungsbedarf*. Dieser kann in Form einzelner Maßnahmen, bestimmter Projekte und spezifischer Schwerpunktprogramme konkretisiert werden. Durch eine themenübergreifende Konsolidierung dieser Handlungsbedarfe lassen sich schließlich Prioritäten bestimmen und konkrete Schritte der Unternehmensentwicklung einleiten.

(3) Die Kommunikationsfunktion eines Rahmenkonzeptes erfordert die Erarbeitung bestimmter Dokumente, in denen Ergebnisse festgehalten werden, und die zur Vermittlung sowie Fortschreibung des Rahmenkonzeptes dienen. Abbildung 4-7 gibt die wesentlichen Dokumente im Überblick wieder. Dabei ist die Einbeziehung der Leitbild-Idee möglich. Das Leitbild bringt in kommuni-

---

[55] So zeigen z. B. die Anwendungserfahrungen in einem Konzern, daß in diesem konkreten Fall im Quartärbereich die Bedeutung staatlicher Subventionen für das Unternehmen nicht recht ins Bewußtsein gerückt werden konnte (vgl. Ringlstetter 1992: 414). Demgegenüber gelang es in einem zweiten Anwendungsfall, das zentrale Thema "Familienunternehmung" explizit einzubeziehen (vgl. Kirsch/ zu Knyphausen/ Ringlstetter 1991: 314f.).

zierbarer Form die wesentlichen Maximen des Rahmenkonzeptes zum Ausdruck (vgl. Kirsch/ Obring 1991: 376).

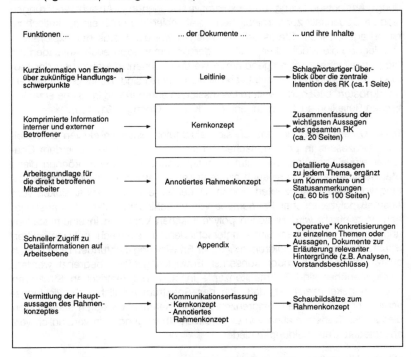

Abb. 4-7: Dokumente eines Rahmenkonzeptes (aus Kirsch/ Obring 1991: 380)

(4) Die Einführung verschiedener Statusanmerkungen bezieht sich auf die Aussagekategorien Prämissen, Maximen und Handlungsbedarfe. So können Prämissen sachlicher oder politischer Natur sein, Maximen können sich hinsichtlich ihrer Adressaten unterscheiden, und Handlungsbedarfe lassen sich nach ihrem Prioritätscharakter präzisieren.[56] Als wesentlich erweisen sich jedoch - wie bereits angedeutet - Statusanmerkungen zum Commitmentcharakter einzelner Maximen.

Dokumentierte Maximen sind i. d. R. das Ergebnis langwieriger Verhandlungsprozesse, in deren Verlauf entweder konsensfähige Lösungen des "kleinsten gemeinsamen Nenners" oder aber Grundsätze mit einer Fülle explizit dokumentierter Ausnahmeregelungen bzw. Öffnungsklauseln entstehen. Beide Ergebnisse können dysfunktional sein. Durch Einbeziehung von Statusanmerkungen schafft ein Rahmenkonzept hier Abhilfe, indem auch solche Maximen dokumentiert werden, die nicht mit einem endgültigen Commitment

---

[56] Zu weiteren Beispielen vgl. Kirsch/ Obring (1991: 407).

bzw. unterschiedlichen Graden eines Commitment verbunden sind.[57] Vereinfachend wird zwischen drei Stufen unterschieden: verbindliche Verabschiedung, Absichtserklärung und explorative Überlegung. Absichtserklärungen sind im Gegensatz zur verbindlichen Verabschiedung noch einmal kritisch zu hinterfragen. Dieser Status eröffnet ebenso wie der Status der explorativen Überlegung die Möglichkeit, daß bei der Dokumentation auch Aussagen mit Möglichkeitscharakter aufgenommen werden können, die aufgrund der momentanen Situation noch nicht verabschiedungsreif sind. Dennoch können sie "Merkposten" bilden, die weitere Diskussionen anregen und im Sinne einer kritischen Reflexion auslösen können (vgl. Kirsch/ Obring 1991: 405).

Diese Unterscheidungen lassen sich als Stufen eines kollektiven Entscheidungsprozesses in polyzentrischen Strukturen interpretieren, der dem Charakter eines Creeping Commitment entspricht. Zum anderen können diese Statusanmerkungen aber auch als zentraler Ansatzpunkt für eine Überarbeitung von Rahmenkonzepten dienen. Dabei ist jedoch in Abhängigkeit vom Ausmaß polyzentrischer Phänomene von verschiedenen Varianten auszugehen. Vereinfacht wird zwischen polyzentrischen Varianten in einem starken und einem schwachen Sinne unterschieden. In schwach polyzentrischen Strukturen kann das Spektrum möglicher Entwicklungsrichtungen relativ rasch auf einen engen Korridor konsenter Entwicklungspfade begrenzt werden. Demgegenüber sind Rahmenkonzepte in stark polyzentrischen Strukturen dadurch gekennzeichnet, daß sich das Spektrum möglicher Entwicklungsrichtungen nur mühsam eingrenzen läßt. In Rahmenkonzepten schlägt sich dies in der Transformation von explorativen Überlegungen in verbindlich verabschiedete Entscheidungen nieder.

Mit der Überarbeitung von Rahmenkonzepten wird bereits die wesentliche Frage nach flankierenden Maßnahmen angesprochen. Denn letztlich geht es nicht nur um die einmalige Erstellung und Kommunikation eines Rahmenkonzeptes, sondern um die Institutionalisierung einer laufenden Auseinandersetzung mit der Richtung einer Unternehmung. Im internationalen Zusammenhang liegen hier besonders anspruchsvolle Voraussetzungen vor. Der Prozeß der Erarbeitung und Weiterentwicklung eines Rahmenkonzeptes wird durch die räumliche Distanz der potentiell betroffenen Aktionszentren erheblich erschwert. Zum anderen können inhomogene nationale Lebens- und Sprachformen zu erheblichen Übersetzungsproblemen zwischen den Planungsträgern führen.[58]

Unterstellt man zunächst, daß die Initiierung und Pflege eines Rahmenkonzeptes in der Verantwortung einer Zentrale liegt, dann ist es mit einer einfa-

---

[57] Eine solche Vorgehensweise ist aus der Planungsliteratur bekannt. So unterscheidet z. B. Krüger (1984) zwischen Vorgabe-, Vorschau- und explorativen Plänen.
[58] Am offensichtlichsten schlägt sich dies in der Notwendigkeit nieder, die Kommunikationsfassung in unterschiedliche Landessprachen zu übersetzen.

chen Versendung der Kommunikationsfassung sicher nicht getan. Mögliche Ansatzpunkte ergeben sich jedoch durch die Einbeziehung der Rahmenkonzepterstellung innerhalb eines Führungskräfte-Entwicklungsprogramms, an dem auch Mitarbeiter ausländischer Tochtergesellschaften teilnehmen. Ein weiterer Ansatzpunkt ergibt sich durch eine themenspezifische Handhabung. So kann es Themen geben, bei denen absehbar ausländische Tochtergesellschaften in stärkerem Maße betroffen sind. Schließlich wird auch die organisatorische Verankerung des Rahmenkonzeptes eine Rolle spielen. Im internationalen Unternehmen wäre es sinnvoll, explizit solche Einheiten mit der Betreuung eines Rahmenkonzeptes zu beauftragen, die entweder für ausländische Einheiten unmittelbar zuständig sind oder - im Sinne einer "Expertenlösung" - über einen internationalen Erfahrungshintergrund verfügen. Durch die Benennung etwa von Länderpaten wird dann den genannten Problemen im Ansatz Rechnung getragen.

Schließlich können Rahmenkonzepte auch für beliebige Aktionszentren erstellt werden. So könnte eine organisatorische Einheit "Unternehmensentwicklung" einen flexiblen Methodenpool zur Erstellung von Rahmenkonzepten bereitstellen, der bei der fallweisen Erstellung des Rahmenkonzepts einzelner Einheiten aktiviert wird. Möglicherweise wird angestrebt, im Zuge einer organisatorischen Verselbständigung einzelner Teileinheiten oder Unternehmensbereiche ein Rahmenkonzept zu erarbeiten, das die fokale Einheit bei der Ausbildung einer eigenen Identität unterstützen soll.[59]

Rahmenkonzepte weisen damit ein erhebliches Unterstützungspotential zur Verwirklichung einer geplanten Evolution der internationalen Unternehmung auf. Eine wesentliche Funktion kann nicht zuletzt in der Möglichkeit zur Bändigung polyzentrischer Phänomene gesehen werden. Dies wird durch die Diskussion und explizite Formulierung der übergreifenden Rahmenbedingungen einer Unternehmensentwicklung gefördert. Die Entwicklung und Nutzung dieses Potentials bleibt jedoch einer unternehmensspezifischen Ausgestaltung vorbehalten. Ein Kernproblem stellt dabei die Frage dar, inwieweit tatsächlich ein umfassender, d.h. viele Aktionszentren einbeziehender Reflexionsprozeß in Gang gesetzt wird. Dabei ist es wohl keine Übertreibung, daß solchermaßen explizite Überlegungen zur Unternehmensentwicklung im Regelfall auf einen kleinen Kreis von Beratern, Führungskräften und (Stabs-)Mitarbeitern der Zentrale begrenzt bleiben. Damit besteht allerdings die Gefahr, daß zwar ein Rahmenkonzept der Gesamtunternehmung angestrebt wird, letztlich aber nur ein Rahmenkonzept der Zentrale entsteht. Tendenziell sollte dieses Instrument jedoch dazu beitragen, daß durch verschiedene Eskalationsstufen der Einbeziehung weiterer Aktionszentren und/ oder durch die eigenständige Erarbei-

---

[59] In dieser Weise kann z. B. die in Kapitel 3 erläuterte Reorganisationsstrategie im Fallstudienunternehmen aufgefaßt werden, bei der einzelne Regionalgesellschaften schrittweise über die Erarbeitung und Verabschiedung einer Richtlinie (bzw. eines rudimentären Rahmenkonzeptes) auf inländische Geschäftsbereiche zugeordnet werden.

tung unabhängiger Rahmenkonzepte ein Reflexionsprozeß in Gang kommt, der auf breiter Basis vorangetrieben wird.

Damit wird die Darstellung des unternehmenspolitischen Rahmens internationaler Unternehmen abgeschlossen. Im Anschluß an die Vorstellung und internationale Konkretisierung eines Denkmodells der unternehmenspolitischen Rahmenplanung wurden ausgewählte Aspekte vertieft, so die Entwicklung einer soziopolitischen Rahmenplanung, die Rekonstruktion der strategischen Grundhaltung und das Rahmenkonzept. Damit lag der Schwerpunkt auf inexakten Methoden, die dem explorativen Charakter einer unternehmenspolitischen Rahmenplanung entgegenkommen. Trotzdem können konkrete Maßnahmen abgeleitet werden, was insbesondere bei der Darstellung des Rahmenkonzeptes deutlich wurde. Im folgenden wird das Aufgabenfeld der strategischen Programmplanung behandelt.

4.2 Methoden der strategischen Programmplanung im internationalen Unternehmen

Der folgende Abschnitt widmet sich Überlegungen zur Methodenunterstützung bei der Entwicklung strategischer Programme im internationalen Unternehmen. Die Kooperationsintensität einer internationalen Unternehmenstätigkeit erfordert die Thematisierung von Methoden zur Unterstützung der strategischen Kooperationsplanung (4.2.1). Im Anschluß wird die Portfolio-Planung als eine für die strategische Planung klassische Methode diskutiert (4.2.2), um abschließend auf die konkrete Entwicklung internationaler strategischer Programme einzugehen (4.2.3).

4.2.1 Strategische Planung internationaler Kooperationen

Internationale Kooperationen genießen in jüngster Zeit (wieder) eine verstärkte Aufmerksamkeit in Wissenschaft und Praxis.[60] Im Hinblick auf die Spezifika einer strategischen Führung internationaler Unternehmen werden damit multiorganisationale Führungsstrukturen als Sonderfall eines organisationsexternen Polyzentrismus thematisiert. Der Begriff der *internationalen* Kooperation läßt sich in verschiedener Weise interpretieren. Zum einen können Kooperationspartner in unterschiedlichen Ländern angesiedelt sein; zum zweiten können sich die Kooperationsaktivitäten auf solche Länder erstrecken, die aus der Sicht eines oder beider Kooperationspartner Gastländer darstellen.[61] In der Literatur werden eine Fülle unterschiedlicher Formen internationaler Unternehmenskooperationen genannt, die von gegenseitigen "Stillhalteabkommen" (z. B. Nicht-Bearbeitung bestimmter Ländermärkte) bis zum Eingehen von

---

[60] Vgl. zu dieser Feststellung z. B. Ricks/ Toyne/ Martinez (1990: 235f.).
[61] Im Extremfall liegt dann eine Kooperation vor, bei der z. B. eine japanische und eine deutsche Unternehmung eine gemeinsame Kooperation zur Erschließung des US-amerikanischen Marktes betreiben.

korporativen Unternehmenskooperationen - z. B. über eigenständige Joint-Ventures - reichen.[62] Folgt man nun Segler, so

> "... sind *vorausschauende* Kooperationsanalysen in der Praxis nahezu unbekannt, und entsprechende Verfahrens-Konzepte fehlen in der wissenschaftlichen Literatur fast gänzlich. Mit Analysen wird oft erst dann begonnen, wenn eine andere Unternehmung ein Kooperationsangebot unterbreitet. Solche *reaktiven* Analysen sind jedoch Ausdruck von *Zufallsmanagement* und *verschenkten strategischen Freiräumen*."
> (Segler 1986: 106)

Entsprechend wird nun genauer auf die Planung internationaler Kooperationen eingegangen, wobei mit Joint-Ventures solche Kooperationen im Vordergrund stehen, die hinsichtlich einer Zusammenarbeit zwischen den Kooperationspartnern am anspruchsvollsten zu beurteilen sind.[63] Es werden (1) Aspekte der Identifikation und Abgrenzung von Kooperationsfeldern, (2) Möglichkeiten einer Erarbeitung von Kooperationsprofilen für die Suche nach bzw. Bewertung von potentiellen Kooperationspartnern sowie (3) Überlegungen zur Abbruchanalyse bestehender Kooperationen behandelt.

(1) Strategische Kooperationsfelder stellen einen potentiellen bzw. realisierten Interdependenzbereich zwischen den Domänen von mindestens zwei Unternehmen dar, desssen Potentiale im Kooperationsfall[64] aus Sicht beider Unternehmen in höherem Ausmaß (bzw. überhaupt erst) fruchtbar gemacht werden können, als dies im Falle der Nicht-Kooperation gegeben ist. Die Identifizierung und Abgrenzung von Kooperationsfeldern liegt damit quer zu den für die strategische Analyse häufig ausschlaggebenden Kriterien der Geschäftsfeldabgrenzung.[65] Für die Definition von Kooperationsfeldern können mit unternehmensspezifischen Stärken-/ Schwächen-Analysen, durch die Differenzierung verschiedener Vorteilsebenen einer Kooperation und über die Abgrenzung unterschiedlicher Motive der Kooperation drei Dimensionen verwendet werden.

---

[62] Zu einer Taxonomie internationaler Kooperationen vgl. Root (1988). Einen aktuellen Literaturüberblick bietet Rath (1990: 22).

[63] Unter Joint-Ventures wird eine Unternehmenskooperation mit eigener Rechtspersönlichkeit verstanden, an der - unabhängig vom Beteiligungsverhältnis - mindestens zwei Kooperationspartner beteiligt sind.

[64] Der Kooperationsbegriff ist in der einschlägigen Literatur relativ ungeklärt. Meist wird Kooperation als eine bestimmte Form wechselseitiger Abstimmung zwischen Unternehmen im Gegensatz zu "Wettbewerb" verwendet. Im folgenden wird eine Kooperation im Sinne eines sozialen Systems als Koalition von Organisationen aufgefaßt, die gegenüber Dritten (Kunden, Wettbewerbern, Gastlandregierungen usw.) in koordinierter Weise tätig werden (vgl. Kirsch 1988: 167f.). Damit bleibt offen, welche Form wechselseitiger Abstimmung zwischen den Unternehmen vorliegt.

[65] Für die Abgrenzung strategischer Geschäftsfelder wird häufig gefordert, daß für solche Felder relativ unabhängige Strategien erarbeitet werden können. Bei Kooperationsfeldern liegt das genaue Gegenteil vor, da Strategien nur in Abstimmung zwischen den betroffenen Kooperationspartnern erarbeitet werden können.

Im Rahmen einer Stärken-/ Schwächen-Analyse[66] werden relativ zum Wettbewerb solche Bereiche identifiziert, in denen eine Unternehmung entweder eigene Schwächen durch das Eingehen einer Kooperation ausgleichen oder eigene Stärken in eine Kooperation einbringen kann. Über die Erarbeitung von Stärken-/ Schwächen-Profilen läßt sich die Einschätzung kritischer Erfolgsfaktoren wie etwa Produktqualität, länderspezifisches Know-how, Existenz von Distributionskanälen usw. visualisieren. Solche Profile können weltweit oder länderbezogen erstellt werden. Bei einer länderbezogenen Analyse werden die Ressourcen einer Unternehmung für einzelne nationale Märkte im Vergleich zu den lokal wichtigsten Konkurrenten bewertet. Dadurch kann die Betrachtungsweise beliebig nach den Besonderheiten des jeweiligen Ländermarktes differenziert werden (vgl. Segler 1986: 51). Der besondere Vorteil einer Einbeziehung dieser Dimension ergibt sich zum einen aus der einfachen Handhabung dieses Instrumentes. Zum anderen gelingt es auf diese Weise, eine erste Brücke zu solchen Instrumenten zu schlagen, die meist für die strategische Geschäftsfeldanalyse maßgeblich sind.

Eine zweite Dimension der Analyse von Kooperationsfeldern ergibt sich aus der Unterscheidung dreier Vorteilsebenen einer Kooperation. Aus Sicht eines fokalen Kooperationspartners lassen sich (1) Vorteile gegenüber Dritten - nicht Beteiligten - (z. B. Zugang zu Technologien) sowie (2) Vorteile gegenüber dem Kooperationspartner[67] (z. B. einseitiges Lernen[68]) unterscheiden. Aus Sicht beider Kooperationspartner ergeben sich schließlich (3) Vorteile der Kooperation gegenüber Dritten (z. B. Erhöhung von Eintrittsbarrieren). Diese Analyseebenen können mit spezifischen Vorteilskategorien inhaltlich angereichert werden (vgl. z. B. Roxin 1992: 165ff.). Wichtiger erscheint jedoch die Tatsache, daß Kooperationen durchaus auch kompetitive Elemente umfassen können, die bei der Analyse von Kooperationsfeldern einbezogen werden sollten. Mit der Unterscheidung solcher Vorteilsebenen ist allerdings noch keine Aussage über die spezifischen Kooperationsmotive getroffen.

Als dritte Dimension kann man deshalb an den Motiven internationaler Kooperationen ansetzen.[69] Eine Bestandsaufnahme von Motiven, die zum Eingehen von Interorganisationsbeziehungen führen, hat Oliver (1990) in einer umfassenden Literaturauswertung vorgelegt. Sie nennt sechs Motivgruppen: "... necessity, asymmetry, reciprocity, efficiency, stability and legitimacy ... " (Oliver 1990: 242).

---

[66] Vgl. Trux et al. (1988: 105ff.) und die dort angegebene Literatur.
[67] Dabei ist zu beachten, daß die Teilnahmeentscheidung an Kooperationen letztlich vom Anreiz-/ Beitragsgleichgewicht - summiert über alle genannten Ebenen - abhängt. Insofern mag es durchaus Kooperationssituationen geben, in denen sich ein Aktor A von Aktor B "ausnutzen" läßt, weil aus Sicht von A die Teilnahmevorteile für A gegenüber dritten Aktoren die Ausnutzung durch B überwiegen.
[68] Vgl. hierzu Lyles (1988).
[69] Vgl. z. B. die Aufstellung bei Contractor/ Lorange (1988: 10ff.).

Der Aspekt der *Notwendigkeit* ergibt sich aus den Entscheidungen übergeordneter Aktionszentren, wie etwa Regierungen oder Berufsverbänden. Im internationalen Zusammenhang können hierunter z. B. Joint-Ventures eingeordnet werden, die sich aufgrund tarifärer Handelsbarrieren oder aus dem Einfluß von Gastlandregierungen ergeben (vgl. z. B. Contractor/ Lorange 1988: 14). *Asymmetrie* als Kooperationsmotiv beschreibt eine Situation, in der Ressourcenknappheiten zum Anlaß genommen werden, um einen dominanten Einfluß auf die Ressourcenträger zu gewinnen. Dieses Motiv entspricht im internationalen Zusammenhang der Vorstellung einer länderübergreifenden vertikalen Quasi-Integration (vgl. Contractor/ Lorange 1988: 15f.), z. B. in rohstoffintensiven Branchen. Im Gegensatz dazu entspricht die Motivstruktur der *Reziprozität* einer Situation, in der eine wechselseitige Ergänzung von Ressourcen im Mittelpunkt steht. Im internationalen Zusammenhang können damit die sogenannten "X-Kooperationen" berücksichtigt werden, in denen komplementäre Einbringungen eine Rolle spielen; so etwa, wenn technologische Kenntnisse im Tausch gegen einen internationalen Marktzutritt Kooperationsanlaß sind (vgl. auch Chakravarthy/ Lorange 1991: 217). Demgegenüber entspricht das Motiv der *Effizienz* der Vorstellung sogenannter "Y-Kooperationen". Diese entsprechen einer gleichartigen Ergänzung zwischen den Wertschöpfungsketten zweier Partner (vgl. Porter/ Fuller 1986: 337). Zentral sind damit Motive der Erzielung von economies of scale und der Rationalisierung durch eine gemeinsame Erhöhung des Produktionsvolumens und/ oder geringere Kosten durch gegenseitige Nutzung der komparativen Kostenvorteile zwischen den in verschiedenen Ländern angesiedelten Partnern. Das von Oliver genannte Motiv der *Stabilität* zielt auf die Abschwächung von Unsicherheiten und Ressourcenknappheiten in vernetzten interorganisatorischen Feldern ab (vgl. Bresser 1989: 547ff.). Im internationalen Zusammenhang sind damit insbesondere die Motive der Risikoreduzierung und der Kooptation zur Verringerung der Wettbewerbsintensität angesprochen (vgl. Contractor/ Lorange 1988: 14). Relativ neuartig erscheint das von Oliver genannte Motiv der *Legitimation*. Damit sind insbesondere Kooperationsmotive angesprochen, die sich aus dem Wunsch zu einer institutionellen Verankerung in nationalen sozioökonomischen Feldern, d.h. im Interessengeflecht verschiedener nationaler stakeholder, ergeben. Letztlich ist bei dieser Differenzierung von Kooperationsmotiven allerdings davon auszugehen, daß internationale Kooperationen mehrere Motivgruppen umfassen. Dennoch werden auf diese Weise z. B. über die Breite der jeweils abgegrenzten Motivstruktur Hinweise bzw. Suchheuristiken für die Bestimmung von Kooperationsfeldern gewonnen.

Die genannten Dimensionen Stärken-/ Schwächen-Analyse, Vorteilsebenen und Motivstruktur können kombiniert zur Identifikation und Abgrenzung strategischer Kooperationsfelder herangezogen werden. Beispielsweise mag sich in einem bestimmten Land durch das Fehlen von Distributionssystemen eine *Schwäche* ergeben, die im Sinne eines *reziproken Kooperationsmotivs* gegenüber einem nationalen Partner im Austausch mit Technologie-Know-how gemindert werden soll, wobei in erster Linie *Vorteile der Gesamtkooperation* zum Wettbewerb betrachtet werden.

(2) Untersuchungen zu den Erfolgsdeterminanten internationaler Kooperationen kommen zu dem Ergebnis, daß das Gelingen einer Kooperation vor allem durch die Wahl des richtigen Kooperationspartners bestimmt wird.[70] Daher erscheint es gerechtfertigt, einen Schwerpunkt auf diesen Aspekt zu legen. Einen umfassenden Ansatz zur Definition von Suchprofilen für Kooperationspartner schlagen Bleicher/ Herrmann (1991: 19ff.) vor. Sie unterscheiden sieben sogenannte Harmonisationsfelder, die zur Formulierung einer "Architekturvision" des idealen Partners herangezogen werden können. Hinsichtlich *Zweck und Typ* der angestrebten Kooperation werden unterschiedliche geschäfts- bzw. kooperationsfeldbezogene Stoßrichtungen (Aufbau, Stärkung und Restrukturierung bestehender Felder sowie Entwicklung neuer Kernfähigkeiten) unterschieden, denen unterschiedliche Kooperationstypen im Sinne der oben eingeführten Motivstrukturen zugeordnet werden. Letztlich entspricht dies aufgabenbezogenen Kriterien der Partnerwahl.[71] Damit in engem Zusammenhang steht der *Gegenstand der Kooperation* im Sinne einer Domänenabgrenzung zwischen den Partnern in gemeinsame und getrennte Tätigkeitsfelder, wobei grob zwischen zwischen produktspezifischen, funktionalen und nationalen Dimensionen unterschieden werden kann. Die *Anzahl der Partner* nimmt Einfluß auf Abstimmungs- und Koordinationsprobleme innerhalb der Kooperation; aus der *Nationalität* der Partner können sich Transfer- und Sprachprobleme ergeben, und *Kapital- sowie Größenverhältnisse* zwischen den Partnern können erheblichen Einfluß auf die Verhandlungsposition ausüben. Schließlich stellt der *Gründungsmodus* eine wesentliche Determinante zur Partnerselektion dar. Je nach Gründungsmodus entstehen unterschiedliche Schlüsselfaktoren für den Aufbau und das Management einer Kooperation (für eine eingehende Darstellung vgl. Bleicher/ Herrman 1991: 19ff.; Hermann 1989).

Da sich die bisher genannten Harmonisationsfelder schwerpunktmäßig auf den Primärbereich einer Kooperation beziehen, sollten zusätzlich Aspekte des Sekundär- bis Quartärbereiches bei der Ableitung von Suchkriterien mit aufgenommen werden. So stellt etwa das Fehlen von Humanressourcen (vgl. Rath 1990: 361f.) ein Schlüsselproblem für das Management internationaler Kooperationen dar, und ebenso können sich Abstimmungsprobleme aus unterschiedlichen Führungsorganisationen und Managementsystemen ergeben

---

[70] Vgl. Beamish (1984: 38), Hämisegger (1986: 102), Rath (1990: 360f.), Roxin (1992: 174f.).

[71] *Aufgabenbezogene* Aspekte (wie Patente, Finanzen, Marken, Personal, ...) sind vor allem in Situationen eines "Schwächeausgleichs" von hoher Bedeutung, während *partnerbezogene* Kriterien (Kompatibilität von Werten, Zielen und Managementsystemen) vor allem bei erhöhter Unsicherheit der Aufgabenumwelt und der Notwendigkeit einer gemeinsamen Kontrolle von Joint-Ventures relevant erscheinen. Vgl. hierzu Geringer (1988: 25ff.).

(vgl. z. B. Vizjak 1990: 130). Nicht zuletzt können auch interne und externe stakeholder im Quartärbereich zukünftiger Kooperationen einen erheblichen Einfluß auf die politische Durchsetzbarkeit nehmen (vgl. Lorange/ Roos 1992: 32ff.).

Diese Überlegungen zeigen, daß für die Suche und Bewertung von Kooperationspartnern eine Fülle möglicher Kriterien zu berücksichtigen sind, die sich nicht nur auf aufgabenorientierte Suchkriterien beschränken dürfen. Über die Erstellung von kooperationsfeldspezifischen Steckbriefen für mögliche Partner kann der methodische Handhabungsaufwand in Grenzen gehalten werden. Entscheidend ist aber, daß über solche Analysen eine aktive Kooperationspolitik betrieben werden kann, die die Schwächen einer reaktiven Kooperationsplanung vermeidet.

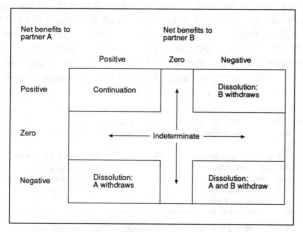

Abb. 4-8: Netto-Kooperationsvorteile und Entwicklungsalternativen internationaler Kooperationen (aus Root 1988: 78)

(3) Häufig bleiben solche Gesichtspunkte vernachlässigt, die sich mit der Frage eines Kooperationsabbruchs beschäftigen.[72] Den Kooperationspartnern können jedoch im Abbruchfall erhebliche Nachteile erwachsen, die sich durch eine antizipative Abbruchplanung vermindern lassen. Eine Abbruchanalyse kann unterschiedliche Antwortstrategien beinhalten, die keinesfalls auf eine Entweder-/ Oder-Entscheidung hinauslaufen müssen. Im Regelfall ist davon auszugehen, daß Abbruchentscheidungen erst das Ergebnis eines wechselseitigen inkrementalen Aushandlungsprozesses zwischen den Koopera-

---

[72] Dies mag zum einen darauf zurückzuführen sein, daß ein Kooperationsabbruch als ein Scheitern der Kooperation aufgefaßt wird und daher aus Sicht eines Partners ungern eingestanden wird. Andererseits zeigen Untersuchungen zur Lebenszyklusentwicklung von Kooperationen, daß zum Teil erhebliche Abbruchraten vorliegen (vgl. z. B. Kogut 1988a: 170ff.).

tionspartnern darstellen, in dessen Verlauf nach einer Harmonisierung der Verhandlungsposition (vgl. Bleicher/ Hermann 1991: 25f.) gesucht wird.

Als Denkfigur einer Abbruchplanung läßt sich eine einfache Gegenüberstellung der Netto-Kooperations-Vorteile im Sinne eines Anreiz-/ Beitrags-Gleichgewichtes (vgl. Simon 1957) zwischen den Partnern heranziehen. Für eine Kooperation mit zwei Partnern ergeben sich damit fünf mögliche Situationen (vgl. Abbildung 4-8). Es wird deutlich, daß ein Kooperationsabbruch keine einseitige Entscheidung darstellt, sondern eine komplementäre Betrachtung erfordert, bei der sich der fokale Kooperationspartner nicht nur auf das eigene Anreiz-/ Beitragskalkül beschränkt, sondern auch in die Perspektive des jeweiligen Partners wechseln muß. Darüber hinaus zeigt dieser Analyserahmen, daß von einem bestimmten "Indifferenzkorridor" der Kooperation auszugehen ist. Die Breite dieses Korridors wird zum einen durch die Höhe eventueller Austrittsbarrieren der Kooperation bestimmt, mag zum anderen aber auch auf die implizite Zugrundelegung eines lediglich befriedigenden, nicht jedoch maximalen Niveaus der Anreiz-/ Beitragsbetrachtung zurückgeführt werden.[73] Planungsgegenstand bildet damit die Erarbeitung von Heuristiken zur Bestimmung eines Abbruchniveaus der Anreiz-/ Beitragssituation einer Kooperation.

(R1+R2) + (C1+C2) -	(R3+R4) - (C3+C4)	>	(1-a) y CV
zusätzlicher Vorteil	zusätzlicher Nachteil		Gewinnanteil des Partners

R1	= Ertragserhöhung, direkt	R2	= Ertragserhöhung, indirekt
C1	= Kostensenkung, direkt	C2	= Kostensenkung, indirekt
R3	= Ertragssenkung, direkt	R4	= Ertragssenkung, indirekt
C3	= Kostensteigerung, direkt	C4	= Kostensteigerung, indirekt
(1-a) y CV	= Gewinnanteil des Partners		

Abb. 4-9: Grundmodell einer Abbruchplanung von Kooperationen (in Anlehnung an Contractor/ Lorange 1988: 19ff.).

Für die Ermittlung und Verfolgung solcher Netto-Kooperationsvorteile werden in der Literatur relativ wohlstrukturierte Kalküle vorgeschlagen. Ein Beispiel ist das Modell von Contractor/ Lorange (1988: 19ff.). Ausgangspunkt ist ein Vorteilsvergleich zwischen Kooperationen einerseits, der Alternative einer Direktinvestition andererseits, wobei ein Grenznutzenkalkül unterstellt wird, bei dem eine Kooperation im Vergleich zur Direktinvestition zusätzliche Vorteile aber auch zusätzliche Nachteile aufweisen kann. Dabei werden sowohl direkte (unmittelbar aus der Kooperation resultierende) Erfolgsgrößen als auch indirekte Effekte berücksichtigt. Solche indirekten Effekte entsprechen den bereits genannten Vorteilsebenen aus Sicht einzelner Kooperationspartner gegenüber dem jeweiligen Partner und gegenüber Dritten. Demnach wird eine Kooperation dann aufrechterhalten, wenn die daraus resultierenden zusätzlichen

---

[73] Diese Vorstellung des "satisfizing" ist für die Anreiz-/ Beitragstheorie wesentlich (vgl. Simon 1957).

Vorteile nicht nur größer sind als die entsprechenden Nachteile (positiver Nettoertrag); vielmehr muß der Nettoertrag größer sein als der auf den Kooperationspartner entfallende Gewinnanteil.[74] Algebraisch läßt sich dieses Modell wie in Abbildung 4-9 darstellen.

Prinzipiell kann dieses Modell auch für die Durchführung einer Abbruchanalyse herangezogen werden. Dazu sind allerdings zusätzlich austrittsbarrierenbedingte Kosten wie etwa Know-how-Verluste zu berücksichtigen. Da das Modell in erster Linie anhand operativer Erfolgsgrößen argumentiert, empfiehlt es sich bei einer strategischen Abbruchanalyse, zusätzlich potentialorientierte Kategorien heranzuziehen. Der im Einzelfall erhebliche Informationsaufwand kann pragmatisch gehandhabt werden, indem die obigen algebraischen Verknüpfungen weniger restriktiv gehandhabt und z. B. durch Argumentebilanzen oder über qualitative Scoring-Verfahren ersetzt werden.

Entscheidend ist aber, daß eine Abbruchanalyse sich nicht nur darauf beschränken sollte, die Kooperationssituation aus der jeweils eigenen Sicht eines fokalen Unternehmens zu beurteilen. Denn obwohl Partner A zu einem positiven Ergebnis kommen mag, kann sich dennoch eine Auflösung abzeichnen, die auf einer Einschätzung von B beruht.[75] Problematisch erweist sich die Annahme, daß die jeweiligen Vorteilskategorien ohne weiteres innerhalb *eines* Argumentationskontextes analysiert werden können.[76] Zum einen muß in bezug auf einen Kooperationspartner die Abbruchanalyse als ein Multikontextproblem betrachtet werden, wobei die jeweiligen Anreiz-/ Beitragsbetrachtungen vor dem Hintergrund unterschiedlicher Kontexte, z. B. zwischen Kooperationsunternehmen und Parentalpartner, angestellt werden und deshalb nicht ohne weiteres auf einen Metakontext zurückführbar sind. Zum anderen erfordert eine Gegenüberstellung verschiedener Anreiz-/ Beitragsbe-

---

[74] Sofern nur die direkten Erträge und Kosten betrachtet würden, genügte als hinreichende Bedingung ein positiver Nettoertrag, da dann gemäß der vertraglich vereinbarten Gewinnverteilung ein Teil davon auf das betrachtete Unternehmen entfiele. Die Gewinnfunktion berücksichtigt also, daß auch nach Abzug des dem Partner zufallenden Erfolgsanteils noch ein Gewinn für das im Ausland tätige Unternehmen verbleiben muß.

[75] Letztlich wird damit der bereits eingeführte Unterschied zwischen einer subsystemischen, auf den einzelnen Partner bezogenen, und einer gesamtsystemischen Reflexion der Kooperation wirksam, bei der ein fokales Aktionszentrum gehalten ist, sich selbst als "adäquate" Umwelt anderer Aktionszentren zu analysieren (Vgl. Kapitel 2.4.3).

[76] Greift man hier nochmals auf die Vorstellung der Aufrechterhaltung eines Anreiz-/ Beitragsgleichgewichtes zurück, so kann in Anlehnung an Kirsch zwischen zwei Ebenen unterschieden werden. Dabei steht die Ebene verschiedener Transaktionsobjekte zwischen den Kooperationspartnern (erbrachte Beiträge und erhaltene Leistungen) der Ebene der Bewertung dieser Transaktionsobjekte (Belastungen und Anreize) gegenüber. Damit kann der Tatsache Rechnung getragen werden, daß Beiträge nicht nur Belastungen mit sich bringen, sondern auch als Anreize aufgefaßt werden können, während umgekehrt Leistungen zwischen den Kooperationspartnern nicht nur als Anreize aufgefaßt werden können (vgl. Kirsch 1990: 79ff.).

trachtungen zwischen mehreren Kooperationspartnern eine Vergleichbarkeit der jeweiligen Analysekontexte. Bei Joint-Ventures tritt zusätzlich die Perspektive der Kooperation selbst hinzu, so daß eine triadische Konstellation vorliegt. Sofern also ein Kooperationspartner auch die Abbruchüberlegungen des anderen Partners antizipieren will, erfordert dies die Konstruktion von Analysekategorien, die der Perspektive des Partners entsprechen.

Die Planung internationaler Kooperationen kann zu einer bewußten antizipativen Handhabung beitragen. Dazu wurden Möglichkeiten der Abgrenzung von Kooperationsfeldern, der Entwurf von Suchprofilen für potentielle Partner und ein Grundkonzept der Abbruchplanung behandelt. Damit können die Überlegungen zur strategischen Planung von Kooperationen abgeschlossen werden, um im folgenden auf den Einsatz von Portfolio-Methoden einzugehen.

4.2.2 Der Einsatz von Portfolio-Methoden in internationalen polyzentrischen Strukturen

Die ersten Ansätze der Portfolio-Methode wurden ausschließlich im nationalen Zusammenhang entwickelt. In der einschlägigen Literatur finden sich daher zahlreiche Vorschläge zur *inhaltlichen* Erweiterung und Modifikation, die eine Anwendung dieser Methoden im internationalen Planungskontext erfordern.[77] Die folgenden Ausführungen werden sich jedoch auf die Diskussion *methodischer* Erweiterungen zur Handhabung polyzentrischer Phänomene, insbesondere aber polyzentrischer "Strategien" im internationalen Unternehmen beschränken. Den Anfang macht jedoch eine Darstellung der wesentlichen Grundgedanken der Portfolio-Methode.[78]

Die Erarbeitung einer konzeptionellen Gesamtsicht der Strategie einer Unternehmung stellt ein wesentliches Anliegen der strategischen Planung dar. Ansätze der Portfolio-Analyse können hierbei eine wertvolle Unterstützung leisten, weil mit Hilfe dieser Methode eine Zusammenschau der Erfolgspotentiale des gesamten Bestandes bzw. des Portfolios von Geschäftsfeldern einer Unternehmung ermöglicht wird. Dieser Aspekt stellt im Vergleich zu anderen Methoden der strategischen Planung die wesentliche zusätzliche Leistung von

---

[77] Einen Schwerpunkt der Diskussion stellt die Abgrenzung von Geschäftsfeldern dar, welche sich im internationalen Zusammenhang aufgrund der zahlreichen Interdependenzen zwischen Geschäften immer in einem Dilemma zwischen Synergieverlusten und Isolierungsgewinn bewegt (vgl. Roxin 1992: 42; Segler 1986: 201ff.). Weiter sieht sich eine internationale strategische Planung gegenüber dem rein nationalen Zusammenhang in der Regel mit höheren und vor allem anderen Risiken konfrontiert (vgl. Channon/ Jalland 1978: 113f.; Tümpen 1987: 47ff.). Zur weiteren Diskussion von PortfolioMethoden im internationalen Zusammenhang vgl. z. B.: Channon/ Jalland (1978: 89ff.), Leontiades (1985: 39ff.), Segler (1986: 140ff.), Stahr (1989: 19ff.), Voß (1989: 162ff.).

[78] Zu ausführlicheren Darstellungen von Portfolio-Konzepten vgl. Dunst (1979), Mauthe/ Roventa (1983), Roventa (1979).

Portfolio-Ansätzen dar.[79] In Portfolios werden strategische Geschäftsfelder[80] in Form von Produkt-/ Markt-Kombinationen in einem zweidimensionalen Raster positioniert. Von diesen Dimensionen wird angenommen, daß sie die für den Geschäftserfolg wesentlichen Bestimmungsfaktoren erfassen. Dementsprechend unterscheiden sich diese Dimensionen in den verschiedenen Ansätzen der Portfolio-Analyse erheblich.[81] Allgemein läßt sich aber sagen, daß eine Dimension weitgehend umweltdeterminiert ist (z. B. Marktattraktivität), während die zweite Dimension durch das Unternehmen beeinflußbare Größen (z. B. Wettbewerbsposition) abbildet. Grob vereinfacht werden damit beeinflußbare und nicht beeinflußbare strukturelle Konstellationen zwischen Feld und Fähigkeiten einer Unternehmung eingedenk bestimmter Erfolgsmaßstäbe einander gegenübergestellt. Im Anschluß an eine Beurteilung einzelner Geschäftsfelder in bezug auf die relevanten Faktoren können sowohl Ist-Portfolios (Analysefunktion) als auch Soll-Portfolios (Planungsfunktion i.e.S.) abgeleitet werden. Im Mittelpunkt steht der Versuch, ein ausgewogenes Portfolio zu gewährleisten. Häufig wird davon ausgegangen, daß mit der Ist-Positionierung eines Geschäftsfeldes zugleich eine bestimmte "Normstrategie" bzw. strategische Stoßrichtung verbunden werden kann.[82] Mit der Ableitung einer solchen Stoßrichtung kann zugleich die Suche nach Schlüsselproblemen bzw. Widerständen einhergehen, die zu überwinden sind, sofern ein Geschäftsfeld aus der Ist-Position in eine Soll-Position manövriert werden soll. Zur Bewältigung solcher Schlüsselprobleme können erste robuste Schritte und Maßnahmen abgeleitet werden, die schließlich in die Erarbeitung strategischer Programme münden (vgl. Trux et al. 1988: 37ff.).

---

[79] Diese konzeptionelle Gesamtsicht kann etwa durch Methoden der Gap-Analyse oder der Stärken-Schwächen-Analyse nicht geleistet werden (vgl. Mauthe/ Roventa 1983: 109f.).

[80] Es wird eine Reihe verwandter Begriff in der Diskussion benutzt. Der Begriff Geschäfts*feld* (Strategic Business Area) bezeichnet eine Analyseeinheit, die unabhängig von organisatorisch definierten Geschäfts*einheiten* (Strategic Business Unit) abgegrenzt werden kann (vgl. Ansoff 1984: 37ff.). Im folgenden werden diese Begriffe synonym verwendet, wobei gegebenenfalls auf eventuelle Konsequenzen dieser Unterscheidung explizit hingewiesen wird.

[81] Vgl. z. B. Darstellungen bei Dunst (1979), Hax/ Majluf (1988), Mauthe/ Roventa (1983).

[82] Weiterführende Fragen ergeben sich durch die Unterscheidung zwischen den einer Außenperspektive zugänglichen strategischen Manövern und den einer Binnenperspektive zugänglichen Strategien. Denn vor diesem Hintergrund wäre eine grundlegende Diskussion solcher Begriffe wie "strategische Stoßrichtung", "Normstrategie", "strategisches Geschäftsfeld" usw. notwendig. Ebenso wäre zu prüfen, welche Rolle solche Instrumente wie Portfolio-Methoden für die Genese von Unternehmensstrategien spielen (vgl. dazu Broich 1994 i. V.). Eine ausführliche Diskussion dieser Fragen verbietet sich hier aus Platzgründen. Deshalb wird - eingedenk der damit verbundenen Problematik - von dem empirischen Grenzfall ausgegangen, daß strategische Manöver inhaltlich "weitgehend" mit Strategien übereinstimmen (vgl. jedoch kritisch Kirsch 1992b: 34).

Als wesentliche Grundidee der Portfolio-Methodik wurde oben die Erarbeitung einer konzeptionellen Gesamtsicht der "Strategien" einer Unternehmung herausgestellt. Betrachtet man internationale Unternehmen als polyzentrische Gebilde, so erweist sich die Erarbeitung einer konzeptionellen strategischen Gesamtsicht als besonders dringlich. Polyzentrische Handlungsstrukturen sind dadurch gekennzeichnet, daß nicht von der Existenz einer autorisierten "Grand Strategy" ausgegangen werden kann, die für das gesamte Portfolio einer Unternehmung verbindlich ist. Statt dessen wurde in Kapitel 2.4.2 die Vorstellung einer *Resultante* entwickelt, bei der von einer Vielzahl von Teilstrategien einzelner Geschäftseinheiten ausgegangen wird, die sich wechselseitig indifferent, komplementär oder konterkarierend verhalten können.

Damit sind Portfolio-Methoden als Denkfigur bzw. konzeptioneller Bezugsrahmen, aber auch als spezifische Analysemethode aufzufassen, mit deren Hilfe partielle Strategien rekonstruiert sowie entwickelt und in einem Gesamtzusammenhang dargestellt werden können. Darüber hinaus erfüllen Portfolio-Methoden auch eine Funktion als Kommunikationsinstrument. Die Interessenvielfalt und die Heterogenität nationaler Lebens- und Sprachformen führt in polyzentrischen Strukturen zu einer sehr heterogen zusammengesetzten Planungsgemeinschaft. Hier liefert die Portfolio-Methode sowohl einen Anlaß als auch einen Argumentationsrahmen, um eine intensive Auseinandersetzung mit der "Richtung" einer Unternehmung in Gang zu setzen und mit Hilfe der zugrundegelegten Denk- und Begründungskategorien in argumentative Bahnen zu lenken.

Dieses Potential wird jedoch häufig verschenkt, etwa weil Portfolios nur für die Analyse einer corporate strategy auf Weltebene entwickelt werden, bei der man sich auf die interne Perspektive der Gesamtunternehmung beschränkt. In polyzentrischen Strukturen sollten die Überlegungen aber nicht nur auf die Ebene der Gesamtunternehmung beschränkt bleiben. Es bieten sich zwei Erweiterungen an: Zum einen können Portfolio-Methoden auf die Ebene partieller Aktionszentren (Mikroebene) oder die Ebene des Gesamtsystems (Makroebene) angewendet werden. Zum anderen bietet sich eine Anwendung sowohl auf organisationsinterne als auch auf organisationsexterne Aktionszentren an.[83]

Bei der Einbeziehung organisationsexterner Handlungszentren sind zwischen einer reaktiven und einer aktiven Vorgehensweise verschiedene Eskalationsstufen denkbar. Im einfachsten Fall werden in Portfolio-Methoden lediglich

---

[83] Dabei sind jedoch unterschiedliche Portfolio-Konzepte in verschiedenem Ausmaß für eine Anwendung auf allen "Planungsebenen" geeignet. Beispielsweise sind finanzorientierte Portfolios wie z. B. die Marktwachstum-Marktanteil-Matrix für die Perspektive des Gesamtkonzerns gedacht, da nur hier die grundlegenden Aussagen über den Kapitalflußausgleich zwischen Geschäftseinheiten von Bedeutung sind. Sogenannte Multifaktor-Portfolios, in denen nicht nur finananzorientierte Überlegungen eine Rolle spielen, eignen sich dagegen stärker für eine Anwendung auch in einzelnen Divisionen.

mögliche Konsequenzen organisationsexterner Aktionszentren im Rahmen der bisherigen Analysekriterien berücksichtigt. So können politische Risiken, die seitens des Aktionszentrums einer nationalen Regierung erwartet werden, z. B. über die Aufnahme eines neuen Beurteilungskriteriums bzw. die Einführung einer neuen Dimension "Länderrisiken" in der Portfolio-Analyse berücksichtigt werden.[84] Eine explizite Behandlung ergibt sich, wenn einzelne Aktionsparameter, die als Operationalisierung bestimmter Forderungen und Unterstützungen organisationsexterner Handlungszentren aufzufassen sind, zur Konstruktion von Portfolio-Methoden genutzt werden. Ein Beispiel liefert Doz (1986: 148ff.) für solche Geschäfte, in denen Aufträge vor allem durch nationale Regierungen vergeben werden. Der Umsatzanteil des Geschäftes, welcher durch nationale Staatshaushalte bestritten wird, bildet eine für die Portfolio-Planung kritische Erfolgsgröße. Beispiele wären etwa Telekommunikation, Großanlagenbau oder Verkehrstechnik.[85] Die umfassendste Form der Einbeziehung liegt vor, wenn organisationsexterne Handlungszentren explizit in die Planung einbezogen werden. Solche Situationen sind z. B. bei einer Planung von Unternehmenskooperationen durch Einbeziehung von Kooperationspartnern denkbar.

Jenseits dieser Eskalationsstufen einer Einbeziehung organisationsexterner Handlungszentren liegt der Schwerpunkt im folgenden auf der Differenzierung von Portfolios nach organisationsinternen Handlungszentren. Hier bietet sich der Einsatz *mehrfach strukturierter Portfolios* an, in denen Portfolios auf mehreren Ebenen nach einer produktbezogenen und/ oder regionalen Geschäftsfeldabgrenzung erarbeitet werden.[86] Zu ersteren gehören Produktmärkte, Produktgruppenmärkte usw., zu letzteren Regionalmärkte (z. B. in Deutschland nach Bundesländern), Ländermärkte und Großregionen. Es können hierarchisch und komplementär strukturierte Porfolios unterschieden werden:

In *hierarchisch* strukturierten Ansätzen liefern die Aussagen hierarchisch übergeordneter Portfolios die Prämissen zur Erstellung nachgeordneter Portfolios.[87] Eine solche hierarchische Portfolio-Struktur ermöglicht die Erarbeitung einer konzeptionellen Gesamtsicht auf der Ebene der jeweiligen Teileinheiten. So können Teilstrategien etwa für Produktgruppen, Geschäftsbereichsleitungen, Auslandstöchter und Länderbereichsleitungen entwickelt

---

[84] Vgl. z. B. Kreutzer (1983: XXXIX), Leontiades (1985: 44ff.).
[85] Ähnlich schlägt Kennedy (1988) vor, daß nationale Strategien von Regierungen bei der Geschäftsfeldabgrenzung einbezogen werden.
[86] Ähnliche Darstellungen finden sich bei Voß (1989: 176), Stahr (1989: 20), Malik/ Schwaninger (1985).
[87] So unterscheidet etwa Voß (1989: 176) mit Produktebene (Länderpositionierung je Produkt), Ebene der strategischen Geschäftseinheit (Produktpositionierung je SGE), Sektorebene (SGE-Positionierung je Sektor) und Gesamtunternehmensebene insgesamt vier Portfolio-Ebenen (vgl. auch am Beispiel des Marktwachstum-Marktanteil-Portfolios Hax/ Majluf 1988: 167ff.).

werden. Diese Vorgehensweise unterstellt jedoch zumindest implizit die Gültigkeit folgender Prämissen:

- Die Teilstrategien sind komplementär oder indifferent.
- Die Abstimmung konterkarierender Teilstrategien wird durch eine monozentrische Führung zentral koordiniert.
- Für alle Ebenen und Länder lassen sich bei der Analyse die gleichen Erfolgsfaktoren anwenden, d.h. die jeweiligen methodischen Analysekontexte sind voll kommensurabel.
- Die Planungsträger bilden eine Kontextgemeinschaft, deren Lebens- und Sprachformen untereinander relativ homogen ausfallen.

Es erscheint offensichtlich, daß diese Prämissen einen Idealfall unterstellen und in polyzentrischen Strukturen keineswegs als gegeben angenommen werden können. Zudem wird eine komplementäre Behandlung von Länder- und Produktperspektive von vornherein durch eine hierarchische Abstimmung verhindert. Ebenso ist es aber denkbar, eine relativ unabhängige Erarbeitung von Teil-Portfolios anzustreben, und die erforderliche Abstimmung zwischen verschiedenen Sichtweisen in einen Aushandlungsprozeß zu überführen. Auf diese Weise können einzelne Aktionszentren eine eigenständige Sicht ihrer spezifischen Erfolgspotentiale erarbeiten. Eine solche Vorgehensweise wird im Gegensatz zu hierarchisch strukturierten Portfolios als *komplementär* strukturierte Portfolio-Konzeption bezeichnet.

Abbildung 4-10 gibt eine solche komplementär strukturierte Portfolio-Konzeption in Grundzügen wieder. Diese kann dem Phänomen polyzentrischer Strategien Rechnung tragen,[88] wobei drei Gesichtspunkte herausgestellt seien: (1) die Möglichkeit komplementärer Positionierungen, (2) die Einführung von Unschärfepositionierungen und (3) eine Reformulierung der Vorstellung einer einheitlichen strategischen Stoßrichtung.

(1) Mit Hilfe komplementär strukturierter Portfolios können asynchrone (vgl. Segler 1986: 143) bzw. *komplementäre* Positionierungen aufgedeckt werden, die bei einer Entscheidung zugunsten einer länderspezifischen *oder* länderübergreifenden Darstellung unberücksichtigt bleiben. Solche Positionierungen sind kennzeichnend für internationale Unternehmen (vgl. z. B. Hax/ Majluf 1988: 169f.). Eine komplementäre Positionierung liegt in Abbildung 4-10 für das standardisierte Produkt 3 in Land C vor. In der jeweiligen Gesamtbetrachtung sind beide als "Stars" einzustufen. Überraschend fällt jedoch die ungünstige Positionierung von Produkt 3 in Land C aus. Diese Einschätzung kann z. B. darauf zurückgehen, daß in Land C spezifische Konsumgewohnheiten relevant erscheinen, die in den Ländern A und B von untergeordneter Bedeutung sind, die aber einer Standardisierung von Produkt 3 zuwiderlaufen.

---

[88] Darüber hinaus ergeben sich weitere Vorteile, so z. B. die Möglichkeit, die Gesamtpositionierung eines Produktes nach Ländern aufzugliedern (zu einem Beispiel vgl. Leontiades 1985: 43). Die folgenden Ausführungen beschränken sich jedoch auf die Berücksichtigung polyzentrischer Phänomene.

Ebenso ist aber denkbar, daß das verantwortliche Management der Tochtergesellschaft ein eigenes Produkt entwickelt, welches das standardisierte Produkt der Muttergesellschaft substituieren soll.

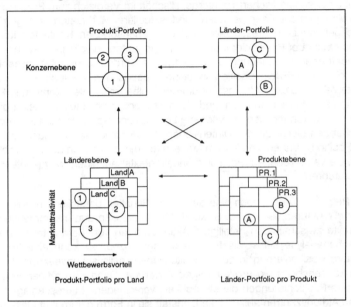

Abb. 4-10: Mehrfach strukturierte Portfolios für eine international agierende Mehrproduktunternehmung (aus Segler 1986: 142)

Eine komplementäre Positionierung läßt sich also auf verschiedene Ursachen zurückführen. Vereinfachend können unterschiedliche Positionierungen auf verschiedene *Kontexte* bei der Einschätzung der Geschäftsfeldsituation und/ oder auf verschiedene *Interessen* der Planungsgemeinschaft zurückgeführt werden. Eine Ursachenanalyse kann sich deshalb an den Kriterien der Interessenlage (gleichgerichtet versus konfliktär) und der Inkommensurabilität der Kontexte (inhomogen versus inkommensurabel) beteiligter Aktionszentren orientieren.[89] Unterstellt man eine gleichgerichtete Interessenlage, wobei die

---

[89] Die Analyse solcher Unterschiede hängt eng mit der Frage zusammen, welches "Erkenntnissystem" für die Planungsgemeinschaft unterstellt wird. Unterstellt man z. B. ein Erkenntnissystem, bei dem Tatsachenaussagen und hard facts durch Herstellung eines Konsens von "Experten" produziert werden, so lassen sich unterschiedliche Positionierungen durch Erweiterung der Informationsbasis bereinigen. Anders, wenn man von einer "Theoriebeladenheit" von Positionierungen ausgeht und die Auffassung vertritt, daß jedes Problem auf mindestens zwei verschiedene Arten wiedergegeben werden kann. Hier werden Positionsunterschiede weniger auf mangelnde Informationen zurückgeführt, sondern durch einen Vergleich der jeweils zugrundeliegenden theoretischen Kontexte erklärt. Zu einer ausführlichen Darstellung vgl. Kirsch/ Klein (1977: 173ff.), Roventa (1979: 186ff.) und die dort angegebene Literatur.

beteiligten Aktionszentren eine Kontextgemeinschaft (vgl. Kirsch 1988: 167ff.) bilden, so können unterschiedliche Positionierungen auf verschiedene faktisch verfügbare Informationen zurückgeführt werden. So mag z. B. das Management einer ausländischen Tochtergesellschaft im Vergleich zum Produktgruppen-Management über genauere und aktuellere Marktdaten verfügen. Bei gleichgerichteter Interessenlage und inkommensurablen Kontexten können komplementäre Positionierungen als Folge unterschiedlicher Lebens- und Sprachformen der Planungsträger aufgefaßt werden. Jedes Aktionszentrum beurteilt seine Erfolgsposition in seiner spezifischen Perspektive bzw. im Lichte des für dieses Aktionszentrum unmittelbar relevanten Kontextes. Komplementäre Positionierungen sind dann Ergebnis einer Multi-Kontext-Positionierung. So können sich inhomogene Lebens- und Sprachformen in einer abweichenden Definition der Dimensionen der Portfolio-Matrix niederschlagen. Die Positionierungen sind in dem Maße inkommensurabel, in dem es nicht gelingt, die verschiedenen "Positionierungskontexte" auf einen "Metakontext" zurückzuführen.

Der Regelfall dürfte jedoch eine gemischte Situation darstellen. In polyzentrischen Strukturen liegen i. d. R. konfliktäre Interessen und inkommensurable Kontexte zwischen den beteiligten Aktionszentren vor. Betrachtet man eine Ursachenanalyse selbst als Problemlösungsprozeß, so kann eine komplementäre Positionierung in solchen Situationen realistischerweise nicht in einem konsensbetonten Prozeß aufgelöst werden. Dennoch eröffnen komplementäre Positionierungen die Möglichkeit, verschiedene Interessenlagen zwischen Aktionszentren aufzudecken, anstatt sie in Form der implizit bleibenden "Streuungswerte" einer Gesamtpositionierung zu ignorieren. Dadurch kann dem politischen Charakter einer strategischen Planung in polyzentrischen Strukturen Rechnung getragen werden. Prinzipiell wird es außerdem möglich, die Interessenlagen einzelner Aktionszentren überhaupt erst im Planungsprozeß zu thematisieren. Schließlich können komplementäre Positionierungen die Entstehung blinder Flecken vermindern; d.h. die kontextspezifischen Positionierungen können sich gegenseitig ergänzen und im Sinne eines dialektischen Prozesses zu einer umfassenderen Sichtweise führen.

(2) In einem nächsten Schritt können einzelne komplementäre Positionierungen zu sogenannten Bereichs- oder *Unschärfepositionierungen* zusammengefaßt werden.[90] Die gegenwärtige Anwendung von Portfoliomethoden ist allerdings dadurch gekennzeichnet, daß für die Position einzelner Geschäftseinheiten innerhalb der Portfolio-Matrix *Punkt*hypothesen aufgestellt werden. Die Gültigkeit einer solchen Punkthypothese erscheint in polyzentrischen Strukturen jedoch fraglich, weil nur im Ausnahmefall die herangezogenen Informationen so stark konvergieren, daß sie eine einzige Punkthypothese bestätigen. Dementsprechend bietet es sich an, Punkthypothesen durch *Be-*

---

[90] Vgl. zum folgenden Roventa (1979), Ansoff/ Kirsch/ Roventa (1983), Ansoff (1984: 371ff.).

*reichs*hypothesen zu ergänzen. Das bedeutet, daß man innerhalb der Portfolio-Matrix zur Bestimmung plausibler Bereiche übergeht, in denen die strategischen Geschäftseinheiten positioniert werden.

Solche Unschärfepositionierungen ermöglichen einen Erkenntnisvorsprung gegenüber Punktpositionierungen. Beispielsweise können bestimmte Schlußfolgerungen aus der Lage und Größe von Unschärfebereichen gezogen werden. Darüber hinaus wird das Spektrum möglicher strategischer Entscheidungen erweitert, indem nicht nur direkt gezielte Normstrategien abgeleitet werden, sondern auch Kontingenzpläne oder schrittweise Antwortstrategien auf eine bestimmte Portfolio-Situation erarbeitet werden. Weiter können Unschärfepositionierungen als schwache Signale (vgl. Ansoff 1984: 22ff.) interpretiert werden. Solche schwachen Signale lassen sich einerseits als Ergebnis einer unvollständigen Informationslage im Sinne von Risiken oder Unsicherheiten interpretieren, die erste Anzeichen diskontinuierlicher Entwicklungen darstellen. Andererseits kann die Existenz von Unschärfebereichen aber auch als schwaches Signal für polyzentrische Strategien interpretiert werden. Durch Unschärfepositionierungen wird nicht nur eine Berücksichtigung von Unsicherheitsfaktoren, sondern auch ein Pluralismus unterschiedlicher Perspektiven ermöglicht.

> "Such plurality of perspectives implies the belief by top management that strategy formulation can be a process of identifying a feasible course of action which incorporates the concerns, desires and goals of all key actors who are affected by the decision. (...)
> Therefore, top management wants the various cognitive orientations to be expressed strongly and represented credibly so that no subgroup is allowed to become a permanent coalition whose views regularly carry the day.
> Successfully managing the convergence process from cognitive variety to strategic consensus is difficult. The task is not to suppress certain views, but to transcend the various views into a consistent decision process." (Doz 1986b: 219)

Unschärfepositionierungen eröffnen damit die Möglichkeit, abweichende Positionierungen einzelner Aktionszentren aufzudecken und in einen Konvergenzprozeß zu überführen. Die strategische Planung nimmt dann Züge eines Aushandlungsprozesses an, in dessen Verlauf konsens- und erkenntnisbildende Aktivitäten, aber auch der Einsatz von Machtpotentialen zugunsten der primären Probleme in den Vordergrund rücken.

(3) Die Bedeutung komplementärer Portfolio-Ansätze wird schließlich offensichtlich, wenn man über eine Analyse der Ist-Situation hinaus mögliche Konsequenzen polyzentrischer Strukturen für die Idee der Ableitung von Normstrategien verdeutlicht. In diesem Zusammenhang nimmt insbesondere die Vorstellung einer *strategischen Stoßrichtung* zentrale Bedeutung an. Die strategische Stoßrichtung stellt ein Bündel strategischer Maximen dar, welche darauf gerichtet sind, ein bestimmtes Geschäftsfeld aus kontextspezifischen

Ist-Positionierungen A_i in eine Soll-Position Z_i zu überführen. Der Index "i" steht für die Interessen und Sichtweisen der an einem Planungsprozeß beteiligten Planungsträger. In der herkömmlichen Anwendung von Portfolio-Konzepten dominiert die Idee einer eindeutigen Stoßrichtung. Es wird unterstellt, daß die strategischen Maximen einzelner Planungsträger sich untereinander komplementär oder indifferent verhalten. In polyzentrischen Strukturen trifft diese Annahme jedoch nicht zu. Statt dessen kann zwischen A_i und Z_i wohl nur eine Art Unschärfekorridor angenommen werden.[91]

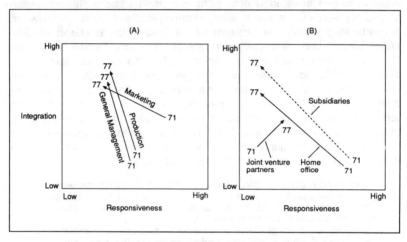

Abb. 4-11: Stoßrichtungen ausgewählter Handlungszentren zwischen Integration und Responsiveness (in Anlehnung an Doz/ Prahalad 1987a: 35)

Beispiele werden in Abbildung 4-11 für "Stoßrichtungen" des Gesamtunternehmens aus Sicht einzelner Funktionsbereiche (A) oder ausländischer Teileinheiten (B) im Rahmen eines Integration-Responsiveness-Portfolios dargestellt. Die Dimension "Integration" repräsentiert Forderungen organisationsinterner Handlungszentren im Sinne eines ökonomischen Imperativs, während die Dimension der Responsiveness Forderungen organisationsexterner Handlungszentren (z. B. nationale Regierungen), also den nationalen Imperativ repräsentiert. Ohne auf die mit der Abbildung verbundenen Konsequenzen im einzelnen eingehen zu müssen, wird deutlich, daß in polyzentrischen Strukturen die Annahme einer eindeutigen Stoßrichtung zugunsten der Konstruktion von Unschärfekorridoren in Frage gestellt werden muß.

---

[91] Damit wird eine Konkretisierung der in Kapitel 2.4.2 entwickelten Metapher der strategischen Resultante vorgeschlagen. Aus der Gestalt und der Lage dieses Korridors lassen sich dann wiederum Schlußfolgerungen ziehen. Beispielsweise können die beteiligten Aktoren sich zwar im Hinblick auf die Ausgangspositionierung relativ einig sein, während die individuellen Sollpositionierungen stark konvergieren. In einer dynamischen Betrachtung wird dies beispielsweise auch dadurch erklärt. daß einzelne Handlungszentren verschiedene "Wege" im Übergang von A_i nach Z_i präferieren.

Die Berücksichtigung solcher Unschärfekorridore birgt gegenüber der Konstruktion von Stoßrichtungen folgende Vorteile:

Mittels solcher Unschärfekorridore können konterkarierende Stoßrichtungen einzelner Aktionszentren aufgedeckt werden. Damit wird dem politischen Charakter einer Planung in polyzentrischen Strukturen entsprochen. Somit kann weiter dem Phänomen einer Erosion strategischer Commitments vorgebeugt werden. Anstatt zwischen den beteiligten Aktionszentren eine scheinbare Einigung auf eine bestimmte Stoßrichtung zu erzielen, die dann im Verlauf der Implementierung im Konflikt partieller Stoßrichtungen versandet, kann im Planungsprozeß eine realistische Einschätzung des Machbaren erarbeitet werden. Schließlich können konterkarierende Stoßrichtungen im Planungsprozeß hinsichtlich der Frage beurteilt werden, welche Konsequenzen sich aus der Verfolgung partieller Stoßrichtungen nicht nur für einzelne Aktionszentren, sondern für das Gesamtssystem ergeben. Möglicherweise lassen sich bestimmte Toleranzbereiche festlegen, in denen einzelne Aktionszentren eigenständig agieren können, ohne damit den Bestand des Gesamtunternehmens zu gefährden.

Zusammenfassend weist eine komplementäre Portfolio-Konzeption gegenüber einer hierarchischen Strukturierung folgende Vorteile auf: Für konkrete Anwendungssituationen wird eine höhere Flexibilität ermöglicht. Die Priorität einer bestimmten Perspektive wird nicht methodisch festgelegt, sondern kann im Anwendungsfall der spezifischen Unternehmenssituation und der tatsächlichen Besetzung einer Planungsgemeinschaft überlassen bleiben. Durch eine komplementäre Sichtweise können blinde Flecken aufgrund einer Vorentscheidung zugunsten einer bestimmten Perspektive vermieden werden. Komplementäre und unscharfe Positionierungen geben Hinweise auf polyzentrische Strategien und ermöglichen damit eine Ursachenanalyse. Neben dem Phänomen der Unsicherheit von Planungsinformationen können damit vor allem unterschiedliche Interessenlagen beteiligter Aktionszentren aufgedeckt und thematisiert werden. Weiter sensibilisiert diese Konzeption für die Inhomogenität unterschiedlicher Sprach- und Lebensformen der am Erstellungsprozeß Beteiligten. Mit dem Konzept sogenannter Unschärfekorridore von Portfolio-Methoden kann schließlich der in polyzentrischen Strukturen unwahrscheinlichen Annahme eindeutiger strategischer Stoßrichtungen begegnet werden.[92]

---

[92] Diese Vorteile werden möglicherweise durch eine höhere Planungskomplexität erkauft, die der Notwendigkeit einer robusten Handhabung zuwiderläuft. Einerseits kann eine solche Komplexitätsbejahung der tatsächlichen Situation im internationalen Unternehmen durchaus angemessen sein. Andererseits kann die methodische Komplexität aber durch eine bewußt molar angelegte, einfach gehaltene Ausarbeitung begrenzt werden, ohne dadurch die Vorteile gegenüber hierarchisch strukturierten Portfolio-Konzepten preisgeben zu müssen. Zur methodischen Ausarbeitung von Unschärfepositionierungen vgl. Ansoff/ Kirsch/ Roventa (1983: 246ff.).

Portfolio-Methoden unterstützen die Erarbeitung erster Hinweise auf strategische Stoßrichtungen im internationalen Unternehmen. Damit ist jedoch noch keine Aussage darüber getroffen, auf welche Weise Schlüsselprobleme auf dem Weg von einer Ist- zu einer Sollpositionierung bewältigt werden sollen. Zur Konkretisierung sind deshalb strategische Programme zu entwickeln.

4.2.3 Die Entwicklung internationaler strategischer Programme

Das strategische Programm eines Geschäftsfeldes (bzw. Betätigungsfeldes) umfaßt alle auf dieses Feld bezogenen (1) Ziele und strategischen Stoßrichtungen, (2) deren Aufgliederung in Unterziele, Unterstrategien und Maßnahmen sowie (3) die Festlegung der ersten robusten Schritte.[93] Diese Begriffsfassung ist fallweise zu konkretisieren. So lassen sich strategische Programme nicht nur für Geschäftsfelder, sondern für beliebige Betätigungsfelder entwickeln.[94] Weiter gestattet es die obige Definition, in polyzentrischen Strukturen mehrere Stoßrichtungen einzelner Aktionszentren in bezug auf ein fokales Betätigungsfeld zu berücksichtigen. Schließlich sollte die Entwicklung strategischer Programme unter Beachtung der jeweils relevanten Aussagen des Rahmenkonzeptes erfolgen. Es kann sich deshalb anbieten, nicht von Zielen zu sprechen, sondern die Aussagen des jeweils "relevanten Rahmenkonzeptes" in die Programmentwicklung einzubeziehen (vgl. Kirsch/ Obring 1991: 387ff.).

Die Entwicklung strategischer Programme stellt selbst eine komplexe Aufgabe dar, die in Teilschritte zu dekomponieren ist. Eine bewährte Dekompositionslogik bildet das Konzept des Strategienfächers[95] (vgl. Abbildung 4-12). Demnach vollzieht sich die Entwicklung strategischer Programme in einem mehrstufigen Konkretisierungsprozeß, wobei zusätzlich die Beachtung relevanter Rahmenkonzepte und der strategischen Grundhaltung in einer Vorstufe berücksichtigt werden.

(1) Die erste Stufe umfaßt die Formulierung strategischer Stoßrichtungen für einzelne Geschäftsfelder. Die Ableitung solcher Stoßrichtungen kann sich an den bereits vorgestellten Portfolio-Methoden orientieren. Eine weitere Möglichkeit ergibt sich durch den Einsatz von Gap-Analysen[96] zur Bestimmung strategischer Lücken.

---

[93] In Anlehnung an Trux et al. (1988: 212).
[94] Zu einer Konkretisierung am Beispiel strategischer Informationsverarbeitungsfelder vgl. Fischbacher (1986: 197ff.) bzw. für strategische (Forschungs- und) Entwicklungsfelder vgl. Stock (1990: 144ff.). Schließlich können strategische Programme nicht nur für bestehende, sondern auch für neue Betätigungsfelder im Sinne von Suchfeldern entwickelt werden (vgl. dazu ausführlich Müller 1987).
[95] Vgl. dazu Reichert (1984), Trux et al. (1985: 124ff.).
[96] Zur Gap-Analyse allgemein vgl. Geiger et al. (1989: 230ff.).

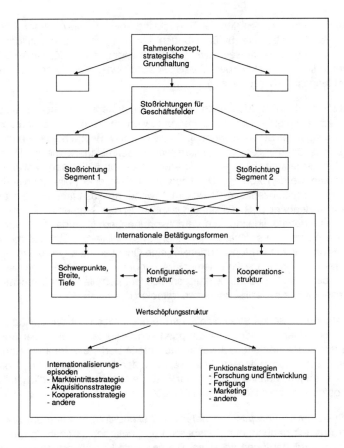

Abb. 4-12: Strategienfächer zur Entwicklung strategischer Programme im internationalen Unternehmen (in Anlehnung an Carqueville et al. 1992: 102)

Als strategische Lücke wird die Differenz zwischen hypothetischer Normalentwicklung, welche ohne Durchführung zusätzlicher Aktivitäten erreicht wird, und den für die Planperiode gesetzten Zielen bezeichnet. Auf dieser Basis können z. B. Marktstrukturprofile entwickelt werden, in denen die Entwicklung des Marktpotentials der zukünftig realisierten Absatzmenge gegenübergestellt wird (vgl. hierzu Stahr 1989: 104ff.). Die resultierende strategische Lücke kann durch Maßnahmen der Produktentwicklung (Produktlücke), der Präsenzverstärkung (Präsenzlücke), des Aufbaus von Vertriebswegen (Distributionslücke) oder durch zusätzliche Werbemaßnahmen (Kommunikationslücke) geschlossen werden. Auf diese Weise lassen sich *länderspezifische* Strukturprofile erarbeiten, in denen z. B. für USA schwerpunktmäßig produktorientierte oder für Japan distributionsorientierte Maßnahmen definiert werden. Mit der Entwicklung solcher Gap-Analysen können bereits relativ detaillierte Stoßrichtungen für einzelne Geschäftsfelder entwickelt werden. Meist müssen diese Stoßrichtungen jedoch für einzelne Teilsegmente konkretisiert werden. Dieser Gesichtspunkt wird durch eine zweite Entwicklungsstufe berücksichtigt.

(2) Im internationalen Zusammenhang können strategische Geschäftsfelder - wie bereits erläutert - nur grob abgegrenzt werden, so daß eine Konkretisierung strategischer Stoßrichtungen für Teilfelder bzw. Segmente notwendig ist. Eine solche Segmentierung orientiert sich zweckmäßigerweise an Produkt- und Ländermärkten, wobei wiederum Grob- und Feinsegmentierungen durchlaufen werden können. Die Literatur schlägt eine Fülle sophistizierter Segmentierungskonzepte vor.[97] Das im Anwendungszusammenhang zentrale Problem stellt aber i. d. R. die starke Orientierung des Segmentierungsprozesses an unternehmensbezogenen Verantwortungsbereichen dar.[98] So wird die Abgrenzung von Teilsegmenten in einer divisionalisierten Struktur mit weltweiter Produktverantwortung tendenziell eine Orientierung an Produktgruppen begünstigen. Durch eine komplementäre Ländersegmentierung kann verhindert werden, daß Länderstoßrichtungen sich lediglich als Summe zusammenhangloser divisionsspezifischer Unterstrategien darstellen. [99]

(3) Die dritte Stufe des Strategienfächers erfaßt Fragen der Wertschöpfungsstruktur einzelner Teilfelder bzw. Gruppen von Teilfeldern. Neben der Bestimmung der Wertschöpfungsschwerpunkte, -breite und -tiefe steht die Konfigurations- und Kooperationsstruktur wertschöpfender Aktivitäten im Vordergrund. In engem Zusammenhang dazu ist die Wahl unterschiedlicher Bearbeitungsformen internationaler Betätigungsfelder zu sehen.

Eine Systematisierung *internationaler Bearbeitungsformen* kann am Ausmaß der im Ausland gebundenen Ressourcen und unterschiedlichen Formen vertraglicher Vereinbarungen ansetzen. Die geringste Kapitalbindung liegt bei einer reinen Exporttätigkeit vor, eine Mittelposition nehmen Joint Ventures ein, und das höchste Engagement stellt die Gründung einer ausländischen Tochter dar. Zwischen diesen Punkten ist eine Fülle unterschiedlicher Betätigungsformen für einzelne Wertschöpfungsaktivitäten denkbar.[100] Damit ist für einzelne Teilfelder zu fragen, ob zukünftig eine Expansion, Kontraktion oder Beibehaltung des Internationalisierungsgrades der aktuellen Betätigungsform

---

[97] Vgl. Segler (1986: 189ff.) und die dort angegebene Literatur.
[98] Zum Spannungsfeld zwischen unternehmens- und markt- bzw. umweltbezogener Segmentierung vgl. Carl (1989: 93f.), Raffée/ Segler (1984: 298ff.).
[99] Eine entsprechende Vorgehensweise hat Segler (1986: 196ff.) entwickelt. Ähnlich sind die Überlegungen von Meissner (1990: 178) zur Identifikation länderübergreifender Marktsegmente.
[100] Dazu gehören z. B. Lizenzvergabe, Franchising, Vertragsproduktion, Auslandsmontage usw. (vgl. z. B. Meissner 1990: 47; Shanks 1985 und speziell für Fertigungsaktivitäten Scholl 1989: 984ff.).

angestrebt wird.[101] Dabei kann sich eine stärkere Differenzierung als notwendig erweisen, z. B. weil die Länderbearbeitung im Einzelfall durch nationale Regierungen eingeschränkt wird. Schließlich wird so eine graduelle Entfaltung verschiedener Betätigungsformen, aber auch ein gradueller Rückzug aus einzelnen Teilfeldern möglich.

Die Bestimmung internationaler Betätigungsformen steht in engem Zusammenhang zu den übrigen Parametern der Wertschöpfungsstruktur einzelner Teilfelder. Mit der *Wertschöpfungsbreite* ist festzulegen, ob das jeweilige Teilfeld hinsichtlich der fokalen Produkte oder Länder erweitert, eingeschränkt oder konstant gehalten werden soll. So können bestehende Produkte im Verlauf länderspezifischer Lebenszyklusphasen zum Aufbau neuer Ländermärkte genutzt oder aber in einem bereits bearbeiteten Ländermarkt im Sinne einer stärkeren Marktdurchdringung forciert werden. Demgegenüber bezieht sich die *Wertschöpfungstiefe* auf Fragen einer grenzüberschreitenden Vorwärts- oder Rückwärtsintegration z. B. über den Auf- oder Abbau eigener Distributionskanäle (Vorwärtsintegration bzw. -desintegration) sowie durch den Lieferantenaufkauf oder ein "outsourcing" von Beschaffungsaktivitäten etwa im Rohstoff- oder Halbzeugbereich (Rückwärtsintegration bzw. -desintegration). Damit eng verbunden ist die Festlegung von *Wertschöpfungsschwerpunkten*. Durch eine Konzentration auf jene Aktivitäten, in denen einerseits besondere Stärken bestehen, die andererseits aber die kritischen Erfolgsfaktoren des Geschäftes abdecken, können Hinweise auf kontraktive oder expansive Entwicklungen in Wertschöpfungsbreite und/ oder -tiefe gewonnen werden.

Die *Konfigurationsstruktur* einzelner Teilfelder bezieht sich auf die Frage der Standortverteilung der für die Teilfelder wesentlichen Wertschöpfungsaktivitäten (vgl. Porter 1986b: 26f.; Ohmae 1985: 210ff.). Hier ist für jede Wertschöpfungsaktivität zwischen den Extremen einer dispersen und einer konzentrierten Konfiguration zu unterscheiden. Bei einer *konzentrierten* Konfiguration wird die interessierende Wertschöpfungsaktivität im Grenzfall in einem Land angesiedelt, während sie bei *disperser* Konfiguration in jedem Land plaziert wird. Weiter ist - ausgehend von der bestehenden Konfiguration - für einzelne Teilfelder zu fragen, ob Wertschöpfungsaktivitäten von bestehenden Standorten abzuziehen, dort beizubehalten oder aufzubauen sind. Abbildung 4-13 gibt die einzelnen Optionen im Überblick wieder. So entspricht Feld 7 (progressive Standortverlagerung) bei Fertigungsaktivitäten einer Vorgehensweise, bei der ein gegenwärtiger Standort zwar nicht aufgegeben aber dennoch entlastet wird, um die Fertigungsaktivitäten an andere Standorte zu verlagern.

Allerdings kann die Standortstruktur einer Unternehmung nicht abschließend auf der Basis segmentspezifischer Konfigurationsstrukturen beurteilt werden. Insofern ist zusätzlich eine Aggregation segmentspezifischer Aussagen über

---

[101] Vgl. dazu Stahr (1989: 113ff.).

die bestehenden und zukünftigen Standorte durchzuführen. Zur Unterstützung dieses Analyseschrittes können strategische Kataloge z. B. zu länderspezifischen, leistungsbezogenen und unternehmensspezifischen Faktoren erarbeitet werden (vgl. Schöllhammer 1989).[102]

Standort 1 Aktivität A	Abbau	Konstanz	Aufbau
Abbau	1 Rückzug	2 Standortkonstante Aktivitätsverdichtung	3 Progressive Aktivitätsverdichtung
Konstanz	4 Aktivitätskonstante Standortverlagerung	5 Standortdurchdringung	6 Standortentwicklung
Aufbau	7 Progressive Standortverlagerung	8 Aktivitätsentwicklung	9 Neuer Standort/ Aktivität

(Standort 2, ..., n)

Abb. 4-13: Konfigurationsmatrix zur Unterstützung der Ableitung von Konfigurationsstrukturen (in Anlehnung an Trux et al. 1985: 128)

Mit der *Kooperationsstruktur* wird die Verteilung von Wertschöpfungsaktivitäten im Kooperationsverbund zwischen den Wertketten der Kooperationspartner und gegebenenfalls eines Gemeinschaftsunternehmens angesprochen. Zu berücksichtigen ist die geographische Ausrichtung der Kooperation (Standort, nationale Zielmärkte usw.), die Anzahl und Nationalität der Partner, die Differenzierung zwischen komplementären und parallelen Wertschöpfungsstrukturen, d.h. einander ergänzende oder gleichartige Kooperationsaktivitäten sowie die Gleichwertigkeit der jeweiligen Einbringung in eine Kooperation. Im Mittelpunkt steht jedoch die Auswahl und Abgrenzung von Kooperationsfeldern. Diese Auswahl wird u. a. durch die spezifische Wett-

---

[102] Länderspezifische Faktoren beziehen sich auf Merkmale der wirtschaftlichen und politischen Bedingungen eines Gastlandes. Dazu gehören z. B. die von Porter (1990) entwickelten Kategorien der Analyse nationaler Wettbewerbsvorteile (vgl. auch Schöllhammer 1989: 1963f.; Tesch 1980: 364ff.). Leistungsbezogene Faktoren erfassen die spezifischen Merkmale z. B. relevanter Produkte oder Dienste, wie etwa economies of scale, Stellung in länderspezifischen Produktlebenszyklen oder Transportkostenintensität. Schließlich sind unternehmensspezifische Faktoren zu berücksichtigen, die sich z. B. aus dem übergeordneten Rahmenkonzept oder der strategischen Grundhaltung ergeben.

bewerbssituation und die Stärken-/ Schwächenverteilung des Unternehmens bestimmt.[103] Häufig ist es sinnvoll, in bestimmten Ländern und/ oder in verschiedenen Aktivitätsbereichen Kooperationen einzugehen, während gleichzeitig in anderen Teilfeldern eine eigenständige Vorgehensweise verfolgt wird. Damit geht eine differenzierte Kooperationshaltung einher, die auch Perlmutter/ Heenan (1986: 152) empfehlen: "Companies must learn to join forces in some areas, while pursuing independent courses in others." Insbesondere ist dadurch der Gefahr einer unerwünschten Abhängigkeit von einem oder mehreren Partnern in Know-how-sensiblen Bereichen vorzubeugen.[104]

(4) Auf der vierten Stufe werden schließlich funktionale Teilstrategien und strategische Internationalisierungsepisoden in Projektform abgeleitet. Eine *funktionsspezifische Konkretisierung* strategischer Programme ist vor allem dann notwendig, wenn eine weltweite, funktional gegliederte Aufbauorganisation vorliegt. Aber auch bei divisionalisierter oder regionaler Organisationsstruktur ist eine funktionsspezifische Konkretisierung notwendig, weil letztlich hier die Realisierung von Strategien erfolgt.[105]

Die explizite Einbeziehung von *Internationalisierungsepisoden* ist Konsequenz einer zeitlichen Differenzierung strategischer Programme. Bestimmte Programme bzw. Programmteile sind absehbar durch einen definierten Start- und Abschlußzeitpunkt gekennzeichnet und damit auf einen begrenzten zeitlichen Horizont ausgelegt. Dazu gehören beispielsweise Ländereintritts-,[106] Akquisitions- oder Kooperationsepisoden, aber auch Episoden der Aufgabe ganzer Märkte oder Produkte. Solche strategischen Internationalisierungsepisoden besitzen nur im Ausnahmefall Routinecharakter. Insofern bietet sich eine projektorientierte Konkretisierung an, die als erster robuster Schritt im Sinne der obigen Definition strategischer Programme interpretiert werden kann.

Nach Durchlaufen dieses Strategienfächers sind abschließend die einzelnen Maßnahmen und Projekte zusammenzufassen und zu geschäftsfeldspezifischen strategischen Programmen zu verdichten. Solche Aktivitäten, die zahlreiche Geschäftsfelder betreffen, können zusätzlich zu Schwerpunktprogrammen erklärt werden. Schwerpunktprogramme stellen Aufgaben dar, die das

---

[103] Vgl. nochmals Kapitel 4.2.1.
[104] So kommen Porter/ Fuller (1986: 342) zu folgender Einschätzung: "We believe that coalitions in the most vital activities of a firm's value chain should be resorted to only rarely. A firm must ultimately master such activites itself if it is to sustain a competitive advantage in its industry." So zeichnen sich Kooperationen in der Luftfahrtbranche durch Ausschluß gemeinsamer Aktivitäten in sensiblen - z. B. technologischen - Bereichen aus (vgl. Moxon/ Geringer 1985: 61).
[105] Die Entwicklung funktionaler Strategien wird in der einschlägigen Literatur ausführlich behandelt. Vgl. dazu die Beiträge in Porter (Hrsg. 1986), Kapitel 2, in Schoppe (Hrsg. 1992), Teil B, und die dort angegebene Literatur.
[106] Vgl. z. B. Leontiades (1985), Carl (1989: 46ff.), Pohl (1990: 99ff.).

gesamte Unternehmen betreffen, die von hoher Bedeutung sind, und die i. d. R. einen Paten in der Geschäftsführung besitzen.[107]

Die Entwicklung strategischer Programme kann nur im Ausnahmefall in einem stringenten Prozeß durchgeführt werden. Normalerweise ist von einer iterativen Vorgehensweise auszugehen. Die durch den jeweils vorausgehenden Entwicklungsschritt gesetzten Prämissen müssen schrittweise überprüft werden. Insofern stellt sich die Frage, inwieweit die Entwicklung strategischer Programme durch eine übergreifende Argumentationsfigur ergänzt werden kann. Dazu bietet es sich an, noch einmal auf die Idee einer strategischen Grundhaltung im internationalen Unternehmen zurückzugreifen. Als eine Dimension wurde auf den Integration-Responsiveness-Bezugsrahmen zurückgegriffen. Damit kann die Dekompositionslogik des Strategienfächers durch Aussagen der strategischen Grundhaltung ergänzt werden.[108]

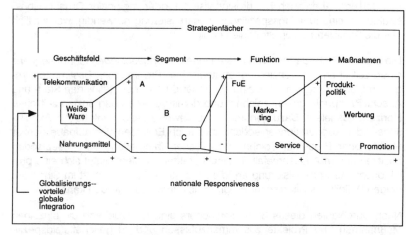

Abb. 4-14: Entwicklung strategischer Programme zwischen länderspezifischer und länderübergreifender Orientierung (in Anlehnung an Bartlett/ Ghoshal 1989: 97)

Demnach werden auf den verschiedenen Konkretisierungsstufen der Entwicklung strategischer Programme die Vor- und Nachteile einer länderspezifischen gegenüber einer länderübergreifenden Programmkonkretisierung abgewogen. Abbildung 4-14 stellt die Grundüberlegung anhand eines fiktiven Beispiels dar. Hier wird angenommen, daß das Geschäftsfeld "weiße Ware" eine multifokale Grundhaltung aufweist. Dieses Geschäftsfeld ist jedoch in sich nicht homogen. Für die einzelnen Teilsegmente und/ oder Funktionen sind unterschiedliche Einschätzungen hinsichtlich einer länderübergreifenden stan-

---

[107] Vgl. Kirsch/ Obring (1991: 388).
[108] Prinzipiell sind natürlich auch Einstellungsfragen zwischen Gastland- und Stammlandorientierung angesprochen. Aus Darstellungsgründen wird aber auf diese Konkretisierungsmöglichkeit verzichtet.

dardisierten Vorgehensweise und einer länderspezifischen Orientierung notwendig. Eine solche Darstellung verdeutlicht noch einmal, daß im internationalen Zusammenhang bei der Entwicklung strategischer Programme eine global formulierte Stoßrichtung (multifokal) der segment- und funktionsspezifischen Konkretisierung bedarf. Zum anderen kann mittels einer solchen Überlagerung des Strategienfächers durch eine Teildimension der strategischen Grundhaltung eine übergreifende Argumentationsfigur geschaffen werden, die während der Abarbeitung eines Strategienfächers eine Leitidee der Entwicklung strategischer Programme liefert.

Letztlich wird damit nochmals verdeutlicht, daß die Entwicklung strategischer Programme vor dem Hintergrund der unternehmensspezifischen Identität betrachtet werden muß. Im Einzelfall mag es außerdem notwendig werden, zusätzliche Entwicklungsschritte einzubauen, oder aber einzelne Dekompositionsstufen zu überspringen. Trotz dieser Einschränkungen stellt der Strategienfächer eine relativ robuste Vorgehensweise bereit, mit der sich - ausgehend von der allgemeinen strategischen Stoßrichtung - konkrete Aufgaben und Projekte ableiten lassen. Mit diesem Konkretisierungsaspekt sind bereits die Probleme einer strategischen Steuerung bei der Umsetzung strategischer Programme im internationalen Unternehmen angesprochen. Dieser Aspekt wird im folgenden vertieft.

4.3 Strategische Steuerung als Engpaßfaktor des Strategischen Management internationaler Unternehmen

Der Erfolg eines strategischen Management im internationalen Unternehmen hängt nicht zuletzt davon ab, inwieweit es gelingt, strategische Maximen im operativen Tagesgeschäft umzusetzen. Den Engpaß eines strategischen Management stellt damit die Umsetzung strategischer Maximen bzw. die strategische Steuerung dar. Die hohen Mißerfolgsquoten strategischer Planung unterstreichen die Bedeutung dieses Problems.[109] Mintzberg führt solche Mißerfolge auf die Trennung zwischen der Formulierung von Strategien einerseits und ihrer Implementierung andererseits zurück.

> "The high failure rate of deliberate strategies has generally been attributed to problems of implementation. (...) But this may only block recognition that the blame more typically belongs not in implementation, not even back in formulation itself, but in the very fact of having separated the two ... ."(Mintzberg 1990: 115)

Die gedankliche und organisatorische Trennung der Strategieentwicklung und ihrer Implementierung stellt sicher einen wesentlichen Grund für die Schwierigkeiten einer Umsetzung des strategisch Gewollten in operatives Handeln dar. Das Problem kann aber auf einen prinzipiellen Kern zurückgeführt werden, der auch bei einer simultanen Formulierung und Implementierung von Strategien Gültigkeit behält. Dieser Kern liegt in einer grundsätzlichen Unver-

---

[109] Vgl. Habel (1992: 203ff.) und die dort angegebene Literatur.

gleichbarkeit (bzw. Inkommensurabilität) zwischen strategischen und operativen Planungskontexten. Genau diese Idee verbirgt sich hinter dem bereits erläuterten Begriff der strategischen Steuerung (vgl. Naumann 1982).[110] Ziel einer strategischen Steuerung ist die Entwicklung geeigneter Übersetzungsheuristiken, welche eine Brückenfunktion zwischen strategischen und operativen Kontexten erfüllen.

Im internationalen Unternehmen sieht sich die strategische Steuerung zusätzlichen Problemen gegenüber, die vor allem auf zwei Faktoren zurückgeführt werden können. Zum einen wird die grundsätzliche Inkommensurabilität strategischer und operativer Planungskontexte durch Übersetzungsprobleme zwischen unterschiedlichen nationalen Lebens- und Sprachformen überlagert. Zum anderen wird eine arbeitsteilige Umsetzung des strategisch Gewollten durch wechselseitige Verflechtungen zwischen den jeweiligen Aktionszentren, ihre Einbindung in die überlagernden Handlungsstrukturen der jeweiligen organisatorischen Teilfelder und die damit einhergehende Problematik einer zentralen Koordination der strategischen Steuerung erschwert. Die damit verbundenen Probleme werden im folgenden durch eine Unterscheidung von drei Aufgaben einer strategischen Steuerung erläutert.[111]

Zunächst sind strategische Handlungsbedarfe inhaltlich in Form operativer Maßnahmen und quantitativ in Form von Budgets zu *konkretisieren* (4.3.1). Die Umsetzung des strategisch Gewollten in operatives Handeln stellt selbst einen arbeitsteiligen Prozeß dar. Damit ist eine *Koordination* sowohl zwischen den betroffenen Aktionszentren als auch zwischen unterschiedlichen Managementsystemen (z. B. Projektplanung und Bereichsplanung) erforderlich (4.3.2). Schließlich erfüllt die strategische Steuerung die Aufgabe einer *strategischen Kontrolle* (4.3.3).

4.3.1 Länderspezifische Konkretisierung strategischer Programme

Aufgabe einer Konkretisierung strategischer Handlungsbedarfe ist die inhaltliche und quantifizierende Präzisierung strategischer Programme.[112] Im internationalen Unternehmen sind hier unterschiedliche nationale Lebens- und Sprachformen einzelner Tochtergesellschaften und Spezifika des jeweiligen

---

[110] Zu einer ausführlichen Darstellung vgl. Kirsch et al.(1989: 144ff.), Kirsch/ Reglin (1991: 651ff.). Solche Überlegungen werden nicht zuletzt unter dem Begriff des strategischen Controlling diskutiert (vgl. z. B. Horvàth 1990: 237ff.; Pfohl/ Zettlmayer 1987).

[111] Vgl. dazu Kirsch/ Reglin (1991: 652). Letztlich stehen die genannten Aufgaben in einem engen wechselseitigen Verhältnis, das nur analytisch dekomponiert werden kann.

[112] Strategische Handlungsbedarfe werden als Überbegriff für strategisch initiierte Maßnahmen aufgefaßt, die einerseits aus der strategischen Programmplanung und andererseits aus der unternehmenspolitischen Rahmenplanung herrühren können. Allerdings beschränken sich die folgenden Ausführungen in erster Linie auf die Umsetzung strategischer Programme.

nationalen Umfeldes zu berücksichtigen. Strategisch initiierte Programme, welche durch eine bestimmte Länderorientierung (z. B. Stammlandorientierung) geprägt wurden, sind daher länderspezifisch zu konkretisieren.

In bezug auf eine quantitative Konkretisierung sind numerische "Umrechnungen" hinsichtlich unterschiedlicher Wechselkurse und (damit zusammenhängend) länderspezifischer Inflationsraten zu berücksichtigen.[113] Jenseits dieser operativen Konkretisierungsproblematik sind einzelne Tochtergesellschaften aber auch durch spezifische institutionelle Charakteristika ihres organisatorischen Feldes geprägt, die eine quantitative Konkretisierung potentialorientierter Erfolgsgrößen erschweren. Unterschiedliche Erfolgsmaßstäbe des lokalen Kapitalmarktes, die Beziehung einzelner Aktionszentren zu nationalen Banken oder ihre Einbindung in nationale Oligopole spielen hier eine wesentliche Rolle.

Für eine inhaltliche Konkretisierung läßt sich an die ersten robusten Schritte anknüpfen, welche in strategischen Programmen und den Handlungsbedarfen unternehmenspolitischer Rahmenkonzepte formuliert werden. Besondere Bedeutung nimmt hier die Initiierung von Projekten[114] an, und mit der Berücksichtigung von Internationalisierungsepisoden wurde ein erster Ansatzpunkt für die Definition von Projekten aufgezeigt. Ohne auf die zahlreich zu findenden Ansätze zu einer Projektorganisation[115] einzugehen, seien zwei Gesichtspunkte herausgestellt.

Eine zentrale Einflußgröße des Projekterfolgs stellt die personelle Besetzung und Rollenverteilung im Projektteam dar. In polyzentrischen Strukturen ist insbesondere mit vielfältigen Widerständen seitens der Projektbetroffenen zu rechnen. Ausgehend von der Unterscheidung möglicher Widerstände in Willensbarrieren und Fähigkeitsbarrieren differenziert das Promotorenmodell von Witte zwischen Machtpromotoren und Fachpromotoren.[116] Im internationalen Unternehmen sind jedoch zusätzlich kulturelle Barrieren zu berücksichtigen.[117] Dementsprechend ist bei der Projektbesetzung darauf zu achten, daß eine eventuell vorherrschende Stammlandorientierung des Projektteams durch die zusätzliche Einbeziehung von "Kulturpromotoren" bereichert wird. Dies kann sich konkret darin äußern, daß explizit solche Fach- und Machtpromotoren einbezogen werden, die über den notwendigen interkulturellen Erfahrungshintergrund verfügen.[118]

---

[113] Vgl. Blödorn (1992: 372ff.).
[114] Erste robuste Schritte lassen sich darüber hinaus auch durch Maßnahmen umsetzen, die unmittelbar im operativen Tagesgeschäft wirksam werden.
[115] vgl. z. B. Maddaus (1989).
[116] Vgl. Witte (1973).
[117] So zeigen Huo/ McKinley (1992), daß Porters (1990) generische Wettbewerbsstrategien hinsichtlich der soziokulturellen Dimension von Nationen kontingent sein können.
[118] Zu einer Vertiefung der Besonderheiten des Management multikulturell besetzter Projektteams vgl. Adler (1991: 120ff.).

Neben der Rollenverteilung im Projektteam sollte die Berücksichtigung nationaler Spezifika sich aber auch in der Ablauforganisation von Projekten niederschlagen. Zum einen ist deshalb frühzeitig eine Phase der nationalen "Sensitivitätsanalyse" vorzusehen, in der explizit mögliche Schwierigkeiten einer Projektrealisierung antizipiert werden. Da kulturelle Widerstände bzw. nationale Spezifika sich nicht unbedingt vollständig antizipieren lassen, können darüber hinaus nationale Projekt-Briefings eingeführt werden. Aufgabe eines solchen Projekt-Briefing ist es, eine regelmäßige Projektkontrolle im Hinblick auf solche nationalen Spezifika zu berücksichtigen, die erst im Verlauf der Projektkonkretisierung wirksam bzw. aufgedeckt werden. Dadurch können frühzeitig eventuelle Probleme - etwa des Eintritts in einen Ländermarkt - berücksichtigt werden; es läßt sich eine Umsteuerung einleiten, um so zur Sicherung der Lernfunktion im Projekt beizutragen.

Die geschilderten Ansätze einer länderspezifischen Konkretisierung strategischer Programme stellen erste konzeptionelle Überlegungen zur Handhabung dieses Aufgabenbereiches einer strategischen Steuerung im internationalen Unternehmen dar, die im Einzelfall zu erweitern sind. Im folgenden wird jedoch der Koordinationsaspekt als zweiter Aufgabenbereich der strategischen Steuerung behandelt.

4.3.2 Die Unterstützung der Koordinationsaufgabe einer strategischen Steuerung

Die Umsetzung strategischer Programme stellt einen arbeitsteilig zu bewältigenden Prozeß dar, an dem mehrere Aktionszentren beteiligt sind. Dies geht vor allem auf einen unterschiedlichen Bezug strategischer und operativer Planungseinheiten zu organisatorischen Verantwortungsbereichen zurück. Internationale Geschäftsfelder als strategische Planungseinheit können länderübergreifend abgegrenzt werden und so Domänen mehrerer Tochtergesellschaften bzw. Aktionszentren umfassen. Demgegenüber richten sich operative Planungseinheiten an den durch eine internationale Organisationsstruktur geprägten Verantwortungsbereichen aus. Damit müssen im internationalen Unternehmen geschäftsfeldspezifisch formulierte Programme auf ausländische Tochtergesellschaften zugeordnet werden.

Zur Handhabung dieser Koordinationsaufgabe kann ein Konzept adaptiert werden, das für die strategische Planung in diversifizierten Unternehmen erarbeitet wurde (vgl. Chakravarthy/ Lorange 1991: 10ff.). Dazu werden in Form einer Matrix geschäftsfeldspezifisch generierte strategische Programme auf einzelne Aktionszentren zugeordnet und zu bereichsbezogenen Programmen zusammengefaßt (vgl. Abbildung 4-15). Je nach Vorliegen einer spezifischen Organisationsstruktur ist zwischen funktionalen, produktverantwortlichen und regionalen Verantwortungsbereichen zu differenzieren.[119]

---

[119] Grundsätzlich kann diese Zuordnungsheuristik auch auf Ebene einzelner produktspezifischer und regionaler Organisationseinheiten angewendet werden,

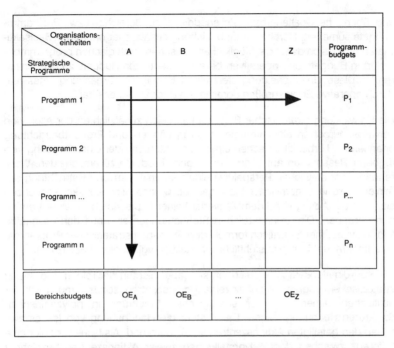

Abb. 4-15: Zuordnung strategischer Programme auf Verantwortungsbereiche (in Anlehnung an Chakravarthy/ Lorange 1991: 11)

Die konkrete Ausgestaltung dieses Ansatzes muß im Einzelfall weiter verfeinert werden. So lassen sich nicht in jedem Fall alle geschäftsfeldbezogenen Aktivitäten eindeutig bestimmten Aktionszentren zuordnen. Außerdem können einzelne Handlungszentren eine Fülle von Aktivitäten entwickeln, die nicht ausschließlich durch geschäftsfeldspezifisch formulierte Programme motiviert werden. Einerseits handelt es sich um eigenständig initiierte strategische Aktivitäten, die nicht Gegenstand einer geschäftsfeldbezogenen strategischen Planung waren, sondern aus der domänenspezifischen strategischen Planung des jeweiligen Aktionszentrums herrühren. Andererseits liegt auf der Hand, daß einzelne Aktionszentren auch operative Maßnahmen durchführen, die der Aufrechterhaltung des laufenden Geschäftsbetriebes dienen.[120] Der zuletztgenannte Gesichtspunkt ist vor allem dann von Bedeutung, wenn auf diesem Konzept aufbauend im Sinne einer quantitativen Konkretisierung eine Budgetierung durchgeführt werden soll. Dazu werden geschäftsfeldspezifisch initiierte Maßnahmen und Projekte hinsichtlich relevanter Ressourcen bewertet

[120] um eine Allokation von Bereichsprogrammen auf Funktionen durchzuführen (vgl. Chakravarthy/ Lorange 1991: 10ff.; Lorange 1980: 48ff.).
Eine Weiterentwicklung dieser Zuordnungsheuristik, welche die genannten Aspekte einzubeziehen versucht, stellen Grebenc et al. (1989: 365ff.) mit dem Konzept der operativen Grundrechnung vor.

und über eine Spalten- bzw. Zeilenaddition zu Bereichs- bzw. Programmbudgets summiert. Durch eine Einbeziehung zusätzlicher operativer Basisaktivitäten ergibt sich damit die Möglichkeit, zwischen strategischen programmorientierten Budgets und operativen bereichsorientierten Budgets zu differenzieren.[121] Diese Unterscheidung stellt einen Beitrag zur Ergänzung eines rein durch operative Erfolgsgrößen dominierten Budgetdenkens dar.

Die Entwicklung strategischer Budgets kann sich zusätzlich an der Allokation von Ressourcen in einer komplementären Länder- und Produktbetrachtung orientieren. Hierbei ist zwischen einer Konzentration oder einer Streuung verfügbarer Ressourcen auf Länder und/ oder Produkte zu entscheiden. Während in einer statischen Perspektive eine zeitpunktorientierte Betrachtung dominiert, wird in dynamischer Sicht gefragt, welche Allokationskonsequenzen sich aus der Abfolge und dem Zeitverlauf einer Expansion oder einer Bereinigung ergeben. Die grundsätzlichen Stoßrichtungen sind aus den geschäftsfeld- bzw. segmentspezifisch formulierten Aussagen strategischer Programme zu entnehmen (für eine ausführliche Darstellung vgl. Segler 1986: 167ff.).

Die Koordinationsaufgabe erschöpft sich aber nicht in der reinen Zuordnung strategischer Programme auf einzelne Aktionszentren, sondern muß auch der politischen Dimension einer strategischen Steuerung in polyzentrischen Strukturen Rechnung tragen. Damit steht die Handhabung von Issues zwischen den beteiligten Aktionszentren im Vordergrund. Als Issue wird hier eine Differenz zwischen den Zielvorstellungen zweier Aktionszentren bezeichnet (vgl. Kirsch 1989: 87). Dazu gehören die Art und Größe der Differenz, z. B. ausgedrückt als numerischer Wert, die Begründung der beteiligten Aktionszentren für ihren Standpunkt sowie der Kontext, vor dessen Hintergrund bestimmte Standpunkte vertreten und spezifische Zielinhalte oder Erfolgsgrößen als maßgeblich erachtet werden. Zur Verdeutlichung sei hier die Problematik einer Allokation von Ressourcen auf bestimmte Produkte und Länder gewählt (vgl. Abbildung 4-16).

Ausländische Tochtergesellschaften und inländische Produktbereiche formulieren unabhängig voneinander Rentabilitätsziele bei der Bearbeitung bestimmter Produkt-/ Ländermarkt-Kombinationen. Diese Rentabilitätsziele können als Ergebnis einer Konkretisierung strategisch initiierter Maßnahmen im Sinne einer Festlegung von Länder- und Produktschwerpunkten interpretiert werden. Die sich daraus ergebenden Trade-Offs liegen auf der Hand. Während z. B. die produktverantwortliche Einheit A Land 5 eine hohe Priorität zuweist, konzentriert sich die landesverantwortliche Tochter auf die Produkte B - E. Solche Issues werden dann zusätzlich problematisch, wenn auf der Basis unterschiedlicher Schwerpunktsetzungen z. B. die Allokation eines Investitionsbudgets erfolgen soll. Eine hypothetische Verteilung solcher Budgets wird durch die mit Kreisen bezeichneten Prozentsätze angedeutet. Aufgabe

---

[121] Vgl. dazu Ansoff (1984: 443ff.), Kirsch/ Reglin (1991: 698).

einer strategischen Steuerung ist es dann, die wechselseitige Abstimmung zwischen den beteiligten Aktionszentren durch eine geeignete Methodik zu unterstützen. Eine solche Methodik stellt die Entwicklung eines Management by Objectives (MbO) dar (vgl. Kirsch 1989: 86ff.).

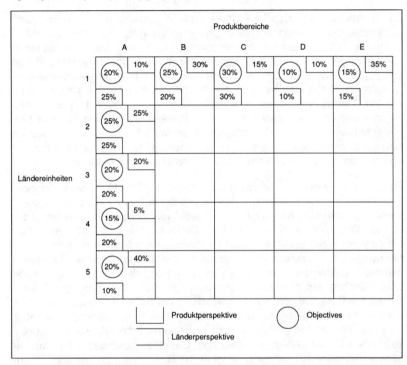

Abb. 4-16: Ressourcen-Allokation in internationalen Unternehmen: ROI Beurteilungen aus Produkt- und Länderperspektive (in Anlehnung an Davidson 1982: 339)

Einem MbO-Prozeß liegt die Vorstellung zugrunde, daß latente Issues zwischen einzelnen Aktionszentren frühzeitig aufgedeckt und in einen Aushandlungsprozeß überführt werden. Dabei werden verschiedene Zielbegriffe unterschieden. *Targets* bezeichnen die Zielvorstellung der nachfragenden Seite einer Zielverhandlung. Allgemein sollen Targets den Interessen des Gesamtunternehmens entsprechen und dementsprechend begründet sein. In hierarchischen Strukturen wird angenommen, daß diese Interessen der Gesamtunternehmung durch eine zentrale Führungsinstanz - z. B. die Zentrale - repräsentiert werden. *Goals* repräsentieren dagegen die Zielvorstellungen aus Sicht einzelner Aktionszentren, welche Anbieter in einem Verhandlungsprozeß darstellen. Unterstellt man eine monozentrische Führungsstruktur, so stellen Goals die Möglichkeiten aus Sicht durchführender Organisationseinheiten dar.

Ein *Issue* stellt einen Unterschied zwischen Targets und/ oder Goals im Sinne der obigen Begriffsfassung dar. Das *Objective* bildet schließlich eine Zielvereinbarung, die nach erfolgreichem Verhandlungsabschluß für die Beteiligten im Sinne eines Commitment verbindlich ist.

Die Unterscheidung zwischen Goals und Targets entspricht implizit einer Sichtweise, die für monozentrische Strukturen gültig ist. Polyzentrische Strukturen sind jedoch dadurch gekennzeichnet, daß nicht nur *asymmetrische (Goal-/ Target-) Issues* auftreten können. Hier kann nicht ohne weiteres davon ausgegangen werden, daß Targets im Sinne der Interessen des Gesamtunternehmens durch eine hierarchisch übergeordnete Instanz institutionalisiert werden. Targets sind institutionell entbunden. In polyzentrischen Strukturen liegen deshalb eher *gleichgeordnete (Goal-/ Goal-) Issues* zwischen mehreren Aktionszentren vor. Folglich ist ein MbO-Prozeß in polyzentrischen Strukturen durch eine institutionelle Verankerung von Targets im Sinne der übergeordneten Interessen des Gesamtunternehmens zu ergänzen.

Für eine solche Institutionalisierung bietet sich die Einrichtung einer Schiedsfunktion an, die im Zweifelsfall in den Prozeß der Auflösung eines gleichgeordneten Issues einzubeziehen ist. Die Schiedsfunktion kann durch einen unbeteiligten Dritten, so z. B. eine zentrale Controllingabteilung oder einen Aufsichtsratsvorsitzenden übernommen werden. Grundsätzlich sind drei Varianten eines MbO-Prozesses in polyzentrischen Strukturen denkbar. Zum einen kann die Eskalation eines Issues dazu führen, daß die angesprochene Schiedsinstanz explizit in den Abstimmungsprozeß einbezogen wird. Das resultierende Objective geht auf die Vermittlung der Schiedsinstanz zurück. Zum anderen mag das gemeinsame Interesse der beteiligten Aktionszentren aber auch gerade darin bestehen, die institutionalisierte Schiedsfunktion *nicht* einzuschalten. In einer Abwägung zwischen "Gesichtsverlust" und den jeweils eigenen Interessen kommt es zu einer Selbstabstimmung der Handlungszentren.[122] Die dritte Variante eines MbO-Prozesses in polyzentrischen Strukturen läge vor, wenn der Prozeß Formen der wechselseitigen reinen Machtausübung und vollständigen Politisierung annimmt. In diesem Fall können polyzentrische Strukturen auch durch einen MbO-Prozeß nicht mehr kanalisiert werden. Wahrscheinlicher ist allerdings die Annahme, daß einzelne Issues durch implizit bleibende Abstimmungsprozesse verdeckt gehandhabt werden.

Ein MbO-Prozeß kann prinzipiell durch ein Management by Exception (MbE) im Sinne einer "Ausnahmeberichterstattung" ergänzt werden. Commitments werden dann zur Grundlage eines sich anschließenden Kontrollprozesses, wobei für Zielwerte bestimmte Toleranzbereiche festgelegt werden. Damit werden bereits Fragen einer strategischen Kontrolle angesprochen, die im folgenden Abschnitt dargestellt wird.

---

[122] Über das relativ ausgefeilte System solcher Konflikthandhabungsmechanismen ("non-concurrence system") von IBM berichten Goold/ Campbell (1990: 264f.).

4.3.3 Strategische Plan- und Prämissenkontrolle im internationalen Unternehmen

Im Gegensatz zu operativen Kontrollen, in denen mit Kategorien des traditionellen Rechnungswesens (z. B. Deckungsbeiträge, Kosten, Leistungen, Umsatz usw.) gearbeitet wird, konzentriert sich eine strategische Kontrolle auf die Veränderung von Erfolgspotentialen, wie z. B. Marktanteil, Wettbewerbsposition oder Marktein- und austrittsbarrieren. Die strategische Kontrolle umfaßt verschiedene Kontrollformen.[123] Die folgenden Ausführungen beschränken sich auf die Unterscheidung zwischen Plan- und Prämissenkontrolle.[124]

Eine *Plankontrolle* ist darauf gerichtet, die Planverwirklichung durch einen Vergleich zwischen Planwerten einerseits und Ist- oder voraussichtlichen Ist-Werten andererseits zu sichern. Zentrale Idee ist die Vorstellung einer Abweichungsanalyse zwischen geplanten und realisierten bzw. voraussichtlichen Größen. Hierbei soll die Gesamtabweichung auf verschiedene Ursachen zurückgeführt werden, wobei eine Zurechnung der Abweichungsverantwortung auf verschiedene Aktionszentren im Vordergrund steht.[125]

In polyzentrischen Strukturen wird diese Abweichungsanalyse aufgrund der wechselseitigen Verflechtungen zwischen Aktionszentren erschwert. Beispielsweise können sich für eine Tochtergesellschaft Austrittsbarrieren ergeben, weil ein Großkunde zugleich bei anderen Tochtergesellschaften Teile bezieht. Aufgrund der Verhandlungsmacht des Großkunden ist die fokale Tochter gegebenenfalls dazu gezwungen, ein Produkt unter Selbstkosten anzubieten, weil andernfalls mit Sanktionen des Großkunden gegenüber anderen Töchtern zu rechnen ist. Eine eindeutige Zurechnung der damit verbundenen Erfolgskonsequenzen ist in diesem Fall problematisch. Ein weiteres Beispiel stellen wechselseitige Verflechtungen von Fertigungskapazitäten im Rahmen eines weltweiten Leistungs- und Lieferverbundes dar. Sofern in ein Land A ein neuer Wettbewerber eintritt, können damit nationale Marktanteilsverluste verbunden sein, die einen Kapazitätsabbau einer Fertigungseinheit in Land B erfordern. Auch in diesem Fall ist keine eindeutige Verantwortungszurechnung möglich. Mit zunehmender Verflechtung und Vernetzung zwischen einzelnen Aktionszentren wird eine Plankontrolle problematisch, weil die an sich erforderliche Abweichungsanalyse nicht mehr mit vertretbarem Aufwand durchgeführt werden kann.

---

[123] Beispielsweise läßt sich zwischen Formen einer direkten und einer indirekten Kontrolle strategischer Programme differenzieren. Vgl. hierzu Kirsch/ Reglin (1991: 700ff.)
[124] Vgl. Grebenc et al. (1989: 379ff.), Ziener (1985: 102ff.).
[125] Im operativen Kontext müssen hier vor allem wechselkurs- und inflationsbedingte Abweichungen berücksichtigt werden (vgl. z. B. Blödorn 1992: 372ff.). Eine strategische Kontrolle konzentriert sich jedoch auf potentialorientierte Größen.

Während die Plankontrolle auf die Sicherung der Planverwirklichung gerichtet ist, stellt eine *Prämissenkontrolle* bewußt jene Annahmen in Frage, vor deren Hintergrund Planvorgaben als verbindlich erklärt wurden. Die Gültigkeit des Planes und der daraus abgeleiteten Schlüsselzahlen wird damit in Frage gestellt. Dadurch wird einerseits eine Lernmöglichkeit geschaffen und die Aktualität und Qualität der Pläne verbessert. Dieses kritische Hinterfragen steht aber andererseits einem unbedingten Commitment der betroffenen Aktionszentren entgegen. Pläne werden nicht mehr als verbindliche und nicht kritikfähige Entscheidungsprämissen gesehen. Dieses Dilemma der Kontrolle zwischen Lernfunktion einerseits und Willenssicherungsfunktion andererseits erscheint in polyzentrischen Strukturen besonders ausgeprägt.[126]

Dies ist auf den Verbindlichkeitscharakter strategischer Commitments zurückzuführen. In Kapitel 4.1.4 wurde zwischen verschiedenen Verbindlichkeitsgraden eines Commitment entlang eines Kontinuums zwischen "explorativer Überlegung" und "verbindlicher Verabschiedung" unterschieden. Im Zuge einer Konkretisierung strategischer Programme kann es in polyzentrischen Strukturen dazu kommen, daß auch verbindliche Verabschiedungen im Zuge ihrer Umsetzung schrittweise in Frage gestellt werden. Mühsam erzielte Verbindlichkeitserklärungen werden angesichts der offen zu Tage tretenden Konsequenzen ihrer Umsetzung wieder aufgebrochen. Eine bewußt betriebene Prämissenkontrolle, die einen Lerneffekt kultivieren soll, kann zum Einfallstor für die Infragestellung bereits verbindlich verabschiedeter Pläne werden.

Dieses Kapitel hat gezeigt, auf welche Weise die strategische Steuerung als Engpaßfaktor des internationalen strategischen Management methodisch unterstützt werden kann. Neben den Aufgabenkomplexen der Konkretisierung und der Kontrolle strategischer Maximen lag der Schwerpunkt auf der Koordinationsaufgabe der strategischen Steuerung. Aufbauend auf einer Zuordnung aber auch Rekonstruktion der bereits eingeleiteten strategischen Programme einzelner Handlungszentren können quantitative Budgets erarbeitet werden. Zentrales Problem ist jedoch die Handhabung von Allokationskonflikten zwischen einzelnen Handlungszentren, welche durch einen spezifischen MbO-Prozeß zu unterstützen sind.

4.4 Zusammenfassung und Ausblick: Perspektiven der Weiterentwicklung einer methodenorientierten Gestaltung von internationalen strategischen Managementsystemen

Kernthema dieses Kapitels war ein methodenorientierter Zugang zur Gestaltung internationaler strategischer Managementsysteme. Es wurde gezeigt, daß die Methodenunterstützung bei der Entwicklung und Umsetzung von Erfolgspotentialen im internationalen Unternehmen spezifische Fragen aufwirft.

---

[126] Zu diesem "Dilemma der Kontrolle" vgl. Fischbacher (1986: 223) und die dort angegebene Literatur.

Mit den Methoden einer unternehmenspolitischen Rahmenplanung wurden eher generelle Erfolgspotentiale des Quartärbereiches eines internationalen strategischen Management erörtert, während die strategische Programmplanung stärker die Erfolgspotentiale aus der Sicht des Primärbereichs der Produkte und Märkte in den Mittelpunkt stellt. Ein Schwerpunkt wurde schließlich auf die Methodenunterstützung der strategischen Steuerung gelegt. Das für internationale Unternehmen kennzeichnende Spezifikum polyzentrischer Phänomene erforderte es, bewährte Methoden wie z. B. Portfolio-Ansätze einer modifizierten Betrachtung zu unterwerfen. Weiter wurden aber auch relativ neuartige Methoden wie z. B. ein Rahmenkonzept als Instrument einer internationalen unternehmenspolitischen Rahmenplanung vorgestellt. Schließlich können die vorgeschlagenen Instrumente (z. B. einer strategischen Kooperationsplanung oder einer soziopolitischen Rahmenplanung) als Systemkonzeptionen aufgefaßt werden, die es einer Unternehmung gestatten, sich erfolgreich in polyzentrischen Feldern zu positionieren.

Damit kann die Frage aufgeworfen werden, welche Möglichkeiten einer methodenorientierten Weiterentwicklung internationaler strategischer Managementsysteme sinnvoll erscheinen. Stellt man polyzentrische Phänomene heraus, so bilden netzwerkanalytische Methoden das "Frontende" der aktuellen Diskussion.[127] Die Anwendung solcher Methoden befindet sich im internationalen Zusammenhang jedoch noch in der Entwicklungsphase (vgl.Ghoshal/ Bartlett 1990: 620).

Der Netzwerkbegriff kann als analytisches Konstrukt aufgefaßt werden, bei dem man Beziehungen (Netzwerkkanten) zwischen verschiedenen Einheiten (Knoten) eines Netzwerkes differenziert.[128] So können zentrale und periphere Knoten unterschieden und "gatekeeper" sowie "Brücken" identifiziert werden. Mit Hilfe der mathematischen Graphentheorie lassen sich die Beziehungen formal z. B. nach Größe, Reflexivität, Anzahl sowie inhaltlich nach Typen beschreiben (vgl. Roxin 1992: 238ff.).[129] Die Netzwerkanalyse stellt damit ein formales Sprachspiel bereit, das eine Berücksichtigung der vielfältigen Vernetzungen und Verflechtungen zwischen den im internationalen Zusammenhang relevanten Aktionszentren gestattet. Im Hinblick auf eine Methodenunterstützung sind etwa folgende Anwendungen denkbar: Bei der Wettbewerbsanalyse können neue Wege der Abgrenzung unterschiedlicher Analysefelder z. B. nach der Dichte der Interaktionsbeziehungen zwischen fokalen Aktionszentren gefunden werden. Die Entwicklung von Erfolgspotentialen läßt sich als laufender Prozeß des Eingehens und Auflösens von Beziehungen und als Besetzung bzw. Aufgabe strategisch bedeutsamer Positionen im organisatorischen

---

[127] Vgl. z. B. Roxin (1992: 238ff.), Mauthe (1983: 250) sowie den Forderungskatalog von McGee/ Thomas (1988:74ff.). Sydow (1992) bietet eine Synopse unterschiedlicher Netzwerkbegriffe (ebd.: 61ff.) sowie Anregungen methodischer Art (ebd. 275ff.).
[128] Vgl. z. B. Pappi (1987), Schenk (1983), Kutschker (1980).
[129] Zu einem ausführlichen Überblick vgl. Sydow (1992: 121ff.).

Feld auffassen (vgl. z. B. Johanson/ Mattson 1988). Weiter können die vielfältigen internationalen Kooperationsbeziehungen als Kooperationsnetze untersucht werden.[130]

Diesen für eine internationale strategische Planung vielversprechenden Perspektiven steht allerdings erhebliche Kritik gegenüber, die auf zwei Punkte zurückgeführt werden kann. Dazu sollen zwei Dimensionen möglicher Zugänge zur Weiterentwicklung von Methoden unterschieden werden: Differenziert wird zwischen (1) einem molekularen und molaren sowie (2) einem monistischen und pluralistischen Zugang:

(1) Eine *molekulare* Weiterentwicklung richtet sich darauf, einzelne Schritte des zu unterstützenden Problemlösungsprozesses im Sinne der Regel "Tiefe vor Breite" zu perfektionieren, während sich eine *molare* Weiterentwicklung eher auf die Gestaltung des gesamten Problemlösungsprozesses bezieht, also die Regel "Breite vor Tiefe" präferiert (vgl. Kirsch 1989: 89ff.). Diesbezüglich zeichnen sich netzwerkanalytische Methoden tendenziell durch eine molekulare Weiterentwicklung aus. Die mathematische Kompliziertheit dieser Methoden steht in keinem rechten Verhältnis zu ihren anwendungsorientierten Implikationen (vgl. z.B: Pappi 1987: 14). Obring bringt dies auf den Punkt.

> "Die Sichtweise, nach der 'alles mit allem irgendwie' zusammenhängt, gipfelt dann etwa in der 'Schmetterlingsthese', derzufolge es für möglich gehalten wird, daß ein Wirbelsturm in Texas durch den Schlag eines Schmetterlingsflügels irgendwo auf der Welt ausgelöst wird ... ." (Obring 1992: 242)

Eine molekulare Weiterentwicklung birgt damit das Risiko, daß die "falschen" bzw. nicht ausschlaggebenden Probleme einer vertieften Betrachtung zugeführt werden. Solche "Fehler der dritten Art"[131] können durch eine molare Weiterentwicklung vermieden werden. Die in der Unternehmenspraxis immer wieder anzutreffende Forderung nach einer pragmatischen Relevanz einzelner Methoden wird dadurch eher erfüllt.[132] Dies stellt einen wesentlichen Grund dar, warum in den obigen Ausführungen eher der Versuch einer molaren Weiterentwicklung dominierte. Im wesentlichen wurden relativ allgemeingehaltene Bezugsrahmen und Denkfiguren entwickelt, die eine einfache Thematisierung internationaler Erfolgspotentiale gestatten.

---

[130] Zu weiteren Anwendungsmöglichkeiten vgl z. B. Roxin (1992: 248ff.), Mauthe (1984: 250).

[131] Fehler der ersten bzw. zweiten Art werden in der Statistik jene Fälle genannt, in denen eine Hypothese für ein bestimmtes Problem entweder irrtümlich angenommen oder abgelehnt wird. Ein Fehler dritter Art liegt dann vor, wenn man falsche oder richtige Hypothesen zur Lösung unmaßgeblicher bzw. "falscher" Probleme erarbeitet (vgl. Mauthe/ Roventa 1983).

[132] So stellen z. B. Ax/ Börsig (1983: 366f.) bei der Entwicklung von Leitlinien einer strategischen Planung bei Mannesmann in Anlehnung an Little (1970) die Forderung nach Einfachheit, Robustheit, leichter Handhabbarkeit, Anpassungsfähigkeit und Vollständigkeit von Planungsmethoden in den Mittelpunkt (vgl. auch Mauthe/ Roventa 1983: 117ff.).

(2) Die zweite Dimension stellt dagegen die Unterscheidung zwischen Methodenmonismus und Methodenpluralismus in den Vordergrund. Monistische Ansätze konzentrieren sich auf die Entwicklung von Methoden höchster Reichweite, während eine *pluralistische* Vorgehensweise bewußt die Vielfalt vorhandener Methodenangebote in den Vordergrund stellt.

Diesbezüglich zeichnen sich netzwerktheoretische Ansätze zumindest implizit durch einen monistischen Zugang aus. So wird der Vorwurf geführt, netzwerktheoretische Ansätze und die damit verbundenen Konzepte des "vernetzten Denkens"[133] implizierten den Anspruch, es gäbe Planungsmethoden höchster Reichweite, die andere partikulare Ansätze ersetzen könnten (vgl. Kirsch 1992a: 546). Betrachtet man den Netzwerkansatz als Methode,[134] so ist davon auszugehen, daß auch dieser Ansatz keine umfassende Betrachtung ermöglicht, sondern selbst eine spezifische und damit kontingente Sichtweise der zu analysierenden Tatbestände - z. B. daß "alles mit allem zusammenhängt" - impliziert. Eingedenk der Spezifika polyzentrischer Strukturen bietet es sich statt dessen an, einen pluralistischen Methodeneinsatz zu präferieren. Dadurch kann der Vielfalt möglicher Lebens- und Sprachformen einzelner Handlungszentren Rechnung getragen werden, und der Multikontext-Charakter strategischer Planung wird berücksichtigt.

Die bisher geführte Kritik an netzwerktheoretischen Methoden kann vor dem Hintergrund der obigen Überlegungen verallgemeinert werden. Zum einen ist natürlich nicht ausgeschlossen, daß auch molekulare Ansätze und die Suche nach umfassenderen methodischen Kontexten ein gewisses Potential bieten können. Dennoch wird aber deutlich, daß es robuste Gründe gibt, die im Hinblick auf eine methodenorientierte Weiterentwicklung für die Leitidee einer molaren methodenpluralistischen Vorgehensweise sprechen. Die Berücksichtigung und Fruchtbarmachung organisationstheoretischer Ansätze stellt hier sicher eine vergleichsweise molare Vorgehensweise dar. Nicht zuletzt deshalb wird die organisatorische Dimension der Gestaltung internationaler strategischer Managementsysteme im folgenden Kapitel eingehend diskutiert.

---

[133] Vgl. Ulrich/ Probst (1988), Probst/ Gomez (1989).
[134] Die Frage, ob der Netzwerkansatz lediglich eine Methode oder eine Theorie (bzw. ein theoretischer Bezugsrahmen) ist, wirft z. B. Kutschker (1980: 118f.) auf. Bei einer Klärung dieser Frage kann möglicherweise die Unterscheidung von Trux et al. (1988: 97ff.) weiterhelfen, bei denen zwischen *bezugsrahmengebundenen* und *bezugsrahmenindifferenten* Methoden unterschieden wird. Erstere zeichnen sich durch einen theoretischen Bezugsrahmen aus, dessen Gültigkeit die Anwendung einer Methode voraussetzt (z. B. Gültigkeit der Erfahrungskurven-"Theorie" für die Anwendung des Marktanteil- Marktwachstum-Portfolios), während letztere nicht an einen für den inhaltlichen Analysezusammenhang wesentlichen theoretischen Bezugsrahmen gebunden sind (z. B. statistische Methoden). Tendenziell nehmen formale Netzwerkansätze dann den Charakter bezugsrahmen*un*gebundener Methoden an.

5 Die Gestaltung internationaler strategischer Managementsysteme in einer organisationstheoretischen Perspektive

Bei der organisatorischen Gestaltung von Managementsystemen lassen sich mit dem institutionellen und dem instrumentellen Organisationsbegriff zwei verschiedene Zugänge unterscheiden. Im folgenden steht vor allem der instrumentelle Begriff im Vordergrund, etwa in dem Sinne: ein Managementsystem *hat* eine Organisation.[1] Bei der Betrachtung von strategischen Managementsystemen besteht das "Organisationsproblem" allgemein formuliert darin, eine komplexe Gesamtaufgabe - nämlich die Entwicklung und Umsetzung von Erfolgspotentialen - in Teilaufgaben zu zerlegen und im Hinblick auf bestimmte Erfolgsmaßstäbe abzustimmen. Spezifika einer organisatorischen Gestaltung ergeben sich im internationalen Zusammenhang insbesondere aus den oben eingehend erläuterten polyzentrischen Phänomenen.

Zu Beginn werden klassische Diskussionsfelder der organisatorischen Gestaltung strategischer Managementsysteme aufgesucht und im Sinne erster Zugänge für die Spezifika internationaler Unternehmen erschlossen (5.1). Im Anschluß gilt es dann, die Idee einer (Gesamt-)Architektur von Managementsystemen aufzugreifen, und im Hinblick auf mögliche Einflußfaktoren der Variantenbildung internationaler strategischer Managementsysteme vertiefend zu diskutieren (5.2). Dem Problem der Nutzung von in Managementsystemen erarbeiteten Ergebnissen ist unter dem Begriff der organisatorischen Anbindung von Managementsystemen das folgende Teilkapitel gewidmet (5.3). Zusammenfassung und Ausblick schließen dieses Kapitel ab (5.4).

5.1 Die organisatorische Gestaltung internationaler strategischer Managementsysteme: Ein erster Zugang

Beiträge zur organisatorischen Gestaltung internationaler strategischer Managementsysteme beschränken sich häufig auf die Übertragung von Gestaltungsempfehlungen, welche im nationalen Zusammenhang entwickelt wurden. Damit wird bewußt der Anschluß an bewährte Systemkonzeptionen und Bezugsrahmen gesucht. Um diese klassischen Diskussionsfelder für den vorliegenden Zusammenhang fruchtbar zu machen, werden drei solcher Zugänge herausgestellt. Im Mittelpunkt steht die Frage, welche Erweiterungen bzw. Modifikationen vor dem Hintergrund der Spezifika polyzentrischer Führungsstrukturen im internationalen Unternehmen erforderlich sind. Den Ausgangspunkt bildet die Diskussion des Zusammenhangs zwischen Strategie und (Organisations-)Struktur (5.1.1). Im Anschluß sind Fragen der Aufbauorganisation (5.1.2) sowie der Ablauforganisation (5.1.3) internationaler strategischer Managementsysteme zu behandeln.

---

[1] Vgl. zu dieser Unterscheidung Kieser/ Kubicek (1983: 1f.), Kirsch (1989: 60), Reglin (1993).

5.1.1 Strategie und Struktur

Eine für die strategische Unternehmensführung klassische Fragestellung bezieht sich auf den Zusammenhang zwischen Strategie und Struktur (vgl. Chandler 1962). Diese für den internationalen Zusammenhang eingehend untersuchte Fragestellung (vgl. nochmals Kapitel 2.2.2) liefert zugleich erste Hinweise auf Ansätze einer organisatorischen Gestaltung von Managementsystemen. Der Strukturbegriff läßt sich zum einen als Statthalter für Strategie-Implementierung, zum anderen als Aspekt der Führungsorganisation auffassen. Die zweite Begriffsinterpretation umfaßt sowohl (1) eine strategieadäquate Aufbauorganisation im Sinne einer Primär bzw. Basisorganisation, als auch (2) Verfahrensregeln und Kompetenzverteilungen im Sinne einer Sekundärorganisation. Managementsysteme können dann als Sekundärorganisationen interpretiert werden, die die Primär- oder Basisorganisation überlagern.[2]

Die Differenzierung zwischen Basisorganisation und Managementsystemen wird im Strategie-/ Struktur-Zusammenhang durch solche empirischen Untersuchungen gestützt, die keine empirischen Invarianzen zwischen Strategie und Basisorganisation, sondern einen Zusammenhang zur Einführung neuer Managementsysteme nachweisen konnten.[3] Gestaltungsorientierte Ansätze nutzen diese Erkenntnisse in Form einer vereinfachten Argumentationslinie, die sich mit der Formel "system follows structure follows strategy" umschreiben läßt. Genau in dieser Richtung argumentieren zumindest Channon/ Jalland im Rahmen einer Gesamtdarstellung der internationalen Planung:

> "As an international strategy develops so organisation (respectively structure; Anm. d. Verf.) tends to evolve in response to changing management needs. The formal organisation adopted at various stages of strategy development in large part determines the types of strategic planning system used which are also modified to suit the specific needs of a particular business." (Channon/ Jalland 1978: 20)

Im Prinzip wird also davon ausgegangen, daß sich die Gestaltung von Managementsystemen an den innerhalb der Basisorganisation festgelegten Verantwortungsbereichen orientiert.[4] In dieser Tradition sind eine Fülle möglicher Vorschläge zur Gestaltung internationaler strategischer Managementsysteme erarbeitet worden.[5]

---

[2] Vgl. Kirsch/ zu Knyphausen/ Ringlstetter (1991: 301). Die Bedeutung einer Sekundärorganisation wurde bereits von Chandler erkannt. So geht er bei der General-Motors-Fallstudie explizit auf die Entwicklung von Rechnungslegungspraktiken und Berichtssystemen, die Implementierung divisionsübergreifender Ausschüsse und die Bildung neuer Rollen wie der des "group executive" ein (vgl. Chandler 1962: 114ff.).

[3] Vgl. Galbraith/ Nathanson (1978: 123f.) und die dort angegebene Literatur sowie Gaitanides (1986: 264).

[4] Vgl. z. B. Channon/ Jalland (1979: 20).

[5] Vgl. z. B. Lorange (1977), Channon/ Jalland (1979: 54ff.), Davidson (1982: 322ff.), Leontiades (1985: 13ff.).

In polyzentrischen Führungsstrukturen erweist sich eine solche Vorgehensweise des "system follows structure" aus zwei Gründen als fragwürdig. Einerseits ist die direkte Anbindung an bereichsspezifische Führungsstrukturen der Basisorganisation möglicherweise unzweckmäßig. Greift man die Überlegungen zu den verschiedenen Reflexionsfeldern einer Führung aus Kapitel 2.4.3 auf, dann erscheint es geradezu notwendig, auch bereichsübergreifende Reflexionsfelder durch Managementsysteme zu unterstützen. Insbesondere Ansätze zur strategischen Planung diskutieren hier die Vorteile einer "dualen Organisation" (Szyperski/ Winand 1979), bei denen bewußt zwischen bereichsübergreifenden strategischen Geschäftseinheiten und bereichsspezifischen operativen Geschäftseinheiten unterschieden wird.[6]

Zum anderen greift - wie in Kapitel 2.4.2 verdeutlicht wurde - die Idee einer eindeutigen Strategie des Gesamtunternehmens nicht mehr. Demgegenüber ist in polyzentrischen Strukturen von einer Vielzahl partieller Strategien auszugehen, die sich in ihrer Gesamtheit bestenfalls als Resultante begreifen lassen. Will man die Überlegungen zum Verhältnis zwischen Strategie und Struktur dennoch nutzen, so bietet es sich deshalb an, diesen Zusammenhang bereits auf der Ebene der strategischen Grundhaltung internationaler Unternehmen zu diskutieren. Dabei wurde in Kapitel 4.1.3 gezeigt, daß eine bestimmte strategische Grundhaltung Pendants im Tertiärbereich der Führungsorganisation und Managementsysteme aufweisen kann. Dementsprechend stellt sich die Frage, ob organisatorische Führungsstrukturen der Basisorganisation, Managementsysteme und die strategische Grundhaltung ein kohärentes Gesamtbild ergeben. Zur Klärung dieser Frage ist es vorteilhaft, die Vielfalt möglicher Organisations- und Führungsformen auf wenige Grundtypen zu reduzieren, wobei mit der organisatorischen Leitidee und dem Polyzentrismusgrad zwei Gesichtspunkte entscheidend sind (vgl. Abbildung 5-1).[7]

Der *Polyzentrismusgrad* als ein erster Gesichtspunkt wurde bereits in Kapitel 2.4.5 mit der Unterscheidung schwach und stark polyzentrischer Handlungsstrukturen erläutert. Demgegenüber lehnt sich die Vorstellung einer organisatorischen *Leitidee* an die Überlegungen von Burns/ Stalker (1961) zur Differenzierung zwischen mechanistischen und organischen Organisationsformen an. Im Falle des mechanistischen Leitbildes steht der Gestaltung einer Organisation die Idee der Maschine vor, die in zweckrationaler Weise vorgegebene

---

[6] Diese Sichtweise läßt sich verallgemeinern, wenn man die Orientierung an (Geschäfts-)Einheiten schlechthin aufgibt und stattdessen von Bezugs*feldern* ausgeht. Solche Bezugsfelder können z. B. als unternehmensinterne und -externe Such- oder Geschäftsfelder hinsichtlich des Produkt-/ Markt- oder Technologiebereiches gebildet werden, wobei sich grundsätzlich für jedes Bezugsfeld Strategien entwickeln lassen. Zu einer sehr reichhaltigen Abgrenzung solcher Bezugsfelder vgl. Kirsch/ Obring (1991: 384ff.).

[7] Vgl. zum folgenden auch Kirsch (1990: 288ff.), Kirsch/ Ringlstetter/ zu Knyphausen (1991: 315ff.).

Ziele verfolgt. In den darauf aufbauenden Ansätzen[8] liegt das Interesse auf der Analyse und Gestaltung formaler Strukturen, um damit ein problemloses Funktionieren der Maschine "Organisation" zu gewährleisten. Die organische Leitidee stellt dagegen die Flexibilität und Anpassungsfähigkeit der Organisation im Sinne eines lebendigen Organismus in den Vordergrund. In einer mittleren Position (organisch mit Netz) erachtet man organisatorische Regeln als notwendig, wenngleich diese eher ein Netz für den Fall des Versagens informaler organisatorischer Prozesse darstellen.

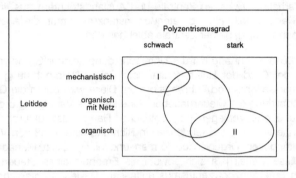

Abb. 5-1: Grundformen von Primär- und Sekundärorganisation in internationalen Unternehmen (in Anlehnung an Kirsch 1990: 289).

Der Zusammenhang zwischen strategischer Grundhaltung und möglichen organisatorischen Grundformen läßt sich an einem Beispiel verdeutlichen. Geht man von der Grundhaltung des Kolonialisierers aus, so zeichnet sich dieser durch eine nationale Stammlandorientierung und geringe Responsiveness gegenüber nationalen Interessenten aus. Diese Grundhaltung entspricht eher einer Situation, in der polyzentrische Strukturen in einem schwachen Sinne vorliegen und stellt eine Orientierung an stammlandgeprägten Effizienzkriterien in den Vordergrund. Damit mag die zugehörige Struktur eher in Kreis 1 liegen. Demgegenüber entspricht eine Grundhaltung des Einheimischen polyzentrischen Strukturen in einem starken Sinne (vgl. Kapitel 4.1.3). Die hohe Betonung der Gastlandorientierung ergänzt sich mit der Dominanz einer organischen Leitidee bei der Gestaltung organisatorischer Regelungen.

Die mit dieser Unterscheidung verbundenen Konsequenzen lassen sich durch die Analyse verschiedener generischer Formen einer internationalen strategischen Planung verdeutlichen. So unterscheidet Leontiades (1985: 23ff.) zwischen Holding-, föderalem und integrativem Planungsmodus. Im Holding-Mo-

---

[8] Das Konzept von Burns/ Stalker war ursprünglich als Gegenpol zu Webers Bürokratiemodell gedacht. Morgan (1980: 618ff.) zeigt, daß die Unterscheidung zwischen "organisch" und "mechanistisch" sich in der einen oder anderen Form in zahlreichen organisationstheoretischen Ansätzen rekonstruieren lässt.

dus nimmt die Zentrale lediglich Aufgaben im Sinne eines Portfolio-Management ausländischer Tochtergesellschaften wahr; die Verantwortung für eine strategische Planung liegt in vollem Umfang bei den ausländischen Einheiten. Dieser Grundtyp einer strategischen Planung entspricht eher Kreis 2. Dem steht ein integrativer Modus gegenüber, der einer Situation in Kreis 1 zugeordnet werden kann. Hier stellen die Auslandseinheiten vorrangig Erfüllungsgehilfen bei der Umsetzung der zentral erarbeiteten strategischen Direktiven dar. Als Mittelposition geht schließlich der föderale Modus von einem symmetrischen Verhältnis zwischen Zentrale und Auslandstöchtern aus, in der die Zentrale zwar die Rolle einer beratenden Instanz einnimmt, die Auslandseinheiten jedoch Vorschläge der Zentrale ablehnen können.

In engem Zusammenhang mit der Unterscheidung solcher Grundtypen steht schließlich der Grad der Heterogenität der in einer Unternehmung anzutreffenden Organisations- und Führungsformen. Diese wird durch die Größe der Kreise in Abbildung 5-1 wiedergegeben. Eine stärkere Verfolgung organischer Leitideen und das Vorliegen polyzentrischer Handlungsstrukturen in einem starken Sinne wirken dann tendenziell in Richtung einer größeren Vielfalt bei der Gestaltung von Organisationsformen und nicht zuletzt Managementsystemen. Diese Vielfalt läßt sich sowohl als Ergebnis eines Steuerungs- als auch eines Emergenzpolyzentrismus auffassen. Davidson unterscheidet hier analog zwischen gestalteter und autonomer Vielfalt organisatorischer Führungsformen als Ergebnis einer bestimmten administrativen Orientierung:

> "[I]t is useful to distinguish between engineered and autonomous variances in management and planning approaches. (...) In some firms, variances in management approaches across business units reflect senior management decisions about the focus and the location of responsibility. (...) Variances within such firms are engineered by top management; (...) In other companies, variances in management approaches can occur autonomously, without central direction. This distinction reflects a key aspect of administrative orientation, and it provides a focal point for classifying the administrative orientation of multinational companies." (Davidson 1984: 11f.)

Diese adiministrative Orientierung kann unschwer als spezifischer Aspekt der strategischen Grundhaltung internationaler Unternehmen aufgefaßt werden, die zu Feld 2 in Abbildung 5-1 "paßt". In Feld 1 lassen sich dann zusätzlich die Grundorientierungen der autonomen oder gestalteten Vereinheitlichung von Managementsystemen unterscheiden.

Mit dieser modifizierten Interpretation des Strategie-/ Struktur-Zusammenhangs sind globale Orientierungshypothesen für eine organisatorische Gestaltung internationaler strategischer Managementsysteme ableitbar. Zum einen wird die Auffassung verdeutlicht, derzufolge eine spezifische strategische Grundhaltung bestimmte Entsprechungen im Tertiärbereich aufweist. Diese sind letztlich Ausdruck der Identität einer Unternehmung. Zum anderen ist davon auszugehen, daß in polyzentrischen Führungsstrukturen von einer erheblichen Differenzierung organisatorischer Regelungen (vgl. Kapitel 2.4.6) und damit Vielfalt von Managementsystemen auszugehen ist. In gewisser Weise stellt dies eine modifizierte Interpretation des Struktur-/ System-Zusammenhangs dar, der oben erläutert wurde. Der folgende Abschnitt greift diese Überlegungen unter verändertem Vorzeichen wieder auf. Im Vordergrund stehen Fragen der Aufbauorganisation von Managementsystemen.

5.1.2 Architekturen internationaler strategischer Managementsysteme als Problem der Aufbauorganisation

Im internationalen polyzentrischen Unternehmen kann zunächst nicht von der Existenz einer homogenen Gesamtarchitektur, sondern lediglich von der Vorstellung einer Vielfalt partieller Architekturen von Managementsystemen ausgegangen werden. Beispiele für solche partiellen Architekturen stellen die in Kapitel 3 in Form einer Fallstudie erläuterten divisionsspezifischen 'Vorsysteme' dar, welche sich erheblich von der offiziellen Planungsarchitektur des Unternehmens unterschieden. Die Konsequenzen dieser Vielfalt, welche sich für die Aufbauorganisation strategischer Managementsysteme ergeben, stehen im Mittelpunkt der folgenden Überlegungen. Dazu muß allerdings systematischer vorgegangen werden, als dies in der Fallstudie möglich war. Deshalb wird zunächst das theoretische Konzept des Planungsrahmens eingeführt, um darauf aufbauend unterschiedliche Typen partieller Architekturen abzugrenzen. Schließlich ist die für die weitere Argumentation wesentliche Unterscheidung zwischen einer Standardversion und möglichen Varianten von Systemarchitekturen zu erläutern.

Planungsrahmen als Ausdruck der Aufbauorganisation internationaler strategischer Managementsysteme

Mit der Aufbauorganisation internationaler strategischer Managementsysteme werden Fragen der Abgrenzung von Teilaufgaben, ihrer Zuordnung auf bestimmte Stellen und die zwischen einzelnen Aufgabenkomplexen bestehenden Beziehungen (z. B. Weisungs- und Informationsbeziehungen) aufgeworfen. Die relevante Literatur beschäftigt sich vor allem mit der Gestaltung von Planungsorganisationen[9] im Sinne einer Aufbauorganisation der Planung, wobei insbesondere die Idee eines Planungsrahmens fruchtbar erscheint.[10] Bei Planungsrahmen als Ausdruck der Aufbauorganisation strategischer Managementsysteme wird zwischen verschiedenen Ordnungsstufen unterschieden (vgl. Götzen/ Kirsch 1983: 330): Ein Planungsrahmen *erster Ordnung* enthält Aussagen zur Gestaltung einzelner Teilsysteme (z. B. ein System der Investiti-

---

9   Vgl. z. B. Müller-Böling et al. (1984), Müller-Böling (1989), Perlitz (1989), Arbeitskreis (1979), Weber (1991a: 69ff.).
10 Ein Planungsrahmen beinhaltet beispielsweise eine Klassifikation der Pläne, die Festlegung von Planungsbegriffen, Interdependenzen und Ableitungsbeziehungen zwischen Teilplänen und betroffenen Organisationseinheiten (vgl. Bleicher 1989 und Kirsch 1989: 60 ff.)

onsplanung und kontrolle). Demgegenüber hat ein Planungsrahmen *zweiter Ordnung* die Aufgabe, Beziehungen und Aufgabenteilung zwischen den Planungsrahmen erster Ordnung zu regeln.[11] Ein solcher Planungsrahmen wird im folgenden als partielle Architektur bezeichnet. Die Menge aller in einer Unternehmung vorfindbaren partiellen Architekturen konstituiert eine "Gesamtarchitektur" von Managementsystemen. Diese Gesamtarchitektur läßt sich als Planungsrahmen *dritter Ordnung* auffassen. Als Ordnungskriterium für einen solchen Planungsrahmen dritter Ordnung wird im folgenden eine Typologie unterschiedlicher Architekturarten vorgeschlagen.[12]

Architekturtypen internationaler strategischer Managementsysteme

Zur Abrenzung verschiedener Architekturtypen ist es sinnvoll, unterschiedliche Systemfelder abzugrenzen. Einzelne Systemfelder lassen sich als Nukleus für die Ausbildung von partiellen Architekturen innerhalb einer Gesamtarchitektur von Managementsystemen auffassen. Als Ausgangspunkt kann wiederum der Begriff der Domäne einzelner Handlungszentren genutzt werden, wobei mit dem Merkmal der Domäneninterdependenz (bzw. Domänenverflechtung und -vernetzung) (vgl. Kapitel 2.4.2) zwischen Handlungszentren und dem Domänenumfang nach zwei Hauptgesichtspunkten differenziert wird:

Im Hinblick auf die *Domäneninterdependenz* wird die Domäne eines fokalen Aktionszentrums in einen *autonomen* und einen *interdependenten* Domänenbereich unterteilt. Die Existenz eines interdependenten Bereichs ist Ausdruck von Domänenverflechtungen und -vernetzungen zu anderen Aktionszentren.[13]
Im autonomen Bereich liegen dagegen keine Interdependenzen vor. Beispielsweise kann eine Tochtergesellschaft in bezug auf nationale Marketingaktivitäten (Preispolitik, Werbung usw.) autonom sein. Zugleich kann ein interdependenter Domänenbereich z. B. in der Fertigung dann vorliegen, wenn die selbe Tochter in einen weltweiten Produktionsverbund eingegliedert ist. Betrachtet man die Domäne des Gesamtunternehmens als Summe aller

---

[11] Das in Kapitel 2.3.3 vorgestellte Denkmodell einer "Gesamtarchitektur" von Managementsystemen stellt einen solchen Planungsrahmen dar. Es werden verschiedene Teilsysteme bzw. Aufgabenkomplexe für Entwicklung, Aufbau und Nutzung von Erfolgspotentialen unterschieden. Die Beziehungen zwischen Teilsystemen werden allerdings nicht als direkte Input-/ Output-Relationen, sondern über die Grundidee der strategischen Steuerung "organisiert". Diese stellt einen unternehmensspezifisch zu konkretisierenden Übersetzungsprozeß zwischen strategischen und operativen Systemkontexten dar.

[12] Kirsch (1989: 65) bezeichnet eine Gesamtarchitektur als (konzeptionellen) Planungsrahmen zweiter Ordnung, was für ein funktional organisiertes Einheitsunternehmen sicherlich zutrifft (vgl. jedoch kritisch Ringlstetter 1992: 238). In polyzentrischen Unternehmen bietet es sich dann an, diesen Begriff im Sinne eines Planungsrahmens dritter Ordnung aufzufassen.

[13] Eine vertikale Domäneninterdependenz liegt zwischen Zentrale und Tochtergesellschaften (bzw. allgemein: Teileinheiten) vor, während horizontale Domäneninterdependenzen Verflechtungen und Vernetzungen zwischen Teileinheiten bezeichnen.

Domänen einzelner organisationsinterner Handlungszentren, so läßt sich zweitens zwischen der *Teildomäne* eines fokalen Handlungszentrums und der *Gesamtdomäne* des Unternehmens unterscheiden. Dieses Merkmal wird mit dem Begriff des *Domänenumfangs* bezeichnet.

Damit sind innerhalb einer Unternehmung verschiedene Systemfelder einer Gesamtarchitektur von Managementsystemen denkbar (vgl. Abbildung 5-2):[14] In einzelnen Systemfeldern können sich einzelne Systeme, aber auch umfassendere partielle Architekturen ausdifferenzieren. Im folgenden wird aus Vereinfachungsgründen der Architekturbegriff vorgezogen.[15] Im Vordergrund stehen zunächst partielle Architekturen zur Führungsunterstützung der Zentrale. Diese betreibt Managementsysteme als Ausdruck ihres Führungsanspruchs bzw. ihrer Führungsrolle in bezug auf das Gesamtunternehmen.[16] *Unternehmensarchitekturen* beziehen sich auf die Gesamtdomäne des Unternehmens und unterstützen die Führung des Unternehmens als Gesamtheit. Dazu gehört beispielsweise eine unternehmensweite Bilanz- oder Finanzplanung, die Kennzahlenprognose für das Gesamtunternehmen aber auch der Entwurf einer corporate strategy. Davon zu unterscheiden sind *Architekturen der Zentralbereiche*. Hier steht die aus Sicht der Zentrale autonome Teildomäne im Mittelpunkt. Solche Architekturen dienen dann etwa der Investitions-, Personal- oder jährlichen Budgetplanung in Zentralfunktionen wie einer zentralen Forschung und Entwicklung, dem Zentraleinkauf oder auch der zentralen Betriebswirtschaft.[17] *Steuerungsarchitekturen* sind das Ergebnis eines Führungsanspruchs der Zentrale im Hinblick auf die Domäne einzelner Teileinheiten.[18] Der Großteil der in Kapitel 2.3.1 vorgestellten Systemkonzeptionen internationaler strategischer Managementsysteme beschränkt sich auf dieses Systemfeld. Hier sind aber auch die Ergebnisse empirischer Arbeiten zur Steuerung ausländischer Tochtergesellschaften einzuordnen (vgl. Dobry 1983; Kenter 1985). In diesem Fall liegt eine vertikale Domäneninterdependenz vor, wobei der Domänenumfang sich auf Teildomänen bezieht. Solche Steuerungsarchitekturen dienen z. B. der Entwicklung von länder- und/ oder

---

[14] Damit werden in vereinfachter Weise die in Kapitel 2.4.3 vorgestellten Reflexionsfelder von Führungsrollen in internationalen Unternehmen wieder aufgegriffen. Aus Vereinfachungsgründen beschränkt sich diese Darstellung auf zwei Handlungszentren: Zentrale und eine Teileinheit bzw. Tochter.

[15] Inwieweit in einzelnen Systemfeldern lediglich einzelne Systeme oder aber umfassende partielle Architekturen vorliegen, stellt eine empirische Frage dar.

[16] Die folgenden Ausführungen wurden angeregt durch Überlegungen von Ringlstetter (1992: 264ff.), weichen zum Teil jedoch erheblich davon ab.

[17] Neben solchen unternehmensintern ausgerichteten Systemen kann die Zentrale natürlich auch umweltbezogene Systeme betreiben, so z. B. Systeme zur Steuerung von Finanzanlagen am Kapitalmarkt.

[18] Von solchen Steuerungsarchitekturen bzw. Steuerungssystemen sind Systeme einer strategischen Steuerung zu unterscheiden. Letztere unterstützen die Umsetzung strategischer Maximen in operative Maßnahmen (vgl. Kapitel 4.3). Demgegenüber unterstützen Steuerungssysteme die Führung von Basiseinheiten (z. B. ausländische und/ oder inländische Divisionen) durch eine Zentrale bzw. Spitzeneinheit.

produktspezifischen strategischen Programmen oder der operativen und strategischen Plankontrolle.

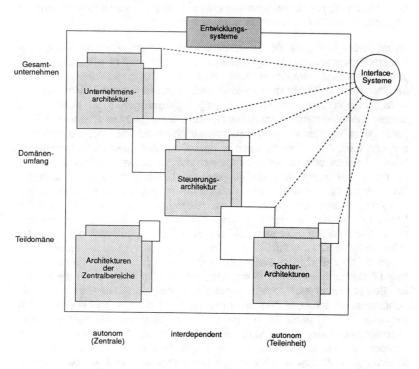

Abb. 5-2: Abgrenzung von Architekturtypen innerhalb einer Gesamtarchitektur von Managementsystemen (in Anlehnung an Ringlstetter 1992: 265)

Symmetrisch zu diesen durch eine Zentrale besetzten Systemfeldern können einzelne Teileinheiten eigene Systeme betreiben, die ihren autonomen und interdependenten Domänenbereich betreffen. Solche *Tochter-Architekturen* unterstützen die Führung der einer Tochter zugehörigen Domäne; man denke etwa an das im Fallbeispiel angesprochene Vorsystem sogenannter Over-Night-Anlagen der in einem Hochinflationsland angesiedelten Regionalgesellschaft. Darüber hinaus ist eine Teileinheit natürlich auch in Steuerungsarchitekturen eingebunden, z. B. durch Alimentierung bestimmter Berichte oder den Vollzug einer unternehmensweiten Wirtschaftsplanung. Schließlich ist es prinzipiell auch denkbar, daß eine Teileinheit Systeme unterhält, deren Domänenumfang sich auf das Gesamtunternehmen bezieht. Beispielsweise mag es einen besonders einflußreichen Unternehmensbereich geben, dessen bereichsspezifisch motivierte und in der dominierenden Koalition des Unternehmens durchgesetzte Strategie einen Investitionsetat erfordert, dessen Ausmaß nicht ohne Rückwirkung auf das Gesamtunternehmen bleiben kann. Diese Unterscheidung verschiedener Architekturtypen einer Gesamtarchitektur von Managementsystemen ist in vier Punkten zu ergänzen.

(1) Zum einen wurde in der bisherigen Darstellung nicht explizit darauf hingewiesen, daß sich innerhalb einzelner Systemfelder *unterschiedliche* partielle Architekturen im Sinne von Varianten eines bestimmten Architekturtyps ausdifferenzieren können. Im Hinblick auf Steuerungsarchitekturen werden solche Varianten plausibel, wenn man die Zentrale nicht mehr als einen einheitlich agierenden corporate actor begreift. In Kapitel 2.4.5 wurden solche Phänomene als Ausdruck eines Zentralpolyzentrismus interpretiert, bei dem die dominierende Koalition einer Unternehmung tendenziell ihre Fähigkeit verliert, in koordinierter Weise gegenüber organisationsinternen Handlungszentren tätig zu werden. Einzelne Führungseinheiten einer Zentrale steuern dann die ihnen zugeordnete Domäne mit jeweils eigenen und untereinander möglicherweise recht verschiedenen Systemen. Hier ist beispielsweise das in der Fallstudie erwähnte Phänomen sogenannter Schattensysteme anzusiedeln. Die Ausbildung von Schattensystemen kann dabei sowohl für Systeme der Zentralbereiche als auch für Steuerungsarchitekturen angenommen werden. Ihre Entstehung ist Ausdruck des role making einer Zentrale in bezug auf die ihnen zugeordnete Domäne. So könnten einzelne Steuerungsarchitekturen bewußt untereinander differenziert sein, um so auf die spezifischen Steuerungsanforderungen einzelner Teileinheiten einzugehen.[19] Spiegelbildlich dazu verhält sich der Differenzierungsgrad innerhalb des Typs tochterspezifischer Architekturen. Dies entspricht dem Phänomen des Basispolyzentrismus, bei dem die Zentrale zwar einheitlich agiert, die Tochtereinheiten sich aber dennoch vom Einfluß der Zentrale lösen. Die Ausbildung solcher Varianten kann als äquivalent für die im Fallstudienunternehmen anzutreffenden Vorsysteme interpretiert werden. Die Domänen einer malaysischen Tochter in der Konsumgüterbranche und einer schwedischen Tochter im Bereich Verkehrsanlagenbau sind mit Sicherheit durch unterschiedliche Steuerungsanforderungen sowohl im autonomen als auch im interdependenten Domänenbereich ausgezeichnet. Dies kann im Zuge eines role making einzelner Teileinheiten zur Ausdifferenzierung untereinander unterschiedlicher Varianten von Tochterarchitekturen führen.

(2) In engem Zusammenhang damit ist die Bedeutung von *Interface-Systemen* zu sehen. Diese dienen der Handhabung von "Übersetzungsproblemen" zwischen verschiedenen Architekturtypen (also *zwischen* einzelnen Systemfeldern) aber auch zwischen Varianten einzelner Architekturtypen *innerhalb* einzelner Systemfelder. Im ersten Zugriff lassen sich Steuerungsarchitekturen als Interface-Systeme im weiteren Sinne interpretieren. In Kapitel 4.3.2 wurden dazu Beispiele im Hinblick auf die Aufgabe einer Konkretisierung von Er-

---

[19] Hier sind die in Kapitel 2.4.6 genannten Phänomene eines Steuerungspolyzentrismus anzusiedeln, bei der Architekturen im Sinne einer "gestalteten" (engineered) Heterogenität (Davidson 1984: 11) bewußt differenziert werden.

folgspotentialen entwickelt. In der Fallstudie wurde jedoch gezeigt, daß Steuerungsarchitekturen durch bestimmte nationen- oder branchenspezifische Lebens- und Sprachformen geprägt sein können, so daß eine Übersetzung zwischen Steuerungsarchitekturen und Tochterarchitekturen erforderlich wird. Interface-Systeme im engeren Sinne beschränken sich dann auf die Gewährleistung einer Anschlußfähigkeit zwischen verschiedenen Architekturtypen. Eine bewußte Institutionalisierung solcher Systeme muß dabei nicht den Regelfall darstellen.[20]

(3) Die in Abbildung 5-2 angedeuteten *Entwicklungssysteme* dienen dem Entwurf, der Produktion und Implementierung sowie der Weiterentwicklung strategischer Managementsysteme. Dabei sind auch hier differenzierte Eskalationsstufen der Wahrnehmung solcher Entwicklungsaufgaben zu unterscheiden. So mag die Entwicklung von Managementsystemen dem laufenden Betrieb der bestehenden Systeme überlassen bleiben. Ebenso kann es auch einzelne Episoden der Systementwicklung oder fest bestimmte Veranwortungsbereiche geben, in denen eine explizite Auseinandersetzung mit der Systemlandschaft des Unternehmens betrieben wird. Solche Entwicklungssysteme werden in polyzentrischen Strukturen nicht ausschließlich in der Zentrale betrieben. Zusätzlich sind mehr oder weniger entfaltete Formen der Auseinandersetzung mit Entwicklungsfragen in den Teileinheiten zu berücksichtigen (vgl. Kapitel 6).

(4) Schließlich stellt die tatsächliche Ausdifferenzierung der genannten Architekturen eine empirische Frage dar. Die in Abbildung 5-2 geschilderte Gesamtarchitektur stellt eine Maximalversion denkbarer Managementsysteme dar, die im Einzelfall nicht voll ausgeprägt sein muß. So hat das in Kapitel 3 vorgestellte Betriebsmodell verdeutlicht, daß im Fallstudienunternehmen keine Unternehmensarchitektur zur Entwicklung einer corporate strategy vorliegt. Weiter variiert der Charakter von Steuerungsarchitekturen mit dem Selbstverständnis bzw. den Spezifika des role making einer Zentrale. So wurde mit der Unterscheidung von drei Managementstile nach Goold/ Campbell (1990) zwischen verschiedenen Formen des Planungs- und Kontrolleinflusses einer Zentrale differenziert (vgl. Kapitel 2.4.3). Wenn eine Zentrale - wie beim Managementstil des "strategic planning" - einen hohen Einfluß auf die Strategieentwicklung von Teileinheiten ausübt, dann werden Steuerungsarchitekturen in höherem Maße auf Aufgaben der Strategieentwicklung abstellen, als dies beim Managementstil eines "financial control" der Fall ist. Ebenso kann das Ausmaß

---

[20] Aus dem Fallstudienunternehmen ist jedoch die Institutionalisierung eines Interface-Systems bekannt. Hier muß bei der kostenorientierten Verrechnung innerhalb eines Liefer- und Leistungsverbundes das Problem von Wechselkursschwankungen und strategisch motivierter Preisbildung (Stützung von Auslandseinheiten) gehandhabt werden. Erfolgsverlagerungen zwischen einzelnen Teileinheiten, die sich durch Abweichungen zwischen Plan- und Istkursen oder aus strategischen Überlegungen ergeben, waren auszugleichen. Diese Verrechnungen stellen immer wieder Anlaß für Konflikte dar, sodaß ein eigenes "Reconciliation-System" erarbeitet wurde.

einer Ausdifferenzierung von Architekturen der Zentralbereiche z. B. von der absoluten Größe der Zentrale aber auch von ihrer relativen Bedeutung und Wertschätzung im Unternehmen abhängen.

Ausgangspunkt der obigen Überlegungen war die Frage, welche Architekturtypen im internationalen Unternehmen unterschieden werden können. Nach den Gesichtspunkten des Domänenumfangs und der Domäneninterdependenz wurden verschiedene Systemfelder abgegrenzt. Damit sind erste Aussagen über den inneren Zusammenhang einer Menge partieller Architekturen getroffen. Diese Frage wird im folgenden durch die Unterscheidung von Standardversion und Varianten von Managementsystemen vertieft.[21]

Standardversion und Variantenbildung internationaler strategischer Managementsysteme

Der Zusammenhang zwischen verschiedenen partiellen Architekturen läßt sich durch ein Strukturmodell verdeutlichen, bei dem drei Ebenen (Basisstruktur, Tiefenstruktur und Oberflächenstruktur) von Managementsystemen unterschieden werden.[22]

Der Begriff der Oberflächenstruktur bezeichnet alle partiellen Architekturen, die ein Beobachter im Sinne eines ersten Zugangs rekonstruieren kann. So kann man aus der Sicht eines Beobachters beispielsweise darangehen, in einem Unternehmen alle beobachtbaren partiellen Architekturen z. B. in Form interner Planungsformulare und Verhaltensbeobachtungen der Planungsträger zusammenzutragen. Tiefenstrukturen bezeichnen demgegenüber eine "Grammatik" bzw. einen Kern von Regeln, welche die an der "Oberfläche" beobachtbaren Regelmäßigkeiten erzeugen.[23] Beispielsweise kann ein Beobachter versuchen, die partiellen Architekturen auf einen gemeinsamen Kern von Regeln zurückzuführen, der den genannten

---

[21] Diese Unterscheidung geht zurück auf Kirsch et al. (1989: 129f.; 158ff.).

[22] Dieses Strukturmodell greift linguistische Theorien - insbesondere der generativen transformationellen Grammatik von Chomsky (1957) - in heuristischer Weise auf. Die Unterscheidung zwischen Oberflächen- und Tiefenstruktur geht auf die empirische Tatsache zurück, daß oberflächlich verschiedene Sätze semantisch das Gleiche bedeuten können. In semantischer Hinsicht paraphrasieren die Sätze einander (vgl. Bünting 1984: 172). Kirsch (1992a: 133f.) nutzt diese Konzeption im Sinne einer Schichtenbetrachtung des organisatorischen Feldes. Zu einer vertiefenden Diskussion in bezug auf Managementsysteme vgl Ulrich (1993).

[23] Eine Grammatik ist die Beschreibung einer Sprache. Im klassischen Strukturalismus wurden Grammatiken durch eine Liste von Sprachelementen und ihrer Kombinationsmöglichkeiten erstellt. Demgegenüber wird in Theorien der generativen Grammatik Sprache als Kompetenz eines Sprechers aufgefaßt. Sprache stellt ein von einem Sprecher beherrschtes Regelsystem dar, "... in dem von endlichen Mitteln unendlicher Gebrauch gemacht wird ..." (Bünting 1984: 169). Analog wird hier das Regelsystem einer Tiefenstruktur von Managementsystemen aufgefaßt, welches beliebig vielfältige partielle Managementsysteme einer Oberflächenstruktur erzeugen kann.

Architekturen zugrundeliegt. So ist es beispielsweise denkbar, daß im Unternehmen ein offizielles Planungshandbuch existiert, das spezifische Formate und Kennzahlendefinitionen festlegt. Die partiellen Planungsarchitekturen unterschiedlicher Teileinheiten können dann als Oberflächenstruktur dieses offziellen Handbuchs interpretiert werden.[24] Schließlich könnte man an einen unternehmensübergreifenden Vergleich solcher Tiefenstrukturen denken. Eine Tiefenstruktur läßt sich dann wiederum auf bestimmte Basisstrukturen zurückführen. So könnte der tiefenstrukturelle Kern einer unternehmensspezifischen Gesamtarchitektur in mehr oder weniger großem Ausmaß durch wissenschaftliche Systemkonzeptionen geprägt werden, die eine bestimmte Form der Ausdifferenzierung von unternehmensspezifischen Managementsystemen mit sich bringt.[25]

In dieser Sichtweise kann das Verhältnis zwischen den genannten Strukturebenen wie folgt gekennzeichnet werden. Auf Ebene der Basisstruktur liegen unterschiedliche *Standardversionen* einer Architektur von Managementsystemen vor. Diese Standardversionen prägen die in einer Unternehmung rekonstruierbaren *unternehmensspezifischen Standardversionen*.[26] Partielle Architekturen einzelner Teileinheiten sind dann wiederum als *Varianten* unternehmensspezifischer Standardversionen aufzufassen.[27] Bei genauer Betrachtung sind zwei verschiedene Arten von Varianten zu unterscheiden.

Zum einen können sich innerhalb eines Architekturtyps unterschiedliche Varianten ausbilden. Diese lassen sich als *Intra*typenvarianten kurz (Intravarianten) bezeichnen. So gibt es möglicherweise die unternehmensspezifische Standardversion einer Steuerungsarchitektur, die ihrerseits in Form unterschiedlicher Varianten ausgeprägt ist. In gleicher Weise ist es denkbar, daß eine unternehmensspezifische Standardversion einer Tochterarchitektur existiert. Diese Tochterarchitektur mag ihrerseits in unterschiedlichen Varianten ausgeprägt sein. Zu diesem Variantentyp liegt die Vorstellung quer, daß unter Umständen auch verschiedene Architekturtypen als Varianten einer gemein-

---

[24] Häufig sind die einer Oberflächenstruktur zugrundeliegenden Regeln lediglich impliziter Natur. Ein Planungshandbuch kann dann lediglich einen geringen Anteil solcher Regeln in expliziter Form formulieren.

[25] Wissenschaftliche Systemkonzeptionen bilden allerdings nur einen Kandidaten für solche Standardversionen, und es bleibt eine erklärungsbedürftige Frage, inwieweit eine wissenschaftliche Systemkonzeption tatsächlich Bestandteil einer unternehmensspezifischen Basisstruktur wird.

[26] Genau genommen kann eine unternehmensspezifische Standardversion selbst als Variante einer Standardversion im Sinne einer Variante *erster Ordnung* betrachtet werden. Partielle Architekturen einzelner Teileinheiten bilden dann Varianten *zweiter Ordnung*, sofern sie durch eine unternehmensspezifische Standardversion geprägt sind.

[27] Begreift man Managementsysteme als Ausdruck spezifischer Lebens- und Sprachformen, so könnten solche Varianten auch als Varianten von Lebens- und Sprachformen einer inhomogenen Sprachgemeinschaft aufgefaßt werden. Vgl. dazu die weiterführenden Überlegungen in Kirsch (1984: 1092ff.) sowie Ulrich (1993) und die dort angegebene Literatur.

samen Standardversion rekonstruiert werden können. Solche *Inter*typenvarianten (kurz: Intervarianten) liegen beispielweise vor, wenn eine Tochterarchitektur und eine Steuerungsarchitektur auf eine gemeinsame Standardversion zurückgeführt werden können.

Diese Sichtweise geht davon aus, daß partielle Architekturen immer als Varianten *einer* unternehmensspezifischen Standardversion rekonstruiert werden können. Diese Annahme erweist sich jedoch als problematisch, weil es angesichts der oben aufgezeigten Vielfalt partieller Architekturen offen bleiben muß, inwieweit diese Systemvielfalt auf eine Standardversion zurückgeführt werden kann. Statt dessen bietet es sich an, eine Gesamtarchitektur im Sinne einer Menge aller in einer Unternehmung vorfindbaren partiellen Architekturen als mehr oder weniger homogen zu betrachten.

Eine *homogene* Gesamtarchitektur liegt vor, wenn sich alle partiellen Architekturen auf einen gemeinsamen tiefenstrukturellen Kern im Sinne einer unternehmensspezifischen Standardversion zurückführen lassen. Im Grenzfall lassen sich unterschiedliche Architekturtypen z. B. im Sinne einer Aufgabenspezialisierung einzelner Architekturtypen auf eine Standardversion reduzieren und eventuelle Intravarianten sind untereinander annähernd identisch bzw. voll anschlußfähig. In diesem Fall liegt lediglich *eine* Variante der unternehmensspezifischen Standardversion vor. Interface-Systeme erübrigen sich damit. Diese Vorstellung stellt einen empirischen Grenzfall dar. In polyzentrischen Unternehmen erscheint die Annahme einer *inhomogenen* Architektur realistisch, bei der partielle Architekturen zwar auf eine gemeinsame Standardversion zurückführbar sind, diese untereinander aber nicht als voll anschlußfähig zu bezeichnen sind. Man denke beispielsweise an ein divisionalisiertes Unternehmen, das traditionellerweise nur in einer bestimmten Branche tätig ist und ein spezifisches Planungssystem betreibt. Im Zuge eines unternehmensinternen Wachstumsprozesses werden neue Divisionen geschaffen. Diese Divisionen betreiben eventuell lediglich Varianten der Wirtschaftsplanung.

Ebenso kann aber auch eine *heterogene* Gesamtarchitektur von Managementsystemen vorliegen, deren Tiefenstruktur durch einen oder mehrere inhomogene Kerne bzw. unternehmensspezifische Standardversionen geprägt wird. So könnten im genannten Beispiel im Sinne einer unverbundenen Diversifikation zwei weitere Standbeine aufgebaut werden, indem zusätzlich zum bisherigen Stammgeschäft eine Dienstleistungsdivision (z. B. aus der unternehmensinternen EDV-Abteilung) ausgegliedert wird und indem über internationale Akquisitionen der Einstieg in den Flugzeugbau versucht wird. Die Akquisition wird ihrerseits ein bestimmtes Planungssystem betreiben, das zunächst in keiner Weise an die Steuerungsarchitektur der Mutter anschlußfähig erscheint. Obwohl im Zuge einer Reorganisation des Planungssystems eine Angleichung an die Planungsstandards der Muttergesellschaft eingeleitet wird, kann eine solche Reorganisation scheitern, nicht zuletzt, weil der Branche des Flugzeugbaus andere Lebens- und Sprachformen zugrundeliegen.[28] In diesem Fall liegt die Vermutung nahe, daß die Planungsarchitektur der Akquisition nicht mehr als Variante, sondern nur noch als "Deviante" der unternehmensspezifischen Standardversion rekonstruiert werden kann. Der Gesamtarchitektur des Unternehmens liegen damit zwei tiefenstrukturelle Kerne bzw. Standardversionen zugrunde, so daß die Gesamtarchitektur als heterogen zu bezeichnen ist.

Will man den Homogenitätsgrad einer Gesamtarchitektur feststellen, so hängt dies also letztlich mit der Frage zusammen, wie problematisch die Zurückführung einzelner partieller Architekturen auf eine gemeinsame Standardversion im Sinne eines tiefenstrukturellen Kerns ausfällt. Hier bietet sich die Unterscheidung zwischen einem mehr oder weniger homogenen *Kern* und einer heterogenen *Peripherie* der Tiefenstruktur von Managementsystemen bzw. partiellen Architekturen an (vgl. Kirsch 1993b: 15). Jede Untersuchungseinheit (z. B. das Gesamtunternehmen oder eine bestimmte Tochter) weist dann einen eigenen, der Untersuchungseinheit zurechenbaren homogenen Kern und eine heterogene Peripherie partieller Architekturen auf. Diese Sichtweise ermöglicht die Vorstellung, daß der auf das Gesamtunternehmen bezogene homogene Kern aus Sicht einer Teileinheit als Bestandteil seiner peripheren Tiefenstruktur von Managementsystemen aufgefaßt wird. Mit anderen Worten kann es zur Ausbildung unternehmensweiter Managementsysteme kommen, die verbindende relativ homogene Lebens- und Sprachformen darstellen und der Tendenz zur Heterogenität wenigstens teilweise entgegenwirken. Eine solche Übersetzungsleistung kann z. B. durch einzelne Interface-Systeme mit begrenzter Reichweite oder aber durch umfassende Steuerungsarchitekturen mit unternehmensübergreifender Reichweite erbracht werden.

Dimensionen der Variantenbildung von internationalen strategischen Managementsystemen

Jenseits der Unterscheidung zwischen verschiedenen Arten von Varianten stellt sich die Frage, welche Formen eine solche Variantenbildung annehmen kann. Folgt man Kirsch et al., so sind zwei verschiedene Formen denkbar.[29] In bezug auf den Entfaltungsgrad läßt sich eine unternehmensspezifische Standardversion als vollentfaltete Architektur von Managementsystemen auffassen. Partielle Architekturen nehmen dann den Charakter ausgedünnter Varianten der Standardversion an, etwa weil in einer Tochtergesellschaft keine eigenständige strategische Programmplanung existiert, die jedoch in der Standardversion vorgesehen ist. Zum anderen kann die Standardversion durch ein

---

[28] Spezifika ergeben sich z. B. aufgrund der Notwendigkeit, mit öffentlichen Auftraggebern zu verhandeln. So sind Kostenrechnungssysteme im Verteidigungsbereich aufgrund hoher Umsatzanteile mit staatlichen Auftraggebern in starkem Ausmaß durch gesetzliche Vorschriften wie etwa Leitsätze für die Preisermittlung aufgrund von Selbstkosten (LSP) geprägt.

[29] Vgl. zum folgenden Kirsch/ Maaßen (1989: 15), Kirsch et al. (1989: 129).

bestimmtes Kernsystem geprägt sein. Allgemein zeichnet sich ein Kernsystem dadurch aus, daß sich die übrigen Systeme einer Architektur sehr stark an ihm orientieren. So wurde im Fallstudienunternehmen die operative Wirtschaftsplanung als Kernsystem des Unternehmens identifiziert. Dieser Kerncharakter ist dabei historisch bedingt, d. h. bei der Gestaltung anderer Planungssysteme wurde auf die Anschlußfähigkeit zur Wirtschaftsplanung geachtet. Eine Variante der Standardversion liegt dann vor, wenn eine partielle Architektur im Vergleich zur Standardversion ein anderes Kernsystem - z. B. in Form einer strategischen statt einer operativen Planung - aufweist.

Diese Überlegungen lassen sich am Beispiel des Verhältnisses zwischen Tochterarchitekturen konkretisieren.[30] Dazu werden tochterspezifische Architekturen im Hinblick auf eine unternehmensspezifische Standardversion nach zwei Dimensionen abgegrenzt. Der *Entfaltungsgrad* bezeichnet im ersten Zugriff die Anzahl institutionalisierter Managementsysteme. Daneben wird aber auch die *Inkommensurabilität* zwischen partiellen Architekturen eine wesentliche Rolle spielen.[31] Als "Indikator" für diese Inkommensurabilität kann man - wie angedeutet - das Ausmaß an Übersetzungsschwierigkeiten zwischen partiellen Architekturen heranziehen. Solche Übersetzungsschwierigkeiten können auf unterschiedliche Kernsysteme zurückgeführt werden.[32] Wendet man die Unterscheidung zwischen Oberflächen-, Tiefen- und Basisstruktur auf das Kernsystem selbst an, so kann in einer Oberflächenstruktur ein Kernsystem identifiziert werden, dessen Tiefenstruktur zugleich den tiefenstrukturellen Kern einer fokalen partiellen Architektur bildet. Über eine Kreuztabellierung ergeben sich dann vier denkbare Felder, in denen sich partielle Architekturen im internationalen Unternehmen hinsichtlich einer unternehmensspezifischen Standardversion charakterisieren lassen (vgl. Abbildung 5-3).

Feld 1 ist durch einen geringen Entfaltungsgrad gekennzeichnet, wobei die fokale partielle Architektur als Variante aufgefaßt werden kann. Diese Situation ist im Sinne einer Aufgabenteilung zwischen Zentrale und Tochtergesellschaften interpretierbar.[33] Sofern eine ausländische Tochter lediglich Systeme einer operativen Planung betreibt, deren Ergebnisse an die strategischen Systeme der Zentrale anschlußfähig sind, liegt ein Fall gemäß Feld 1 vor. Ebenso

---

[30] Analog sind die folgenden Überlegungen auf Unternehmensarchitekturen oder Architekturen der Zentralbereiche anzuwenden.

[31] In der relevanten Literatur wird statt dessen häufig auf den Grad der Integration zwischen partiellen Architekturen abgestellt (vgl. Kapitel 2.4.6). Dementsprechend sind Fälle denkbar, in denen eine maximale oder aber eine optimale Integration vorliegt. In diesen Fällen sind partielle Architekturen noch als Varianten einer Standardversion interpretierbar. Anders liegt der Fall, wenn man sich von der Vorstellung einer Integration löst und stattdessen die Möglichkeit einräumt, daß partielle Architekturen auch konterkarierenden bzw. komplementären Charakter annehmen können.

[32] Dessen ungeachtet kann eine partielle Architektur u. U. auch durch zwei verschiedene Kernsysteme geprägt sein.

[33] Vgl. z. B. Weber (1991a: 69ff.), Höfner/ Eggle (1982).

ist eine Situation gemäß Feld 2 denkbar, bei der eine Tochterarchitektur einen höheren Entfaltungsgrad aufweist. Dennoch wird aber auch hier eine Variantenbildung vorliegen. So stellen Hulbert/ Brandt (1980: 27) am Beispiel von Planungssystemen einen Spiegelbildeffekt (mirror image) fest, demzufolge die tochterspezifischen Planungssysteme (im Sinne einer Intervariante) häufig analog zur Steuerungsarchitektur einer Muttergesellschaft gestaltet werden. Obwohl Tochtersysteme aufgrund der Größe und begrenzten Ressourcenausstattung von Töchtern meist einen geringeren Entfaltungsgrad aufweisen, konnte teilweise ein vergleichbarer oder sogar höherer Entfaltungsgrad nachgewiesen werden (vgl. Hulbert/ Brandt 1980: 39). Diese empirische Aussage zeigt, daß Feld 1 und Feld 2 unterschiedlich besetzt sein können.

Kommensurabilität \ Entfaltungsgrad	gering	hoch
hoch	1 Aufgabenteilung	2 Spiegelbildeffekt
gering	3 teilentfaltete konterkarierende Architektur	4 vollentfaltete konterkarierende Architektur

Abb. 5-3: Differenzierungsmöglichkeiten partieller Architekturen im internationalen Unternehmen

Während Hulbert/ Brandt jedoch eine Variantenbildung im Sinne eines Spiegelbildeffektes unterstellen, sind grundsätzlich auch konterkarierende partielle Architekturen denkbar. In Feld 3 läßt sich z. B. eine Tochterarchitektur einordnen, die in einer relativ kleinen neu akquirierten ausländischen Tochtergesellschaft betrieben wird. Die akquirierte Tochtergesellschaft mag im Vergleich zur unternehmensspezifischen Standardversion einen geringeren Entfaltungsgrad aufweisen, etwa weil lediglich eine operative Planung betrieben wird. Dieses tochterspezifische Planungssystem weist aber zusätzlich einen anderen tiefenstrukturellen Kern auf. Feld 4 stellt schließlich eine Situation dar, in der eine voll entfaltete partielle Architektur vorliegt, die in keiner Weise kompatibel zu einer unterstellten unternehmenspezifischen Standardversion erscheint. Eine solche partielle Architektur entspricht voll den Lebens- und Sprachformen eines bestimmten Handlungszentrums, dessen Domäne zugleich eine hohe Distanz zur Kerndomäne des Gesamtunternehmens aufweist.

Die genannten Dimensionen "Entfaltungsgrad" und "Inkommensurabilität" von Tochterarchitekturen stellen eine Vereinfachung jener Dimensionen dar, nach denen die Ausdifferenzierung verschiedener Varianten beschrieben werden kann. Grundsätzlich können jedoch analog reichhaltigere Überlegungen angestellt werden, mit denen sich ein differenzierter *Variantenrahmen* ableiten läßt. Ein solcher Variantenrahmen kann sich z. B. im Hinblick auf Planungssysteme an den in der Literatur vorfindbaren Überlegungen zur Gestaltung von Planungsrahmen orientieren (vgl. z. B. Müller-Böling et al. 1984). Dementsprechend wären Varianten in bezug auf solche Dimensionen wie Planarten, inhaltliche und zeitliche Planverknüpfung, Planungshorizont, Art und Definition von Planungsgrößen, Häufigkeit der Planüberarbeitung usw. ableitbar.[34] Ein solcher Variantenrahmen läßt sich als Orientierungsheuristik sowohl zur Rekonstruktion als auch zur Gestaltung der innerhalb einer Unternehmung vorfindbaren partiellen Architekturen nutzen. Prinzipiell muß auch hier unterschieden werden zwischen anschlußfähigen Varianten, welche im Vergleich zur Standardversion lediglich einen anderen Entfaltungsgrad aufweisen und inkommensurablen Varianten, die auf eine andere Standardversion verweisen.

Jenseits des genannten Möglichkeitsraums, in dem partielle Architekturen nach den Kriterien des Entfaltungsgrades und der Kommensurabilität verortet wurden, lassen sich anhand der genannten Kriterien Tendenzaussagen über die Bedeutung polyzentrischer Phänomene im internationalen Unternehmen treffen. So nimmt der Entfaltungsgrad der partiellen Architekturen einzelner Aktionszentren mit dem Grad polyzentrischer Tendenzen zu. Je stärker die Führung einer ausländischen Tochter ein role making in bezug auf ihre eigene Domäne betreibt, um so eher mögen auch Elemente einer eigenständigen strategischen Planung oder Führungskräfteentwicklung auftauchen.[35]

Ferner ist die Inkommensurabilität zwischen partiellen Architekturen als Ausdruck polyzentrischer Tendenzen aufzufassen. Einzelne Aktionszentren entwickeln im internationalen Unternehmen spezifische Lebens- und Sprachformen, die in hohem Maße durch Merkmale des nationalen Feldes geprägt sind. Sofern solche nationalen Merkmale sich in der Tiefenstruktur der jeweils betriebenen Managementsystemen niederschlagen, wird eine einfache Übersetzung zwischen den partiellen Architekturen problematisch. Damit in engem Zusammenhang steht die Bedeutung von Interface-Systemen. Mit der zunehmenden Unvergleichbarkeit partieller Architekturen treten Übersetzungsprobleme auf. Die Notwendigkeit solcher Übersetzungen entspringt dem Koordinationsbedarf zwischen einzelnen Aktionszentren. Dieser Koordinationsbedarf geht zurück auf wechselseitige Domänenverflechtungen und -vernetzungen.

---

[34] Überlegungen, die bei der Ableitung solcher "Stellgrößen" einer Variantenbildung hilfreich sein können, finden sich z. B. in Weber (1991: 60ff.), Chakravarthy/ Lorange (1991:101ff.).

[35] In diesem Sinne lassen sich die Überlegungen von D'Cruz (1986: 76f.) interpretieren, der einzelne Tochtergesellschaften je nach Vorliegen bzw. Fehlen einer Jahresplanung bzw. einer strategischen Planung klassifiziert. Aber auch Sargeants (1990) Hinweis, daß einzelne Tochtergesellschaft im Verlauf ihres Lebenszyklus eine "self contained business mentality" entwickeln können, sind hier relevant (vgl. Kapitel 2.4.3).

Sofern solche Interdependenzen wahrgenommen werden, kommt es zu Prozessen einer parteiischen wechselseitigen Abstimmung. Ein solcher Prozeß wird auch durch Systemkonzeptionen unterstützt, die sozusagen "Argumentationsformen" bereitstellen, in denen verhandelt wird.

Vorläufig ist festzuhalten, daß im internationalen Unternehmen - ausgehend von der Abgrenzung verschiedener Systemfelder - unterschiedliche Architekturtypen von Managementsystemen differenziert werden können. Innerhalb dieser Architekturtypen können sich wiederum partielle Architekturen ausdifferenzieren. Durch die Unterscheidung zwischen unternehmensspezifischer Standardversion als Kern einer Tiefenstruktur und verschiedenen Varianten als Ausdruck einer Oberflächenstruktur von Managementsystemen kann eine Gesamtarchitektur von Managementsystemen im Hinblick auf die Spezifika internationaler polyzentrischer Unternehmen gekennzeichnet werden. Damit liegt eine spezifische Form eines Planungsrahmens dritter Ordnung vor.

Den bisherigen Überlegungen liegt die implizite Annahme einer maximalen Entfaltung verschiedener Architekturtypen und Varianten zugrunde. Das Ausmaß einer solchen Ausdifferenzierung stellt eine empirische Frage dar, die allerdings erst vor dem Hintergrund der obigen Überlegungen gestellt werden kann. Deshalb wird die Frage nach möglichen Einflußfaktoren einer Variantenbildung internationaler strategischer Managementsysteme noch aufzugreifen sein (vgl. Kapitel 5.2). Zuvor soll aber mit der Hierarchiedynamik ein zentrales Problemfeld der ablauforganisatorischen Gestaltung von strategischen Planungssystemen in internationalen Unternehmen erörtert werden.

5.1.3 Hierarchiedynamik internationaler strategischer Planungssysteme als Problem der Ablauforganisation

Der Begriff der Hierarchiedynamik (vgl. Wild 1974) bezieht sich primär auf Gesichtspunkte der ablauforganisatorischen Gestaltung internationaler strategischer Planungssysteme. Zentral ist die Überlegung, daß zwar die an der Planung beteiligten Aktoren in eine hierarchische Führungsstruktur eingebunden sind, daß diese hierarchische Ordnung andererseits aber nicht von vornherein den Erfordernissen des Planungsprozesses entsprechen muß. Aussagen zur Hierarchiedynamik beziehen sich darauf,

> "- welche Stellen der einzelnen Hierarchieebenen
> - in welcher Reihenfolge
> - wie (Teilfunktionen, Kompetenzen)
> - an den verschiedenen Teilprozessen der Planung
> mitwirken sollen, wie also über die verschiedenen Hierachieebenen hinweg Pläne in einem Unternehmen entstehen, koordiniert, integriert, durchgesetzt, kontrolliert, angepaßt werden und dergleichen mehr."
> (Horvàth 1989c: 640)

Bei der Umsetzung dieses recht umfassenden Programms wird in der Regel eine Vorgehensweise gewählt, bei der (1) organisatorische Führungsstrukturen und (2) Aufgabenstrukturen eines Managementsystems rekonstruiert und einander gegenübergestellt werden, um schließlich (3) Aussagen über die Zuordnung von Aufgaben des Managementsystems auf die organisatorische Führungsstruktur zu treffen. [36]

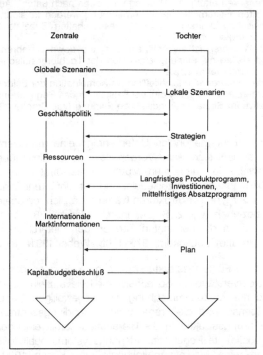

Abb. 5-4: Hierarchiedynamik der strategischen Planung im internationalen Unternehmen (in Anlehnung an Arbeitskreis 1979: 33)

Relativ umfassende Hierarchiedynamiken wurden insbesondere im Zusammenhang mit der Gestaltung von Planungs- und Kontrollsystemen in diversifi-

---

[36] Die organisatorischen Führungsstrukturen werden i.d.R. als Hierarchie rekonstruiert, an deren Spitze eine zentrale Instanz steht (vgl. z. B. Töpfer 1976; Vancil/ Lorange 1977: 23). Auch die Rekonstruktion der Aufgabenstruktur von Managementsystemen lehnt sich häufig an den Hierarchiegedanken an (vgl. Kapitel 2.5). Eine alternative Sichtweise ergibt sich jedoch über die Vorstellung eines Schichtenmodells von Managementsystemen, wobei einzelne Aktoren Positionen in mehreren z. B. operativen und strategischen Systemschichten einnehmen können (vgl. Kapitel 2.3.2). Die Annahme eines hierarchischen Verhältnisses wird dadurch zugunsten der realistischen Vorstellung aufgegeben, daß die selben Aktoren sowohl an strategischen als auch an operativen Planungszusammenhängen teilnehmen können. Zugleich wird dadurch keine strategische Vorgabeplanung (Krüger 1984) präjudiziert, d. h. Strategien können durchaus einem operativen Handeln nachfolgen (vgl. Habel 1992: 152ff.).

zierten Unternehmen erarbeitet (vgl. z. B. Lorange 1980: 55). In der Regel werden die Alternativen "top down", "bottom up" und "Gegenstromverfahren" unterschieden.[37]

Im *top down Verfahren* erfolgt die Planung von "oben nach unten". Ausgehend von einem unterstellten Gesamtziel der Unternehmung werden in einem Konkretisierungsprozeß zwischen Zentrale und Tochtergesellschaften "Subziele" für die einzelnen Teileinheiten abgeleitet.
Das *bottom up Verfahren* ist als Antithese zum top down Verfahren aufzufassen. Ausgangspunkt stellen die Planungsaktivitäten der Tochtergesellschaften dar. Endergebnis ist der Unternehmensplan.
Das *Gegenstromverfahren* kann schließlich als Kombination der beiden Alternativen verstanden werden. Abbildung 5-4 gibt ein Beispiel für das Gegenstromverfahren mit top down Initiative im Sinne einer indikativen Planung (vgl. Brooke 1984: 244) wieder.

Unterstellt man in internationalen Unternehmen eine monozentrische Führungsstruktur, so läßt sich diese Vorgehensweise prinzipiell übertragen. So sind beispielsweise in autonomen Mutter-Tochter-Strukturen ausländische Töchter auf Divisionsebene anzusiedeln, und mit Einführung einer internationalen Division oder globaler Strukturen wären zusätzlich regionale Hierarchieebenen einzubeziehen (vgl. z. B. Channon/ Jalland 1978: 51ff.). In gleicher Weise werden dann die genannten Formen der Hierarchiedynamik unterschieden (vgl. Brooke/ Beusekom 1979: 140ff.; Weber 1991a: 81ff.).

In polyzentrischen Führungsstrukturen sind diese Formen der Hierarchiedynamik nicht selbstverständlich. So läßt sich die Relevanz einzelner Handlungszentren häufig nur im Zusammenhang mit der jeweiligen Planungsaufgabe bestimmen. Ebenso wird die Frage, welche Handlungszentren einer polyzentrischen Führungsstruktur in die Hierarchiedynamik einzubeziehen sind, selbst durch bestimmte Regeln des Planungssystems beeinflußt. Liegt dem Planungssystem eine *Marketingphilosophie* (vgl. Kirsch 1990: 384f.) zugrunde, dann kann sich die Einbeziehung bestimmter Handlungszentren darauf beschränken, daß zwar ihre Bedürfnisse z. B. über bestimmte Designs erhoben und auf diese Weise im Planungsprozeß berücksichtigt werden. Eine Teilnahme am Planungsprozeß ist aber nicht vorgesehen. Möglicherweise unterliegen gerade besonders weitreichende Planungsüberlegungen der Geheimhaltung und werden auf den inneren Kreis einer dominierenden Koalition beschränkt. Umgekehrt ist aber auch eine *Partizipationsphilosophie* denkbar, bei der die Beschäftigung mit einer bestimmten Planungsaufgabe allen Betroffenen bekannt gemacht wird, wobei es dann dem Interesse einzelner Handlungszentren überlassen wird, sich in den Prozeß einzuschalten. Gibt man weiter eine auf innerorganisatorische Handlungszentren beschränkte Betrachtungsweise auf, so sind auch organisationsexterne Handlungszentren

---

[37] Wild spricht stattdessen von retrogradem, progressivem und Gegenstromverfahren (vgl. Wild 1974). Weitere Hinweise finden sich bei Chakravarthy/ Lorange (1991: 7), Hax/ Majluf (1988: 59f.) und mit spezifisch internationalem Bezug in Leksell (1981a: 171ff.), Brooke (1984: 253) und Welge (1980: 216ff.).

in eine Hierarchiedynamik einzubeziehen. Auf die besondere Relevanz nationaler stakeholder und Kooperationspartner und die Konsequenzen einer "kollektiven Strategie" wurde bereits hingewiesen. Im Zuge der Erweiterung einer dominierenden Koalition sind dann evtl. auch Gewerkschaftsvertreter oder Mitglieder einer nationalen Regierung in den Planungszusammenhang einzubinden.

Angesichts dieser erweiterten Sichtweise organisatorischer Führungsstrukturen und spezifischer Aufgabenkomplexe von Planungs- und Kontrollsystemen scheint die Vorstellung einer Hierarchiedynamik im engeren Sinne wenig fruchtbar. Mit der Unterscheidung von top down, bottom up und Gegenstromverfahren läßt sich die Vielfalt möglicher Zusammenhänge nicht mehr adäquat erfassen. Eine angemessene Vorstellung der Hierarchiedynamik kann jedoch in Anlehnung an Ghertman (1984) entwickelt werden.

In einer Untersuchung strategischer Entscheidungsprozesse in internationalen Unternehmen schlägt er ein iteratives Modell vor, das zwei Dimensionen umfaßt. Die hierarchische Dimension nimmt auf die Führungsstruktur einer Organisation Bezug, wobei idealtypisch zwischen zwei Ebenen - z. B. Mutter- und Tochtergesellschaft - unterschieden wird. Die Aufgabendimension wird im Hinblick auf drei Phasen differenziert (vgl. auch Bower 1970). Als *Initiative* wird die Generierung eines Vorschlags durch ein fokales Handlungszentrum bezeichnet, wobei mit diesem Vorschlag noch keine Selbstverpflichtung durch den Vorschlagenden verbunden ist. *Impetus* liegt vor, wenn ein Handlungszentrum sich eines Vorschlags annimmt und seine Ressourcen für die Annahme dieses Vorschlags einsetzt. *Trial* bezeichnet die Überprüfung einer Initiative, wobei entweder eine Annahme, Ablehnung oder Überarbeitung als neue Initiative erfolgen kann. Wesentlich ist schließlich die Zirkularität dieses Prozesses, bei dem jeder Durchlauf als eine Iteration bezeichnet wird. Auf der Basis dieser Grundvorstellung werden verschiedene Hierarchiemodelle bzw. Hierarchiedynamiken unterschieden.[38] Prinzipiell sind die Vorstellungen eines bottom up, top down und Gegenstromverfahrens im Rahmen solcher Hierarchiemodelle darstellbar. Darüber hinaus schlägt Ghertmann jedoch mit dem *kompetitiven* und dem *konsensuellen* Hierarchiemodell Formen der Hierarchiedynamik vor, die gegenüber der bisherigen Sichtweise neu sind:

---

[38] Ghertman (1984: 26ff.) unterscheidet fünf Modelle nach der Frage, (1) welche *Phase* auf welcher *Ebene* vollzogen wird und (2) nach der Anzahl zeitgleich und untereinander konkurrierend ablaufender Prozesse: Im einzelnen sind dies "einfaches Hierarchiemodell" (bottom up), "reverses Hierarchiemodell" (top down) und "Hierarchiemodell mit Inititiative der Zentrale" (Gegenstrom). Hier wird jeweils eine dyadische Beziehung zwischen Mutter und Tochter unterstellt. Die oben genauer beschriebenen konsensuellen und kompetitiven Hierachiemodelle beziehen dagegen mehrere Töchter mit ein. In einer empirischen Untersuchung wird mittels dieser Modelle die Rollenverteilung zwischen Zentrale und Tochtergesellschaften in strategischen Investitionsprozessen untersucht (vgl. Ghertman 1988).

"A *competitive hierarchic model* uses two competing actors or team of actors (like subsidiaries or divisions) immediately below the President or CEO trying to win a scarce allocation of resources or a decision engendering conflict between them. In a *consensual model*, the decision-flow does not follow a repetitive pattern. All actors can carry out impetus and trial phases as they please. Therefore the relationships change as the process develops; they are not stable as in the previous models." (Ghertmann 1988: 51; Hervorhebung durch den Verfasser)

Die Vorstellung einer kompetitiven und einer konsensuellen Hierarchiedynamik kommen den Charakteristika der Ablauforganisation einer strategischen Planung in polyzentrischen Führungsstrukturen nahe. Beide Hierarchiemodelle öffnen den Blick für die Tatsache, daß mehrere organisationsinterne Handlungszentren parallel und untereinander konkurrierend in den Planungszusammenhang einzubeziehen sind. Im Gegensatz dazu gehen die zuvor genannten Modelle von einer abstrakten dyadischen Beziehung zwischen Zentrale und einer anonymen Teileinheit aus, die prinzipiell für alle Tochtergesellschaften verallgemeinert werden kann.

Damit stellt sich dann allerdings die Frage, ob die Vorstellung einer Hierarchiedynamik an sich noch greift, um die Ablauforganisation einer strategischen Planung angemessen zu beschreiben. Denn das kompetitive Modell ist ja immer noch durch die Annahme monozentrischer Führungsstrukturen geprägt, bei der einzelne Tochtergesellschaften gegenüber einer zentralen Instanz im Wettbewerb stehen, der sich auf einen ihren Interessen entsprechenden "Trial" - z. B. im Sinne einer bestimmten Ressourcenallokation - bezieht. Insbesondere das konsensuelle Modell entspricht dann eher der Vorstellung, daß eine strategische Planung den Charakter eines hierarchisch entbundenen kollektiven Entscheidungsprozesses annimmt, für dessen Beschreibung die Idee einer "Hierarchie" nicht mehr angemessen erscheint.

Eine fruchtbarere Vorstellung der Ablauforganisation einer strategischen Planung bietet sich damit an, wenn man davon ausgeht, daß die strategische Planung ein kollektiver Entscheidungsprozeß ist, der auf die Verabschiedung bestimmter Commitments im Sinne eines kollektiven "Trial" gerichtet ist. Einen geeigneten Ausgangspunkt stellt dann das Episodenkonzept kollektiver Entscheidungsprozesse dar.[39] Demgemäß lassen sich kollektive Entscheidungsprozesse einer Planung als Episoden mit definiertem Anfang und Ende abgrenzen, die auf die Herbeiführung, Konkretisierung und Sicherung von bewußten Festlegungen (Commitments) gerichtet sind. Solche Festlegungen sind als ein mehr oder weniger konsistentes System einzelner Vorhaben aufzufassen, zu deren Realisierung bestimmte Mittel festgelegt sind.

Mit der Abgrenzung von Episoden ist zugleich eine analytische Trennung zwischen den einer Episode zugerechneten Aktivitäten und Interaktionen und dem organisatorischen Feld verbunden, in das eine Episode eingebettet ist.

---

[39] Vgl. Kirsch (1988: 164ff.) und Schwub-Gwinner (1993).

Solche Feldstrukturen lassen sich mit Hilfe der Variablen beschreiben, mit denen man auch in der klassischen Organisationstheorie arbeitet.[40] Eine allgemeine Kennzeichnung solcher Strukturen ergibt sich, wenn man formale Strukturen im Sinne einer "duality of structure" (Giddens 1985: 143ff.) nicht nur im Hinblick auf die Beschränkung, sondern auch mit Blick auf die Ermöglichung von Handlungsoptionen als Potentiale kennzeichnet. Mit Macht-, Erkenntnis- und Konsenspotentialen stellt Kirsch drei solcher Potentiale heraus.

(1) Mit einer bestimmten organisatorischen Struktur geht die Verteilung von Macht z. B. zur Allokation kritischer Ressoucen einher. In der Literatur wird hier zwischen verschiedenen Machtgrundlagen (bases of power) unterschieden.[41] In monozentrischen Führungsstrukturen nehmen einzelne Aktoren institutionalisierte Machtpositionen in einer hierarchischen Struktur ein.[42] So wird die Machtbasis im internationalen Unternehmen in der "einfachen" Produktstruktur vor allem in Produktdivisionen konzentriert, während in reinen Regionalstrukturen eine Konzentration auf Ländereinheiten erfolgt. In komplexen polyzentrischen Handlungsstrukturen ist Macht jedoch diffus verteilt. Machtpotentiale werden aus hierarchischen Positionen entbunden.

(2) Zum zweiten stehen Erkenntnispotentiale im Mittelpunkt. Die Produktion von Erkenntnis im Sinne eines intersubjektiv kritisierbaren Wissens (vgl. Kirsch 1988: 174) hat sehr viel mit der Frage zu tun, inwieweit solches Wissen den Aktoren im Entscheidungsprozeß verfügbar ist. Dabei kann man aber nicht davon ausgehen, daß einzelne Episoden durch einen Meta-Kontext geprägt sind, in dem das gesamte Wissen der Aktoren zu einem wohlgeordneten Ganzen geordnet wird. Gerade in polyzentrischen Strukturen liegt die Annahme nahe, daß in einzelnen Planungsepisoden kontextpluralistische Systeme vorliegen, die sich durch das Vorhandensein einer Vielzahl zum Teil inkommensurabler Kontexte auszeichnen.

(3) Schließlich stellt die Schaffung von Konsens in bezug auf bestimmte strategische Entscheidungen ein drittes relevantes Potential dar.[43] Konsensbildung vollzieht sich durch eine Annäherung unterschiedlicher Standpunkte. "Successfully managing the convergence process from cognitive variety to

---

40 Solche Variablen sind etwa die von der Aston-Gruppe untersuchten Größen wie Spezialisierung, Standardisierung, Formalisierung, Zentralisierung, Konfiguration usw. (vgl. Pugh/ Hickson 1976: 186).
41 French/ Raven (1960: 156ff.) unterscheiden Macht durch Belohnung (reward power), durch Bestrafung (coercive power), durch Legitimation (legitimate power), durch Identifikation (referent power) und durch Sachkenntnis (expert power). Zu weiteren Ansätzen vgl. Sandner (1990: 16f.).
42 Diese spezifische Machtkonstellation kann als "fiat" im Sinne eines spezifischen Zusammenfallens von hierarchischer Position und Machtbasis aufgefaßt werden (vgl. Granovetter 1985: 499). Durch die Schaffung überpersonaler Machtpositionen liegt also ein Übergang von Macht zu Herrschaft vor (vgl. Lueger 1989: 188).
43 Dieser Aspekt wird implizit mit dem von Ghertmann so bezeichneten konsensuellen Hierarchiemodell angesprochen.

strategic consensus ..." (Doz 1986b: 219) ist dann der Kernprozeß einer strategischen Planung. Das Ausmaß polyzentrischer Tendenzen bestimmt das Niveau der erforderlichen Konsensbildung. So nimmt mit der Anzahl und dem Aktivitätsgrad einzelner Aktionszentren die Anzahl von Wert-, Interessen- und Anschauungsunterschieden zu, die gehandhabt werden müssen.[44] Umgekehrt ist aber auch denkbar, daß einzelne Handlungszentren bestimmte Grundüberzeugungen und Annahmen im Sinne einer "community of shared assumptions" teilen und insofern geringe "Varietät" aufweisen. Solche Konsensstrukturen können aber durchaus pathologischen Charakter[45] annehmen, sodaß z. B. durch Eingriff einer zentralen Planungsinstanz Konsens nicht nur geschaffen, sondern auch aufgelöst werden muß.

In polyzentrischen Führungsstrukturen ist eine einfache Übertragung klassischer "Hierachiedynamiken" problematisch. Mit den Ansätzen einer kompetitiven und einer konsensuellen Hierachiedynamik wurde eine Erweiterung dieser Sichtweise vorgeschlagen. Denkt man jedoch die Vorstellung einer Hierarchiedynamik in polyzentrischen Führungsstrukturen zu Ende, so gelangt man relativ rasch zu Beschreibungsformen, bei denen Planung eher den Charakter eines kollektiven Entscheidungsprozesses zwischen verschiedenen Handlungszentren annimmt. Der Bezug zwischen Planungsprozessen und organisatorischen Handlungsstrukturen ist dann in einer erheblich modifizierten Form zu diskutieren. Mit dem Episodenkonzept bietet sich die Vorstellung an, daß eine Planungsepisode sich in Potentialstrukturen ihres spezifischen Feldes bewegt, wobei Macht-, Erkenntnis- und Konsenspotentiale sowie deren Spezifika in polyzentrischen Strukturen betont werden.

Damit läßt sich zugleich die grundsätzliche Argumentation dieses Teilkapitels noch einmal verdeutlichen. Für die organisatorische Gestaltung internationaler strategischer Managementsysteme wurden drei zentrale Diskussionsfelder aufgegriffen und im Hinblick auf die Spezifika strategischer Managementsysteme im internationalen Unternehmen untersucht. Im Vordergrund stand der Zusammenhang zwischen Strategie und Strukturen von Basisorganisation und Managementsystemen, die Aufbauorganisation von Managementsystemen im Sinne einer Gesamtarchitektur als Planungsrahmen dritter Ordnung und die Hierachiedynamik einer strategischen Planung als Problem ihrer Ablauforganisation. Dieser erste Zugang hat gezeigt, daß sich bei der organisatorischen Gestaltung internationaler strategischer Managementsysteme spezifi-

---

[44] Gemäß Etzioni (1975: 486f.) läßt sich zwischen eingeflochtenen und ausdifferenzierten Konsensbildungsprozessen unterscheiden. Eingeflochtene Konsensbildung wird durch Prozesse getragen, die i. e. L. die Erfüllung anderer Funktionen zum Ziel haben (z. B. der gemeinsame Besuch der Kantine). In ausdifferenzierten Konsensbildungsprozessen wird Konsens in spezialisierten Strukturen produziert, wobei Etzioni das politische System als eine solche Struktur begreift. Soziale Differenzen werden hier in politische Differenzen, d. h. in ein bestimmtes Forderungs-/ Unterstützungs-Gefüge transformiert.

[45] So weist beispielsweise Wilensky (1967) auf die Bedeutung doktrinärer Informationspathologien für das Aufklärungsversagen in Organisationen hin.

sche Probleme ergeben. Mit der Frage nach möglichen Einflußgrößen einer Variantenbildung wird ein solches Problemfeld im folgenden vertieft.

5.2 Einflußfaktoren der Variantenbildung internationaler strategischer Managementsysteme

Die Diskussion von Einflußfaktoren der Variantenbildung von Managementsystemen internationaler Unternehmen[46] wird durch zwei Tendenzen geprägt. Zum einen konzentriert sich die Diskussion auf Varianten der Architekturtypen "Steuerungsarchitekturen" (bzw. "Steuerungssysteme") und "Tochterarchitekturen" (bzw. "Tochtersysteme").[47] Zum anderen sind die bisherigen Ansätze durch kontingenztheoretische Überlegungen geprägt (vgl. Davidson 1984: 11; Ghoshal 1986: 453). Der in Kapitel 2.1 bereits vorgestellte Integration-/ Responsiveness-(I/ R-)Bezugsrahmen stellt eine spezifische Ausprägung dieses kontingenztheoretischen bzw. situativen Ansatzes der Organisationstheorie dar. Dieser Bezugsrahmen wird im folgenden kurz erläutert, um anschließend ausgewählte empirische und konzeptionelle Beiträge vorzustellen, die mit diesem Bezugsrahmen arbeiten (5.2.1). Die Grenzen dieses Bezugsrahmens erfordern eine erweiterte Sichtweise, bei der die Ausdifferenzierung von Varianten als Ergebnis des role making einzelner Handlungszentren begriffen werden kann (5.2.2). Diese Vorstellung wird am Beispiel ausgewählter Rollenkonstellationen in polyzentrischen Strukturen veranschaulicht (5.2.3).

5.2.1 Variantenbildung im Lichte des Integration-/ Responsiveness-Bezugsrahmens

Der kontingenztheoretische Ansatz der Organisationstheorie unterstellt einen Zusammenhang zwischen der Situation einer Unternehmung, ihrer Organisationsstruktur und verschiedenen Erfolgs- bzw. Effizienzmaßstäben. Ziel ist es, über empirische Untersuchungen zu analysieren, unter welchen situativen Bedingungen welche Strukturmuster besonders effizient sind.[48] Die Diskussion wurde vor allem durch die Arbeit von Lawrence/ Lorsch (1969) geprägt. Im Mittelpunkt stehen hier die Begriffe *Differenzierung* als "... the difference in cognitive and emotional orientation among managers in different functional departments ..." (Lawrence/ Lorsch 1969: 11) und *Integration* als "... the quality of the state of collaboration that exists among departments that are

---

[46] Jenseits der Diskussion im internationalen Zusammenhang wird eine Variantenbildung vor allem für diversifizierte Unternehmen diskutiert (vgl. z. B. Lorange/ Vancil 1975). Erste Bezugsrahmen im internationalen Zusammenhang bauen darauf auf (vgl. Doz 1980; Davidson/ Haspeslagh 1982).

[47] Die folgenden Ausführungen folgen dieser Schwerpunktsetzung, da diese Architekturtypen im Hinblick auf die Spezifika einer Gestaltung internationaler strategischer Managementsysteme besonders problematisch sind. Ferner erscheinen die im folgenden diskutierten Einflußfaktoren zumindest teilweise auch für andere Architekturtypen relevant.

[48] Vgl. einführend Lawrence/ Lorsch (1969), Kieser/ Kubicek (1983: 46ff.) und Staehle (1989: 47ff.).

required to achieve unity of effort by the demands of the environment ..." (Lawrence/ Lorsch 1969: 11). Das jeweilige Ausmaß von Differenzierung und Integration wird auf Umweltfaktoren zurückgeführt. Im internationalen Zusammenhang wurde dieses Begriffspaar adaptiert und zum I/ R-Bezugsrahmen weiterentwickelt.[49]

In diesem Bezugsrahmen wird die Gestaltung von Managementsystemen als Handhabung eines Spannungsfeldes zwischen Differenzierung und Integration aufgefaßt. Zwischen einer reinen Anpassung an länderspezifische Anforderungen (unterschiedliche Kulturen, Rechnungslegungsvorschriften, Kundengruppen, Produkte usw.) und der damit verbundenen Gefahr einer Fragmentierung der Systeme einerseits und einer reinen Integration bzw. Standardisierung (gefördert durch kulturelle Konvergenz, standardisierte Produkte usw.) der Systeme mit der Gefahr einer unzureichenden Responsiveness andererseits soll ein "goldener Mittelweg" gefunden werden. Diese Vorgehensweise trägt "... dem Grundproblem des multinationalen Unternehmens, sich einerseits den unterschiedlichen Bedingungen der Gastländer anzupassen und andererseits Vorteile der Unifikation zu nutzen, am besten Rechnung ..." (Ziener 1985: 116).[50] Einzelne Geschäftseinheiten (aber auch Segmente oder Funktionen) zeichnen sich durch unterschiedliche Steuerungsanforderungen aus und sind dementsprechend "differenziert" zu steuern.

Der I/ R-Bezugsrahmen stellt ein erstes Ordnungsraster für empirische und konzeptionelle Beiträge zu den Einflußfaktoren der Variantenbildung internationaler strategischer Managementsysteme dar. Während empirische Arbeiten in deskriptiver Form differenzierte Steuerungsformen nachzuweisen versuchen, sind konzeptionelle Arbeiten stärker auf die Gestaltung möglicher Varianten von Steuerungsarchitekturen gerichtet. Einige Vorschläge werden im folgenden vorgestellt, wobei zunächst empirische Beiträge im Vordergrund stehen.

Empirische Arbeiten geben lediglich allgemeine Hinweise zur Differenzierung verschiedener Steuerungsarchitekturen (z. B. Formalisierung, Zentralisierung usw.) in der Mutter-Tochter-Beziehung. Entscheidend ist die *Wahl der Analyseeinheit*. Nur in wenigen Beiträgen werden *einzelne* Mutter-Tochter-Beziehungen untereinander auf mögliche Varianten untersucht. Statt dessen wird

---

[49] Der Bezugsrahmen von Lawrence/ Lorsch wurde erstmals von Prahalad (1975) aufgegriffen und durch Doz (1979) und Bartlett (1979) verfeinert. Ausgangspunkt war jedoch die Arbeit von Fayerweather (1969), dessen Bezugsrahmen der internationalen Unternehmung ein Spannungsfeld zwischen *Fragmentierung* als Ergebnis einer länderspezifischen Anpassung und *Unifikation* im Sinne einer weltweiten Integration und Vereinheitlichung von Unternehmensaktivitäten in den Mittelpunkt stellt (vgl. Fayerweather 1969: 10).

[50] Über eine Kreuztabellierung dieser beiden Dimensionen werden dann vier Grundsituationen unterschieden, die im Sinne von Idealtypen erste Argumentationshilfen liefern: vgl. z. B. Doz/ Prahalad (1987a: 25), Chakravarthy/ Perlmutter (1985: 7), Doz (1986b), Bartlett (1986: 369ff.) und Ziener (1985: 116).

meist die gesamte Unternehmung als Analyseeinheit zugrundegelegt (vgl. Ghoshal 1986: 452). Damit wird implizit vorausgesetzt, daß einzelne Tochtergesellschaften und ihre Beziehungen zur Mutter homogen sind. Folglich ist der Großteil dieser Ansätze ungeeignet, um Einflußfaktoren der Variantenbildung von Managementsystemen innerhalb einer Unternehmung abzuleiten.[51]

Eine Ausnahme stellt die Arbeit von Ghoshal/ Nohria (1989) dar.[52] Als situative Variablen werden hier die Komplexität[53] der unmittelbaren Umwelt einer Tochtergesellschaft und ihre Ressourcenausstattung gewählt. Über eine Kreuztabellierung werden vier verschiedene Situationen unterschieden, denen spezifische "fit-structures" mit unterschiedlicher Bedeutung hinsichtlich der Variablen Zentralisierung, Formalisierung und Bedeutung normativer Integrationsmechanismen zugeordnet werden. Innerhalb der betrachteten Stichprobe wurden unterschiedliche Steuerungsstrukturen für Tochtergesellschaften derselben Unternehmen nachgewiesen.

> "Thus (...), an *integrative* structure fits subsidiaries that face complex environments and have abundant local resources; a *hierarchical* structure fits subsidiaries that face relatively stable environments and have limited local resources; a *federative* structure fits subsidiaries that face stable environments and have abundant local resources; and a *clan-like* structure fits subsidiaries that face complex environments and have limited local resources."
> (Ghoshal/ Nohria 1989: 333; Hervorhebungen durch den Verfasser)

Weiter wird der Versuch unternommen, Effizienzunterschiede zwischen Töchtern zu erfassen. Während Ghoshal/ Nohria hier zu inkonsistenten Ergebnissen kommen,[54] erlaubt die Arbeit von Davidson (1984) zumindest eine Tendenzaussage. Er untersuchte auf der Ebene des Gesamtunternehmens den Zusammenhang zwischen einer situationsspezifischen Gestaltung von Planungssystemen und dem Umsatz- und Gewinnwachstum im Ausland. Diese Erfolgsmaßstäbe variieren in der betrachteten Stichprobe systematisch mit drei unterschiedenen administrativen Grundorientierungen der Zentralisierung, Dezentralisierung und Differenzierung (customized). Ein maßgeschnei-

---

[51] Rudimentäre Hinweise lassen sich höchstens aus Varianzen z. B. von Autonomie der Töchter oder Formalisierungsgrad der Planung gewinnen, die die Nationalität der Tochtergesellschaft als unabhängige Variable erklärt. Zu solchen Arbeiten vgl. allgemein Kenter (1985: 326ff.) und Welge (1980). Speziell zur Planung vgl. Welge (1989: 1212ff.) und die dort angegebene Literatur.

[52] Zu einer Arbeit, die den Einfluß der Strategie einzelner Teileinheiten auf unterschiedliche Varianten von Steuerungssystemen nachweist vgl. Gupta (1987).

[53] Darunter wird eine Merkmalskombination im Hinblick auf das Ausmaß der lokalen Wettbewerbsintensität und die technologische Dynamik verstanden (vgl. Ghoshal/ Nohria 1989: 335).

[54] Dies mag zum Teil auf die Tatsache zurückzuführen sein, daß Effizienzunterschiede zwischen Töchtern in Form einer qualitativen Einschätzung durch das Top-Management der Zentrale erhoben werden (vgl. Ghoshal/ Nohria 1989: 334).

derter Zugang erwies sich gegenüber einem standardisierten Vorgehen als relativ erfolgreicher (vgl. Davidson 1984: 17). Damit wird also ein "customized approach" im Sinne einer bewußt gestalteten oder autonom entstandenen Vielfalt differenzierter Führungs- und Planungsformen empfohlen. Diese empirischen Ergebnisse zeigen, daß einzelne Mutter-Tochter-Beziehungen effizienzwirksam durch unternehmensintern differenzierte Steuerungsformen unterstützt werden können. Daraus lassen sich jedoch nur explorative und relativ unspezifische deskriptiv orientierte Aussagen ableiten, etwa der Art, daß sich unterschiedliche "fit-structures" unterscheiden lassen. Konzeptionelle Beiträge versuchen demgegenüber konkrete Hinweise für die Gestaltung unterschiedlicher Varianten von Steuerungsarchitekturen zu geben.

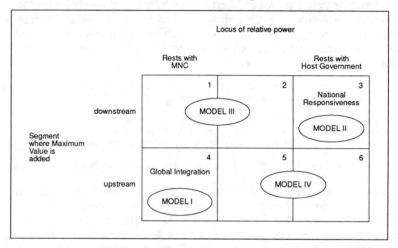

Abb. 5-5: Ein Bezugsrahmen zur Gestaltung internationaler strategischer Managementsysteme (in Anlehnung an Chakravarthy/ Perlmutter 1985: 7)

Stellvertretend für die wenigen stärker gestaltungsorientierten Ansätze wird auf die Überlegungen von Chakravarthy/ Perlmutter (1985) und Chakravarthy/ Lorange (1991) zum "tailoring" von Managementsystemen in diversifizierten internationalen[55] Unternehmen zurückgegriffen. Beide Ansätze greifen in der einen oder anderen Form auf den I/ R-Bezugsrahmen zurück. Gemäß Chakravarthy/ Perlmutter zeichnet sich der Kontext einer internationalen strategischen Planung durch zwei Dimensionen aus (vgl. Abbildung 5-5): Die erste Dimension bildet der ökonomische Imperativ im Sinne der Integrationsdimension. Einzelne Geschäfte werden danach beurteilt, ob der Wertschöpfungsschwerpunkt eher in abnehmerfernen Aktivitäten wie Fertigung oder Entwick-

---

[55] Chakravarthy/ Lorange sprechen selbst von multibusiness firms, wobei sie den Schwerpunkt eindeutig auf den Aspekt der Produktdiversifikation legen. Dennoch werden einige Erweiterungen in bezug auf internationale Unternehmen vorgeschlagen, die im folgenden darzustellen sind.

lung (upstream) oder in abnehmernahen Aktivitäten wie Vertrieb, Marketing oder Service (downstream) liegt. Schwerpunkte im abnehmerfernen Bereich begünstigen eine Integration der Aktivitäten.[56] Die zweite Dimension kennzeichnet den politischen Imperativ (Responsiveness) und zeigt die Machtverteilung zwischen Unternehmen und nationalen Regierungen auf. Auf dieser Basis werden sechs Grundsituationen unterschieden, denen sich verschiedene Varianten bzw. "Modelle" einer strategischen Planung zuordnen lassen.

Modell 1 bezeichnet eine Planungsvariante, in der ein top down Verfahren und eine straffe Steuerung der jeweiligen Einheit dominiert. Die Geschäftssituation ermöglicht eine globale Integration und Vereinheitlichung der Systeme. Bei Modell 2 liegt die Planungsverantwortung in den fokalen Auslandseinheiten; das Planungsverfahren verläuft bottom up, und die Zentrale beschränkt sich auf die Plankonsolidierung sowie eine finanzorientierte Steuerung. Sowohl ökonomischer als auch politischer Imperativ begünstigen eine differenzierte Vorgehensweise. Die bisherigen Varianten werden als Reinformen einer relativ einheitlichen bzw. differenzierten Vorgehensweise interpretiert. Modell 3 stellt eine Mischform dar. In dieser Portfolio-Planung wird eine strategische Planung sowohl Modell 1 als auch Modell 2 nutzen, d. h. aus Sicht des Gesamtunternehmens werden verschiedene Varianten strategischer Managementsysteme eingesetzt. In Modell 4 wird schließlich eine duale Organisation der strategischen Planung sowohl nach länderspezifischen als auch produktspezifischen Gesichtspunkten empfohlen.[57] Die grundsätzliche Überlegung läuft also darauf hinaus, daß sich die Spezifika einer internationalen Unternehmenstätigkeit im Rahmen des I/ R-Bezugsrahmens erfassen lassen. Diversifizierte internationale Unternehmen können in mehreren Geschäften tätig sein, was den Einsatz unterschiedlicher Varianten einer strategischen Planung erfordert.

Chakravarthy/ Lorange (1991) präzisieren diese Überlegungen. Hier wird ein Denkmodell strategischer Managementsysteme entworfen, dessen Einzelbestandteile[58] einerseits aufeinander abzustimmen sind (alignment), andererseits - mit Blick auf geschäftsspezifische Anforderungen - maßgeschneidert werden müssen (tailormaking). Der Schwerpunkt liegt auf der Gestaltung bereichsspezifischer *Steuerungsarchitekturen* und unternehmensspezifischer

---

[56] Diese Charakterisierung ist unternehmensspezifisch zu relativieren. Beispielsweise wird in Dienstleistungsunternehmen wie z. B. Versicherungen die Fertigung einer Versicherungsleistung (Vertragsaushandlung, -abschluß usw.) "abnehmernah" erfolgen. Darüber hinaus können Wertschöpfungsschwerpunkte auch in "abnehmerfernen" Aktivitäten liegen und trotzdem eine geringe "Integration" nahelegen. So sind Unternehmen der erdölverarbeitenden chemischen Industrie häufig zum Eingehen von Beschaffungskooperationen mit lokalen Partnern gezwungen.

[57] Die in Kapitel 4.2.2 vorgestellten komplementären Portfolio-Methoden sind als Ausdruck einer solchen dualen strategischen Planung aufzufassen.

[58] Im einzelnen sind dies ein strategisches Planungssystem, ein "monitor and control learning system" zur Implementierung und Prämissenkontrolle von Strategien, Anreiz- und Sanktionssysteme und Personalplanungssysteme.

Unternehmensarchitekturen. Letztere werden im folgenden nicht dargestellt, da lediglich für Steuerungsarchitekturen Aussagen mit internationalem Bezug vorliegen (vgl. zum folgenden Chakravarthy/ Lorange 1991: 3ff.).

Maßgebliche Spezifika des Geschäftes stellen die Dimensionen der mit einem bestimmten Geschäft verbundenen *Umweltkomplexität* und die Anzahl *spezifischer Kompetenzen* dar.[59] In einer Vierfeldermatrix resultieren verschiedene Grundsituationen (Pionier, Expansion, Reorientierung, Dominanz). Beispielsweise stellt eine Situation hoher Umweltkomplexität und weniger Kompetenzen einen Pionier-Kontext dar.[60] Für diese Grundsituationen werden Varianten von Managementsystemen sowohl im nationalen als auch im internationalen Zusammenhang erarbeitet (Chakravarthy/ Lorange 1991: 205ff.).[61] Die Spezifika des internationalen Geschäfts schlagen sich in den bereits genannten Dimensionen "Komplexität" und "Kompetenzen" nieder. So wird die Komplexität des Geschäfts z. B. durch den politischen Einfluß nationaler Regierungen erhöht und die Kompetenzen einer Tochter sind um solche Größen wie Goodwill nationaler Interessenten oder Responsiveness gegenüber nationalen Lebens- und Sprachformen zu erweitern (vgl. Chakravarthy/ Lorange 1991: 205).

Wesentlich für die Gestaltung verschiedener Varianten sind wiederum zwei Gesichtspunkte: Die Verteilung des Wertschöpfungsschwerpunktes (upstream vs. downstream activities) und die Allokation von Machtpotentialen. Im Gegensatz zu den obigen Ausführungen wird der relative Einfluß nationaler Regierungen (politischer bzw. nationaler Imperativ) auf organisationsinterne Handlungszentren verlagert. Der nationale Imperativ wird also durch das Ländermanagement bzw. die ausländischen Töchter repräsentiert und steht dem Produktmanagement in Form von Produktdivisionen gegenüber.

Bei einer *Grundorientierung der globalen Integration* liegt der Wertschöpfungsschwerpunkt in abnehmerfernen Aktivitäten. Zugleich erfordert eine Durchsetzung dieser Grundstrategie eine Machtkonzentration im Produktmanagement. Umgekehrt bietet sich eine *Grundorientierung nationaler Responsiveness* an, sofern der Wertschöpfungsschwerpunkt abnehmer-

---

[59] Damit werden die gleichen Dimensionen verwendet wie in der Untersuchung von Ghoshal/ Nohria (1989).
[60] Zu den daraus folgenden Konsequenzen für eine Anpassung (alignment) der anderen Systemkomplexe vgl. Chakravarthy/ Lorange (1991: 115ff. und 123ff.). Ähnliche Überlegungen können dann nicht nur für die Gestaltung von Steuerungsarchitekturen, sondern auch für den Entwurf von Unternehmensarchitekturen angestellt werden. Diese Überlegungen müssen hier jedoch nicht im einzelnen ausgeführt werden (vgl. Chakravarthy/ Lorange 1991: 287ff.).
[61] Als Dimensionen der Variantenbildung werden genannt: Modus der Zielvereinbarung, zeitliche Verteilung von Planungsaktivitäten, relative Bedeutung operativer bzw. strategischer Budgets, Verknüpfungsdichte zwischen finanziellen Plänen und Budgets (vgl. Chakravarthy/ Lorange 1991: 102).

nah angesiedelt ist, wobei eine Durchsetzung am ehesten durch eine Machtkonzentration im Ländermanagement gewährleistet wird.

Will man diese beiden Grundorientierungen im Sinne des oben erläuterten Diktums einer ausbalancierten Strategie nutzen, bei der zwischen dem Spannungsfeld von Integration und Responsiveness vermittelt wird, so bieten sich zwei Entwicklungsrichtungen an. Die globale Integration kann gemildert werden, indem der Planungsschwerpunkt nicht mehr auf weltweite, sondern auf regionale Planungsfelder gelegt wird (regionale Integration). Dadurch wird im Planungsprozeß aber zugleich eine Machtverlagerung vom Produktmanagement auf das Ländermanagement erforderlich, da nur diese Perspektive regionale Spezifika im Planungsprozeß einbringen und durchsetzen kann.

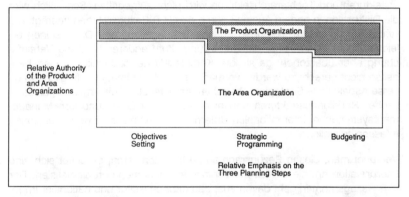

Abb. 5-6: Variantenbildung der strategischen Planung bei einer Grundstrategie der regionalen Integration im Pionier-Kontext (aus Chakravarthy/ Lorange 1991: 212)

Umgekehrt wird eine Veränderung der Grundorientierung einer nationalen Responsiveness durch eine Verlagerung der Machtpotentiale auf Produktmanager erreicht, wobei dann die Entwicklung regionaler Marken im Mittelpunkt steht. Abbildung 5-6 gibt diese Überlegung für den Fall einer Grundstrategie der regionalen Integration im - oben bereits geschilderten - Pionier-Kontext wieder.

Für diese Form der Variantenbildung ist die "Machtverlagerung" zwischen Länder- und Produktperspektive im strategischen Planungsprozeß ausschlaggebend. Mit zunehmender Konkretisierung strategischer Maßnahmen geht die relative Machtverteilung vom Ländermanagement auf das Produktmanagement über. Umgekehrt müßte bei einer Entwicklung regionaler Marken, ausgehend von einer Machtkonzentration im Ländermanagement, der Planungseinfluß auf die Produktperspektive verlagert werden. Grundsätzlich lassen sich diese Überlegungen nicht nur auf die Geschäftsspezifika des Pionier-Kontextes, sondern auch auf die übrigen Situationen anwenden, sodaß sich - zumindest arithmetisch - insgesamt acht Varianten der zugrundeliegenden Systemkonzeption ergeben.[62]

Damit liegen erste Ansätze zur Ableitung von Einflußfaktoren der Variantenbildung internationaler strategischer Managementsysteme vor. Unabhängig von den damit verbundenen Verdiensten leiden diese Ansätze jedoch an einer Überbetonung jener Gestaltungsorientierung, die oben als Steuerungspolyzentrismus bezeichnet wurde. Bei der Variantenbildung sind aber ebenso emergente Varianten zu berücksichtigen. Diese Überbetonung eines voluntaristischen Zugangs läßt sich zum Teil darauf zurückführen, daß überwiegend die Gestaltung von Steuerungsarchitekturen behandelt wird. Die in diesem Zusammenhang interessante Frage eines Vergleichs zwischen Steuerungsarchitekturen und Tochterarchitekturen wird nicht aufgegriffen. Schließlich wird die Diskussion in hohem Ausmaß durch den I/ R-Bezugsrahmen geprägt. Die Reduktion der interessierenden Zusammenhänge auf zwei Dimensionen erleichtert zum einen sicher die Darstellung. Zum anderen ist diese Vereinfachung aber überzogen, da sie der Komplexität der tatsächlichen Gegebenheiten nicht gerecht zu werden vermag. Es erscheint immerhin fraglich, so diverse Aspekte wie Strategien, Branchencharakteristika, Merkmale organisatorischer Handlungsstrukturen und nicht zuletzt die Gestaltung von Managementsystemen im internationalen Unternehmen mit diesen zwei Dimensionen erfassen zu wollen.

Versucht man, diesen Bezugsrahmen zu transzendieren, so bietet sich eine Interpretation an, die explizit polyzentrische Phänomene problematisiert. Der I/ R-Bezugsrahmen geht davon aus, daß ökonomischer und nationaler Imperativ einander gegenüberzustellen sind. Diese "Imperative" stellen Bündel von Forderungen und Unterstützungsangeboten (bzw. Erwartungen) dar, die einzelne Aktionszentren im internationalen Zusammenhang an die Unternehmung als Ganzes bzw. an ihre Teileinheiten richten. Solche Handlungszentren sind organisationsexterner Natur (nationale Regierungen, Großkunden, Zulieferer, usw.) und organisationsinterner Natur (Zentrale, ausländische Tochtergesellschaften). Die Interessen dieser Aktionszentren dürfen jedoch nicht ohne weiteres auf einen organisationsinternen ökonomischen oder organisationsexternen nationalen Imperativ reduziert werden. Die Überlegungen zur nationalen Dimension des organisatorischen Feldes haben gezeigt, daß internationale Unternehmen sich in einem interessenpluralistischen Feld (vgl. Paul 1977: 337) bewegen, das sich nicht uneingeschränkt auf nationale und ökonomische Interessen reduzieren läßt. So lohnt es sich u. U., den politischen Imperativ nationaler Regierungen als eigenes Interessenbündel aus der Gruppe des nationalen Imperativs herauszulösen. Außerdem geht ein politischer Imperativ auch vom politischen System der Unternehmung aus oder wird zwischen verschiedenen Aktionszentren der Unternehmung erhoben.

---

[62] Diese Varianten werden allerdings von den Autoren nicht weiter konkretisiert.

Genau dieser Aspekt bildet den Analysekern eines politischen Polyzentrismus (vgl. Kapitel 2.4.2).

Weiter formieren sich Interessen in der Regel in Form sozialer Systeme im organisatorischen Feld einer Unternehmung. Die Frage aber, ob solche Interessen überhaupt als relevant erachtet werden, hängt dann vom "Emergenzniveau" solcher Systeme ab (vgl. zum folgenden Kirsch 1990: 119). Beispielsweise macht es einen Unterschied, ob lediglich ein Kollektiv von Interessenten vorliegt, das in sich eine gewisse Integration aufweist, oder ob eine Koalition von Interessenten existiert, die in koordinierter Weise gegenüber Dritten (z. B. einer Tochtergesellschaft) tätig wird. Weiter sind einzelne Interessen nach dem Grad ihrer Mobilisierung zu unterscheiden. In diesem Zusammenhang ist es dann von Bedeutung, inwiefern einzelne Aktionszentren koordiniert oder isoliert Formen der Abwanderung oder des Widerspruchs (vgl. Hirschman 1974) zur Durchsetzung ihrer Interessen einsetzen (vgl. Kirsch 1990: 98ff.). Schließlich muß auch der "imperativistische" Charakter von Forderungen und Unterstützungsangeboten einzelner Aktionszentren genauer analysiert werden. Dieser Aspekt wurde bereits in Kapitel 2.4.2 mit der Unterscheidung verschiedener Formen von Maximen entwickelt.

Eingedenk dieser Erweiterungsvorschläge läßt sich noch einmal auf die rollentheoretische Polyzentrismusinterpretation zurückgreifen (vgl. Kapitel 2.4.3). Dementsprechend lassen sich im internationalen Unternehmen einzelne Handlungszentren als Rollenträger interpretieren, die in einem schwierigen Balanceakt zwischen Fremd- und Eigenerwartung im jeweils relevanten organisatorischen Feld manövrieren. Es liegt dann nahe, die Bedeutung einzelner Rollen für die Variantenbildung von Managementsystemen zu untersuchen. Diese Sichtweise bildet den Ausgangspunkt des folgenden Abschnitts.

5.2.2 Role making und Ausdifferenzierung von Varianten internationaler strategischer Managementsysteme

Die Ausbildung von Varianten internationaler strategischer Managementsysteme wird innerhalb des I/ R-Bezugsrahmens als Ergebnis kontingenztheoretisch begründeter situativer Anpassungszwänge an die Spezifika der internationalen Unternehmenstätigkeit interpretiert. Im folgenden wird eine alternative Sichtweise vorgeschlagen, derzufolge die Ausbildung von Managementsystemen als das Ergebnis eines role making einzelner Handlungszentren in polyzentrischen Führungsstrukturen aufgefaßt werden kann.

Die Grundlagen wurden in Kapitel 2.4.3 mit der rollentheoretischen Interpretation polyzentrischer Phänomene gelegt. Der Überblick zu den verschiedenen Rollenkonzepten in der Literatur hat gezeigt, daß nicht nur Führungsrollen der Zentrale, sondern auch Führungsrollen von Teileinheiten diskutiert werden. Die Führungsrolle eines bestimmten Handlungszentrums stellt die Summe von Eigen- und Fremderwartungen über die Weise einer Erfüllung von Aufgaben dieses Handlungszentrums dar. In der Entwicklung und Umsetzung von Erfolgspotentialen ist die Kernaufgabe einer strategischen Führung zu sehen. Damit bietet es sich an, die Ausbildung strategischer Managementsysteme als das Ergebnis von Rollenreflexionen einzelner Handlungszentren in bezug auf ihre Domäne und hinsichtlich strategischer Aufgaben zu interpretieren.

Auf diese Weise läßt sich die Entstehung domänenspezifischer Systemarchitekturen als Ergebnis der Wahrnehmung von Führungsaufgaben eines Handlungszentrums hinsichtlich seiner autonomen Domäne auffassen. Damit rücken also Systeme (bzw. Architekturen) der Zentralbereiche und Tochtersysteme in den Vordergrund (vgl. nochmals Abbildung 5-2). Nicht zuletzt sind Steuerungsarchitekturen Ausdruck der Wahrnehmung von Führungsrollen einer Zentrale mit Blick auf die Domänen einzelner Teileinheiten. Vereinfacht ausgedrückt stellen also die Reflexionsfelder in polyzentrischen Führungsstrukturen den potentiellen Nukleus für die Ausbildung partieller Architekturen von Managementsystemen dar.

Zur Erläuterung dieser Sichtweise einer Ausbildung von Varianten internationaler strategischer Managementsysteme muß im folgenden etwas ausgeholt werden. Hierzu werden die Überlegungen von Kirsch aufgegriffen, der in einem begriffsstrategischen Zusammenhang vorschlägt, daß die Ausdifferenzierung von Managementsystemen als vertikale Ausdifferenzierung von Rollengefügen interpretiert werden kann (vgl. zum folgenden Kirsch 1992a: 162ff.).

Im Kern geht es um die Unterscheidung zwischen verschiedenen Formen der Veränderung von Führungsrollen. Für die Veränderung solcher Führungsrollen wird als maßgeblich erachtet, daß einzelne Handlungszentren ihre Führungsaufgabe im Lichte bestimmter wissenschaftlicher Systemkonzeptionen[63] gestalten können. Die in Kapitel 4 vorgestellten Methoden eines internationalen strategischen Management stellen Beispiele für solche Systemkonzeptionen dar. Drei Formen der Veränderung von Führungsrollen sind zu differenzieren: eine *Modifikation* bereits bestehender Führungsrollen, eine *horizontale* Ausdifferenzierung neuer Führungsrollen und eine *vertikale* Ausdifferenzierung von Rollengefügen im Sinne von Managementsystemen.

---

[63] Kirsch begreift solche Systemkonzeptionen allgemein als Teil einer "Ökologie von Ideen" (vgl. Bateson 1981). Mit diesem Begriff werden zwei weiterführende Gedanken eröffnet. Zum einen umfaßt ein solcher "Ideenpool" nicht nur Methoden der strategischen Planung, sondern auch mögliche Sinnmodelle, Philosophien usw. Eine Typologie solcher "Ideen" wurde allerdings noch nicht erarbeitet. Zum anderen bietet der Begriff der "Idee" die Möglichkeit, daß man das Aufgreifen und operative Wirksamwerden solcher Ideen vertieft. So interessiert sich eine anwendungsorientierte Wissenschaft für die Frage, inwieweit ihre "Ideen" (bzw. Systemkonzeptionen) durch die Praxis im Zuge ihres role making aufgegriffen werden. Hier stellen bestimmte Interessen möglicherweise Voraussetzungen dar, daß spezifische Ideen aufgegriffen werden (vgl. Weber 1963: 252). Trotz der Relevanz dieser Fragen muß hier aus Raumgründen auf eine vertiefende Diskussion verzichtet werden.

Den Ausgangspunkt stellen die Basisorganisation und ihre organisatorischen Führungsstrukturen dar, die als Rollengefüge rekonstruiert werden. Die Überlegungen zu einem rollentheoretischen Konzept für polyzentrische Führungsstrukturen haben diese Form der Rekonstruktion verdeutlicht. Solche Führungsrollen können in mehr oder weniger starkem Ausmaß verändert werden. Eine erste Stufe ergibt sich mit einer reinen Modifikation bestehender Rollen. Eine solche Modifikation liegt etwa dann vor, wenn in den Rollenkommunikationen in der Basisorganisation zunehmend wissenschaftliche Systemkonzeptionen aufgegriffen werden. So mag ein Geschäftsbereichsleiter in einer Präsentation in den Kategorien einer Portfolio-Methode argumentieren. Dadurch nimmt er eine bestehende Führungsrolle in modifizierter Weise wahr. Eine zweite Eskalationsstufe liegt vor, wenn in der Basisorganisation neue Rollen auftauchen.

> "Sofern innerhalb einer Basisorganisation eine neue Rolle (etwa durch Einstellung eines neuen Mitarbeiters, der bislang nicht explizit vorhandene Aufgaben zu erfüllen hat) entsteht, liegt gleichsam eine *horizontale* Ausdifferenzierung neuer Rollen vor. Von ihr möchte ich die *vertikale* Ausdifferenzierung von Management*systemen* unterscheiden ... ."
> (Kirsch 1992a: 163)

Wenn man sich nochmals an das Fallstudienbeispiel zur Genese explorativer Länderanalysen in Kapitel 3.3 erinnert, so wurde hier ein bestimmter Mitarbeiter mit der Aufgabe "Koordination Fernost" betraut. Dies stellt ein Beispiel für die horizontale Ausdifferenzierung einer neuen Führungsrolle dar. Eine vertikale Ausdifferenzierung lag dagegen zu jenem Zeitpunkt vor, in dem weitere Länderbeauftragte benannt wurden, die arbeitsteilig an der Erstellung von Länderanalysen "Fernost/ Südostasien" teilnahmen. Die Unterscheidung zwischen vertikaler und horizontaler Ausdifferenzierung wird im folgenden auf zweierlei Weise präzisiert: Zum einen als positionale Rollendifferenzierung und zum anderen als Entstehung überindividueller Erwartungsstrukturen im Sinne von "Sozio-Programmen".

Die Vorstellung einer *positionalen Rollendifferenzierung* wird durch die aus der Rollentheorie bekannte Unterscheidung zwischen Rollen-Set und Status-Set (multiple roles) verdeutlicht. Der Begriff des Rollen-Set bringt zum Ausdruck, daß zu jeder sozialen Position nicht nur eine einzige zugeordnete Rolle gehört, sondern eine Reihe von Rollen. Im Gegensatz dazu bringt der Begriff des Status-Set zum Ausdruck, daß ein Aktor mehrere Positionen und damit mehrere Rollen-Sets einnehmen kann.

> "Es sollte deutlich herausgestellt werden, daß der Rollen-Set nicht mit dem identisch ist, was die Soziologen lange als 'Rollen-Ausstattung' (multiple roles) beschrieben haben. Nach bestehender Vereinbarung bezieht sich der Begriff Rollen-Ausstattung nicht auf den mit einem einzigen sozialen Status verbundenen Rollenkomplex, sondern auf die Rollen, die mit verschiedenen sozialen Positionen verknüpft sind, die ein und dieselbe Person - oft in verschiedenen institutionellen Sphären - einnehmen kann; man denke etwa an die Positionen Arzt, Ehemann, Vater, Profes-

sor, Presbyter, Mitglied der konservativen Partei und Hauptmann beim Heer. Diese Kombination sozialer Positionen, deren jede ihrerseits einen eigenen Rollen-Set besitzt, möchte ich Status-Set nennen." (Linton 1967: 123)

In dieser Sichtweise definieren dann Basisorganisation und Managementsysteme unterschiedliche "institutionelle Sphären" mit bestimmten Status-Positionen, wobei jede Position mit bestimmten Rollen-Sets ausgestattet ist, die für die Basisorganisation bzw. Managementsysteme typisch sind.[64] Mit einer vertikalen Ausdifferenzierung von Rollengefügen ist also zugleich immer auch eine Statusdifferenzierung verbunden.

Damit ist zunächst eine Zugewinn an Komplexitätsverarbeitungskapazität möglich. Dieser Zugewinn ist in der Tatsache zu sehen, daß über eine positionale Rollendifferenzierung unterschiedliche Handlungsbereiche geschaffen werden, in denen der spezifische - z. B. Planungsblickwinkel - dominiert. So mag es im Planungszusammenhang sinnvoll sein, sich einmal von den Anforderungen des Tagesgeschäfts zu lösen, um antizipative und abstrahierende Problemdefinitionen zu erarbeiten, die nicht schon von Beginn an den Nebenbedingungen des operativen Tagesgeschäftes genügen müssen.

Dieser Zugewinn wird allerdings auf Kosten eines anderen Phänomens erkauft. Sofern der Status-Set eines Aktors Positionen sowohl in der Basisorganisation als auch in einem Managementsystem umfaßt, kommt es zu dem Phänomen der Status-Inkonsistenz (vgl. Kiss 1989: 123). An die Stelle der Rollenüberlastung durch widersprüchliche Rollen-Sets einzelner Positionen tritt die Notwendigkeit, Rollen-Sets unterschiedlicher Positionen handhaben zu müssen.[65] Einzelne Rollengefüge im Sinne von Organisationsschichten sind in der Regel zugleich mit unterschiedlichen Lebens- und Sprachformen verbunden. Beispielsweise können in der Basisorganisation zum Teil andere Sprachen als im Rahmen von Managementsystemen dominieren. So mögen sich spezifische Planungssprachen entwickeln, die sich nicht ohne weiteres in die Sprachformen der Basisorganisation übersetzen lassen.[66]

---

[64] Diese Sphären treten z. B. dann auseinander, wenn der Rollen-Set einer Position in der Basisorganisation durch neue Erwartungen solange erweitert wird, bis Phänomene der Rollenüberlastung und der Rollenmehrdeutigkeit (vgl. Katz/ Kahn 1966: 184) auftreten. Solche Rollenüberlastung wird beispielsweise durch die Erwartung herbeigeführt, nicht nur operative Aufgaben, sondern auch Planungsaufgaben zu übernehmen. Die Rollenüberlastung führt dann zu einer positionalen Ausdifferenzierung, bei der der heterogene Rollenset einer Position in zwei relativ homogene Rollensets und damit auf zwei Positionen aufgeteilt wird.

[65] Dieses Phänomen könnte man dann analog zum Begriff des role making als ein "Status-Making" bezeichnen. So hegen Individuen evtl. die Eigenerwartung, eine "leitende Position" in mehreren institutionellen Sphären z. B. im Unternehmen und im entsprechenden Berufsverband oder eben in der Basisorganisation und in einer strategischen Planung auszufüllen.

[66] Auf dieses Problem wird in Abschnitt 5.3.3 im Zusammenhang mit der lebensweltlichen Verankerung von Managementsystemen noch einzugehen sein.

Über diese Interpretation der vertikalen Ausdifferenzierung von Managementsystemen im Sinne einer positionalen Rollendifferenzierung hinaus bietet sich eine ergänzende Sichtweise der vertikalen Ausdifferenzierung von Managementsystemen an. Der Schwerpunkt liegt dann jedoch eher auf der Betonung bestimmter *Rollengefüge* im Gegensatz zu Einzelrollen. Mit dem Begriff des Rollengefüges werden Erwartungsstrukturen bezeichnet, die nicht nur Erwartungen für einzelne, sondern *mehrere* Handlungszentren umfassen.

Für dieses Problem wird in der neueren Rollentheorie der Begriff des "Programms" vorgeschlagen (vgl. Kiss 1989: 128ff; Luhmann 1984: 432ff.). Der (soziologische) Programmbegriff bezeichnet Erwartungsstrukturen, die über die Verhaltensmöglichkeiten einzelner Aktoren hinausgehen. Die Ebene solcher Sozio-Programme[67] verselbständigt sich gegenüber der Rollenebene, wenn Erwartungsstrukturen in bezug auf das Verhalten von mehr als einem Handlungszentrum begrifflich gefaßt werden sollen.

Bindet man den Begriff des Sozio-Programms an den entscheidungstheoretischen Programmbegriff, so repräsentieren die Rollen einzelner Aktoren ein Repertoire von Entscheidungsprogrammen, welche den Charakter von Subroutinen in umfassenderen Sozio-Programmen annehmen. Sozio-Programme können dann in zweifacher Hinsicht als überindividuelle Einheiten von Verhaltenserwartungen gesehen werden. Einerseits umfassen sie ausführende Tätigkeiten von mehreren Aktoren. Die individuellen Rollen einzelner Aktoren stellen Teilmodule eines umfassenderen Sozio-Programms dar. Zum zweiten sind diese Teilmodule aber auch an organisatorische Positionen z. B. in Managementsystemen oder einer Basisorganisation gebunden. Analog zur klassischen Rollenanalyse sind Programme damit vom einzelnen Organisationsmitglied unabhängig.[68]

Der Begriff des Sozio-Programms verweist darüber hinaus auf den Institutionen-Charakter von Managementsystemen.[69] Die Vorstellung einer graduellen

---

[67] Um den soziologischen vom entscheidungstheoretischen Programmbegriff abzugrenzen, wird der Begriff des Sozio-Programms verwendet. Denn dieser soziologische Programmbegriff ordnet sich nicht unmittelbar in die (entscheidungstheoretische) Differenz zwischen *programmierten* (bzw. routinemäßigen) und echten *Entscheidungen* (vgl. Kirsch 1988: 8) ein. Statt dessen wird "Programm" im Gegensatz zu Rolle als überindividuelle Erwartungsstruktur gefaßt. So können Erwartungsstrukturen einer chirurgischen Operation (incl. Patient!) nicht mehr in Rollenbegriffen beschrieben werden. Eine chirurgische Operation im Sinne eines Sozio-Programms mag selber wiederum mehr oder weniger großen Routinecharakter aufweisen (z. B. Blinddarmoperation versus Organverpflanzung).

[68] Vgl. dazu Kirsch (1971: 108), der analog in Anlehnung an March/ Simon (1958: 141ff.) argumentiert. Im ursprünglichen Zusammenhang dominieren jedoch entscheidungstheoretische Überlegungen, in denen der Begriff der *programmierten Routineentscheidung* im Mittelpunkt steht.

[69] So haben Berger/ Berger (1990: 55) "... Institutionen als Regulativmuster bezeichnet, das heißt als Programm der Gesellschaft für das Verhalten von Individuen." Damit stellt sich jedoch ein begriffsstrategisches Problem. Einerseits

Ausdifferenzierung solcher institutionellen Ordnungen läßt sich als Abfolge mehrerer Quasiinstitutionen begreifen.[70] Institutionelle Ordnungen stellen zunächst bestimmte Normen und Regelsysteme dar. Ein erster Schritt zur Institutionalisierung bildet die Habitualisierung. Individuen entwickeln bestimmte Handlungsmodelle, die einerseits bestimmte Vorgehensweisen enthalten, welche andererseits mit bestimmten Problemtypen verbunden werden. Solche Habitualisierungen können sich auch auf interindividuelle Problemsituationen und Verhaltensweisen beziehen. Sofern sich eine interindividuelle Habitualisierung im Sinne einer "Quasiinstitution" von der einzelnen Person löst, und statt dessen auf bestimmte Positionen gerichtet wird, entstehen Rollen. In diesem Sinne bildet eine Institution ein Sozio-Programm für das Verhalten von Individuen. Die Notwendigkeit stabiler Erwartungsstrukturen wird so von der Kontingenz individueller Vereinbarung abgekoppelt. Managementsysteme können in dieser Sichtweise als spezifische institutionelle Ordnungen im Sinne von Rollengefügen aufgefaßt werden. Solche institutionellen Ordnungen weisen spezifische Lebens- und Sprachformen auf, die untereinander inkommensurabel sein können. Das oben geschilderte Phänomen der Status-Inkonsistenz entspricht dann der Tatsache, daß ein Aktor Rollen in verschiedenen institutionellen Ordnungen einnimmt, deren Lebens- und Sprachformen untereinander inkommensurabel sein können.

Die Fruchtbarkeit dieser Sichtweise von Managementsystemen liegt auf der Hand. Auf diese Weise läßt sich ein Managementsystem als spezifische Erwartungsstruktur kennzeichnen, die eine Mehrzahl von Aktoren oder Handlungszentren umfaßt. Managementsysteme im Sinne von Programmen als überindividuelle Erwartungsstrukturen können dabei selbst mehr oder weniger routinemäßigen Charakter annehmen. Beispielsweise kann eine Ausnahmeberichterstattung unmittelbar zur Auslösung bestimmter Routineaktivitäten führen. Einen geringen Routinegrad weist dagegen eine erstmalig durchgeführte Akquisitionsplanung auf. Darüber hinaus ist zu fragen, in welchem Verhältnis z. B. der Begriff des strategischen oder operativen Programms zum Begriff des Managementsystems im Sinne eines Sozio-Programms steht. In dieser Sichtweise stellen strategische Programme Output von Managementsystemen als Sozio-Programme dar. Schließlich sind mit dieser Vorstellung von Managementsystemen spezifische Konsequenzen für ihre Betrachtung in polyzentrischen Führungsstrukturen verbunden.

---

sind Managementsysteme in der obigen Begriffsfassung institutionelle Ordnungen per se. Sie werden aufgrund eigener Normen- und Regelstandards aufrechterhalten (z. B. über Sanktionen oder Legitimitätsstandards). Andererseits stellt Kirsch (1989: 55) die Frage, was sich hinter der Formulierung verbirgt, ein Managementsystem sei in einer Unternehmung eine "Institution" bzw. institutionell verankert. Diese Fragen verweisen bereits auf das Problem der organisatorischen Anbindung von Managementsystemen (vgl. Kapitel 5.3).

[70] Vgl. zum folgenden Ringlstetter (1993 i. V.: 26ff.) angelehnt an Berger/ Luckmann (1986) sowie Reglin (1993: 200ff.).

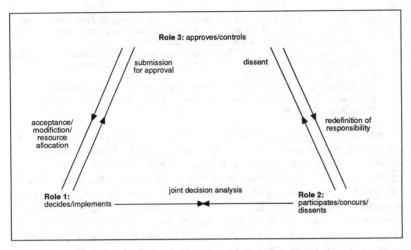

Abb. 5-7: Differenzierung von Führungsrollen im Rollendreieck (in Anlehnung an Ansoff 1984: 168)

Stellt man die Domäne bestimmter Teileinheiten in den Vordergrund, dann kann das role making eines Handlungszentrums zur Ausdifferenzierung spezifischer Managementsysteme führen. In dieser Sichtweise entstehen dann Rollengefüge, die sich ausschließlich auf die Domäne eines fokalen Handlungszentrums beziehen. Solche domänenspezifischen Managementsysteme mögen spezifische Lebens- und Sprachformen entwickeln, die der Lebenswelt eines bestimmten Handlungszentrums entsprechen. In diesem Sinne sind die in Abbildung 5-2 genannten Systeme der Zentralbereiche und Tochtersysteme aufzufassen. Darüber hinaus müssen aber auch Steuerungssysteme als spezifische Rollengefüge interpretiert werden, die sich auf mehrere Handlungszentren beziehen. Dabei ist jedoch zu beachten, daß solche Managementsysteme in polyzentrischen Strukturen durch ein ausgeprägtes role making einzelner Handlungszentren gekennzeichnet sind. Ein Beispiel soll dies verdeutlichen. Es wird eine triadische Rollenkonstellation mit drei Handlungszentren unterstellt (vgl. Abbildung 5-7). Als Aufgabenstellung wird hier die Entwicklung von Strategien gewählt. Dabei werden drei Rollen unterschieden (vgl. zum folgenden Ansoff 1984: 167ff.).

Ein Handlungszentrum mit Rolle 1
(1) ist verantwortlich für die Implementierung strategischer Entscheidungen,
(2) übernimmt die Rolle eines gatekeeper für die Einbeziehung weiterer Handlungszentren, welche Rolle 2 im Rahmen eines partizipativen Entscheidungsprozesses ausfüllen sollen,
(3) hat das Recht zur Autorisierung verbindlicher Entscheidungen, sofern die Erzielung eines Commitments gefährdet ist und
(4) ist verantwortlich, für die Entscheidung die Zustimmung des Handlungszentrums in Rolle 3 einzuholen.
Ein Handlungszentrum mit Rolle 2

(1) ist zu einer Teilnahme am interessierenden Entscheidungsprozeß verpflichtet,
(2) soll gegenüber dem Rolleninhaber 3 Widerspruch einlegen, falls die Abschlußentscheidung nicht annehmbar erscheint und
(3) hat das Recht, den Rolleninhaber 3 um Verantwortungsbefreiung für solche Entscheidungen anzugehen, die auf Rolleninhaber 1 zurückgehen.

Ein Handlungszentrum mit Rolle 3
(1) hat das Recht, Entscheidungen von Rolleninhaber 1 zu übergehen und
(2) ist verantwortlich, den Verantwortungsbereich von Rolleninhaber 2 auf dessen Anfrage hin zu verändern.

Beispielsweise ist dann ein Rollengefüge denkbar, in dem eine produktverantwortliche Einheit für die Entwicklung einer weltweiten Produkt-Technologie verantwortlich ist. Von der Durchsetzung sind verschiedene Tochtergesellschaften betroffen, die durch die produktverantwortliche Einheit in den Prozeß der Strategieentwicklung einzubinden sind. Falls kein Konsens für eine abschließende Entscheidung produziert werden kann, wird die abschließende Entscheidung durch die produktverantwortliche Einheit getroffen, wobei die Zustimmung einer Zentrale einzuholen ist. Die betroffenen Regionaleinheiten haben dann das Recht, Widerspruch einzulegen und Verantwortung abzuweisen, die mit der Realisierung der Produktstrategie verbunden ist. Handlungszentrum 3 hat wiederum das Recht, eine Überarbeitung der Produktstrategie einzufordern und ist zugleich dafür verantwortlich, die Verantwortungsbereiche der betroffenen Regionalbereiche zu redefinieren. Verschiedene Handlungszentren können dabei in bezug auf unterschiedliche Entscheidungsgelegenheiten spezifische Rollen einnehmen. Im Rahmen einer Marketing-Planung mögen dann beispielsweise Auslandseinheiten Rolle 1 einnehmen, während produktverantwortliche Einheiten Rolle 2 übernehmen. Darüber hinaus sind natürlich auch Rollenkonstellationen denkbar, in denen Rolle 3 unbesetzt bleibt, die ja letztlich Funktionen einer zentralen Koordination umfaßt. Dies ist beispielsweise dann der Fall, wenn die Führungsspitzen der produkt- und regionalverantwortlichen Einheiten selbst Mitglieder einer kollektiven obersten Führungsinstanz darstellen. Weiter mag der in Grundzügen geschilderte Prozeß wechselseitiger Abstimmung auch politische Züge annehmen, so daß an die Stelle einer Abstimmung über Erwartungsbildung Maßnahmen einer wechselseitigen Manipulation treten. Schließlich nimmt das geschilderte Rollendreieck den Charakter eines strategischen Managementsystems an, sofern die genannten Überlegungen etwa im Rahmen einer jährlich stattfindenden Strategieklausur angestellt werden, in deren Verlauf die Vorteilhaftigkeit bestimmter Vorschläge mit Hinweisen auf die Verwirklichung von Erfolgspotentialen und eventuell unter Einsatz bestimmter Methoden der Wettbewerbsanalyse begründet wird.

Ausgangspunkt dieses Abschnitts war die These, daß die Entstehung von Varianten internationaler strategischer Managementsysteme durch das role making einzelner Handlungszentren erklärt werden kann. Dazu wurden Managementsysteme als vertikal ausdifferenzierte Rollengefüge begriffen. Ansatzpunkt einer solchen Ausdifferenzierung stellen die Domänen einzelner Handlungszentren dar. Sofern diese sich durch spezifische Steuerungsanforderungen sowie spezifische Lebens- und Sprachformen auszeichnen, ist mit einer Bildung von Varianten zu rechnen. Diese Interpretation wird im folgenden Abschnitt konkretisiert.

5.2.3 Variantenbildung internationaler strategischer Managementsysteme in verschiedenen Rollenkonstellationen

Aufgabe der folgenden Ausführungen ist es, die oben erläuterte Variantenbildung internationaler strategischer Managementsysteme für ausgewählte Rollenkonstellationen zu konkretisieren. Zu Beginn wird eine Typologie von Rollenkonstellationen zwischen Zentrale und Tochtergesellschaften vorgestellt. In einem zweiten Schritt ist diese Typologie durch die zusätzliche Berücksichtigung von Domänenverflechtungen und -vernetzungen und der kulturellen Distanz zwischen Zentrale und Tochtergesellschaft zu erweitern. Schließlich wird der Blickwinkel von einer Rollendyade zwischen Zentrale und Tochtergesellschaft zu einer Rollentriade zwischen Aktionszentren verlagert.

		Indirect intervention by headquarters? Headquarters understands subsidiaries?	
		NO	YES
Direct intervention by headquarters?	NO	Archetype 1 no intervention separate function	Archetype 2 manipulation persuasion
Subsidiaries urged to understand headquarters?	YES	Archetype 3 authority communication	Archetype 4 collaboration mutual understanding

Abb. 5-8: Archetypen der Mutter-Tochter-Beziehung (aus Rutenberg 1970: 339)

Die einfachste Rollenkonstellation stellt eine Interaktionsdyade zwischen Zentrale und ausländischer Tochtergesellschaft dar. In Anlehnung an Rutenberg (1970) wird die Mutter-Tochter-Beziehung nach zwei Hauptgesichtspunkten charakterisiert (vgl. Abbildung 5-8): Zum einen kann die Mutter eine ausländische Tochtergesellschaft über direkte oder indirekte Interventionen beeinflussen. Zum anderen unterscheidet Rutenberg in bezug auf die Frage, ob die Zentrale die Tochtergesellschaft versteht bzw. ob die Tochtergesellschaft genötigt wird, die Zentrale zu verstehen.[71] Wesentlich ist die Annahme, daß innerhalb einer internationalen Unternehmung zugleich alle vorgeschlagenen Konstellationen auftreten können (vgl. Rutenberg 1970: 339).

Die in Abbildung 5-2-4 aufgeführten Archetypen stellen unterschiedliche Rollenkonstellationen zwischen zwei Aktionszentren dar.[72] Die Rollenausbildung läßt sich als Ergebnis einer Folge von (Rollen-)Episoden interpretieren, in denen Eigen- und Fremderwartungen zwischen den Handlungszentren kommuniziert werden. Die beteiligten Aktionszentren agieren vor dem Hintergrund ihrer spezifischen Lebens- und Sprachformen. Die Bedeutung solcher Lebens- und Sprachformen kommt bei Rutenberg insbesondere mit der Vorstellung des "Verstehens" zwischen Mutter und Tochtergesellschaft zum Ausdruck. In Anlehnung an Perlmutter (1965) wird zwischen Lebens- und Sprachformen des Stammlandes, des Gastlandes und einer "weltweiten" Lebens- und Sprachform unterschieden.

In *Archetyp 1* dominiert auf Seiten der Zentrale und auf Seiten der Tochter eine Gastlandorientierung. Die Zentrale interveniert nicht, und die Anzahl möglicher Strategien variiert mit der Anzahl der Tochtergesellschaften, die dieser Rollenkonstellation unterliegen. Tochtergesellschaften betreiben eine autonome Preispolitik und finanzieren sich selbständig am lokalen Kapitalmarkt. Führungskräfte werden ausschließlich tochterspezifisch entwickelt, ein Führungskräftetransfer zwischen Töchtern und/ oder Zentrale findet nicht statt. Die Zentrale unterhält keine wesentlichen Planungssysteme, sodaß der Planungsprozeß bottom up verläuft. Die Zentrale betreibt lediglich rudimentäre Steuerungssysteme. Die Ausbildung von tochterspezifischen Systemen ist daher wahrscheinlich.

Archetyp 2 ist durch eine Zentrale mit weltweiter Orientierung und eine gastlandorientierte Tochter gekennzeichnet. Die Zentrale installiert Steuerungssysteme in Form von "... unambigious guidelines within which a problem would be formulated and optimized ..." (Rutenberg 1970: 343). Dennoch bleiben die Tochtergesellschaften relativ autonom hinsichtlich Preis-, Produkt- und Finanzierungsentscheidungen. Führungskräfte werden lediglich zwischen Tochtergesellschaft und Zentrale ausgetauscht, wobei hier die Vorstellung eines Know-how-Transfers von der Zentrale in die Tochter dominiert. Diese Autonomie und die lokale Orientierung der Tochter begünstigen die Ausdifferenzierung tochterspezifischer Systeme. Im Gegensatz zur Situation des Archetyp 1 wird diese Ausdifferenzierung jedoch durch die Inhomogenität der Lebens-

---

[71] Hinter dieser knappen Skizzierung verbergen sich interaktionstheoretische Überlegungen von Leavitt (1964) sowie Churchman/ Schainblatt (1965). Rutenbergs Hinweise auf die Bedeutung eines "Verstehens" verweisen auf die bereits erläuterte Bedeutung einer vereinigungsorientierten Handlungsorientierung zwischen Aktionszentren (vgl. Kapitel 2.4.2).

[72] Rutenberg spricht lediglich von "... archetypes of relationships between a headquarters and its subsidiaries ..." (Rutenberg 1970: B-337).

und Sprachformen zwischen den Steuerungssystemen einer weltweit orientierten Zentrale und einer gastlandorientierten Tochter begünstigt.

In *Archetyp 3* ist die Zentrale stammlandorientiert und die Tochtergesellschaft wird daraufhin xenophobisch (fremdenfeindlich) reagieren, indem sie sich der einseitigen Kommunikation seitens der Zentrale wiedersetzt. Rutenberg geht davon aus, daß der Planungsprozeß in diesem Interaktionstyp top down verläuft, und daß zahlreiche Planungsrichtlinien seitens der Zentrale existieren. Die Handlungsspielräume der Tochtergesellschaft hinsichtlich Preis-, Produkt- und Finanzierungspolitik sind stark eingeschränkt. Systeme der Führungskräfteentwicklung konzentrieren sich vor allem auf Stammlandmanager. Ein Führungskräftetransfer von der ausländischen Tochter in die Zentrale ist unwahrscheinlich. In diesem Archetyp betreibt die Zentrale exzessiv Steuerungssysteme. Die Ausdifferenzierung tochterspezifischer Systeme wird in dieser Situation zum Politikum, da solche Systeme möglicherweise als ein Unterlaufen der offiziellen Steuerungssysteme betrachtet werden.

Für *Archetyp 4* sind schließlich Zusammenarbeit und gegenseitiges Vertrauen kennzeichnend, weil sowohl Zentrale als auch Tochtergesellschaft eine gemeinsame weltweite Orientierung aufweisen. Rutenberg unterstellt hier eine Aufgabenteilung der Planung, bei der die Zentrale sich auf strategische Systeme beschränkt und in den Tochtergesellschaften operative Steuerungssysteme betreibt. Für die Führungskräfteentwicklung ist maßgeblich, daß nunmehr reziproke Entsendungsverträge zwischen Mutter und Tochter möglich erscheinen. Zusätzlich wird auch ein Führungskräftetransfer zwischen Tochtergesellschaften möglich. Die Ausbildung tochterspezifischer Managementsysteme erscheint hier aufgrund der weltweiten Koorientierung und der gemeinsamen Lebens- und Sprachformen zwischen Tochter und Zentrale unwahrscheinlich (für eine detailliertere Beschreibung der einzelnen Archetypen vgl. Rutenberg 1970).

Diese Unterscheidung verschiedener Rollenkonstellationen von Mutter-Tochter-Beziehungen öffnet den Blick für eine detailliertere Analyse der Variantenbildung von Managementsystemen im internationalen Unternehmen. Zugleich werden erste konkrete Gestaltungshinweise für Managementsysteme wie Planungs- und Kontrollsysteme oder Systeme der Führungskräfteentwicklung gewonnen. Kritisch ist jedoch anzumerken, daß letztlich eine asymmetrische Rollenkonstellation zwischen Zentrale und Tochter unterstellt wird, in der die Zentrale im Sinne einer monozentrischen Führungsstruktur konzipiert ist. Darüber hinaus beschränkt sich Rutenberg auf eine *Dyade* zwischen Zentrale und Tochtergesellschaft.

Versucht man diesen Ansatz zu erweitern, so werden in polyzentrischen Führungsstrukturen zwei Aspekte relevant: Einerseits die Handhabung möglicher Interdepenzen bzw. Domänenverflechtungen und -vernetzungen zwischen Handlungszentren; andererseits die für internationale Unternehmen kennzeichnende Vielfalt nationaler Lebens- und Sprachformen.[73] Baliga/ Jaeger (1984) vertiefen diese beiden Gesichtspunkte, wobei sie zusätzlich die Bedeutung der Umweltunsicherheit einzelner Tochtergesellschaften einbeziehen: Sie stellen die These auf,

> "... that management's choice of control systems and level of delegation should be based on their assessment of the interdependencies (pooled, sequential, reciprocal) generated by their strategies, the environmental uncertainties, and 'cultural proximity'. 'Cultural proximity' is defined as the extent to which the host cultural ethos permits adoption of the home organizational culture. Those that permit easy adoption of the 'home' (headquarters) culture would be considered high in cultural proximity. (...) Cultural proximity becomes an extremely important variable in the selection of control systems, since socialization and indoctrination costs tend to be high." (Baliga/ Jaeger 1984: 33f.)

(1) Die Unterscheidung der genannten Interdependenzen geht auf Thompson (1967) zurück. Eine gepoolte Interdependenz liegt vor, wenn einzelne Tochtergesellschaften auf eine gemeinsame Ressourcenbasis zugreifen. Dies entspricht der Vorstellung einer Domänenvernetzung. Die folgenden Interdependenztypen sind dagegen als Domänenverflechtung im Sinne einer Input-/ Output-Kopplung aufzufassen. Eine sequentielle Interdependenz liegt vor, wenn der Output eines Aktionszentrums A Input des Aktionszentrums B darstellt, während bei reziproker Interdependenz wechselseitige Input-Output-Beziehungen vorliegen. Beispiele wären etwa Fälle einer vertikalen Integration (sequentiell) oder ein Liefer- und Leistungsverbund, bei dem eine Tochtergesellschaft aus gelieferten Komponenten eine Montageleistung erbringt, die montierten Teile aber nicht am lokalen Markt, sondern unternehmensintern absetzt (reziprok).

(2) Der Hinweis auf die Bedeutung kultureller Nähe (cultural proximity) läßt sich als kulturelle Dimension der in Kapitel 2.4.4 eingeführten Domänendistanz auffassen, bei der der Inhomogenitätsgrad organisatorischer Lebenswelten internationaler Unternehmen im Vordergrund steht. Eine hohe kulturelle Nähe läßt sich als äquivalent für lediglich inhomogene Lebens- und Sprachformen auffassen, während eine geringe kulturelle Nähe der Vorstellung inkommensurabler Lebens- und Sprachformen entspricht.

Die weiteren Überlegungen von Baliga/ Jaeger zielen auf eine Ableitung verschiedener Varianten von Steuerungssystemen und unterschiedlicher Delegationsgrade ab. Vereinfacht wird zwischen "bureaucratic" und "cultural control" und zwischen hohem und geringem Delegationsgrad unterschieden (vgl. Abbildung 5-9). Die Autoren beschränken sich auf die Analyseeinheit des Gesamtunternehmens. Grundsätzlich kann dieser Ansatz aber auch auf einzelne Rollenkonstellationen zwischen Mutter und Tochter bezogen werden. Diese

---

[73] Dieser Aspekt wird jedoch bei Rutenberg implizit mit der Frage des Verstehens zwischen Mutter- und Tochtergesellschaft angesprochen.

Variantentypologie läßt sich in zweifacher Weise für die Analyse von Managementsystemen fruchtbar machen.

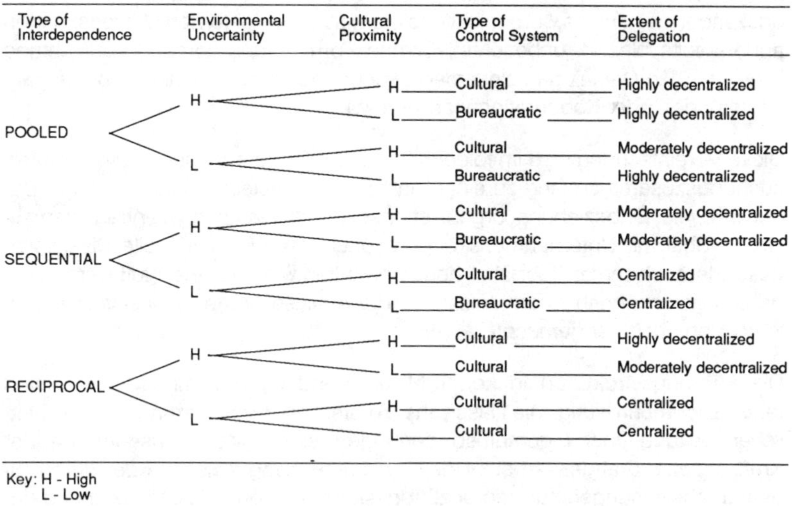

Type of Interdependence	Environmental Uncertainty	Cultural Proximity	Type of Control System	Extent of Delegation
POOLED	H	H	Cultural	Highly decentralized
		L	Bureaucratic	Highly decentralized
	L	H	Cultural	Moderately decentralized
		L	Bureaucratic	Highly decentralized
SEQUENTIAL	H	H	Cultural	Moderately decentralized
		L	Bureaucratic	Moderately decentralized
	L	H	Cultural	Centralized
		L	Bureaucratic	Centralized
RECIPROCAL	H	H	Cultural	Highly decentralized
		L	Cultural	Moderately decentralized
	L	H	Cultural	Centralized
		L	Cultural	Centralized

Key: H - High
L - Low

Abb. 5-9: Varianten von Steuerungssystemen und Delegationsgrad (aus Baliga/ Jaeger 1984: 34)

Zum einen liefert das Konstrukt kultureller Distanz einen Hinweis auf die Wahrscheinlichkeit einer Ausdifferenzierung tochterspezifischer Systeme. Sofern Steuerungssysteme einer Zentrale in Tochtergesellschaften implementiert werden, die eine hohe kulturelle Distanz zur Zentrale aufweisen, erscheint es denkbar, daß solche Steuerungssysteme als kulturell kontingent betrachtet werden. Dementsprechend groß ist die Wahrscheinlichkeit, daß sich tochterspezifische Systeme entwickeln, die in bezug auf die Steuerungssysteme quasi als Vorsysteme fungieren. Der Einfluß kulturell kontingenter Steuerungssysteme auf die Handlungsstrukturen des fokalen Aktionszentrums fällt dementsprechend gering aus. Zum anderen ist hinsichtlich der genannten Interdependenzarten denkbar, daß die Verflechtungs- und Vernetzungsstruktur einzelner Tochtergesellschaften spezifisch ausfällt. Insbesondere Tochtergesellschaften, die ausschließlich Domänenvernetzungen, nicht jedoch unmittelbare Input-Output-Koppelungen zu anderen Aktionszentren aufweisen, können erhebliche Autonomiebestrebungen entwickeln.

Jenseits dieser Verfeinerungen wären Überlegungen zu entwickeln, bei denen nicht nur die Art, sondern auch Ausmaß und Stärke der Domänenverflechtung und -vernetzung analysiert werden.⁷⁴ Schließlich beschränken sich Baliga/ Jaeger ebenso wie Rutenberg auf die Analyse einer dyadischen Konstellation zwischen organisationsinternen Aktionszentren. Mögliche Domänenverflechtungen und -vernetzungen zwischen mehreren organisationsinternen Aktionszentren einerseits, organisationsinternen und -externen Aktionszentren andererseits bleiben unbeachtet. Solche Formen der Domänenverflechtung liegen z. B. in Gestalt gemeinsamer Beziehungen zu nationalen Regierungen, Großkunden oder Kooperationspartnern vor.⁷⁵

Diese Vereinfachung wird im folgenden zum Anlaß genommen, um den Untersuchungszusammenhang zu einer triadischen Konstellation zu erweitern. Dabei wird die Einbeziehung organisationsexterner Handlungszentren thematisiert, wobei mit Unternehmenskooperationen ein für die aktuelle Diskussion besonders relevanter Spezialfall herausgegriffen wird. Im Anschluß werden die daraus gewonnenen Erkenntnisse für die Analyse organisationsinterner Rollentriaden fruchtbar gemacht.

Die Führungsstrukturen in kooperativen Handlungszusammenhängen sind tendenziell mehrdeutig. Die klassische Vorstellung der Sicherung einer einheitlichen Leitung über Eigentumsbeziehungen ist hier definitionsgemäß außer Kraft gesetzt. Stattdessen steht der Zusammenhang zwischen der durch Eigentumsbeziehungen nur begrenzt abgesicherten Kontrollmöglichkeit und der relativen Verhandlungsmacht zwischen den Kooperationspartnern im Vordergrund. Die Ergebnisse neuerer Arbeiten weisen darauf hin, daß Mehrheitsbeteiligungen nicht in jedem Fall mit einem größeren Kontrolleinfluß einhergehen, daß ein hohes Kontrollausmaß nicht unbedingt den Kooperationserfolg absichern kann, und daß neben formalen vor allem weiche Steuerungsformen von Bedeutung sind (vgl. Ricks/ Toyne/ Martinez 1990: 230).

Einen Schwerpunkt der Diskussion stellt die Führungsunterstützung bei der Steuerung korporativer Kooperationsformen dar, Kooperationen also mit selbständigen Organisationseinheiten etwa in Form von Equity-Joint-Ventures.⁷⁶ Damit wird also die Gestaltung multiorganisationaler Managementsysteme angesprochen. Die folgenden Ausführungen konzentrieren sich deshalb auf die Analyse der Rollenverteilung in *Joint-Ventures*.⁷⁷ Vereinfacht sind in Joint-

---

⁷⁴ Zu Überlegungen hinsichtlich Ausmaß und Stärke von Interdependenzen vgl. z. B. Ringlstetter (1992: 350ff.) und die dort angegebene Literatur.
⁷⁵ Beispielsweise kann die Durchsetzung von Forderungen an eine nationale Regierung durch eine Tochtergesellschaft A davon abhängen, inwieweit Tochtergesellschaft B bereit ist, dieser Regierung Unterstützung zu gewähren (vgl. z. B. Doz/ Prahalad 1987a: 124ff.). Im Sinne von Thompson müßte dann der good-will nationaler Regierungen als Ressource interpretiert werden, auf die mehrere organisationsinterne Aktionszentren im Sinne einer gepoolten Interdependenz zugreifen.
⁷⁶ Vgl. Beamish (1988), Geringer/ Hebert (1989), Killing (1983), Doz/ Prahalad/ Hamel (1990), Lorange/ Roos (1992: 105ff.).
⁷⁷ Managementsysteme in sogenannten nonequity oder minority equity ventures werden daher außer acht gelassen (vgl. dazu ausführlich z. B. Killing 1988: 62).

Venture Kooperationen drei Aktionszentren von Bedeutung:[78] Das Joint-Venture und die beiden "Parentalpartner", also die kooperierenden "Eltern-Unternehmen". Bei der Gestaltung möglicher Kooperationssysteme liegt damit eine komplexe Rollenkonstellation vor. Zahlreiche Autoren gehen davon aus, daß das Joint-Venture ein reines role taking betreibt. Folglich rückt die Erwartungsstruktur zwischen den Parentalpartnern in den Vordergrund. Killing (1988) kennzeichnet die Partnerrollen durch zwei Grundaspekte: "The role played by the partners in an alliance will tend to reflect the quantity and similarity of skills and resources that each brings to the alliance ..." (Killing 1988: 62). Damit werden vereinfacht vier Rollenkonstellationen unterschieden:

> "*Independent ventures:* Joint ventures in which the venture general manager is given a great deal of autonomy to manage as he sees fit.
> *Dominant partner ventures:* Joint ventures in which one parent plays a dominant managerial role.
> *Split control ventures:* Joint ventures in which each parent plays a separate and distinct role, say, marketing on one hand and technology transfer on the other.
> *Shared-management ventures:* Joint ventures in which both parents play an active managerial role, so all significant decisions are shared."
> (Killing 1988: 62)

Auf der Basis dieser Typologie sind dann unterschiedliche Partnerschaftsmodelle und damit verbundene multiorganisationale Systemkonstellationen zur Steuerung eines Joint-Venture denkbar (vgl. zum folgenden Hermann 1989: 133ff.; Bleicher/ Hermann 1991: 33ff.).

Im *Autonomiemodell* (independent venture) liegen sowohl die strategische als auch die operative Verantwortung ausschließlich bei der Führung des Joint-Venture. Damit liegen in erster Linie Joint-Venture-Systeme vor, wobei allerdings rudimentäre Steuerungssysteme z. B. im Sinne einer monatlichen Eckdatenübersicht für die Parentalpartner installiert sein können. Darüber hinaus erscheint es aber denkbar, daß die Partner in Zusammenarbeit mit der Führung des Joint-Venture eine Rahmenplanung durchführen, die die grundlegende Mission des Joint-Venture und die Festlegung bestimmter Prämissen wie Finanzierung, Dauer der Kooperation und Besetzung der Joint-Venture Organe mit Führungskräften regelt.

Im *Dominanz-Modell* (dominant partner venture) werden strategische Planungsaufgaben einem dominanten Kooperationspartner übertragen bzw. wachsen diesem im Verlauf der Kooperation zu. In diesem Fall liegt eine Situation vor, in der ein dominanter Partner das Joint-Venture wie eine Tochtergesellschaft führt. Dennoch mag eine Rahmenplanung zwischen den Parentalpartnern vorliegen. Ebenso wird das Kooperationsinteresse des defensiven

---

[78] Dies stellt eine Vereinfachung dar, weil Joint-Venture Kooperationen in den größeren Zusammenhang einer Typologie kollektiver Strategien mit beliebiger Anzahl von Aktionszentren eingeordnet werden können (vgl. dazu Astley/ Fombrun 1983: 580f.).

Partners zur Ausbildung rudimentärer Steuerungssysteme, z. B. zur Überwachung der durch das Joint-Venture generierten Ergebnisbeiträge und der Vertragseinhaltung führen.

Im *Funktionsteilungsmodell* (split control venture) wird die durch das Joint-Venture abgegrenzte Domäne aus Sicht der beiden Kooperationspartner geteilt. Beide Partner unterhalten voneinander unabhängige Steuerungssysteme, die sich z. B. auf unterschiedliche Produktbereiche oder auf die Bereiche Markt und Technologie beziehen. Sofern die Führung des Joint-Venture ein role making hinsichtlich der Venture-Domäne betreibt, können zusätzlich Joint-Venture-Systeme vorliegen, die einer Alimentierung der u. U. recht unterschiedlichen Steuerungssysteme der Parentalpartner dienen. In diesem Fall treten erhebliche Interface-Probleme zwischen Steuerungssystemen auf. Joint-Venture-Systeme leisten dann einerseits eine globale Interface-Funktion im weiteren Sinne zwischen den Parentalpartnern, können sich andererseits aber selbst relativ selbständig entfalten, so daß zusätzlich Interface-Systeme im engeren Sinne notwendig sind.

Das *Vollkonsensmodell* (shared management venture) ist schließlich als Idealfall angelegt. Die Parentalpartner unterhalten nicht nur Rahmen- und strategische Programmplanung, sondern auch Systeme der strategischen Steuerung auf Basis eines laufend zu bildenden Konsenses.[79] In diesem Fall entsprechen sich die Steuerungssysteme der Parentalpartner in hohem Maße. Auf dieser Basis ist es der Führung des Joint-Venture möglich, die Venture-Domäne ohne eigene Systeme zu steuern. Letztlich dürfte dieses Vollkonsensmodell einen Grenzfall darstellen. So wäre beispielsweise eine Situation denkbar, in der eine Unternehmung in zwei rechtlich selbständige Teilunternehmungen aufgegliedert wird, die ein drittes Geschäftsfeld gemeinsam in Form eines Joint-Venture bearbeiten. Auf diese Weise mag lediglich eine Inhomogenität zwischen den Lebens- und Sprachformen der Parentalpartner vorliegen, die die Annahme eines Vollkonsensmodells gerechtfertigt erscheinen lassen (für eine genauere Darstellung vgl. Hermann 1989: 133ff.).

Die genannten idealtypischen Partnerschaftsmodelle bringen unterschiedliche Anforderungen an die Bildung von Varianten strategischer Managementsysteme mit sich. Planungs- und Kontrollsysteme sind unterschiedlich zu gestalten, je nachdem, welche konkrete Rollenverteilung zwischen Partnern und Joint-Venture vorliegt. Problematisiert man mögliche Gestaltungskonflikte zwischen den Aktionszentren, so weist das Autonomiemodell ein relativ geringes Konfliktpotential auf, während das Vollkonsensmodell als äußerst konfliktträchtig erscheint. Demgegenüber nehmen Funktionsteilungs- und Dominanz-Modell eine Mittelposition ein. In dieser internationalen triadischen Rollenkonstellation sind zusätzlich unterschiedliche Lebens- und Sprachformen

---

[79] Die Betonung des Konsensbegriffes darf allerdings nicht über das Konfliktpotential dieses Modells hinwegtäuschen.

zwischen Parentalpartnern und Joint-Venture zu berücksichtigen. Damit wird deutlich, daß eine triadische Rollenkonstellation zwischen mehreren Aktionszentren erhebliche Spielräume bzw. Optionen für eine Variantenbildung von Managementsystemen eröffnet.

Die vorgestellten Partnerschaftsmodelle legten den Schwerpunkt auf die Einbeziehung organisationsexterner Aktionszentren. Diese Typologie läßt sich aber auch für die Analyse organisationsinterner Rollenkonstellationen nutzen. Hier sei nochmals an das im Fallstudienbeispiel erläuterte Phänomen geteilter Regionalgesellschaften verwiesen. In internationalen Unternehmen mit einer weltweiten Produktorientierung ergeben sich Situationen, in denen eine ausländische Tochtergesellschaft zugleich von zwei oder mehreren inländischen Produktbereichen geführt wird. Die Produktbereiche greifen auf die Tochtergesellschaft nach Maßgabe ihrer Produktverantwortung zu. In diesem Fall sind dann alle der genannten Partner-Modelle denkbar, wobei die Tochtergesellschaft die Rolle des Joint-Venture übernimmt. Bei solchen organisationsinternen Rollenkonstellationen läßt sich durchaus nicht immer die Vorstellung des Vollkonsens-Modelles verwirklichen. Einzelne Produktbereiche mögen durchaus eigenständige und voneinander verschiedene Steuerungssysteme betreiben, die jedoch beide (und zwar auf unterschiedliche Weise) nicht den Steuerungsanforderungen einer Auslandseinheit entsprechen müssen.

Im Mittelpunkt dieses Abschnitts stand die Vorstellung möglicher Varianten von Managementsystemen, die auf Basis unterschiedlicher Rollenkonstellationen zwischen verschiedenen organisationsinternen und/ oder -externen Aktionszentren im internationalen Unternehmen abgeleitet werden können. Es zeigte sich, daß die Rollendyade zwischen Zentrale und Tochtergesellschaft unterschiedlich ausgeprägt sein kann. Über eine Typologie solcher Konstellationen, die Analyse verschiedener Formen der Domäneninterdependenz und die Untersuchung der Distanz zwischen den Lebens- und Sprachformen einzelner Aktionszentren ließen sich diese Unterschiede vertiefen. Eine besonders komplexe Situation liegt schließlich in triadischen Rollenkonstellationen vor, die sowohl organisationsintern als auch organisationsextern gegeben sein können.

Die Ausbildung von Varianten internationaler strategischer Managementsysteme gewinnt besondere Relevanz, wenn man ihren Unterstützungsbeitrag problematisiert. Hier ist die Frage zentral, inwieweit die Teilnahme an Managementsystemen und die durch Managementsysteme produzierten Outputs in den Führungsstrukturen und in der Basisorganisation ernst genommen werden. Die damit angesprochene Problematik verschiedener Eskalationsstufen einer organisatorischen Anbindung zwischen Managementsystemen und den Führungsstrukturen der Basisorganisation wird im folgenden diskutiert.

5.3 Die organisatorische Anbindung internationaler strategischer Managementsysteme

Der Unterstützungsbeitrag von Managementsystemen steht und fällt mit der Frage, welche Bedeutung der Teilnahme an und den Ergebnisse von Managementsystemen zugemessen wird. Die empirische Forschung zur Implementierung von Managementsystemen zeigt, daß die damit angesprochene Problematik der organisatorischen Anbindung höchst relevant ist und kontrovers diskutiert wird (vgl. Reglin, 1993). Dieses Problemfeld wird im folgenden vor dem Hintergrund der für internationale Unternehmen spezifischen Phänomene des Polyzentrismus diskutiert. Im Anschluß an eine Einführung in die Problematik (5.3.1) werden zwei Aspekte vertieft: die Legitimität internationaler strategischer Managementsysteme (5.3.2) und die Bedeutung nationaler Lebens- und Sprachformen (5.3.3).

5.3.1 Das Problem der organisatorischen Anbindung von Managementsystemen

Es ist eine wesentliche Frage, ob und in welchem Ausmaß die in internationalen strategischen Managementsystemen erarbeiteten Outputs (z. B. Pläne) tatsächlich zu Prämissen eines Handelns in den Führungsstrukturen werden. In der Regel wird davon ausgegangen, daß führungsunterstützende Systeme, sofern sie erst einmal implementiert sind, substantielle Beiträge für die Entwicklung und Umsetzung von Erfolgspotentialen leisten. Ebenso ist aber denkbar, daß eine strategische Planung von den Beteiligten lediglich als lästiges Ritual aufgefaßt wird, an dem man zwar (notgedrungen) teilnimmt, das letztlich aber nur von der Erfüllung der "eigentlichen" Aufgaben abhält.

Im Hinblick auf die Entwicklung und Umsetzung von Erfolgspotentialen läßt sich dieses Problem in einem engeren und einem weiteren Sinne diskutieren. In einer engen Sichtweise geht es um Möglichkeiten, Grenzen und Mittel einer Implementierung von Strategien. Häufig wird jedoch unterstellt, daß diese Strategieimplementierung wiederum systemgestützt - z. B. durch Systeme einer strategischen Steuerung - verläuft. In einer weiter gefaßten Sichtweise steht dann aber nicht die Umsetzung von Strategien, sondern allgemeiner die Umsetzung der in Managementsystemen schlechthin entwickelten Outputs im Vordergrund. Im folgenden wird die Frage der organisatorischen Anbindung internationaler strategischer Managementsysteme unter diesem allgemeinen Blickwinkel behandelt.

In der Literatur liegt eine Fülle von Hinweisen vor, welche die Relevanz dieser Problematik bestätigen.[80] Im internationalen Zusammenhang stehen Befunde bezüglich ausländischer Tochtergesellschaften im Vordergrund: "[I]n many subsidiaries the plan is placed in 'cold storage' soon after it is approved, and

---

[80] Zu empirischen Beispielen vgl. Habel (1992: 216ff.) und die dort angegebene Literatur.

gathers dust until the next 'planning season', when it is dusted off and updated for the following year ..." (Hulbert/ Brandt 1980: 39). Ebenso werden Managementsysteme aber auch in der Zentrale nicht in jenem Ausmaß genutzt, wie dies gemeinhin unterstellt wird. So zeigt etwa die Arbeit von Leksell (1981a: 223ff.) zum Berichtswesen internationaler Unternehmen, daß die überwiegende Zahl der befragten Führungskräfte einer Zentrale kaum auf das formale Berichtssystem zugreift und stattdessen informelle Informationskanäle bevorzugt.[81] Managementsysteme nehmen im internationalen Unternehmen also zumindest teilweise den Charakter eines Rituals an, das die Teilnehmer zwar noch alimentieren, dessen Sinnlosigkeit jedoch konsent ist.

In Anlehnung an Kirsch et al. läßt sich das Ausmaß der organisatorischen Anbindung an zwei Hauptgesichtspunkten festmachen (vgl. Kirsch 1989: 53ff.; Reglin 1993): Zum einen können einzelne Aktoren bei der Übernahme von Aufgaben in Managementsystemen mit mehr oder weniger hohem *Engagement* teilnehmen. Bei geringem Engagement wird die Teilnahme an Managementsystemen lediglich als Ritual aufgefaßt, dem man sich nicht entziehen kann. Bei hohem Engagement dagegen wird die Teilnahme an Managementsystemen so ernst genommen, daß latente Konflikte zu Tage treten und die politische Dimension z. B. einer Planung voll wirksam wird. Zum anderen ist nach den Konsequenzen zu fragen, welche ein Entfall der durch Managementsysteme generierten *Outputs* für die Handlungsfähigkeit der unterstützten Führungsstrukturen nach sich zieht. Einerseits mögen Outputs wie z. B. Plandokumente lediglich zur Kenntnis genommen und "zu den Akten" gelegt werden. Der Entfall eines Managementsystems bleibt für die Funktionserhaltung der unterstützten Bereiche folgenlos. Andererseits mag die Bedeutung der Outputs so hoch sein, daß ein Systementfall zu einer erheblichen Funktionsstörung der unterstützten Bereiche führt.[82] Mit den Begriffen der Ad-, Ab- und Resorption[83] lassen sich dann verschiedene Eskalationsstufen der organisatorischen Anbindung von Managementsystemen bzw. Koppelungsgrade zwischen Managementsystemen und Basisorganisation (bzw. anderen Managementsystemen) unterscheiden. Der Begriff der Adsorption (Anlagerung) entspricht einem geringen Kopplungsgrad, im Fall der Resorption (Verschlingung) liegt dagegen eine maximale Kopplung vor, während die Absorption (Verschmelzung) einer Mittelposition entspricht.

In Anbetracht der in Kapitel 5.1.2 unterschiedenen Systemfelder ist der Grad der organisatorischen Anbindung internationaler strategischer Management-

---

[81] Zu ähnlichen Ergebnissen vgl. Hulbert/ Brandt (1980: 92), Wiechmann/ Pringle (1980: 12).

[82] Zwischen dem Engagement der Aktoren und der Bedeutung, welche den Outputs von Managementsystemen eingeräumt wird, ist von einem wechselseitigen Steigerungsverhältnis auszugehen.

[83] Diese hier metaphorisch gebrauchten Begriffe entstammen Überlegungen der physikalischen Chemie und bezeichnen verschieden intensive Formen der Aufnahme von Gasen durch Flüssigkeiten und Feststoffe.

systeme nach unterschiedlichen System- (bzw. Architektur-) Typen zu differenzieren. In polyzentrischen Strukturen liegt die Vermutung nahe, daß sich domänenspezifische Systeme (also Tochtersysteme und Systeme der Zentralbereiche) durch eine höhere organisatorische Anbindung auszeichnen, als dies für Steuerungssysteme gilt. Vor dem Hintergrund polyzentrischer Phänomene wird dies durch vier Verfeinerungen der oben genannten Bedingungen einer organisatorischen Anbindung verdeutlicht: (1) Dem inhaltlichen Bezug von Managementsystemen, (2) dem Prämissencharakter der in Systemen generierten Outputs, (3) einer Unterscheidung verschiedener Formen der Annahme von System-Outputs und (4) der funktionalen Notwendigkeit von Managementsystemen aus der Sicht fokaler Handlungszentren.

(1) Der *inhaltliche Bezug* von Managementsystemen läßt sich als Problem der Entsprechung zwischen Verantwortungsbereichen bzw. Domänen und Managementsystemen begreifen. So weist etwa Hahn (1990) darauf hin, daß die Führung im internationalen Konzern erleichtert werde, "... wenn Organisations- und Rechtsstruktur, also organisatorischer und rechtlicher Aufbau, und damit dann auch das Plan- und Berichtssystem deckungsgleich sind ..." (Hahn 1990: 179). Knüpft man nochmals an der in Kapitel 5.1.2 entwickelten Typologie an, so ist der inhaltliche Bezug mehrdeutig, wenn Managementsysteme sich aus Sicht eines Handlungszentrums nicht auf den autonomen, sondern den interdependenten Domänenbereich beziehen, in dem wechselseitige Interdependenzen zu anderen Handlungszentren vorliegen. Die organisatorische Anbindung von Managementsystemen wird dann durch einen engen inhaltlichen Bezug zwischen Managementsystemen und Domänen fokaler Handlungszentren gefördert. So erleichtert eine Übereinstimmung die Übersetzung der Outputs von Managementsystemen in die an Verantwortungsbereichen orientierten Kategorien der Basisorganisation. Zum anderen wird damit insbesondere bei der Gestaltung von Planungs- und Kontrollsystemen eine Übereinstimmung zwischen der Verantwortung für Planaufstellung und Planverwirklichung erreicht (vgl. Pfohl 1981: 216f.). Demzufolge weisen Systeme mit hohem inhaltlichem Bezug tendenziell eine stärkere organisatorische Anbindung auf, was insbesondere für Tochtersysteme und nur eingeschränkt für Steuerungssysteme gilt.

(2) Weiter ist die Frage von Bedeutung, inwieweit die Systemoutputs für ein fokales Handlungszentrum und dessen Domäne überhaupt *Prämissencharakter* aufweisen.[84] So geht mit einer Investitionsplanung in der Regel die Verabschiedung bestimmter Investitionsbudgets einher, die für ein fokales Handlungszentrum Prämissencharakter aufweisen. Daneben ist es aber auch denkbar, daß einzelne Handlungszentren z. B. an der Erstellung von Sonderberichten beteiligt sind, die keinen Prämissencharakter annehmen, sondern

---

[84] Offensichtlich (und daher im folgenden zu vernachlässigen) ist die Tatsache, daß der Prämissencharakter z. B. eines Plans in der Regel durch Plan- und Prämissenkontrollen gesichert wird.

lediglich alimentiert werden sollen.⁸⁵ Tendenziell liegt hier die Annahme nahe, daß Managementsysteme, die sich auf den autonomen Domänenbereich eines Aktionszentrums beziehen, lediglich für die diesem Aktionszentrum eindeutig zuordenbare Domäne Prämissencharakter aufweisen. Das Budgetierungssystem einer Zentrale zur Planung der Gemeinkosten der Zentrale weist dagegen keinen direkten Prämissencharakter für eine ausländische Teileinheit auf.⁸⁶ Die entscheidenden Prämissen werden dagegen in Steuerungssystemen erarbeitet.

(3) Liegt ein Prämissencharakter vor, so ist sowohl für Steuerungs- als auch für Tochtersysteme zu fragen, durch welche Gesichtspunkte die *Annahme von Prämissen* aus der Sicht des fokalen Handlungszentrums bestimmt wird. Für polyzentrische Strukturen ist jedoch die Annahme der in Steuerungssystemen erarbeiteten Prämissen zentral. In Anlehnung an Kirsch (1971: 197ff.; 1988: 98ff.) wird hier nach den Extrempunkten eines Kontinuums zwischen routinemäßiger und kalkulierter Annahme von (Entscheidungs-) Prämissen unterschieden. Bei einer *kalkulierten* Annahme wird die Annahme oder Ablehnung der in Steuerungssystemen erarbeiteten Prämissen als Problem betrachtet. Im Zuge der Problemhandhabung setzt sich ein fokales Handlungszentrum rational mit dem Ausmaß, der Wahrscheinlichkeit und den Kosten solcher Sanktionen auseinander, die sich aus der Ablehnung oder der modifizierenden Annahme von Prämissen ergeben können.⁸⁷ Je stärker Formen der kalkulierten Annahme vorliegen, umso eher nimmt die Annahme oder Ablehnung der Outputs von Steuerungssystemen den Charakter von Verhandlungsprozessen an. Auf der anderen Seite kann die Annahme von Prämissen aber auch *routinemäßig* erfolgen und im Grenzfall vollkommen habitualisiert sein. Systemoutputs werden dann "fraglos" übernommen und die Konsequenzen der Annahme oder Ablehnung nicht kalkuliert. In polyzentrischen Führungsstrukturen dominieren tendenziell Formen einer kalkulativen Annahme, die den Charakter eines partisan mutual adjustment annehmen können.

(4) Ein letztes Merkmal greift an der *funktionalen Notwendigkeit* (vgl. Ringlstetter 1992: 154ff.) an, welche die durch ein Managementsystem produzierten Outputs aus Sicht eines fokalen Handlungszentrums für die Steuerung der

---

85   Man denke etwa an einen Überblick zur weltweiten Inflations- oder Wechselkursentwicklung, der auf dem Wege einer jährlichen Abfrage durch eine volkswirtschaftliche Zentralabteilung erstellt wird.

86   Allerdings werden die Kosten der Zentrale i.d.R. entweder leistungsorientiert über interne Transferpreise oder aber nach Kostenschlüsseln z. B. in % vom Umsatz auf die Teileinheiten verrechnet. Insofern besteht ein indirekter Prämissencharakter.

87   Damit dominieren Formen einer empirischen z. B. durch Macht begründeten Motivation der Annahme von Prämissen. Prinzipiell sind aber auch Formen der "rationalen Motivation" denkbar, bei denen etwa im Sinne eines verständigungsorientierten Handelns die Überzeugungskraft von Argumenten im Vordergrund steht (vgl. Kirsch 1988: 100; Kapitel 5.3.2).

eigenen Domäne aufweisen.[88] Diese nimmt zu, wenn ein Managementsystem einen hohen Beitrag zur Aufgabenerfüllung eines fokalen Handlungszentrums in bezug auf die eigene Domäne leistet.[89] Stellt man den Aufgabenbegriff als eine Dimension zur Kennzeichnung der Rolle einer Teileinheit heraus, so wird damit die Frage angesprochen, inwieweit solche Aufgaben im Sinne einer Eigen- oder Fremderwartung zu interpretieren sind. Der Begriff der funktionalen Notwendigkeit hebt dann eher auf die Bewältigung von Aufgaben im Sinne von Eigenerwartungen ab. Die so verstandene funktionale Notwendigkeit eines Steuerungssystems nimmt dann zu, wenn dieses System den Lebens- und Sprachformen der Domäne des fokalen Handlungszentrums und seinen spezifischen Steuerungsanforderungen entspricht. Für Tochtersysteme ist diese Voraussetzung weitgehend erfüllt, während dies für Steuerungssysteme nur eingeschränkt gilt.

Die bisherigen Ausführungen lassen in polyzentrischen Strukturen insbesondere die organisatorische Anbindung von Steuerungssystemen problematisch erscheinen. Mit der Unterscheidung verschiedener Eskalationsstufen der organisatorischen Anbindung wurde die Annahme eines eindeutigen und engen Bezugs zwischen Managementsystemen und Basisorganisation differenzierter beurteilt. Neben dem Engagement der Teilnahme an Managementsystemen steht dann insbesondere die Frage im Vordergrund, welche Bedeutung den Outputs von Managementsystemen in Führungsstrukturen zukommt. Diese Bedeutung hängt ab vom Prämissencharakter dieser Outputs und von verschiedenen Formen der Annahme solcher Prämissen. Durch eine inhaltliche Übereinstimmung zwischen Domänen und Managementsystemen wird weiter eine Übersetzung solcher Prämissen erleichtert. Jenseits dieser generellen Aussagen verdeutlichen die Überlegungen zur funktionalen Notwendigkeit, daß die organisatorische Anbindung von Managementsystemen auch mit dem Niveau der Aufgabenerfüllung in Zusammenhang steht, welches ein Managementsystem für einzelne Handlungszentren ermöglicht.

Mit diesen Ausführungen wurden weitgehend solche Gesichtspunkte behandelt, die der Außenperspektive eines neutralen Beobachters zugänglich sind. Für die Beurteilung der Frage einer organisatorischen Anbindung von Managementsystemen läßt sich jedoch ergänzend ein Zugang aus der Binnenper-

---

[88] Ringlstetter (1993 i. V.: 154ff.) unterscheidet zwischen *funktionaler Notwendigkeit* und *Entscheidungs- bzw. operativer Wirksamkeit* von Steuerungssystemen. Beide Merkmale lassen sich jedoch auf beliebige Aktionszentren anwenden, d. h. der Beitrag zur Aufgabenerfüllung (funktionale Notwendigkeit) nimmt mit der operativen Wirksamkeit von Systemen zu. Das Merkmal operativer Wirksamkeit drückt aus, inwieweit die Outputs von Managementsystemen als Prämissen in die Entscheidungsstruktur von Basisorganisation oder anderen Managementsystemen eingehen (vgl. Ringlstetter 1993 i. V.: 153). Dieser Aspekt wurde oben jedoch bereits in Punkt (2) und (3) angesprochen.

[89] Allgemeiner kann der Beitrag zur funktionalen Notwendigkeit in der Aufrechterhaltung bzw. aktiven Veränderung der Fähigkeiten eines Handlungszentrums gesehen werden.

spektive nutzen. Managementsysteme werden dann aus der Binnenperspektive des kompetenten Teilnehmers erfahren. Damit werden die in Managementsystemen wirksamen Lebens- und Sprachformen relevant. Die Lebens- und Sprachformen von Managementsystemen einerseits und Basisorganisation andererseits können sich voneinander erheblich unterscheiden, bzw. untereinander inkommensurabel sein. In Kapitel 5.1.2 wurden solche Phänomene bereits mit der Idee einer Statusinkonsistenz angedeutet, bei der ein Handlungszentrum Positionen in verschiedenen institutionellen Sphären (Basisorganisation und Managementsystem) einnimmt. Die Tätigkeit in beiden Bereichen ist dann mit der Notwendigkeit verbunden, zwischen den verschiedenen Lebens- und Sprachformen zu wechseln und Übersetzungen vornehmen zu müssen. Solche Fragen einer binnenperspektivischen Beurteilung der organisatorischen Anbindung von Managementsystemen werden in den beiden folgenden Abschnitten vertieft. Dabei werden wiederum Spezifika behandelt, die sich aus der nationalen Dimension der organisatorischen Lebenswelt ergeben. Im unmittelbar folgenden Abschnitt wird die organisatorische Anbindung als Problem der Legitimität von Steuerungssystemen begriffen.

5.3.2 Organisatorische Anbindung als Problem der Legitimität von Steuerungssystemen

Bei der Diskussion der organisatorischen Anbindung von Steuerungssystemen steht die Frage nach jenen Bestimmungsgrößen im Vordergrund, die die Annahme der Systemoutputs in polyzentrischen Führungsstrukturen beeinflussen. Begreift man Managementsysteme als institutionelle Ordnungen, so kann ihre organisatorische Anbindung auch als Problem der Legitimierung von Managementsystemen aufgefaßt werden.[90] In polyzentrischen Strukturen ist dann insbesondere die Legitimität von Steuerungssystemen gefährdet. Deshalb wird im folgenden die organisatorische Anbindung von Steuerungssystemen als Problem ihrer Legitimität behandelt.

Die organisatorische Anbindung von Managementsystemen kann zunächst als Problem ihrer "Institutionalisierung" begriffen werden. Einen Einflußfaktor dieser Institutionalisierung stellt die Legitimität von Managementsystemen dar. So gestattet es eine binnenperspektivische Betrachtung, Managementsysteme als (institutionelle) Ordnungen[91] aufzufassen, welche sich durch spezifische Lebens- und Sprachformen auszeichnen. Managementsysteme stellen dann Ordnungen im Sinne spezifischer Lebens- und Sprachformen dar, die mehr oder weniger "institutionalisiert" sind. Institutionen wurden in Kapitel

---

[90] Grundlegende Legitimationstheorien wurden bereits in Kapitel 2.4.4 im Zusammenhang mit der Legitimationsbasis von Führungsstrukturen diskutiert.

[91] Von einer "Ordnung" kann in Anlehnung an Weber (1985: 16) gesprochen werden, wenn sich ihr Handeln an bestimmten Maximen orientiert. Der Begriff der Maxime kann dabei im Sinne von Handlungsorientierungen aufgefaßt werden, die in den Regeln und Normen bestimmter Lebens- und Sprachformen zum Ausdruck kommen.

5.2.2 als Regel- bzw. Normensysteme (bzw. Ordnungen) definiert, die von Aktoren beherrscht, von ihnen akzeptiert und möglicherweise sogar als legitim angesehen werden können. In Kapitel 2.3.2 wurde erläutert, daß Institutionen im Hinblick auf verschiedene Grundmerkmale gekennzeichnet werden können. Dazu gehört neben ihrem Zwangscharakter ("Institutionen als sanktionierbare Verhaltenserwartungen") vor allem die Frage der Legitimität von Institutionen. Der Institutionscharakter kann damit nicht ausschließlich an die Bedingung geknüpft werden, daß die in Managementsystemen verkörperten Erwartungen durch Sanktionierung einer Erwartungsenttäuschung aufrechterhalten werden.[92] Der Institutionscharakter bestimmter Regel- und Normensysteme müßte sich dann lediglich durch zweckrationales Verhalten aufrecht erhalten lassen, bei dem solchen Verhaltenserwartungen durch Sanktionsvermeidung entsprochen wird. Dem steht jedoch die These gegenüber, daß der Glaube an die Legitimität einer Ordnung einen höheren "Stabilisierungseffekt" und damit eine höhere Leistung für die Geltung von Ordnungen bzw. Erhaltung von Institutionen aufweist, als dies rein zweckrationales Verhalten erbringt.[93]

> "Eine nur aus zweckrationalen Motiven innegehaltene Ordnung ist im allgemeinen (...) ungleich labiler als eine mit dem Prestige der Vorbildlichkeit und Verbindlichkeit, wir wollen sagen: der *'Legitimität'* auftretende." (Weber 1976: 16f.)

Vor diesem Hintergrund kann die Legitimität, welche Managementsysteme in einer Unternehmung genießen, als eine Einflußgröße ihrer organisatorischen Anbindung begriffen werden. Darüber hinaus fällt die organisatorische Anbindung von Managementsystemen unter Umständen höher aus, sofern die in Managementsystemen verkörperten Regeln und Normen nicht nur zweckrational befolgt, sondern auch als legitim erachtet werden.

Konzentriert man sich auf Steuerungssysteme, so erscheint die Legitimität von Managementsystemen in polyzentrischen Führungsstrukturen aus zwei Gründen gefährdet. Zum einen erscheint eine "ungerechte" Verteilung von Anreizen und Belastungen als Folge der Strategieentwicklung besonders wahrscheinlich. Zum anderen sind die Möglichkeiten einer sanktionsmotivierten Annahme von Planungsoutputs eingeschränkt. Diese Thesen sind kurz zu erläutern:

---

[92] Diese Interpretation des Institutionenbegriffs legen zumindest Aussagen von Vertretern der institutional economics nahe (vgl. Dietl 1991: 35). Zwar werden Erwartungsenttäuschungen in Ausnahmefällen als möglich erachtet. Sofern solche Ausnahmefälle aber nicht zur Regel werden sollen, erscheinen im Lichte dieser Begriffsfassung von "Institution" Sanktionen zu ihrer Aufrechterhaltung unvermeidlich.
[93] Institutionen nehmen zweifellos auch Legitimität in Anspruch. So wird ein "Frevler" nicht nur sanktioniert, sondern auch moralisch gemaßregelt. Umgekehrt ist z. B. die Institution der Politikerbestechung in manchen Ländern nur begrenzt sanktionierbar, so daß "lediglich" der Legitimitätsverlust z. B. in Form von Politikverdrossenheit bleibt.

(1) Die Verflechtung und Vernetzung der Domänen einzelner Handlungszentren führt dazu, daß die Strategieentwicklung in Steuerungssystemen mit einer erheblichen Umverteilung von Anreizen und Belastungen für die einzelnen Aktionszentren verbunden ist.[94] Die mit einem Planungsouput mittelbar und unmittelbar verbundenen Konsequenzen ("Outcome") können daher als illegitim erachtet werden. In der einschlägigen Literatur wird häufig eine Sichtweise zugrundegelegt, in der die Vorteilhaftigkeit bestimmter Strategien ausschließlich aus der Sicht der Spitze einer monozentrischen Führungsstruktur beurteilt wird, die die Perspektive und Wertstandards einer corporate strategy einnimmt (vgl. z. B. Hamel/ Prahalad 1985). In polyzentrischen Strukturen muß man der Idee eines solchen zentralen corporate actor kritisch gegenüberstehen. Die Vorteilhaftigkeit bestimmter Strategien aus der Sicht einzelner Aktionszentren wird häufig nicht durch eine auf das Gesamtunternehmen abstellende gesamtsystemische Reflexion beurteilt: "[A]lthough subsidiary top managers should judge the favourability of outcomes based on the totality of the organization, in reality each tends to judge outcome favorability from the perspective of their individual subsidiary unit ..." (Kim/ Mauborgne 1991: 132). Die Annahme einer gesamtsystemischen Reflexion einzelner Aktionszentren aus der Sicht des Gesamtunternehmens erscheint damit problematisch. Statt dessen werden einzelne Aktionszentren strategische Outcomes subsystemisch, d. h. im Licht ihrer spezifischen Erfolgsmaßstäbe beurteilen.

(2) Weiter kann in polyzentrischen Strukturen die Annahme der in Managementsystemen produzierten Ergebnisse nur begrenzt über Sanktionierung motiviert werden. So wurde oben auf verschiedene Formen der Annahme von den in Steuerungssystemen generierten Entscheidungsprämissen hingewiesen. In polyzentrischen Strukturen - so das obige Zwischenergebnis - stehen Formen einer kalkulativen Annahme im Vordergrund, bei denen eine wechselseitige Manipulation der Entscheidungsträger dominiert. Bei wechselseitiger Manipulation wird die Annahme von Entscheidungsprämissen durch *empirische* Tatbestände (z. B. durch Macht) motiviert. Aspekte der wechselseitigen Machtausübung nehmen in polyzentrischen Strukturen eine große Bedeutung ein. Allerdings scheiden in polyzentrischen Strukturen solche Formen der Machtausübung aus, die auf "fiat" im Sinne einer reinen Machtausübung "von oben nach unten", d. h. in hierarchischen Strukturen zurückgehen.

> "That the distinctive powers of hierachy traditionally used to mobilize internal organizations and affect subsidiary compliance, namely recourse to fiat and refined monitoring and appraisal capability, have dissipated

---

[94] Beispielsweise ermöglicht ein globaler Wettbewerb sogenannte "cross-subsidization-Manöver" (vgl. Hamel/ Prahalad 1988: 9f.). Dabei wird z. B. der Eintritt eines Wettbewerbers in den Markt der Tochter A bestraft, indem eine in der home base des Wettbewerbers tätige Tocher B ihre Preise senkt, um auf diese Weise den Wettbewerber über Marktanteilsverluste zu schädigen. Im Endergebnis wird eine Gewinnverlagerung zwischen den Teileinheiten durchgeführt, die von B möglicherweise als ungerecht empfunden wird.

within the multinational (...), heightens (...) the importance of procedural justice in the global strategy-making process." (Kim/ Mauborgne 1991: 138)

Diesen Aspekt haben die Überlegungen zur Hierarchiedynamik in Planungs- und Kontrollsystemen verdeutlicht. Deshalb liegt die Frage nahe, inwieweit die Annahme von Prämissen nicht nur empirisch, sondern auch *rational* motiviert sein kann.[95] Damit rückt die Vorstellung eines verständigungsorientierten kommunikativen Handelns im Sinne von Habermas (1981a,b) in den Vordergrund. Hierbei wurde bereits in Kapitel 2.4.4 auf die Relevanz verschiedener Geltungsansprüche eines rationalen Diskurses hingewiesen. Man fragt nach den Kriterien einer Begründung von Entscheidungsergebnissen und hebt auf die Vorstellung verschiedener Geltungsansprüche ab, denen eine rationale Entscheidung genügen muß. Neben dem Geltungsanspruch der Wahrheit oder Wirksamkeit, zu dessen Einlösung kognitiv-instrumentelle Aspekte im Vordergrund stehen, rücken auch die Geltungsansprüche der normativen Richtigkeit (moralisch-praktischer Aspekt) und der Wahrhaftigkeit (ästhetisch-expressiver Aspekt) in den Vordergrund (vgl. Habermas 1981a: 25ff.).

Genau diesen Geltungsanspruch der normativen Richtigkeit behandeln die Überlegungen von Kim/ Mauborgne (1991) zur Verfahrensgerechtigkeit (procedural justice) einer strategischen Planung. Sie stellen die These auf, daß die Verfahrensgerechtigkeit einer strategischen Planung einen wesentlichen Einflußfaktor der organisatorischen Anbindung von Steuerungssystemen bildet (vgl. Kim/ Mauborgne 1991: 127, 141).[96] Ihre Überlegungen lassen sich damit zugleich als ein erster Ansatz zur Konkretisierung der Legitimierung von Managementsystemen auffassen.

Das Konstrukt der Verfahrensgerechtigkeit geht auf Überlegungen zu einer psychologischen Theorie der Gerechtigkeit zurück.[97] Verfahrensgerechtigkeit bezieht sich auf die "... social psychological consequences of procedural variation, with particular emphasis given to the procedural effects of fairness judgements ..." (Lind/ Tyler 1988: 7). Zentrale Aussage dieser Überlegungen ist, daß Individuen Entscheidungsergebnisse nach der subjektiven Fairness jener Verfahrensregeln beurteilen, mit denen diese Ergebnisse erzielt wurden. Diese

---

[95] Vgl. zum folgenden Kirsch (1988: 100 ff.) und Kirsch (1992a: 50ff.).
[96] Die Autoren untersuchen Bestimmungsgrößen der erfolgreichen Implementierung globaler Strategien im internationalen Unternehmen. Bedingungen, welche den Implementierungserfolg (bzw. allgemein: die Annahme von Systemoutputs in der Basisorganisation) fördern, können als Äquivalente für eine hohe organisatorische Anbindung von strategischen Planungssystemen aufgefaßt werden. Diese Überlegungen beanspruchen damit auch für andere Systeme wie Anreiz- und Sanktionssysteme, Systeme der Führungskräfteentwicklung oder Transferpreissysteme (vgl. z. B. Eccles 1985: 38f.) Gültigkeit.
[97] Die ersten Arbeiten sind juristischer Natur (vgl. Thibaut/ Walker 1975). Später wurde der Anwendungsbereich auch auf andere Gebiete wie Ausbildung, Politik oder Verfahren der Leistungsbeurteilung in Unternehmen ausgedehnt (vgl. Kim/ Mauborgne 1991: 127f.).

Grundidee kann prinzipiell auch auf die in Managementsystemen verkörperten Regeln und Normen angewendet werden. Damit stehen die in Managementsystemen z. B. in einer strategischen Planung wirksamen Geltungsansprüche der normativen Richtigkeit im Vordergrund.

Für das Verständnis des Konstrukts der Verfahrensgerechtigkeit ist die Grundidee wesentlich, daß eine strategische Planung von den betroffenen Handlungszentren in zweierlei Hinsicht als "legitim" beurteilt wird: Zum einen hinsichtlich der subjektiven Gerechtigkeit jener Allokation von Anreizen und Belastungen, die als Folge (Outcome der Planung) einer Implementierung von Strategien (Output der Planung) zu erwarten sind; zum anderen nach der Gerechtigkeit jener "Verfahrensregeln", die in Planungssystemen zur Anwendung kommen. Analog unterscheiden Kim/ Mauborgne zwischen der Fairness von Planungsoutcome (strategic decision outcome) und der Verfahrensgerechtigkeit (procedural justice), mit der Planungsoutputs entwickelt werden.

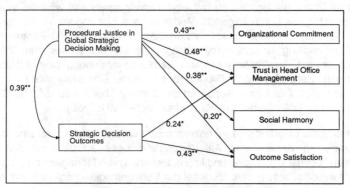

Abb. 5-10: Beziehungen zwischen Verfahrensgerechtigkeit, Outcome-Gerechtigkeit und förderlichen Bedingungen zur Annahme von Planungsoutputs (aus Kim/ Mauborgne 1991: 137)

Im Rahmen einer empirischen Untersuchung versuchen die Autoren, den Einfluß der Fairness von Planungsoutcome und der Verfahrensgerechtigkeit einer Planung zu trennen. Als abhängige Variablen werden vier Größen verwendet: Verpflichtung der Teileinheiten auf die Ziele der Organisation (commitment), Vertrauen gegenüber der Zentrale (trust), Kohäsion zwischen Tochter und Zentrale (harmony) und Zufriedenheit mit dem Ergebnis des Planungsprozesses (outcome satisfaction). Diese Faktoren können als Äquivalente für eine erhöhte Wahrscheinlichkeit der Annahme von Ergebnissen einer strategischen Planung durch einzelne Aktionszentren gelten.[98] Die genannten Faktoren

---

[98] Je größer beispielsweise das Vertrauen der Teileinheiten gegenüber der Zentrale, je harmonischer dieses Verhältnis und je höher die Verpflichtung einzelner Aktionszentren auf die Ziele der Gesamtorganisation, um so höher fällt möglicherweise die Wahrscheinlichkeit eines rational erzielten Einverständnisses der Aktionszentren aus. In gleicher Weise erhöht die Zufriedenheit mit dem

stellen damit Bedingungen dar, die - sofern erfüllt - die organisatorische Anbindung von Managementsystemen im Sinne einer erhöhten Wahrscheinlichkeit der Prämissenannahme fördern.[99] Abbildung 5-10 stellt Beziehungen zwischen Verfahrensgerechtigkeit sowie Outcome einer strategischen Planung einerseits, den für die organisatorische Anbindung einer strategischen Planung förderlichen Bedingungen andererseits dar.

Wesentliches Ergebnis dieser Untersuchung ist die Tatsache, daß sowohl Verfahrensgerechtigkeit als auch Planungs-Outcome einen eigenen Beitrag zur Schaffung solcher Bedingungen leisten, die für die Annahme der durch Managementsysteme (hier eine strategische Planung) generierten Maximen förderlich sind. Damit lassen sich einige Schlußfolgerungen für die Gestaltung von Managementsystemen unter dem Gesichtspunkt der Verfahrensgerechtigkeit ableiten. Dabei sind jene Faktoren wesentlich, die aus der Sicht ausländischer Tochtergesellschaften dazu beitragen, daß ein strategisches Planungsverfahren als legitim beurteilt wird. Dementsprechend wird die Verfahrensgerechtigkeit durch folgende Merkmale des Planungsverfahrens gefördert: (1) bilaterale Kommunikation zwischen Teileinheiten und Zentrale, (2) Gleichbehandlung einzelner Teileinheiten, (3) die Möglichkeit zum Widerspruch seitens der Teileinheiten, (4) Rechenschaftslegung bzw. Erklärung seitens der Zentrale über die Gründe für bzw. wider eine bestimmte Entscheidung und (5) hoher Informationsgrad der Zentrale über die spezifische Situation einzelner Teileinheiten (vgl. Kim/ Mauborgne 1991: 135f.).

Unterstellt man hierbei eine monozentrische Führungsstruktur, so sind diese Merkmale im Sinne eines Anforderungskataloges aufzufassen, den die "Zentrale" bei der Gestaltung und Implementierung von Managementsystemen beachten sollte, sofern dem Merkmal der Verfahrensgerechtigkeit Bedeutung zugemessen wird. So gesehen liegt dann jedoch ein recht anspruchsvoller Anforderungskatalog vor. Allein die Gewährleistung eines hohen Informationsgrades der Zentrale erweist sich angesichts der begrenzten Informationsverarbeitungskapazität[100] einer Zentrale als problematisch. Ebenso muß der Vorstellung einer Gleichbehandlung einzelner Teileinheiten kritisch begegnet werden. Die Überlegungen zu den verschiedenen Rollen ausländischer Tochtergesellschaften haben gezeigt, daß einzelne Teileinheiten durchaus individuelle Rollen übernehmen können. Gleichbehandlung käme dann einer

---

[99] Ergebnis des Planungsprozesses die Wahrscheinlichkeit, daß die über Managementsysteme generierten Outputs als Prämissen angenommen werden. Diese Aussage stellt allerdings eine Sekundärinterpretation der Überlegungen von Kim/ Mauborgne dar. Immerhin vermuten die Autoren einen ähnlichen Zusammenhang, wobei dieser "... proof of the practical worthiness of procedural justice for the effective implementation of global strategies ..." (Kim/ Mauborgne 1991: 141) weiteren Forschungsarbeiten überlassen bleibt.

[100] Die auf Simon (1957) zurückgehende These begrenzter Informationsverarbeitungskapazitäten von Individuen wurde in Kapitel 2.4.2 als mögliche strukturelle Randbedingung interpretiert, die zur Entstehung polyzentrischer Führungsstrukturen beiträgt.

Vorgehensweise des "Haarschneideautomaten" gleich, die der Individualität einzelner Tochtergesellschaften kaum gerecht würde. Letztlich kommt im obigen Anforderungskatalog wohl eine partizipative Führungsphilosophie der Zentrale zum Ausdruck. Bei Vorliegen anderer Führungsphilosophien[101] werden Fragen der Verfahrensgerechtigkeit aber dann möglicherweise völlig anders beurteilt. Das Merkmal der Verfahrensgerechtigkeit wird also in polyzentrischen Führungsstrukturen zum ersten schwierig zu verwirklichen sein und zum zweiten kontraintuitive Effekte nach sich ziehen. Schließlich ist dieses Merkmal mit Blick auf verschiedene Führungsphilosophien kontingent.

Begreift man das Merkmal der Verfahrensgerechtigkeit als eine Einflußgröße der Legitimität von Managementsystemen, so sind darüber hinaus aber auch weitere Größen einer Legitimierung von Managementsystemen zu beachten. In Anlehnung an Kirsch kann Legitimierung als eine Relation zwischen realen Managementsystemen und einem rechtfertigenden Modell solcher Systeme aufgefaßt werden.[102] Ein rechtfertigendes Modell wird einerseits (1) durch Beziehungen innerhalb real existierender Managementsysteme beeinflußt. Als wesentliche Elemente, die die Legitimation von Managementsystemen fördern, scheinen insbesondere die Komponenten der Bedürfnisbefriedigung, der Partizipation und der Zurechnungsproblematik relevant. So erscheint es einsichtig, daß die Legitimation eines Managementsystems mit der Frage zusammenhängt, inwieweit Managementsysteme zur *Bedürfnisbefriedigung* der Betroffenen beiträgt. Im Vergleich zur Konzeption von Kim/ Mauborgne entspricht dieser Aspekt im wesentlichen der subjektiv empfundenen Fairness eines "strategic decision outcome". Demgegenüber kann die Verfahrensgerechtigkeit von Managementsystemen weitgehend mit der Vorstellung einer *Partizipation* von Handlungszentren an Managementsystemen zusammengefaßt werden. Durch Partizipation entsteht das Gefühl einer Verbundenheit und Mitverantwortlichkeit für die in Systemen erarbeiteten Outputs. Durch Partizipation lassen sich Handlungszentren "in die Pflicht nehmen". Damit bleibt allerdings der Grad des Engagement offen, welches einzelne Akteuren bei einer solchen Partizipation entwickeln. Schließlich stellt sich für jedes Managementsystem die *Zurechnungsproblematik*, inwieweit tatsächlich erzielte Unternehmenserfolge überhaupt auf den Einsatz von Managementsystemen zurückgeführt werden können.[103] Einerseits mag eine strategische Planung durchaus als sinnvoll erachtet werden. Andererseits ist man evtl. der

---

[101] Zur Unterscheidung verschiedener Führungsphilosophien vgl. Kirsch (1990: 375ff.).
[102] Ursprünglich stellen die Überlegungen von Kirsch auf die Frage der Legitimierung von Führungsstrukturen ab (vgl. Kirsch (1992a: 146ff.) sowie Kapitel 2.4.4). Die folgenden Ausführungen greifen diese Überlegungen heuristisch und in modifizierender Form in bezug auf Managementsysteme auf.
[103] Diese "Zurechnungsproblematik" wird in der empirischen Forschung (im Sinne der Frage: "Does strategic planning pay?") äußerst kontrovers diskutiert (vgl. Habel 1992: 203ff.).

Überzeugung, daß im operativen Tagesgeschäft allein der "gesunde Menschenverstand" zählt.

In Fortführung dieser Überlegungen wird ein rechtfertigendes Modell (2) aber auch durch solche Komponenten beeinflußt, die von realen Managementsystemen weitgehend unabhängig sind. Dazu gehören beispielsweise bestimmte Traditionen, Ideen und Philosophien im Sinne einer Rationalität des rechtfertigenden Modells, sowie übergeordnete Rechtsinstitutionen im Sinne Webers (1985: 19) Legitimation "... kraft positiver Satzung, an deren Legalität geglabt wird... ". Auf die Legitimationswirkung von *Traditionen* hat bereits Weber (1985: 19) hingewiesen. Die Orientierung an der Geschichtlichkeit der schon immer existierenden Systeme kann wohl als ursprünglichste Legitimationsform angesehen werden. Die Legitimationsbasis, welche ein Managementsystem durch Ideen und Philosophien erhält, kann als seine *Rationalität* bezeichnet werden. So mögen beispielsweise strategische Planungssysteme unter Bezugnahme auf wissenschaftliche Systemkonzeptionen als besonders rational ausgewiesen und damit legitimiert werden. Schließlich können Managementsysteme z. B. der Finanzbuchhaltung ihre Legitimität auch aus geltenden *Rechtsinstitutionen* wie etwa den Grundsätzen ordnungsgemäßer Buchführung oder der Norm des "true and fair view" im Jahresabschluß beziehen.

Diese Überlegungen können sicher nicht als eine umfassende Legitimationstheorie von Managementsystemen aufgefaßt werden. Sie verdeutlichen aber, daß die Legitimation von Managementsystemen einen wesentlichen Aspekt ihrer organisatorischen Anbindung bildet. Zugleich wird klar, daß über den Gesichtspunkt der Verfahrensgerechtigkeit hinaus weitere Bedingungen der Legitimierung von Managementsystemen zu beachten sind. Ausgangspunkt dieses Abschnitts war der Institutionencharakter von Managementsystemen im Sinne spezifischer Lebens- und Sprachformen. Damit stand die Frage im Vordergrund, inwiefern Managementsysteme selbst als institutionelle Ordnungen aufgefaßt werden können. Im internationalen polyzentrischen Unternehmen stellt sich damit zusammenhängend die Frage nach der Bedeutung, welche nationenspezifische Lebens- und Sprachformen für die organisatorische Anbindung von Managementsystemen aufweisen. Dieser Aspekt wird im folgenden Abschnitt vertieft.

5.3.3 Bedeutung nationaler Lebens- und Sprachformen für die organisatorische Anbindung von Steuerungssystemen

Managementsysteme können eigenständige Lebens- und Sprachformen entwickeln, die sich erheblich von jenen der Basisorganisation unterscheiden. Dieses Phänomen wurde oben im Lichte rollentheoretischer Überlegungen als Statusinkonsistenz beschrieben. Damit stellt sich die Frage, in welchem Verhältnis die Lebens- und Sprachformen von Managementsystemen und Basisorganisation stehen. Diese Frage wird im folgenden zunächst allgemein als

Problem der lebensweltlichen Verankerung von Managementsystemen diskutiert.[104] Im Anschluß wird gezeigt, daß im internationalen Unternehmen Steuerungssysteme in einzelnen Teileinheiten eine geringe lebensweltliche Verankerung aufweisen können, weil sie möglicherweise durch die nationalen Lebens- und Sprachformen der Stammdomäne einer Unternehmung geprägt sind.

Inbegriff der organisatorischen Lebenswelt stellt die Menge der für eine fokale Organisation relevanten Lebens- und Sprachformen dar. Greift man hier auf die Idee einer strukturellen Ausdifferenzierung der organisatorischen Lebenswelt zurück, so läßt sich die organisatorische Anbindung von Managementsystemen als Problem ihrer lebensweltlichen Verankerung in der Unternehmenskultur, den institutionellen Ordnungen und den unternehmensgeprägten Persönlichkeitsstrukturen begreifen.[105]

> "Managementsysteme sind zunächst institutionelle Ordnungen innerhalb der Unternehmung und insofern Regelsysteme, die von den Aktoren mehr oder weniger beherrscht und akzeptiert werden können. Mit der Etablierung solcher Systeme wird auch die Unternehmenskultur in unterschiedlichem Maße geprägt, je nach dem, ob die mit dem Managementsystem verbundenen Wissensvorräte und Deutungsschemata (Kontexte) für die Aktoren zu kulturellen Selbstverständlichkeiten werden. Schließlich besitzen die Managementsysteme auch eine unterschiedliche Verankerung in den Persönlichkeitsstrukturen der Akteure." (Kirsch 1989:56)

Das Ausmaß dieser Verankerung hängt demnach davon ab, inwieweit die in Managementsystemen wirksamen Normen und Spielregeln der unternehmensgeprägten Persönlichkeit einzelner Rollenträger entsprechen und motivational verankert sind.[106] Darüber hinaus müssen Managementsysteme mit den kulturellen Werten und Normen einer Basisorganisation vereinbar sein, um anerkannt und akzeptiert zu werden. Schließlich verdeutlichen die Überlegungen in Kapitel 5.3.2, welche Rolle die Legitimität von Managementsystemen für eine institutionelle Verankerung von Managementsystemen aufweist.

Greift man nochmals auf diese Überlegungen zurück, so läßt sich am Beispiel der Verfahrensgerechtigkeit von Steuerungssystemen die Relevanz nationaler Lebens- und Sprachformen aufzeigen. So wurde gezeigt, daß mit dem Kriterium der Verfahrensgerechtigkeit moralisch-praktische Geltungsansprüche angesprochen werden. Aus Kapitel 2.4.4 ist bekannt, daß Geltungsansprüche eines normenregulierten Handelns kulturgebunden sind, bzw. erheblich von

---

[104] Habermas verwendet diesen Begriff im Zusammenhang mit der Verankerung von systemischen Integrationsmechanismen "Geld" und "Amtsmacht": "Geld und Macht müssen als Medien in der Lebenswelt verankert, d. h. mit Mitteln des positiven Rechts institutionalisiert werden können ..." (Habermas 1981b: 564). Heinen (1987: 27) verwendet diesen Begriff im Hinblick auf die Verankerung von Unternehmenskulturen in Organisationen.

[105] Vgl. zum Problem der lebensweltlichen Verankerung Kirsch (1989: 55f.), Reglin (1993).

[106] Ein hohes Engagement (vgl. Kapitel 5.3.1) einzelner Aktoren in Managementsystemen deutet dann auf eine solche motivationale Verankerung hin.

den nationalen Lebens- und Sprachformen beeinflußt werden. In polyzentrischen Lebenswelten erschwert dann die Vielfalt nationaler Lebens- und Sprachformen die Annahme eines rational erzielten Einverständnisses über die Verfahrensgerechtigkeit von Steuerungssystemen. Mit anderen Worten ist die lebensweltliche Verankerung von Managementsystemen im Hinblick auf die Bedeutung nationaler Lebens- und Sprachformen zu relativieren.

Auch hier ist zunächst von verschiedenen Eskalationsstufen einer Kopplung bzw. lebensweltlichen Verankerung auszugehen (vgl. Kapitel 5.3.1). Zum einen können Managementsysteme den Charakter eines *Artefakts* annehmen. Der Artefakt-Begriff bringt zum Ausdruck, daß systemspezifische Lebens- und Sprachformen in der Basisorganisation als künstlich empfunden werden und eine organisatorische Anbindung an möglichen Immunisierungsschranken einer Organisation scheitern kann (vgl. Kirsch 1977a: 214f.; 1984: 707). Dies entspricht im obigen Sprachspiel einer reinen Anlagerung (Adsorption). Zum anderen können Managementsysteme aber auch den Charakter einer habitualisierten *Praktik* annehmen.[107] Dieser Begriff bezeichnet den unmittelbaren Kontext, in dem Probleme als Probleme eines bestimmten Typs (z. B. als Planungs- oder strategisches Problem) erfaßt werden. Im Grenzfall lassen sich Praktiken als habitualisierte Formen des Handelns auffassen, die unmittelbar im Sinne eines Auslösungsprogramms funktionieren, und ein mehr oder weniger routinemäßiges Handeln auslösen (vgl. Kirsch 1992a: 75). Sofern sich Managementsysteme als habitualisierte Praktik rekonstruieren lassen, ist von einer Verschlingung (Resorption) der Lebens- und Sprachformen von Managementsystemen und Basisorganisation auszugehen.[108]

Dieses grundsätzliche Problem der lebensweltlichen Verankerung gewinnt in großen diversifizierten internationalen Unternehmen eine zusätzliche Dimension, weil die Lebens- und Sprachformen einer Basisorganisation nicht homogen sind. In internationalen Unternehmen liegt statt dessen eine inhomogene Lebenswelt mit unterschiedlichen Lebens- und Sprachformen vor. In globalen Lebenswelten sind diese Lebens- und Sprachformen untereinander lediglich inhomogen, während in polyzentrischen Lebenswelten eine inkommensurable Vielfalt von Lebens- und Sprachformen besteht.

Die besondere Relevanz nationaler und branchenspezifischer Lebens- und Sprachformen wurde in Kapitel 2.4.4 aufgezeigt. Diese Ausführungen beschränkten sich jedoch auf Merkmale der Basisorganisation. Folgt man nun

---

[107] Kirsch unterscheidet hier in Zusammenhang mit einer binnenperspektivischen Annäherung an Führungsphänomene zwischen Führungspraxis und -praktik. Eine Praxis wird durch mehrere Praktiken konstituiert. So kennt die Führungspraxis beispielsweise Finanzierungspraktiken, Entlohnungspraktiken usw. (vgl. Kirsch 1992a: 75ff.).
[108] Der Fall der Absorption bezeichnet dann wiederum eine Mittelposition zwischen Artefakt und Praktik.

den Thesen der kulturvergleichenden Managementforschung,[109] so sind auch Managementsysteme selbst durch nationale Kulturen bzw. nationale Lebens- und Sprachformen geprägt (vgl. Keller 1989: 235ff.). Insbesondere Bartlett/ Ghoshal (1989: 35ff.)[110] haben hier auf die Relevanz eines administrativen Erbes (administrative heritage) internationaler Unternehmen hingewiesen. Sie verstehen darunter die Ausbildung unternehmensspezifischer administrativer Traditionen, die durch verschiedene Faktoren geprägt werden. Maßgeblich sind die Bedeutung einzelner Führungspersönlichkeiten, die Entwicklungsgeschichte einer Organisation und nicht zuletzt "... the influence of home country culture on underlying values and practices ..." (Bartlett/ Ghoshal 1989: 41). Aber auch die von Prahalad/ Bettis (1986) so bezeichnete dominante Management-Logik kann sich in der Art und Weise niederschlagen, wie bestimmte Systeme einer strategischen Planung betrieben werden.

Sofern auch Managementsysteme durch nationale Lebens- und Sprachformen geprägt sind, liegt die Annahme nahe, daß Systeme einzelner Handlungszentren in hohem Maße durch die Lebens- und Sprachformen ihrer Domäne geprägt sind. Dabei ist im Hinblick auf ein fokales Handlungszentrum zwischen autonomem und interdepentem Domänenbereich zu unterscheiden. Dementsprechend werden Systeme, die sich auf autonome Domänenbereiche beziehen, den spezifischen Lebens- und Sprachformen dieser Handlungszentren entsprechen. Dies gilt insbesondere für Systeme der Zentralbereiche und Tochtersysteme. Gesichtspunkte der organisatorischen Anbindung, die für polyzentrische Strukturen spezifisch sind, ergeben sich jedoch für interdependente Domänenbereiche, insbesondere aber für Steuerungssysteme. In polyzentrischen Organisationen ist es dann möglich, daß die Steuerungssysteme in hohem Maße durch die Kerndomäne geprägt werden.[111]

---

[109] Im deutschen Sprachraum ist insbesondere die Arbeit von Keller (1982) prominent. Zu einer Typologie verschiedener Forschungsansätze vgl. Adler (1983) sowie Kapitel 2.4.4.

[110] Diese Prägung schlägt sich unabhängig von der offiziellen Konzernsprache in Merkmalen wie Planungshorizont, Planungszyklus, Kennzahlen usw. nieder. So ist unabhängig vom Planungshorizont in japanischen Unternehmen regelmäßig eine sechsmonatige Budgetüberarbeitung üblich, während in amerikanischen Unternehmen jährlich überarbeitet wird (vgl. z. B. Kagono et al. 1985; Sakurai et al. 1989: 162ff.). Zu weiteren Arbeiten vgl. z. B. Dülfer (1991), Keller (1982). Jenseits dessen steigt gerade bei einer einheitlichen Konzernsprache (z. B. in Form eines "Basic English") die Gefahr des Mißverstehens, weil Muttersprachige aufgrund der "fließenden" Kommunikationsmöglichkeit irrtümlich einen gemeinsamen kulturellen Hintergrund unterstellen (vgl. Picht 1987: 48).

[111] Genau diese Prägung der Steuerungssysteme wurde im Fallstudienbeispiel deutlich. Die Steuerungssysteme, vor allem aber die Wirtschaftsplanung, waren in hohem Ausmaß durch die Logik des Stammlandes und des Stammgeschäftes geprägt bzw. "A'minded". Demgegenüber entsprachen Schattensysteme der "Persönlichkeitsstruktur" einzelner Geschäftsführer, während Vorsysteme (im Sinne von Tochtersystemen) auf die Spezifika einzelner Bereiche zugeschnitten waren (vgl. Kapitel 3.3).

Folglich werden Steuerungssysteme aus der Sicht eines Aktionszentrums, dessen Domäne eine hohe Distanz zur Stammdomäne aufweist, u. U. als Artefakte angesehen. Demgegenüber werden in Aktionszentren, welche eine geringe Distanz zur Stammdomäne aufweisen, die Steuerungssysteme stärker lebensweltlich verankert sein. Damit ist festzuhalten, daß das Ausmaß der organisatorischen Anbindung von Steuerungssystemen in einer fokalen Teileinheit tendenziell mit der Distanz seiner Domäne zur Stammdomäne abnimmt. Diese Problematik der organisatorischen Anbindung im internationalen Unternehmen kann durch Ansätze der kulturvergleichenden Managementforschung vertieft werden.

Im Lichte dieser Ansätze läßt sich das Problem der organisatorischen Anbindung von Steuerungssystemen als Problem der intraorganisatorischen internationalen Transferierbarkeit von Managementsystemen auffassen. Die Transferproblematik gliedert sich in drei Bereiche: Zunächst stellt sich die Frage, ob transferierte Managementyteme überhaupt einen Beitrag zur Handhabung von Führungsproblemen ausländischer Tochtergesellschaften leisten können. Zum zweiten ist zu klären, ob Managementsysteme kulturell kontingent oder universeller Natur sind. Schließlich kann die Frage hinzugefügt werden, wie sich ein solcher Transfer am wirksamsten durchführen läßt. Die kulturvergleichende Organisationsforschung konzentriert ihr Interesse auf die zweite Frage.[112]

In der relevanten Diskussion stehen sich mit dem Kulturalismus und dem Universalismus zwei Auffassungen gegenüber. Während die kulturalistische Position einen großen Einfluß nationaler Lebens- und Sprachformen auf bestimmte Managementtechniken annimmt, bestreitet die universalistische Position einen dominanten Einfluß sozio-kultureller Faktoren auf Managementtechniken (vgl. Keller 1989: 237f.). Diese global formulierte Antithese zwischen Kulturalisten und Universalisten ist differenzierter zu beurteilen. Zum einen ist weniger die Frage zu stellen, ob, sondern unter welchen Bedingungen nationale Lebens- und Sprachformen für das Problem des Transfers von Managementsystemen von Bedeutung sind. So gibt beispielsweise Child (1981) zu bedenken, daß die Bedeutung kultureller Faktoren durch intervenierende Variablen wie etwa Organisationsstruktur oder Technologien beeinflußt wird. Begreift man das Ausmaß polyzentrischer Phänomene als eine solche intervenierende Variable, so erscheint ein Systemtransfer in schwach polyzentrischen Strukturen weniger problematisch, als dies in stark polyzentrischen Strukturen der Fall ist.

Weiter läßt sich nach der Art verschiedener Managementsysteme bzw. Managementpraktiken unterscheiden. So differenziert Negandhi zwischen "... (1) technical core activites (such as, planning, and control); (2) social system (such as, interpersonal relationships); and (3) institutional or external relation-

---

[112] Diese Frage stellt den Schwerpunkt komparativer und geozentrischer interkultureller Managementansätze dar. Vgl. z. B. Adler (1983: 33f.), Hofstede (1983), Schreyögg (1976).

ships (such as, establishing legitimacy) ..." (Negandhi 1983: 23f.). Dabei hat sich in der Literatur die Auffassung herausgebildet, daß eher "technische" Bestandteile des Management-Know-how bei entsprechender Schulung am leichtesten übertragbar sind (vgl. Keller 1989: 238f.). Dazu werden beispielsweise Techniken der Planung, Kostenrechnung und Produktionssteuerung gerechnet. Demgegenüber wird die Übertragbarkeit mitarbeiter- und verhaltensbezogener Managementtechniken als problematisch eingeschätzt. Hierunter fallen insbesondere Anreiz- und Sanktionssysteme sowie Systeme der Führungskräfteentwicklung. Schließlich bezieht sich die Frage nach der Transferierbarkeit bewährter Systeme zur Handhabung organisationsexterner Beziehungen auf die Gestaltung multiorganisationaler Systeme. Damit ist die organisatorische Anbindung von Kooperationssystemen aber auch die kulturelle Kontingenz von Systemen zur Unterstützung von Beziehungen zu nationalen Regierungen oder Zulieferern angesprochen.

Schließlich gehen Arbeiten zur kulturvergleichenden Managementforschung in der Regel nicht auf den Wirkungszusammenhang zwischen organisationsspezifischen und feldspezifischen nationalen Lebens- und Sprachformen ein. So unterstellt beispielsweise die einflußreiche Studie von Negandhi/ Prasad (1971: 22), daß die unabhängigen Variablen "Managementphilosophie" als Ausdruck eines Merkmals organisationsspezifischer Lebens- und Sprachformen und "Umweltfaktoren" als Merkmal feldspezifischer Lebens- und Sprachformen voneinander *unabhängig* Einfluß auf die abhängige Variable "Managementpraktiken" ausüben. Eingedenk der obigen Überlegungen würde es sich stattdessen anbieten, die Relativität bestimmter Managementpraktiken ausschließlich in bezug auf die nationale Prägung organisationsspezifischer Lebenswelten zu kennzeichnen.[113] In globalen Lebenswelten weisen Managementpraktiken dann tendenziell universellen Charakter auf. Die nationale Dimension der organisationsspezifischen Lebenswelt stellt in diesem Umfeld nur wenige Hinderungsgründe für den Transfer eines umfassenden Planungssystems dar. In polyzentrischen Lebenswelten liegt dagegen eine lebensweltliche Relativierung von Managementtheorien und -instrumenten vor. Eine unbeschränkte Übertragbarkeit ist nicht gegeben.

Damit ergeben sich folgende Schlußfolgerungen. Die lebensweltliche Verankerung von Managementsystemen ist Voraussetzung dafür, daß die in Managementsystemen produzierten Outputs in der Basisorganisation wirsam werden. Für die Gestaltung internationaler strategischer Managementsysteme folgt die Notwendigkeit einer kulturell (bzw. lebensweltlich) bewußten Gestaltungsorientierung. Häufig sind Steuerungssysteme durch die Lebens und Sprachformen der Stammdomäne geprägt. Die organisatorische Anbindung von Steuerungssystemen nimmt dann in einer fokalen Teileinheit mit zunehmender Di-

---

[113] Diesem Ansatz würden dann die in Kapitel 2.4.4 vorgestellten Studien von Hofstede (1980) und Laurent (1981) entsprechen.

stanz ihrer Domäne zur Stammdomäne ab. Diese Überlegungen lassen sich - unter Einrechnung bestimmter Erweiterungen - durch die Ergebnisse der kulturvergleichenden Managementforschung verfeinern.

5.4 Zusammenfassung und Ausblick: Geplanter Wandel internationaler strategischer Managementsysteme

Im Mittelpunkt dieses Kapitels stand die organisatorische Gestaltung internationaler strategischer Managementsysteme. Die zentrale Grundfrage lautete dabei, auf welche Weise den für internationale Unternehmen spezifischen polyzentrischen Phänomenen bei der organisatorischen Gestaltung internationaler strategischer Managementsysteme Rechnung zu tragen ist. Dieser Polyzentrismus äußert sich insbesondere in einer zum nationalen Unternehmen vergleichsweise ausgeprägten Vielfalt und Heterogenität unterschiedlicher Steuerungsanforderungen und nationaler Lebens- und Sprachformen mehrerer nicht zentral koordinierter Handlungszentren. Erachtet man diese Vielfalt als zentrales Gestaltungsproblem internationaler strategischer Managementsysteme, so sind grundsätzlich drei generische Gestaltungsoptionen denkbar (vgl. Doz/ Prahalad 1987a: 145ff.).

Die erste Möglichkeit besteht darin, diese Vielfalt durch Aufgabe von Unternehmensaktivitäten gar nicht erst zum Problem werden zu lassen. Diesen "Lösungsweg" verfolgte beispielsweise IBM in den 70er Jahren, als der Einstieg in die Telekommunikation zurückgestellt und der indische Markt vollkommen aufgegeben wurde. Eine zweite Möglichkeit besteht darin, die Vielfalt unterschiedlicher Steuerungsanforderungen nach Möglichkeit einzuschränken. Im Sinne einer "Clusterlösung" werden unterschiedliche Unternehmensaktivitäten in verschiedene Gruppen zusammengefaßt, deren Steuerungsanforderungen untereinander inhomogen, innnerhalb der Cluster jedoch relativ homogen sind. Diesen Weg wählten beispielswise General Electric oder ITT.

Beide Optionen weisen den Nachteil auf, daß mögliche Erfolgspotentiale von vornherein aufgegeben werden, weil sich die dadurch erzeugte strategische Vielfalt des Primärbereiches nicht mehr durch eine Strategie im Tertiärbereich der Führungsorganisation und Managementsysteme nutzen läßt. In diesem Kapitel wurde deshalb eine dritte Möglichkeit im Umgang mit polyzentrischen Phänomenen in den Vordergrund gestellt, derzufolge die "Varietät" strategischer Managementsysteme der strategischen Varietät des Primärbereiches entsprechen sollte:[114]

---

[114] Diese Argumentation folgt Ashbys (1965) "law of requisite variety", demzufolge die Lösungsvarietät eines Reglers der Varietät seiner Regelstrecke entsprechen muß. Hinter dieser Entsprechungsthese verbirgt sich eine spezifische Form der Varietäts- Komplexitätshandhabung im Sinne einer Bejahung strategischer Komplexität (vgl. Kirsch 1988: 220ff.). Diese Komplexitätsbejahung steht in polyzentrischen Strukturen allerdings nicht im Belieben einer monozentrischen Führung.

"Some DMNCs (...), unwillingly to give up any opportunity, have developed yet another approach. They have created a very complex administrative system that is intended to allow them to manage the complexity brought about by the variety in the nature of businesses, rates of change in them, and the variety of countries in which they operate."
(Doz/ Prahalad 1987a: 152)

Diese Entsprechung zwischen strategischer Varietät des Primär- und Tertiärbereiches ordnet sich in den größeren Zusammenhang der in Abschnitt 5.1.1 entwickelten Überlegungen zum Strategie-Struktur-Zusammenhang ein, bei dem eine Abstimmung zwischen strategischer Grundhaltung und verschiedenen Grundtypen von Organisations- und Führungsformen postuliert wurde. Im Sinne eines ersten Zugangs wurden mit der Vorstellung einer Gesamtarchitektur von Managementsystemen als Planungsrahmen dritter Ordnung und einer modifizierten Sichtweise der Hierarchiedynamik klassische aufbau- und ablauforganisatorische Gesichtspunkte erörtert.

Die Vielfalt strategischer Managementsysteme läßt sich einerseits im Sinne eines Steuerungspolyzentrismus als Ergebnis eines bewußten Gestaltungswillens, andererseits als Folge der emergenten Ausbildung von Varianten internationaler strategischer Managementsysteme begreifen. Einflußfaktoren einer solchen Variantenbildung wurden vor dem Hintergrund des I/ R-Bezugsrahmens aufgezeigt und durch die Vorstellung eines role making fokaler Handlungszentren in polyzentrischen Strukturen ergänzt. Mit der organisatorischen Anbindung internationaler strategischer Managementsysteme wurde die zentrale Frage behandelt, inwieweit von der tatsächlichen Nutzung der in Managementsystemen erarbeiteten Outputs auszugehen ist. Als wesentliche Gestaltungsgesichtspunkte wurden die Legitimation internationaler strategischer Managementsysteme und ihre lebensweltliche Verankerung hinsichtlich nationaler Lebens- und Sprachformen erörtert. Damit stand auch hier die für internationale Unternehmen kennzeichnende Heterogenität im Sinne spezifisch polyzentrischer Lebenswelten im Vordergrund.

Damit lag der Schwerpunkt auf normativen Aspekten, wobei in erster Linie ein instrumenteller Organisationsbegriff zugrundegelegt wurde. Ein normativer Zugang kann prinzipiell aber auch für einen institutionellen Organisationsbegriff von Managementsystemen fruchtbar gemacht werden, etwa in dem Sinne: ein Managementsystem *ist* eine Organisation. Damit stehen Fragen der Gestaltung des organisatorischen Wandels von Managementsystemen im Vordergrund.[115] Diese Frage wurde zumindest implizit bereits mit der Unter-

---

[115] Hier wird die in Kapitel 2.4.6 bereits genannte Anforderung nach einem systematischen Lernprozeß bei der Gestaltung von Managementsystemen angesprochen. Damit wird auf eine Typologie verhaltenswissenschaftlicher Organisationstheorien zurückgegriffen, bei der nach der Pragmatik deskriptive und normative Ansätze und nach dem Organisationsbegriff institutionelle und instrumentelle Ansätze differenziert werden. Im Lichte dieser Unterscheidung beschränken sich die bisherigen Überlegungen auf normativ-instrumentelle "Theorien des Organisierens" von Managementsystemen. Mit der Gestaltung

scheidung mechanistischer und organischer Leitideen der Gestaltung von Managementsystemen angesprochen (vgl. Kapitel 5.1.1) und soll im folgenden ausblickhaft vertieft werden.

Vereinfacht lassen sich hier mit dem "Alternativen-Auswahl-Konzept" einer *Organisationsplanung* und Ansätzen der *Organisationsentwicklung* zwei Vorgehensweisen der Gestaltung des organisatorischen Wandels abgrenzen.[116] Gemäß dem Alternativen-Auswahl-Konzept werden alternative Systemkonzeptionen entwickelt und in einem Bewertungsprozeß - gestützt etwa durch Nutzwertanalysen oder Scoring-Methoden - unterzogen. Nimmt man den Begriff der Alternative im Sinne unabhängiger echter Alternativen ernst, so erweist sich diese Vorgehensweise als problematisch. Bezieht man nämlich in diesem Zusammenhang die strategische Grundhaltung als Aspekt der Identität einer Unternehmung bei der Gestaltung unterschiedlicher Systemkonzeptionen ein, so müßten genau genommen unterschiedliche strategische Grundhaltungen im Sinne von Alternativen miteinander verglichen und als Alternativen bewertet werden. Ferner unterstellt diese Vorgehensweise, daß eine Organisation auch die derzeit realisierte Systemkonzeption als gleichrangige Alternative betrachtet. In der Regel bauen aber Entwicklungsprozesse auf den bestehenden Systemkonzeptionen auf, um diese schrittweise weiterzuentwickeln.[117] Schließlich wird implizit ein asymmetrisches Verhältnis zwischen Entwicklern und Nutzern unterstellt, das für polyzentrische Strukturen ungeeignet erscheint.

Das Gedankengut der Organisationsentwicklung[118] betont demgegenüber, daß die Gestaltung des organisatorischen Wandels durch die Betroffenen selbst herbeigeführt werden muß, wobei Berater zur Unterstützung einbezogen werden können. Das Verhältnis zwischen Entwicklern und Nutzern von Systemkonzeptionen wird weniger im Sinne eines hierarchischen Über-Unterordnungsverhältnis, sondern als Berater-/ Klienten-Gespann konzipiert. Dabei ist wesentlich, daß eine solche partizipative Grundhaltung sich nicht ausschließlich im Sinne einer rationaleren Vorgehensweise frei "wählen" läßt, sondern sich aus den strukturellen Randbedingungen einer internationalen Unternehmenstätigkeit gewissermaßen zwangsläufig ergibt.

---

[116] des organisatorischen Wandels von Managementsystemen werden dann normativ-institutionelle "Theorien des geplanten organisatorischen Wandels" angesprochen (vgl. Kirsch/ Meffert 1970; Kirsch/ Esser/ Gabele 1979: 65f.). Vgl. Picot (1984: 151ff.), Hill/ Fehlbaum/ Ulrich (1981: 496ff.), Kirsch/ Esser/ Gabele (1979: 61ff.).

[117] Dies hat beispielsweise die Diskussion einer Entwicklung von Management-Informations-Systemen gezeigt, bei der man heute weniger einen neuen Wurf anstrebt, sondern auf bestehenden Konzepten aufbauend Möglichkeiten der Weiterentwicklung konzipiert (vgl. z. B. Köhler/ Heinzelbecker 1977: 279ff.; Wagner 1987).

[118] Wesentliche Ansätze der Organisationsentwicklung liegen in der Feldtheorie von Lewin (1963) und den Ansätzen der Aktionsforschung (vgl. Kirsch/ Esser/ Gabele 1979: 70ff. und die dort angegebene Literatur).

Die Vorstellung einer aktiven Entwicklung von Managementsystemen erscheint in polyzentrischen Strukturen allerdings nur begrenzt durchsetzbar. Managementsysteme lassen sich in einem institutionellen Sinne als evolvierende, d. h. der Evolution unterworfene Gebilde begreifen.[119] Die Entstehung einer Vielfalt strategischer Managementsysteme im Sinne eines Emergenzpolyzentrismus entspricht genau dieser Interpretation, derzufolge der organisatorische Wandel von Managementsystemen relativ ungeordnet im Sinne einer zufälligen Evolution "*geschieht*". Auf der anderen Seite können Managementsysteme aber auch als entwicklungsfähig aufgefaßt werden. Im Sinne eines Steuerungspolyzentrismus kann dann die Vielfalt strategischer Managementsysteme aktiv, z. B. im Sinne einer Varietätsentsprechung zwischen Primär- und Teriärbereich, "*erzeugt*" werden.[120] In Kapitel 2.4.6 wurde in diesem Zusammenhang bereits die Grundforderung nach einer gemäßigt voluntaristischen Gestaltungsorientierung eingeführt, die zwischen diesen beiden Extremen vermittelt. In polyzentrischen Strukturen liegt demnach eine Sichtweise nahe, derzufolge der organisatorische Wandel von Managementsystemen als ein "etwas in sinnvoller Weise geschehen lassen" aufgefaßt wird. Diese Gestaltungsorientierung wird zwar metaphorisch, aber dennoch treffend durch folgendes Zitat zum Ausdruck gebracht:

> "Ein noch so überzeugungskräftiger und rednerisch gewandter Politiker (...) kann sagen: So, jetzt setze ich dieses oder jenes in Bewegung (...). Die geschichtlichen Urkräfte, die Rinnsale unter der Öffentlichkeit, die werden nicht von Politikern oder von Staatsmännern gestaltet, sondern Politiker und Staatsmänner müssen ein Gespür dafür haben, was sich anbahnt, was in Bewegung ist, und können dann unter Umständen versuchen, dies in die richtigen Bahnen zu leiten. Aber sie können nicht Wildbäche erfinden, wenn es keine gibt."
> (Strauß, zitiert nach Kaiser 1990: 38)

Einen geeigneten Bezugsrahmen, der diese Gestaltungsorientierung für internationale strategische Managementsysteme konkretisiert, stellt das Konzept der geplanten Evolution dar.[121] Gemäß diesem Konzept läßt sich die Entwicklung von Managementsystemen durch eine Abfolge einzelner Entwicklungsschritte beschreiben. In polyzentrischen Strukturen ist jedoch weniger ein "total system approach" möglich, bei dem eine Weiterentwicklung in einer umfassenden Kraftanstrengung durch eine zentrale Koordinationsinstanz realisiert wird. Stattdessen ist ein inkrementaler Zugang erforderlich, der

---

[119] Damit werden in einer Analogie die Überlegungen von Kirsch (1992a: 330ff.) zur "Evolutionsfähigkeit von Organisationen" auf die Entwicklung von Managementsystemen übertragen.

[120] Charakteristisch für diese Sichtweise sind die Ausführungen in Doz/ Prahalad (1987b), in denen ein Reorganisationsmodell von Managementsystemen internationaler Unternehmen vorgestellt wird, das deutlich auf eine "Re-Zentralisierung" polyzentrischer Phänomene abstellt.

[121] Die folgenden Ausführungen argumentieren vor dem Hintergrund der Figur einer geplanten Evolution, die von Kirsch/ Esser/ Gabele (1979: 315ff.) im Zusammenhang mit dem geplanten Wandel von Organisationen diskutiert wird. Zu neueren Überlegungen vgl. ausführlich Kirsch (1992a: 427f.).

sich auf kleinere robuste Entwicklungsschritte konzentriert.[122] In polyzentrischen Strukturen besteht hier jedoch die Gefahr, daß inkrementale Entwicklungsschritte ausschließlich durch akute Probleme und ad hoc auftretende Schwachstellen ausgelöst werden. Damit besteht die Tendenz zu einer rein zufälligen Evolution im Sinne eines zusammenhanglosen (disjointed) Inkrementalismus (vgl. Lindblom 1968: 25ff.) der Systementwicklung.[123]

Die Systementwicklung wird jedoch nicht ausschließlich durch akute Schwachstellen und Probleme einzelner Handlungszentren dominiert. Über eine konzeptionelle Gesamtsicht läßt sich eine Vorstellung des langfristigen Fluchtpunktes einer Systementwicklung erarbeiten. Diese konzeptionelle Gesamtsicht kann dann in den jeweils nächsten Entwicklungsschritten zur Geltung gebracht werden. Auf diese Weise wird ein zusammenhangloser Inkrementalismus durch eine geplante Evolution in einen logischen Inkrementalismus (logical incrementalism) (Quinn 1980) transformiert, bei dem die konzeptionelle Gesamtsicht die Funktion einer "logischen Klammer" in der Abfolge mehrerer Entwicklungsschritte bildet.[124]

Allerdings muß die Entwicklung einer konzeptionellen Gesamtsicht in polyzentrischen Strukturen ihrerseits kritisch betrachtet werden. Denn die Denkfigur eines logischen Inkrementalismus beinhaltet letztlich wieder die Idee eines zentralen Aktors, dessen Aufgabe es sei "... to develop or maintain in minds a consistent pattern among the decisions made ..." (Quinn 1980: 52). Die im obigen Zitat genannten Politiker und Staatsmänner, bzw. die einzelnen Handlungszentren verfolgen unter Umständen unterschiedliche Strategien des Tertiärbereiches, die sich wiederum lediglich als Resultante konterkarirender, komplementärer und indifferenter Stoßrichtungen begreifen lassen. Greift man hier nochmals auf die in Kapitel 5.1.2 entwickelte Maximalversion einer Gesamtarchitektur von Managementsystemen zurück, so werden damit unwillkürlich Fragen der Gestaltung von Entwicklungssystemen internationaler strategischer Managementsysteme angesprochen. Dieser Aspekt wird in der folgenden Schlußbetrachtung vertieft.

---

[122] Damit wird die in der Planungsdiskussion aufgeworfene Frage eines synoptischen und/ oder eines inkrementalen Planungsprozesses (vgl. z. B. Habel 1992: 212ff.; Picot/ Lange 1979) auf die Planung von Managementsystemen selbst angewendet.

[123] Lindbloms Denkfigur des zusammenhanglosen Inkrementalismus steht in engem Zusammenhang mit der Annahme einer dezentralen Koordination und geht auf seine Auseinandersetzung mit der staatlichen Politikentwicklung in den USA zurück (vgl. Lindblom 1968).

[124] Quinn (1980) ist mit Lindblom über den grundsätzlich inkrementalen Verlauf von Entwicklungsprozessen einig, vertritt aber andererseits die Auffassung, daß innerhalb einer Folge von Entwicklungsschritten konsistente Muster durch einzelne Aktoren rekonstruiert und in den Prozeß zurückgespeist werden können. Dadurch gewinnt ein solcher Prozeß jedoch an Konsistenz.

6 Schlußbetrachtung: Entwicklungssysteme und die Gestaltung internationaler strategischer Managementsysteme in einer prozeduralen Perspektive

Im Mittelpunkt dieser Arbeit stand die Gestaltung strategischer Managementsysteme als Ansatz zur Unterstützung der strategischen Führung in international tätigen Unternehmen. Dabei dominierte weitgehend eine *inhaltliche* Blickrichtung, in der die Produkte von Entwicklungssystemen - also Systemkonzeptionen verschiedener Entwicklungsreife - thematisiert wurden.[1] Diese Überlegungen werden im folgenden kurz rekapituliert (1), um anschließend *prozedurale* Fragen aufzuwerfen, die sich nicht auf die Produkte von Entwicklungssystemen, sondern auf die Gestaltung solcher Entwicklungssysteme selbst konzentrieren. Hierzu wird die Denkfigur eines "Reasoning from Case to Case" als prozedurales Rahmenkonzept einer Entwicklung internationaler strategischer Managementsysteme vorgestellt (2) und wesentliche Optionen und Leitideen der Gestaltung von Entwicklungssystemen ausgeführt (3). Ein Fazit beschließt diese Arbeit (4).

Zusammenfassung der bisherigen Argumentation

Als Kernaufgabe einer strategischen Führung wurde in dieser Arbeit die Auseinandersetzung mit den gegenwärtigen und zukünftigen Erfolgspotentialen einer Unternehmung aufgefaßt. Strategische Managementsysteme dienen der Unterstützung der Führung bei der Bewältigung dieser Aufgabe.

Kapitel 2 entwickelte zunächst Spezifika einer strategischen Führung internationaler Unternehmen, um vor diesem Hintergrund Anforderungen und Dimensionen einer Gestaltung internationaler strategischer Managementsysteme abzuleiten. Die Spezifika einer internationalen strategischen Führung gehen zum einen auf besondere Erfolgspotentiale einer grenzüberschreitenden Unternehmenstätigkeit zurück. Ferner weisen neuere theoretische und empirische Arbeiten auf eine Ablösung der klassischen hierarchisch strukturierten Mutter-Tochter-Beziehung durch komplexe Führungsstrukturen hin. Solche komplexen Strukturen sind in hohem Maße durch Phänomene des Polyzentrismus geprägt, die das Auftauchen mehrgipfliger Führungsstrukturen mit einer Dominanz dezentraler Koordinationsformen begünstigen. Die aus einer internationalen Unternehmenstätigkeit resultierenden Erfolgspotentiale können aufgrund der eingeschränkten Möglichkeiten einer zentralen Koordination nur begrenzt entwickelt und genutzt werden. Vor diesem Hintergrund wurden inhaltliche und prozedurale Anforderungen für eine methodenorientierte und eine organisationstheoretisch angeleitete Gestaltung internationaler strategischer Managementsysteme entwickelt. Wesentliche Gestaltungsdi-

---

[1] In Kapitel 5.1.2 wurde es als Aufgabe solcher Entwicklungssysteme betrachtet, strategische Managementsysteme erstmals zu entwerfen, zu produzieren und zu implementieren sowie bestehende Systeme weiterzuentwickeln.

mensionen wurden schließlich in Form eines Spektrums internationaler strategischer Managementsysteme systematisiert.

Kapitel 3 untersuchte Konsequenzen einer internationalen Unternehmenstätigkeit am Beispiel des Betriebsmodells der Planungs- und Kontrollsysteme eines international tätigen deutschen Konzerns. Mit der Ausdifferenzierung sogenannter Vor- und Schattensysteme ergaben sich erste Hinweise auf das Erscheinungsbild strategischer Managementsysteme in polyzentrischen Führungsstrukturen. Dabei wurden aber auch die Probleme einer authentischen Rekonstruktion tatsächlich implementierter Managementsysteme in polyzentrischen Unternehmungen deutlich. Dadurch ergaben sich Anregungen für eine Weiterentwicklung des in Kapitel 2 vorgestellten Denkmodells einer Gesamtarchitektur von Managementsystemen. Nicht zuletzt wurde gezeigt, daß Gesichtspunkte der Methodenunterstützung einer strategischen Führung in hohem Maße durch organisatorische Fragen überlagert werden können.

Vor diesem Hintergrund widmete sich Kapitel 4 dem methodenorientierten Blickwinkel einer Gestaltung internationaler strategischer Managementsysteme. Im Mittelpunkt standen inexakte und eher molare Methoden, welche die Entwicklung, den Aufbau und die tatsächliche Nutzung spezifisch internationaler Erfolgspotentiale unterstützen. Neben Instrumenten der unternehmenspolitischen Rahmenplanung und der strategischen Programmplanung wurde ein Schwerpunkt auf die Methodenunterstützung der strategischen Steuerung gelegt. Das für internationale Unternehmen kennzeichnende Spezifikum polyzentrischer Phänomene erforderte einerseits, bewährte Methoden wie z. B. Portfolio-Ansätze einer modifizierten Betrachtung zu unterwerfen. Andererseits wurden relativ neuartige Methoden wie z. B. ein Rahmenkonzept als Instrument einer internationalen unternehmenspolitischen Rahmenplanung vorgestellt. Schließlich können die vorgeschlagenen Instrumente (z. B. einer strategischen Kooperationsplanung oder einer soziopolitischen Rahmenplanung) als Systemkonzeptionen aufgefaßt werden, die eine Führung dabei unterstützen, sich in polyzentrischen Feldern zu verorten, sich in solchen Feldern aber auch "erfolgreich" zu bewegen.

In Kapitel 5 wurde eine organisationstheoretische Perspektive der Gestaltung internationaler strategischer Managementsysteme verfolgt. Im Lichte des klassischen Zusammenhang zwischen Strategie und Struktur wurden unterschiedliche organisatorische Grundformen im Hinblick auf die Spezifika polyzentrischer Führungsstrukturen abgeleitet. In bezug auf die Aufbauorganisation strategischer Managementsysteme ist explizit zwischen verschiedenen Architekturtypen und Varianten von Steuerungsarchitekturen, Tochterarchitekturen und dazu komplementären Übersetzungs- bzw. Interface-Systemen zu differenzieren. In ablauforganisatorischer Perspektive wird die Vorstellung einer Hierarchiedynamik in den Varianten "top down", "bottom up" und "Gegenstromverfahren" durch eine Sichtweise ergänzt, bei der strategische Planungen als Episoden kollektiver Entscheidungsprozesse interpretiert werden. Im weiteren Verlauf wurden Einflußfaktoren einer Variantenbildung internationaler strategischer Managementsysteme untersucht. Neben kontingenztheoretischen Überlegungen im Lichte des I/ R-Bezugsrahmens wurde die Bedeutung von Rollenbildungsprozessen in verschiedenen Rollenkonstellationen internationaler Unternehmen verdeutlicht. Schließlich entscheidet die organisatorische Anbindung strategischer Managementsysteme über die tatsächliche Umsetzung der in solchen Systemen produzierten Handlungsprämissen. Hier wurde gezeigt, daß neben Fragen der Legitimierung von Managementsystemen auch der Einfluß nationaler Lebens- und Sprachformen bei der organisatorischen Gestaltung strategischer Managementsysteme zu berücksichtigen ist.

Zusammenfassend ist festzuhalten, daß die Gestaltung strategischer Managementsysteme in internationalen polyzentrischen Führungsstrukturen die Beachtung einer Reihe inhaltlicher Gestaltungsempfehlungen erfordert. Die den folgenden Ausführungen zugrundeliegende These geht nun dahin, daß die Umsetzung dieser Empfehlungen in polyzentrischen Strukturen selbst einer spezifischen prozeduralen Vorgehensweise bedarf. Damit steht die Gestaltung der in Kapitel 5.1.2 (S. 220) bereits eingeführten Entwicklungssysteme im Mittelpunkt, die den erstmaligen Entwurf, die Produktion und Implementierung sowie die laufende Weiterentwicklung strategischer Managementsysteme zum Gegenstand haben. Dabei bietet es sich an, das in Kapitel 4.1.4 erläuterte Instrument eines strategischen Rahmenkonzeptes in einer prozeduralen Variante auf die vorliegende Problemstellung anzuwenden.

Das Reasoning from Case to Case als prozedurales Rahmenkonzept einer Entwicklung von Managementsystemen

Ein strategisches Rahmenkonzept ist als Inbegriff jener Maximen aufzufassen, welche die Soll-Vorstellung der langfristigen Entwicklung des übergreifenden Rahmens einer Unternehmung betreffen. Solche Maximen beziehen sich auch auf die in einer Unternehmung implementierten Managementsysteme und können inhaltlicher sowie prozeduraler Natur sein.[2] Während inhaltliche Maximen substantielle Aussagen (im Sinne angestrebter Zustände) über die Soll-Entwicklung einer Gesamtheit von Managementsystemen umfassen, beschränken sich prozedurale Aussagen auf die Festlegung von Regeln, die bei der Behandlung inhaltlicher Fragen beachtet werden sollen (vgl. Kirsch/ Obring 1991: 382). Der Begriff des prozeduralen Rahmenkonzeptes bezeichnet dann jene Teilmenge formierter und formulierter Maximen bzw. Handlungsregeln, die den Prozeß der Weiterentwicklung von Managementsystemen kennzeichnen und vorantreiben.

---

[2] Vgl. Kirsch (1990: 302), Kirsch/ Obring (1991: 376ff.), Ringlstetter (1993 i. V.: III). Insbesondere Ringlstetter (1993 i. V.: 121ff.) entwickelt Rahmenkonzepte für Managementsysteme.

Wesentliche Aufgabe eines prozeduralen Rahmenkonzeptes ist es, die für polyzentrische Strukturen kennzeichnende Systemvielfalt explizit als ein Erfolgspotential zu begreifen und zu nutzen. Mit der Vorstellung einer geplanten Evolution von Managementsystemen, die zwischen den Extremen eines Steuerungs- und eines Emergenzpolyzentrismus vermittelt, wurde eine solche prozedurale Perspektive in Kapitel 5.4 bereits angesprochen. Die Formulierung eines Rahmenkonzeptes stellt den Versuch dar, die naturwüchsige zufällige Evolution der Systeme in eine geplante Evolution zu überführen.

Unter diesem Blickwinkel wirft die Gestaltung von Entwicklungssystemen in polyzentrischen Führungsstrukturen Fragen auf, die der Situation einer anwendungsorientierten Wissenschaftsgemeinschaft gegenüber ihrer Unternehmenspraxis vergleichbar erscheinen.[3] Für diese Parallele sprechen insbesondere Hinweise auf sprachliche Verständigungsschwierigkeiten zwischen primären Traditionen (z. B. einer Unternehmenspraxis) und sekundären Traditionen (z. B. einer angewandten Betriebswirtschaftslehre).[4] Primäre und sekundäre Traditionen entwickeln eigenständige und untereinander inkommensurable Lebens- und Sprachformen. Die Ausdifferenzierung primärer und sekundärer Traditionen führt zu erheblichen Übersetzungsproblemen zwischen Wissenschaft und Praxis.[5]

Die Lebens- und Sprachformen primärer Traditionen können aber ihrerseits erheblich ausdifferenziert sein. So liegen - dem Verhältnis zwischen primären und sekundären Traditionen durchaus vergleichbar - in internationalen polyzentrischen Unternehmen unterschiedliche Lebens- und Sprachformen zwischen einzelnen Teileinheiten und beispielsweise einer "zentralen Entwick-

---

[3] Angewandte Wissenschaft ist in dieser Sicht eine Disziplin, die *für* und *in* der Praxis Wissen schafft. Sie befaßt sich mit der Produktion *und* Distribution von Wissen und kann daher ohne Strategie für den Transfer des produzierten Wissens in der Praxis nicht betrieben werden (vgl. Kirsch/ Esser/ Gabele 1979: 124; Kirsch/ Seitz 1992: 5ff.).

[4] Der Begriff der Tradition bringt einen historischen Zugang zu den Lebens- und Sprachformen sozialer Gebilde zum Ausdruck. Die organisatorischen Lebens- und Sprachformen eines sozialen Systems "Organisation" stellen dann primäre Traditionen dar, welche selbst Gegenstand sekundärer z. B. Forschungstraditionen darstellen können. Das Verhältnis zwischen primären und sekundären Traditionen kann schließlich selbst Gegenstand tertiärer Traditionen sein (vgl. Kirsch 1992a: 62).

[5] Dafür sprechen Hinweise auf sprachliche Verständigungsschwierigkeiten (vgl. z. B. Günther/ Laßmann 1979: 2), die sich jedoch nicht allein auf wissenschaftsstrategisch bedeutsame Unterschiede zwischen Alltags- und Wissenschaftssprache (vgl. Prim/ Tilmann 1983: 31ff.) zurückführen lassen, und denen nicht einfach abzuhelfen ist, indem man "... gestelzte akademische Ausdrücke durch werbende Begriffe ..." (Witte 1981: 37) ersetzt. Unterschiede liegen z. B. ebenso in den mit Lebens- und Sprachformen verbundenen Erfolgskriterien, nach denen ein Unternehmen oder eine wissenschaftliche Institution geführt werden. Z. B. wird der Versuch, ein Unternehmen nach den Erfolgskriterien eines kritischen Rationalismus zu führen, relativ rasch verdeutlichen, daß die Lebens- und Sprachformen primärer und sekundärer Traditionen inkommensurabel sind.

lungsabteilung" vor.[6] Einerseits wird es innerhalb einer Unternehmung möglicherweise eine Art "Grundlagendiskussion" geben, in der auch neuere wissenschaftliche Konzepte eine Rolle spielen. Andererseits ist jedoch die konkrete Tagesarbeit dadurch gekennzeichnet, daß die entwickelten Systemkonzeptionen auf die spezifische Problemsituation sowie auf die Lebens- und Sprachformen einzelner Teileinheiten zugeschnitten und angepaßt werden müssen. Wenn man diese Analogie der Anwendungsproblematik zwischen Wissenschaft und Praxis einerseits, "zentraler Entwicklungsabteilung" und einzelnen Teileinheiten andererseits vorläufig akzeptiert, dann kann die Auseinandersetzung mit den prozeduralen Fragen einer Gestaltung von Entwicklungssystemen auch durch solche Konzepte und Ideen unterstützt werden, die eine angewandte Wissenschaft für die Umsetzung von wissenschaftlichen Systemkonzeptionen in die Unternehmenspraxis entwickelt hat.

Eine prominente Denkfigur stellt in diesem Zusammenhang die zuerst von Schmalenbach (1911) entwickelte Idee einer Kunstlehre dar. In dem Beitrag "Die Privatwirtschaftslehre als Kunstlehre" setzt Schmalenbach sich dafür ein, die Betriebswirtschaftslehre als angewandte Disziplin zu konzipieren. Er plädiert für eine Kunstlehre, die eine angewandte Disziplin ist. Die Kunstlehre sei dabei als eine experimentierende Wissenschaft aufzufassen. Kirsch schlägt vor, Schmalenbachs Idee einer experimentellen Kunstlehre im Sinne einer an Fallstudien orientierten Argumentationsweise technologischer Forschung neu zu interpretieren.[7] Eine Kunstlehre beruht in dieser Interpretation in starkem Maße auf einem "Reasoning from Case to Case", wobei die einzelnen Fälle ("Experimente") Gegenstand echtzeitwissenschaftlicher Aktionsforschung sind (vgl. zum folgenden Kirsch 1992a: 413ff.; 525ff.).

So betont Schmalenbach die Bedeutung von "Experimenten" für die Überprüfung wissenschaftlicher Konzepte.[8] In solchen Experimenten arbeitet der Wissenschaftler in und mit der Praxis an der Entwicklung von Systemen zur Führungsunterstützung. Schmalenbach argumentiert dabei am Beispiel von "... Buchführungsinstallationen, die wohl alle handelswissenschaftlichen Professoren von Zeit zu Zeit durchführen ..." (Schmalenbach 1911: 314ff.). Im vorliegenden Zusammenhang würde man statt dessen die "Installation" strategischer Planungs- und Kontrollsysteme oder die Einführung eines Strategischen Management thematisieren. Dabei sind zunächst die individuellen Praktiken einer Unternehmung zu rekonstruieren. Man muß mit anderen Worten in die Binnenperspektive der Unternehmenspraxis wechseln, bevor man diese Pra-

---

[6] Entwicklungssysteme werden insbesondere in polyzentrischen Strukturen nicht ausschließlich zentral betrieben (vgl. dazu unten).
[7] Zu den unterschiedlichen Einordnungen von Schmalenbach vgl. Hundt (1977: 81), Schneider (1981: 142).
[8] Eine experimentelle Überprüfung ist hier jedoch nicht als Falsifikationsversuch wissenschaftlicher Aussagen, sondern als Feststellung des Erfolgs in der Anwendungssituation aufzufassen (vgl. Nienhüser 1989: 21).

xis mit Elementen wissenschaftlicher Sprachspiele konfrontieren kann. Entscheidend ist schließlich folgende Vorstellung:

> "Im Laufe von Jahrzehnten mögen wir zu einer sicheren Technik kommen. Aber das wird nur durch fortgesetzte Übung und Schulung geschehen; und diese Übung und Schulung lehnt sich eng an immer neue Entwürfe und immer neue Entgleisungen an." (Schmalenbach 1911: 315)

Was hier skizziert wird, ist eine Folge von Einzelfällen, in deren Verlauf man zu einer "sicheren Technik" zu kommen hofft. Diese verändert sich jedoch im Verlauf neuer Experimente, muß also lernfähig bleiben. Damit kann diese Denkfigur als ein allgemeiner *prozessualer Rahmen* zur Gestaltung von Entwicklungssystemen in polyzentrischen Strukturen begriffen werden.

In dieser Sichtweise bewegt sich die Auseinandersetzung mit internationalen strategischen Managementsystemen im Spannungsfeld zwischen *Grundlagendiskussion* und *einzelfallorientierter, praxisnaher Aktionsforschung*. Grundlagendiskussion und praxisorientierte Forschungsbemühungen zeichnen sich durch unterschiedliche Lebens- und Sprachformen aus. Während in der Grundlagendiskussion in einer eher abstrakten Sprache *über* Systeme argumentiert wird, ist die Umsetzung der entwickelten Aussagen mit der Notwendigkeit verbunden, in die Sprache zu wechseln, die *in* den konkreten Systemen einer Unternehmung vorherrscht. Die damit verbundenen Übersetzungsprobleme können nur "stufenweise" bewältigt werden, indem das Übersetzungsgefälle zwischen Entwicklungssystemen und einzelnen Anwendungsfällen in Ebenen aufgelöst wird. Ein erster Versuch, diese Vorstellung unterschiedlicher Sprachebenen und der stufenweisen Abarbeitung von Übersetzungsproblemen zu konkretisieren, ist in Abbildung 6-1 wiedergegeben.

Die *erste* Sprachebene bezieht sich auf die theoretischen Bezugsrahmen der Grundlagendiskussion. Hier wäre etwa zu fragen, inwieweit sich in Entwicklungssystemen eine eigenständige Grundlagendiskussion der primären Tradition ausbildet, und in welchem Ausmaß hier ein Austausch zur wissenschaftlichen Grundlagendiskussion sekundärer Traditionen stattfindet.[9] Die *zweite* Sprachebene bezieht sich auf die an der Unternehmenspraxis orientierten, anwendungsbezogenen (Berater-)Konzepte und -Modelle. Dazu gehören auch Systemkonzeptionen wie etwa das Betriebsmodell einer unternehmensspezifischen Gesamtarchitektur von Managementsystemen oder bestimmte Methoden der Portfolio-Analyse. Auf der *dritten* Sprachebene werden Anwen-

---

[9] Im Fallstudienunternehmen gibt es beispielsweise die Institution des jährlichen "kaufmännischen Erfahrungsaustauschs", an dem ausschließlich Mitarbeiter der Unternehmung teilnehmen. Zu einer zweiten Institution - dem betriebswirtschaftlichen Kolloquium - werden dagegen auch Wissenschaftler eingeladen, und es werden aktuelle Themen in interdisziplinären Arbeitsgruppen behandelt. Die Teilnahme an beiden Institutionen hat für Mitarbeiter den Charakter eines "Incentive". Schließlich lassen sich auch die Präsentationen des im Anhang geschilderten Kooperationsprojektes als Institutionen der Grundlagendiskussion interpretieren.

dungs- und Klientenmodelle für einzelne Teileinheiten und Handlungszentren innerhalb einer Unternehmung angesiedelt. Dabei sind zahlreiche Komponenten aufzugreifen, die den ursprünglichen Lebens- und Sprachformen einzelner Handlungszentren entstammen. Diese Lebens- und Sprachformen einzelner Handlungszentren konstituieren schließlich die *vierte* Sprachebene.

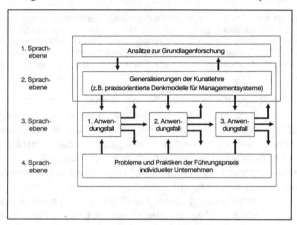

Abb. 6-1: Generalisierungen der Kunstlehre im Sprachebenen-Modell (aus Kirsch 1992a: 417)

Faßt man die Übersetzungsproblematik zwischen Grundlagendiskussion und den Lebens- und Sprachformen einzelner Handlungszentren analytisch als Kontinuum auf, so erweist sich die Unterscheidung von vier Sprachebenen zunächst als willkürlich. Der Reiz dieses didaktischen Konzepts liegt aber darin, daß damit eine Einbeziehung von Anwendungsfällen auf der dritten Ebene möglich wird. Die Sequenz solcher Anwendungsfälle und ihre Auswirkungen auf die Systemkonzeptionen der dritten Sprachebene kann als ein Lernprozeß begriffen werden. Jeder Anwendungsfall führt zu Erfahrungen, die sich in den Systemkonzeptionen der zweiten Ebene und in den konkret vorfindbaren Systemkonzeptionen der vierten Ebene niederschlagen.

Um diesen "Lernprozeß" genauer zu kennzeichnen, können die von Kirsch in Anlehnung an juristische Argumentationslogiken entwickelten Überlegungen zu einem "Reasoning from Case to Case" genutzt werden. Der Entwurf und die Entwicklung von Managementsystemen vollzieht sich in dieser Sichtweise in einer Serie von Anwendungsfällen der in Entwicklungssystemen bereitgestellten Systemkonzeptionen. In einer Folge von Einzelfällen werden bestehende Systemkonzeptionen in konkreten Anwendungssituationen erprobt und situativ weiterentwickelt. Die jeweiligen Erfahrungen aus einer solchen Anwendung gehen wiederum in die ursprüngliche Systemkonzeption ein. Dadurch übernehmen Anwendungsfälle der Vergangenheit den Charakter von Präzedenzfällen für zukünftige Problemsituationen.

Begreift man nun diese lernfähige Systemkonzeption als das Ergebnis einer Kunstlehre, die im Sinne eines Reasoning from Case to Case den einzelfallspezifischen Anforderungen gerecht zu werden versucht, so können die oben eingeführten Anwendungsfälle als Prozessualisierung einer Kunstlehre aufgefaßt werden. Kirsch umschreibt diese Kunstlehre wie folgt:

> "Gegeben sei ein Management-Problemfeld. Kunstlehre dieses Management-Problemfeldes heiße ein Text dann, wenn er alle Lösungsvorschläge formuliert, die die Managementpraxis und die Managementwissenschaft zur Lösung der dieses Management-Problemfeld charakterisierenden Führungsprobleme (im Sinne von 'Issues') vorschlagen."
> (Kirsch 1992a: 76)

Ein Beispiel stellt hier die in Kapitel 3.3 vorgestellte Strategische Geschäftsfeldanalyse des Fallstudienunternehmens dar. Hier wurde ein allgemeines Problemfeld "strategische Analyse von Geschäften" definiert und methodisch durch ein baukastenartiges Handbuch ausgefüllt, in dem klassische Instrumente zur Handhabung strategischer Probleme (Portfolio, Stärken-/ Schwächen-Analyse, Kostenstrukturanalyse usw.) versammelt sind. Diese Methoden entstammen in ihrer Erstfassung klassischen wissenschaftlichen Systemkonzeptionen, aber auch Beratungsideen. Die Durchführung einer Geschäftsfeldanalyse in einer ausländischen Tochtergesellschaft führte dazu, daß die bestehenden Konzeptionen teilweise erweitert werden mußten. In gewisser Weise wurden damit vorläufige Generalisierungen vorgenommen. Zum anderen werden aber auch neue Lösungsvorschläge aus der Grundlagendiskussion aufgegriffen und in das Methodenhandbuch aufgenommen. Die so generierten Systemkonzeptionen stellen damit probeweise Generalisierungen einer Kunstlehre dar.

Ein weiteres Beispiel stellt ein Kooperationsprojekt im Fallstudienunternehmen dar, bei dem die Einführung von Produktbereichen im Mittelpunkt stand. In Erweiterung der in Kapitel 3 erläuterten Unternehmensgliederung in die Ebenen "Zentrale", "Divisionen" und "Werke" wurden in einigen Divisionen Produktbereiche eingeführt. Diese bilden eine vierte Ebene zwischen Werk- und Divisionsebene. Es war Projektaufgabe, diesen Reorganisationsprozeß im Sinne einer Pilotstudie am Beispiel eines inländischen Geschäftsbereiches kritisch zu rekonstruieren und mit der Vorgehensweise in anderen Bereichen zu vergleichen. Die Empfehlung der Projektgruppe lief darauf hinaus, die Erfahrungen im fokalen Bereich zur Erstellung eines prozeduralen Rahmenkonzeptes zu nutzen. Dieses Rahmenkonzept könnte zum einen die bisherigen Reorganisationserfahrungen dokumentieren und sie zum anderen für zukünftig anstehende Reorganisationsfälle fruchtbar machen. Nicht zuletzt lassen sich auf diese Weise besonders erfolgreiche Vorgehensweisen, die "emergent" in einzelnen Divisionen entstanden, auch für andere Divisionen erschließen.

Die Vorstellung eines solchen Reasoning from Case to Case kann damit als ein prozeduraler Rahmen zur Gestaltung von Entwicklungssystemen polyzentrischer Strukturen aufgefaßt werden. In den auf die Entwicklung einer Kunstlehre gerichteten Entwicklungssystemen sind allerdings detailliertere Gestaltungsmaximen zu entwickeln, die den Spezifika polyzentrischer Unternehmungen Rechnung tragen. Einige wesentliche Gesichtspunkte seien im folgenden erläutert.

Ausgewählte Optionen und Leitideen der Gestaltung von Entwicklungssystemen

(1) Zunächst ist die organisationsinterne Aufgabenverteilung von Entwicklungssystemen zwischen verschiedenen Handlungszentren zu klären. Hier lassen sich nach dem Kriterium der Aufgabenverteilung bei Entwurf und Produktion (durch Zentrale oder Teileinheiten) sowie Implementierung (in einer oder mehreren Teileinheiten) drei Entwicklungsmuster unterscheiden:[10] Im *ersten Muster* werden Systemkonzeptionen zentral entwickelt und in einer oder mehreren Teileinheiten lokal implementiert. Dieses Prozeßmuster entspricht der herkömmlichen Sichtweise monozentrischer Führungsstrukturen, in der Steuerungssysteme zentral konzipiert und über eine zentrale Koordination lokal implementiert werden. Im *zweiten Muster* werden Systeme durch einzelne Teileinheiten lokal für die eigene Nutzung entwickelt und implementiert. In polyzentrischen Strukturen trifft dieses Prozeßmuster insbesondere für Systeme einzelner Teileinheiten zu. Dieses Entwicklungsmuster beschränkt sich auf eine Entwicklung innerhalb einzelner Teileinheiten. Im Gegensatz dazu werden im *dritten Muster* die von einer einzelnen Teileinheit lokal entwickelten Systeme auch auf *andere* Teileinheiten übertragen.

In polyzentrischen Strukturen erweist sich insbesondere das dritte Entwicklungsmuster als interessant. Denn über solche "Systemarbitragen" können polyzentrische Phänomene explizit als Erfolgspotential begriffen und genutzt werden. So wäre es denkbar, bewußt Kompetenzzentren für bestimmte Systemtypen im Sinne einer Systempatenschaft zu entwickeln. Eine "Systemarbitrage" zwischen Teileinheiten muß nicht nur durch eine zentrale Entwicklungsabteilung koordiniert werden, sondern kann auch durch einzelne Teileinheiten in Selbstabstimmung erfolgen.

(2) Will man hier die Idee eines prozeduralen Rahmenkonzeptes nutzen, so kann sich der Arbitrage-Prozeß an der Denkfigur eines Reasoning from Case to Case orientieren. Entsprechende Vorgehensmodelle werden heute innerhalb der Beratungs- und Unternehmenspraxis unter den Bezeichnungen des "benchmarking" oder als Konzept sogenannter "best demonstrated practices"

---

[10] Vgl. ähnlich Ghoshal (1986: 55ff.), der über einzelne Fallstudien zum Transfer von Innovationen der Führungsorganisation und der Managementsysteme in internationalen Unternehmen berichtet.

(BDP) diskutiert und erfolgreich angewendet.[11] Ähnlich diskutieren neuere theoretische Ansätze des geplanten organisatorischen Wandels Möglichkeiten einer *trans*organisationalen Organisationsentwicklung (transorganizational development) (vgl. Cummings 1984; Boje/ Wolfe 1988).

> "Transorganizational development (TD) is an emerging form of planned change aimed at helping organizations to create partnerships with other organizations in order to perform tasks or to solve problems that are too complex and multifaceted for single organizations to carry out."
> (Cummings/ Huse 1989: 407)

Das Gedankengut der transorganisationalen Organisationsentwicklung kann in polyzentrischen Strukturen auch für eine organisationsinterne Sichtweise fruchtbar gemacht werden.[12] Vereinfacht umfaßt ein solcher Prozeß im Sinne eines Reasoning from Case to Case vier Schritte: Zunächst werden für ein gegebenes Problem unterschiedliche Systemkonzeptionen identifiziert und verglichen. Als besonders erfolgreich beurteilte Konzepte werden im Hinblick auf die zugrundegelegte Vorgehensweise analysiert und dokumentiert. Diese Dokumentation erweist sich als notwendig, weil bestimmte Systemkonzeptionen häufig nur formierter Natur sind. Eine Systemarbitrage erfordert aber eine Fassung in kommunizierbarer Form. In einem dritten Schritt sind Nebenbedingungen eines Transfers abzuschätzen, etwa im Hinblick auf Adaptionsfähigkeit oder die in Kapitel 5.3.3 angesprochenen lebensweltlichen Transferbarrieren. Schließlich sind mögliche Prioritäten festzulegen, und ein Projektteam ist mit der Umsetzung zu beauftragen.

Voraussetzung für eine erfolgreiche Systemarbitrage ist, daß die beteiligten Mitarbeiter eine Kompetenz in bezug auf beide Systemkonzeptionen entwickeln. Nur auf diese Weise wird eine authentische Übersetzung der jeweiligen Systemkonzeption ermöglicht. Zum anderen ist eine erfolgreiche Umsetzung durch Erscheinungsformen des NIH-Syndroms (not invented here) bedroht. So werden häufig Inventionsprozesse gegenüber reiner "Nachmacherei" als überlegen beurteilt. Ferner können einzelne Teileinheiten eine eigene Identität ausbilden, die sich in der Einzigartigkeit und damit Unvergleichbarkeit der eigenen Situation äußert. Schließlich mag aber auch der ursprüngliche Entwickler seine Systemkonzeption nur unwillig offenlegen, weil eine Systemarbitrage als "Ausspionieren" empfunden wird und zur Offenlegung geheimer Praktiken führt. Obwohl damit besonders anspruchsvolle Bedingungen für diesen Entwicklungsprozeß vorliegen, können auf diese Weise polyzentrische

---

[11] Vgl. z. B. Buchanan/ Howell (1989) sowie Walleck/ O'Halloran/ Leader (1991). Allerdings beschränken sich die genannten Beiträge auf den Primärbereich, indem die genannten Verfahren zur Analyse von Wettbewerbern oder zur Optimierung von Fertigungsprozessen eingesetzt werden. Eine Übertragung auf den Tertiärbereich diskutieren jedoch Womack et al. (1991: 202ff.) im Zusammenhang mit der Übertragbarkeit der Managementmethoden eines lean management.

[12] Einen Vergleich zwischen Organisationsentwicklung und transorganisationaler Organisationsentwicklung bietet Gray (1990: 117).

Phänomene auch als Potential für die Entwicklung innovativer Systemkonzeptionen begriffen werden.

Bisher blieb die Frage offen, inwieweit in Entwicklungssystemen auch Strategien zu entwickeln sind, die sich auf den Transfer der produzierten Systemkonzeptionen in die einzelnen Handlungszentren richten. Grundsätzlich können auch hier solche Konzepte angewendet werden, die in der wissenschaftlichen Auseinandersetzung mit der Anwendung betriebswirtschaftlicher Systemkonzeptionen entwickelt wurden.

(3) Im Vordergrund stehen zunächst Überlegungen zur Implementierung von Systemkonzeptionen. Hier dominiert in der Regel die Annahme, daß zentral entwickelte Systeme durch den Einsatz zentraler Koordinationsmittel in lokalen Teileinheiten durchzusetzen seien.[13] Ebenso scheint die Praxis dazu zu neigen, im Sinne einer "Strategie des Bombenwurfs" vorzugehen, bei der erst in einem kleinen Kreis unter Ausschluß Betroffener ein Grobkonzept erarbeitet wird, das schlagartig und unwiderruflich in Kraft gesetzt und von einer zentralen Instanz durchgesetzt wird (vgl. Kirsch/ Esser/ Gabele 1979: 180ff.).

In polyzentrischen Strukturen erweist sich eine solche Vorgehensweise als problematisch. So werden Entwicklungssysteme in polyzentrischen Strukturen nicht unbedingt ausschließlich in der Muttergesellschaft betrieben, sondern können auch in ausländischen Teileinheiten angesiedelt sein. Ferner läßt sich nicht ohne weiteres davon ausgehen, daß zentral entwickelte Systeme uneingeschränkt den Lebens- und Sprachformen einzelner Teileinheiten entsprechen. Einmal implementierte Systeme können trotz offizieller Einführung eine geringe organisatorische Anbindung aufweisen. Aus Sicht einzelner Teileinheiten stellen sie Artefakte dar, die letztlich nicht genutzt werden.

(4) Eine erweiterte Sichtweise kann an Überlegungen zur Aktionsforschung ansetzen.[14] Begreift man Aktionsforschung (AF) als eine Forschungsstrategie, welche eine sekundäre Tradition für das Verhältnis zu primären Traditionen entwickelt, so lassen sich verschiedene Maximen der AF entwickeln. So werden im folgenden Beispiel sechs Prinzipien der AF postuliert:[15] (1) Die AF ver-

---

[13] In der Regel werden explizit hierarchische Implementierungsstrategien entworfen (vgl. z. B. Bartölke 1980: 1472f.; Schanz 1982: 354ff.). Eine Ausnahme findet sich bei Ringlstetter (1993 i. V.: 169ff.), der im Hinblick auf die Implementierung von Steuerungssystemen nach Breite und Tiefe der Implementierung unterschiedliche Vorgehensweisen differenziert.

[14] Die Geburtsstunde der Aktionsforschung ist eng mit den Arbeiten von Collier (1945) und Lewin (1947) verbunden (vgl. ausführlich Kirsch/ Gabele 1976). Die Anwendungsgebiete der Aktionsforschung reichen von der Behandlung von Kriegsneurotikern über Versuche zur grundlegenden Verbesserung der Hochschuldidaktik bis hin zu Anwendungen in der Managementlehre, vor allem im Zusammenhang mit der Handhabung organisationaler Veränderungs- und Entwicklungsprozesse (vgl. Kirsch/ Esser/ Gabele 1979: 126ff.).

[15] Vgl. Kirsch (1984: 783ff.), Carqueville et al. (1991: 45), erstmals Kirsch/ Gabele (1976).

folgt praktische und wissenschaftliche Ziele gleichzeitig. (2) In der AF sind Problemlösungs- und Forschungsprozeß eng miteinander verknüpft. (3) Der Aktionsforscher beteiligt sich am Problemlösungsprozeß. (4) Die Realisierung und Akzeptanz der gewonnenen Erkenntnisse ist eine Verantwortung der Praktiker. (5) Die AF arbeitet auf breiter methodologischer Basis. (6) AF ist immer Echtzeitwissenschaft.

Diese Prinzipien sind für eine primäre Tradition zu modifizieren. Als Überbegriff kann der Terminus "Aktionsentwicklung" (AE) dienen. Dementsprechend versucht eine AE konkrete Probleme des jeweiligen Handlungszentrums im Sinne eines Klienten zu lösen, bemüht sich zugleich aber um vorläufige Generalisierungen für weitere Anwendungsfälle. Entwicklungs- und Problemlösungsprozeß sind eng verknüpft, was sich inbesondere darin äußert, daß eine Echtzeitentwicklung angestrebt wird. Mit dem Prinzip der Echtzeitentwicklung ist die Auffassung verbunden, daß Beiträge eines Entwicklungssystems zur Handhabung eines praktischen Problems unmittelbar während des Problemlösungsprozesses gewonnen werden können. Zugleich sollen die notwendigen Erkenntnisse so rechtzeitig gewonnen werden, daß eine unmittelbare Lösung der praktischen Probleme ermöglicht wird. Im Kern liegt immer dann eine Echtzeitentwicklung vor, wenn ein Entwickler im Fluß der gegenwärtigen Ereignisse ständig neue Daten generiert, auswertet und testet, mit denen er noch rechtzeitig in einen laufenden Prozeß eingreifen kann.[16]

Eine Aktionsentwicklung unterscheidet sich damit von herkömmlichen Ansätzen zur Gestaltung von Entwicklungssystemen. Im Regelfall wird eine Sichtweise zugrundegelegt, bei der explizit zwischen verschiedenen Phasen der Entwicklung (z. B. konzeptioneller Entwurf, Detailentwurf, Produktion und Implementierung) unterschieden wird. Eine Entwicklungsabteilung erarbeitet zunächst Systemkonzeptionen mit relativ hoher Entwicklungsreife, die im Zuge der Implementierung lediglich anzupassen sind. Es liegt aber kein akutes Echtzeitproblem vor, wenngleich die erarbeiteten Konzeptionen durchaus in hohem Maße an den Problemen verschiedener Teileinheiten orientiert sein können. Im Entwicklungsprozeß lassen sich dabei die Bedürfnisse Betroffener z. B. im Sinne eines Marketing über entsprechende "Marktforschung" in Teileinheiten oder im Sinne einer Partizipation durch unmittelbare Einbeziehung Betroffener berücksichtigen.[17] Bei einer Aktionsentwicklung wird eine Systemkonzeption dagegen im Zuge der Handhabung eines Echtzeitproblems und damit simultan zum Problemlösungsprozeß entworfen, produziert und implementiert. Dieser Prozeß der Aktionsentwicklung basiert allerdings auf vorläufigen Generalisierungen in Form eines Repertoires von Methoden und den

---

[16] So werfen praktische Erfahrungen bei der Entwicklung von Managementsystemen die Frage auf, inwieweit während des Entwicklungsprozesses selbst empirische Experimente durchzuführen sind. Vgl. dazu Sackmann (1967: 91ff.) in bezug auf die Entwicklung militärischer Informationssysteme sowie Rosove (1967).

[17] Vgl. dazu Kirsch (1990: 384f.), Obring (1992: 352f.).

Erfahrungen aus früheren Präzedenzfällen in vergleichbaren Problemsituationen. Solche Systemkonzeptionen im Sinne vorläufiger Generalisierungen weisen jedoch eine geringe Entwicklungsreife auf.

Diese Echtzeitorientierung kann in einem weiteren Schritt verallgemeinert werden. Es liegt auf der Hand, daß man bei einer Umsetzung von Systemkonzeptionen auf die Merkmale der Anwendungssituation eingehen muß. Zeit bzw. Handlungsdruck stellen dabei aber nur einen möglichen Aspekt solcher Anwendungssituationen dar. Neben der echtzeitlichen Dimension muß z. B. auch auf die vorhandenen Werte, die Politisierung und die Instrumentalisierung der Anwendungssituation eingegangen werden.

Die Forderung nach einer Echtzeitorientierung führt damit zu einer Sichtweise, derzufolge Entwickler im Rahmen der Zusammenarbeit mit Teileinheiten über eine Teilhabe an ihrem zeitlichen Horizont hinausgehen müssen. Dementsprechend sind Entwickler in polyzentrischen Strukturen dazu gezwungen, sich den Lebens- und Sprachformen unterschiedlicher Teileinheiten im Sinne eines verstehenden binnenperspektivischen Zugangs zu nähern.[18] Ein solcher verstehender Zugang wird durch eine Aktionsentwicklung gefördert, weil die Entwickler sich aktiv am Problemlösungsprozeß beteiligen. Dabei sind mehrere Eskalationsstufen ihrer Involvierung zu unterscheiden. In Anlehnung an Chein/ Cook/ Harding (1948) lassen sich verschiedene Formen der Aktionsentwicklung nach Art und Anzahl der gemeinsam zwischen Entwickler und Klient durchlaufenen Phasen und Aktionen innerhalb einer Entwicklungsepisode abgrenzen: Entwicklungsprojekte verlaufen in dieser Sichtweise in fünf Phasen: Problemfindung und -definition (Diagnose), Entwurf alternativer Handlungspläne (Aktionsplanung), Aktionsdurchführung, Analyse der Aktionskonsequenzen (Evaluierung) und Lernen bzw. Ziehen von Schlußfolgerungen (vorläufige Generalisierung). Das Klienten-/ Entwickler-System steuert einige oder alle diese Phasen gemeinsam. Diagnostische AE beschränkt sich auf die Erarbeitung gemeinsamer Problemexplikate, während bei einer empirischen AE lediglich die Evaluierungsphase von Klienten und Entwicklern gemeinsam durchlaufen wird. Teilnehmende AE umfaßt die Phasen der gemeinsamen Problemdefinition und Maßnahmenplanung. Experimentelle AE liegt schließlich vor, wenn Klienten und Entwickler in allen Phasen zusammenarbeiten. Der Idealfall einer AE muß dabei nicht unbedingt eine experimentelle AE sein. Möglicherweise genügt es, wenn eine diagnostische AE betrieben wird. Grundsätzlich lassen sich aber auf diese Weise unterschiedliche Eskalationsstufen einer Einbindung verschiedener Handlungszentren in die konkreten Entwicklungsprozesse strategischer Managementsysteme differenzieren.

(5) Neben dem Gedankengut einer Aktionsforschung bzw. einer Aktionsentwicklung sollten auch Überlegungen zur Gestaltung der Entwickler-/ Anwen-

---

[18] Susman/ Evered (1978: 600) sehen in diesem verstehenden Zugang geradezu die eigentliche Rechtfertigung für eine Aktionsforschung.

der-Beziehung - etwa im Sinne einer hausinternen Beratung - herangezogen werden. Dazu kann zunächst eine Typologie unterschiedlicher Beratungssituationen herangezogen werden, bei der eine Entwickler-/ Anwender-Situation nach den Gesichtspunkten "Problemdruck" und "Lern- und Kooperationsbereitschaft" charakterisiert wird.[19]

Mit Situationen eines hohen Problemdrucks wird zugleich eine gewisse Politisierung der Entwicklungsepisode einhergehen. Damit wird in krisenähnlichen Situationen die politische Dimension der Systementwicklung in vollem Ausmaß virulent. Tendenziell werden in Situationen eines hohen Problemdrucks besonders anspruchsvolle Echtzeitbedingungen vorliegen. Eine zweite wesentliche Dimension der Beratungssituation stellt die Frage dar, welche Lern- und Kooperationsbereitschaft in den einzelnen Teileinheiten besteht. Diese Frage ist in polyzentrischen Strukturen von besonderer Relevanz. So ist es denkbar, daß eine Teileinheit sich durch Hinzuziehung unternehmensinterner Entwickler eine höhere Lösungskompetenz z. B. in Form objektiver Analysen verspricht. In einer Situation hoher Kooperationsbereitschaft und geringen Problemdrucks mag beispielsweise eine Systemkonzeption im Sinne eines "test the system" (Ringlstetter 1993 i. V.: 169) eingeführt werden. Die Grobkonzeption eines Systementwurfs soll einem Pretest unterzogen werden, dessen Aufgabe es ist, diese Systemkonzeption in einer ersten Erprobungsphase weiterzuentwickeln und stärker auf die Steuerungsanforderungen der fokalen Teileinheit abzustimmen. Umgekehrt kann aber auch eine Situation hohen Problemdrucks vorliegen, in der ein reines "Issue-Management" vorliegt. Ein aktuelles Problem soll unter Hinzuziehung von Entwicklern mit spezifischem System-Know-how in kurzer Zeit und relativ pragmatisch behoben werden. Auf dieser Basis sind also unterschiedliche Beratungssituationen zu differenzieren, die ihrerseits Rückwirkungen auf das Entwickler-/ Anwender-Verhältnis aufweisen können.

Die Kennzeichnung der Beratungssituation steht in einem engen Zusammenhang zur Frage, welche Rollen der Entwickler als Berater innerhalb der Entwicklungsepisode einnehmen kann und soll.[20] Besondere Relevanz hat hier die Unterscheidung zwischen Inhalts- und Prozeßberatung erlangt.[21] Im Vordergrund steht die Frage, ob sich der Berater stärker an Probleminhalten oder

---

[19] Die folgende Typologie verschiedener Beratungssituationen bildet selbst eine vorläufige Generalisierung, die in einer "Echtzeitsituation" während eines Aktionsforschungsprojektes entstand. Vgl. Trux et al. (1984: 586ff.), Fleischmann (1984), Kolb (1988). Steyrer (1991) greift diese Typologie im Rahmen einer empirischen Untersuchung verschiedener "Klientensysteme" auf.

[20] Weitere Anregungen ergeben sich aus Überlegungen zu verschiedenen Philosophien der Politikberatung: Vgl. Kirsch/ Bamberger (1981) sowie Kirsch (1990: 411f.).

[21] Vgl. zum folgenden Kirsch (1991: 27ff.). Beide Arten der Beratung sind als Idealtypen zu interpretieren, die sich in realen Entwicklungsprozessen nicht in "Reinform" auffinden lassen.

aber an den während der Problemhandhabung ablaufenden inhaltlichen und humanen Prozessen orientiert.

Das *prozeßorientierte* Beratungsvorgehen betont die prozessualen Aspekte, um so die Umsetzung der erarbeiteten Systemkonzeptionen und die langfristige Anpassungs- und Lernfähigkeit der fokalen Teileinheit sicherzustellen. Das Prinzip der Organisationsentwicklung ist hierbei eine umfassende Grundlage für potentielle Gestaltungsformen zur Erreichung der genannten Ziele. Die Berücksichtigung der Individualität einzelner Teileinheiten ist von herausragender Bedeutung. Kommunikative Prozesse sind dabei für den prozeßorientierten Entwickler nicht nur in der Phase der Problemdiagnose, sondern auch während des gesamten Entwicklungsprozesses von Bedeutung. Dadurch steigt die Chance der tatsächlichen Nutzung einer Systemkonzeption und damit die Möglichkeit, eine langfristige Lern- und Wandlungsfähigkeit zu gewährleisten. Die symmetrische Entwickler-/ Anwender-Beziehung stellt ein weiteres zentrales Merkmal dar: Der Entwickler bringt als Berater die relevanten Methoden ein und erfüllt eine Moderatorfunktion. Die inhaltliche Problemlösung wird dagegen vom Anwender selbst getragen. Dabei ist eine möglichst breite Prozeßbeteiligung vor allem der operativen Führungskräfte sinnvoll, um so die Mobilisierung und Identifikation mit den neuen Methoden und Denkweisen zu fördern.

Ein prozeßorientiertes Vorgehen weist neben den genannten Stärken aber auch Schwächen auf. Solche Schwächen bilden z. B. das Problem der Erfolgszurechnung (begründet unter anderem dadurch, daß sich die Übernahme von Denkweisen und der erfolgreiche Ablauf von Verständigungsprozessen jeglicher Meßbarkeit entziehen). Weiter erfordert eine Prozeßberatung meist hohen Zeit- und Kostenaufwand. Das partizipative Beratungsvorgehen kann diesen Faktor aber durch eine erfolgreiche Implementierung relativieren. Schließlich werden Managementfähigkeiten sowie entsprechende Lern- und Kooperationsbereitschaft vorausgesetzt, obwohl diese Faktoren nicht immer gegeben sind.

Deshalb wird häufig eine *inhaltsorientierte* Beratung gewählt, bei der der Berater seine vorrangige Aufgabe in der Bearbeitung der in der Regel vom Klienten definierten Probleme sieht. Die inhaltliche Problemlösung steht im Vordergrund und wird im Extremfall völlig losgelöst von Verhaltensaspekten, politischen Erfordernissen oder den notwendigen Verständigungsprozessen erarbeitet. Unter Einsatz hochentwickelter analytischer Instrumente analysiert der Berater die Problemsituation und entwickelt Lösungsvorschläge, die meist als Gutachten präsentiert werden. Das Beratungsvorgehen ist damit weitgehend von der jeweiligen Teileinheit losgelöst. Mitglieder der Teileinheit werden nur begrenzt in den Entwicklungsprozeß involviert und stellen allenfalls "Lieferanten" der als relevant erachteten Daten dar. Eine solche Beratung impliziert zwangsläufig eine asymmetrische Entwickler-/ Anwender-Beziehung.

(6) Die bisherigen Überlegungen unterstellen einen Primat der unternehmens-*internen* Entwicklung, bei der Aufgaben der Entwicklung von Systemkonzeptionen ausschließlich auf organisationsinterne Aktoren verteilt werden. Systemkonzeptionen werden aber in der Unternehmenspraxis heute in zunehmendem Maße auch unter Einbindung organisationsexterner Aktoren entwickelt. Hier ist zunächst an die Involvierung von *Beratern* zu denken. Allein in England nahmen bis 1970 über 50% der hundert größten Unternehmen die Beratungsleistung von McKinsey in Anspruch, wobei in der überwiegenden Zahl der Fälle divisionale Organisationsstrukturen eingeführt wurden (vgl. Chandler 1986: 443).[22] Vor diesem Hintergrund sind allerdings auch *wissenschaftliche Aktoren* im Prozeß der Entwicklung von Systemkonzeptionen zu berücksichtigen. Diese können beispielsweise selbst als kommerzielle Berater oder über wissenschaftliche Kooperationsprojekte in den Entwicklungszusammenhang einbezogen werden. Solche Kooperationen können dabei durchaus expliziten Charakter gewinnen.[23]

Entwicklungssysteme stellen damit multiorganisationale Systeme dar, für die verschiedene Primate der internen und/ oder externen Entwicklung unterschieden werden können. Bei einem Primat der internen Entwicklung ist man zwar grundsätzlich gegenüber neuen Beratungskonzepten oder wissenschaftlichen Erkenntnissen aufgeschlossen. Dies beschränkt sich jedoch auf die intern geführte Grundlagendiskussion, z. B. in der Durchführung interner betriebswirtschaftlicher Kolloquien, zu denen auch Wissenschaftler oder Berater eingeladen werden. Ebenso können in bestimmten Situationen aber auch Berater und/ oder Wissenschaftler stärker in die Entwicklung einbezogen werden. So mag der Beratereinsatz beispielsweise durch eine Hoffnung auf "objektivere Analysen" oder aber auch zur "Absicherung" unternehmensintern längst entwickelter Lösungsvorschläge genutzt werden. Eine Einbeziehung von Wissenschaftlern ist möglicherweise denkbar, um den Anschluß an neue Ideen und Konzepte zu gewährleisten - so es in der Wissenschaft solche "Innovationen" gibt. Die genannten Maximen einer primär intern oder extern Entwicklung sind als Extrema aufzufassen. Im Einzelfall wird eine graduelle Ausprägung vorliegen, bei der der Transfer neuer Konzepte in Unternehmen z. B. durch die Rekrutierung von Ideenträgern aus Beratung und Wissenschaftsbetrieb gesichert wird. Aber auch unter normativen Gesichtspunkten erweist sich eine Extremausprägung als fragwürdig. So birgt ein Primat interner Entwicklung die Gefahr der Abkoppelung vom Strom der notwendigen Innovationen, während der Primat einer externen Entwicklung dazu führen kann,

---

[22] Damit rückt die in Kapitel 2.2.2 vorgestellte Evolution der Führungsstrukturen internationaler Unternehmen in ein neues Licht. Die Einführung regionaler oder produktorientierter Divisionalstrukturen ist nicht nur das Ergebnis eines "kausalen" Strategie-/ Struktur-Zusammenhangs, sondern auch Ergebnis einer erfolgreichen Vermarktung bestimmter Ideen über eine strategieadäquate Aufbauorganisation.

[23] Solche Designs werden allerdings selten veröffentlicht. Vgl. jedoch Trux/ Kirsch (1979), Bierich (1987) sowie den Anhang dieser Arbeit.

daß neue Systemkonzeptionen in der Unternehmenspraxis im Regelfall als Artefakte scheitern.

Fazit

Die Internationalisierung der Unternehmenstätigkeit wird die Praxis der strategischen Unternehmensführung auch in Zukunft vor neue Herausforderungen stellen. Aufgabe einer angewandten Wissenschaft ist es, mit dieser Problemwirklichkeit zumindest Schritt zu halten, ihr möglicherweise sogar einen (robusten) Schritt voraus zu sein. Mit der Diskussion internationaler strategischer Managementsysteme vor dem Hintergrund der Möglichkeiten und Grenzen einer Führungsunterstützung in polyzentrischen Strukturen wurde in dieser Arbeit ein Beitrag zu dieser Aufgabenstellung geleistet.

Die in der vorliegenden Untersuchung erarbeiteten Systemkonzeptionen weisen dabei eine geringe Entwicklungsreife auf. So bieten die inhaltlichen Gestaltungsoptionen aus Kapitel 4 und 5 kein detailliertes Programm zur Handhabung dieser Problematik. Auch die Überlegungen dieser Schlußbetrachtung zur prozeduralen Dimension der Gestaltung von Entwicklungssystemen stellen kein operationales Konzept dar. Dies verbietet sich zum einen aufgrund des eher explorativen Forschungsstandes zu internationalen polyzentrischen Phänomenen. Zum anderen erfordert die Ausarbeitung solcher Systemkonzeptionen hoher Entwicklungsreife eine Berücksichtigung der individuellen Problemstellungen und Lebens- und Sprachformen des Einzelfalls. Statt dessen wurde daher versucht, polyzentrische Phänomene konzeptionell zu erfassen, um darauf aufbauend in problemorientierter Weise auf wesentliche Optionen hinzuweisen, die sich bei der Gestaltung internationaler strategischer Managementsysteme eröffnen. Diese bilden Elemente eines grundlegenden Konzepts, an dem sich die Betreiber von Entwicklungssystemen für strategische Managementsysteme in international tätigen Unternehmen ausrichten können.

Letztlich darf dabei die Abkehr von der Vorstellung eingipfliger hierarchischer Führungsstrukturen nicht mit der extremen Gegenposition verwechselt werden, derzufolge internationale Unternehmen sich uneingeschränkt durch einen extremen Polyzentrismus auszeichnen würden. Beide Konzeptionen sind als empirische Grenzfälle aufzufassen. Immerhin wird es jedoch durch die Berücksichtigung polyzentrischer Phänomene möglich, den Grenzfall des "Monozentrismus" als solchen zu erkennen. Die Annahme, internationale Unternehmen würden immer zentral durch die Spitze einer eingipfligen monozentrischen Führungsstruktur koordiniert, wird dadurch relativiert.

Managementsysteme - so wurde eingangs bemerkt - dienen der Unterstützung der Führungsstrukturen eines Unternehmens. Sofern solche Systeme tatsächlich ernst genommen werden und mehr als nur Rituale darstellen, ist aber zugleich davon auszugehen, daß die gewachsenen Führungsstrukturen selbst durch solche Systeme verändert werden. Möglicherweise können dann strategische Managementsysteme selbst dazu beitragen, Phänomene eines extremen Polyzentrismus zu bändigen. Managementsysteme als zusätzliche Rollengefüge, welche die Rollenstruktur der Basisorganisation nicht nur überlagern, sondern auch beeinflussen, können im Sinne einer Ausbildung stabiler Erwartungsstrukturen zu einer Modifikation des Rollengefüges innerhalb des ongoing process der Basisorganisation beitragen. Sie stellen dann sozusagen übergreifende Lebens- und Sprachformen bereit, die es mehreren Aktionszentren - trotz eines jeweils spezifischen Kerns untereinander inkommensurabler Lebens- und Sprachformen ermöglichen - bei der Entwicklung und Aktivierung von Erfolgspotentialen auf gemeinsame Verständigungs- und Deutungsressourcen zurückzugreifen. Auf diese Weise mag es dann gelingen, emergente polyzentrische Phänomene selbst als Erfolgspotential zu begreifen, das über das Vehikel strategischer Managementsysteme in behutsamer Weise und vor dem Hintergrund einer realistischen Gestaltungsgrundhaltung in fruchtbare Bahnen gelenkt werden kann.

Anhang: Darstellung des Kooperationsprojektes

Die vorliegende Arbeit ist im Rahmen eines Kooperationsprojektes zwischen dem in Kapitel 3 geschilderten Partnerunternehmen und dem Lehrstuhl für Strategische Unternehmensführung der Universität München entstanden. Das Thema "strategische Managementsysteme im internationalen Unternehmen" wurde von 1990 bis 1993 als Teilprojekt innerhalb der seit 1986 bestehenden Kooperation bearbeitet. Ein Blick in die Literatur zeigt, daß solche Kooperationen zwischen Wissenschaft und Praxis zunehmend an Bedeutung gewinnen.[1] Die Dokumentationslage von Kooperationsprojekten ist jedoch ungenügend. Meist dominieren Ergebnisberichte, während Hinweise auf das Design solcher Kooperationen weitgehend fehlen.[2] Deshalb wird im folgenden der übergreifende Rahmen des Kooperationsprojektes in Grundzügen vorgestellt. Dazu sind (1) Ziele und Grundsätze der Zusammenarbeit, (2) die Organisation des Projektes sowie (3) bisherige Aktivitäten zu erläutern. Vor diesem Hintergrund wird (4) das dieser Arbeit zugrundeliegende Teilprojekt dargestellt, um abschließend (5) Möglichkeiten einer Nutzung der in dieser Untersuchung erarbeiteten Ergebnisse im Partnerunternehmen zu thematisieren.

(1) Ziele und Grundsätze der Zusammenarbeit: Eine Kooperation zwischen Wissenschaft und Praxis erfordert die Erarbeitung von Maximen der Zusammenarbeit. Deshalb wurden zu Beginn wesentliche Ziele und Grundsätze der Kooperation vereinbart und in Form eines Arbeitspapiers dokumentiert (vgl. Kirsch 1986).[3] Aus Sicht des Partnerunternehmens steht die Fortentwicklung der kommerziellen Geschäftssysteme im Mittelpunkt. Unter Berücksichtigung der kulturellen und wirtschaftlichen Gegebenheiten des Unternehmens soll die

---

[1] Das Spektrum solcher Kooperationen ist sehr vielfältig. Trux/ Kirsch (1979) berichten über eine mehrjährige Kooperation zwischen der Fichtel & Sachs AG und dem Lehrstuhl für Betriebswirtschaftliche Planung an der Universität München. Langmann (1992) erläutert Egebnisse eines Leitbildprozesses mit wissenschaftlicher Beratung bei Merck. Günther/ Laßmann (1979) berichten über Kontaktseminare (1972 und 1975) sowie die Unterstützung von Habilitationen und Dissertationen durch Siemens. In Bierich (1987: 123) werden Ziele und Grundsätze eines Kooperationsprojektes bei Bosch erläutert. In zwei Lehrstuhl-Porträts der Professuren für Organisation an der Universität Stuttgart (vgl. o.V. 1988: 50) und an der Hochschule St. Gallen (vgl. o.V. 1987: 339) werden in der Lehre "Organisationsprojekte in der Praxis" angeboten.

[2] Für die Betriebswirtschaftslehre ist eine Dokumentation und Reflexion des Aufbaus solcher Kooperationsprojekte von wesentlicher Bedeutung. Versteht man die Betriebswirtschaftslehre als angewandte Disziplin, dann sind - über eine Orientierung des Erkenntnisinteresses an den Problemen der Praxis hinaus - auch Ansätze für die Entwicklung und den Transfer wissenschaftlicher Systemkonzeptionen zwischen Wissenschaft und Praxis zu entwerfen. Kooperationsprojekte bilden einen solchen Ansatz. In diesem Sinne bilden die Beiträge von Trux/ Kirsch (1979) und Hertel et al. (1982) positive Ausnahmen.

[3] Die vereinbarten Ziele und Grundsätze wurden durch Erfahrungen aus einem Kooperationsprojekt mit der Fichtel und Sachs AG angeregt (vgl. Trux/ Kirsch 1979; Trux et al. 1984: 593ff.).

"geplante Evolution" insbesondere der operativen Planungs- und Kontrollsysteme wissenschaftlich begleitet werden. Die Wahl der Projektbezeichnung "Kooperation operatives Management" (KOM) ist vor diesem Hintergrund zu verstehen. Zusätzlich wird angestrebt, frühzeitig mit dem qualifizierten Führungskräftenachwuchs in Kontakt zu kommen.

Dem Ziel der Weiterentwicklung eines praktischen Betriebsmodells steht auf der Seite des Lehrstuhls das Interesse gegenüber, ein wissenschaftliches Denkmodell von Planungs- und Kontrollsystemen in der Anwendungsumgebung des Partnerunternehmens kritisch zu überprüfen und weiterzuentwickeln. Dabei handelt es sich um das in einer Reihe von Dissertationsprojekten[4] entwickelte Denkmodell einer Gesamtarchitektur von Managementsystemen, das wesentlich durch die Gesichtspunkte eines Strategischen Managements geprägt wird (vgl. Kirsch/ Maaßen Hrsg. 1989; Kirsch/ Reglin 1991). Für die Zusammenarbeit wurden die Grundsätze (a) des gemeinsamen Lernens und (b) der Einheit von Forschung (und Entwicklung) und Lehre vereinbart:

(a) *Grundsatz des gemeinsamen Lernens*: Die Leitidee eines gemeinsamen Lernens von Wissenschaftlern und Praktikern stand von Beginn an im Mittelpunkt der Kooperation. Gemeinsames Lernen heißt konkret, daß von den Lehrstuhlmitarbeitern die Erarbeitung einer Kompetenz in bezug auf die spezifischen Sprach- und Lebensformen des Partnerunternehmens erwartet wird. Umgekehrt werden die Mitarbeiter des Unternehmens unwillkürlich mit neuen und zum Teil ungewohnten wissenschaftlichen Konzepten und Denkweisen konfrontiert, was wiederum eine gewisse Lern- und Kooperationsbereitschaft voraussetzt. Der Grundsatz des gemeinsamen Lernens beugt dem Mißverständnis vor, im Rahmen der Kooperation würde eine asymmetrische wissenschaftliche Beratung angestrebt.

(b) *Einheit von Forschung (und Entwicklung) und Lehre*: Die Einheit von Forschung (und Entwicklung) und Lehre äußert sich zum einen darin, daß Mitarbeiter des Lehrstuhls an der innerbetrieblichen Weiterbildung des Hauses mitwirken. Zum anderen konnte das Kooperationsprojekt mit Erfolg in das universitäre Ausbildungsprogramm des Lehrstuhls aufgenommen werden. Dazu werden innerhalb des im Hauptstudium angesiedelten Vertiefungsstudiums sogenannte studentische Arbeitsgemeinschaften für besonders engagiert Studierende angeboten.[5] Der Aspekt einer Einheit von Forschung und Entwicklung bringt außerdem die Idee einer Aktionsforschung zum Ausdruck, die den Charakter einer Echtzeitwissenschaft annimmt. Echtzeitwissenschaft be-

---

[4] Vgl. Naumann (1982), Geiger (1986), Grebenc (1986), Maaßen (1986), Klotz (1986), Hügler (1988). Die Ergebnisse wurden in Kirsch/ Maaßen (Hrsg. 1989) zusammengefaßt.

[5] Ferner wird - vom Kooperationsprojekt entkoppelt - seit Sommersemester 1992 durch den für Betriebswirtschaft zuständigen Geschäftsführer eine Vorlesung zur Praxis des Konzernmanagements angeboten, die Probleme der Unternehmensführung am Beispiel des Partnerunternehmens vertieft.

deutet, daß wissenschaftliche Beiträge zur Handhabung eines praktischen Problems unmittelbar während des Problemlösungsprozesses erarbeitet werden. Zugleich sollen die wissenschaftlichen Erkenntnisse so rechtzeitig gewonnen werden, daß ein zeitnaher Beitrag zur Lösung praktischer Probleme ermöglicht wird.[6]

Diese *formulierten* Ziele und Grundsätze haben sich im Verlauf des Projektes in *formierter* Weise weiterentwickelt. Im Hinblick auf die Ziele der Zusammenarbeit hat sich das Themenspektrum erweitert. So erwies sich die ursprünglich vorgesehene Konzentration auf operative Planungssysteme als problematisch. Denn im Partnerunternehmen werden strategische Fragestellungen auch in solchen Geschäftssystemen bearbeitet, die aus der Außenperspektive der Lehrstuhlmitarbeiter zunächst als operativ eingestuft wurden, sich aus der Binnenperspektive des kompetenten Teilnehmers jedoch als "strategisch" im Sinne der Formel "die Erfolgspotentiale signifikant betreffend" (vgl. Kapitel 2.1.1) erwiesen. Ferner wurden teilweise auch organisatorische Fragestellungen jenseits der Weiterentwicklung von Geschäftssystemen i. e. S. aufgegriffen.[7] Bezüglich der Grundsätze der Zusammenarbeit mußte die inbesondere auf Seiten des Lehrstuhls bestehende Eigenerwartung einer Echtzeitwissenschaft relativiert werden. In der Regel fielen die Projektergebnisse zu spät an, um noch in einen laufenden Echtzeitprozeß eingebracht werden zu können. Ferner wurden Ergebnisse des Kooperationsprojekts in keinem Fall für das Partnerunternehmen verbindlich gemacht geschweige denn offiziell autorisiert.[8] In bezug auf einzelne Echtzeitprozesse liegt damit eher der Begriff einer Begleitforschung (vgl. Hertel et al. 1982) nahe.[9] Ein einzelner Echtzeitprozeß stellt jedoch nur eine Station im Verlauf eines unternehmensinternen Reasoning from Case to Case dar. So werden im Partnerunternehmen organisatorische Neuerungen meist nicht in einem total system approach unternehmensweit eingeführt, sondern

---

[6] Vgl. hierzu ausführlich Kirsch/ Seitz (1992: 29f.) sowie Kapitel 6. Die Erfahrungen aus früheren Projekten haben allerdings zu einer Relativierung des damit verbundenen Anspruchs geführt. Deshalb wurde das Prinzip der "Echtzeitwissenschaft" für die Kooperation nicht ausdrücklich in den Vordergrund gerückt.

[7] Dieser formierten Themenverschiebung wurde 1993 in formulierter Weise durch eine "Umbenennung" des Kooperationsprojektes zu Kooperation "Konzernmanagement" (KOM) Rechnung getragen.

[8] Dazu hätte es wahrscheinlich einer professionellen "Beratungsleistung" mit kommerziellem Hintergrund und entsprechender Legitimation im Unternehmen bedurft. Zum anderen sollte aber auch der mit einem solchen Anspruch verbundene Erfolgsdruck vermieden werden. Statt dessen sollten handlungsentlastete Situationen geschaffen werden, in denen auch auf Seiten der Mitarbeiter des Unternehmens "philosophiert" werden konnte. Davon versprach man sich eine Sensibilisierung für die Planungsprobleme im Unternehmen und die Möglichkeit, daß das Partnerunternehmen sich einmal mit den Augen Dritter sehen konnte.

[9] Hier kann weiter zwischen *simultaner* Begleitforschung mit und *retrospektiver* Begleitforschung ohne Echtzeitcharakter differenziert werden.

zunächst im Sinne von "Pilotanwendungen" in einzelnen Divisionen getestet.[10] Ergebnisse einer Begleitforschung gehen als nachträgliche Reflexionen einer Pilotanwendung in den unternehmensinternen Lernprozeß ein und können in zukünftigen Anwendungsfällen genutzt werden.

Die damit angedeutete Verschiebung zwischen formulierten und formierten Maximen der Zusammenarbeit ist Ergebnis eines Lernprozesses, der sich nicht nur auf die Ergebnisse, sondern auch auf das Design der Kooperation bezieht. Zugleich kommt dadurch eine wirklichkeitsnahe Einschätzung der in Kooperationsprojekten realisierbaren Ziele und Grundsätze zum Ausdruck. Schließlich ist eine solche Weiterentwicklung notwendig, sofern ein Kooperationsprojekt über einen längeren Zeitraum (im vorliegenden Fall acht Jahre) nicht zum Ritual degenerieren, sondern für beide Seiten als fruchtbar erachtet werden soll.

(2) Organisation des Kooperationsprojektes: Ein Kernproblem der Durchführung von Kooperationsprojekten ist die Abstimmung unterschiedlicher Organisationsstrukturen zwischen den Kooperationspartnern (vgl. Trux/ Kirsch 1979). Im vorliegenden Fall hat es sich als sinnvoll erwiesen, einzelne Aufgabenstellungen in Projektform abzuwickeln. Ein *Projektbeirat* übernimmt die thematische Steuerung und Koordination des Projekts. Ihm gehören der Vorsitzende der Geschäftsführung, der für Betriebswirtschaft[11] zuständige Geschäftsführer und der Inhaber des Lehrstuhls für Strategische Unternehmensführung an. Die thematische Steuerung und Betreuung wurde dabei letztlich durch den für Betriebswirtschaft zuständigen Geschäftsführer getragen. Durch diese Besetzung des Projektbeirats wurde der Rückhalt bei der Unternehmensführung gesichert. Ferner wurde auf diese Weise eine Anbindung an Echtzeitprobleme ermöglicht, deren Reichweite das Gesamtunternehmen betrifft. Auf einer *Koordinationsstelle* übernimmt ein Mitarbeiter als "linking pin" (vgl. Likert 1961: 105ff.) (d. h. in einer Doppelfunktion als wissenschaftlicher Mitarbeiter des Lehrstuhls und als Mitarbeiter des Unternehmens) die Feinkoordination zwischen Lehrstuhl und Partnerunternehmen. Die konkreten Kooperationsaktivitäten vollziehen sich in (a) studentischen Arbeitsgemeinschaften und (b) Mitarbeiterprojekten.

(a) In *studentischen Arbeitsgemeinschaften* bearbeitet eine Gruppe von ca. 15 Studenten über einen Zeitraum von zwei Semestern eine praktische Problemstellung. Die Studenten werden durch drei bis vier Mitarbeiter des Lehrstuhls intensiv betreut. Auf Seite des Partnerunternehmens wird für einzelne Themen meist ein Geschäftsbereich als Projektpate gewonnen. Auf diese

---

[10] Diese "Reorganisationsstrategie" stellt im Vergleich zu anderen Unternehmen ein Spezifikum dar (vgl. Kapitel 3.2), welches wiederum den Verlauf und die Gestaltung des Kooperationsprojektes in idiosynkratischer Weise prägt.

[11] Die Zuständigkeitsbezeichnung "Betriebswirtschaft" steht im folgenden als Kurzform für die Zentralfunktionen Betriebswirtschaft, Investitionen, Organisation und Datenverarbeitung.

Weise gelingt es, den für divisionalisierte Unternehmen charakteristischen Interessenpluralismus zu berücksichtigen. Teilprojekte werden inhaltlich an die Belange und Probleme einzelner Geschäftsbereiche angebunden.[12]

Im Laufe der Durchführung der einzelnen Teilprojekte formierte sich ein bestimmter Projektablauf. In einer Auftaktveranstaltung (Kick-Off) wird die jeweilige Problemstellung aus Unternehmenssicht und aus Sicht der Studentengruppe diskutiert und präzisiert. Den Schwerpunkt der Projektarbeit bilden zum einen theoretische Studien der Studentengruppe (z. B. Problembeschreibung, Literaturstudium, Ermittlung eines Informationsbedarfs usw.). Zum anderen werden mit Führungskräften und Mitarbeitern des Unternehmens halbstrukturierte Interviews vor Ort durchgeführt. In einigen Projekten war es außerdem möglich, ausgewählte Problemstellungen in eintägigen Workshops zu vertiefen. Projektbegleitend wird den Studenten eine Fortbildung in Präsentationstechniken und Rhetorik sowie die Gelegenheit zu einem Praktikum eröffnet.[13] Höhepunkte der studentischen Arbeitsgemeinschaft stellen Zwischen- und Endpräsentation jeweils nach Ablauf eines Semesters dar. Präsentationsnehmer sind Mitglieder der Geschäftsführung sowie ausgewählte Führungskräfte und Mitarbeiter des Partnerunternehmens. Kern dieser Veranstaltungen bildet die Präsentation der Studenten, ein Korreferat durch einen Mitarbeiter des Unternehmens und die sich anschließende Diskussion mit und zwischen den Präsentationsnehmern. Zum Projektabschluß wird mit dem für Betriebswirtschaft zuständigen Geschäftsführer und der Studentengruppe eine Arbeitssitzung durchgeführt, die der Manöverkritik und der Klärung von Hintergrundinformationen dient.

(b) Während studentische Arbeitsgemeinschaften schwerpunktmäßig in der Lehre angesiedelt sind, zeichnen sich *Mitarbeiterprojekte* überwiegend durch einen Forschungscharakter aus. Hier arbeiten Mitarbeiter des Unternehmens und/ oder des Lehrstuhls über einen längeren Zeitraum an einer aktuellen Themenstellung, die zugleich den Gegenstand eines Dissertationsprojektes darstellen kann. Im Hinblick auf den Entstehungszusammenhang und die Funktion, welche die Erfahrungen des Kooperationsprojektes für die Dissertationsforschung leisten, lassen sich Mitarbeiterprojekte im engeren und im weiteren Sinne unterscheiden. *Mitarbeiterprojekte i.e.S* behandeln Themenstellungen, die durch das Partnerunternehmen angeregt wurden.[14] *Mitarbeiterprojekte i. w. S.* bearbeiten Themen, die unabhängig vom Partnerunternehmen definiert wurden, in denen aber wesentliche Anregungen aus dem Ko-

---

[12] Damit wurde vor allem dem Mißverständnis vorgebeugt, daß das Kooperationsprojekt im Auftrag der "Zentrale" tätig sei.
[13] Die ansonsten naheliegende Möglichkeit der Erstellung praxisorientierter Diplomarbeiten wurde bisher nur in Einzelfällen verwirklicht. Umgekehrt werden die Projekterfahrungen durch die Studenten aufgegriffen und in reflektierter Weise auch in eher grundlagenorientierten Arbeiten verarbeitet.
[14] Diese werden unten eingehend dargestellt.

operationsprojekt verarbeitet werden.[15] Durch die Betreuung studentischer Arbeitsgemeinschaften, Teilnahme an Präsentationen und über den Zugang zu Projektdokumentationen wird Lehrstuhlmitarbeitern eine Sensibilisierung für den Praxishintergrund ihrer Dissertationsforschung ermöglicht. Mitarbeiterprojekte im weiteren Sinne werden damit über das Vehikel studentischer Arbeitsgemeinschaften ermöglicht.

(3) Darstellung und Beurteilung der bisherigen Aktivitäten: Seit Bestehen der Kooperation wurden (a) acht studentische Arbeitsgemeinschaften und (b) vier Mitarbeiterprojekte durchgeführt. Die wesentlichen Inhalte und Erfahrungen werden im folgenden dargestellt.

(a) Ausgangspunkt der *studentischen Arbeitsgemeinschaften* bildete eine Rekonstruktion der Wirtschaftsplanung, die das Kernsystem der Planungsarchitektur im Partnerunternehmen darstellt. Im Sommer 1987 wurden dann Möglichkeiten einer Weiterentwicklung der Führungssysteme untersucht. Während diese Arbeitsgemeinschaften in der Unternehmenszentrale angesiedelt waren, wurde ab 1987 im Interesse einer größeren Nähe zum operativen Tagesgeschäft angestrebt, einzelne Geschäftsbereiche als Projektpaten zu gewinnen. Den Anfang machte im Wintersemester 1987/ 88 ein Geschäftsbereich aus dem Stammgeschäft. Hier bildeten Planungseinheit und Planungssystematik den Untersuchungsgegenstand. Von Sommersemester 1988 bis Wintersemester 1988/ 89 wurden in einem weiteren Bereich Auswirkungen der Globalisierung auf die Planungs- und Kontrollsysteme untersucht. Das Folgeprojekt beschäftigte sich mit den Problemen, die sich bei der Integration der Geschäftssysteme einer zum damaligen Zeitpunkt gerade akquirierten Tochtergesellschaft ergaben. Im Anschluß wurden dann in einem weiteren Geschäftsbereich Systeme der Vertriebssteuerung untersucht. Im Sommersemester 1991 und Wintersemester 1991/ 92 behandelte das Projektteam Möglichkeiten einer Straffung/ Verkürzung der Wirtschaftsplanung. Mit der Einführung einer Produktbereichsorganisation griff das letzte Projekt eine organisatorische Problemstellung auf. Damit wurde ein sehr breites Spektrum an Problemstellungen bearbeitet. Wesentliche Unterschiede ergaben sich hinsichtlich der jeweils gewählten Perspektive (Zentrale/ Geschäftsbereich), in bezug auf das Arbeitsgebiet des jeweiligen Geschäftsbereiches, hinsichtlich der untersuchten Geschäftssysteme (Planungs- und Kontrollsystem/ Systeme der Vertriebssteuerung) und durch das Aufgreifen von Fragen der Organisationsstruktur (Produktbereichseinführung).

---

[15] Zum einen werden Anregungen in Form von Fallstudien verarbeitet: Vgl. z. B. Bendak (1992), Ringlstetter (1993). Zum anderen weist das Kooperationsprojekt eine Sensibilisierungsfunktion für grundlagenorientierte Dissertationen auf: Vgl. z. B. Ulrich (1993), Reglin (1993), Jeschke (1992).

Wie bereits angedeutet, wurde keine *unmittelbare* Umsetzung der in studentischen Arbeitsgemeinschaften erarbeiteten Ergebnisse angestrebt.[16] Als bedeutsam hat sich jedoch die Entwicklung der Projektrolle aus Sicht der Patenbereiche im Unternehmen erwiesen.[17] Einerseits besteht die Gefahr, daß studentische Arbeitsgemeinschaften als *Auftragnehmer der Zentrale* betrachtet werden. Diese Gefahr steigt mit der Politisierung des Projektumfeldes. Die Zusammenarbeit erweist sich dann als problematisch, wobei sich zusätzlich erschwerend auswirken kann, daß die Arbeitsgemeinschaft nicht über die "eigentlichen" Probleme im Patenbereich informiert ist. Auf der anderen Seite hat die Tatsache einer Präsentation vor Mitgliedern der Geschäftsführung dazu geführt, daß studentische Arbeitsgemeinschaften als *Sprachrohr* für die Interessen und Belange der Patenbereiche betrachtet werden. Dadurch wird es möglich, Interessen und Auffassungen zu artikulieren, die innerhalb der offiziellen Informationsstrukturen keinen Adressaten gefunden hätten.[18]

(b) Die studentischen Arbeitsgemeinschaften werden durch forschungsorientierte *Mitarbeiterprojekte* ergänzt, die sich auf Fragen einer Weiterentwicklung der Geschäftssysteme im Partnerunternehmen konzentrieren. [19]

Ausgangspunkt des ersten Projektes ist die Tatsache, daß die Anwendung neuerer Systemkonzeptionen sich aus der Sicht der Unternehmen häufig als Problem der Adaption in bezug auf unternehmensspezifische Rahmenbedingungen darstellt. Dieses Problem nimmt *Kronast (1989)* zum Anlaß, um am Beispiel der Controlling-Konzeption die Notwendigkeit eines unternehmensspezifischen Selbstverständnisses in bezug auf wissenschaftliche Theorieangebote zu verdeutlichen. Als Gestaltungshilfe wird die Idee eines Controlling-Leitbildes entwickelt. Durch einen Leitbildprozeß - so die These - kann eine angewandte Wissenschaft der Praxis Hilfestellung bei der Entwicklung unternehmensspezifischer Selbstverständnisse in Bezug auf Theorieangebote zur Verfügung stellen.

---

[16] Damit wird allerdings nicht ausgeschlossen, daß Ergebnisse im Einzelfall umgesetzt werden können.
[17] Diesen Fremderwartungen steht das role making der Arbeitsgemeinschaften gegenüber, wobei meist Partei ergriffen wurde, zum Teil die Rolle des unbeteiligten Dritten und nur im Ausnahmefall die Rolle des Vermittlers eingenommen wurde.
[18] Hier wird das Phänomen sogenannter Informationspathologien in Organisationen relevant (vgl. Wilensky 1967; Sorg 1981). Das Kooperationsprojekt bildet dann eine flankierende Organisation, die zu den Organisations- und "Denkstrukturen" des Partnerunternehmens querliegt. Dieser flankierende Charakter gestattet es, strukturelle, doktrinenbedingte und psychologische Informationspathologien der Organisation des Kooperationspartners zu umgehen und damit teilweise einem Aufklärungsversagen (vgl. Wilensky 1967: 39) vorzubeugen.
[19] Die folgenden Ausführungen beschränken sich auf die Darstellung von Mitarbeiterprojekten i. e. S., welche durch das Partnerunternehmen initiiert wurden.

Die Arbeit basiert auf den Erfahrungen eines Anfang 1987 initiierten Mitarbeiterprojektes, in dem die Rekonstruktion des bestehenden Controlling-Selbstverständnisses und dessen Fortentwicklung in Form eines Controlling-Leitbildes im Vordergrund stand. Es war dabei eine zentrale Erfahrung des Projekts, wie sehr die Entwicklung eines solchen Selbstverständnisses mit den in einer Unternehmung vorzufindenden spezifischen Lebens- und Sprachformen verwoben ist. Im Laufe des Projektes mußte deshalb vor allem die Reichweite des angestrebten Controlling-Leitbildes eingeschränkt werden. Zunächst wurde angestrebt, dieses Leitbild "flächendeckend" für alle kaufmännischen Abteilungen der inländischen Geschäftsbereiche zu entwickeln. Auf Seiten der Praktiker führte dieser Anspruch zu Widerstand, da das Leitbild als eine Art Aufgabenkatalog interpretiert wurde, der die Tätigkeit der kaufmännischen Abteilungen unverhältnismäßig formalisiert hätte. Im Verlauf des Projektes ist es dann nicht mehr gelungen, dieses Mißverständnis auszuräumen, und Unterstützungspotentiale in den betroffenen Bereichen aufzubauen. Deshalb wurde das Leitbild auf die betriebswirtschaftlichen Zentralabteilungen beschränkt. Die in der Arbeit angesprochene Problematik, daß Leitbilder zwar häufig formuliert aber nicht immer "gelebt" werden, hat sich für das Controlling-Leitbild bestätigt. So werden die Kernaussagen der Dokumentationsfassung zwar teilweise in internen Vorträgen präsentiert. Unmittelbar handlungsleitenden Charakter weist das Controlling-Leitbild jedoch nicht auf.

In einem zweiten Projekt untersuchte *Stock (1990)* Ansätze eines Management von Forschung und Entwicklung (FuE). Kern der Arbeit ist die Entwicklung einer Gesamtarchitektur von FuE-Managementsystemen, wobei die Planungs- und Kontrollsysteme in den Vordergrund gestellt werden. Die praktische Anbindung dieser Dissertation sollte zunächst über eine studentische Arbeitsgemeinschaft geleistet werden. Diese mußte jedoch nach einem Semester abgebrochen werden. Der anschließende Versuch, die Anbindung über ein Mitarbeiterprojekt in einem ausgewählten Geschäftsbereich zu gewährleisten, kann als gescheitert gelten. Trotz einer vielversprechenden Anlaufphase war es nicht gelungen, im betroffenen Bereich eine aus Sicht der Praxis sinnvolle Anbindung an Echtzeitprobleme zu leisten. Nach mehreren Wiederbelebungsversuchen, die sich über ein Jahr erstreckten, mußte das Projekt abgebrochen werden. Der auch in der Arbeit thematisierte Konflikt zwischen Technikern und Kaufleuten dürfte im Verlauf des Projektes eine wesentliche Rolle für das Scheitern gespielt haben. Andererseits werden in dem betroffenen Geschäftsbereich heute erste Systeme einer entwicklungsorientierten Erzeugnisplanung betrieben, zu deren Initiierung das Mitarbeiterprojekt möglicherweise beigetragen hat.

Im Mittelpunkt des dritten Mitarbeiterprojektes steht die operative Berichterstattung in Konzernen. *Birk (1991)* stellt im Anschluß an einen Literaturüberblick drei Betriebsmodelle zu Berichtssystemen vor. Diese unternehmensspezifischen Lösungen bilden den Praxishintergrund für die anschließende Entwicklung eines theoretischen Denkmodells. Ein wesentliches Problem der bisherigen Mitarbeiterprojekte war die Tatsache, daß die Lehrstuhlmitarbeiter kaum Gelegenheit hatten, sich ernsthaft eine Kompetenz in bezug auf die spezifischen Lebens- und Sprachformen des Unternehmens anzueignen. Diesem Problem wurde in diesem Fall durch ein 4-monatiges Praktikum in der betroffenen Abteilung begegnet, das der Vorbereitung des Mitarbeiterprojektes diente. Von Vorteil war weiter, daß parallel zum Mitarbeiterprojekt eine Umstellung des monatlichen Geschäftsberichtes auf ein neues EDV-System durchgeführt wurde. Dadurch ergab sich eine Möglichkeit, die Forschungsaktivitäten an ein Echtzeitproblem der Praxis anzubinden. Ergebnis des Projektes war ferner ein gemeinsames Arbeitspapier (vgl. Fischer/ Birk 1989), das sich ausgewählten Problemen der Berichterstattung im Partnerunternehmen widmet. In der ersten Zwischenbetrachtung geht Birk auf die mit einer realistischen Aktionsforschung verbundenen Probleme ein. Kernprobleme liegen in der Notwendigkeit, ein Gespür für die politischen Rahmenbedingungen der Aktionsforschungssituation zu entwickeln, in der Instrumentalisierung des Aktionsforschers und in der Überfremdungswirkung, welche theoretische Sprachspiele und Bezugsrahmen bei den Praktikern auslösen können. Im Gesamturteil kommt er zu einer äußerst skeptischen Einschätzung der Möglichkeiten und Grenzen von Aktionsforschungsprojekten.

Die bisher durchgeführten Mitarbeiterprojekte zeichnen ein ernüchterndes Bild von den Möglichkeiten und Grenzen der Zusammenarbeit zwischen Wissenschaft und Praxis. Das im folgenden darzustellende Projekt bildet hierin - um es vorwegzunehmen - keine Ausnahme. Eine Reflexion solcher Gesichtspunkte kann aber zu einem realistischeren Bild der Kooperationsvoraussetzungen beitragen und damit zu einer Korrektur überzogener Ansprüche hinsichtlich der Umsetzbarkeit wissenschaftlicher Systemkonzeptionen in der Praxis führen.

(4) Mitarbeiterprojekt zum Thema "Strategische Managementsysteme im internationalen Unternehmen": Das vorliegende Mitarbeiterprojekt wurde im Oktober 1990 initiiert und endet im Juli 1993. Innerhalb des Projektes lassen sich drei Aktivitätsklassen unterscheiden (vgl. Abbildung A-1): Echtzeittätigkeiten bezeichnen Aktivitäten im Verlauf der Praktika und im Tagesgeschäft einer Zentralabteilung "Rechnungswesen" (ZBR). Eine zweite Klasse von Aktivitäten umfaßt die Betreuung studentischer Arbeitsgemeinschaften, in deren Verlauf die Geschäftssysteme und spezifischen Probleme einzelner inländischer Divisonen untersucht wurden. Forschungsaktivitäten im engeren Sinne beziehen sich ausschließlich auf die Thematik des Mitarbeiterprojektes. Die Trennung dieser Aktivitätenklassen ist analytischer Natur. Insbesondere Aktivitäten der Forschung im engeren Sinne und Echtzeittätigkeiten fallen im Einzelfall zeitlich und inhaltlich zusammen. Dies geht letztlich auf den echtzeitwissenschaftlichen Charakter des Mitarbeiterprojektes zurück, bei dem Problemlösungs- und Forschungsprozeß eng miteinander verwoben sind.

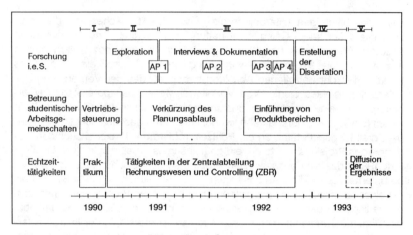

Abb. A-1: Das Mitarbeiterprojekt im Überblick

Der Projektablauf gliederte sich zeitlich in fünf Phasen: (I) Ein dreimonatiges Praktikum in kaufmännischen Abteilungen im Werk-, auf Geschäftsbereichsebene und in der Zentrale diente dem Kennen- und Verstehenlernen der Lebens- und Sprachformen des Unternehmens. Als zentral erwies sich die Erfahrung, daß in den genannten Bereichen voneinander abweichende Perspektiven und Problemprioritäten dominieren, die sich trotz einer spezifischen übergreifenden "Kultur" untereinander erheblich unterschieden. (II) Die sich anschließende Explorationsphase diente einer Rekonstruktion der sich aus der internationalen Tätigkeit ergebenden Probleme in den Geschäftssystemen. Angeleitet durch theoretische Vorstudien und eine explorative Problemsammlung wurde zum Abschluß der Explorationsphase ein Arbeitspapier erstellt, das wesentliche Anforderungen der Internationalisierung an die Geschäftssysteme des Partnerunternehmens systematisiert (vgl. Seitz 1991). Zugleich wurde eine Liste konkreter und aus Sicht des Verfassers relevanter Handlungsbedarfe erarbeitet. (III) Auf der Basis dieses Arbeitspapiers konnten im Anschluß an die Explorationsphase Echtzeittätigkeiten stärker auf solche Probleme gelenkt werden, die spezifisch internationale Problemstellungen darstellen und eine höhere Affinität zum Thema der Dissertation aufwiesen.[20] In den sich anschließenden Monaten wurden parallel zu Echtzeittätigkeiten über 15 halbstrukturierte mehrstündige Interviews sowie zahlreiche unstrukturierte aber nicht minder informative Gespräche mit Mitarbeitern aus Zentrale, inländischen Bereichen und mit ausgewählten Expatriates (Vertragsangestellten) ausländischer Regionalgesellschaften geführt, welche in der Zentrale erreichbar waren. Im Rahmen der Echtzeittätigkeiten wurden zu ausgewählten Pro-

---

[20] Dazu gehören z. B. die bearbeiteten Themen "Berichterstattung in Hochinflationsländern", "Konsequenzen der Entwicklung des Dollar-Kurses" oder "Möglichkeiten einer weltweiten Konsolidierung von Ergebnisbestandteilen in einer Erzeugnisklassenerfolgsrechnung".

blemstellungen theoretische Beiträge aus Fachpublikationen gesammelt und soweit möglich in den Lösungsprozeß eingebracht. Außerdem entstanden weitere unternehmensinterne Arbeitspapiere in Zusammenarbeit mit Mitarbeitern des Unternehmens.[21] Schließlich wurde eine eingehende Dokumentenanalyse und Rekonstruktion der im Unternehmen relevanten Geschäftssysteme erstellt, welche die Basis für die Auswertung in Form eines Betriebsmodells bildet. (IV) Von übrigen Tätigkeiten entlastet schließt sich der Zeitraum der Dissertationserstellung an. (V) Die abschließende Phase zur Diffusion der Forschungsergebnisse ist zum derzeitigen Zeitpunkt noch nicht eingeleitet.

Für die Einschätzung der in dieser Arbeit vorgelegten Ergebnisse ist ausschlaggebend, daß der Verfasser überwiegend in der Zentrale des Unternehmens tätig war. Unmittelbare divisionsspezifische Sichtweisen wurden jedoch im Verlauf der studentischen Arbeitsgemeinschaften und im Zuge der für eine Zentralabteilung typischen Betreuungsaufgaben gegenüber den Bereichen gewonnen. Dadurch besteht zum einen die Gefahr einer im Hinblick auf die Lebens- und Sprachformen einer Zentrale verzerrten Perspektive. Die im Verlauf des Praktikums entwickelte Sensibilisierung für bereichsspezifische Sichtweisen mag andererseits zur "Übersensibilisierung" geführt haben. Spezifika von Divisionen wurden dadurch eventuell überbewertet. In gleicher Weise erweist sich der Umstand als problematisch, daß der Verfasser ausschließlich im deutschen Stammland tätig war. Eine Tätigkeit in einer ausländischen Regionalgesellschaft wurde zwar erwogen, erwies sich jedoch aus Zeit- und Kostengründen als nicht realisierbar. Eine tiefergehende Kompetenz in bezug auf die Lebens- und Sprachformen einzelner in- oder ausländischer Divisionen konnte daher nicht erworben werden.

Diese Problematik scheint jedoch auch für die Praktiker selbst zuzutreffen. Zwar entwickeln einzelne Mitarbeiter und Führungskräfte im Zuge einer unternehmensinternen job rotation und Karriereentwicklung einen reichhaltigen Erfahrungshintergrund, der durch die Verschiedenartigkeit der betreuten Positionen geprägt wird. Die mit einer bestimmten Position verbundene Sozialisation, in der bereichsspezifische Sichtweisen übernommen und vertreten werden, nimmt jedoch nach unternehmensinternen Schätzungen lediglich ein bis sechs Wochen in Anspruch. In Situationen hohen Handlungsdrucks wird daher in der Regel vor dem Hintergrund bereichsspezifischer Kontexte und Sichtweisen argumentiert.[22]

Ein weiteres Problem geht auf die begrenzte Ressourcenbasis jedes Forschungsprojektes zurück. Die Gefahr, im Rahmen von Echtzeittätigkeiten nur

---

[21] Dazu gehören explorative Vorüberlegungen zu strategischen Länderkonzepten, ein Arbeitspapier zur Steuerung internationaler Kooperationen, sowie ein Arbeitspapier zum Verhältnis zwischen betriebswirtschaftlicher Forschung, Entwicklung und Praxis.

[22] Umgekehrt wird dieses individuelle Paradox in handlungsentlasteten Situationen thematisiert und als problematisch - wenngleich unumgänglich - erachtet.

noch "Rechtzeitaktivismus" zu entwickeln, ist im Rahmen einer Echtzeitwissenschaft allgegenwärtig. Dieses Problem konnte nur durch ein bewußtes "Synergiemanagement" zwischen Forschungs- und Echtzeittätigkeiten gehandhabt werden. So wurden knappe Zeitbudgets durch Erstellung eines ersten Arbeitspapiers in forschungsrelevante Echtzeitprobleme gelenkt. Andererseits war es nicht möglich, in einer studentischen Arbeitsgemeinschaft eine internationale Problemstellung zu bearbeiten. Dennoch ergaben sich aus den tatsächlich bearbeiteten Themen wertvolle Hinweise und Erkenntnisse nicht zuletzt im Hinblick auf die Steuerung ausländischer Regionalgesellschaften durch die inländischen Geschäftsbereiche.

Jenseits dieser Ressourcenprobleme ist die Rezeptionsgeschichte der entstandenen Arbeitspapiere von Interesse. Sie wurden teilweise auf abteilungsinternen Besprechungen vorgestellt und diskutiert, sowie über die Institution des "Umlaufs" verfügbar gemacht. Ein weiteres Forum ergab sich durch die Initiierung eines Doktorandenkolloquiums, das inzwischen halbjährlich stattfindet. Dabei trafen die Überlegungen zumindest bei den unmittelbar betroffenen Mitarbeitern auf großes Interesse. Eine unmittelbare Umsetzung der zum Teil darin vorgeschlagenen Konzepte erwies sich jedoch als problematisch. Ein Beispiel stellt das Arbeitspapier zu strategischen Länderkonzepten dar, in dem eine systematischere und stärker methodengestützte Vorgehensweise vorgeschlagen wurde. Eine Ausarbeitung dieser Idee wurde mit der Begründung abgelehnt, daß die aktuelle Interessenlage vor allem durch inländische Divisionen geprägt sei. Die Erstellung aufwendiger Länderkonzepte, in denen eine regionale Perspektive dominiert, sei daher - obwohl u. U. sinnvoll - nicht durchsetzbar. Interessanterweise wurde sechs Monate später ein solches Länderkonzept für ein Land in Asien initiiert. Dem Verfasser war es nicht mehr möglich, diese Gelegenheit für eine Revitalisierung der inzwischen versandeten Idee zu nutzen.

Will man diese Erfahrung verallgemeinern, so könnte sich folgende Vorgehensweise als sinnvoll erweisen: Spezifische Ideen und Lösungskonzeptionen sind zunächst in rudimentärer Form aufzubereiten und zu kommunizieren. Zweckmäßiger Weise wird dabei ein ganzes Bündel solcher "Ideen" entwickelt und bei den entsprechenden Zielgruppen kommuniziert. Auf der anderen Seite ist eine ebenso intensive Problemexploration zu betreiben, bei der sich ergebende Probleme gesucht und systematisiert werden. Sobald sich eine Problemsituation in der Form konkretisiert, daß erste Aktivitäten der Problemhandhabung auftauchen, ergibt sich dann die Möglichkeit, eine Idee wie z. B. die Entwicklung strategischer Länderkonzepte einzuspeisen.[23] Diese Vorge-

---

23   Ähnlich wäre eine Echtzeitwissenschaft zu charakterisieren, deren Design sich an der Müllereimertheorie (garbage can) organisatorischer Entscheidungsprozesse orientiert. Hier wird bekanntlich zwischen verschiedenen Strömen von (Praxis-)Problemen, (wissenschaftlichen und praxisnahen) Lösungsideen und Akteuren (Praktiker und Forscher) unterschieden, die in einem vierten Strom

hensweise ist vor allem dann notwendig, wenn es nicht gelingt, selbst konkrete Aktivitäten der Problemhandhabung z. B. in Form eines Arbeitskreises oder eines Projektauftrages zu initiieren.

Schließlich stellt sich die Frage, auf welche Weise eine Echtzeitwissenschaft Phänomene der Status-Inkonsistenz handhaben kann. Status-Inkonsistenzen ergeben sich aus der Unterschiedlichkeit der Lebens- und Sprachformen innerhalb der Praxis einerseits und innerhalb des Wissenschaftsbetriebes andererseits.[24] Grenzt man dieses Problem auf die Frage der Legitimierung eines Mitarbeiterprojektes ein, so liegt möglicherweise ein Legitimationsdilemma der Kooperation vor. Eine Spielart dieses Legitimationsdilemmas wird in der relevanten Literatur in Form der Frage diskutiert, ob Kooperationsprojekte den Charakter der "Aktionsforschung" annehmen, oder ob es sich letztlich nicht um "verkappte" Beratungsprojekte spezifischer Art handelt.[25] Greift man dieses Dilemma auf, so hat der Begriff der Aktionsforschung möglicherweise auch deshalb an Bedeutung gewonnen, weil es das wissenschaftspolitische Klima in diesen Breitengraden nicht ohne weiteres zuläßt, die wissenschaftliche Beratung der Praxis vor Ort und im Dialog mit der Praxis als legitime Angelegenheit aufzufassen (vgl. Kirsch 1992a: 530). Zum anderen ist aber auch die umgekehrte Überlegung relevant, derzufolge in der Praxis ein "Beratungsprojekt" unter dem Verdacht stehen könnte, lediglich als "Etikett" für "wissenschaftliche Aktionsforschung" zu dienen. Obwohl für das vorliegende Mitarbeiterprojekt der "Beratungsverdacht" (allein aus Kompetenzgründen) zweifellos nicht relevant ist, stellt sich diese doppelte Legitimationsproblematik dennoch. Dabei ergeben sich drei mögliche Antworten:

(1) Zum einen übersieht die Diskussion möglicherweise, daß es auch Phänomene eines Mäzenatentums gibt, in denen zumindest auf Seiten der Praxis a priori keine Instrumentalisierung des Kooperationsprojektes beabsichtigt wird. In diesem Fall wäre das Legitimationsdilemma ein Scheinproblem. (2) Zum anderen kann das Dilemma im Sinne eines dialektischen Vorgehens aufgelöst werden. So stellt das Gedankengut der Echtzeitforschung den Versuch einer Synthese dar. Die Wissenschaft versucht innerhalb einer Kooperationsepisode wissenschaftliche Erkenntnisse so rechtzeitig zu entwickeln, daß sie noch

---

[24] von Entscheidungsgelegenheiten (choice opportunities) zusammentreffen (vgl. Cohen/ March/ Olsen 1972).
In Kapitel 5.2.1 wurde erläutert, daß sich solche Status-Inkonsistenzen ergeben, wenn ein Aktor Rollenpositionen in verschiedenen institutionellen Sphären einnimmt. Dieses Problem ist im vorliegenden Fall von Relevanz, weil ein Forscher über bewußte Statusgestaltung (analog zum role making) selbst in seinen "Erkenntnisbereich" eintritt und in dieser Weise mit einer "Selbstreferenz" zu kämpfen hat.

[25] So weisen Otto/ Wächter (1979) auf die Gefahr einer Parteilichkeit der Wissenschaft hin, während Hundt (1981) unmittelbar den Geschäftssinn der Wissenschaft zum Gegenstand der Kritik macht (zu einer Entgegnung vgl. Kirsch 1984: 884ff.).

fruchtbringend in einen praktischen Problemlösungsprozeß eingebracht werden können.[26] Zugleich werden die dabei entwickelten Ergebnisse im Sinne vorläufiger Generalisierungen wissenschaftlich ausgewertet. (3) Schließlich kann das Dilemma auch an sich in Frage gestellt werden. Der Aktionsforschungscharakter (Aktionsforschung im weiteren Sinne) einer Kooperation wird dann an die Frage gebunden, in welchem Ausmaß der Forscher seinen Status-Set als Wissenschaftler und zugleich Rollenträger innerhalb der Unternehmenspraxis reflektiert. Im Ausmaß dieser Reflexion löst sich eine Kooperationsepisode vom Status der reinen Auftragsforschung oder Beratung. Mit anderen Worten muß der angewandte Forscher eine Reflexion seiner Rolle im Kooperationsprojekt leisten. Zur Unterstützung solcher Reflexionsprozesse können dann einzelne "Modelle" einer Aktionsforschung im engeren Sinne und/ oder Beratung herangezogen werden. Je mehr dann in einer Kooperationsepisode nachhaltige Rollenreflexionen auftauchen, um so mehr nimmt eine Kooperation den Charakter einer Aktionsforschung an. Diese Rollenreflexionen sollten allerdings auch operativ wirksam werden. Dazu werden möglicherweise zu Beginn oder im Verlauf von Kooperationen Grundsätze der Zusammenarbeit vereinbart, in denen für die Praktiker nicht nur ein Recht auf "Freiheit vor der Wissenschaft", sondern auch für Wissenschaftler ein "Recht auf Forschung" formuliert wird. Vor dem Hintergrund dieser Überlegungen werden abschließend Anregungen zur Nutzung der in dieser Untersuchung erarbeiteten Ergebnisse im Partnerunternehmen entwickelt.

(5) Anregungen zur Nutzung der erarbeiteten Ergebnisse: Die in dieser Arbeit vorgestellten Systemkonzeptionen weisen eine geringe Entwicklungsreife auf. Eine Umsetzung erfordert daher eine Machbarkeitsprüfung und Konkretisierung im Hinblick auf die Spezifika des Partnerunternehmens. Hierfür seien drei ausgewählte Nutzungsvorschläge herausgestellt:

Ein erster Ansatz ergibt sich im Hinblick auf die Gestaltung internationaler Unternehmenskooperationen im Unternehmen. Hier wäre zu überprüfen, inwieweit die in Kapitel 4.2.1 vorgestellten Methoden der Kooperationsplanung im Partnerunternehmen bei der Anbahnung solcher Kooperationen eingesetzt werden können. Darüber hinaus wäre zu prüfen, welche der in Kapitel 5.2.3 vorgestellten Partnerschaftsmodelle zwischen Kooperationspartnern und Joint-Ventures aus Sicht des Partnerunternehmens sinnvoll erscheinen. Schließlich könnten vor diesem Hintergrund Systemkonzeptionen für die Aufgabenverteilung der strategischen und operativen Planung in der Kooperationstriade entworfen werden.

Weiter könnte aufbauend auf den Überlegungen in Kapitel 5.1.2 ein Variantenrahmen der im Unternehmen vorhandenen Steuerungssysteme insbesondere

---

[26] Die Proliferation von Praxisproblemen mag allerdings in Zeiten "hoher Turbulenz und Komplexität" so rasch verlaufen, daß die zeitlichen Verläufe wissenschaftlicher Ideenlebenszyklen und praktischer Problemlebenszyklen nicht mehr zur Deckung gebracht werden können.

der Wirtschaftsplanung entwickelt werden. Dabei wäre zwischen unmittelbar und mittelbar anschlußfähigen Varianten bereichsspezifischer Vorsysteme zu unterscheiden. Unmittelbar anschlußfähige Varianten ergeben sich z. B. durch einen längeren Planungshorizont, einen höheren Detaillierungsgrad von Kenngrößen oder durch Einführung zusätzlicher Kenngrößen. Mittelbar anschlußfähige Varianten beziehen sich dagegen auf Fragen der Verringerung des Detaillierungsgrades, aber auch auf eine Entkoppelung bereichsspezifischer Geschäftssysteme z. B. durch eine eigenständige strategische Planung. Auf der Basis eines solchen Variantenrahmens könnte zwischen Maximal- und Minimalvarianten der Wirtschaftsplanung unterschieden werden. Dadurch ließe sich eine Orientierungsheuristik für die Gestaltung von bereichsspezifischen (Vor-)Systemen einzelner Teileinheiten entwickeln. Die Entwicklung eines solchen Variantenrahmens könnte zunächst am Beispiel einer ausgewählten Regionalgesellschaft und/ oder einem Geschäftsbereich durchgeführt werden. Dabei müßten die Steuerungsanforderungen der verschiedenen Handlungszentren explizit offengelegt und im Hinblick auf ein komplementäres, indifferentes oder konkurrierendes Verhältnis untersucht werden. Auf diese Weise ließe sich möglicherweise eine Verständigung über notwendige Unterstützungsdefizite zwischen der durch die Stammdomäne geprägten Wirtschaftsplanung und den Steuerungsanforderungen einzelner Teileinheiten erzielen. Weiter wären explizit Modalitäten einer Gestaltung von Interface-Systemen zu eruieren.

Schließlich könnte der Gedanke einer Systemarbitrage explizit aufgegriffen und in Form eines ergänzenden Moduls in die offiziellen Entwicklungssysteme aufgenommen werden. So ist dem Verfasser ein Fall bekannt, in dem in einem Geschäftsbereich ein spezifisches System der Projektplanung und -kontrolle zur Ermittlung, Nutzung und Verfolgung von produktspezifischen Kostensenkungspotentialen (Ratio-Planung) entwickelt wurde. Dieses System stellt eine "best demonstrated practice" dar und wurde bereits unternehmensintern auf einem "kaufmännischen Erfahrungsaustausch" vorgestellt. Solche Bereiche, die sich einer vergleichbaren Problemsituation gegenüber sehen, könnten dieses System der Ratio-Planung bei entsprechender Adaption nutzbringend einsetzen. Bei der Prozeßgestaltung könnte der in Kapitel 6 entwickelte Prozeß der transorganisationalen Organisationsentwicklung als Orientierungsheuristik herangezogen werden.

Diese Vorschläge müssen als Entwicklungsvorhaben in bezug auf die Machbarkeit hinsichtlich der unternehmensspezifischen Charakteristika geprüft werden. Eine Umsetzung solcher Teilvorhaben sollte an den Entwicklungssystemen des Partnerunternehmens ansetzen. Als mögliche Foren ist zunächst an die im Partnerunternehmen institutionalisierten Arenen einer *Grundlagendiskussion* zu denken. Ein geeignetes Forum würde beispielsweise das jährlich abgehaltene betriebswirtschaftliche Kolloquium darstellen, an dem neben Mitarbeitern und Führungskräften des Unternehmens auch Wissenschaftler teilnehmen. Ebenso könnten Teilaspekte im Rahmen des Kooperationsprojektes mit dem Lehrstuhl für Strategische Unternehmensführung vertieft werden. Ferner bietet es sich an, die genannten Vorhaben in bestehende *bereichsübergreifende Arbeitskreise* einzubringen. In solchen Arbeitskreisen werden Fragen einer Weiterentwicklung der Geschäftssysteme behandelt, die sich nicht zuletzt auf Konsequenzen der Internationalisierung beziehen.

Nimmt man schließlich die in Kapitel 6 erläuterten Thesen zur Gestaltung von Entwicklungssystemen in polyzentrischen Strukturen ernst, so bietet sich zur konkreten Institutionalisierung die Umsetzung in Form von "Aktionsentwicklungsprojekten" an. Für die Gestaltung lassen sich die in Kapitel 6 genannten Leitideen heranziehen. Dies sei am Beispiel der Systemarbitrage verdeutlicht, bei der ein sinnvoller Projektablauf wie folgt gestaltet werden könnte:

(1) Institutionalisierung eines Entwicklungsprojektes: Hier wäre an die Definition eines Subprojektes innerhalb bereits bestehender Arbeitskreise zu denken. Als Teilnehmer wären neben ursprünglichen Systementwicklern ("Systeminventoren") auch mögliche Systemnutzer ("Systeminnovatoren") sowie Mitarbeiter der zentralen betriebswirtschaftlichen Abteilungen als Transferkoordinatoren einzubeziehen.

(2) Definition der Projektziele: Dabei könnte ein MbO-Prozeß zum Einsatz kommen. Die besonders erfolgreiche Systemkonzeption eines Systeminventors nimmt dann den Charakter eines Target an. Diesem wären die Goals der Systeminnovatoren gegenüberzustellen, so z.B. Vergleichbarkeit der Anwendungsumgebung, Modifikation in bezug auf die spezifischen Steuerungsanforderungen usw. Eventuelle Issues sind zu dokumentieren und im weiteren Projektverlauf zu berücksichtigen.

(3) Durchführung eines Pilotprojektes: In solchen Bereichen, in denen eine günstige Entwicklungssituation im Sinne einer hohen Lern- und Kooperationsbereitschaft mit gleichzeitig geringem Problemdruck vorliegt, könnte ein Pilottransfer der Systemkonzeption durchgeführt werden.

(4) Vorläufige Generalisierung der Ergebnisse des Pilotprojektes: Erfahrungen aus der erstmaligen Systemarbitrage (Pilottransfer) wären sowohl in prozeduraler als auch inhaltlicher Hinsicht zu dokumentieren und für zukünftige Anwendungen zu diskutieren. Gegebenenfalls ist die zu transferierende Systemkonzeption zu modifizieren.

(5) Durchführung von Folgeprojekten: Weitere Transfers könnten sich auf eine Umsetzung der im Pilotprojekt transferierten Systemkonzeption und/ oder die Definition neuer Transferkandidaten (Phase 2) beziehen.

Literaturverzeichnis

Achleitner, P. (1985), *Soziopolitische Strategien multinationationaler Unternehmungen*, Bern 1985

Ackoff, R.L. (1974), *Redesigning the Future*, New York 1974

Adler, N. (1983), *A Typology of Management Studies Involving Culture*, in: Journal of International Business Studies 14 (1983) Fall, S. 29 - 47

Adler, N. (1991), *International Dimensions of Organizational Behavior*, 2. Aufl., Boston, Mass. 1991

Albach, H. (1981), *Die internationale Unternehmung als Gegenstand betriebswirtschaftlicher Forschung*, in: Zeitschrift für Betriebswirtschaft 51 (1981) Ergänzungsheft 1, S. 13 - 24

Albach, H. (1987), *Die Führung eines forschenden Unternehmens. Die Erfolgsstory der Schering AG*, in: Zeitschrift für Betriebswirtschaft 57 (1987) 11, S. 1069 - 1089

Alexander, J. (1985), *Habermas' New Critical Theory: Its Promise and Problems*, in: American Journal of Sociology 91 (1985), S. 400 - 424

Aliber, R.Z. (1970), *A Theory of Direct Foreign Investment*, in: Kindleberger C.P. (Hrsg. 1970), The International Corporation. A Symposium, Cambridge, Mass. 1970, S. 17 - 34

Altmann, H./ Kappich, L. (1989), *Controlling-Profil: Schering AG*, in: Controlling 1 (1989) 6, S. 338 - 344

Anderson, B. (1988), *Die Erfindung der Nation. Zur Karriere eines folgenreichen Konzepts*, Frankfurt am Main 1988

Andrews, K.R. (1988), *The Concept of Corporate Planning*, in: Quinn, J.B. et al. (Hrsg. 1988), The Strategy Process: Concepts, Contexts, Cases, Englewood Cliffs, N.J., 1988, S. 43 ff.

Angermeyer-Naumann, R. (1985), *Szenarien und Unternehmenspolitik. Globalszenarien für die Evolution des unternehmenspolitischen Rahmens*, München 1985

Ansoff, H.I. (1984), *Implanting Strategic Management*, Englewood Cliffs, N.J. 1984

Ansoff, H.I. et al. (1976), *From Strategic Planning to Strategic Management*, in: Ansoff, H.I. et al. (Hrsg. 1976), From Strategic Planning to Strategic Management, London u.a. 1976, S. 39 - 99

Ansoff, H.I./ Kirsch, W./ Roventa, P. (1883), *Unschärfenpositionierung in der strategischen Portfolio-Analyse*, in: Kirsch/ Roventa (Hrsg. 1983), S. 237 - 264

Arbeitskreis (1979), Arbeitskreis "Organisation international tätiger Unternehmen" der Schmalenbach-Gesellschaft, *Organisation des Planungsprozesses in international tätigen Unternehmen*, Berichterstatter: Pausenberger, E., in: Schmalenbachs Zeitschrift für betriebswirtschaftliche Forschung 31 (1979), S. 20 - 37

Ashby, W.R. (1965), *Design for a Brain*, New York 1965

Astley, W.G./ Fombrun, C.J. (1983), *Collective Strategy: Social Ecology of Organizational Environments*, in: Academy of Management Review 84 (1983), S. 576 - 587

Astley, W.G./ Van de Ven, A.H. (1983), *Central Perspectives and Debates in Organization Theory*, in: Administrative Science Quaterly 28 (1983), S. 245 - 273

Ax, A./ Börsig, C. (1983), *Praxis der integrierten Unternehmensplanung - Planungsphilosophie und Planungssystem des Unternehmens Mannesmann*, in: Kirsch/ Roventa (Hrsg. 1983), S. 355 - 398

Axelrod, R. (1984), *The Evolution of Cooperation*, New York 1984

Bain, J.S. (1968), *Industrial Organization*, 2. Auflage, New York u.a. 1968

Bales, R.F. (1958), *Task Roles and Social Roles in Problem Solving*, in: Maccoby, E.E./ Hartley, E.L./ Newcomb, T.M. (Hrsg. 1958), Readings in Social Psychology, New York 1958, S. 437 - 477

Baliga, B.R./ Jaeger, A.M. (1984), *Multinational Corporations: Control Systems and Delegation Issues*, in: Journal of International Business Studies 15 (1984) Fall, S. 25 - 40

Bamberger, J. (1981), *Theoretische Grundlagen strategischer Entscheidungen*, in: Wirtschaftswissenschaftliches Studium 10 (1981) 3, S. 97 - 105

Barlow, E.R. (1953), *Management of Foreign Manufacturing Subsidiaries*, Boston, Mass. 1953

Bartlett, C.A. (1979), *Multinational Structural Evolution: The Changing Decision Environment in International Divisions*, Boston, Mass. 1979

Bartlett, C.A. (1986), *Building and Managing the Transnational. The New Organizational Challenge*, in: Porter (Hrsg. 1986), S. 367 - 401

Bartlett, C.A./ Doz, Y.L./ Hedlund, G. (Hrsg. 1990), *Managing the Global Firm*, London, New York 1990

Bartlett, C.A./ Ghoshal, S. (1987), *Arbeitsteilung bei der Globalisierung*, in: Harvard Manager 9 (1987) 2, S. 49 - 59

Bartlett, C.A./ Ghoshal, S. (1989), *Managing across Borders. The Transnational Solution*, Boston, Mass. 1989

Bartlett, C.A./ Ghoshal, S. (1991), *Global Strategic Management: Impact on the New Frontiers of Strategy Research*, in: Strategic Management Journal 12 (1991) Special Issue Summer, S. 5 - 16

Bartölke, K. (1980), *Organisationsentwicklung*, in: Grochla, E. (Hrsg. 1980), Handwörterbuch der Organisation, 2. Auflage, Stuttgart 1980, Sp. 1468 - 1481

Bateson, G. (1981), *Ökologie des Geistes, Anthropologische, psychologische, biologische und epistemologische Perspektiven*, Frankfurt am Main 1981

Beamish, P.W. (1984), *The Role of Joint-Equity Ventures in the Theory of Multinational Enterprise*, in: International Business (1984) May, S. 32 - 41

Beamish, P.W. (1988), *Multinational Joint-Ventures in Developing Countries*, London 1988

Behrendt, W. (1979), *Die Logistik Multinationaler Unternehmen. Eine verhaltenswissenschaftliche und systemorientierte Analyse*, Frankfurt am Main u.a. 1979

Bendak, J. (1992), *Controlling im Konzern*, München 1992

Berger, P.L./ Berger, B. (1990), *Wir und die Gesellschaft. Eine Einführung in die Soziologieentwicklung an der Alltagserfahrung*, Reinbek bei Hamburg 1990

Berger, P.L./ Luckmann, T. (1986), *Die gesellschaftliche Konstruktion der Wirklichkeit. Eine Theorie der Wissenssoziologie*, Frankfurt am Main 1986

Bergner, D.J. (1989), *International Political Affairs*, in: Macharzina/ Welge (Hrsg. 1989), Sp. 884 - 891

Biehl, J. (1979), *Multinationale Unternehmen. Probleme und Kontrolle auf internationaler, regionaler und nationaler Ebene*, München 1979

Bierich, M. (1987), *Zukunftsaufgaben der Betriebswirtschaftslehre aus Sicht der Unternehmen*, in: Schmalenbachs Zeitschrift für betriebswirtschaftliche Forschung 39 (1987), S. 111 - 130

Bierich, M. (1988), *Der wirtschaftliche Erfolg von Auslandsgesellschaften*, in: Domsch, M. et al. (Hrsg. 1988), Unternehmenserfolg. Festschrift für Walther Busse von Colbe zum 60. Geburtstag, Wiesbaden 1988, S. 43 - 51

Birk, S. (1991), *Berichtssysteme. Operative Berichterstattung in Konzernen*, München 1991

Bleicher, K. (1979), *Gedanken zur Gestaltung der Konzernorganisation bei fortschreitender Diversifizierung*, in: Zeitschrift für Organisation 48 (1979) 5, S. 243 - 251 und 7, S. 328 - 335

Bleicher, K. (1988), *Geschäftsführung und Aufsicht im internationalen Vergleich*, in: Schmalenbachs Zeitschrift für betriebswirtschaftliche Forschung 40 (1988) 10, S. 930 - 941

Bleicher, K. (1989), *Planrahmen*, in: Szyperski/ Winand (Hrsg. 1989), Sp. 1406 - 1414

Bleicher, K. (1991), *Das Konzept Integriertes Management, St. Galler Management Konzept*, Band 1, Frankfurt am Main und New York 1991

Bleicher, K./ Hahn, D. (1989), *Konzernplanung*, in: Szyperski/ Winand (Hrsg. 1989), Sp. 898 - 913

Bleicher, K./ Hermann, R. (1991), *Joint-Venture-Management. Erweiterung des eigenen strategischen Aktionsradius*, Stuttgart 1991

Bleicher, K./ Paul, H. (1986), *Corporate Governance Systems in a Multinational Environment: Who Knows What's Best?*, in: Management International Review 26 (1988) 3, S. 4 - 15

Bleicher, K./ Paul, H. (1986), *Das amerikanische Board-Modell im Vergleich zur deutschen Vorstands-/ Aufsichtsratsverfassung - Stand und Entwicklungstendenzen*, in: Die Betriebswirtschaft 46 (1986), S. 263 - 288

Blödorn, N. (1992), *Internationales Controlling: Die ergebnisorientierte Steuerung von Geschäftsbereichen einer Multinationalen Unternehmung*, in: Schoppe (Hrsg. 1992), S. 325 - 393

Böbel, I. (1978), *Industrial Organization*, Tübingen 1978

Boddewyn, J. (1988), *Political Aspects of MNE Theory*, in: Journal of International Business Studies 19 (1988) 3, S. 341 - 364

Boehm-Tettelbach, P. (1990), *Unternehmenspolitischer Rahmen und Strategisches Management*, München 1990

Boje, D.M./ Wolfe, T.J. (1988), *Transorganizational Development: Contribution to Theory and Practice*, in: Leavitt, R./ Pondy, L./ Boje, D.M. (Hrsg. 1988), Readings in Managerial Psychology, 4. Auflage, Chicago, III., S. 733 - 751

Bower, J.L. (1970), *Managing the Resource Allocation Process. A Study of Corporate Planning and Investment*, Boston, Mass. 1970

Bower, J.L./ Doz, Y.L. (1979), *Strategy Formulation: A Social and Political Process*, in: Schendel/ Hofer (Hrsg. 1979), S. 152 - 166

Brantl, S. (1985), *Management und Ethik. Unternehmenspolitische Rahmenplanung und moralischpraktische Rationalisierung der Unternehmensführung*, München 1985

Bresser, R.K. (1989), *Kollektive Unternehmensstrategien*, in: Zeitschrift für Betriebswirtschaft 59 (1989) 5, S. 545 - 564

Bresser, R.K./ Harl, J.E. (1986), *Collective Strategy: Vice or Virtue*, in: Academy of Management Review 11 (1986), S. 408 - 417

Brockhaus (1989), *Polyzentrismus*, dtv Brockhaus Lexikon, München 1989

Broich, A. (1994 i.V.) *Zur Genese von Strategien*, München 1993

Brooke, M.Z. (1984), *Centralization and Autonomy. A Study in Organization Behavior*, London u.a. 1984

Brooke, M.Z./ Beusekom, M.v. (1979), *International Corporate Planning*, London u.a. 1979

Brooke, M.Z./ Remmers, H.L. (1972), *The Strategy of Multinational Enterprise. Organisation and Finance*, 3. Auflage, London 1972

Buchanan, R./ Howell, C.D. (1989), *Improving Performance by Using Best Demonstrated Practices*, The Fellowship of Engineering, London 1989

Buckley, P.J./ Casson, M. (1985), *The Economic Theory of the Multinational Enterprise*, London-Basingstoke 1985

Budäus, D./ Gerum, E./ Zimmermann, G. (1988), *Betriebswirtschaftslehre und Theorie der Verfügungsrechte*, Wiesbaden 1988

Bühner, R. (1991), *Management-Holding: Ein Erfahrungsbericht*, in: Die Betriebswirtschaft 51 (1991), S. 141 - 151

Bünting, K.-D. (1984), *Einführung in die Linguistik*, 11. Auflage, Königstein im Taunus 1984

Burns, G./ Stalker, G. (1961), *The Management of Innovation*, London 1961

Carl. V. (1989), *Problemfelder des Internationalen Management*, München 1989

Carney, M.G. (1987), *The Strategy and Structure of Collective Action*, in: Organization Studies 8 (1987) 4, S. 341 - 362

Carqueville, P. et al. (1991), *Prozeßberatung zur Einführung eines Strategischen Managements - A-Projekt*, in: Kirsch (Hrsg. 1991), S. 41 - 161

Caves, R. (1971), *Causes of Direct Investment: Foreign Firm's Share in Canadian and United Kingdom Manufacturing Industries*, in: The Review of Economics and Statistics 56 (1971), S. 279 - 293

Chakravarthy, B.S./ Lorange, P. (1991), *Managing the Strategy Process. A Framework for a Multibusiness Firm*, Englewood Cliffs, N.J. 1991

Chakravarthy, B.S./ Perlmutter, H.V. (1985), *Strategic Planning for a Global Business*, in: Columbia Journal of World Business 20 (1985) Summer, S. 3 - 10

Chandler, A.D. (1962), *Strategy and Structure. Chapters in the History of the Industrial Enterprise*, Cambridge und London 1962

Chandler, A.D. (1986), *The Evolution of Modern Global Competition*, in: Porter, M. (Hrsg. 1986), S. 405 - 448

Chandler, A.D. (1991), *The Functions of the HQ Unit in the Multibusiness Firm*, in: Strategic Management Journal 12 (1991), S. 31 - 50

Channon, D.F./ Jalland, M. (1978), *Multinational Strategic Planning*, London 1978

Chein, I./ Cook, S.W./ Harding, J. (1948), *The Field of Action Research*, in: American Psychologist 3 (1948), S. 43 - 50

Child, J. (1981), *Culture, Contingency and Capitalism in the crosscultural Study of Organizations*, in: Cummings, L./ Staw, B. (Hrsg. 1981), Research in Organizational Behaviour, Greenwich 1981, S. 303 - 356

Chisholm, D. (1989), *Coordination without Hierarchy. Informal Structures in Multiorganizational Systems*, Berkely, Cal. u.a. 1989

Chitayat, G. (1984), *The Role of the Board of Directors in Practical Terms*, in: Management International Review 22 (1984) 1, S. 71 - 76

Chmielewicz, K. (1970), *Forschungskonzeptionen der Wirtschaftswissenschaft*, Stuttgart 1970

Chomsky, N. (1957), *Syntactic Structures*, The Hague 1957

Chung, K.H./ Friesen, M.E. (1991), *The Critical-Success-Factor Approach to Management at Boeing*, in: Journal of Management Systems 3 (1991) 2, S. 53 - 63

Churchman, C.W./ Schainblatt, A.H. (1965), *The Researcher and the Manager. A Dialectic of Implementation*, in: Management Science 11 (1965) 4, S. 8ff.

Cohen, M.D./ March, J.G./ Olsen, J.P. (1972), *A Garbage Can Model of Organizational Choice*, in: Administrative Science Quaterly 27 (1982), S. 1 - 25

Colberg, W. (1989), *Internationale Präsenzstrategien von Industrieunternehmen*, Kiel 1989

Collier, J. (1945), *United States Indian Administration as a Laboratory of Ethnic Relations*, in: Social Research 12 (1945), S. 265 - 303

Collins, B.E./ Guetzkow, H. (1964), *A Social Psychology of Group Processes for Decision Making*, New York 1964

Collis, D.J. (1991), *A Resource-Based Analysis of Global competition: The Case of the Bearings Industry*, in: Strategic Management Journal 12 (1991), S. 49 - 68

Contractor, F.J./ Lorange, P. (1988), *Why Should Firms Cooperate? The Strategy and Economics Basis for Cooperative Ventures*, in: Contractor/ Lorange (Hrsg. 1988), S. 3 - 30

Contractor, F.J./ Lorange, P. (Hrsg. 1988), *Cooperative Strategies in International Business. Joint Ventures and Technology Partnerships between Firms*, Lexington und Toronto 1988

Cummings, T.G. (1984), *Transorganizational Development*, in: Staw, B./ Cummings, L.L. (Hrsg. 1984), Research in Organizational Behavior, Greenwich, Conn. 1984, S. 367 - 422

Cummings, T.G./ Huse, E.F. (1989), *Organizational Development and Change*, 4. Auflage, St. Paul, Minn. u.a. 1989

Cyert, R.M./ March, J.G. (1963), *A Behavioral Theory of the Firm*, Englewood Cliffs, N.J. 1963

D'Cruz, J.R. (1986), *Strategies of Subsidiaries*, in: Etemad, H./ Dulude, L.S. (Hrsg. 1986), Managing the Multinational Subsidiary. Response to Environmental Changes and to Host Nation R&D-Policy, London 1986

Dalton, D.R./ Kesner, I.F. (1987), *Composition and CEO Duality in Boards of Directors: An International Perspective*, in: Journal of International Business Studies 18 (1987) Fall, S. 33 - 42

Daniels, J.D./ Pitts, R.A./ Tretter, M.J. (1984), *Strategy and Structure of U.S. Multinationals. An Exploratory Study*, in: Academy of Management Journal, 27 (1984), S. 292 - 307

Daniels, J.D./ Pitts, R.A./ Tretter, M.J. (1985), *Organizing for Dual Strategies of Product Diversity and International Expansion*, in: Strategic Management Journal 6 (1985), S. 223 - 237

Davidson, W.H. (1982), *Global Strategic Management*, New York u.a. 1982

Davidson, W.H. (1984), *Administrative Orientation and International Performance*, in: Journal of International Business Studies 15 (1984) Fall, S. 11 - 23

Davidson, W.H./ Haspeslagh, P. (1982), *Shaping a Global Product Organization*, in: Harvard Business Review 60 (1982) July-August, S. 125 - 132

Davis, S.M. (1976), *Trends in the Organization of Multinational Corporations*, in: Columbia Journal of World Business 11 (1976) 2, S. 50 - 71

Deutsch, K. (1953), *Nationalism and Social Communication*, An Inquiry into the Foundations of Nationality, New York und London 1953

Dietl, H.M. (1991), *Institutionen und Zeit*, München 1991

Dill, P. (1986), *Unternehmenskultur. Grundlagen und Anknüpfungspunkte für ein Kulturmanagement*, Bonn 1986

Dobry, A. (1983), *Die Steuerung ausländischer Tochtergesellschaften*, Gießen 1983

Dosi, G./ Teece, D./ Winter, S. (1990), *Towards a Theory of Corporate Coherence*, March 1990

Doz, Y.L. (1976), *National Policies and Multinational Management*, Doctoral Dissertation, Harvard University 1976

Doz, Y.L. (1979), *Government Control and Multinational Strategic Management. Power Systems and Telecommunication Equipment*, New York 1979

Doz, Y.L. (1980), *Strategic Management in Multinational Corporations*, in: Sloan Management Review 21 (1980) Winter, S. 27 - 46

Doz, Y.L. (1986), *Strategic Management in Multinational Companies*, Oxford u.a. 1986

Doz, Y.L./ Prahalad, C.K. (1987a), *The Multinational Mission. Balancing Local Demands and Global Vision*, New York und London 1987

Doz, Y.L./ Prahalad, C.K. (1987b), *A Process Model of Strategic Redirection in Large Complex Firms: The Case of Multinational Corporations*, in: Pettigrew (Hrsg. 1987), S. 63 - 83

Doz, Y.L./ Prahalad, C.K. (1988), *Quality of Management: An Emerging Source of Global Competitive Advantage*, in: Hood/ Vahlne (Hrsg. 1988), S. 345 - 369

Doz, Y.L./ Prahalad, C.K. (1991), *Managing DMNCs: A Search for a New Paradigm*, in: Strategic Management Journal 12 (1991), Special Issue Summer, S. 145 - 164

Doz, Y.L./ Prahalad, C.K./ Hamel, G. (1990), *Control, Change, and Flexibility: The Dilemma of Transnational Collaboration*, in: Bartlett/ Doz/ Hedlund (Hrsg. 1990), S. 117 - 143

Duhnkrack, T. (1984), *Zielbildung und Strategisches Zielsystem der Internationalen Unternehmung*, Göttingen 1984

Dülfer, E. (1991), *Internationales Management in unterschiedlichen Kulturbereichen*, München und Wien 1991

Dunning, J.H. (1973), *The Determinants of International Production*, in: Oxford Economic Papers 25 (1973) 3, S. 289 - 336

Dunning, J.H. (1977), *Trade, Location of Economic Activity and the MNE: A Search for an Eclectic Approach*, in: Ohlin, B./ Hesselborn, P.-O./ Wijkman, P.M. (Hrsg. 1977), The International Allocation of Economic Activity, London 1977, S. 395 - 418

Dunning, J.H. (1988a), *Explaining International Production*, London u.a. 1988

Dunning, J.H. (1988b), *The Eclectic Paradigm of International Production: A Restatement and Some Possible Extensions*, in: Journal of International Business Studies 19 (1988), S. 1 - 31

Dunning, J.H. (1989), *The Study of International Business: A Plea for a more Interdisciplinary Approach*, in: Journal of International Business Studies 20 (1989) Fall, S. 411 - 436

Dunning, J.H./ Rugman, A.M. (1985), *The Influence of Hymer's Dissertation on the Theory of Direct Investment. In Honour of Stephen H. Hymer: The First Quarter*

Century of the Theory of Foreign Direct Investment, in: American Economic Review 75 (1985), S. 228 -232

Dunst, K. (1979), *Portfolio-Management. Konzeption für die strategische Unternehmensplanung*, Berlin und New York 1979

Dymsza, W.A. (1984a), *Future International Business Research and Multidisciplinary Studies*, in: Journal of International Business Studies 15 (1984) Spring/ Summer, S. 9 - 13

Dymsza, W.A. (1984b), *Global Strategic Planning: A Model and Recent Developments*, in: Journal of International Business Studies 15 (1984) Fall, S. 169 - 183

Easton, D. (1965), *A Systems Analysis of Political Life*, New York u.a. 1965

Easton, D. (1978), *Grundkategorien zur Analyse des politischen Systems*, in: Türk, K. (1978), Handlungssysteme, Opladen 1978

Ebers, M. (1985), *Organisationskultur: Ein neues Forschungsprogramm?*, Wiesbaden 1985

Eccles, R.G. (1985), *The Transfer Pricing Problem: A Theory for Practice*, Toronto 1985

Egelhoff, W.G. (1982), *Strategy and Structure in Multinational Corporations. An Information Processing Approach*, in: Administrative Science Quaterly 27 (1982), S. 435 - 458

Egelhoff, W.G. (1984), *Patterns of Control in U.S., UK, and European Multinational Corporations*, in: Journal of International Business Studies 15 (1984) Fall, S. 73 - 83

Egelhoff, W.G. (1988a), *Strategy and Structure in Multinational Corporations. A Revision of the Stopford & Wells Model*, in: Strategic Management Journal 9 (1988), S. 1 - 14

Egelhoff, W.G. (1988b), *Organizing the Multinational Enterprise. An Information Processing Perspective*, Cambridge, Mass. 1988

Engelhard, J. (1989), *Verhaltenskodizes*, in: Macharzina/ Welge (Hrsg. 1989), Sp. 2155 - 2168

Engelhard, J./ Wonigeit, J. (1991), *Euro-Manager: Veränderungen der Qualifikationsanforderungen an Manager durch die EG-Binnenmarktentwicklung*, in: Marr (Hrsg. 1991), S. 171 - 196

Eschner, C. (1994 i.V.), *Organisatorische Konsequenzen des globalen Wettbewerbs. Eine organisationstheoretische Analyse und ihre empirische Überprüfung in der Automobilzulieferindustrie*, Stuttgart 1994

Esser, H. (1988) *Ethnische Differenzierung und moderne Gesellschaft*, in: Zeitschrift für Soziologie 17 (1988) 4, S. 235 - 248

Etzioni, A. (1968), *The Active Society. A Theory of Societal and Political Processes*, London und New York 1968

Etzioni, A. (1975), *A Comparative Analysis of Complex Organizations*, New York 1975

Evan, W.H. (1966), *The Organizational Set: Towards a Theory of Interorganizational Relations*, in: Thompson, J.D. (Hrsg. 1966), Approaches to Organizational Design, Pittsburgh 1966

Farmer, R./ Richman, B. (1965), *Comparative Management and Economic Progress*, Homewood, III. 1965

Fayerweather, J. (1969), *International Business Management. A Conceptual Framework*, New York u.a. 1969

Fayerweather, J. (1989), *Begriff der Internationalen Unternehmung*, in: Macharzina/ Welge (Hrsg. 1989), Sp. 926 - 948

Ferdows, K./ Spray, C. (1985), *Honeywell Pace: Cases A and B*, in: Journal of Management Case Studies 1 (1985) 1, S. 60 - 73

Feyerabend, P.K. (1976), *Wider den Methodenzwang. Skizze einer anarchistischen Erkenntnistheorie*, Frankfurt am Main 1976

Fischbacher, A. (1986), *Strategisches Management der Informationsverarbeitung*, München 1986

Fischer, K.-P./ Birk, S. (1989), *Das Reportingsystem (...; im Fallstudienunternehmen; Anm. d. Verf.)*, unveröffentlichtes Arbeitspapier, München 1989

Fleischmann, P. (1984), *Prozeßorientierte Beratung im Strategischen Management*, München 1984

Florida, R./ Kennedy, M. (1991), *Transplanted Organizations: The Transfer of Japanese Industrial Organization to the U.S.*, in: American Sociological Review 56 (1991) June, S. 181 - 198

Fombrun, C./ Astley W.G. (1983), *Beyond corporate strategy*, in: Journal of Business Strategy 3 (1983) 4, S. 47 - 55

Franko, L.G. (1976), *The European Multinationals. A Renewed Challenge to American and British Big Business*, London u.a. 1976

Franz, R. (1988), *X-Efficiency: Theory, Evidence, and Applications*, Boston und Dordrecht 1988

French, J./ Raven, B. (1960), *The Basis of Social Power*, in: Cartwright, D./ Zander, A. (Hrsg. 1960), Group Dynamics: Research and Theory, 2. Aufl., London 1960, S. 607 - 623

Friedrichs, J. (1985), *Methoden der empirischen Sozialforschung*, 13. Auflage, Opladen 1985

Gaitanides, M. (1986), *Strategic Planning and Structuring of Organization*, in: Macharzina, K./ Staehle, W.H. (Hrsg. 1986), European Approaches to International Management, Berlin und New York 1986, S. 261 - 274

Galbraith, J.R./ Kazanjian, R.K. (1986), *Strategy Implementation. Structure, Systems and Process*, 2. Auflage, St. Paul, Minn. 1986

Galbraith, J.R./ Nathanson, D.A. (1978), *Strategy Implementation: The Role of Structure and Process*, St. Paul, Minn. 1978

Galtung, J. (1978), *Methodologie und Ideologie*, Frankfurt am Main 1978

Galtung, J. (1982), *On the Meaning of Nation as a Variable*, in: Niessen, M./ Peschar, J. (Hrsg. 1982), International Comparative Research. Problems and Theory, Methodology and Organization in Eastern and Western Europe, Oxford 1982, S. 17 - 34

Gälweiler, A. (1974), U*nternehmensplanung: Grundlagen und Praxis*, Frankfurt am Main u.a. 1974

Gälweiler, A. (1987), *Strategische Unternehmensführung*, Frankfurt am Main, New York 1987

Geertz, C. (1983), *Dichte Beschreibung*, Frankfurt am Main 1983

Geiger, U. (1986), *Investitionsobjektplanung und -kontrolle in der integrierten Unternehmensplanung*, München 1986

Geiger, U. et al. (1989), *Das Managementsystem der Investitionsobjektplanung und -kontrolle*, in: Kirsch/ Maaßen (Hrsg. 1989), S. 245 - 286

George, A.M./ Schroth, C.W. (1991), *Managing Foreign Exchange for Competitive Advantage*, in: Sloan Management Review 32 (1991) 2, S. 105 - 116

Geringer, J.M. (1988), *Joint Venture Partner Selection: Strategies for Developed Countries*, Westport 1988

Geringer, J.M./ Hebert, L. (1989), *Control and Performance of International Joint Ventures*, in: Journal of International Business Studies 20 (1989) 2, S. 234 - 254

Ghertman, M. (1984), *Decision-Making in Multinational Enterprises: Concepts and Research Approaches*, Working Paper No. 31 des International Labour Office, Genf 1984

Ghertman, M. (1988), *Foreign Subsidiary and Parents' Roles during Strategic Investment and Divestment Decisions*, in: Journal of International Business Studies 19 (1988) Spring, S. 47 -67

Ghertman, M./ Leontiades, J. (Hrsg. 1978), *European Research in International Business*, Amsterdam, New York und Oxford 1978

Ghoshal, S. (1986), *The Innovative Multinational: A Differentiated Network of Organizational Roles and Management Processes*, Diss. Boston, Mass. 1986

Ghoshal, S. (1987), *Global Strategy: An Organizing Framework*, in: Strategic Management Journal 8 (1987) 5, S. 425 - 440

Ghoshal, S./ Bartlett, C.A. (1990), *The Multinational Corporation as an Interorganizational Network*, in: Academy of Management Review 15 (1990) 4, S. 603 - 625

Ghoshal, S./ Nohria, N. (1989), *Internal Differentiation within Multinational Corporations*, in: Strategic Management Journal 10 (1989), S. 323 - 337

Giddens, A. (1985), *Interpretative Soziologie. Eine kritische Einführung*, Frankfurt am Main und New York 1985

Goold, M./ Campbell, A. (1990), *Strategies and Styles. The Role of the Centre in Managing Diversified Corporations*, 2. Auflage, Cambridge, Mass. 1990

Götzen, G./ Kirsch, W. (1983), *Problemfelder und Entwicklungstendenzen der Planungspraxis*, in: Kirsch/ Roventa (Hrsg. 1983), S. 309 - 353

Grabherr, C. (1989), *Controlling-Profil: Henkel*, in: Controlling 1 (1989) 4, S. 228 - 237

Granovetter, M. (1985), *Economic Action and Social Structure: The Problem of Embededdness*, in: American Journal of Sociology 91 (1985), S. 481 - 510

Grant, R.M. (1991), *Porter's Competitive Advantage of Nations: An Assessment*, in: Strategic Management Journal 12 (1991), S. 535 - 548

Gray, B. (1990), *Building Interorganizational Alliances, Planned Change in a Global Environment*, in: Pasmore, W.A./ Woodman, R.W. (Hrsg. 1990), Research in Organizational Change and Development, Greenwich, Conn. 1990, S. 101 - 140

Grebenc, H. (1986), *Die langfristige operative Planung*, München 1986

Grebenc, H. et al. (1989), *Das Managementsystem der langfristigen operativen Planung und Kontrolle - Programme/ Bereiche*, in: Kirsch/ Maaßen (Hrsg. 1989), S. 341 - 382

Greiner, L.E. (1972), *Evolution and Revolution as Organizations Grow*, in: Harvard Business Review 50 (1972) July-August, S. 37 - 46

Grün, O. (1989), *Duale Organisation*, in: Szyperski/ Winand (Hrsg. 1989), Sp. 304 - 316

Günther, M./ Laßmann, G. (1979), *Neue Formen der Kooperation zwischen Unternehmen und Hochschulen im Bereich der Betriebswirtschaft*, in: Schmalenbachs Zeitschrift für betriebswirtschaftliche Forschung 31 (1979), S. 2 - 7

Gupta, A.K. (1987), *SBU Strategies, Corporate-SBU Relations, and SBU Effectiveness in Strategy Implementation*, in: Academy of Management Journal 30 (1987) 3, S. 477 - 500

Gutenberg, E. (1983), *Grundlagen der Betriebswirtschaftslehre*, Bd. 1, 24. Auflage, Berlin 1983

Habel, S. (1992), *Strategische Unternehmensführung im Lichte der empirischen Forschung*, München 1992

Habermas, (1976), *Zur Rekonstruktion des Historischen Materialismus*, Frankfurt am Main 1976

Habermas, J. (1981a), *Theorie des kommunikativen Handelns*, Bd. 1, Handlungsrationalität und gesellschaftliche Rationalisierung, Frankfurt am Main 1981

Habermas, J. (1981b), *Theorie des kommunikativen Handelns*, Bd. 2, Zur Kritik der funktionalistischen Vernunft, Frankfurt am Main 1981

Habermas, J. (1986), *Entgegnung*, in: Honneth, A./ Joas, H. (Hrsg. 1986), Kommunikatives Handeln. Beiträge zu Jürgen Habermas' "Theorie des kommunikativen Handelns", Frankfurt am Main 1986, S. 327 - 405

Hahn, D. (1985), *Planungs- und Kontrollrechnung - PuK*, 3. Auflage, Wiesbaden 1985

Hahn, D. (1990), *Strategische Führung und Controlling unter besonderer Berücksichtigung internationaler Aspekte*, in: Controlling 2 (1990) 4, S. 176 - 185

Hamel, G./ Prahalad, C.K. (1985), *Do You really have a Global Strategy?*, in: Harvard Business Review 64 (1985) July - August, S. 139 - 148

Hamel, G./ Prahalad, C.K. (1988), *Creating Global Strategic Capability*, in: Hood/ Vahlne (Hrsg. 1988), S. 5 - 39

Hamel, G./ Prahalad, C.K. (1990), *The Core Competence of the Corporation*, in: Harvard Business Review 68 (1990) 3, S. 79 - 91

Hamilton, G. (1984), *The Control of Multinationals. What Future for International Codes of Conduct in the 1980s? IRM Multinational Reports*, Chichester u.a. 1984

Hämisegger, K. (1986), *Neue Formen des Auslandsengagements. Erhöhte Interdependenz in einer fragmentierten Weltwirtschaft*, Bern u.a. 1986

Hannan, M.T./ Freeman, J. (1989), *Organizational Ecology*, London 1989

Hawkins, R.G. (1984), *International Business in Academia: The State of the Field*, in: Journal of International Business Studies 15 (1984) 3, S. 13 - 18

Hawkins, R.G./ Walter, I. (1981), *Planning Multinational Operations*, in: Nystrom/ Starbuck (Hrsg. 1981), S. 253 - 267

Hax, A.C./ Majluff, N.S. (1988), *Strategisches Management. Ein integratives Konzept aus dem MIT*, Frankfurt am Main und New York 1988

Hedlund, G. (1980), *The Role of Foreign Subsidiaries in Strategic Decision-making in Swedish Multinational Corporations*, in: Strategic Management Journal 1 (1980), S. 23 - 26

Hedlund, G. (1981), *Autonomy of Subsidiaries and Formalization of Headquarters-subsidiary Relations in Swedish MNCs*, in: Otterbeck (Hrsg. 1981), S. 25 - 78

Hedlund, G. (1984), *Organizations in-between: The Evolution of the Mother-Daugther Structure of Managing Foreign Subsidiaries in Swedish MNCs*, in: Journal of International Business Studies 15 (1984) Fall, S. 109 - 123

Hedlund, G. (1986), *The Hypermodern MNC - A Heterarchy?*, in: Human Resource Management 25 (1986) 1, S. 9 - 35

Hedlund, G./ Rolander, D. (1990), *Action in Heterarchies: New Approaches to Managing the MNC*, in: Bartlett/ Doz/ Hedlund (Hrsg. 1990), S. 15 - 45

Heenan, D./ Perlmutter, H. (1979), *Multinational Organization Development - a Social Architectural Perspective*, Reading, Mass. u.a. 1979

Heinen, E. (1966), *Das Zielsystem der Unternehmung*, Wiesbaden 1966

Heinen, E. (1976), *Grundlagen betriebswirtschaftlicher Entscheidungen - Das Zielsystem der Unternehmung*, 3. Aufl., Wiesbaden 1976

Heinen, E. (1987), *Unternehmenskultur als Gegenstand der Betriebswirtschaftslehre*, in: Heinen, E. (Hrsg. 1987), Unternehmenskultur. Perspektiven für Wissenschaft und Praxis, München 1987

Heinen, H. (1982), *Ziele multinationaler Unternehmen. Der Zwang zu Investitionen im Ausland*, Wiesbaden 1982

Heins, V. (1990), *Strategien der Legitimation. Das Legitimationsparadigma in der politischen Theorie*, Münster 1990

Henzler, H. (1992), *Kritische Würdigung der Debatte um den Wirtschaftsstandort Deutschland*, unveröffentlichtes Manuskript der Antrittsvorlesung an der Ludwig-Maximilians-Universität, München, gehalten am 15. 7. 1992

Henzler, H. (1993), *Europreneurs. Europas Unternehmer melden sich zurück*, Wiesbaden 1993

Herbert, T.T. (1984), *Strategy and Multinational Organization Structure: An Interorganizational Relationships Perspective*, in: Academy of Management Review 9 (1984) 2, S. 259 - 271

Hermann, R. (1989), *Joint-Venture Management: Strategien, Strukturen, Systeme und Kulturen*, Gießen 1989

Hertel, B. et al. (1982), *Sozialwissenschaftliche Begleitforschung zum Organisationsentwicklungsprogramm der Firma INOVAN-Stroebe KG*, ISO Institut für Sozialforschung und Sozialwirtschaft e.V., Saarbrücken, Forschungsbericht HA 82-010, Eggenstein-Leopoldshafen 1982

Hill, C./ Jones, G. (1988), *Strategic Management Theory. An Integrated Approach*, Boston 1988

Hill, W. (1980), *Organisation und Führungsysteme der Ciba Geigy AG - Organisations- und Führungsprofil*, in: Zeitschrift für Organisation 49 (1980) 6, S. 347 - 360

Hill, W./ Fehlbaum, R./ Ulrich, P. (1981), *Organisationslehre*, 2 Bände, 3. Auflage, Bern und Stuttgart 1981

Hinder, W. (1986), *Strategische Unternehmensführung in der Stagnation. Unternehmenspolitischer Rahmen und kulturelle Transformation*, München 1986

Hinterhuber, H.H. (1989a), *Strategische Unternehmensführung, Bd.1, Strategisches Denken*, 4. Auflage, Berlin und New York 1989

Hinterhuber, H.H. (1989b) *Strategische Unternehmensführung, Bd.2, Strategisches Handeln*, 4. Auflage, Berlin und New York 1989

Hirschman, A.O. (1974), *Abwanderung und Widerspruch. Reaktionen auf Leistungsabfall bei Unternehmen, Organisationen und Staaten*, Tübingen 1974

Höfner, K./ Eggle, R. (1982), *Internationales Management*, in: Rationalisierung 33 (1982), S. 148 - 152

Hofstede, G. (1980), *Culture's Consequences: International Differences in Work-Related Values*, Beverly Hills u.a. 1980

Hofstede, G. (1983), *The Cultural Relativity of Organization Practices and Theories*, in: Journal of International Business Studies 14 (1983) 2, S. 75 - 90

Hood, N./ Vahlne, J.-E. (Hrsg. 1988), *Strategies in Global Competition*, London 1988

Hood, N./ Young, S. (1979), *The Economics of Multinational Enterprise*, London und New York 1979

Horovitz, J.H./ Thietart, R.A. (1982), *Strategy, Management Design and Firm Performance*, in: Strategic Management Journal 3 (1982), S. 67 - 76

Horvàth, P. (1989a), *Internationalisierung: Die neue Herausforderung an das Controlling - Ausgangsthesen und Tagungskonzeption*, in: Horvàth, P. (Hrsg. 1989), Internationalisierung des Controlling, Stuttgart 1989, S. VII - VIII

Horvàth, P. (1989b), *Controlling, internationales*, in: Macharzina/ Welge (Hrsg. 1989), Sp. 242 - 254

Horvàth, P. (1989c), *Hierarchiedynamik*, in: Szyperski/ Winand (Hrsg. 1989), Sp. 640 - 648

Horvàth, P. (1990), *Controlling*, 3. Aufl., München 1990

Hügler, G. (1988), *Controlling in Projektorganisationen*, München 1988

Hulbert, J.M./ Brandt, W.K. (1980), *Managing the Multinational Subsidiary*, New York u.a. 1980

Hundt, S. (1977), *Zur Theoriegeschichte der Betriebswirtschaftslehre*, Köln 1977

Hundt, S. (1981), *Beiträge zur Kritik der Betriebswirtschaftslehre*, Bremen 1981

Huo, Y.P./ McKinley, W. (1992), *Nation as Context for Strategy: The Effects of National Characteristics on Business-Level Strategies*, in: Management International Review 30 (1992) 2, S. 103 - 113

Hymer, S. (1976), *The International Operations of National Firms: A Study of Direct Foreign Investment*, MIT Monographs in Economics, No. 14, Cambridge, Mass. und London 1976

Jarillo. J.C./ Martinez, J.I. (1991), *Different Roles for Subsidiaries: The Case of Multinational Corporations in Spain*, in: Strategic Management Journal 11 (19990), S. 501 - 512

Jeschke, W. (1992), *Managementmodelle. Ein kritischer Vergleich*, München 1992.

Jodice, D.A. (1985), *Political Risk Assessment, An Annoted Bibliography*, Westport 1985

Johanson, J./ Mattson, L.-G. (1988), *Internationalization in Industrial Systems - A Network Approach*, in: Hood/ Vahlne (Hrsg. 1988), S. 287 - 314

Jönsson, C. (1986), *Interorganization Theory and International Organization*, in: International Studies Quaterly 30 (1986) 1, S. 39 - 57

Kagono, T./ Nonaka, I./ Sakakibara, K./ Okumara, A. (1985), *Strategic versus Evolutionary Management - A U.S. - Japan Comparison of Strategy and Organization*, Amsterdam 1985

Kaiser, J. (1990), *Franz Josef Strauß*, in: SZ Magazin 41 vom 12.10.1990., S. 38

Kappich, L. (1989), *Theorie der internationalen Unternehmenstätigkeit. Betrachtung der Grundformen des internationalen Engagements aus kooperationskostentheoretischer Perspektive*, München 1989

Katz, D./ Kahn, R.L. (1966), *The Social Psychology of Organizations*, New York u.a. 1966

Kazanjian, R.K. (1983), *The Organizational Evolution of High Technology Ventures: The Impact of Stage of Growth on the Nature of Structure and Planning Processes*, Ph.D. Diss, The Wharton School, University of Pennsylvania 1983

Keegan, W.J. (1989), *Global Marketing Management*, 4. Auflage, Englewood Cliffs 1989

Keller, E. v. (1982), *Management in fremden Kulturen*, Bern u.a. 1982

Keller,E.v., (1989), *Comparative Management*, in: Macharzina/ Welge (Hrsg. 1989), Sp. 231 - 241

Kellers, R. (1980), *Organisation, Konzernrechnungslegung und Budgetkontrolle der FAG Kugelfischer*, in: Schmalenbachs Zeitschrift für betriebswirtschaftliche Forschung 32 (1980), S. 1146 - 1153

Kennedy, C.R. (1988), *Political Risk Management: A Portfolio Planning Model*, in: Business Horizons 31 (1988) 6, S. 26 - 33

Kenter, M.E. (1985), *Die Steuerung ausländischer Tochtergesellschaften, Instrumente und Effizienz*, Frankfurt am Main u.a. 1985

Keupp, H. (1990), *Riskante Chancen. Wie lebt man in der Postmoderne?*, in: Süddeutsche Zeitung Nr. 166 vom 21./ 22.7.1990

Kiechl, R. (1990), *Ethnokultur und Unternehmenskultur*, in: Lattmann (Hrsg. 1990), S. 107 - 130

Kieser, A./ Kubicek, H. (1983), *Organisation*, 2. Auflage, Berlin und New York 1983

Killing, J.P. (1983), *Strategies for Joint Venture Success*, New York 1983

Killing, J.P. (1988), *Understanding Alliances: The Role of Task and Organizational Complexity*, in: Contractor/ Lorange (Hrsg. 1988), S. 55 - 67

Kim, W./ Hwang, P./ Burgers, W. (1989), *Global Diversification Strategy and Corporate Profit Performance*, in: Strategic Management Journal 10 (1989), S. 45 - 57

Kim, W.C./ Mauborgne, R.A. (1991), *Implementing Global Strategies: The Role of Procedural Justice*, in: Strategic Management Journal 12 (1991), S. 125 - 143

Kindleberger, C.P. (1969), *American Business Abroad*, New Haven und London 1969

Kirsch, W. (1971), *Entscheidungsprozesse, 3. Band, Entscheidungen in Organisationen*, Wiesbaden 1971

Kirsch, W. (1976), *Organisatorische Führungssysteme, Bausteine zu einem verhaltenswissenschaftlichen Bezugsrahmen*, München 1976

Kirsch, W. (1977), *Die Betriebswirtschaftslehre als Führungslehre. Erkenntnisperspektiven, Aussagensysteme*, wissenschaftlicher Standort, München 1977

Kirsch, W. (1978), *Die Handhabung von Entscheidungsproblemen*, München 1978

Kirsch, W. (1984), *Wissenschaftliche Unternehmensführung oder Freiheit vor der Wissenschaft?*, 2 Halbbände, München 1984

Kirsch, W. (1986), *Konzeptionspapier für eine Kooperation zwischen (...; dem Fallstudienunternehmen; Anm. d. Verf.) und dem Lehrstuhl Prof. Dr. W. Kirsch*, München 1986

Kirsch, W. (1988), *Die Handhabung von Entscheidungsproblemen. Einführung in die Theorie der Entscheidungsprozesse*, 3. völlig überarbeitete und erweiterte Auflage, München 1988

Kirsch, W. (1989), *Planung - Kapitel einer Einführung*, in: Kirsch/ Maaßen (Hrsg.1989), S. 23 - 127

Kirsch, W. (1990), *Unternehmenspolitik und strategische Unternehmensführung*, München 1990

Kirsch, W. (1992a), *Kommunikatives Handeln, Autopoiese, Rationalität. Sondierungen zu einer evolutionären Führungslehre*, München 1992

Kirsch, W. (1992b), *Explorationen zu einer Theorie der strategischen Unternehmensführung. Arbeitspapiere und Beiträge zur Theorie der strategischen Unternehmensführung*, München 1992

Kirsch, W. (1992c), *Annäherungen an das Thema "Führung von Organisationen"*, unveröffentlichtes Arbeitspapier, München 1992

Kirsch, W. (1993a), *Betriebswirtschaftslehre. Eine Annährung aus der Perspektive der Unternehmensführung*, München 1993

Kirsch, W. (1993b), *Zu den begrifflichen Grundlagen der Lebensweltanalyse*, unveröffentlichtes Arbeitspapier, München 1993

Kirsch, W. (Hrsg. 1976), *Abhandlungen zu den organisationstheoretischen Grundlagen der Betriebswirtschaftslehre*, München 1976

Kirsch, W. (Hrsg. 1991), *Beiträge zum Management strategischer Programme*, München 1991

Kirsch, W. et al. (1989), *Ein Denkmodell der Gesamtarchitektur von Planungs- und Kontrollsystemen*, in: Kirsch/ Maaßen (Hrsg. 1989), S. 127 - 170

Kirsch, W./ Bamberger, I. (1981), *Strategische Unternehmensplanung, Rationalität und Philosophie der politischen Planung*, in: Kirsch, W. (1981), Unternehmenspolitik. Von der Zielforschung zum Strategischen Management, München 1981

Kirsch, W./ Bamberger, I./ Gabele, E./ Klein, H.K. (1973), *Betriebswirtschaftliche Logistik. Systeme, Entscheidungen, Methoden*, Wiesbaden 1973

Kirsch, W./ Esser, W.-M./ Gabele, E. (1979), *Das Management des geplanten Wandels von Organisationen*, Stuttgart 1979

Kirsch, W./ Gabele, E. (1976), *Aktionsforschung und Echtzeitwissenschaft*, in: Bierfelder, W. (Hrsg. 1976), Handwörterbuch des öffentlichen Dienstes - Das Personalwesen, Berlin u.a. 1976, Sp. 9 - 30

Kirsch, W./ Habel, S. (1991), *Das strategische Manövrieren von Unternehmen*, in: Kirsch (Hrsg. 1991), S. 411 - 458

Kirsch, W./ Klein, H.K. (1977), *Management-Informationssysteme II - Auf dem Weg zu einem neuen Taylorismus*, Stuttgart u.a. 1977

Kirsch, W./ Knyphausen, D. zu (1988), *Unternehmen und Gesellschaft. Die "Standortbestimmung" des Unternehmens als Problem des Strategischen Managements*, in: Die Betriebswirtschaft 48 (1988), S. 489 - 507

Kirsch, W./ Knyphausen, D. zu (1991), *Fortschrittsfähige Unternehmung*, unveröffentlichtes Manuskript, München 1991

Kirsch, W./ Knyphausen, D. zu/ Ringlstetter, M. (1991), *Strategie und Struktur in der Unternehmenspraxis*, in: Kirsch (Hrsg. 1991), S. 297 - 335

Kirsch, W./ Kutschker, M. (1978), *Das Marketing von Investitionsgütern. Theoretische und empirische Perspektiven eines Interaktionsansatzes*, Schriftenreihe der Zeitschrift für Betriebswirtschaft, Bd. 10, Wiesbaden 1978

Kirsch, W./ Maaßen, H. (1989), *Einleitung: Managementsysteme*, in: Kirsch/ Maaßen (Hrsg. 1989), S. 1 - 22

Kirsch, W./ Maaßen, H. (Hrsg. 1989), *Managementsysteme, Planung und Kontrolle*, München 1989

Kirsch, W./ Meffert, H. (1970), *Organisationstheorien und Betriebswirtschaftslehre*, Wiesbaden 1970

Kirsch, W./ Obring, K. (1991), *Rahmenkonzepte und Programme*, in: Kirsch (Hrsg. 1991), S. 361 - 410

Kirsch, W./ Reglin, B. (1991), *Umsetzung strategischer Programme: Strategische Steuerung und Operative Managementsysteme*, in: Kirsch (Hrsg. 1991), S. 647 - 709

Kirsch, W./ Roventa, P. (Hrsg. 1983), *Bausteine eines strategischen Managements. Dialoge zwischen Wissenschaft und Praxis*, Berlin und New York 1983

Kirsch, W./ Roventa, P./ Trux, W. (1983), *Wider den Haarschneideautomaten. Ein Plädoyer zu mehr 'Responsiveness' im Strategischen Management*, in: Kirsch/ Roventa (Hrsg. 1983), S. 17 - 42

Kirsch, W./ Schneider, J. (1973), *Das Role-Set des Projektmanagers beim Marketing von Investitionsgütern*, Veröffentlichungen aus dem Sonderforschungsbereich 24 der Universität Mannheim, Mannheim 1973

Kirsch, W./ Schneider, J. (1976), *Betriebswirtschaftliche Organisation im Spannungsfeld zwischen Produktionstechnologien und Märkten*, in: Kirsch (Hrsg. 1976), S. 123 - 199

Kirsch, W./ Scholl, W./ Paul, G. (1984), *Mitbestimmung in der Unternehmenspraxis. Eine empirische Bestandsaufnahme*, München 1984

Kirsch, W./ Seitz, P. (1992), *Perspektiven des Themas Wissenschaft und Praxis*, unveröffentlichtes Arbeitspapier, München 1992

Kirsch, W./ Trux, W. (1981), *Perspektiven eines Strategischen Managements*, in: Kirsch, W. (1981), Unternehmenspolitik: Von der Zielforschung zum Strategischen Management, München 1981, S. 290 - 296

Kiss, G. (1989), *Evolution soziologischer Grundbegriffe*, Stuttgart 1989

Klotz, A. (1986), *Anforderungen an eine operative Bereichsplanung*, München 1986

Kluckhohn, F./ Strodtbeck, F.L. (1961), *Variations in Value Orientations*, Evanston, Ill. 1961

Knapp, K. (1988), *Die Kluft in der Kommunikation: Schwarz ist weiß, ja heißt nein*, in: Die Zeit, Nr. 3 vom 15. Januar 1988, S. 51

Knolmayer, G. (1989), *Potentialplanung*, in: Szyperski/ Winand (Hrsg. 1989), Sp. 1672 - 1682

Knyphausen, D. zu (1988), *Unternehmungen als evolutionsfähige Systeme. Überlegungen zu einem evolutionären Konzept für die Organisationstheorie*, München 1988

Knyphausen, D. zu (1991a), *Strategische Unternehmensführung: Zur Geschichte einer Disziplin*, unveröffentlichtes Arbeitspapier, München 1991

Knyphausen, D. zu (1991b), *Multikulturelles Management: Annäherungen an ein Forschungsprogramm*, Beitrag zu einem Symposium in Witten vom 13.- 15. Juni 1991

Knyphausen, D. zu. (1993 i.V.), *Theorie der strategischen Unternehmensführung*, München 1993

Kobrin, S.J. (1979), *Political Risk: A Review and Consideration*, in: Journal of International Business Studies 10 (1979) 1, S. 67 - 80

Kogut, B. (1985a), *Designing Global Strategies: Comparative and Competitive Value Added Chains*, in: Sloan Management Review 26 (1985) Summer, S. 15 - 28

Kogut, B. (1985b), *Designing Global Strategies: Profiting from Operational Flexibility*, in: Sloan Management Review 26 (1985), S. 27 - 38

Kogut, B. (1988a), *A Study of the Life Cycle of Joint Ventures*, in: Contractor/ Lorange (Hrsg. 1988), S. 169 - 186

Kogut, B. (1988b), *Country Patterns in International Competition: Appropriability and Oligopolistic Agreement*, in: Hood/ Vahlne (Hrsg. 1988), S. 315 - 342

Kogut, B. (1989), *A Note on Global Strategies:* in: Strategic Management Journal 10 (1989) 4, S. 383 - 389

Köhler, R./ Heinzelbecker, K. (1977), *Informationssysteme für die Unternehmensführung. Zur MIS-Entwicklung in der Praxis im Zeitraum 1970/ 1975*, in: Die Betriebswirtschaft 37 (1977) 2, S. 267 - 282

Kolb, D. (1988), *Die Veränderung von Unternehmenskulturen durch verfremdende Beratung*, München 1988

Kosiol, E. (1957), *Die Behandlung praktischer Fälle im betriebswirtschaftlichen Hochschulunterricht (Case Methode)*, Berlin 1957

Kosiol, E. (1976), *Organisation der Unternehmung*, 2. Auflage, Wiesbaden 1976

Koubek, K. (1981), *Internationale Unternehmen und internationale Gewerkschaften*, in: Wacker/ Haussmann/ Kumar (Hrsg. 1981), S. 395 - 404

Krappmann, L. (1978), *Soziologische Dimensionen der Identität*, 5. Auflage, Stuttgart 1978

Kreikebaum, H. (1989), *Internationale Planung*, in: Macharzina/ Welge (Hrsg. 1989), Sp.1650 - 1658

Kreikebaum, H. (1991), *Strategische Unternehmensplanung*, 4. Aufl. Stuttgart, Berlin und Köln 1991

Kreutzer, R. (1983), *Möglichkeiten und Probleme der Analyse von Länderrisiken im internationalen Marketing*, Mannheim 1983

Kroeber, A.C./ Kluckhohn, C. (1952), *Culture, A Critical Review of Concepts and Definitions*, Cambridge, Mass. 1952

Kronast, M. (1989), *Controlling. Notwendigkeit eines unternehmenspezifischen Selbstverständnisses*, München 1989

Krüger, W. (1984), *Über den Zusammenhang zwischen strategischer und operativer Planung*, Arbeitspapier des Lehrstuhls für Betriebsführung der Universität Dortmund, Abteilung Wirtschafts- und Sozialwissenschaften, Dortmund 1984

Kuhn, T.S. (1967), *Die Struktur wissenschaftlicher Revolutionen*, Frankfurt am Main 1967

Kumar, B. (1988), *Interkulturelle Managementforschung*, in: Wirtschaftswissenschaftliches Studium 17 (1988) 8, S. 389 - 394

Kumar, K. (1980), *Economics Fall Short: The Need for Studies on the Social and Cultural Impact of Transnational Enterprises*, in: Negandhi, A.R. (Hrsg. 1980) Functioning of the Multinational Corporation. A Global Comparative Study, New York u.a., S. 25 - 50

Kutschker, M. (1980), *Feldtheoretische Perspektiven für den Interaktionsansatz des Investitionsgütermarketing*, München 1980

Langmann, H.J. (1992), *Entwicklung und Umsetzung des Unternehmensleitbildes bei Merck*, in: Schmalenbachs Zeitschrift für betriebswirtschaftliche Forschung, 44 (1992) 9, S. 847 - 853

Lattmann, C. (Hrsg. 1990), *Die Unternehmenskultur: Ihre Grundlagen und ihre Bedeutung für die Führung der Unternehmung*, Heidelberg 1990

Laurent, A. (1983), *The Cultural Diversity of Western Conceptions of Management*, in: International Studies of Management and Organization 13 (1983) 1 - 2, S. 75 - 96

Lawrence, P./ Lorsch, J. (1969), *Organization and Environment*, 2. Auflage, Boston, Mass. 1969

Learned, E./ Christensen, C./ Andrews, K./ Guth, W. (1965), *Business Policy: Text and Cases*, Homewood, Ill. 1965

Leavitt, H.J. (1964), *Managerial Psychology*, 2. Auflage, Chicago, Ill. 1964

Lee, J.A. (1966), *Cultural Analysis in Overseas Operations*, in: Harvard Business Review 44 (1966) 2, S. 106 - 114

Leksell, L. (1981a), *Headquarters-Subsidiary Relationships in Multinational Corporations*, Stockholm 1981

Leksell, L. (1981b), *The Design and Function of the Financial Reporting System in Multinational Corporations*, in: Otterbeck (Hrsg. 1981), S. 205 - 232

Leontiades, J.C. (1985), *Multinational Corporate Strategy. Planning for World Markets*, Lexington und Toronto 1985

Levinson, C. (1972), *International Trade Unionism*, London 1972

Levitt, T. (1983), *The globalization of markets*, in: Harvard Business Review 10 (1983) 3, S. 92 - 102

Lewin, K. (1947), *Frontiers in Group Dynamics II: Channels of Group Life in Social Planning and Action Research*, in: Human Relations (1947), S. 143 - 153

Lewin, K. (1963), *Feldtheorie in den Sozialwissenschaften, Ausgewählte theoretische Schriften*, Bern und Stuttgart 1963

Likert, R. (1961), *New Patterns of Management*, New York 1961

Lind, E.A./ Tyler, T.R. (1988), *The Social Psychology of Procedural Justice*, New York 1988

Lindblom, C.E. (1965), *The Intelligence of Democracy*, New York 1965

Lindblom, C.E. (1968), *The Policy Making Process*, Englewood Cliffs, N.J. 1968

Lindgren, U./ Spangberg, K. (1981), *Management of the Post-Acquisition Process in Diversified MNCs*, in: Otterbeck (Hrsg. 1981), S. 233 - 253

Linton, R. (1967), *Rolle und Status*, in: Hartmann, H. (Hrsg. 1967), Moderne Amerikanische Soziologie. Neuere Beiträge zur soziologischen Theorie, Stuttgart 1967, S. 251 - 254

Little, J.D.C. (1970), *Models and Managers: The Concept of a Decision Calculus*, in: Management Science Application 16 (1970), S. B-466 - B-485

Lorange, P. (1977), *A Framework for Strategic Planning in Multi-National Corporations*, in: Lorange/ Vancil (Hrsg. 1977), S. 276 - 288

Lorange, P. (1980), *Corporate Planning: An Executive Viewpoint*, Englewood Cliffs, N.J. 1980

Lorange, P./ Roos, J. (1992), *Strategic Alliances, Formation, Implementation and Evolution*, Cambridge und Oxford 1992

Lorange, P./ Vancil, R.F. (1975), *Strategic Planning in Diversified Companies*, in: Harvard Business Review 53 (1975) January - February, S. 81 - 90

Lorange, P./ Vancil, R.F. (Hrsg. 1977), *Strategic Planning Systems*, Englewood Cliffs, N.J. 1977

Lück, W./ Trommsdorf, V. (Hrsg. 1982), *Internationalisierung der Unternehmung als Problem der Betriebswirtschaftslehre*, Berlin 1982

Lueger, M. (1989), *Das Verhältnis von Macht und Herrschaft als politische Wechselbeziehung in Organisationen*, in: Sandner (Hrsg. 1989), S. 185 - 205

Luhmann, N. (1978), *Legitimation durch Verfahren*, 3. Auflage, Darmstadt 1978

Luhmann, N. (1984), *Soziale Systeme. Grundriß einer allgemeinen Theorie*, Frankfurt am Main 1984

Lyles, M.A. (1988), *Learning among Joint Venture-Sophisticated Firms*, in: Contractor/ Lorange (Hrsg. 1988), S. 301 - 316

Lyles, M.A. (1990), *A Research Agenda for Strategic Management in the 1990's*, in: Journal of Management Studies 27 (1990) July, S. 365 - 375

Maaßen, H. (1986), *Die mitarbeiterbezogene Planung*, München 1986

Maaßen, H. (1989), *Management Styles, Führungsstrukturen und Variantenbildung von Gesamtarchitekturen*, in: Kirsch/ Maaßen (Hrsg. 1989), S. 433 - 456

Macharzina, K. (1981), *Entwicklungsperspektiven einer Theorie internationaler Unternehmenstätigkeit. Modell- und Verfahrensvorschläge*, in: Wacker/ Haussmann/ Kumar (Hrsg. 1981), S. 33 - 56

Macharzina, K. (1982), *Theorie der internationalen Unternehmenstätigkeit - Kritik und Ansätze einer integrativen Modellbildung*, in: Lück/ Trommsdorf (Hrsg. 1982), S. 111 - 143

Macharzina, K. (1984), *Strategische Fehlentscheidungen in der internationalen Unternehmung als Folge von Informationspathologien*, in: Macharzina, K. (Hrsg. 1984), Diskontinuitätenmanagement. Strategische Bewältigung von Strukturbrüchen bei internationaler Unternehmenstätigkeit, Berlin 1984, S. 77 - 140

Macharzina, K. (1989), *Internationale Betriebswirtschaftslehre*, in: Macharzina/ Welge (Hrsg. 1989), Sp. 903 - 914

Macharzina, K./ Engelhard, J. (1987), *Internationales Management*, in: Die Betriebswirtschaft 47 (1987) 3, S. 319 - 344

Macharzina, K./ Welge, M.K. (1989), *Export und Internationale Unternehmung, Einführung der Herausgeber*, in: Macharzina/ Welge (Hrsg. 1989), S. V - X

Macharzina, K./ Welge, M.K. (Hrsg. 1989), *Handwörterbuch Export und internationale Unternehmung*, Stuttgart 1989

Maddaus, B.J. (1989), *Projektorganisation, internationale*, in: Macharzina/ Welge (Hrsg. 1989), Sp. 1746 - 1760

Mahini, A./ Wells, L.T. Jr. (1986), *Government Relations in the Global Firm*, in: Porter (Hrsg. 1986), S. 291 - 312

Malik, F. (1984), *Strategie des Managements komplexer Systeme. Ein Beitrag zur Management-Kybernetik evolutionärer Systeme*, Bern und Stuttgart 1984

Malik, F./ Schwaninger, M. (1985), *Portfolio-Management in der international tätigen Unternehmung*, in: Verkauf und Marketing 2 (1985), S. 11 - 16

March, J.G. (1966), *The Power of Power*, in: Easton, D. (Hrsg. 1966), Varieties of Political Theory, Englewood Cliffs, N.J. 1966, S.39ff.

March, J.G./ Simon, H.A. (1958), *Organizations*, New York 1958

Marr, R. (Hrsg. 1991), *Eurostrategisches Personalmanagement*, Sonderband der Zeitschrift für Personalforschung, 2 Bände, München und Mehring 1991

Martinez, J.I./ Jarillo, J.C. (1989), *The Evolution of Research on Coordination Mechanisms in Multinational Corporations*, in: Journal of International Business Studies 20 (1989) Fall, S. 489 - 514

Mauthe, K.D. (1984), *Strategische Analyse. Darstellung und kritische Würdigung bestehender Ansätze zur Strategischen Unternehmens- und Umweltanalyse*, München 1984

Mauthe, K.D./ Roventa, P. (1983), *Versionen der Portfolio-Analyse auf dem Prüfstand. Ein Ansatz zur Auswahl und Beurteilung strategischer Analysemethoden*, in: Kirsch/ Roventa (Hrsg. 1983), S. 109 - 139

McCormack, R.W.B. (1991), *Tief in Bayern - Eine Ethnographie*, Frankfurt am Main 1991

McGee, J./ Thomas, H. (1988), *Making Sense of Complex Industries*, in: Hood/ Vahlne (Hrsg. 1988), S. 40 - 78

Meffert, H. (1989), *Marketing, Grundlagen der Absatzpolitik*, 7. Auflage, Wiesbaden 1989

Meffert, H. (1990), *Globalisierungsstrategien und ihre Umsetzung im internationalen Wettbewerb*, in: Die Betriebswirtschaft 49 (1989), S. 445 - 463

Meissner, H.G. (1990), *Strategic International Marketing*, Berlin u.a. 1990

Merton, R. (1967), *Der Rollen-Set: Probleme der soziologischen Theorie*, in: Hartmann, H. (Hrsg. 1967), Moderne Amerikanische Soziologie. Neuere Beiträge zur soziologischen Theorie, Stuttgart 1967, S. 254 - 267

Miles, R.E./ Snow, C.C. (1978), *Organizational Strategy, Structure and Process*, New York u.a. 1978

Mintzberg, H. (1979), *The Structuring of Organizations*, Englewood Cliffs, N.J. 1979

Mintzberg, H. (1983), *Power in and around Organizations*, Englewood Cliffs, N.J. 1983

Mintzberg, H. (1990), *Strategy Formation. Schools of Thought*, in: Frederickson, J.W. (Hrsg. 1990), Perspectives on Strategic Management, Grand Rapids u.a., S. 105 - 236

Mitroff, I.I. (1983), *Stakeholders of the Organizational Mind*, San Francisco u.a. 1983

Moran, R.T./ Harris, P.R. (1981), *Managing Cultural Synergy*, Houston, Tex. 1981

Morgan, G. (1980), *Paradigms, Metaphors, and Problem Solving in Organization Theory*, in: Administrative Science Quaterly 25 (1980), S. 605 - 622

Morrison, A.J./ Roth, K. (1989), *International Business-Level Strategy: The Development of a Holistic Model*, ins: Negandhi/ Savara (Hrsg. 1989), S. 29 - 51

Morrison, A.J./ Roth, K. (1992), *A Taxonomy of Business-Level Strategies in Global Industries*, in: Strategic Management Journal 13 (1992), S. 399 - 418

Moxon, R.W./ Geringer, J.M. (1985), *Multinational Ventures in the Commercial Aircraft Industry*, in: California Journal of World Business, 20 (1985) Summer, S. 55 - 62

Müller, G. (1981), *Strategische Frühaufklärung*, München 1981

Müller, G. (1987), *Strategische Suchfeldanalyse*, Wiesbaden 1987

Müller, S./ Kögelmayer, H.G. (1986), *Die psychische Distanz zu Auslandsmärkten: Ein verkanntes Exporthemmnis*, in: Schmalenbachs Zeitschrift für betriebswirtschaftliche Forschung 38 (1986) 9, S. 788 - 804

Müller-Böling, D. (1989), *Organisationsformen von Planungssystemen*, in: Szyperski/ Winand (Hrsg. 1989), Sp. 1310 - 1320

Müller-Böling, D. et al. (1984), *PLORGA-Handbuch - Version 2.1*, Arbeitsbericht Nr. 44 des Seminars für Allgemeine Betriebswirtschaftslehre und Betriebswirtschaftliche Planung der Unversität zu Köln, Köln 1984

Muroyama, J.H./ Stever, H.G. (Hrsg. 1988), *Globalization of Technology: International Perspectives*, Washington 1988

Näther, C. (1993), *Erfolgsmaßstäbe in der Theorie der strategischen Unternehmensführung*, München 1993

Naumann, C. (1982), *Strategische Steuerung und integrierte Unternehmensplanung*, München 1982

Negandhi, A.R. (1983), *Cross-Cultural Management Research: Trends and Future Directions*, in: Journal of International Business Studies 14 (1983) Fall, S. 17 - 28

Negandhi, A.R./ Baliga, B.R. (1978), *Multinational Corporations and Host Government Relationships: A Comparative Study of U.S., European, and Japanese Multinationals*, in: Ghertman/ Leontiades (Hrsg. 1978), S. 29 - 47

Negandhi, A.R./ Baliga, B.R. (1979), *Quest for Survival and Growth. A Comparative Study of American, European, and Japanese Multinationals*, New York u.a. 1979

Negandhi, A.R./ Prasad, (1971), *Comparative Management*, New York u.a. 1971

Negandhi, A.R./ Savara, A. (1989), *Introduction*, in: Negandhi/ Savara (Hrsg. 1989), S. IX - XV

Negandhi, A.R./ Savara, A. (Hrsg. 1989), *International Strategic Management*, Lexington und Toronto 1989

Negandhi, A.R./ Welge, M. (1984), *Beyond Theory Z: Global Rationalization Strategies of American, German and Japanese Multinational Companies*, in: Advances in International Comparative Management, Supplement 1, Greenwich, Conn. und London 1984

Neubauer, C. (1993 i.V.), *Strategisch orientierte Kostenrechnung. Programmatik, Problemfelder und Lösungsansätze*, München 1993

Newell, A.N/ Simon, H.A. (1972), *Human Problem Solving*, Englewood Cliffs, N.J. 1972

Nienhüser, W. (1989), *Die praktische Nutzung theoretischer Erkenntnisse in der Betriebswirtschaftslehre, Probleme der Entwicklung und Prüfung technologischer Aussagen*, Stuttgart 1989

Nieswandt, N. (1992), *Controlling Profil: GEA AG*, in: Controlling 4 (1992) 1, S. 28 - 37

Nystrom, P.C./ Starbuck, W.H. (Hrsg. 1981), *Handbook of Organizational Design*, Vol. 1, Adapting Organizations to their Environments, Oxford u.a. 1981

o.V. (1987), *Lehrstuhl-Porträt: Praxisbezogene unternehmungsinterne und -externe Beratung. Professur für Organisation an der Hochschule St. Gallen*, in: Zeitschrift für Organisation (1987), S. 338 - 340

o.V. (1988), *Lehrstuhl-Porträt: Neuerung und Reorganisation als verbundene Anpassungsprozesse. Professur für Organisation an der Universität Stuttgart*, in: Zeitschrift für Organisation (1988) 1, S. 49 - 51

Obring, K. (1992), *Strategische Unternehmensführung und polyzentrische Strukturen*, München 1992

Ochsenbauer, C. (1988), *Organisatorische Alternativen zur Hierarchie. Überlegungen zur Überwindung der Hierarchie in Theorie und Praxis der betriebswirtschaftlichen Organisation*, München 1988

OECD (1986), *International Investment and Multinational Enterprises. The OECD Guidelines for Multinational Enterprises*, Paris 1986

Ohmae, K. (1985), *Die Macht der Triade*, Wiesbaden 1985

Ohmae, K. (1987), *The Triad World View*, in: The Journal of Business Strategy 7 (1987) 4, S. 7 - 19

Ohmae, K. (1989), *The Global Logic of Strategic Alliances*, in: Harvard Business Review 67 (1989), S. 143 - 154

Oliver, C. (1990), *Determinants of Interorganizational Relationships: Integration and Future Directions*, in: Academy of Management Review 15 (1990), S. 241 - 265

Olson, M. (1991), *Aufstieg und Niedergang von Nationen. Ökonomisches Wachstum, Stagflation und soziale Starrheit*, Tübingen 1991

Otterbeck, L. (1981), *The Management of Joint Ventures*, in: Otterbeck (Hrsg. 1981), S. 269 - 296

Otterbeck, L. (Hrsg. 1981), *The Management of Headquarters-Subsidiary Relations in Multinational Corporations*, Hampshire 1981

Otto, K.P./ Wächter, H. (1979), *Aktionsforschung in der Betriebswirtschaftslehre?*, in: Hron, A. / Kompe, H./ Wächter, H. (1979), Aktionsforschung in der Ökonomie, Frankfurt 1979, S. 76 - 98

Ouchi, W. (1981), *Theory Z. How American Business Can Meet the Japanese Challenge*, Reading, Mass. u.a. 1981

Pappi, F.U. (1987), *Die Netzwerkanalyse aus soziologischer Perspektive*, in: Pappi, F.U. (Hrsg. 1987), Methoden der Netzwerkanalyse, München 1987, S. 11 - 37

Parry, G. (1980), *The Multinational Enterprise*, Greenwich 1980

Parsons, T. (1976), *Some Considerations on the Nature and Trends of Change of Ethnicity*, in: Glazer, N./ Moynihan, D. (Hrsg. 1976) Ethnicity. Theory and Experience, Cambridge, Mass. 1976, S. 51 - 83

Pascale, R.T./ Athos, A.G. (1981), *The Art of Japanese Management*, New York 1981

Paul, G. (1977), *Bedürfnisberücksichtigung durch Mitbestimmung*, München 1977

Pausenberger, E. (1982), *Die internationale Unternehmung: Begriff, Bedeutung, Entstehungsgründe*, in: Das Wirtschaftsstudium 11 (1982) 3, S. 118 - 123

Pausenberger, E. (1992), *Internationale Unternehmung, Organisation der*, in: Frese, E. (Hrsg. 1992), Handwörterbuch der Organisation, Sp. 1052 - 1066

Pausenberger, E. (Hrsg. 1981), *Internationales Management. Ansätze und Ergebnisse betriebswirtschaftlicher Forschung*, Stuttgart 1981

Pautzke, G. (1989), *Die Evolution der organisatorischen Wissensbasis. Bausteine zu einer Theorie des organisatorischen Lernens*, München 1989

Perlitz, M. (1989), *Organisation des Planungsprozesses*, in: Szyperski/ Winand (Hrsg. 1989), Sp. 1299 - 1309

Perlmutter, H. (1965), *L'entreprise internationale - Trois conceptions*, in: Révue économique et sociale, 23 (1965), S. 151 ff.

Perlmutter, H.V. (1969), *The tortuous evolution of the multinational corporation*, in: Columbia Journal of World Business 4 (1969) January - Feburary, S. 9 - 18

Perlmutter, H.V./ Heenan (1986), *Cooperate to Compete Globally*, in: Harvard Business Review 65 (1986) March-April, S. 146 - 152

Peters, T. (1993), *Jenseits der Hierarchien. Liberation Management*, Düsseldorf u.a. 1993

Peters, T.J./ Waterman, R.H. (1982), *In Search of Excellence*, New York 1982

Pettigrew, A.M. (Hrsg. 1987), *The Management of Strategic Change*, Oxford 1987

Pfeffer, J. (1981), *Power in Organizations*, Boston, Mass. u.a. 1981

Pfeffer, S./ Salancik, G.R. (1978), *The External Control of Organizations: A Resource Dependence Perspective*, New York 1978

Pfohl, H.-C. (1981), *Planung und Kontrolle*, Stuttgart u.a. 1981

Pfohl, H.C./ Zettlmayer, B. (1987), *Strategisches Controlling*, in: Zeitschrift für Betriebswirtschaft 57 (1987) 2, S. 145 - 175

Picht, R. (1987), *Interkulturelle Ausbildung für die internationale Zusammenarbeit*, in: Wierlacher A. (Hrsg. 1987), Perspektiven und Verfahren interkultureller Germanistik, München 1987, S. 43 - 53

Picot, A. (1981), *Der Beitrag der Theorie der Verfügungsrechte zur ökonomischen Analyse von Unternehmensverfassungen*, in: Bohr, K. et al. (Hrsg. 1981), Unternehmensverfassung als Problem der Betriebswirtschaftslehre, Berlin 1981, S. 153 - 197

Picot, A. (1982), *Transaktionskostenansatz in der Organisationstheorie: Stand der Diskussion und Aussagenwert*, in: Die Betriebswirtschaft 42 (1982), S. 267 - 284

Picot, A. (1984), *Organisation*, in: Vahlens Kompendium der Betriebswirtschaftslehre, Band 2, München 1984, S. 95 - 158

Picot, A. (1987), *Ökonomische Theorien und Führung*, in: Kieser, A./ Reber, G./ Wunderer, R. (Hrsg. 1987), Handwörterbuch der Führung, Stuttgart 1987, Sp. 1583 - 1595

Picot, A. (1993 i.V.), *Transaktionskostenansatz*, in: Kern, W. et al. (Hrsg. 1992), Handwörterbuch der Betriebswirtschaftslehre, 5. Auflage, Stuttgart 1993

Picot, A./ Lange, B. (1979), *Synoptische versus inkrementale Gestaltung des Planungsprozesses. Theoretische Grundlagen und Ergebnisse einer Laborstudie*, in: Schmalenbachs Zeitschrift für betriebswirtschaftliche Forschung 31 (1979), S. 569 - 596

Picot, A./ Michaelis, E. (1984), *Verteilung von Verfügungsrechten in Großunternehmen und Unternehmensverfassung*, in: Zeitschrift für Betriebswirtschaft 54 (1984) 3, S. 252 - 272

Pohl, A. (1990), *Gestaltung eines internationalen Controlling-Systems beim Eintritt in neue Auslandsmärkte*, Darmstadt 1990

Polanyi, M. (1951), *The Logic of Liberty*, London 1951

Popper, K.R. (1970), *Die offene Gesellschaft und ihre Feinde*, 2 Bände, 2. Auflage, Bern und München 1970

Porter, M.E. (1981), *The Contributions of Industrial Organization to Strategic Management*, in: Academy of Management Review 6 (1981) 4, S. 609 - 620

Porter, M.E. (1986), *Competition in Global Industries: A Conceptual Framework*, in: Porter (Hrsg. 1986), S. 15 - 60

Porter, M.E. (1990a), *The Competitive Advantage of Nations*, Boston, Mass. 1990

Porter, M.E. (1990b), *Wettbewerbsstrategie*, 6. Auflage, Frankfurt am Main 1990

Porter, M.E. (Hrsg. 1986), *Competition in Global Industries*, Boston, Mass. 1986

Porter, M.E./ Fuller, M.B. (1986), *Coalitions and Global Strategy*, in: Porter (Hrsg. 1986), S. 315 - 344

Poynter, T.A. (1986), *Managing Government Intervention: A Strategy for Defending the Subsidiary*, in: Columbia Journal of World Business 21 (1986) 4, S. 55 - 65

Prahalad, C.K. (1975), *The Strategic Process in a Multinational Corporation*, Doctoral Dissertation, School of Business Administration, Harvard University 1975

Prahalad, C.K./ Bettis, R.A. (1986), *The Dominant Logic: A New Linkage Between Diversity and Performance*, in: Strategic Management Journal 7 (1986), S. 485 - 501

Prim, R./ Tilmann, H. (1983), *Grundlagen einer kritisch-rationalen Sozialwissenschaft*, Heidelberg 1983

Probst, G.J.B./ Gomez, P. (1989), *Vernetztes Denken. Unternehmen ganzheitlich führen*, Wiesbaden 1989

Pugh, D.S./ Hickson, D.J. (1976), *Organizational Structure in its Context - The Aston Programme I*, Westmead u.a. 1976

Quinn, J.B. (1980), *Strategies for Change: Logical Incrementalism*, Homewood, Ill. 1980

Raffée, H./ Segler, K. (1984), *Marketingstrategien im Export*, in: Dichtl, E./ Issing, O. (Hrsg. 1984), Exporte als Herausforderung für die deutsche Wirtschaft, Köln 1984, S. 277 - 307

Rall, W. (1989), *Organisation für den Weltmarkt*, in: Zeitschrift für Betriebswirtschaft 59 (1989), S. 1074 - 1089

Rath, F. (1989), *Gewerkschaften und internationale Unternehmung*, in: Macharzina/ Welge (Hrsg. 1989), Sp. 757 - 768

Rath, H. (1990), *Neue Formen der internationalen Unternehmenskooperation. Eine empirische Untersuchung unter besonderer Berücksichtigung ausgesuchter Industriezweige des Ruhrgebiets*, Hamburg 1990

Reglin, B. (1993), *Managementsysteme. Eine organisationstheoretische Fundierung*, München 1993

Reichert, R. (1984), *Entwurf und Bewertung von Strategien*, München 1984

Ricks, D.A./ Toyne, B./ Martinez, Z. (1990), *Recent Developments in International Management Research*, in: Journal of Management 16 (1990) 2, S. 219 - 253

Ringlstetter, M. (1992), *Strategisches Konzernmanagement*, unveröffentlichte Pilotstudie zur Habilitationsschrift, München 1992

Ringlstetter, M. (1993 i.V.), *Rahmenkonzepte zur Konzernentwicklung*, München 1993

Robinson, R.D. (1978), *International Business Management*, 2. Auflage, Hinsdale, Ill. 1978

Root, F.R. (1988), *Some Taxonomies of International Cooperative Arrangements*, in: Contractor/ Lorange (Hrsg. 1988), S. 69 - 80

Rosenstiel, L. v. (1987) Grundlagen der Organisationspsychologie, 2. Auflage, Stuttgart 1987

Rosove, P. (1967), *Developing Computerbased Information Systems*, New York u.a. 1967

Roventa, P. (1979), *Portfolio-Analyse und Strategisches Management*, München 1979

Roxin, J. (1992), *Internationale Wettbewerbsanalyse und Wettbewerbsstrategie*, Wiesbaden 1992

Rumelt, R.R. (1974), *Strategy, Structure and Economic Performance*, Boston 1974

Rutenberg, D.P. (1970), *Organizational Archetypes of a Multinational Company*, in: Management Science 16 (1970) 6, S. B-337 - B-349

Sack, F. (1971), *Die Idee der Subkultur: Eine Berührung zwischen Anthropologie und Soziologie*, in: Kölner Zeitschrift für Soziologie und Sozialpsychologie 23 (1971), S. 256 - 286

Sackmann, H. (1967), *Computers, System Science, and Evolving Society*, New York u.a. 1967

Sahal, D. (1976), *Elements of an Emerging Theory of Complexity Per Se*, in: Cybernetica 19 (1976), S. 5 - 38

Sakurai, M./ Killough, L.N./ Brown, R.M. (1989), *Performance Measurement Techniques and Goal Setting: A Comparison of U.S. and Japanese Practices*, in: Monden, Y./ Sakurai, M. (Hrsg. 1989), Japanese Management Accounting - A World Class Approach to Profit Management, Cambridge, Mass. S. 163 - 175

Sandner, K. (1989), *Unternehmenspolitik - Politik im Unternehmen. Zum Begriff des Politischen in der Betriebswirtschaftslehre*, in: Sandner (Hrsg. 1989), S. 45 - 76

Sandner, K. (1990), *Prozesse der Macht. Zur Entstehung, Stabilisierung und Veränderung der Macht von Akteuren in Unternehmungen*, Berlin und Heidelberg 1990

Sandner, K. (Hrsg. 1989), *Politische Prozesse im Unternehmen*, Berlin u.a. 1989

Sargeant, L.W. (1990), *Strategic Planning in a Subsidiary*, in: Long Range Planning 23 (1990) 2, S. 43 - 54

Schanz, G. (1982), *Organisationsgestaltung*, München 1982

Schein, E.H. (1984), *Coming to a New Age of Organizational Culture*, in: Sloan Management Review 25 (1984) 2, S. 3 - 16

Schendel, D.E./ Hofer, C.A. (Hrsg. 1979), *Strategic Management. A New View of Business Policy and Planning*, Boston und Toronto 1979

Schendel, D.E/ Hofer, C.A. (1979), *Introduction*, in: Schendel/ Hofer (Hrsg. 1979), S. 1 - 22

Schenk, M. (1983), *Das Konzept des sozialen Netzwerkes*, in: Neidhart, F. (Hrsg. 1983), Gruppensoziologie, Sonderheft der Kölner Zeitschrift für Soziologie und Sozialpsychologie, Köln 1983, S. 88 - 104

Schlegelmilch, B. (1990), *Die Kodifizierung ethischer Grundsätze in europäischen Unternehmen: eine empirische Untersuchung*, in: Die Betriebswirtschaft 50 (1990), S. 365 - 374

Schmalenbach, E. (1911), *Die Privatwirtschaftslehre als Kunstlehre*, in: Zeitschrift für handelswissenschaftliche Forschung 12 (1911), S. 304 - 316

Schneider, D. (1981), *Geschichte betriebswirtschaftlicher Theorie*, München und Wien 1981

Schneider, S.C. (1988), *National vs. Corporate Culture: Implications for Human Resource Management*, in: Human Resource Management 27 (1988) 2, S. 231 - 246

Scholl, R.R. (1989), *Internationalisierungsstrategien*, in: Macharzina/ Welge (Hrsg. 1989), Sp. 983 - 1001

Schöllhammer, H. (1989), *Standortwahl, internationale*, in: Macharzina/ Welge (Hrsg. 1989), Sp. 1959 - 1968

Scholz, C. (1987), *Strategisches Management. Ein integrativer Ansatz*, Berlin und New York 1987

Schoppe, S.G. (1992), *Der weltwirtschaftliche Datenkranz der internationalen Unternehmensführung*, in: Schoppe (Hrsg. 1992), S. 5 - 45

Schoppe, S.G. (Hrsg. 1992), *Kompendium der Internationalen Betriebswirtschaftslehre*, 2. Auflage, München und Wien 1992

Schreyögg, G. (1976), *Zur Transferierbarkeit von Management-Know-how*, in: Management International Review 14 (1976) 3, S. 79 - 87

Schreyögg, G. (1984), *Unternehmensstrategie. Grundfragen einer Theorie strategischer Unternehmensführung*, Berlin und New York 1984

Schreyögg, G. (1991), *Die internationale Unternehmung im Spannungsfeld von Landeskultur und Unternehmenskultur*, in: Marr (Hrsg. 1991), S. 17 - 42

Schwamm, H./ Germidis (Hrsg. 1977), *Codes of Conduct for Multinational Companies. Issues and Positions*, European Centre for Study and Information on Multinational Corporations, o.O. 1977

Schwendiman, J.S. (1973), *Strategic and Long-Range Planning for the Multinational Corporation*, New York und London 1973

Schwub-Gwinner, G. (1993), *Strategische Unternehmensführung und kollektive Entscheidungsprozesse. Das Episodenkonzept als Baustein einer Theorie der strategischen Unternehmensführung*, München 1993

Seashore-Louis, K. et al. (1989), *Entrepreneurs in Academe: An Exploration of Behaviors among Life Scientists*, in: Administrative Science Quaterly 34 (1989), S. 110 - 131

Segler, K. (1986), *Basisstrategien im internationalen Marketing*, Frankfurt am Main und New York 1986

Segler, K. (1989), *Corporate Identity*, in: Macharzina/ Welge (Hrsg. 1989), Sp. 254 - 266

Seitz, P. (1991), *Die Steuerung des weltweiten Geschäfts. Anforderung der Internationalisierung an die Geschäftssysteme*, unveröffentlichtes Arbeitsapier, München 1991

Selznick, P. (1957), *Leadership in Administration*: A Sociological Interpretation, New York 1957

Seth, A./ Zinkhan, G. (1991), *Strategy and the Research Process: a Comment*, in: Strategic Management Journal 12 (1991), S. 75 - 82

Shanks, D.C. (1985), *Strategic Planning for Global Competition*, in: Journal of Business Strategy 5 (1985) 3, S. 17 - 25

Siddall, P./ Tavares, J./ Willey, K. (1992), *Building a Transnational Organization for BP Oil*, in: Long Range Planning 25 (1992) 1, S. 37 - 45

Siebert, H./ Rauscher, M. (1991), *Neuere Entwicklungen der Außenhandelstheorie*, in: Wirtschaftswissenschaftliches Studium 17 (1991) 10, S. 503 - 509

Simon, H. (1957), *Administrative Behavior*, 2. Auflage, New York 1957

Simon, H. (1965), *The Architecture of Complexity*, in: General Systems 10 (1965), S. 63 - 76

Simpson, D.G. (1992), *Key Lessons for Adopting Scenario Planning in Diversified Companies*, in: Planning Review 20 (1992) 3, S. 10 - 17 und 47 - 55

Smith, W./ Charmoz, R. (1975), *Coordinate Line Management*, Working Paper, Searle International, Chicago, Ill., February 1975

Sorg, S. (1981), *Informationspathologien und Erkenntnisfortschritt in Organisationen*, München 1981

Staehle, W.H. (1988), *Human Resource Management*, in: Zeitschrift für Betriebswirtschaft 58 (1988) 5, S. 576 - 587

Staehle, W.H. (1989), *Management. Eine verhaltenswissenschaftliche Perspektive*, 4. Aufl., München 1989

Stahr, G. (1989), *Internationale strategische Unternehmensführung*, Stuttgart u.a. 1989

Starbuck, W.H. (1976), *Organizations and Their Environments*, in: Dunnette, M.D. (Hrsg. 1976), Handbook of Industrial and Organizational Psychology, Chicago 1976, S. 1069 - 1123

Stegmüller, W. (1975), *Hauptströmungen der Gegenwartsphilosophie*, Band 1, Stuttgart 1975

Stein, I. (1992), *Die Theorien der Multinationalen Unternehmung*, in: Schoppe (Hrsg. 1992), S. 49 - 151

Steiner, G.A. (1969), *Top Management Planning*, London 1969

Steiner, G.A./ Cannon, W.M. (Hrsg. 1966), *Multinational Corporate Planning*, New York 1966

Steyrer, J. (1991), *Klientenspezifische Konfliktbarrieren im Prozeß der Unternehmensberatung*, in: Schmalenbachs Zeitschrift für betriebswirtschaftliche Forschung 43 (1991) 9, S. 783 - 796

Stock, U. (1990), *Das Management von Forschung und Entwicklung*, München 1990

Stopford, J.M./ Wells, L.T. (1972), *Managing the Multinational Enterprise. Organization of the Firm and Ownership of the Subsidiaries*, London 1972

Storti, C. (1989), *The Art of Crossing Culture*, Washington 1989

Strasser, G. (1991), *Zur Evolution von Unternehmungen*, München 1991

Sugiura, H. (1990), *How Honda Localizes its Global Strategy*, in: Sloan Management Review 32 (1990) 1, S. 77 - 82

Susman, G.I./ Evered, R.D. (1978), *An Assessment of the Scientific Merits of Action Research*, in: Administrative Science Quaterly 23 (1978), S. 582 - 603

Sydow, J. (1992), *Strategische Netzwerke. Evolution und Organisation*, Wiesbaden 1992

Szyperski, N./ Winand, U. (1979), *Duale Organisation - Ein Konzept zur organisatorischen Integration der strategischen Geschäftsfeldplanung*, in: Schmalenbachs Zeitschrift für betriebswirtschaftliche Forschung, 31 (1979), S. 195 - 205

Szyperski, N./ Winand, U. (Hrsg. 1989), *Handwörterbuch der Planung*, Stuttgart 1989

Taylor, B. (1983), *Planning for the 1980's - Corporate Planning with Government and Unions*, in: Hahn, D./ Taylor, B. (Hrsg. 1983), Strategische Unternehmensplanung. Stand und Entwicklungstendenzen, 2. Auflage, Würzburg und Wien 1983, S. 559 - 590

Teece, D.J. (1984), *Economic Analysis and Strategic Management*, in: California Management Review 26 (1984), S. 87 - 110

Teece, D.J. (1986), *Transaction Cost Economics and Multinational Enterprise: An Assessment*, in: Journal of Economic Behavior and Organization 7 (1986) 1, S. 21 - 45

Tesch, P. (1980), *Die Bestimmungsgründe des internationalen Handels und der Direktinvestitionen*, Berlin 1980

Teubner, G. (1989), *Recht als autopoietisches System*, Frankfurt am Main 1989

Teubner, G./ Willke, H. (1984), *Kontext und Autonomie. Gesellschaftliche Selbststeuerung durch reflexives Recht*, in: Zeitschrift für Rechtssoziologie 6 (1984), S. 4 - 35

Thibaut, J./ Walker, L. (1975), *Procedural Justice: A Psychological Analysis*, Hillsdale, N.J. 1975

Thomas, A./ McGee, J. (1986), *Mapping Strategic Management Research*, in: McGee, J./ Thomas, A. (Hrsg. 1986), Strategic Management Research: A European Perspective, Chichester u.a. 1986, S. 1 - 18

Thompson, J.D. (1967), *Organizations in Action. Social Science Bases of Administrative Theory*, New York u.a. 1967

Töpfer, A. (1976), *Planungs- und Kontrollsysteme industrieller Unternehmungen*, Berlin 1976

Traxler, F. (1988), *Politischer Tausch, kollektives Handeln und Interessenregulierung. Zu einer Theorie der Genesis verbandlicher Tarifbeziehungen und korporatistischer Steuerungssysteme*, in: Journal für Sozialforschung, (1988), S. 267 - 285

Trux, W. (1980), *Unternehmensidentität, Unternehmenspolitik und öffentliche Meinung*, in: Birkgit, K./ Stadler, M. (Hrsg. 1980), Corporate Identity. Grundlagen, Funktionen, Fallbeispiele, München 1980, S. 61 - 72

Trux, W. et al. (1984), *Das Management strategischer Programme*, 1. Halbband, 1. Aufl., München 1984

Trux, W. et al. (1985), *Das Management strategischer Programme*, 2. Halbband. 2. Auflage, München 1985

Trux, W. et al. (1988), *Das Management strategischer Programme*, 1. Halbband, 3. Aufl., München 1988

Trux, W. et al. (1991), *Die Evolution eines Strategischen Managements*, in: Kirsch (Hrsg. 1991), S. 713 - 763

Trux, W./ Kirsch, W. (1979), *Strategisches Management oder: Die Möglichkeit einer "wissenschaftlichen" Unternehmensführung. Anmerkungen aus Anlaß eines Kooperationsprojektes zwischen Wissenschaft und Praxis*, in: Die Betriebswirtschaft 39 (1979) 2, S. 215 - 325

Tümpen, M. (1987), *Strategische Frühwarnsysteme für politische Auslandsrisiken*, Wiesbaden 1987

Türk, K. (1989), *Neuere Entwicklungen der Organisationsforschung. Ein Trend Report*, Stuttgart 1989

Turner, R. (1955/ 56), *Role Taking, Role Standpoint and Reference-Group Behavior*, in: American Journal of Sociology 61 (1955/ 56), S. 316 - 328

Ulrich, H./ Krieg, W. (1974), *St. Galler Management-Modell*, Bern 1974

Ulrich, H./ Probst, G.J.B. (1988), *Anleitung zum ganzheitlichen Denken und Handeln*, Bern und Stuttgart 1988

Ulrich, K. (1993), *Die Evolution von Managementsystemen. Zur sprachanalytischen Fundierung einer angewandten Führungslehre*, München 1993

Ulrich, K./ Jeschke, W./ Reglin, B. (1990), *Managementsysteme - Ansätze zu einer Erweiterung des Sprachspiels*, unveröffentlichtes Arbeitspapier, München 1990

UN (Hrsg. 1979), *United Nations Centre on Transnational Corporations, Bibliography on Transnational Corporations*, New York 1979

Van den Bulcke, D. (1986), *Autonomy of Decision Making by Subsidiaries of Multinational Enterprises*, in: Vandamme, J. (Hrsg. 1986), Employee Consultation and Information in Multinational Corporations, London 1986

Vancil, R.F./ Lorange, P. (1977), *Strategic Planning in Diversified Companies*, in: Lorange/ Vancil (Hrsg. 1977), Englewood Cliffs, N.J., S. 22 - 36

Venkatraman, N. (1989), *The Concept of Fit in Strategy Research: Toward Verbal and Statistical Correspondence*, in: Academy of Management Review 14 (1989), S. 423 - 444

Vernon, R. (1966), *International Investment and International Trade in the Product Cycle*, in: Quarterly Journal of Economics, 80 (1966) 2, S. 481 - 494

Vernon, R. (1971), *Sovereignty at Bay*, New York 1971

Vernon, R. (1977), *Storm over the Multinational Enterprise*, London 1977

Vickers, G. (1983), *Human systems are different*, London 1983

Vizjak, A. (1990), *Wachstumspotentiale durch Strategische Partnerschaften*, München 1990

Voß, H. (1989), *Internationale Wettbewerbsstrategien. Wettbewerbsstrategien international tätiger Unternehmen vor dem Hintergrund veränderter Umweltbedingungen*, Bayreuth 1989

Wacker, W.H./ Haussmann, H./ Kumar, B. (Hrsg. 1981), *Internationale Unternehmensführung - Managementprobleme international tätiger Unternehmen*, Festschrift zum 80. Geburtstag von Eugen Hermann Sieber, Berlin 1981

Wagner, H.P. (1987), *Computergestützte Informationssysteme in der Unternehmensplanung*, München 1987

Walleck, A.S./ O'Halloran, J.D./ Leader, C.A. (1991), *Benchmarking World-Class Performance*, in: The McKinsey Quarterly (1991) 1, S. 3 - 24

Walton, R.E. (1966), *Theory of Conflict in Lateral Organizational Relationships*, in: Lawrence, J.R. (Hrsg. 1966), Organizational Research and the Social Sciences, London 1966, S. 409 ff.

Ward, B. (1981), *Die Idealwelten der Ökonomen*, Frankfurt am Main 1981

Weber, J. (1985), *Unternehmensidentität und unternehmenspolitische Rahmenplanung, Grundlagen, Methodik, Anwendung*, München 1985

Weber, J. (1991a), *Controlling im internationalen Unternehmen*, München 1991

Weber, J. (1991b), *Das Geheimnis der Reorganisation bei ABB*, in: Harvard Manager 13 (1991) 3, S. 9 - 11

Weber, M. (1973), *Gesammelte Aufsätze zur Religionssoziologie*, Band 1, Tübingen 1983

Weber, M. (1985), *Wirtschaft und Gesellschaft. Grundriss der verstehenden Soziologie*, 5. Aufl., Studienausgabe, Tübingen 1985

Weick, K.E. (1982), *Management of Organizational Change among Loosely Coupled Elements*, in: P.S. Goodman and Associates (Hrsg. 1982), Change in Organizations, San Francisco 1982, S. 375 - 408

Weinzierl, H. (1993), *Die Berücksichtigung der politischen Dimension im Rahmen einer Theorie der strategischen Unternehmensführung*, München 1993

Weizsäcker, E.v. (1974), *Erstmaligkeit und Bestätigung als Komponenten der pragmatischen Information*, in: Weizsäcker, E.v. (Hrsg. 1974), Offene Systeme I. Beiträge zur Zeitstruktur von Information, Entropie und Evolution, Stuttgart 1974, S. 82 - 113

Welge, M.K. (1980), *Management in deutschen multinationalen Unternehmungen. Ergebnisse einer empirischen Untersuchung*, Stuttgart 1980

Welge, M.K. (1981), *Die effiziente Gestaltung der Mutter-Tochter-Beziehungen in deutschen multinationalen Unternehmungen*, in: Pausenberger (Hrsg. 1981), S. 45 - 77

Welge, M.K. (1982), *Entscheidungsprozesse in komplexen international tätigen Unternehmen*, in: Zeitschrift für Betriebswirtschaft 52 (1982) 9, S. 810 - 833

Welge, M.K. (1989), *Multinationale Unternehmungen, Planung in*, in: Szyperski/ Winand (Hrsg. 1989), Sp. 1206 - 1220

Welge, M.K. (Hrsg. 1990), *Globales Management, Erfolgreiche Strategien für den Weltmarkt*, Stuttgart 1990

Welge, M.K./ Böttcher, R. (1991), *Globale Strategien und Probleme ihrer Implementierung*, in: Die Betriebswirtschaft 51 (1991) 4, S. 435 - 454

White, R.E./ Poynter, T.A. (1984), *Strategies for Foreign-Owned Subsidiaries in Canada*, in: Business Quaterly 11 (1984) Summer, S. 59 - 69

Wiechmann, U./ Pringle, L.G. (1980), *Probleme in multinationalen Unternehmen*, in: Harvard Manager 2 (1980) 4 S. 7 - 14

Wild, J. (1974), *Grundlagen der Unternehmensplanung*, Reinbeck 1974

Wilensky, H.L. (1967), *Organizational Intelligence. Knowledge and Policy in Government and Industry*, New York und London 1967

Williamson, O./ Ouchi, W. (1983), *The Markets and Hierarchies Programme of Research: Origins, Implications, Prospects*, in: Francis, A./ Turk, J./ William, P. (Hrsg. 1983), Power, Efficiency and Institutions. A Critical Appraisal of the "Market and Hierarchies" Paradigm, London 1983, S. 13 - 34

Williamson, O.E. (1990), *Die ökonomischen Institutionen des Kapitalismus*, Tübingen 1990

Willke, H. (1989), *Systemtheorie entwickelter Gesellschaften. Dynamik und Riskanz gesellschaftlicher Selbstorganisation*, München 1989

Willke, H. (1991), *Systemtheorie*, 3. Auflage, Stuttgart und New York 1991

Willke, H. (1992), *Ironie des Staates. Grundlinien einer Staatstheorie polyzentrischer Gesellschaften*, Frankfurt am Main 1992

Winch, P. (1974), *Die Idee der Sozialwissenschaft und ihr Verhältnis zur Philosophie*, Frankfurt am Main 1974

Wiswede, G. (1977), *Rollentheorie*, Stuttgart u.a. 1977

Witte, E. (1973), *Organisation für Innovationsentscheidungen*, Göttingen 1973

Witte, E. (1978), *Die Verfassung der Unternehmung als Gegenstand betriebswirtschaftlicher Forschung*, in: Die Betriebswirtschaft 38 (1978), S. 331 - 340

Witte, E. (1981), *Nutzungsanspruch und Nutzungsvielfalt*, in: Witte, E. (Hrsg. 1981), Der praktische Nutzen empirischer Forschung, Tübingen 1981, S. 13 - 40

Wittgenstein, L. (1960), *Philosophische Untersuchungen*, in: Schriften I, Frankfurt am Main 1960

Wolfrum, U. (1993), *Erfolgspotentiale. Kritische Würdigung eines zentralen Konzepts der strategischen Unternehmensführung*, München 1993

Womack, J.P. et al. (1991), *Die zweite Revolution in der Autoindustrie*, 2. Auflage, Frankfurt am Main 1991

Wunderer, R. (1987), *Führungsforschung und Betriebswirtschaftslehre*, in: Kieser, A./ Reber, R./ Wunderer, R. (Hrsg. 1987), Handwörterbuch der Führung, Stuttgart 1987, Sp. 411 - 422

Yip, G.S. (1989), *Global Strategy ... In a World of Nations?*, in: Sloan Management Review 31 (1989) Fall, S. 29 - 41

Yoshino, M.Y. (1976), *Japan's Multinational Enterprise*, Cambridge, Mass. 1976

Ziener, M. (1985), *Controlling im multinationalen Unternehmen*, Landsberg am Lech 1985

Veröffentlichungen in dieser Reihe

1. Werner Kirsch, Eduard Gabele, Clemens Börsig, Roland Dumont du Voitel, Werner-Michael Esser, Rainer Knopf
Reorganisationsprozesse in Unternehmen
Bericht aus einem empirischen Forschungsprojekt
München 1975, 77 S., DM 12,--, vergriffen, ISBN 388232 001 X

2. Werner Kirsch, Eduard Gabele, Ingolf Bamberger, Clemens Börsig, Roland Dumont du Voitel, Werner-Michael Esser, Werner Keppler, Rainer Knopf
Planung und Organisation in Unternehmen
Bericht aus einem empirischen Forschungsprojekt
München 1975, 66 S., DM 12,--, vergriffen, ISBN 3 88232 002 8

3. Werner Kirsch, Gerhard Englert, Clemens Börsig, Eduard Gabele
Marketing von Standard-Anwendungssoftware
Herstellerbericht
München 1975, 84 S., DM 15,--, vergriffen, ISBN 3 88232 003 6

4. Werner Keppler, Ingolf Bamberger, Eduard Gabele
Langfristige Planungssysteme
Empirische Ergebnisse zu Strukturen und Prozessen der Langfristplanung in Unternehmen
München 1975, 87 S., DM 15,--, vergriffen, ISBN 3 88232 004 4

5. Gerd Mayer in Zusammenarbeit mit Eduard Gabele
Der Prozeß der Divisionalisierung
Eine explorative Studie über Reorganisationen von 13 Großunternehmen
München 1975, 110 S., DM 15,--, ISBN 3 88232 005 2

6. Clemens Börsig, Dieter Frey
Widerstand und Unterstützung bei Operations Research
Ergebnisse aus einem Gruppenexperiment
München 1976, 50 S., DM 12,--, ISBN 388232 007 9

7. Werner Kirsch, Clemens Börsig, Gerhard Englert, Eduard Gabele
Der Einsatz von standardisierten Anwendungsprogrammen in der industriellen Praxis
Verwenderbericht
München 1975, 54 S., DM 15,--, vergriffen, ISBN 3 88232 007 9

B-8. Werner Kirsch
Planung - Kapitel einer Einführung
München 1975, 232 S., DM 15,--, vergriffen, ISBN 3 88232 008 7

9. Werner Kirsch, Wolfgang Bruder, Eduard Gabele
Personalschulung
Empirische Perspektiven der betrieblichen Curriculumplanung
München 1976, 137 S., DM 19,--, ISBN 3 88232 009 5

10. Rainer Knopf, Werner-Michael Esser, Werner Kirsch
Der Abbruch von Reorganisationsprozessen
München 1976, 94 S., DM 15,--, ISBN 3 88232 010 9

11. Roland Dumont du Voitel, Eduard Gabele, Werner Kirsch
Die Initiatoren von Reorganisationsprozessen
Ein empirischer Vergleich der Einführung von Geschäftsbereichsorganisationen, Planungssystemen und Informationssystemen
München 1976, 153 S., DM 17,--, ISBN 3 88232 011 7

12   Rainer Knopf, Clemens Börsig, Werner-Michael Esser, Werner Kirsch
Die Effizienz von Reorganisationsprozessen aus der Sicht der Praxis
München 1976, 124 S., DM 15,--, ISBN 3 88232 012 5

13   Werner Kirsch
Entscheidungsverhalten und Handhabung von Problemen
München 1976, 219 S., DM 20,--, vergriffen, ISBN 3 88232 013 3

14   Werner Kirsch
Abhandlungen zu organisationstheortischen Grundlagen der Betriebswirtschaftslehre
München 1976, 199 S., DM 20,--, vergriffen, ISBN 3 88232 014 1

15   Werner Kirsch
Die Betriebswirtschaftslehre als Führungslehre
Erkenntnisperspektiven, Aussagensysteme, wissenschaftlicher Standort
München 1978, 349 S., DM 24,--, vergriffen, ISBN 3 88232 015 X

16   Werner Kirsch
Organisatorische Führungssysteme
Bausteine zu einem verhaltenswissenschaftlichen Bezugsrahmen
München 1976, 217 S., DM 22,--, vergriffen, ISBN 3 888232 016 8

17   Werner Kirsch, Hartmut Lutschewitz, Michael Kutschker
Ansätze und Entwicklungstendenzen im Investitionsgütermarketing
Auf dem Weg zu einem Interaktionansatz
München 1977, 140 S., DM 16,--, vergriffen, ISBN 3 88232 017 6

18   Bernd Huppertsberg, Werner Kirsch
Beschaffungsentscheidungen auf Investitionsgütermärkten
Kriterien der Auswahlentscheidung beim Kauf von Investitionsgütern
München 1977, 187 S., DM 19,--, ISBN 3 88232 929 X

19   Hartmut Lutschewitz, Michael Kutschker
Die Diffusion von innovativen Investitionsgütern
München 1977, 180 S., DM 18,--, vergriffen, ISBN 388232 019 2

20   Michael Kutschker, Werner Kirsch
Verhandlungen in multinationalen Entscheidungsprozessen
Eine empirische Untersuchung der Absatz- und Beschaffungsentscheidungen von Investitionsgütern
München 1978, 358 S., DM 30,--, ISBN 3 8232 020 6

D-21   Gerhard Englert
Marketing von Standard-Anwendungssoftware
München 1977, 540 S., DM 29,--, vergriffen, ISBN 3 88232 021 4

D-22   Günter Paul
Bedürfnisberücksichtigung durch Mitbestimmung
München 1977, 472 S., DM 26,--, ISBN 3 88232 022 2

23   Eduard Gabele, Werner Kirsch, Jürgen Treffert
Werte von Führungskräften der deutschen Wirtschaft
Eine empirische Analyse
München 1977, 239 S., DM 22,--, vergriffen, ISBN 3 88232 023 0

24   Werner Kirsch, Werner-Michael Esser, Eduard Gabele
Reorganisation
Theoretische Perspektiven des geplanten organisatorischen Wandels
München 1978, 560 S., DM 29,--, vergriffen, ISBN 3 88232 024 9

26   Werner Kirsch
Die Handhabung von Entscheidungsproblemen
München 1978, 279 S., DM 24,--, vergriffen, ISBN 3 88232 026 5

27	Werner Kirsch und Mitarbeiter **Empirische Explorationen zu Reorganisationsprozessen** München 1978, 570 S., DM 40,--, ISBN 3 88232 027 3
28	Werner-Michael Esser, Werner Kirsch **Einführung von Planungs- und Informationsprozessen** Ein empirischer Vergleich zweier Reorganisationsprozesse München 1979, 168 S., DM 22,-- ISBN 3 88232 028 1
29	Michael Kutschker, Werner Kirsch **Industriegütermarketing und -einkauf in Europa - Deutschlandstudie** München 1979, 140 S., DM 24,--, ISBN 388 232 029 X
30	Peter Roventa **Portfolio-Analyse und Strategisches Management** Ein Konzept zur strategischen Chancen- und Risikohandhabung München 1979, 431 S., DM 38,--, vergriffen, ISBN 388232 030 3
Diss.	Henry F. Pinkenburg **Projektmanagement als Führungskonzeption in Prozessen** tiefgreifenden organisatorischen Wandels München 1980, 392 S., DM 36,--, ISBN 3 8232 101 6
Diss.	Volkmar Kratzer **Empirisch -komparative Analyse des Verlaufs von Reorganisationsprozessen** München 1980, 370 S., DM 34,--, ISBN 3 8232 102 4
Diss.	Winfried Becker **Anforderungen an Planungssysteme** München 1980, 518 S., DM 38,--, ISBN 3 888232 103 2
31	Werner Kirsch **Unternehmenspolitik: Von der Zielforschung zum Strategischen Management** München 1981, 464 S., DM 38,--, vergriffen, Neuauflage Bd. 60 ISBN 3 88232 031 1
32	Werner Kirsch **Wissenschaftliche Unternehmensführung oder Freiheit vor der Wissenschaft?** 2 Halbbände, München 1984, 1128 S., DM 88,--, ISBN 3 88232 032 X und 3 88232 038 9
33	Günter Müller **Strategische Frühaufklärung** München 1981, 311 S., DM 38,--, vergriffen, ISBN 3 8232 033 8
Diss.	Aron H. Rosenkind **Werte und Macht** München 1981, 572 S., DM 38,--, ISBN 3 88232 104 0
Diss.	Harro Blumschein **Personalpolitik, Personalplanung und Mitbestimmung** München 1981, 352 S., DM 38,--, ISBN 3 8232 105 9
34	Ursula Renner **Dokumentationssysteme für die Unternehmensplanung** Schlußfolgerungen aus einem Kooperationsprojekt zwischen Wissenschaft und Praxis München 1982, 662 S., DM 38,--, ISBN 3 88232 034 6
Diss.	Stefan Sorg **Informationspathologien und Erkenntnisfortschritt in Organisationen** München 1981, 572 S., DM 44,--, ISBN 3 88232 106 7

35	Chris Naumann **Strategische Steuerung und integrierte Unternehmensplanung** München 1982, 369 S., DM 38,--, vergriffen, ISBN 3 88232 035 4
36	Karl D. Mauthe **Strategische Analyse** Darstellung und kritische Würdigung bestehender Ansätze zur Strategischen Unternehmens- und Umweltanalyse München 1984, 446 S., DM 40,--, ISBN 3 88232 036 2
37	Rainer Reichert **Entwurf und Bewertung von Strategien** München 1984, 380 S., DM 38,--, ISBN 3 8232 037 0
39	Werner Kirsch, Wolfgang Scholl, Günter Paul **Mitbestimmung in der Unternehmenspraxis** - Eine empirische Bestandsaufnahme München 1984, 675 S., DM 58,--, vergriffen, ISBN 3 88232 039 7
40/41	Walter Trux, Günter Müller-Stewens, Werner Kirsch **Das Management Strategischer Programme** 2 Halbbände, München 1989, 1.276 S., DM 96,--, ISBN 3 88232 040 0 und 3 88232 041 9 3. Auflage
Diss.	Regine Angermeyer-Naumann **Szenarien und Unternehmenspolitik** Globalszenarien für die Evolution des unternehmenspolitischen Rahmens München 1985, 581 S., DM 40,--, ISBN 3 88232 107 5
42	Johannes Weber **Unternehmensidentität und unternehmenspolitische Rahmenplanung** Grundlagen, Methoden, Anwendung München 1985, 419 S., DM 36,--, ISBN 3 88232 042 7
43	Stefan Brantl **Management und Ethik** Unternehmenspolitische Rahmenplanung und moralisch-praktische Rationalisierung der Unternehmensführung München 1985, 670 S., DM 48,--, vergriffen, ISBN 3 888232 043 5
44	Walter Hinder **Strategische Unternehmensführung in der Stagnation** Strategische Programme, Unternehmenspolitischer Rahmen und Kulturelle Transformation München 1986, 673 S., DM 58,--, vergriffen, ISBN 3 88232 044 3
45	Ulrich Geiger **Investitionsobjektplanung und -kontrolle in der integrierten** Unternehmensplanung München 1986, 314 S., DM 38,--, ISBN 3 88232 045 1
46	Herbert Grebenc **Die langfristige operative Planung** München 1986, 414 S., DM 44,--, vergriffen, ISBN 3 8232 046 X
Diss.	Michael Schmid **Revitalisierung bürokratischer Unternehmen** Möglichkeiten und Grenzen eines New Venture-Managements München 1986, 279 S., DM 36.--, ISBN 3 88232 108 3
Diss.	Ingeborg Gässler **Partizipation und Mitbestimmung bei der Unternehmensplanung** München 1986, 341 S., DM 38,--, ISBN 3 88232 109 1

47	Alfred Fischbacher **Strategisches Management der Informationsverarbeitung** Konzeption, Methodik, Instrumente München 1986, 294 S., DM 36,--, ISBN 3 88232 047 8
48	Hartmut Maaßen **Die mitarbeiterbezogene Planung** München 1986, 358 S., DM 40,--, vergriffen, ISBN 3 88232 048 6
49	Anton Klotz **Anforderungen an eine operative Bereichsplanung** München 1986, 326 S., DM 40,--, ISBN 3 8232 049 4
Diss.	Hans-Jörg Kemper **Die Vertretung von Arbeitnehmerinteressen durch den Betriebsrat** Eine empirische Untersuchung München 1986, 410 S; DM 36,--, ISBN 3 8232 110 5
50	Werner Kirsch **Die Handhabung von Entscheidungsproblemen** Einführung in die Theorie der Entscheidungsprozesse München 1988, ca. 300 S., DM 40,--, ISBN 3 88232 050 8 3., völlig überarbeitete und erweiterte Auflage
51	Dodo zu Knyphausen **Unternehmungen als evolutionsfähige Systeme** Überlegungen zu einem evolutionären Konzept für die Organisationstheorie München 1988, ca. 400 S., DM 48,--, vergriffen, ISBN 3 88232 051 6
52	Max Ringlstetter **Auf dem Weg zu einem evolutionären Management** München 1988, ca. 270 S., DM 44,--, vergriffen, ISBN 3 88232 052 4
53	Hartmut Bretz **Unternehmertum und Fortschrittsfähige Organisation** Wege zu einer betriebswirtschaftlichen Avantgarde München 1988, 410 S., DM 40,--, ISBN 3 88232 053 2
54	Gert Hügler **Controlling in Projektorganisationen** München 1988, 292 S., DM 36,--, ISBN 3 88232 054 0
Diss.	William Tsimwa Muhairwe **New Style Joint Ventures** München 1988, 230 S., DM 36,--, ISBN 3 88232 111 3
55	Diana Kolb **Die Veränderung von Unternehmenskulturen durch verfremdende Beratung** München 1988, 260 S., DM 44,--, ISBN 3 88232 055 9
56	Werner Kirsch, Hartmut Maaßen (Hrsg.) **Managementsysteme** Planung und Kontrolle München 1989, 514S., DM 56,--, ISBN 3 88232 056 7
Diss.	Max Brandl **Funktionen der Führung** Ein klassisches Thema aus der Perspektive neuerer sozialwissenschaftlicher Ansätze Dissertation München 1989, 261S., DM 36,--, ISBN 3 88232 112 1
57	Dieter Wiesmann **Management und Ästhetik** München 1989, 352S., DM 38,--, ISBN 3 88232 057 5

58		Gunnar Pautzke **Die Evolution der organisatorischen Wissensbasis** Bausteine zu einer Theorie des organisatorischen Lernens München 1989, 299S., DM 44,--, ISBN 3 88232 058 3
59		Matthias Kronast **Controlling** Notwendigkeit eines unternehmensspezifischen Selbstverständnisses München 1989, 268S., DM 40,--, ISBN 3 88232 059 1
60		Werner Kirsch **Unternehmenspolitik und strategische Unternehmensführung** München 1989, 608S., DM 60,--, ISBN 3 88232 060 5
Diss.		Volker Carl **Problemfelder des Internationalen Managements** München 1989, 330S., DM 40,--, ISBN 3 88 232 113 4
Diss.		Peter Fey **Logistik-Management und Integrierte Unternehmensplanung** München 1989, 344S., DM 44,--, ISBN 3 88232 114 6
61		Andrej Vizjak **Wachstumspotentiale durch Strategische Partnerschaften** Bausteine einer Theorie der externen Synergie München 1990, 250S., DM 38,--, ISBN 3 88232 061 3
62		Patricia Boehm-Tettelbach **Unternehmenspolitischer Rahmen und Strategisches Management** München 1990, 368S., DM 44,--, ISBN 3 88232 062 1
63		Ulrich Stock **Das Management von Forschung und Entwicklung** München 1990, 290S., DM 40,--, ISBN 3 88232 063 X
64		Georg Strasser **Zur Evolution von Unternehmungen** München 1991, 311S., DM 42,--, ISBN 3 88232 064 8
Diss.		Christine Stähler **Strategisches Ökologiemanagement** München 1991, 280S., DM 40,--, ISBN 3 88232 115 6
Diss.		Stefan Birk **Berichtssysteme** - Operative Berichterstattung in Konzernen München 1991, 200S., DM 36,--, ISBN 3 88232 116 4
65		Werner Kirsch (Hrsg.) **Beiträge zum Management strategischer Programme** München 1991, 799S., DM 68,--, ISBN 3 88232 065 6
Diss.		Birgit Schüller **Strategisches PR-Management** München 1991, 280S., DM 38,--, ISBN 3 88232 117 2
66		Werner Kirsch **Kommunikatives Handeln, Autopoiese, Rationalität** Sondierungen zu einer evolutionären Führungslehre München 1992, 584S., DM 60,--, ISBN 3 88232 066 4
Diss.		Jutta Bendak **Controlling im Konzern** München 1992, 255S., DM 44,--, ISBN 3 88232 118 X

Diss.	Peter Dondl **Angewandte Wissenschaft und Theorie autopoietischer Systeme** München 1992, 301S., DM 40,--, ISBN 3 88232 119 9
67	Sabine Habel **Strategische Unternehmensführung im Lichte der empirischen Forschung** Bestandsaufnahme und kritische Würdigung eines komplexen Forschungsfeldes München 1992, 330S., DM 44,--, ISBN 3 88232 067 2
68	Kai Obring **Strategische Unternehmensführung und polyzentrische Strukturen** München 1992, 390S., DM 48,--, ISBN 3 88232 068 0
69	Wolfgang Jeschke **Managementmodelle** Ein kritischer Vergleich München 1992, 244S., DM 40,--, ISBN 3 88232 069 9
70	Werner Kirsch **Betriebswirtschaftslehre** Eine Annäherung aus der Perspektive der Unternehmensführung München 1993, 369S., DM 40,--, ISBN 3 88232 070 2
71	Karl Ulrich **Die Evolution von Managementsystemen** München 1993, DM 48,--, ISBN 3 88232 071 0
72	Ulrich Wolfrum **Erfolgspotentiale und strategische Unternehmensführung** München 1993, DM 40,--, ISBN 3 88232 072 9
73	Bettina Reglin **Managementsysteme - Eine organisationstheoretische Fundierung** München 1993, 271 S. DM 40,--, ISBN 3 88232 073 7
Diss.	Gudrun Schwub-Gwinner **Strategische Unternehmensführung und kollektive Entscheidungsprozesse** München 1993, 271 S., DM 40,--, ISBN 3 88232 121 0
Diss.	Andreas Bohn **Differenzierungsstrategien** Kritische Würdigung eines zentralen Konzeptes der Strategischen Unternehmensführung München 1993, 3 88232 120 2
74	Peter Seitz **Strategische Managementsysteme im internationalen Unternehmen** München 1993, 350 S., DM 48,--, ISBN 3 88232 074 5